자 원 봉 사

-영향요인과 파급효과-

김 욱 진

청목출판사

머리말

자원봉사에 관한 기존 문헌은 크게 두 가지로 나뉜다. 하나는 현장 전문가들의 경험과 소회를 수필 식으로 정리한 것이고, 다른 하나는 자원봉사 현상의 원인과 결과를 사회과학적 관점에서 조사한 연구결과물이다. 이 책은 후자, 특히 사회과학 가운데 양적인 접근방식에 의거하여 자원봉사 현상의 원인과 결과에 천착한 연구업적물이다.

지금까지 국내에서 출판된 자원봉사 관련 서적들은 대다수가 다분히 실용적인 성격을 지닌 대학 교과서들이었다. 특히 사회복지학 분야의 교재들이 가장 많이 출판됐는데, 이러한 책들은 그 목적과 용도가 대단히 제한적이어서(예: 자원봉사자 모집, 교육, 관리, 행정 등) 오늘날 점차 그 중요성이 커지고 있는 자원봉사 현상의 원인과 결과에 대해 체계적 이해를 도모하는 데 별 도움이 되지 못했던 것이 사실이다. 엄격하게 사회과학적 스탠스를 취한 소수의 책들 역시 자원봉사 현상을 시민사회라는 큰 개념적 틀 속에서만 이해함으로써, 이 책에서만큼 자원봉사와 관련된 광범위하고 구체적이며 현장중심적인 연구주제들을 하나의 책 속에 온전히 담아내질 못하였다.

자원봉사 현상의 원인과 과정, 결과에 관한 다양하고 방대한 주제 및 대립적 학술가설들을 이 책에서만큼 꼼꼼하게 그리고 각종 실증자료들을 동원해 치밀하게 엮은 기존 국내문헌은 없었다. 이러한 측면에서 이 책의 출간은 자원봉사 현상을 공부하는 사회과학도들은 물론 자원봉사 분야에 종사하는 현장전문가와 실천가들, 나아가 정책결정가들과 행정가들에게까지 큰 도움이 될 것이라 굳게 믿는다.

Ⅰ부에서는 자원봉사가 최근 왜 “뜨게” 됐는지 그 부상 배경에 대해 정치경제학적, 사회학적 관점에서 분석한다. 그리고 자원봉사 개념의 모호성과 관련된 학자들 사이의 논란에 대해 소개하고, 이 책에서 정의하는 자원봉사의 개념을

이기적 동기, 이타적 동기, 자발성, 강제성, 유급노동, 무급노동, 비공식적 도움, 돌봄 등 여러 주제들과 결부지어 심도 깊게 고찰한다.

Ⅱ부에서는 자원봉사활동을 왕성히 수행하는 사람들은 그렇지 않은 사람들에 비해 어떠한 심리적 특질을 갖고 있는지에 대해 논의한다. 구체적으로, 자원봉사자는 비자원봉사자에 비해 어떠한 퍼스낼리티와 동기를 더 강하게 내면화하고 있는지 살펴본다.

Ⅲ부에서는 자원봉사활동을 활발히 수행하는 사람들은 그렇지 않은 사람들에 비해 어떤 인적자원을 더 많이 갖고 있는지 논의한다. 인적자원은 학력, 소득, 직업, 성별, 건강, 시간과 같이 유급노동시장에서 중요하다고 여겨지는 자산 요인을 그대로 차용해 분석에 투입한다.

Ⅳ부에서는 자원봉사활동을 왕성히 수행하는 사람들은 그렇지 않은 사람들이 비해 어떤 사회적 환경 속에 살고 있는지를 주제로 논의를 진행한다. 사회적 환경은 생애과정을 포함해 공식·비공식 사회연결망, 지역사회, 국가 등을 포괄하도록 넓게 정의한다.

Ⅴ부에서는 분석의 초점을 전환해 현장전문가와 실천가들이 현실적으로 관심을 가질만한 내용으로 논의를 전개한다. 특히 자원봉사자가 담당하는 업무 및 역할을 중심으로 논의를 꾸려 나간다. 구체적으로, 자원봉사자들이 수행하는 업무와 관련하여서는 일반노동시장의 분절화 가설을 적용해 분석을 수행하며, 자원봉사자 역할과 관련해서는 현장전문가와 실천가들이 골머리를 싸며 가장 고민하고 있는 자원봉사활동의 지속성 문제와 결부시켜 논의를 진행한다. 마지막으로 실제 현장에서 자원봉사자의 역할을 가능한 지속시킬 수 있는 다양한 방안들을 제안한다.

Ⅵ부에서는 자원봉사의 기대효과에 대해 논의한다. 자원봉사로부터 기대할 수 있는 긍정적 효과는 다양한데 이 책에서는 이를 크게 네 분야로 나눠, 자원봉사를 하면 (1) 시민의식이 계발되고 (2) 건강한 인간발달을 달성할 수 있으며 (3) 육체적·정신으로도 건강해지며 (4) 마지막으로 취업가능성이 높아진다는 총 네 가지 가설들을 각종 경험적 자료를 동원해 검증한다.

마지막 Ⅶ부에서는 새로운 논의를 전개하기보다 지금까지 도출했던 연구결과들을 요약하고, 앞에서 다루지 못한 몇 가지 중요 학술적 이슈들 및 미해결 난제들을 정리한 후, 이를 후발연구자들에게 과제 형식으로 제시하는 방식으로 내용을 구성한다. 그리고 향후 우리 사회 자원봉사활동의 미래를 전망하는 내용을 끝으로 글을 마무리한다.

이 책은 서울시립대학교 사회복지학과 여러 교수님들의 격려와 지지, 동대학 학부 및 대학원 학생들의 피드백, 그리고 청목출판사 관계자분들의 헌신적 도움 없이는 애당초 탈고가 불가능하였다. 물론 졸고의 출간에 직간접적으로 도움을 주신 분들은 이 외에도 무척 많다. 일일이 열거할 수 없는 모든 분들께 좁은 지면을 빌어 진심으로 감사를 드린다. 마지막으로, 저자의 학술적 관심이 하나의 교과서 형태를 띠며 완성될 수 있게끔 집필의 전 과정에서 항상 용기를 주고 든든한 후원자 역할을 해 주신 저자의 아버지께 사랑하고 존경한다는 말씀을 전해드린다. 이 책을 부친께 헌정한다.

2015년 3월 9일

김욱진

차 례

제3부 인적자원과 자원봉사

제4부 사회환경과 자원봉사

제1부

자원봉사란 무엇인가?

1 chapter

자원봉사의 부상 배경

요즘 자원봉사에 대한 관심이 유례없이 높아지고 있다(김경동 · 김여진, 2011). 자원봉사는 왜 이렇게 뜨겁게 회자되는 것일까? 이 질문에 답하기 전에 먼저 자원봉사란 개념을 간단히 정리하고 넘어가도록 하자.

자원봉사란 간단히 말해 어떤 한 개인이 또 다른 한 개인에게 행할 수 있는 가장 기본적인 형태의 이타적인 행위이다(주성수, 2005). 여기서 "이타적"이란 말은 조금 논란이 있을 수 있는 표현이다. 왜냐하면, 자원봉사는 결과론적으로는 타인을 이롭게 하는 성과로 이어지지만, 그 내면을 자세히 살펴보면 취업이나 직능기술개발이나 사교적 목적, 부정적 감정의 해소 등 몇 가지 중대한 이기적 동기에 의해 촉발되는 측면이 매우 강하게 지닌 사회활동이기 때문이다(박정희 · 김민, 2007; Handy et al., 2010). 그러나 여기서는 이러한 논란은 잠시 접어두고, 이타성이란 단어를 단순히 어떤 한 사람이 다른 누군가에게 아무런 물질적 · 금전적 보답에 대한 기대 없이 도움을 주는 것을 강조하기 위해 사용한다는 차원에서만 이해하고 넘어가도록 하자.

흥미롭게 들릴 수도 있지만, 사회과학 용어로서 이타주의는 실증주의 철학자 Auguste Comte에 의해 19세기 중반 최초로 탄생되었다(Bourdeau, 2014). Comte는 그의 책 『*Système de Politique Positive*』(1851)에서 이타주의를 나보다 남을 먼저 생각하고 행동의 최종적인 목적을 타인의 행복 증진에 두는 삶의 자세로 정의하면서, 자신의 이익을 타인의 복지보다 앞에 두는 이기주의와 대척되는 개념으로 상정하였다. Comte는 19세기 당시 급격한 산업화와 도시화, 자본주의화에 의해 공동체 의식이 희석되고, 이에 따라 점점 더 많은 사람들이 이기적인 자아를 가지면서 사회 전체가 파편화되어 가는 현상을 우려하면서 이에 대한 각성을 촉구하기 위해 이타주의란 용어를 처음으로 주조하였다. 즉, 전통적인 공동체(Gemeinshaft)가 무너짐과 동시에 이익사회가 도래하고, 과거보다 훨씬 더 심각한 이기주의가 기승을 부리면서 사회가 무질서하게 변모하였는데, Comte는 이와 같은 사회 붕괴를 이타주의의 위기 차원에서 이해하였고, 대안 역시 이타주의의 회복 차원에서 파악하였던 것이다.

이처럼 사회과학 용어로서 이타주의는 19세기 중반 Comte라는 실증주의 사회학자에 의해 처음 주조되었다. 하지만 사실 어떤 한 인간이 다른 인간이나 조직, 집단, 지역사회 등 외부체계를 상대로 아무런 금전적·기타 물질적 보상에 대한 기대 없이 도움을 주는 이타적 행위, 즉 자원봉사활동은 그것이 사회과학자들의 학문적 관심의 대상이 되기 훨씬 이전부터 지구 상 모든 문화권에 존재해 왔다. 자원봉사활동은 아마 인류의 시작과 그 역사의 궤를 같이 했다고 봐도 무방할 것이다. 이타주의의 긴 역사는 인류의 등장과 함께 시작된 전 세계 각종 종교의 가르침들을 보면 쉽게 알 수 있다. 불교의 자비, 기독교의 자선, 유교의 인(仁) 개념, 우리나라의 홍익인간 등은 모두 공통적으로 개인의 이타적 속성에 기반을 둔 친사회적 활동을 강조하고 또 장려하는 사상을 담는다.

이타주의의 이 같은 오랜 역사에도 불구하고, 자원봉사라는 특수한 형태의 이타적 행위에 관한 사회과학자들의 체계적인 연구 역사는 비교적 짧은 편다. 자원봉사에 관한 사회과학자들의 연구 역사가 그리 길지 않게 된 이유는 크게 두 가지로 나뉜다. 첫 번째 이유는 자원봉사활동의 제도화 자체가 매우 근래에 완성된 일이기 때문이라는 점이고(이성록, 2007), 두 번째 이유는 자원봉사를 여가시간에나 하는 일, 즉 자투리 시간을 쪼개 하는 소일거리 정도로만 치부해 온 사회적 분위기 때문이라는 점이다(이인수, 2001). 특히 두 번째 이유와 관련하여, 아직까지 대부분의 평범한 사람들은 자원봉사를 시민사회 구성원으로서 마땅히 해야 할 바람직한 일이라고 내심 칭송하면서도, 자원봉사활동을 '돈이 안

된다'는 이유로 평가절하해온 경향이 있음을 주목할 필요가 있다. 이는 자원봉사활동이 본질적으로 높은 가치(=사용가치)를 인정받을 자격이 있는 무급노동임에도 불구하고, 많은 사람들이 이를 지극히 유급노동시장 중심적인 관점에서 이윤을 창출하지 못한다는 이유로 '가치(=교환가치)가 떨어진다'고 평가해 온 현실과 깊은 관련성을 가진다.

그렇다면 매우 최근까지 제도권 밖에 존재해 온 그리고 철저히 무급노동으로서 평가절하돼 온 자원봉사가 왜 이렇게 시쳇말로 "뜨게" 된 걸일까? 자원봉사에 관한 사회적 이목의 집중은 우리나라에서 뿐 아니라 외국에서도 쉽게 발견된다는 점에서 가히 전 세계적인 현상이라 할 수 있다(UNV, 2011). 참고로 여기서 뜨고 있다는 것은 여러 가지 실재적 근거에 기반을 둔 결론이다. 몇 가지 예를 들면, 첫째, 전 세계 각국 정부가 자원봉사자를 동원하는 일에 앞장서 나서고 있다는 점(예: 우리나라의 경우 행정자치부가 1365 자원봉사포털을 만들어 봉사자관리 시스템을 구축하고 있음), 둘째, 전 세계 각종 사회조사들이 응답자들에게 자원봉사를 하고 있는지 여부를 묻고 사회 전반의 자원봉사참여율을 지표화하는 한편 이 지표 점수를 상승시키는 데 범정부적 열의를 보이고 있다는 점(예: 우리나라의 경우 통계청의 사회조사, 보건사회연구원의 한국복지패널 등 거의 대부분의 패널자료들이 자원봉사참여 여부를 묻고 있음), 그리고 마지막으로 셋째, 자원봉사를 전문적으로 연구하는 사회과학자들과 이를 뒷받침하는 제 3섹터 비영리기구들(예: 우리나라의 경우 아름다운재단, 한국자원봉사문화 등)의 수가 점차 증가 추세에 있다는 점 등을 거론해 볼 수 있겠다.

자원봉사활동이 전 세계 각계각층의 주목과 관심을 받게 되며 중요한 사회활동으로 부상하게 된 데에는 다중적 요인들이 놓여 있다. 아래에서는 이를 총 다섯 가지 측면에서 살펴보도록 한다.

1. 복지국가의 쇠퇴와 재편

1970년대 1, 2차 오일쇼크 이후 복지국가는 전 세계적으로 축소재편 되었다(Esping-Anderson, 1996). 이에 따라 각종 보건복지 정책과 프로그램, 서비스의 실행 및 전달 업무의 상당 부분이 민간에 이양되었고, 그 중에서도 특히 시민사회 구성원들에게 권한과 책임의 이임현상이 두드러지게 나타났다(Peck, 2001). 사회복지학계에서는 이 같은 전환을 복지다원주의 또는 지역사회보호 같은 새로운 개념들을 통해 담아내어 왔는데, 아무튼 여기서 요점은 복지국가가 쇠퇴 혹은 축소 재편됨에 따라 과거 공공영역의 복지공무원들이 전담하던 사회복지 서비스 및 프로그램의 수행, 전달업무의 상당 부분이 민간에 넘어가게 되었고, 이것이 바로 자원봉사자들에 대한 수요를 창출하게 된 중대한 원인 중 하나가 되었다는 분석이다(권현수 · 임성옥, 2000; 신재섭 · 황성하, 2011: 62).

한 가지 흥미로운 사실은, 복지국가의 축소라는 거대한 시대적 조류 속에서 정치적 좌우파가 하나같이 자원봉사를 새로운 시대의 참신한 복지 구현의 한 방편으로 칭송하고 장려해 왔다는 점이다(구갑우 외, 2010). 여기서 참신하다는 것은 정치적 입장에 따라 이중적 의미를 지닌다. 먼저 우파는 복지국가 운영에 따른 비싼 경제적 비용을 절감할 수 있을 뿐 아니라, 민간의 자구적 노력을 통해 복지 의존병을 타파할 수 있다는 측면에서 자원봉사를 공공복지에 대한 매력적 대안으로 간주하였다. 이와 대조적으로 좌파는 중앙집권화된 국가권력을 분산시킬 수 있고, 풀뿌리민주주의를 실현시킬 수 있으며, 소외계층에게까지도 폭넓게 자기결정권을 부여함으로써 약자층의 권한강화를 일궈낼 수 있다는 측면에서 자원봉사를 적극 지지하고 장려하는 입장을 갖게 되었다.

요컨대, 자원봉사가 왜 중요하고 필요한지에 대해서는 좌우파가 생각을 달리한다. 하지만 자원봉사활동을 장려하고 자원봉사자 숫자를 늘려야 한다는 점 그리고 좀더 체계적으로 자원봉사활동을 조직화할 필요가 있다는 점에 대해서는 두 정치집단이 의견을 같이 한다.

실제로 오늘날 대부분의 서구 유럽과 영미 국가들의 상황을 살펴보면, 복지국가의 영역이 급속히 축소되고 있는 가운데 다수의 복지업무들이 자원봉사자의 활동으로 대체되는 경향을 쉽게 목격할 수 있다. 예를 들면, 미국의 경우 호스피스 영역에서 활동하고 있는 요양보호사의 4분의 3 이상이 자원봉사자라는 조사결과가 발표된 적이 있다(Black and Kovacs, 1999: 479). 우리나라에서도 이와 유사하게 태안반도에서 유조선 침몰사건이 발생했던 2007년 12월 당시 공무원들만으로는 기름제거가 불가능한 적이 있다. 이에 많은 민간의 자원봉사자들이 기름제거에 동참했는데, 추계로 100만 명에 가까운 인원이 기름제거작업에 자발적으로 참여했다는 기록이 남아 있다(이민부, 2009: 118).

2. 정체성의 정치

정체성의 정치(identity politics)란 인종, 종교, 성, 언어 등 인간 경험의 원초적이고 원시적인 편견을 매개로 개별 행위자를 잠정적 정서집단으로 귀속시키고, 적대적 타자를 상정해 공격하는 방식으로 집단 내부의 통합과 동일시를 가속화시키는 한편, 집단 외부적으로 구별짓기를 이어가는 배타적인 정치 행태들을 가리킨다(홍태영, 2011).

정체성의 정치는 소득분배와 관련된 경제적 차원의 계급문제가 정치투쟁의 장에서 상당 부분 희석된 시기, 즉 냉전체제 붕괴 이후 본격적으로 전 세계적으로 등장하기 시작하였다. 특정 집단의 주장을 공개적으로 피력하고 또 사회적으로 인정받은 정체성 정치의 대표적 성공 사례로 페미니즘, 동성애자 권리운동, 소수인종 권리찾기 운동 등을 거론해 볼 수 있다. 정체성 정치는 극단적으로 치닫는 경우도 왕왕 발생하는데, 종교적 근본주의자들이라든가 외국인혐오주의(xenophobia), 우리나라의 경우 지역감정 등이 여기에 해당하는 대표적인 사례들이다(최영진, 1999).

전통적인 계급정치가 사그라지고 그 빈자리를 정체성의 정치가 파고들면서 이 분야에서도 많은 수의 자발적 봉사자들이 필요하게 되었다(Musick and Wilson, 2008: 4-5). 정치색이 뚜렷한 사회운동을 개진, 유지하려면 다양한 인력이 다양한 업무를 담당할 수 있어야 하는데, 이를 모두 유급 전문인력으로 충당하기란 사실상 불가능하기 때문이었다. 즉, 특별한 금전적 보상을 받지 않아도 활발히 정치운동에 투신할 수 있는 무급 활동가의 필요성이 증대하였고, 이것이 자원봉사에 대한 수요 증대의 또 다른 한 가지 중요한 원인이 되었다는 설명이다.

여기서 주안점은, 정체성 정치 분야에서 활동하는 자원봉사자들은 다른 영역에서 활동하는 자원봉사자들과 비교해 정치색이 훨씬 더 강하고 자기 신념이 훨씬 더 투철한 까닭에, 즉 정치활동 자체를 자기 정체성을 확인받는 중요한 과정으로 인식하는 경향이 매우 강하기 때문에 금전적 보상이나 물질적 희생에 크게 개의치 않고 기꺼이 무보수로 열정적 자세를 가지고서 운동에 투신한다는 점이다. 이들에게 있어 자원봉사활동이 제공하는 보수성(rewardness)이란 물질적·금전적 차원의 보상이 아닌, 비물질적·심리적 차원의 내면적 보상을 의미한다.

3. 공동체 쇠퇴에 대한 우려

자원봉사에 대한 사회적 관심이 증폭된 데에는 "너"와 "나" 그리고 "우리"가 어울려 더불어 같이 잘 살 수 있는 삶의 터전, 즉 공동체가 점차 무너져 가고 있다는 데 대한 우려도 큰 역할을 했다.

사회적 자본이란 말을 대중화시킨 미국 하버드대학의 Robert Putnam 교수는 그의 유명한 책 『*Bowling Alone: The Collapse and Revival of American Community*』(2000)에서 미국 사회는 지난 수십 년 간 엄청난 경제사회적, 기술적 변화(예: 텔레비전과 인터넷 등의 기술 발달, 배금주의, 물질만능주의)를 경험했고, 이에 따라 18세기부터 20세기 초반까지 미국 사회를 지탱했던 민초들의 자발적인 시민참여, 즉 다양한 결사체의 구성과 가담 행위들이 급격히 줄어들었다고 주장하였다. 민초들의 자발적인 시민참여와 결사 행위들의 소멸은 곧 사회적 자본의 쇠퇴를 의미하는데, Putnam은 이를 볼링동아리 가입율의 하락을 예로 들어 설명하였다. 구체적으로, 미국에서 20세 초반부터 후반까지 볼링을 즐기는 인구 자체는 늘었으나, 볼링동아리를 결성하거나 여기에 가입해 사람들과 대면접촉을 하면서 볼링을 즐기는 사람의 수는 현저히 줄어들었음을 Putnam은 경험적 자료를 이용해 입증하였다.

볼링동아리 가입자 수 외에도 Putnam은 독서동아리 가입자 수, 신문잡지 구독자 수 등 다양한 지표들을 조사하고 이를 통해 자발적 결사체의 구성과 사회적 참여활동들이 20세기 중반 이후 미국 사회에서 서서히 줄어들어 가고 있는 경향을 보여주었다. 그는 이러한 분석을 통해 미국 사회의 사회적 자본, 좀더 확대시켜 말하면 시민사회의 건전성이 심각히 훼손되어 가고 있음에 깊은 우려를 표명하였다.

시민사회의 쇠퇴는 그 자체로도 사람들이 서로 소통하고 접촉하지 않는다는 점을 말해준다는 점에서, 즉 공동체 해체와 붕괴를 의미한다는 점에서 큰 문제라 할 수 있다. 하지만 그것보다 더 큰 문제점이 있었다. 그것은 바로 소통하지 않고 관심을 공유하지 않으며 문제와 불만을 제기하지 않는, 정치사회적으로 소극적인 인구의 증가였다. 이와 같은 수동적 인구의 증가는 지금까지 미국 사회를 지탱해 온 적극적이고 참여적이며 자기주도적인, 정치적으로 각성된 민주 시민의 상실을 예고한다는 점에서 Putnam은 심각한 사회문제로 인식하였다.

Putnam은 소멸해 가는 미국 사회의 사회적 자본을 재구축하고, 책임감 있는 시민들로 구성된 민주공동체를 회복, 갱생할 수 있는 방안 중 하나로 자원봉사활동을 제안하였다. 자원봉사는 정치적 현안에 무관심한 비활동적 시민들이 양산되는 것을 막아주는 강력한 예방주사 역할을 할 수 있다. 예를 들어, 사람들이 각자의 거주지를 중심으로 민주당이나 공화당 같은 정치 정당의 선거캠페인에 자원봉사자로 참여해 활동하는 것이라든지, 각종 환경보호단체에 가입해 원전설치 반대캠페인에서 자원봉사 활동을 펼치는 것만으로도 정치적 현안에 대한 관심의 끈을 놓는 것을 상당 부분 방지할 수 있다.

정치 영역에서의 자원봉사활동이 정치적으로 각성된 민주시민을 양성한다는 논리와 유사하게, 비정치 영역에서의 자원봉사활동 역시 해당 영역과 관련해 관심을 공유하고 상호신뢰와 협력적 태도를 보이고자 노력하는 활동적 시민들을 양성해 낼 수 있다(Fleischacker, 1998). 문화, 생활, 직업, 취미, 건강 등 다양한 이슈와 관련해 지역사회 내외부에 존재하는 각종 비정치적 결사체들에 가입하고, 그곳에서 비슷한 관심사를 공유하는 다양한 배경을 지닌 지역주민들을 만나 상호작용하고 의견을 교류하는 등의 네트워크 구축 행위 그 자체만으로도 오로지 자기만 생각하는 이기적이고 파편화된 자아들이 모래알처럼 흩어지는 상황을 미연에 방지할 수 있고, 공동체는 건전성을 유지할 수 있다는 것이다. 요컨대, Putnam은 공론의 장에서 증발해 버린, 나아가 지극히 사적인 영역으로 도피해 버린, 무심하고 고립된 자아들을 자원봉사라는 사회적 혼합(social mixing)을 통해 상당 부분 기존 주류사회에 재통합시킬 수 있으리라 굳게 믿었다.

4. 노동의 성질에 대한 재고

20세기 중후반 페미니즘 학자들의 노력 덕분에 자본주의 사회에서 생산적인 노동에 대한 인식이 크게 바뀌었다(조순경, 2000). 페미니즘이 등장하기 이전 시기 자본주의 사회에서 생산적 노동이란 오로지 직접적으로 이윤을 창출할 수 있는 일들뿐이었다. 이 일은 주로 남성 노동자들로 구성된 경쟁적 노동시장에서 이뤄지던 전통적 의미의 상품화된 노동, 즉 화폐가치로 환산이 가능한 노동이었다. 따라서 직접적으로 이윤을 창출하는 것과 관련이 없던 일들, 다시 말해 화폐로 환산하기 어려웠던 노동, 예컨대 가사노동이라든지 육아, 환자간호, 노인부양 등 주로 여성들이 수행했던 일들은 비생산적 노동으로 평가절하되었다.

하지만 페미니스트들은 남성 노동자 중심의 자본주의 사회에서 비생산적인 노동으로 치부되었던 가사노동과 육아, 환자간호, 노인부양 등이 실제로는 노동 재생산에 중추적인 역할을 담당한다고 주장하였다. 그리고 이러한 부분에 초점을 맞추어, 과거 비생산적이라고 치부받아 왔던 노동의 화폐가치를 계산해 보기 시작하였다. 우리나라의 경우 가사노동의 가치는 그 기준을 어디에 두냐에 따라 조금씩 변화하긴 하지만, 기본적으로 가사노동은 최소 월 80만원에서 최대 월 240만원 가량의 화폐가치를 갖는 것으로 연구들은 보고하고 있다(김상진, 2007). 이 같은 연구결과는 전통적 관점에서 가치가 떨어진다고 여겨진 비생산적 노동이 사실은 상당한 화폐 가치를 가진 값진 일이고, 무엇보다 자본주의의 노동 재생산에 막중한 임무를 맡고 있음을 보여주는 방증이 된다.

결국 페미니스트들의 작업은 자본주의 체제 하의 노동은 단순히 경쟁적 노동시장에서 노동자가 이윤을 만들어 내냐 내지 못하느냐로 양분지어 판단할 성질의 문제가 아님을 시사한다. 이윤을 창출하지 못한다는 이유로, 다시 말해 무보수라는 이유로 어떤 한 노동을 비생산적이라고 단정짓는 것은 노동의 성격에 대한 무지 혹은 편향된 관점에서 비롯된 남성중심적 시각이라는 지적이다. 양성평등적 관점에서는 가사노동과 육아, 환자간호, 노인부양 등의 무급노동 역시 매우 생산적이고 가치 있는 활동으로 보는 것이 타당하다(Tilly and Tilly, 1998).

자본주의 사회에서 전통적으로 여성이 담당해 온 가사노동, 육아, 환자간호, 노인부양 같은 일들에 대한 페미니즘의 시각 교정은 자원봉사에 대한 인식에도 큰 영향을 주었다. 과거 자원봉사는 단순히 시간이나 재능의 기부 차원에서만 이해되었다. 이윤을 창출해내지 못하는 무급노동이기 때문에 비생산적이라는 딱지가 붙곤 하였고, 이에 따라 다수의 보통 사람들은 자원봉사를 자투리 여가시간에나 하는 일 혹은 정말 선한 동기를 갖고 있는 사람들이 종교적인 소명의식에 따라 하는 업보(?) 정도로만 평가절하하였던 측면이 있었다.

그러나 페미니즘의 득세 이후 노동에 대한 재정의가 이루어지면서 이윤을 창출해 내지 못하는 일도 일이라는 인식, 즉 무보수 노동이라 할지라도 충분히 사회적으로 생산적인 기능을 담당할 수 있다는 시각이 널리 퍼지면서, 자원봉사활동을 떳떳하고 자신감 있게 하는 사람들의 수가 점차 늘게 되었다(Musich and Wilson, 2008: 5-6). 자원봉사가 전체 사회의 번영과 발전에 생산적 기여를 할 수 있다는 인식이 드디어 우리 사회에도 주류로 자리잡게 된 것이다.

5. 체계적인 자원봉사 모집과 관리의 필요성 대두

자원봉사가 사람들 사이에서 요즘 뜨겁게 회자되고 있는 데에는 자원봉사에 대한 관심이 높아지면서 더 많은 사람들이 봉사활동에 뛰어들게 되었고, 이에 따라 공급 풀이 대폭 늘면서 잠재적·현직 자원봉사자들을 보다 합리적으로 조직, 관리, 운영할 필요성이 커진 부분도 크게 기여하였다(이성록, 2007). 즉, 이미 활동 중인 자원봉사자들을 체계적으로 관리함으로써 봉사활동의 지속성을 높이고, 나아가 아직 봉사활동을 하지 않는 사람들로 하여금 가능한 한 봉사활동에 더 많이 참여하게끔 유인하기 위해 자원봉사 프로그램을 보다 합리적인 관점에서 접근, 이해할 필요성이 이전보다 커졌으며, 이러한 기능적 요구가 최근 사람들의 입에서 자원봉사란 단어를 뜨겁게 회자시키게 만든 주요 배경 중 하나가 되었다는 뜻이다.

과거에는 자원봉사자의 모집, 교육·훈련, 동기부여 및 인정 등의 관리와 관련된 모든 면들이 상당히 비과학적으로 이루어졌다. 그래도 됐던 시기였다. 자원봉사에 관한 학문적 연구가 미비해 조직적인 관리 지침이 아예 없었던 시절이었고, 프로그램을 주먹구구식으로 운영해도 이를 효율성의 관점에서 비판하거나 평가할 조직이 거의 없었던 탓이다.

하지만 앞서 살펴보았듯이, 최근의 사회적 변화들은 자원봉사 영역의 중요성이 이전과는 비교할 수 없을 만큼 커지게 될 것임을 명백히 예고하고 있다. 이는 늘어난 자원봉사자 공급과 줄어든 정부보조금이라는 변화된 환경에 보다 효과적으로 대처하기 위해 수요자인 인적서비스기관(human service organizations)들 역시 자원봉사라는 사회적 현상과 자원봉사자 특성에 관한 연구를 게을리 해서는 안 되고, 새롭게 체계적인 조사를 시작해야 할 필요성을 제기한다. 자원봉사자들이 어떤 요인에 의해 주로 동기화되는지, 어떤 특성을 보이고 어떤 관심사를 갖고 있는지, 어떤 보상체계에 의해 자극받아 봉사활동을 지속해 나가는지 등에 관해 충분한 지식과 정보를 조직적으로 발굴·축적하지 못한다면, 신규 자원봉사자를 모집하고 기존 자원봉사자들을 계속 유지하는 것과 관련된 중요한 봉사관리업무에서 인적서비스기관들은 상당한 어려움을 겪을 수밖에 없다(주성수, 2005). 커져 가는 복지다원주의 시대에, 자원봉사자라는 유익한 민간자원을 제대로 활용하지 못하는 인적서비스기관들은 퇴보하거나 아니면 퇴출되는 운명에 처할 것이다. 이런 시대적 변화상을 고려하면, 이제 자원봉사에 관한 체계적 연구와 조사, 지식기반 구축은 선택이 아닌 필수라 할 수 있겠다.

2
chapter

자원봉사의 의미

앞 절에서는 자원봉사를 어떤 한 인간이 다른 인간이나 조직, 집단, 지역사회 등 외부체계를 상대로 아무런 금전적, 기타 물질적 대가에 대한 기대 없이 도움을 주는 이타적 행위로 간략히 정의내렸다. 이번 절에서는 이와 같은 정의를 바탕으로 다른 용어들과의 개념 비교를 통해 자원봉사의 의미를 좀더 자세히 알아보도록 한다.

자원봉사(volunteering)를 명확히 정의 내리기란 생각만큼 쉽지 않다. 아무런 물질적 대가나 금전적인 보상 없이 단순하게 누군가를 일대일로 도와주는 행위들을 전부 자원활동(voluntarism)이라 말하기 어려울 뿐 아니라, 자원활동이라 부를 만한 개인들의 행위도 그 면면을 하나씩 뜯어 보면 동일한 동기에 의해 시작되지 않은, 매우 상이한 성격의 행동들일 수 있기 때문이다.

예를 들어, 금전적 보상에 대한 기대 없이 열렬하게 자기 지역의 국회의원낙선 시민운동에 자발적으로 참가한 어떤 한 사람 A를 가정해 보자. 우리는 A를 자원봉사자라고 부를 수 있을까? 이 질문에 대한 답은 자원봉사활동을 어떻게 정의내리냐에 따라 사뭇 달라질 수 있다. 만약 자원봉사를 개별적이고 대면적인 관계에서 도움을 주는 미시적이고 탈정치적인 행위로만 이해한다면, 이 사회운동가는 자원봉사자 범주에 결코 들어갈 수 없다. 그러나 만약 자원봉사를 사회변혁과 개혁을 추구하는 보다 거시적이고 정치적인 활동들까지 포함하는 것으로 외연을 확대해 이해한다면, 이 사회운동가는 사회운동가인 동시에 민주사회의 자발적인 봉사자라 불릴 자격을 충분히 갖춘다.

또 다른 예를 하나 들어보자. 어느 한 아파트 부녀회에서 쓰레기소각장 건설 반대운동을 전개하고 있고, 여기에 어떤 전업주부 한 명이 자발적으로 참가해 열성적으로 활동하고 있다고 가정해 보자. 이 주부는 자가(自家)소유주로서, 소각장이 들어옴으로써 발생할 집값 하락 때문에 운동에 참여하는 것이다. 그녀는 자원봉사자일까 아닐까? 이 질문에 대한 답 역시 자원봉사활동을 어떻게 정의내리냐에 따라 상당히 달라질 수 있다. 만약 자원봉사를 물질적 보상에 대한 기대가 전혀 없이 수행되는 100퍼센트 이타적인 활동으로 정의 내린다면, 이 주부는 자원봉사자 범주에 들어가지 못할 것이다. 그러나 만약 자원봉사를 일정 부분 이기적인 동기에 의해 촉발될 수 있는 부분적인 이타적 행위로 이해한다면, 이 주부의 활동은 자원활동으로 충분히 인정받을 여지를 가진다.

이와 비슷한 예는 얼마든지 많다. 예를 들어, 여러분의 친척 어르신 가운데 누군가가 심하게 아파 병원 병실에서 여러분이 한 달 동안 기거하면서 어르신 간호에 힘썼다고 해 보자. 여러분은 자원봉사자인가 아닌가? 아마 아니라고 답하는 비율이 더 높을 것이다. 통상적으로 가까운 친인척끼리 주고받는 사적인 도움들은 자원봉사활동의 범주에서 제외시키는 것이 보통인 까닭이다. 당연한 듯 보이지만, 비공식 영역에서 이뤄지는 이 같은 이타적인 행위들을 자원봉사의 범주에서 제외시킬 수 있었던 데에는 개념에 대한 일반대중과 학자들의 합의가 그와 같이 이루어졌기 때문인 측면이 크다.

마지막으로 한 가지 예만 더 들어 보자. 여기 대학생 세 명이 있다. 한 명은 지난 여름방학 동안 북한이탈주민가정의 아동청소년에게 국영수 과외봉사를 하며 이들의 멘토 역할을 자처했고, 또 다른 한 명은 서울시립미술관에서 외국인 관광객들에게 길을 가르쳐 주는 통역봉사활동을 했으며, 마지막 한 명은 낙태반대 시민단체에서 시위준비를 하는 것을 도와주면서 자신의 뛰어난 그림그리기 재능을 활용해 시위포스터를 그리는 일에 자발적으로 동참했다고 가정해 보자. 이 세 가지 행위는 모두 자원봉사활동의 범주에 들어갈까 들어가지 않을까? 이 역시 자원봉사를 어떻게 정의내리냐에 따라 그 답이 완전히 달라질 수 있는 질문이다. 만약 특정한 정치적 가치나 이데올로기의 구현을 자원봉사의 동기에 포함시키지 않기로 했다면, 낙태반대 포스터를 그리면서 시위에 자발적으로 가담한 행위는 자원봉사라기보다 사회운동에 가까운 것으로 간주할 수 있을 것이다. 비슷한 맥락에서, 만약 이기적 동기에 의해 시작된 봉사활동을 자원봉사의 범주에 포함시키지 않기로 했다면, 미술관에서 자신의 외국어 실력을 향상시킬 목적으로 외국인들을 대상으로 수행된 통역봉사활동이라든지, 훗날 취업에 필요한 스펙을 쌓을 목적으로 중고등학생들을 상대로 수행된 과외봉사활동은 진정한 자원봉사로 인정하기 힘들 것이다.

위에서 제시한 사례들은 모두 자원봉사라는 현상이 어떤 한 가지 틀에 박혀 있지 않은 다차원적이고 복잡한 개념이며, 그만큼 정의내리기가 쉽지 않다는 점을 시사한다. 개념 정의의 어려움은 2011년 국제연합 자원봉사단(United Nations Volunteers, UNV)의 조사보고서 『State of World's Volunteerism Report』에도 잘 나타나 있다. 보고서는 기본적으로 자원봉사를 어떤 한 사람이 다른 누군가에게 조직적으로 도움을 주는 행위로 정의한다. 그런데 여기에 몇 가지 단서조항을 붙인다.

누군가에게 도움을 주는 행위가 진정한 자원봉사가 되기 위한 첫 번째 요건은 그 행위로 말미암아 봉사자가 상당한 금전적 이익을 누려서는 안 된다는 점이다(UNV, 2011: 4). 여기서 상당한 금전적 이익이라 함은 동일 행위를 함으로써 일반적으로 예상되는 시장가치의 크기를 의미한다(정진경, 2012). 시장가치보다 적은 금전적 이익을 봉사활동 중에 우연히 - 사전에 치밀하게 계획하지 않았음에도 - 획득했다면, 그것은 허용가능한 수준의 금전적 이익이며, 해당 행위는 자원봉사의 범주에 포함돼도 무리가 없다.

예를 들어 설명해 보자. 여러분 가운데 한 명이 대형종합병원으로 헌혈봉사활동에 나갔다가 봉사자 중 한 명을 추첨해 5년 간 무료건강검진 자격증을 주는 이벤트에 당첨돼 현금가치로 대략 500만원에 해당하는 이득을 우연히 취했다고 가정해 보자. 이 경우 당신의 헌혈봉사활동은 봉사활동으로 볼 수 있을까 아니면 볼 수 없을까? 각자의 판단은 다를 수 있지만, UN이 제시한 기준, 즉 봉사활동 결과 발생한 의도치 않은 이익이 평균적인 시장가치를 넘어서서는 안 된다는 기준을 적용하면, 당신의 헌혈봉사는 자원봉사활동의 범주에 포함되지 않을 가능성이 훨씬 높다. 일회 헌혈의 가치가 2014년 현재 시장가격으로 대략 5만원 가량 하는데, 당신은 자기 피를 제공한 대가로 - 비록 계획한 바는 아니지만 - 500만원의 소득을 취했고, 결국 시장가치보다 백배 가량 많은 495만원의 순이익을 거두었기 때문이다.

두 번째 요건은 봉사활동은 원칙적으로 완전한 자유의지에 기반을 두어야 한다는 점이다(UNV, 2011: 3). 물론 상황에 따라 자유의지가 아닌 상태 속에서도 봉사활동은 수행되기도 한다. 즉, 타의가 어느 정도 섞인 봉사활동도 얼마든지 자원봉사활동의 범주에 속할 수 있다는 것이다. 일부 청소년들이나 대학생들이 또래집단의 압박에 못 이겨 친구들과 함께 봉사활동에 나선다든지, 일부 직장인들이 상사의 무언의 압력 혹은 정중한 요청에 못 이겨 어쩔 수 없이 주말에 봉사활동에 나선다든지 하는 경우가 여기에 해당하는 사례들이다(Davis-Smith, 2004).

그러나 타인에 의해 100퍼센트 강제된 상태에서 실시된 봉사활동은 자원봉사활동 범주에 포함될 수 없다(정진경, 2012). 사회봉사명령이 한 예이다. 사회봉사명령은 형사법상 유죄가 인정된 범죄인으로 하여금 법원이 급부 없이 일정기간 동안 지역사회를 위해 봉사활동을 하도록 의무화하는 일종의 형벌 제도이다. 사회봉사는 기본적으로 봉사 이행이 강제되며, 이를 거부할 경우 국가의 강력한 제재가 가해진다는 점에서 자원주의의 원칙에 정면을 어긋나는 속성을 가지며, 따라서 자원봉사의 범주에서 제외된다고 보아야 마땅하다. 마찬가지 논리로, 우리나라의 20대 남성 청년들에게 주로 부과되는 군복무 역시 국가를 위한 일종의 봉사활동이지만, 거부할 경우 법적 구속력과 강제력이 동반된다는 차원에서 자원봉사의 범주에 들어간다고 말하기 어렵다.

한편, 우리나라에서 많은 중고등학교 청소년들이 이른바 봉사학습(service learning)이라는 개념에 의거하여 거의 강제적으로 봉사활동에 참여하고 있는데(이용교, 2010), 이를 자원봉사의 범주에 포함시켜야 하나 말아야 하나와 관련해 현장에서뿐 아니라 학계에서도 상당한 논란이 제기되고 있는 실정이다(정진경, 2012). 이 문제에 대해서는 사실 정해진 답은 없다. 하지만 본서에서는 청소년들의 봉사학습은 자원봉사활동의 범주에 속하는 것으로 간주해도 무방한 것으로 입장을 정리하고자 한다. 왜냐하면, 청소년들의 봉사학습은 교과과정의 일환으로서 반드시 이수해야만 학교를 졸업할 수 있다는 측면에서 분명 상당한 수준의 강제성을 동반하고 따라서 자원봉사의 속성에서 비껴나간 부분이 많긴 하지만, 결과적으로 학생들에게 일정한 혜택과 수혜를 안겨다 준다는 측면에서 그리고 학생들은 봉사커리큘럼을 이수함으로써 자신들의 성장과 발전 가능성을 어느 정도 예상할 수 있다는 측면에서, 국가에 의해 강제되는 사회봉사나 군복무 같은 처벌적·제재적 성격은 전혀 찾아볼 수 없기 때문이다. 청소년들은 봉사학습을 통해 미성숙한 자아를 완성시킬 수 있고, 교실에서 교과서를 통해서만 배웠던 시민사회의 실체를 직접 경험할 수 있음은 물론, 그 의미를 음미하면서 민주사회의 성숙하고 책임감 있는 시민으로 성장할 수 있다. 청소년들의 봉사학습과 관련된 이슈와 논란에 대해서는 이어지는 9.1.장에서 좀더 자세히 다루도록 하겠다.

봉사활동이 진정한 자원봉사로 인정받기 위한 마지막 세 번째 요건은, 봉사활동에 따른 혜택이 봉사자 자신보다는 봉사대상자에게 충분히 발생해야만 한다는 점이다(UNV, 2011: 4). 이 말인즉슨, 봉사활동 결과 봉사자 자신은 개인적으로 충분한 내면적 성찰과 발전, 성장의 기회를 가졌으나, 봉사대상자는 내외부적으로 아무런 긍정적인 변화를 얻지 못한 채 정체 혹은 퇴행을 경험하였다면 해당 봉사활동은 자원봉사활동의 범주에 포함되기 어렵다는 뜻이다. 자원봉사는 그 활동의 결과, 봉사자 이외에 혜택을 얻는 대상이 반드시 존재해야만 한다. 이 때 그 대상은 이웃주민이나 마을주민 또는 이방인 같은 사람 혹은 집단을 주로 가리킨다. 하지만 살아있는 유기체에만 국한되지 않고, 상황에 따라 자연환경이나 문화재 같은 물건, 나아가 조직, 기관, 프로그램, 정책 등 다소 추상적인 인공물까지 모두 포함한다(현외성, 2011: 62-64).

요약하면, 국제연합 자원봉사단(UNV)은 자원봉사를 어떤 한 사람이 다른 사람이나 조직, 기관, 지역사회, 혹은 이 보다 더 큰 사회적 환경이나 사물을 상대로 아무런 금전적·물질적 대가나 보답에 대한 기대 없이 자신이 가지고 있는 다양한 가용자원을 동원해 조직적으로 도움을 주는 행위로 이해한다

(*Ibid*: 1-11). 조직적으로 도움을 주는 과정에서 예기치 못한 금전적 이익이 발생하기도 하고 봉사자는 이를 전부 혹은 일부 취하는 것이 허용되기도 하지만, 만약 오로지 금전적 이익에 대한 기대만으로 봉사활동을 애당초 시작했다거나 재정적 이익이 적정 시장가치를 넘어서는 수준으로 발생하였다면, 해당 활동은 자원봉사활동의 범주에서 제외되는 것으로 간주한다. 또한 도움을 주는 행위는 순수한 자유의지에서 비롯되어야 한다. 그러나 사회적 압력이나 의무감, 책임감 등 다양한 비자유의지적 요인들에 의해 자원봉사활동이 촉발되는 상황도 얼마든지 존재함을 유념해야 한다(DellaVigna, List and Malmendier, 2012). 마지막으로, 도움을 주는 사람의 성장이나 발전, 이득과는 별개로, 도움을 받는 대상의 긍정적인 변화 정도를 기준으로 해당 봉사활동이 자원봉사활동인지 아닌지를 가늠해야 한다. 도움을 받은 상대가 그 도움으로 인해 더 큰 위험에 처했거나 이전보다 악화된 현실을 경험하게 됐다면, 해당 봉사활동은 자원봉사와는 거리가 먼 것으로 간주한다.

지금까지 우리는 자원봉사의 의미를 다각도로 살펴보았다. 매우 다양한 이분적 개념들 - 이기적 동기 對 이타적 동기, 물질적 보상 對 비물질적 보상, 공식적 도움 對 비공식적 도움, 미시적 변화를 위한 도움 對 거시적 변화를 위한 사회개혁, 자발성 對 강제성 등 - 이 자원봉사의 의미를 좀더 명확히 살펴보기 위해 동원되었다. 이 같은 다양성은 그 자체로 사회적 현상으로서 자원봉사가 매우 복잡한 실체임을 말해준다. 아래에서는 아직까지 충분히 논의하지 못한 몇 가지 이분적 개념들을 좀더 심층적으로 검토하고, 이를 토대로 자원봉사의 의미에 보다 천착해 들어가 보도록 하겠다.

1. 자원봉사기관

일부 자원봉사자들은 사람들의 이목을 꺼리기 때문에 아무런 기관에 소속되지 않은 상태에서 자유롭게, 보이지 않는 음지에서 봉사활동을 수행한다(Hustinx, 2010b). 그러나 대부분의 자원봉사자들은 공식적인 봉사기관에 회원으로 가입한 상태에서 봉사활동을 조직적으로 수행한다. 따라서 자원봉사활동과 자원봉사기관 회원자격 간에는 으레 상당한 상관관계가 존재하는 것으로 알려져 있다(Cutler and Danigelis, 1993: 150).

그러나 자원봉사기관에 회원으로 단순히 가입등록된 것과 실제 정기적으로 자원봉사를 하는 것, 그리고 헌신적으로 봉사활동에 임하는 것 사이에는 커다란 간극이 존재한다. 실제로 세계가치조사(World Value Survey)를 분석한 Torcal과 Montero(1999: 172)은 평균적으로 전 세계 자원봉사기관 가입회원의 오로지 절반 정도만이 실제 자원봉사자로 정기적으로 활동하고 있고, 그 가운데에 오로지 4분의 1만이 헌신적 봉사자로 구분될만한 활동력을 보인다고 보고한 바 있다. 따라서 이러한 불일치들을 감안한다면, 자원봉사라는 사회적 현상을 실증적으로 측정하는 데 있어 단순히 "당신은 자원봉사기관에 가입되어 있습니까?"라고만 묻고 이에 대해 "예"라고 답한 사람들을 전부 자원봉사자 집단에 포함시키는 설문은 현실을 제대로 반영하지 못하는, 한계점이 분명한 조사방식이라는 점을 쉽게 깨달을 수 있을 것이다(Hooghe, 2003: 54).

통상적으로 자원봉사활동기관은 소수의 열성적인 회원들 위주로 운영, 관리된다. 그리고 다수를 차지하는 비열성적 가입자들은 소수 열성파의 노력에 무임승차하며 건성으로 봉사활동을 하거나 단순히 자원봉사기관의 뒤풀이나 흥미성 이벤트에만 나타나 사교에만 치중하는 모습을 보이기도 한다. 인정하고 싶지는 않지만, 이는 자원봉사를 해 본 사람이라면 누구나 쉽게 목격할 수 있는 아름답지 못한 봉사현장의 현실이다.

2. 이타적 동기 對 이기적 동기

행동주의자들에 따르면 인간은 어떤 행위를 하는 데 따르는 비용이 보상보다 크면 그 행위를 꺼리고, 반대로 비용보다 보상이 크면 그 행위를 기꺼이 한다고 한다. 따라서 비용-보상의 행동주의적 관점에서는 자원봉사는 인간의 자연적 행동법칙에 반하는, 위대한 의식적 희생으로 종종 해석된다(Meijs et al., 2003: 20). 어떤 한 사람이 아무런 보상을 기대하지 않고 자신의 가용자원을 동원해 다른 누군가에게 도움을 주는 이타적 행위를 자원봉사라고 정의했을 때, 비용이 보상보다 명백히 클 것으로 예상됨에도 낯선 이방인에게까지 도움을 주는 행위는 위대한 희생정신, 즉 이타적 동기 외에는 좀처럼 설명이 잘 되지 않는 기현상이기 때문이다.

그러나 자원봉사활동을 둘러싼 비용-보상 계산은 겉으로 드러난 부분만을 보고 판단하기에 매우 어려운 측면이 있다. 보상에 대한 일말의 기대 없이 자원봉사활동을 시작한 경우조차 봉사자는 조그마한 혹은 상당한 대가를 반대급부로 부여받는 상황에 왕왕 직면하기 때문이다(Meier and Stutzer, 2008: 41-42).

예를 들어, 체육대학에 소속된 한 대학생이 여름방학 동안에 해안가에서 안전요원으로 자원봉사활동을 하기로 하였고, 현장에 투입되기 전 기본적인 심폐소생술과 응급처치 등 간단한 의료기술을 십여 시간에 걸쳐 근처 병원 의사들로부터 습득했다고 가정해 보자. 이 체대생은 순수하게 이타적인 동기를 바탕으로 봉사활동을 시작했기 때문에 100퍼센트 희생만 염두에 두었을 수 있다. 하지만 해상안전요원 봉사활동을 통해 이 체대생은 그와 같은 봉사활동을 하지 않았더라면 전혀 몰랐을 새로운 의료기술을 습득했고, 이를 통해 인적자본 향상이라는 실질적인 혜택을 얻었을 수 있다. 또한 실제로 위험에 빠진 인명을 구조함으로써 뿌듯함과 보람이라는 보이지 않는 정신적 위로감을 얻었을 수도 있다. 덧붙여, 자원봉사활동을 하다가 만나게 된 사람들과 밖에서도 꾸준히 만남을 이어가다가 그 중 한 명으로부터 취업제의를 받았을 수도 있다. 이는 자원봉사를 통해 형성된 인맥이 일자리라는 물질적 보상으로 이어지는 대표적인 경로라 할 수 있다.

자원봉사활동은 100퍼센트 희생만을 수반하지 않는다(박관숙 · 김성희, 2012; Lee and Brudney, 2010). 사람들은 누구나 자원봉사를 하면서 크든 작든 일정 수준의 보상을 경험한다. 설령 그러한 보상을 미리 염두에 두지 않았다 할지라도, 인간이라면 누구나 소정의 보상 가능성이 열려 있음을 타인의 경험을 통해 간접적으로 혹은 직접적인 체험을 통해 어느 정도 예상할 수 있다(이강현 · 정진경, 2006; 정진석 · 조미정 · 채현탁, 2009: 96).

비용을 계산하는 시뮬레이션 과정에서 보상에 관한 예측이 항상 뒤따른다는 것은 자원봉사활동에 따르는 비용과 보상의 경계는 애매모호하며, 둘을 구분하는 것은 현실적으로 별 의미가 없음을 의미한다. 이를 동기의 용어를 빌어 다시 표현하면, 이타적으로 보이는(=비용만 지출한 것으로 보이는) 자원봉사활동도 실은 이기적 동기에 의해서(=보상을 얻으려는 욕심으로) 촉발된 측면이 부분적으로 존재함을 뜻한다(Flick, Bittman and Doyle, 2002: 51).

오로지 희생만 요구하는 자원봉사활동, 100퍼센트 이타적인 동기에 근거해 촉발된 자원봉사활동은 현실에서 드물게 존재한다(Piliavin, 2009: 210-211). 대부분의 사람들은 자원봉사를 숭고한 희생으로 보는 사회에서 자라왔고 또 그렇게 생각하도록 사회화되었기 때문에, 모든 자원봉사활동은 100퍼센트 희생적이고 100퍼센트 이타적 동기에 의해 촉발된 것이라고 믿고 싶어 한다. 하지만 희생과 보상 그리고 이타적 동기와 이기적 동기는 자원봉사의 실제 현장에서는 복잡한 실타래처럼 얽혀있다. 이는 자원봉사라는 사회 현상에서 둘을 구분하는 것은 사실상 불가능하며 큰 의미도 없음을 뜻한다. 이런 맥락에서 봤을 때, 비용-보상 분석의 결과라든지 동기의 원천과 관련해 어느 한 쪽 방향으로만 논의를 국한시키는 것은, 자원봉사활동의 이면에 놓여 있는 복잡한 인간 심리상태를 제대로 간파하지 못한 단편적 해석이라 할 수 있다. 자원봉사 현상을 공부하는 연구자는 이러한 부분을 결코 놓쳐서는 안될 것이다.

자원봉사 현상에서 비용과 보상, 이타성과 이기성을 구분하는 것이 별 의미가 없음을 이해하였다면, 이기적 동기에 근거해 시작한 자원봉사활동을 자원봉사가 아니라고 단정 지을 근거 역시 빈약함을 곧 깨달을 수 있다. 이기적 동기로 시작된(=보상만 얻고자 시작된) 자원봉사활동도 낯선 타인에게 도움을 주는 과정에서 결과적으로 상당한 이타성을 동반하는(=상당한 비용을 지출하게 되는) 경우가 많음을 고려하면 특히 더욱 그러하다. 낯선 타인에게 실제로 도움을 주었다면, 그 동기가 어떠했든지 간에 상관없이 도움을 주는 사람 입장에서는 전혀 지출할 필요가 없었던 비용을 이미 상당 부분 지출한 것이고, 결과적으로 이타적 동기로 자원봉사를 시작한 사람과 동급의 이타적 행위를 수행한 것이므로, 이기적 동기로 시작된 자원봉사활동 역시 자원봉사의 범주에 충분히 포함될 수 있다는 논리이다.

한편 자원봉사활동에 따르는 비용-보상의 계산과 관련해 논의해 볼 가치가 있는 또 다른 이슈는, 봉사활동 후 주어지는 물질적·금전적 보상이 활동 전 투자한 물질적·금전적 비용보다 월등히 큰 경우 해당 활동을 자원봉사활동의 범주에 넣을 수 있는지 없는지 여부를 결정하는 문제이다. 이 문제에 대해서는 앞서 설명했다시피 국제연합 봉사단(UNV)이 일반적인 지침을 제시한 바 있다. 구체적으로, UNV는 만약 활동 이후 주어진 보상수준이 활동 전 투입한 비용보다 일반적인 시장가치 기준에 비추어 훨씬 큰 것으로 판명되었다면, 그 행위는 무보수성을 강조하는 자원봉사활동의 원칙에 정면으로 어긋나므로 자원봉사의 범주에 포함시키지 말 것을 주문하였다.

그런데 여기서 한 가지 주목할 만한 흥미로운 현상이 있다. 일부 자원봉사자들은 금전적·물질적 보상이 비용보다 너무 크게 발생했다고 판단하는 순간 자신의 행위를 자원봉사활동이라고 생각하지 않기도 한다는 점이다(Fiorello, 2011). 즉, 몇몇 봉사자들은 순수한 동정심이나 희생정신의 감정 상태를 느끼면서, 다시 말해 100퍼센트 이타적인 동기에 의해 움직인다는 자기암시를 받으면서 봉사활동 하는 것을 매우 중시하기 때문에, 금전이나 현물이 오고가는 것을 상당히 불쾌하게 느끼고, 그러한 거래가 동반되는 봉사활동을 봉사활동이라 생각하지 않아 평가절하함은 물론 그와 같은 불쾌감을 느꼈을 때 활동 자체를 아예 중지하는 경우도 왕왕 있다는 얘기다.

실제로, 실험방식을 취한 한 실증연구는 모집된 자원봉사자들을 무작위로 두 집단으로 나눈 후 일정한 시간이 지난 후 한 집단에게는 금전적 보상을 제공하고 나머지 다른 한 집단에게는 아무런 금전적 보상을 주지 않았다고 한다. 결과는 어땠을까? 후자에 속한 봉사자들은 기존의 봉사활동시간을 그대로 유지했으나, 전자에 속한 봉사자들은 그 시간을 현저히 감소시켰다고 한다(Frey and Goette, 1999: 2). 이같은 연구결과는 물질적·금전적 보상이 자원봉사자의 이타적 동기를 손상시키고 봉사활동을 저해하는 요인으로 작용할 수 있으므로, 자원봉사자에게 물질적·금전적 보상을 제공하는 것이 무조건 장려할만한 일은 아니며 좀더 조심스럽게 접근할 필요가 있음을 시사한다.

물론, 또 다른 어떤 한 실증연구는 봉사활동에 대한 금전적·물질적인 지원은 심리적·정서적 지원보다 봉사지속성과 만족도에 훨씬 더 강력한 긍정적 영향을 주므로, 봉사자에 대한 금전적·물질적 지원을 무조건 부정적으로만 생각할 것이 아니라 전향적으로 생각해야 하는 것 아닌가 하는 제언을 하기도 하였다(이정해·김현주, 2014). 자원봉사활동을 활성화하기 위한 방안으로 적절해 보이는 듯하지만, 그러나 이와 같은 제언은 자칫 자원봉사활동의 무보수성 원리를 심각히 침해할 수 있다는 측면에서 가능한 한 삼가야 하지 않을까 생각한다.

한편 위 논의와 연관지어, 상당히 많은 사람들이 물질적·금전적 목적이 아닌, 심리적이고 정신적인 만족감, 안정감, 충만감 등의 좋은 느낌을 얻기 위한 매우 이기적인 동기로 자원봉사활동을 하기도 함을 결코 간과해서는 안 될 것이다(Deci and Ryan, 2000: 235). 위에서 우리는 이기적 동기에 근거해 봉사활동에 나선 사람들도 결과적으로 이타적 행위를 한 것이란 사실에 초점을 맞추어, 이기적 자원봉사자들도 엄연히 자원봉사자의 범주에 포함될 수 있다고 살펴보았다. 그러나 비물질적·비금전적 차원의 보상을 집중적으로 추구하는, 독특한 성격의 이기적 자원봉사자들에 대해서는 아직 본격적으로 논의를 하지 않았다. 아래에서는 이들의 속성에 대해 간략히 살펴보도록 한다.

비물질적·비금전적 차원의 보상을 얻기 위한 개인적 욕심으로 이기적으로 자원봉사활동에 투신하는 사람들은 앞에서 살펴본 전형적인 비용-보상의 행동주의적 관점으로는 이해하기 어려운 속성이 가진다. 가장 난해한 부분은, 자원봉사활동은 물질적·금전적 비용이 많이 드는 반면 금전적·물질적 보상은 적게 발생하므로 기피대상이 되어야 함에도 불구하고, 이들은 봉사활동이 제공하는 비물질적·비금전적 보상을 매우 대가성이 높다고 여기고, 무급의 자원봉사활동을 오히려 매우 의욕적으로 좇는다는 점이다.

그러나 이와 같은 난점은 행동주의자들이 일반적으로 보상을 단순히 외형적·재정적인 차원에서만 접근하고 내면적·심리적인 차원은 전혀 고려하지 않음에 따라 나타난 결과이다. 일부 사람들은 자신들의 재정상황보다 내면의 감정상태를 더 중요시한다(Meier and Stutzer, 2008: 41). 예를 들어, 여기 자원봉사자 A와 B 두 사람이 있다고 가정해 보자. A는 평소 금전적으로 아무런 아쉬움 없이 풍족하게 살아온 사람이고, B는 금전적으로 문제가 많고 어렵게 생계를 이끌어오고 있는 사람이다. 두 사람의 재정상황은 크게 다르다. 하지만 공통적으로 봉사활동에 대한 소정의 사례금(교통비, 식비 등)을 제안받았을 때 극구 손사래를 치며 자신은 봉사활동 그 자체만으로도 커다란 행복감과 만족감을 느끼고, 그것이 가장 큰 보상이라는 식으로 말했다고 가정해 보자. 이 때 이들이 말하는 보상이 바로 내면적 차원의 보상이다. 겉으로는 잘 드러나지 않고 따라서 경험적으로 측정이 쉽지 않지만, 그럼에도 불구하고 한 사람에게 심리적·정신적인 만족감과 안정감, 충만감 등의 좋은 느낌을 주는 것이 바로 이 내적 보상이다.

그렇다면 자기 자신의 심리적·정신적 행복을 위해, 즉 내적 보상을 얻기 위해 이기적으로 자원봉사활동에 매진하는 자들을 우리는 자원봉사자의 범주에 넣을 수 있을까 없을까? 이 질문에 대한 대답은 '그렇다, 넣을 수 있다'이다. 그 근거는 앞에서도 한 번 설명했다시피, 무조건적인 희생과 사랑, 무결점의 동정심 또는 관용 등을 포함하는 순도 100퍼센트의 이타적 동기에 근거해 촉발된 자원봉사활동은 현실적으로 드물게 존재한다는 데 있다. 모든 자원봉사활동에는 정도의 차이만 있을 뿐 이타적 동기와 이기적 동기가 항상 같이 따라다닌다. 이는 외면적 보상뿐 아니라 내면적 보상 개념에도 똑같이 적용되는 논리이다. 만약 내적으로 이기적인 동기에 근거해 시작된 자원봉사활동을 자원봉사가 아니라고 분류하기 시작한다면, 이 세상에 지금까지 존재해 온 그리고 앞으로 존재하게 될 자원봉사활동들은 거의 대부분 자원봉사가 아닌 것이 되고 말 것이다. 정신적·심리적으로 행복감과 만족감, 충만감 등의 좋은 느낌을 느끼고자 하는 이기적 욕망을 조금이라도 내포하지 않는 순도 100퍼센트의, 오로지 고통과 희생, 무조건적인 퍼주기만을 동반하는 이타적 자원봉사활동이란 이 세상에 존재하지 않는다.

아울러 개인의 정신적·심리적 행복감을 증진할 이기적 목적으로 자원봉사를 수행했다 할지라도, 어쨌든 그와 같은 행위가 그 개인에게 시장가치를 넘어서는 금전적 이득을 초래하지 않고 결과적으로 타인을 돕는 이타적 행위로 이어졌다면 그 행위는 자원봉사활동으로 인정하는 것이 타당하다고 생각한다. 이는 자원봉사 현상에 있어 이기적 동기와 이타적 동기는 명확히 구분되기 어렵고, 자원봉사활동은 반드시 이타적인 결과로 이어져야 함 등을 지적한 앞선 논의에 근거해 내린 결론이다. 요컨대, 내적으로 이기적인 동기에 의해 시작됐을지라도, 해당 봉사활동이 이타적이고 공익적인 결과로 이어졌고, 봉사자 자신에게는 혜택이 정신적·심리적 행복감 증진 같은 내적인 보상의 형태로 제한적으로 주어졌다면 혹은 평균적인 시장가치를 넘지 않는 수준에서의 물질적·금전적 보상으로 이어졌다면, 그 행위는 자원봉사활동으로 보는 것이 타당하다는 것이 본서의 기본 입장이다.

3. 사회운동

여기서는 자원봉사의 개념 정의를 내리는 데 도움이 되는 유관개념으로서 사회운동(social activism) 개념을 검토하도록 한다.

역사적으로 사회과학 영역에서 둘은 개별적으로 연구가 진행돼 왔다(Eliahsoph, 1998: 175). 따라서 사람들은 보통 둘을 별개의 현상으로 생각하는 경향이 있다. 둘을 구분 짓는 경향은 여러 용어적 설명들에서도 곧잘 드러나는데, 자원봉사와 사회운동을 '치료 對 예방'이라든지 '사회문제에 대한 단기적 처방 對 장기적 해결책', '서비스제공 對 사회변화 지향' 등의 양가적 의미를 지닌 문구로 표현하는 것이 가장 대표적인 사례라 할 수 있다(Uslaner and Decker, 2001: 183).

그 외에도 여러 구분적 인식이 둘 사이에는 존재한다(Chambre, 1995: 124; Milroy and Wismer, 1994: 74). 예를 들면, 자원봉사활동은 사람 개개인을 표적으로 삼는 반면 사회운동은 구조를 표적으로 삼는다는 인식, 자원봉사자는 현상유지적인 반면 사회운동가는 변화를 추구한다는 인식, 자원봉사자는 협력과 대화를 중시하는 데 반해 사회운동가는 갈등과 대결을 조장한다는 인식, 활동가는 바리케이트를 치고 시위를 조직하고 피켓팅을 하며 건물을 점령하는 반면 자원봉사자는 시위대가 지나간 자리를 걸레로 닦고 청소하는 업무를 담당하는 인식, 활동가는 노숙인이나 성폭행피해자들을 위해 쉼터, 상담센터, 건강센터 혹은 그와 비슷한 보건복지증진시설들을 만들고 그에 필요한 재정을 확보하기 위해 대정부 정치투쟁을 벌이는 반면 자원봉사자들은 일단 그러한 시설이 만들어지고 나면 사후적으로 거기에 들어가 노숙인과 성폭행피해자들, 내담자들, 환자들에게 필요한 상담과 서비스를 제공한다는 인식, 자원봉사자는 예를 들면 결혼이민여성에게 한글을 가르치고 필요한 적응 서비스를 안내·제공하는 미시적 역할을 맡지만 사회활동가는 결혼이민여성에게 쏟아지는 사회적 편견과 정치적 박해들을 제도적·정책적 차원에서 거시적으로 제거하는 데 앞장선다는 인식 등등이 있다.

명백히, 자원봉사활동과 사회운동활동 사이에는 위와 같은 인식만큼이나 실재적으로 커다란 차이점이 존재한다. 일요일 아침마다 교회 정문 앞에서 커피나 차를 끓여 예배자들에게 나눠주는 종교적 자원봉사활동과, 정치적 목적으로 아무런 금전적 대가 없이 지역사회 환경보호운동에 투신하는 사회활동이 질적으로 다르다는 것은 주지의 사실이다.

몇몇 실증적 연구들에 따르면, 일반적으로 많은 사람들도 자원봉사가 사회운동과 그 성격을 확연히 달리 하는 사회적 활동인 것으로 인식하고 있다고 한다. Poppendieck(1998: 274)의 연구보고서를 보면 이런 인터뷰 구절이 나온다: "노숙인들을 위해 다른 봉사자들과 밥을 만드는 건 참 재밌어요. 하지만 노숙인들을 위해 시청에 탄원서를 쓰고 보내는 건 정말 지루한 일이지요. 그건 봉사가 아니라 일이예요 일(labor)."

자원봉사활동과 사회운동활동은 이처럼 얼핏 보면 매우 다른 성격의 활동 같아 보인다. 그러나 이 책에서는 양자를 다른 성격의 것으로 구분하지 않고, 사회운동활동을 자원봉사활동의 하위 범주로 구분하는 입장을 취하고자 한다. 사회활동가는 곧 자원봉사자다란 주장은 국제연합 자원봉사단(UNV)의 연구보고서 『Volunteering and Social Activism - Pathways for participation in human development』(2009: 6-8)에도 동일하게 나오는 내용인데, 해당 보고서에 따르면 사회활동가를 자원봉사자로 볼 수 있는 이유는 다음 세 가지 사항으로 설명 가능하다고 한다.

첫째, 원칙적으로 자원봉사라는 개념 안에 오직 대인서비스만 포함된 것이 아니기 때문이다. 자원봉사 개념 아래 정치적 옹호라는 하위 영역을 배제할 논리적 근거는 전혀 없다. 자원봉사자들은 정부기관이나 보수언론 등에 의해 도외시되어 온 미해결 문제들을 발굴해 변화지향적이고 참신한 정책적 대안을 제시하고 새로운 입장을 표명할 수 있다. 또한 이러한 목표를 달성하기 위해 시민단체나 연구기관을 자발적으로 조직, 결성하여 운영, 관리, 감독하는 방식으로 정치적 옹호 활동을 펼칠 수 있다.

둘째, 사회적 맥락과 상황에 따라 똑같은 행동이 자원봉사활동이 될 수도 있고 사회운동활동이 될 수도 있다는 해석 상의 모호성 때문이다. 예를 들어, 정신병원에서 옴부즈맨으로 활동하는 자원봉사자는 환자에게 필요한 서비스가 제때 적절히 제공되도록 감시활동을 펼친다는 점에서 분명 자원봉사자 범주에 속한다고 간주할 수 있다. 그러나 동일한 행동은 환자들의 인권을 아무렇지도 않게 침해하는 의사와 간호사들로부터 정신병 환자들의 권리를 수호하는 데 초점이 맞춰진, 매우 정치적인 환자권익 옹호 활동으로도 해석될 여지가 많다. 마찬가지 맥락에서, 주말마다 성폭행피해여성 쉼터에서 무보수로 긴급상담 봉사활동을 해 주는 어떤 전문상담가가 있다고 가정해 보자. 이 상담가는 피해여성에게 단순히 일 대 일 상담을 제공해 준다는 점에서 전통적 의미의 자원봉사자 범주에 속한다고 볼 수 있다. 그러나 그녀의 이 같은 미시적 도움제공 행위는 우리 사회에 존재하는 여성에 대한 폭력성을 문제화하고 개선하는 페미니즘 운동에 간접적으로 동참한다는 차원에서 활동가의 범주에도 속할 수 있다(공미혜 · 규순덕, 2004). 마지막 사례로, 미국의 경우 에이즈 관련 시민자원봉사단체의 회원들은 길거리에서 콘돔을 나눠주고 안전한 성행위에 관한 교육을 실시하는 한편, 에이즈환자에게 필요한 개별 정신과 상담서비스 및 의식주 관련 사회서비스들을 제공하는 데 주력한다. 또한 에이즈환자와 동성연애자에 대한 긍정적인 이미지 개선을 위해 노력하고, 캠페인 · 로비 · 시위 등을 통해 에이즈를 둘러싼 보건정책과 여론을 개선하는 데에도 많은 공을 들인다. 이런 경우 자원봉사활동과 사회운동활동의 전통적 경계는 매우 불분명하다고 볼 수 있다.

셋째, 보통 자원봉사를 개인적 차원의 동정심에서 촉발된 것으로 보고 사회운동을 사회적 차원의 정의감에서 촉발된 것으로 보는 시각이 있는데, 반대의 경우도 매우 흔하다는 점 때문이다. 예컨대, 가정폭력 피해여성에게 긴급구호를 제공하는 자원봉사자는 개인적 동정심 때문에 그녀를 도와주는 것일 수 있다. 그러나 사회적 부조리 - 이 경우 남성중심사회의 만연한 폭력성에 대한 사회적 분노 - 에 대한 불편한 느낌, 즉 정의감 때문에 그와 같은 봉사활동을 시작한 것일 수도 있다.

이 책에서는 위와 같은 몇 가지 이유 때문에 사회운동활동을 자원봉사활동의 하위 범주로 포함시키고자 한다. 사회운동활동은 자원봉사활동과 본질적으로 다를 바가 없다. 사회운동활동은 좀더 거시적 차원에서 공공선을 달성하기 위해 참여자에게 집단행동과 정치적 정체성을 좀더 강하게 요구한다는 점에서만 특이할 뿐, 본질적으로 자원봉사활동과 크게 다르지 않다. 둘 다 어떤 한 개인이 또 다른 개인이나 집단, 조직, 지역사회, 기타 환경이나 사물 등을 대상으로 뚜렷한 물질적·금전적 보상에 대한 기대 없이 자신의 가용자원을 동원해 도움을 제공하는 이타적 행위를 한다는 차원에서, 기본적으로 같은 성격의 인간 행동이라 볼 수 있다. 요컨대, 우리 책에서는 자발적인 무급 사회운동활동을 자원봉사활동의 특수한 한 하위 유형으로 간주함을 분명히 짚고 넘어가는 바이다.

4. 비공식적 도움과 돌봄

앞에서 우리는 자원봉사활동 대부분이 공식적인 자원봉사기관에 회원으로 가입된 상태에서 이루어진다고 살펴보았다. 물론 반드시 자원봉사기관에서 회원자격을 획득한 사람만이 봉사활동을 하는 것은 아니다. 그러나 회원으로 가입하지 않았다 할지라도, 현장에서는 어쨌든 간접적인 방식으로라도 자원봉사기관의 조직적인 지도감독 아래 봉사활동이 수행되는 것이 일반적이다. 따라서 통상적으로 비회원 역시 봉사기관의 지휘를 받게 됨은 주지의 사실이다.

자원봉사기관은 봉사자를 모집하고 교육하는 일을 주로 담당한다. 또한 모집된 봉사자의 역할을 규정하고, 각각의 능력과 특성을 고려해 업무를 할당한다. 뿐만 아니라 봉사자의 시간표를 작성, 배포하고, 필요한 경우 봉사자를 해임하는 등 봉사활동 전반을 총체적으로 관리, 운영하는 역할을 수행한다.

이러한 몇 가지 봉사기관의 업무사항들을 감안하면, 자원봉사는 상당히 관료제적 절차를 따르는 공식화된 도움제공 활동임을 눈치 챌 수 있다(신재섭·황성하, 2011: 63-64). 즉, 정해진 규칙과 절차에 따라 공식적인 명령주체의 승인 또는 허락을 받고, 기관이 표적으로 삼는 클라이언트의 위기상황에 매우 전형적인 방식으로 개입을 시도한다는 점에서, 자원봉사는 관료제적 성격을 띠는 독특한 조직 활동이라는 것이다. 이는 기관의 영역 바깥에서 격식을 따지지 않고 위기에 처한 사람들에게 무급으로 개별화된 서비스를 제공하는 비공식적 도움제공(informal helping) 활동과는 사뭇 구별되는 속성이다.

비공식적인 도움은 대부분 매우 친밀한 관계에 놓인 가족이나 친지, 이웃들, 친구들 사이에서 주로 관찰된다(이정임·김경화, 2013: 135-136). 예를 들어, 중풍에 걸려 쓰러진 남편을 수발하는 부인, 치매에 걸려 일상생활이 불가능한 어머니를 돌아가며 보호하는 자식들, 몇 주 간 해외여행을 간 이웃을 대신해 반려동물을 도맡아 밥을 주고 돌봐주는 또 다른 이웃 등이 우리 주변에서 흔히 목격할 수 있는 비공식적 도움 제공의 전형적인 광경들이다.

그런데 이러한 도움들의 면면을 자세히 들여다보면, 공식적이냐 비공식적이냐의 차이만 제외하면, 즉 봉사기관의 조직적 지도감독 하에 도움제공활동이 수행되느냐 그렇지 않느냐의 차이만 제외하면, 물질적 보상에 대한 기대 없이 A가 B에게 도움을 준다는 측면에서 자원봉사활동과 비공식적 도움은 사실상 구분이 어려운, 동급의 인간행위라는 생각이 들기도 하는 것이 사실이다. 실제로 미국에서 자원봉사와 관련해 실시되고 있는 전국적 규모의 사회조사 중 하나인 독립섹터조사(Indepedent Sector Survey)의 설문을 자세히 살펴보면, 가까운 가족이나 지인에게 제공한 비공식적인 도움까지도 자원봉사활동의 범주에 포함시키고 있음을 확인할 수 있다. 이는 자원봉사와 비공식적 도움을 동일선 상에서 보는 시각을 연구설계에 그대로 반영한 사례이다. 또한, 유럽과 미국에서 수행된 다수의 연구들에 따르면 주변 지인들에게 사적으로 비공식적 도움을 많이 주는 사람일수록 공적 영역에서의 자원봉사활동에 참여수준이 높았다고 한다(Einolf, 2011a; Taniguchi, 2011; Jegermalm and Grassman, 2013). 이는 비공식적 도움과 자원봉사활동이 사실상 구분되기 힘든 공통적 속성을 보유한다는 직접적인 증거로 볼 수 있다.

하지만 이 책에서는 - 대다수 경험적 연구들의 관행을 따라 - 비공식적 도움을 자원봉사활동의 범주에서 배제하기로 한다. 자원봉사활동의 특징 중 하나로 자주 언급되는 것이 바로 나와 일면식도 없는 낯선 이방인에게까지 기꺼이 도움을 제공하는 이른바 일반화된 타자(generalized others)에 대한 이타성인데, 비공식적 도움은 나와 육체적, 정신적, 감정적, 심리적으로 밀접한 관계를 맺고 있고, 따라서 도움을 주지 않으면 그와 같은 밀접한 관계가 좀처럼 유지되지 않을 특정적 타자(significant other)에 대한 이타성을 주된 특징으로 삼고 있어 (이정임·김경화, 2013), 둘을 동일선 상에 놓는 것은 상당한 무리가 따른다는 판단이 섰기 때문이다.

비슷한 맥락에서, 이 책에서는 가족이나 친지, 사적으로 매우 친한 관계에 놓인 사람들에게 제공하는 돌봄(care work), 예를 들어 노부모나 어린 자식, 아픈 친척이나 친구들을 위해 집안일을 대신해 주고 간단한 의료처치를 해주며 차를 태워주는 행위, 그리고 기타 다양한 직간접적 대인서비스를 제공하는 모든 사적 행위들을 자원봉사활동의 범주에서 배제하고자 한다(송다영, 2014).

Ellis와 Noyes(1990: 5)는 돌봄을 필요불가결하고 피할 수 없으며 일반적으로 기대되는 의무적 행위로서, 다양한 사적 관계에서 발생하지만 주로 가족들 사이에서 나타나는 도움제공 활동이라고 정의하였다. 이들은 돌봄이 자원봉사활동과 명백히 구분된다고 설명하였다. 먼저 돌봄은 자신의 의지와는 관계없이 얽힌 사적 관계 속에서 자연스럽게 발생하는 행위로, 돌봄을 주는 자는 받는 자와 한 가구를 이루어 같이 사는 경우가 대부분이고, 따라서 거의 항상 대기상태(on-call status)에 놓여 있는 경우가 많다는 특징을 가진다. 또한 돌봄을 주는 사람은 자신의 역할을 피할 수 없는 숙명으로 받아들이는 경향이 강하고, 돌봄을 받는 사람과 감정적으로 매우 강하게 결부돼 있다는 특징도 나타낸다. 반면, 자원봉사는 업무의 내용과 양이 자원봉사 관리조직에 의해 엄격히 정해져 있을 뿐 아니라, 도움을 주는 자의 의무와 권한도 제한돼 있는 경우가 많다. 뿐만 아니라 도움을 주는 자와 받는 자 모두 서로 일면식이 없는 사이인 경우가 대부분이어서, 감정적 애착의 강도도 상대적으로 약하다는 특징을 가진다.

5. 자원봉사의 의미: 결론

자원봉사라는 말은 우리 일상에서 상당히 자주 쓰이는 단어 중 하나이다. 그러나 사람마다 이 단어를 이해하는 바는 조금씩 다르다. 어떤 이는 자원봉사란 말을 매우 부정적인 어감을 써서 사용하고, 다른 이는 자원봉사를 자신들의 행위를 정당화하고 가치화하는 작업에 활용하기도 한다.

개념에 대한 일치된 정의가 부재하는 상황에서, 지금까지 우리는 자원봉사의 의미를 보다 정확히 밝히기 위해 다양한 유관 개념들을 검토해 보았다. 검토결과 자원봉사활동을 어떻게 이해할지와 관련된 몇 가지 가이드라인이 존재함이 확인되었다. 이 가이드라인에 따르면 자원봉사는 ① 봉사기관의 조직적 관리와 지도감독 아래 ② 공식적 영역에서 ③ 금전적·물질적 보상에 대한 최소한의 기대를 갖고 무급으로 ④ 다른 사람이나 조직, 기관, 지역사회, 전체 사회 및 기타 무생물의 물건에 필요한 도움을 제공하는 ⑤ 공익지향적 행위로 정의된다.

이와 같은 정의에 따르면 자원봉사는 기관의 조직적 관리나 공식적 지도 없이 사적인 영역에서 격식 없이 제공되는 비공식적인 도움 혹은 돌봄과는 질적으로 구분되는 것으로 이해된다. 뿐만 아니라 상당한 금전적·물질적 대가를 전제로 제공되는 공식적 도움과도 명백히 구분되는 것으로 이해된다. 또한 공익지향적인 행위라는 점에서 반드시 그 시작 동기가 100퍼센트 타인을 향한 이타성을 동반해야 할 필요는 없는 것으로 이해된다. 더불어, 제공하는 도움은 상황에 따라 직접적 대면서비스 형태를 띠기도 하고 정치적 옹호의 형태를 띠기도 하는데, 후자의 경우 자원봉사는 사회운동활동과 크게 다를 바 없는 것으로 이해된다.

그러나 이와 같은 개념 정의가 모든 사회적 상황과 맥락에서 적용되는 것은 아님을 독자들은 주의해야 한다. 특정 상황과 맥락에서는 자원봉사로 이해할 수 있는 행위가 다른 상황과 맥락에서는 자원봉사가 아닌 것으로 이해되기도 하는 등 개념적 모호성이 발생할 여지가 여전히 다분하기 때문이다.

예를 들어 설명해 보자. 여기 어떤 한 로스쿨 교수 A가 있다. A는 자원봉사에 평소 관심이 매우 많아 여가시간에 노동자권익단체, 즉 노동조합에서 무료로 법률정보를 제공하는 봉사활동을 펼쳐 왔다. 그런데 이 때 만약 A가 제공해 온 법률정보의 주요 클라이언트가 노조 소속인 A의 친동생으로 밝혀졌다면, 지금까지 A가 펼쳐온 활동은 자원봉사활동이라고 볼 수 있을까 없을까? 친족 간 의무감에 따라 주고받은 비공식적 도움 혹은 돌봄으로 봐야 하지 않을까? 비슷한 맥락에서, 이번에는 A가 노조에 소속된 공식적 자원봉사자 자격이 아닌, 노조회원 중 한 명의 고등학교 선배 자격으로 후배의 매우 사적인 요청에 따라 중요한 법률정보를 그 후배에게 무료로 몇 번 제공해 줬다고 가정해 보자. A의 활동은 자원봉사활동으로 봐야할까 아니면 비공식적 도움제공으로 봐야할까? 실로 답하기 어려운 애매한 문제가 아닐 수 없다.

자원봉사란 무엇인가와 관련된 이러한 개념 상 난해함을 감안하면, 결국 우리는 자원봉사를 공식적이고 조직적인 방식으로 제공하는 무급의 공익지향적 도움 정도로만 느슨히 정의하는 데 일단 만족해야만 할 것 같다. 그리고 구체적으로 어떤 행위가 자원봉사활동의 범주에 포함되느냐 안 되냐를 결정하는 문제는 주어진 상황과 맥락에 따라 판단할 수밖에 없는 탄력적 사안임을 인정하고 받아들일 필요가 있을 것 같다. 이는 지금까지 자원봉사의 의미를 밝히기 위한 긴 논의의 매듭으로서는 다소 허무한 결론인 듯 보이지만, 인간 인식의 불완전성과 오류 가능성을 인정하는 한도 내에서 어느 정도 수긍할만한 타협점이 아닐까 생각한다.

6. 자원봉사의 측정: 방법론

자원봉사의 의미를 밝히는 것은 이처럼 매우 어려운 일이다. 하지만 사회과학자, 특히 실증주의적 진영에 발을 담군 사회과학자는 어떠한 방식이 되었든 자신이 관심을 갖고 조사하는 사회적 현상을 객관적 지표를 통해 측정해 낼 수 있어야 한다. 아래에서는 이 책에서 자원봉사라는 실로 복잡다단한 사회 현상을 어떻게 측정하였는지 그 경험적 전략에 대해 간략히 살펴보기로 한다.

먼저, 자원봉사를 실증적으로 분석하는 작업에는 주로 〈서울복지패널 1차 및

2차 조사〉 원자료를 활용하였다. 특히 변수 간 인과관계의 효과적 검증을 위해 1, 2차 원자료를 종단적으로 병합해 사용하였다. 〈서울복지패널 1차 조사〉에는 총 3,365개 가구 7,761명의 만15세 이상 서울시민이 참여했고, 〈서울복지패널 2차 조사〉에는 총 2,893개 가구 만15세 이상 6,303명의 서울시민이 설문에 참여했다. 이 책에서는 1, 2차 조사에 모두 응한 총 2,884개 가구 5,733명의 서울시민을 조사대상으로 한정하고, 이들을 포함하는 원자료를 종단적으로 병합해 최종 분석자료로 활용하였다.

하지만 〈서울복지패널 조사〉 자료는 공간적으로 서울시에만 국한됐다는 한계를 가진다. 뿐만 아니라 포착하려는 모든 현상을 설문에 온전히 반영하고 있지도 않다. 예를 들어, 자원봉사자의 봉사동기를 파악하는 데 필요한 모든 항목들이 설문지에는 충분히 포함돼 있지 않다. 이와 같은 몇 가지 중대한 한계점들을 감안해 이 책에서는 필요에 따라 다른 조사자료들로 주요 분석자료를 융통성 있게 교체사용 하였다. 분석에 활용한 부가 조사자료는 총 네 가지였으며, 구체적으로 〈2008년 및 2011년 전국 자원봉사활동 및 기부에 대한 조사〉, 〈2012년 서울서베이〉, 〈제 8차 한국복지패널 조사〉, 〈2004년 한국종합사회조사〉 원자료를 포함한다.

〈전국 자원봉사활동 및 기부에 대한 조사〉는 한국자원봉사문화(舊 볼런티어21)가 한국갤럽조사연구소에 의뢰해 지난 1999년부터 2014년 현재까지 삼년마다 실시해 온 전국규모의 자원봉사 및 기부 관련 설문조사이다. 현재 2011년 조사자료를 분석한 기관자체보고서가 한국자원봉사문화 홈페이지 자료실에 올라와 있는 상태다. 그러나 대중에게 공개된 원자료는 2008년 것이 마지막이다. 따라서 이 책에서는 원자료 분석을 해야만 현상을 제대로 파악할 수 있는 특수한 경우에 한해 2008년 조사자료를 사용하였고, 원자료 분석이 필요치 않고 기관에서 제공하는 자료집 참고만으로 현상파악이 충분한 경우에는 2011년 조사자료를 사용하였다. 2008년 조사에는 전국 만19세 이상 성인남녀 총 2,016명이 참여하였고, 2011년 조사에는 전국 만 19세 이상 성인남녀 총 1,500명이 참여하였다. 전국 규모의 조사가 타당성을 확보하기 위해서는 표본수가 최소 3,000명은 넘어야 한다. 하지만 이 조사 자료는 1,500명밖에 되지 않는다. 따라서 일반화에 문제의 소지를 가진 자료라 할 수 있다.

다음으로 〈서울서베이〉는 서울시의 현 상태를 객관적으로 측정, 분석하고 도시발전 수준을 모니터링하기 위해 서울시정이 주체가 되어 지난 2003년부터 2014년 현재까지 매년 시행하고 있는, 지자체 차원에서는 국내 최대 규모의 정책지표개발형 설문조사이다. 이 책에서는 2014년 5월 현재 대중에 공개된 가장 최신 자료인 2012년 원자료를 사용하였다. 서울서베이 2012년 원자료에는 총 20,001개 가구 49,759명의 응답자가 포함돼 있다. 응답자는 서울시 25개 행정자치구 실거주자로서, 만 15세 이상의 남녀를 모두 포함한다.

〈한국복지패널 조사〉는 사회복지제도 및 프로그램, 서비스 전달체계 등을 효과적으로 개편할 수 있는 방안을 제시하기 위해 한국보건사회연구원과 서울대학교 사회복지연구소가 공동으로 지난 2006년부터 매년 수행하고 있는 사회복지 관련 국내 최대 규모의 설문조사이다. 2014년 현재 8차 조사자료까지 대중에 공개된 상태인데, 이 책에서는 가장 최신인 8차 원자료를 분석에 활용하였다. 〈한국복지패널 8차 조사〉에는 전국 1,081가구 총 14,530명의 만 15세 이상 남녀가 참여하였다.

마지막으로 〈한국종합사회조사〉는 성균관대학교 서베이리서치센터가 매년 실시하는 전국표본조사로서, 한국인의 주요 가치 및 태도, 속성, 행동 방식, 일상생활 양태 등을 체계적으로 조사한다. 이 조사는 한국사회의 구조와 시계열적 변화를 파악하고, 여러 주요 문제에 대한 국제 비교를 가능케 하는 양질의 사회과학 기초 자료를 창출하여 이를 누구나 자유롭게 이용할 수 있도록 하는데 목적을 둔다. 〈한국종합사회조사〉는 2003년 1차 조사가 시작된 이래 현재까지 매해 실시되고 있으며, 국제공조를 위해 ISSP(International Social Survey Programme)와 EASS(East Asian Social Surveys)와 공동설문지를 작성해 매년 특수한 주제에 대해 조사를 함께 실시해 온 특성을 가진다. 2004년 특별조사모듈은 시민권이었는데, 이 책에서는 시민권과 관련된 가설을 검증할 때에 한해 제한적으로 〈한국종합사회조사〉 원자료를 활용하였다. 2004년 자료의 표본은 전국 가구거주 만 18세 이상 성인남녀를 모집단으로 하여 다단계 지역집락 표본추출법됐으며, 총 1,312명의 참여자가 설문에 응답하였다.

한편, 자원봉사라는 사회적 현상을 포착·제시하는 작업에는 자원봉사참여율과 총 자원봉사시간 두 변수를 번갈아 사용하였다. 자원봉사 현상을 측정하는데 가장 흔히 사용되는 방법은 설문 응답자에게 자원봉사 활동경험의 유무를 직접적으로 묻고, 이를 바탕으로 특정 인구사회학적 집단의 자원봉사참여율을 계산해 내는 방식이다. 활동경험 유무는 일반적으로 "귀하는 지난 일 년 동안 자원봉사활동을 하신 경험이 있습니까?"와 같은 단일항목 질문을 통해 확인하며, 이에 대한 응답은 "예"와 "아니오"의 이항 형태로 기록한다.

자원봉사참여율은 자원봉사 현상에 대한 가장 간단하면서도 직접적인 지표라 할 수 있다. 하지만 단순히 자원봉사에 참여했느냐 안 했느냐보다 어쩌면 더 중요한 사실은 봉사활동을 정해진 기간 안에 - 보통 일 년이 기준 - 얼마나 오랜 시간에 걸쳐 수행했느냐의 문제라 할 수 있다. 전자는 빈도에, 후자는 강도에 초점을 맞춘다는 점에서 둘은 명확히 구분이 가는 사안이라 할 수 있다.

상식적으로 총자원봉사시간은 자원봉사참여율과 높은 정적 상관관계를 나타낼 것으로 생각된다. 하지만 실제 조사를 해 보면 양자 간에 항상 정적 관계가 형성되는 것은 아님을 알 수 있다. 예를 들어, 독립섹터조사(Independent Sector Survey) 자료를 분석한 한 미국의 연구결과에 따르면, 여성은 남성보다 자원봉사참여율은 더 높지만, 자원봉사자에게 국한시켜 총 자원봉사시간을 계산해 보면 통계적으로 유의미하게 더 오랜 시간을 봉사활동에 투자한 쪽은 남성이었다고 한다(Musick and Wilson, 2008: 27). 이 같은 연구결과는 자원봉사에 대한 일회성 단순 참여와 장기간에 걸친 지속적 참여는 반드시 구분돼야 할 사안임을 연구자들에게 시사한다.

요약하면, 이 책에서는 자원봉사 현상을 자원봉사참여율과 총자원봉사시간 두 변수들로 포착·제시하였다. 하지만 선행연구들은 이 외에도 다양한 변수들을 자원봉사 현상을 연구하는 작업에 활용해 왔다. 대표적으로 자원봉사활동집중도와 자원봉사활동정례성 등을 거론해 볼 수 있겠다(Handy et al., 2010). 집중도는 특정 인구집단 내 자원봉사활동이 열정적 소수에 의해 주로 수행됐는지 아니면 비몰입적 다수에 의해 수행됐는지 나타내주는 지표이고, 정례성은 지난 일 년 간 봉사활동이 정기적으로 일정한 간격에 걸쳐 수행됐는지 아니면 특정 시기에 집중적으로 수행됐는지를 나타내주는 지표이다. 모두 나름의 방법론적 장점을 갖고 있으나, 이 책에서는 이들 지표들은 활용하지 않았다. 현재 국내에서 대중에 공개된 자원봉사 관련 이차자료 중 자원봉사활동집중도나 정례성을 포착하는 데 필요한 모든 설문항목들을 빠짐없이 포함하는 조사 원자료는 없는 것으로 파악됐기 때문이다.

제 2 부

개인의 내면적 특질과 자원봉사

일반적으로 사회과학자들은 어떤 한 개인의 행동을 예측, 설명하기 위해 주로 그 사람의 객관적 조건(예: 소득, 주거지 등)이나 사회적 지위(예: 직업, 평판 등) 등에 주목하는 경향이 있다. 하지만 인간의 행동은 오로지 겉으로 드러난 조건이나 지위 같은 외적인 특성만으로 설명, 예측되는 것은 아니다. 인간의 행동은 겉으로 드러난 부분 외에 그 사람의 마음속에서 일어나는 심적 과정에 의해서도 상당 부분 설명, 예측이 가능하다. 제2부의 핵심은 바로 이와 같이 인간의 마음속에서 일어나는 과정들, 즉 내면적 특질이 자원봉사활동에 미치는 영향을 파악하는 데에 있다.

내면적 특질(subjective dispositions)은 동기, 가치, 태도, 성향과 같은 개인의 다양한 주관적 성향들을 총칭하는 일종의 우산개념이다(Moen, 1997: 133). 내면적 특질은 한 개인이 자신을 둘러싼 세계를 어떻게 이해하고 해석하는지 연구자로 하여금 그 방향과 내용을 가늠케 해 준다는 점에서 사회과학계에서 오래 전부터 긴요히 다뤄져 온 주제이다.

이어지는 3장과 4장에서는 다양한 내면적 특질 가운데 오랫동안 사회과학자들의 관심을 가장 많이 끌어 온 퍼스낼리티와 동기에 초점을 맞춰, 각 특질이 자원봉사활동에 어떠한 영향을 미치는지 실증적으로 알아보고자 한다. 구체적으로, 제 3장의 연구질문은 "열성적으로 자원봉사활동을 수행하는 사람들에게서 주로 발견되는 퍼스낼리티 유형은 무엇인가?"이고, 4장의 연구질문은 "자원봉사자들은 어떠한 동기를 갖고 봉사활동에 참여하는가?"이다.

3
chapter

퍼스낼리티와 자원봉사

퍼스낼리티는 보통 상황이나 맥락의 차이에 관계없이 어떤 한 사람을 특정한 방식으로 일관적으로 행동하게끔 만드는 개인의 독특한 성향의 총체적 집합을 의미한다(Penner et al., 2005: 374). 예를 들어, 누군가 친교적 퍼스낼리티를 갖고 있다면, 우리는 그가 어떤 사회적 상황이나 관계망 속에 위치해 있든 상관없이 일관되게 주위 사람들과 사교적인 행동패턴을 보일 것임을 예상해 볼 수 있다.

사회심리학계에서는 오래 전부터 퍼스낼리티가 어떻게 형성되는지와 관련해 상당한 논란이 있어 왔다. 이 논란은 퍼스낼리티가 생득적 유전자의 결과인지 아니면 후천적 사회화의 결과인지와 관련된 논쟁을 중심으로 펼쳐져 왔는데, 여기서는 그러한 논란에 대해서는 되도록 함구하도록 하고 - 뒤에서 자세히 다룰 예정이다 - 다만 퍼스낼리티는 동기나 가치, 태도, 신념 같은 기타 다양한 유동적 내면 특질과는 달리 주어진 사회적 상황이나 맥락에 상관없이 좀처럼 변하지 않는 개인의 일관적인 속성이라는 점, 따라서 한 사람의 퍼스낼리티를 알면 그가 특정한 외부의 자극이나 상황, 예를 들면 자원봉사를 해 달라는 누군가의 요청에 어떻게 반응할 것인지 상당히 정확하게 그리고 안정적으로 예측할 수 있다는 것 정도만 염두에 두고 넘어가도록 하자.

퍼스낼리티는 매우 복잡한 구조를 갖고 있다. 그러나 사회심리학자들은 오래 연구 끝에 퍼스낼리티는 좀더 근원적이고 일차원적인 퍼스낼리티(high-order personality)와 표면적이고 이차원적인 퍼스낼리티(low-order personality)의 이중구조로 구성되며, 특히 근원적 퍼스낼리티에는 크게 다섯 가지 차원이 존재한다는 사실을 밝혀냈다(Goldberg, 1990).[1] 사회심리학자들은 자신들의 이 같은 발견을 퍼스낼리티 5요인 모형(Big Five Model)이라 명명하였다. 아래에서는 근원적 퍼스낼리티의 다섯 가지 차원을 좀 더 자세히 살펴보도록 하겠다(모화숙 · 박미라 · 하대현, 2013).

① 외향성(Extraversion): 사람들과 어울리고 사귀는 것을 얼마나 좋아하는지 그리고 얼마나 명랑한지를 보여주는 지표이다. 외향적이지 않고 내향적인 사람은 조용하고 서먹서먹하고 자기억제력이 우수하며, 수줍음이 많고 말이 없으며 나서지 않고 뒤로 물러서는 경향을 보인다.

② 동조성(Agreeableness): 다른 사람을 얼마나 믿고 따르는지, 또 얼마나 친화적이고 공감적인 태도를 나타내는지 보여주는 지표이다. 동조성이 떨어지는 사람은 폭발적이고 비열하며 신의가 부족한 한편, 타인에 대한 감정이입능력이 떨어지고 의심이 많다.

③ 성실성(Conscientiousness): 꼼꼼하고 끈질기게 그리고 시간에 맞춰 주어진 과제를 수행하는 데 필요한 자기통제력과 관련된 지표이다. 성실하지 못한 사람은 게으르고 부주의하며 비조직적인 모습을 보인다. 때때로 충동적이고 반사회적인 행동도 불사한다.

④ 신경성(Neuroticism): 외부의 자극을 얼마나 쉽게 위협적으로 인지하는지 또 어느 정도의 스트레스를 받고 처리하는지와 관련된 지표이다. 신경질적인 사람은 부정적인 감정과 다양한 정신병리학적 현상을 만성적으로 경험한다. 반대로 정서적으로 안정된 사람은 외부의 자극을 기회로 생각하고 스트레스를 적절히 조절할 줄 알며 매사에 강한 자신감을 나타낸다.

---

1) 참고로, 가장 대중적으로 알려진 퍼스낼리티 유형 분류방식은 MBTI(Myers-Briggs Type Indicator)인데(Myers, 1962), 이것은 과학적 엄밀성을 전혀 중시하지 않던 시대에 만들어진 비실증적 척도인 까닭에 오늘날 심리학자들은 MBTI를 퍼스낼리티의 올바른 척도로 전혀 간주하지 않는 실정이다.

⑤ 개방성(Openness to experience): 익숙한 것을 좋아하는지 아니면 새롭고 혁신적인 것에 매혹되는지와 관련된 지표이다. 개방적인 사람은 상상력이 풍부하고 창의적이며 호기심이 많고 진취적인 한편, 위험한 일에 무모할 만큼 도전적인 자세를 보인다.

각각의 차원은 다시 한 번 세부적이고 이차원적인 퍼스낼리티의 하위 특질들을 포함한다. 가령 외향성 아래에는 사교성, 활동성, 수다스러움, 따뜻한 마음이, 동조성 아래에는 감정이입(=공감능력)과 신뢰, 겸손함이, 성실성 아래에는 자제력, 의무감, 신중함이, 신경성 아래에는 불안, 우울, 충동, 공격성, 자기효능감이, 개방성 아래에는 독창성, 심미성, 혁신성 등의 하위 특질들이 포함되는 식이다.

그렇다면 여기서 한 가지 궁금증이 생긴다. 자원봉사자들은 앞에서 언급한 다섯 가지 퍼스낼리티 요인 중 어떤 퍼스낼리티 요인을 가장 많이 가지고 있을까 하는 궁금증이 바로 그것이다.

상식적으로, 자원봉사자들은 봉사현장에서 낯선 사람들과 말을 섞고 어울리는데 큰 불편함을 느끼지 않는다는 점에서 외향적 퍼스낼리티를, 주어진 봉사업무를 세심히 처리하도록 요청받고 또 실제 그렇게 처리하고자 노력한다는 점에서 성실한 퍼스낼리티를, 타인의 어려움을 자신의 어려움으로 느끼고 낯선 타인을 돕는 것이 전체 사회를 위한 것과 같다는 사회적 공감능력을 가졌다는 점에서 동조적 퍼스낼리티를, 그리고 낯선 환경에서 낯선 타인을 만나 자원봉사라는 새로운 도전을 기꺼이 즐긴다는 점에서 개방적 퍼스낼리티를 가지고 있는 것으로 생각된다. 더불어, 어려움에 빠진 사람을 도와주려면 우선 자신의 정신건강이 탄탄하게 받쳐 주어야만 가능하다는 점에서 자원봉사자들은 정서적으로 안정적인 - 비신경질적인 - 퍼스낼리티를 가지고 있는 것으로 생각된다. 그런데, 정말 과연 이러한 추정은 사실일까?

많은 학자들이 우리와 비슷한 문제의식을 바탕으로 자원봉사자들은 어떠한 퍼스낼리티를 가지고 있는지 조사해 왔다(Omoto, Snyder and Hackett, 2010: 1719). 조사의 핵심은 자원봉사활동에 유리한 퍼스낼리티는 과연 존재하는가, 즉 자원봉사활동을 특별히 촉진시키는 퍼스낼리티 유형은 무엇인가에 대한 해답을 찾는 데 있었다. 아래에서는 자원봉사자의 퍼스낼리티를 실증적으로 조사한 몇 가지 국내외 대표적 선행연구들의 연구결과를 살펴보고, 이를 토대로 자원봉사활동을 열성적으로 수행하는 사람들에게서 주로 발견되는 퍼스낼리티 유형은 무엇인지에 대해 좀더 자세히, 국내 데이터인 〈서울복지패널 1차 및 2차 조사 원자료〉를 활용해 분석해 보도록 하겠다.

Elshaug와 Metzer(2001)는 조사대상인 자원봉사자들을 의도적으로 세 집단으로 구분해 모집하고, 각 집단이 퍼스낼리티 5요인 측면에서 주로 어떤 요인의 퍼스낼리티를 지니고 있는지 설문조사하였다. 첫 번째 집단은 〈Meals on Wheels〉라는, 우리나라로 치면 무료도시락 봉사프로그램에서 활동하는 자원봉사자들이었고, 두 번째 집단은 자원봉사 소방관들이었으며, 마지막 세 번째 집단은 호텔식당에 고용된 유급 주방장들로서 비자원봉사자들이었다.

조사결과, 첫 번째와 두 번째 자원봉사자 집단은 퍼스낼리티 5요인 측면에서 집단 간 차이가 통계적으로 전혀 유의미하지 않게 나타났다. 그러나 두 자원봉사자 집단은 모두 세 번째 비자원봉사자 집단과 비교했을 때 각기 훨씬 더 외향적이고 - 따뜻한 말과 몸짓을 좀더 적극적으로 겉으로 표현했다는 점에서 - 동조적인 것으로 - 낯선 이방인을 믿고 따르며 협조적인 태도를 보였다는 점에서 - 확인되었다. 나머지 세 퍼스낼리티 요인의 경우 자원봉사자와 비자원봉사자 간에 특별한 집단 간 차이는 없는 것으로 나타났다.

Elshaug와 Metzer(2001)의 연구는 자원봉사자들이 비자원봉사자들보다 좀 더 외향적이고 동조적인 퍼스낼리티를 갖고 있음을 증명해 줬다는 점에서 학문적 의의가 크다. 그러나 이들의 연구는 자원봉사자들이 따뜻한 말과 몸짓을 더 많이 겉으로 표현한다는 측면에서는 외향적 퍼스낼리티를 갖고 있는 게 분명하지만, 외향성의 또 다른 하위 특질 중 하나인 사교성 측면에서는 비자원봉사자들과 크게 다를 바 없다는 사실도 동시에 보여주었다. 다소 엇갈리는 이와 같은 조사결과는 모든 자원봉사자들을 퍼스낼리티 5요인 모형에 근거해 외향적인 퍼스낼리티의 소유자다 또는 동조적인 퍼스낼리티의 소유자라고 쉽게 단정짓는 것은 잘못된 접근이며, 보다 정밀한 설명을 위해서는 5요인의 하위 특질들을 기준으로 자원봉사자들의 퍼스낼리티를 하나씩 구분해 분류할 필요가 있음을 우리에게 말해준다.

한편, Caro과 그의 동료들(2005)은 조사대상을 미국대학교 재학생 중 현재 자원봉사활동을 하고 있는 학생들과 대학 입학 후 한 번도 자원봉사를 해보지 않은 학생들로 한정하고, 이들을 상대로 퍼스낼리티에 관한 설문조사를 실시하였다. 상관관계 분석결과, 현재 자원봉사활동을 하고 있는 학생들은 대학교 입학 후 한 번도 자원봉사활동을 해 보지 않은 학생들에 비해 외향성, 동조성, 성실성, 개방성 측면에서는 훨씬 더 높은 점수를 보였지만, 신경성 측면에서 별다른 점수 차이를 나타내지 않는 것으로 나타났다.

그러나 Caro과 그의 동료(2005)들은 이러한 분석결과를 일반화하는 데 매우 신중한 태도를 보였다. 왜냐하면 상관분석이 아닌 다양한 공변인들을 통제한 상태에서 실시한 다중회귀 분석결과를 살펴보니, 두 집단 간에 통계적으로 유의미한 차이를 나타낸 퍼스낼리티 요인은 오로지 동조성 하나뿐인 것으로 확인됐기 때문이다. 조사자들은 동조성의 다양한 하위 특질 가운데 특히 순종성이 자원봉사학생들 사이에서 매우 뚜렷이 나타났음에 주목하였다. 그리고 이를 근거로 자원봉사자들은 비자원봉사자들에 비해 순종적인 퍼스낼리티를 가지고 있을 확률이 더 높다는 주장을 펼쳤다.

다음으로, Bekkers(2005)는 총 네 집단의 조사대상자들을 설정해 자원봉사자들의 퍼스낼리티 연구를 실시하였다. 첫 번째 집단은 비교집단으로서의 비자원봉사자들이었고, 두 번째 집단은 교회 같은 종교기관에 소속돼 활동하는 자원봉사자들이었으며, 세 번째 집단은 비종교기관에 소속돼 활동하는 자원봉사자들이었다. 마지막 네 번째 집단은 내부적으로는 종교적 색채를 강하게 띠지만 대외적으로는 비종교기관임을 표방하는 인적서비스기관 소속 자원봉사자들이었다.

상관관계 분석결과, 종교기관에 소속된 자원봉사자들은 비자원봉사자들에 비해 공감능력 - 동조성의 하위 특질 가운데 하나 - 은 월등히 큰 반면, 활동성 - 외향성의 하위 특질 가운데 하나 - 은 다소 떨어지는 것으로 나타났다. 그러나 흥미롭게도 종교유무 및 기타 사회경제적, 인구학적 특징들을 통제한 채 다중회귀분석 실시한 결과, 종교기관에 소속된 자원봉사자와 비자원봉사자를 구별해 주는 퍼스낼리티 하위 요인은 오로지 활동성 하나 뿐인 것으로 결과가 사뭇 다르게 나왔다.

상관관계 분석에서는 관계가 있는 것으로 확인된 변수들이 회귀분석에서는 관계가 없는 것으로 결과가 뒤집혀 나온 경우는 종교적 색채가 강한 비종교기관 소속 자원봉사자들과 비자원봉사자들을 비교분석한 사례에서도 다시 한 번 확인되었다. 구체적으로, 상관관계 분석결과 종교적 색채가 강한 비종교기관 소속 자원봉사자들이 비자원봉사자들에 비해 공감능력은 우수하고 우울감은 낮게 나타났으나, 같은 변수들을 놓고 회귀분석을 실시한 결과 오로지 공감능력만이 두 집단의 퍼스낼리티를 구분 지어주는 변수인 것으로 확인되었다. 이러한 결과들은 공변인들을 통제하는 다중회귀분석과 통제하지 않는 상관관계분석 간에는 상당한 차이가 있음을 보여주는 증거가 된다. 참고로, 비종교기관에 소속된 자원봉사자들과 비자원봉사자들 간에는 퍼스낼리티 상에 아무런 집단 간 차이가 없는 것으로 조사되었다.

마지막으로, 미국에서 자원봉사자들의 퍼스낼리티를 조사한 사상 최대 규모의 실증연구라 할 수 있는 Rossi(2001: 296)의 연구를 살펴보자. 이 연구에서 Rossi는 앞에서 언급한 5요인 외에 주체성(agency)이라는 새로운 개념을 덧붙여 총 여섯 개의 퍼스낼리티 차원을 구성하였다. 여기서 주체성이란 말 그대로 자신만의 가치 기준을 갖고서 스스로 자신과 관련된 결정을 내리고자 하는 의지를 뜻한다.

수정된 개념틀을 바탕으로 Rossi는 회귀분석을 실시하였다. 분석결과, 여섯 가지 퍼스낼리티 요인 가운데 오로지 주체성, 동조성, 성실성 세 요인만이 한 개인의 자원봉사참여율에 정적인 영향을 미친다는 사실을 확인할 수 있었다. 그러나 이와 같은 인과관계에서 직접효과는 거의 발견되지 않았고, 오로지 간접효과만이 통계적으로 유의미하게 존재하는 것으로 나타났다. 주체성, 동조성, 성실성을 자원봉사참여율에 정적으로 이어준 완전매개변인은 다름 아닌 생산성(generativity)이란 동기 변인이었다. 자원봉사의 동기에 관해서는 다음 장에서 자세히 살펴볼 예정이므로, 여기서는 생산성 동기에 대해서만 간략히 짚고 넘어가도록 하자.

생산성 동기는 Erik Erikson(1959)의 심리발달이론에 나오는 개념으로서, 특히 중년기 개인에게 부과되는 생애과업적 동기 중 하나로 주로 거론된다. 일반적으로, 한 개인이 중년기까지 축적해 왔던 능력과 자질을 자기 자신이 아닌 전체 사회를 위해 사용하거나 후세대의 삶의 질 제고에 기여하는 경우, 에릭슨 이론에서는 그와 같은 사람을 가리켜 생산성 동기가 강한 사람이라고 말한다. 반대로, 생산적 인간이 되는 데에는 관심은 많으나 그렇게 되지 못할 때, Erikson의 심리발달이론에서는 해당 개인을 침체(stagnation)에 빠졌다고 말한다.

Rossi(2001) 연구의 핵심은, 한 개인의 자원봉사참여율에 직접적인 영향을 주는 요인은 퍼스낼리티라기보다는 바로 이 동기 요인이라는 데 있다. 다시 말해, 주체적 퍼스낼리티, 동조적 퍼스낼리티, 성실한 퍼스낼리티를 많이 가질수록 자원봉사활동에 더 열심히 참여하는 것은 사실이지만, 각각의 퍼스낼리티를 많이 가지고 있는 것 자체는 자원봉사참여율에 직접적으로 어떠한 영향을 주지 않고, 다만 그 사람의 생산성 동기에 정적인 영향을 미침으로써 자원봉사참여율을 높이는 데 간접적으로 기여할 뿐이라는 것이다.

지금까지 우리는 외국의 엄선된 연구 몇 개를 집중적으로 살펴보았다. 검토결과, 애초 우리가 예상했던 것과는 매우 다르게 퍼스낼리티 5요인은 모두 동일하게 자원봉사활동에 정적인 영향을 주지는 않는다는 사실을 확인할 수 있었다. 대체로 외향성이나 동조성을 자원봉사자의 독특한 퍼스낼리티로 언급하는 연구들이 많았지만, 항상 그런 것은 아니었다(Wilson, 2012: 179). 연구마다 자원봉사참여도에 정적인 영향을 주는 퍼스낼리티 요인은 상이했고,[2] 정적인 영향을 주는 것으로 밝혀진 경우조차 반드시 직접적인 영향을 발생시키는 것은 아닌 것으로 나타났다. 이런 경우 퍼스낼리티 5요인은 동기라든지 기타 다양한 내적 변인들을 거쳐 비등가적이고 간접적인 방식으로 자원봉사참여도에 영향을 줄 뿐이었다. 이처럼 들쑥날쑥한 연구결과들은 자원봉사활동에 유리한 퍼스낼리티, 다른 말로 자원봉사활동을 직접적으로 촉발시키는 퍼스낼리티 유형은 어쩌면 존재하지 않을 수 있다는 가능성을 우리에게 강력히 제기한다.

---

2) 앞에서는 전혀 언급하지 않았지만, 신경질적 퍼스낼리티를 강하게 보유한 사람은 그렇지 않은 사람보다 자원봉사를 할 가능성이 현저히 떨어진다는 연구결과도 학계에 다수 보고된 바 있다(Handy and Cnaan, 2007).

이런 가능성을 염두에 두고, 이제 방향을 바꿔 국내 조사자들에 의해 실시된 자원봉사자 퍼스낼리티 관련 연구들을 살펴보도록 하자. 안타깝게도 자원봉사자의 퍼스낼리티에 관한 국내 연구는 사실 그렇게 많지 않다. 2000년부터 2014년까지 약 14년 간 국내 저명학술지에 자원봉사를 주제로 출판된 약 1,000편의 연구논문들을 세밀히 검토했음에도 불구하고 총 세 개의 선행연구만이 확인됐기 때문이다. 그나마 두 개는 최근 심리학계에서 '흥미로 한 번쯤 해 볼만 하지만 신뢰도나 타당도는 보장할 수 없다'는 식의 시큰둥한 반응을 얻고 있는 MBTI 분류법을 주요 분석틀을 삼고 있어 자세한 인용이 힘들만큼(김귀숙, 2004; 유옥, 2010), 우리나라의 자원봉사자 퍼스낼리티 관련 연구는 미진한 편이다.

이런 측면에서 임승희와 노승현(2009)의 연구는 참고할만한 가치가 충분하다고 생각한다. 이 연구에서 조사자들은 구조방정식을 이용해 호스피스 자원봉사자들의 봉사참여도에 영향을 미치는 퍼스낼리티 요인과 동기 요인을 분석하였다. 연구결과는 자못 흥미로웠다. 퍼스낼리티 5요인은 자원봉사참여도에 어떤 직접적인 영향을 미치지는 않았지만, 다양한 동기 - 자기보호동기, 경력동기, 관계동기, 이해동기, 가치동기 - 를 매개로 간접적으로 자원봉사참여에 영향을 미친다는 가설을 입증해 주었기 때문이다.

물론 퍼스낼리티 5요인들이 모두 다 간접효과를 발생시킨 것은 아니었다. 오로지 외향성과 동조성만이 자원봉사참여도에 통계적으로 유의미한 간접효과를 발생시켰을 뿐이었다. 이를 경로 측면에서 좀더 자세히 살펴보면, ① 동조성 → 관계동기/이해동기/가치동기 → 자원봉사참여도, ② 외향성 → 가치동기 → 자원봉사참여, ③ 동조성 → 이해동기 → 지속의지, ④ 동조성 → 가치동기 → 지속의지 등만이 통계적으로 효과성을 입증받은 경로로 밝혀졌다.

이러한 연구결과를 바탕으로 임흥희와 노승현은 자원봉사자들의 퍼스낼리티에 주목하는 방식으로도 얼마든지 자원봉사참여도를 제고시킬 수 있다고 주장하였다. 예를 들면, 동조적 퍼스낼리티를 갖고 있는 사람은 특정 가치나 이데올로기에 동기화되는 경향이 강하고, 바로 이 가치 또는 이데올로기에 대한 몰입이 자원봉사참여도를 제고시키는 중요한 직접적 원인이 되기 때문에, 동조적 퍼스낼리티를 주로 갖고 있는 사람에게는 가치나 이데올로기 차원에서 자원봉사활동을 동기화시킬 수 있는 방법을 강구하는 것이 다른 어떤 동기를 자극하는 방법보다 훨씬 더 효과적이라고 주장하는 식이었다.

임흥희와 노승현(2009)의 연구는 자원봉사자를 모집, 관리, 유지하는 일에 있어 개인의 퍼스낼리티가 중요한 역할을 할 수 있다는 사실에 사람들의 주의를 환기시켰다는 점에서 학문적 의의가 크다고 생각한다. 하지만 자원봉사자의 퍼스낼리티가 동기를 매개로 자원봉사활동참여도를 간접적으로 높이는 경로만을 구조방정식 모형을 통해 검증했을 뿐, 퍼스낼리티가 직접적으로 자원봉사참여도를 높이는지 여부에 대해서는 애당초 관심을 가지지 않았고, 이를 모형에 반영하지도 않았다 점에서 한계 역시 명백한 연구라 할 수 있다.

요컨대, 현존하는 소수의 국내 문헌만으로는 봉사자들의 퍼스낼리티가 자원봉사참여에 어떠한 영향을 미치는지 정확히 파악하기가 불가능하였다. 이에, 이 책에서는 자체적으로 종단병합한 〈서울복지패널 1차 및 2차 조사 원자료〉를 바탕으로 퍼스낼리티 5요인과 자원봉사참여수준, 구체적으로 자원봉사참여율의 관계를 직접 분석해 보았다.[3)]

---

3) 설명의 편의를 위해 〈서울복지패널 1차 조사〉 원자료는 Wave I, 〈서울복지패널 2차 조사〉 원자료는 Wave II로 명기하겠다.

먼저 첫 번째 독립변수인 외향적 퍼스낼리티는 사교성이라는 하위 특질에 초점을 맞춰 변수를 구성하였다. Wave I에는 사교성과 관련된 항목이 총 세 개 포함돼 있다. 구체적으로, "나는 다른 사람들과 잘 어울리는 편이다", "나는 친한 친구가 별로 없다", "마음만 먹으면 친구를 쉽게 사귄다"이다. 각 항목에 대한 응답은 5점 라이커트 척도로 기록되며("매우 동의한다(1)"에서부터 "전혀 동의하지 않는다(5)"까지), 점수가 높을수록 사교성 정도도 높게 나타나도록 첫 번째 항목을 역점처리한 후 세 항목의 평균값을 구하는 식으로 Wave I의 사교성 변수를 최종 확정지었다.

두 번째 독립변수인 동조적 퍼스낼리티는 공감능력이라는 하위 특질에 초점을 맞춰 변수를 구성하였다. Wave I은 응답자의 공감능력을 다음과 같은 단일항목을 통해 포착한다: "다른 의견을 가진 사람들의 생각을 이해하기 위해 노력한다". 응답자의 대답은 5점 라이커트 척도로 기록되며, 점수가 높을수록 공감능력도 우수하게 나타나도록 원점수를 역점처리해 변수를 최종적으로 구성하였다.

세 번째 독립변수인 성실한 퍼스낼리티는 의지력이라는 하위 특질에 초점을 맞춰 변수를 구성하였다. Wave I에는 의지력과 관련된 항목이 총 두 개가 포함되어 있다. 구체적으로, "나는 한 번 마음먹은 일은 꼭 하는 편이다"와 "나는 다른 사람들보다 의지가 강한 편이다"이다. 각 항목에 대한 응답은 5점 라이커트 척도로 기록되며("매우 동의한다(1)"에서부터 "전혀 동의하지 않는다(5)"까지), 점수가 높을수록 의지력도 높게 나타나게끔 원점수를 역점처리한 후 두 항목의 평균값을 구하는 방식으로 Wave I의 의지력 변수를 최종 확정지었다.

네 번째 독립변수인 신경질적 퍼스낼리티는 자기효능감이라는 하위 특질에 초점을 맞춰 변수를 구성하였다. Wave I에는 응답자의 자기효능감과 관련해 다음과 같은 총 열 개의 항목이 포함되어 있다: "나는 다른 사람처럼 가치있는 사람이라고 생각한다", "나는 좋은 성품을 가졌다고 생각한다", "나는 대체적으로 실패한 사람이라고 생각한다", "나는 다른 사람들맡큼 일을 잘 할 수가 없다", "나는 자랑할 것이 별로 없다", "나는 나 자신에 대해 긍정적인 태도를 가지고 있다", "나는 나 자신에 대해 대체로 만족한다", "나는 나 자신을 좀 더 존중할 수 있으면 좋겠다", "나는 나 자신이 가끔 쓸데없는 사람이라는 느낌이 든다", "나는 때때로 내가 좋지 않은 사람이라고 생각한다". 각 항목에 대한 응답은 5점 라이커트 척도로 기록되며("매우 그렇다(1)"에서부터 "전혀 그렇지 않다(5)"까지), 점수가 높을수록 자기효능감도 높게 나타나게끔 원점수들을 역점처리한 후 주어진 열 개 항목의 평균값을 구하는 방식으로 Wave I의 자기효능감 변수를 최종 확정하였다.

마지막 다섯째 독립변수인 개방적 퍼스낼리티는 진취성이라는 하위 특질에 초점을 맞춰 변수를 구성하였다. Wave I은 응답자의 진취성을 다음과 같은 세 가지 항목을 통해 측정한다: "나는 때때로 어려운 일을 하는 것을 피한다", "나는 도전을 받을 때 더 잘한다", "나는 다른 사람보다 두려움이 많은 편이다". 각 항목에 대한 응답은 라이커트 5점 척도로 기록되며("매우 동의한다(1)"에서부터 "전혀 동의하지 않는다(5)"까지), 점수가 높을수록 진취성 수준도 높게 나타나도록 첫 번째와 두 번째 항목을 역점처리한 후 세 개 항목의 평균값을 구하는 방식으로 Wave I의 진취성 변수를 최종 확정하였다.

종속변수는 Wave II에 나오는 자원봉사경험여부를 사용하였다. Wave II는 응답자의 자원봉사경험여부를 측정하기 위해 다음과 같은 질문을 제시한다: "귀하는 지난 일 년(2009. 1.1~2009. 12.31) 동안 자원봉사활동을 하신 경험이 있습니까?" 이 질문에 대한 답은 "있다"와 "없다" 두 가지 방식으로 기록된다. 종속변수가 이분형 구조를 띠기 때문에, 분석방법은 로지스틱 회귀분석을 사용하였다.

한편, Wave I에서 측정된 자원봉사경험여부가 Wave II에서 측정된 자원봉사경험여부에 미치는 영향을 통제하기 위해 통제변수로 Wave I에서 측정된 자원봉사경험여부를 투입해 분석을 실시하였다. 패널자료의 두 시점 간 변화에 대한 이 같은 인과관계 분석방법은 흔히 두 시점 교차지연모형이라고 일컬어진다(Cohen et al., 2003). 지연모형은 선행시점의 결과변수 값을 통제한 상태에서 독립변수가 후행시점의 결과변수에 미치는 영향을 예측하는 인과적 분석방법 중 하나로서, 시차 개념을 도입함으로써 변수 간 인과관계를 두드러지게 하는 데 탁월하다. 이 책에서는 종단적으로 병합된 〈서울복지패널 1, 2차 조사〉 원자료를 사용해 분석을 실시하는 경우 항상 이 교차지연모형 분석방식을 적용하였음을 미리 밝혀두는 바이다.

〈표 3-1〉 퍼스낼리티가 자원봉사참여에 미치는 영향에 관한 이항로짓모형 분석결과

		Model 1	Model 2	Model 3	Model 4	Model 5	Model 6
여성		0.276*	0.267*	0.287*	0.273*	0.279*	0.255*
연령(a)	20세이상~30세 미만	-1.257***	-1.284***	-1.275***	-1.252***	-1.256***	-1.276***
	30세이상~49세 미만	-1.291***	-1.348***	-1.337***	-1.281***	-1.326***	-1.296***
	50세이상~65세 미만	-1.010**	-1.080**	-1.062**	-1.007**	-1.047**	-1.027**
	65세이상	-1.410***	-1.491***	-1.479***	-1.420***	-1.458***	-1.436***
학력(b)	고졸	0.560**	0.576**	0.574**	0.562**	0.577	0.561**
	전문대졸	0.640*	0.646*	0.649**	0.614*	0.663	0.607*
	4년제대졸	0.605**	0.605**	0.612**	0.578**	0.629	0.562**
	석사이상	1.355***	1.339***	1.371***	1.296***	1.394	1.278***
未취업		0.242*	0.237*	0.244*	0.248*	0.232	0.248*
혼인(c)	이혼/별거	-0.642+	-0.640+	-0.659+	-0.604	-0.658	-0.612+
	사별	0.098	0.110	0.106	0.123	0.104	0.123
	미혼	-0.064	-0.050	-0.056	-0.043	-0.074	-0.027
	미성년	0.116	0.156	0.124	0.134	0.130	0.138
소득(d)	100만이상~200만미만	0.249	0.255	0.267	0.248	0.285	0.220
	200만이상~300만미만	0.177	0.186	0.187	0.163	0.204	0.147
	300만이상~400만미만	0.315	0.325	0.326	0.306	0.347	0.287
	400만이상~500만미만	0.293	0.290	0.289	0.269	0.317	0.257
	500만원이상	0.444*	0.437*	0.437*	0.424*	0.463	0.405+
종교有		0.475***	0.482***	0.480***	0.477***	0.487	0.471***
사회참여		0.170*	0.200*	0.172*	0.188*	0.182	0.193*
이전년도 봉사경험有		1.858***	1.868***	1.878***	1.858***	1.903	1.826***
사교성		0.220**	-	-	-	-	0.123
공감능력		-	0.222**	-	-	-	0.163*
의지력		-	-	0.156*		-	0.075
자기 효능감		-	-	-	0.309**	-	0.192
진취성		-	-	-	-	0.038	-0.141
상수항		-3.991***	-4.056***	-3.736***	-4.322***	-3.369***	-4.724***
R^2		0.37	0.39	0.36	0.36	0.34	0.41

주 1: 표 안의 숫자는 모두 비표준화 회귀계수임.
주 2: 준거집단: (a)19세미만; (b) 고졸미만; (c) 기혼; (d) 100만원미만
+p 〈 0.10, *p 〈 0.05, **p 〈 0.01, ***p 〈 0.001

본서의 자체적인 분석 결과, 퍼스낼리티 5요인 중 자원봉사참여율에 통계적으로 유의미한 영향을 미치는 요인은 동조성 하나뿐인 것으로 드러났다(Model 2). 그 외 외향성, 성실성, 신경성은 독립적으로 고려됐을 때에는 자원봉사참여에 통계적으로 유의미한 영향을 미치는 것으로 나타났지만(Model 1, 3, 4), 5요인이 동시에 고려됐을 때에는 통계적 유의성을 상실하여(Model 6) 자원봉사참여에 영향을 주는 요인목록에서 제외하였다. 개방성은 독립적으로도 고려됐을 때조차 자원봉사참여도에 유의미한 영향을 주지 않았다(Model 5).

결국 국내 패널데이터를 활용해 봉사자의 퍼스낼리티가 자원봉사활동의 직접적 촉발제가 되는지 여부를 살펴본 결과, 다섯 가지 유형의 퍼스낼리티 가운데 자원봉사참여에 직접적이고 지속적으로 정적 영향을 미치는 요인은 동조성 하나뿐임을 확인할 수 있었다. 이 같은 조사결과는 일부 외국의 선행연구들이 동조적 퍼스낼리티를 자원봉사참여의 영향요인목록에서 제외하는 등 들쭉날쭉한 조사결과를 보고해 왔던 상황을 감안하면, 결과적으로 우리의 지식기반에 혼란만을 가중시킨 것이라 할 수 있으며, 다른 측면에서 봤을 때 자원봉사활동을 직접적으로 촉발시키는 퍼스낼리티 유형은 어쩌면 존재하지 않을 수 있다는 가능성을 확증시켜 준 결과라고 볼 수 있다.

물론 자원봉사활동에 유리한 특수한 퍼스낼리티란 존재하지 않는다는 결론에 모든 학자들이 동의를 표하는 것은 아니다(Uslaner, 2002: 4). 특히 사회심리학자들의 반대가 가장 두드러진다(Bekkers, 2012). 예를 들어, Hart와 그의 동료들(2006: 640)은 긍정적인 생각을 많이 하고 자기감정을 통제할 줄 알며 공감능력이 우수한 사람, 그리고 다른 사람들과의 소통 능력이 뛰어난 사람은 그렇지 않은 사람에 비해 자원봉사활동에 참여할 확률이 더 높다는 사실을 실증적으로 증명한 후, 자원봉사활동에 유리한 퍼스낼리티 유형은 분명히 존재함을 단언한 바 있다. Penner(2004: 600) 같은 성격심리학자는 여기서 한 걸음 더 나아가, 이른바 친사회적 퍼스낼리티(prosocial personality)라는 것이 존재한다고 주장하였다. 그는 친사회적 퍼스낼리티를 가진 사람은 공감능력이 뛰어나고 특히 다른 사람의 복지상태에 민감한 성향을 보이는데, 이 같은 친사회적 퍼스낼리티는 자원원봉사자들에게서 특히 뚜렷이 관찰된다고 하면서 자원봉사활동에 유리한 퍼스낼리티는 분명 실체가 있는 것이라고 주장하였다.

상식적으로 자원봉사자들이 비자원봉사자들에 비해 무엇인가 다른 특별한 퍼스낼리티를 가지고 있다는 사회심리학자들의 주장은 상당히 설득력 있어 보이는 게 사실이다. 그러나 이는 개인의 주관적 의식이나 행위보다 사회적 상황의 영향력이나 맥락의 중요성을 강조하는 사회결정론자들에게서는 설득력이 상당히 떨어지는 주장으로 평가절하된다(Oishi et al., 2009).

사회결정론의 입장에 선 학자들은 자원봉사자들만이 갖고 있는 어떤 특별하고 일관적이며 고정적인 퍼스낼리티는 존재하지 않는다고 단언한다(Roberts and Mroczek, 2008). 이들에게 있어 퍼스낼리티는 사회적·상황적 산물에 불과하다. 예를 들어, 사회결정론자들은 남을 잘 믿고 따르는 퍼스낼리티, 즉 신뢰라는 개인의 내면적 특질 - 신뢰는 동조성의 하위 특질이다 - 은 그 개인의 고유하고 안정적인 생득적 속성이 아니라, 실은 교육이나 소득, 가족적 배경, 종교적 믿음, 거주지의 위치 등에 따라 다르게 나타날 수 있는 사회적 구성물임에 주목한다. 그러면서 자원봉사자들에게서 주로 발견되는 독특한 퍼스낼리티로서의 신뢰란 허상에 불과하다고 단정한다(Roberts and DelVecchio, 2000). 이들은 만약 어떤 한 자원봉사자가 남을 잘 믿고 쉽게 따르는 면모를 보였다면, 이는 그 자원봉사자가 신뢰와 관련된 퍼스낼리티를 본래부터 갖고 태어났기 때문이 아니라, 남을 잘 믿고 따라도 - 그래서 남에게 사기를 당하거나 기만을 당해도 - 별 다른 추가비용을 내거나 특별한 위기에 처하지 않는 특수한 사회적 상황이나 맥락 속에 우연히 위치했기 때문에, 예를 들어 안정적 소득과 높은 교육수준, 명망 높은 직업적 위치, 우연한 일련의 세속적 성공을 누려 왔기 때문에 그와 같은 행동반응을 보인 것에 불과하다는 식으로 퍼스낼리티의 영향력을 환경요인 아래 놓고 평가절하한다.

자원봉사활동의 영향요인을 파악하려면 자원봉사자의 퍼스낼리티에 대한 집착을 벗어나 그 사람이 갖고 있는 다양한 사회경제적·인구학적·기타 상황적 요인들로 관심의 초점을 바꿔야 한다는 사회결정론자들의 주장은 아주 틀린 말은 아니다. 예컨대, 사기를 당해 망해버린, 찢어지게 가난한 집안에서 태어난 A라는 사람을 가정해 보자. A는 평생 다른 사람의 호의를 선뜻 받아들이지 못하고 불신하는 비동조적 퍼스낼리티를 가지고 살아 왔다. 그러던 A가 어느 날 갑자기 운 좋게 경제적으로 큰 성공을 거두었고, 이에 따라 넉넉하고 따뜻한 마음씨를 가진, 타인을 잘 신뢰하는 동조적 퍼스낼리티의 소유자로 변모하였다고 가정해보자. 이때 만약 A가 주변의 권유를 받고 자원봉사활동을 시작하게 되었다면, 우리는 A의 자원봉사활동 개시에 영향을 준 요인을 어디에서 찾아야 할까?

퍼스낼리티에서 찾으면 될까? 물론 A를 상대로 지금 당장 설문조사를 실시한다면 그는 현재 높은 수준의 동조적 퍼스낼리티의 소유자로 나타날 것이며, 따라서 퍼스낼리티는 A의 자원봉사활동의 주요 영향요인 중 하나로 지목될 가능성이 매우 높다고 말할 수 있겠다. 하지만 제시된 사례를 종단적 관점에서 유심히 살펴보면, 자원봉사자 A의 현재 퍼스낼리티는 달라진 사회경제적 상황의 산물에 가깝다고 보는 것이 보다 타당하다는 생각이 든다. 이처럼 퍼스낼리티란 고정적이며 항구적인 어떤 것이 아니라 주어진 상황과 맥락에 따라 달라질 수 있는 가변적이고 유연한 것이라는 입장을 받아들인다면(van Ingen and Bekkers, 2012: 5-6), A로 하여금 자원봉사활동을 개시하게 한 보다 직접적이고 일차적인 원인은 A의 퍼스낼리티라기보다는 A의 달라진 현 소득수준, 사회적 위치, 명망 같은 사회경제적 배경이라는 사실을 우리는 곧 깨달을 수 있다.

개인의 퍼스낼리티란 사회적·상황적 산물에 불과하므로 자원봉사활동을 결정하는 요인으로서 그 중요도가 떨어진다는 사회결정론자들의 주장은 그러나 적극적으로 수용하기에 상당히 무리가 따르는 것 또한 사실이다. 상식적으로 생각해 보았을 때, 자원봉사활동에 한 개인의 퍼스낼리티가 "아예" 영향을 미치지 않는다는 주장은 현상의 다양한 측면들을 도외시한 채 한 가지 측면만 고집스럽게 보는 위험한 편향적 접근방식이라는 측면에서다. 이 같은 접근방식은 자원봉사 연구에 있어 퍼스낼리티를 연구할 이유는 없다는 논리로까지 확대될 여지도 있어 문제를 더욱 복잡하게 할 뿐이다.

이 책에서는 자원봉사 현상을 연구하는 데 있어 퍼스낼리티에 대한 관심은 필요하고 지속되어야 한다는 입장을 취하고자 한다. 백분 양보해 사회결정론자들의 주장이 무조건 옳다고 할지라도, 즉 자원봉사활동에 대한 직접적 영향요인은 한 개인의 퍼스낼리티가 아니라 그 사람의 사회경제적·인구학적 특질임을 인정한다 할지라도, 퍼스낼리티는 사회경제적·인구학적 특질들을 통해 간접적으로 자원봉사에 영향을 미칠 수 있고(=매개효과), 사회경제적·인구학적 특질과 자원봉사의 사이의 관계를 강화하거나 약화하는 방식으로 간접적으로 자원봉사에 영향을 미칠 수 있음을(=조절효과) 부정할 수 없다는 뜻이다.

물론 퍼스낼리티가 주로 사회경제적·인구학적 매개변수나 조절변수를 통해 자원봉사활동에 영향을 준다고 말하는 것이 퍼스낼리티의 직접효과가 존재하지 않는 것을 뜻하는 것은 결코 아니다. 그렇게 받아들여서는 곤란하다. 퍼스낼리티는 그 자체로 자원봉사활동에 직접적인 효과를 발생시킬 수 있으며 유의미한 예측요인이 분명 될 수 있다.

실례로, 앞의 〈표 3-1〉에서 우리는 개방성이라는 퍼스낼리티 요인이 자원봉사참여에 통계적으로 아무런 유의미한 영향을 주지 않는다는 사실을 살펴보았다(Model 5). 그러나 표로 제시하지는 않았지만, 모든 사회경제적·인구학적 통제변수들을 제외한 상태에서 개방적 퍼스낼리티 요인만을 독립변수로 넣고 돌린 단순회귀모형의 분석결과에 따르면, 개방적 퍼스낼리티는 자원봉사참여에 대한 강력한 예측요인이 되는 것으로 나타난다. 이 같은 분석결과는 한 개인의 퍼스낼리티는 그 자체로 자원봉사참여에 유의미한 효과를 발생시킬 수 있음을 우리에게 강력히 시사한다. 다만 주의할 점은, 그 효과의 상당 부분이 다양한 사회경제적·인구학적 요인들에 의해 좀더 잘 설명될 수 있다는 사실, 그 뿐이다.

지금까지 논의한 내용들을 반영하여, 이 책에서는 자원봉사 현상에 대한 퍼스낼리티의 영향력을 과대평가하거나 과소평가하는 등의 극단적 입장을 배제하고 퍼스낼리티의 효과를 부분적으로 인정하는 절충적 관점을 취함으로써, 퍼스낼리티와 자원봉사의 관계에 대한 논의를 마무리 짓고자 한다.

4 chapter 동기와 자원봉사

모든 사람은 기본적으로 어떤 심리적 욕구를 가진다. 이 심리적 욕구는 가만히 앉아 있어선 충족이 안 된다. 욕구를 충족시키기 위해선 구체적 행동이 뒤따라야 한다. 동기에 관한 기능주의 이론의 관점에서는, 바로 이와 같이 특정한 행동을 일으키고 목표를 지향하게 하며 행동의 강도와 지속성을 결정짓는 심리적 욕구를 동기라 일컫는다. 즉, 어떤 욕구가 있고 그것을 해결하려 할 때 동기가 생겨나고 행동이 나타난다는 뜻이다(이금룡 · 권기환, 2011).

동기에 관한 기능주의 이론의 관점에서 보면, 사람들은 자신들이 가진 어떤 심리적 욕구(들)를 충족시키기 위한 방편으로 자원봉사활동에 투신한다(강대선 · 배의식 · 류기형, 2010). 그 심리적 욕구(들)란 자신이 신봉하는 특별한 정치적 가치와 관련이 됐을 수도 있고, 취업에 필요한 스펙 쌓기와 관련이 됐을 수도 있으며, 혹은 또 다른 무엇과 관련이 됐을 수도 있다. 그러나 이런 구체적인 내용과 상관없이, 동기의 기능론적 관점에서는 모든 자원봉사활동의 이면에는 봉사자 개인의 어떤 심리적 욕구와 그것의 해결이라는 과제가 놓여 있다고 본다.

따라서 자원봉사의 동기와 관련된 실증적 연구들의 초점은 봉사자 및 비봉사자가 가지는 욕구는 각기 무엇인지, 그리고 그와 같은 욕구를 충족시키는 것이 자원봉사활동과 어떤 관련성을 갖는지 살펴보는 데 맞춰진다. 이러한 조사를 통해 연구자들이 얻고자 하는 바는, 첫째, 잠재적 자원봉사자들의 동기에 꼭 맞는 설득력 있는 메시지를 개발·전달하여 봉사자 모집의 효과성을 극대화하는 것이고(Clary et al., 1994), 둘째, 현재 자원봉사활동을 하고 있는 사람들에게 그들의 동기에 가능한 한 부합되는 적절한 봉사업무를 부여함으로써 활동만족도를 향상시키고 지속성을 제고하는 것이다(Stukas, Clary and Snyder, 1999).

앞 절에서 우리는 퍼스낼리티를 통해 인간의 모든 행동을 설명하려는 사회심리학자들의 시도를 사회결정론자들은 매우 부정적으로 바라본다는 사실을 살펴보았다. 사회결정론자들은 이와 비슷한 맥락에서 인간의 모든 행동을 동기의 차원에서 설명하려는 사회심리학자들의 시도 역시 매우 부정적으로 바라본다. 여기에는 보통 세 가지 근거가 제시된다.

첫째, 심리적 욕구가 같아도 이를 충족하는 방법은 그 사람이 가진 사회경제적 자원이나 인구학적 배경 그리고 무엇보다 그가 놓인 사회적 상황과 맥락에 의해 결정되는 측면이 많다는 점이다(Thoits and Hewitt, 2001: 118). 예를 들어, 낯설고 새로운 환경에서 봉사활동을 함으로써 지적 호기심이란 심리적 욕구를 충족시키는 데 관심이 많은 A와 B 두 인물이 있다고 가정해 보자. 둘의 유일한 차이는 A는 미혼이고, B는 한부모가정의 유일한 양육자라는 점이다. 이 경우 A와 B 둘 중 누가 실제로 자원봉사활동을 할 가능성이 좀더 높을까? 아마도 전자인 A의 가능성이 좀더 높을 것이다. A는 미혼이라 혼자만의 시간이 많고, 무엇보다 양육과 관련된 다양한 사회적 책무로부터 자유롭다는 점 때문이다. B 역시 자원봉사활동을 너무나 하고 싶어할 수는 있다. 하지만 B는 집안의 유일한 어른이자 생계부양자이며 동시에 양육자이다. 집 안팎에서 여러 가지 역할을 동시다발적으로 수행해야 하며, 집 바깥에서 일을 마치고 나면 곧바로 집으로 돌아가 아이들을 돌봐야 한다. 가족이 아닌 다른 누군가에게 도움을 줄 시간적 여유, 즉 자원이 없기 때문에 A와 똑같이 자원봉사활동에 대한 강렬한 동기를 갖고 있지만, A와 달리 B는 실제 봉사활동에 좀처럼 나설 수가 없다.

또 다른 예로, 지구상에 존재하는 모든 생명은 존중받아야 한다는 생명중심적 가치관에 심취한 인물 C와 D를 가정해 보자. 두 사람 다 생명이 존중받지 못하는 상황을 정신적으로 감내하기 힘들어 하고 그와 같은 상황에서 자신의 심리적 욕구가 매우 불충분하게 충족되고 있음을 느낀다. 그런데 C는 동물보호와 관련된 자원봉사활동에 열심히 임하고, 반대로 D는 그런 활동을 전혀 하지 않는다. 두 사람 다 똑같은 심리적 욕구를 갖고 있는데, 누구는 그 욕구의 해결을 위해 적극적으로 행동에 나서는 반면 다른 누구는 행동을 주저한다. 무엇이 동일한 가치동기를 갖고 있는 두 사람의 이와 같은 행동적 결과 상의 차이를 만들어내는 원인이 되는 것일까? 제시된 사례의 내용만으로는 그 원인을 정확히 파악할 수 없다. 하지만 분명한 것은, 단순히 내면의 동기만으로 한 사람의 행동 선택을 완벽히 설명하기는 불가능하며, 제대로 된 설명을 하려면 그 사람의 사회경제적 자원과 인구학적 배경, 사회적 상황과 맥락 등을 보다 면밀히 고찰해야 한다는 사실이다.

이와 유사한 상황을 이번에는 종교의 예를 들어 한 번 설명해 보자. 개신교 종교를 가진 사람들이라면 대부분 힘들고 어렵게 사는 사람들을 도와주어야 한다는 사랑의 가치를 가지고 있을 것이다. 그러나 사랑의 가치를 굳게 내면화한 개신교도라 해서 모두 다 AIDS에 걸린 동성애자들의 건강권리옹호 시민단체에서 봉사활동하는 것을 적극 환영하지는 않는다. 일부 개신교도들은 AIDS에 걸린 동성애자들의 권익옹호를 위해 봉사활동에 나서야 한다고 가슴으로는 강렬히 느끼면서도, 주변 신도들의 시선과 종교인에 대한 사회적 고정관념 때문에 선뜻 그와 같은 봉사활동에 나서지 못할 수 있다. 이와 같은 사례는 자원봉사에 대한 가치동기를 굳게 내면화했다 할지라도, 사회적 상황과 맥락에 따라 봉사활동을 꺼릴 수 있음을 보여주는 대표적 케이스라 하겠다.

동기만으로 한 개인의 자원봉사참여 여부나 강도를 설명하려는 사회심리학자들의 시도를 사회결정론자들이 평가절하하는 두 번째 근거는, 어떤 상황에서 사람들은 내적인 동기보다는 외적인 자극에 의해 구체적 행동을 개시하기도 하는데, 사회심리학자들은 이러한 가능성에 거의 주목하지 않는다는 점이다. 실제로 현실에서 자원봉사활동은 친한 친구라든지 선후배, 선생님 또는 직장상사 등, 나 자신의 의지가 아닌 다른 누군가의 거부하기 힘든 요청에 의해 이루어지는 경우가 매우 많다(Davis-Smith, 2004). 자원봉사활동과 관련된 내부의 심리적 욕구는 희미한데, 자원봉사활동을 하지 않으면 안 되는 외부의 복잡한 인적네트워크로 말미암아 자원봉사라는 행동을 개시해야만 하는 경우가 현실에서는 비일비재하다는 뜻이다. 이 경우 한 개인의 자원봉사참여를 봉사동기의 관점에서만 설명하려면 제대로 된 설명이 불가능하다. 보다 효과적으로 설명하려면, 내적인 동기보다는 그 사람이 가지고 있는 겉으로 드러난 인적네트워크 같은 미시적 사회구조를 면밀히 조사해야만 한다. 심리학자들은 이러한 부분, 즉 인간심리 외부에 놓인 구조나 맥락의 힘을 간과한다.

세 번째 근거는, 사후적(post-hoc)으로 연구자들에 의해 감지된 자원봉사자들의 봉사동기는 내면에서 우러난 진짜 심리적 동기라기보다는 남들에게 잘 보이기 위한, 즉 사회적으로 바람직하게 보이고자 하는 일종의 가짜 동기일 가능성이 높음에도 불구하고 많은 사회심리학자들이 오로지 겉으로 드러난 동기에만 집착한다는 점이다(Musick and Wilson, 2008: 69-70). 실제로 우리들 가운데 적지 않은 수가 "당신은 왜 자원봉사활동을 하게 되었나요?"라는 질문에 속으로는 "내 스펙에 도움이 될 것 같아서"라고 생각함에도 겉으로는 "남들을 도우면 즐거워서", "이게 우리 사회를 위해 도움이 되는 일이라서"라 답할 것이다. 이렇게 반응하게 된 이면에는 자원봉사에 부착된 사회적 이미지가 이기적 동기보다는 이타적 동기와 상응하면서 좋게 형성돼 있고, 이에 따라 이타적인 사람으로 보이기 위한 욕심으로 주어진 질문에 허위로 답하는 일종의 편의(bias)가 깔려 있을 가능성이 농후하다(Wuthnow, 1995: 25). 이처럼 자신의 행위에 대한 정당성을 사후적으로 확보하기 위해 진짜 동기를 감추고 사회적으로 바람직하다고 생각되는 가짜 동기를 밖으로 꺼내놓는 경우가 비일비재하다는 점을 감안한다면, 객관성을 담보해야 하는 진정한 사회과학자라면 실제루 존재하는지 존재하지 않는지조차 파악하기 어려운 내면의 진짜 동기보다는, 그와 같은 허위 동기를 꺼내놓게 된 사회적 배경과 맥락, 상황들에 더 많은 관심을 보이는 것이 보다 합리적인 접근방식이 아닐까 생각한다.

지금까지 우리는 자원봉사자의 봉사동기에 대해 사회결정론자들이 어떻게 생각하고 있는지 살펴보았다. 봉사활동을 설명하는 데 있어 동기는 크게 중요치 않다는 것이 사회결정론자들 주장의 핵심이다. 이와 같은 주장은 어떤 면에서는 타당해 보이지만, 상식적 수준에서 다시 생각해 보면 쉽사리 설득되기 힘든 논리임을 금세 알 수 있다. 아무런 동기 없이 봉사활동에 임하는 사람이 과연 얼마나 존재할까? 혹시 있다면, 그는 사람이 아니라 좀비가 아닐는지 심히 의심스럽다.

물론 내면의 봉사동기를 실천으로 옮길지 안 옮길지는 주위 상황이나 맥락, 주어진 가용자원 등에 따라 사회적으로 결정될 수 있는 사안이기는 하다. 그러나 그렇다고 하여 행동의 내적 원인 중 하나로서의 동기 자체의 존재나 효과를 부정하는 것은 현상의 다양한 측면 중 오로지 한 가지 측면만 보겠다고 스스로 눈을 가리는 행위와 같다는 생각이 든다. 앞에서 퍼스낼리티에 관해 설명하면서 여러 번 언급했다시피, 행동은 내적 원인과 외적 자극, 크게 이 두 가지 요인에 의해 복합적으로 결정된다고 보는 것이 보다 타당하다. 따라서 이 책에서도 자원봉사활동의 참여여부나 수준, 범위, 대상 등은 가변적 상황이나 맥락, 주어진 자원 등에 일정 부분 결정되면서, 동시에 그러한 사회적 구성물들로부터 독립돼 존재하는 내면의 봉사동기에 의해서도 일정 부분 결정된다는, 절충론적 시각을 취하고자 한다.

이러한 시각을 염두에 두고, 이제 본격적으로 자원봉사활동 동기에 관해 살펴보도록 하자. 자원봉사의 동기를 연구한 학자들 중 커다란 학문적 업적을 남긴 학자들은 대부분 기능주의 이론의 관점에 선다(Snyder, Clary and Stukas, 2000; Mannino, Snyder and Omoto, 2011). 따라서 이 책에서도 기능주의 이론을 중심으로 자원봉사자들의 동기를 살펴보도록 하겠다.

기본적으로 기능주의 이론은 자원봉사자들을 특별한 심리적 욕구를 갖고 있고 이를 충족하기 위한 방편으로 봉사활동에 투신하는 사람들로 묘사한다. 특정한 욕구의 해결과 관련된 내면적 충동을 동기라고 통칭했을 때, 자원봉사자들의 봉사 동기는 총 여섯 가지가 유형 - 가치동기, 강화동기, 사회성동기, 경력동기, 방어동기, 이해동기 - 이 존재하는 것으로 기능론자들은 적시한다. Clary와 그의 동료들(1998)은 이 여섯 가지 동기유형을 자원봉사기능척도(Volunteer Functions Inventory)라는 개념적 도구를 통해 정리하였다.

자원봉사기능척도에 나오는 첫 번째 동기 유형은 가치(value) 동기이다. 사람들은 인류애라든지 소외계층을 도와주는 것과 같이 자신이 중요하다고 생각하는 가치들을 각자 갖고 있다. 이 가치들을 밖으로 표현하고 실제 행동으로 옮긴 결과가 자원봉사인 경우 우리는 이를 가치동기에 의한 자원봉사활동으로 본다(한정란, 2012). 예를 들어, 미국 일리노이주 거주자 설문조사자료를 분석한 한 연구결과에 따르면, 거의 모든 일리노이 거주 자원봉사자들이(93%) 자원봉사를 하는 이유로 "좀더 나은 공동체를 만들기 위해서"를 꼽았고, 65%는 "모든 사람들이 자신의 지역사회에서 일어난 일에 관여를 할 필요가 있기 때문에"를 꼽았으며, 50%는 "정부 정책에 영향을 미치는 것은 민주사회 시민의 당연한 의무이기 때문에", 35%는 "종교적 신념이기 때문에"를 꼽았다고 한다(Profile of Illinois, 2001). 이 같은 조사결과는 사람들은 자신이 소중하다고 생각하는 어떤 특별한 가치를 수호하고 구현하기 위해 자원봉사활동에 투신한다는 좋은 증거자료가 된다.

그렇다면 자원봉사활동의 촉발제로 작용하는 주요 가치동기들에는 무엇이 있을까? 즉, 자원봉사자들은 주로 어떤 가치를 수호하고 구현하기 위해 봉사활동에 투신하는 것일까? 여러 가지가 있겠지만, 이 책에서는 다양한 선행연구의 조사결과를 종합적으로 고려해 ① 인본주의적 가치, ② 탈물질주의적 가치, ③ 공동체주의적 가치, ④ 종교적 가치를 자원봉사활동을 촉발시키는 주요 가치들로 거론하고자 한다.

먼저 인본주의적 가치는 말 그대로 조건에 구애 없이 타인을 사랑하고 베푸는 것이 도덕적으로 옳다는 의무감과 관련된 삶의 지침이다(Jobe, 2011). 몇몇 실증연구들에 따르면, 인본주의적 가치를 강하게 내면화한 사람일수록 특히 자선활동이나 사회서비스전달과 관련된 분야에서 자원봉사활동을 할 가능성이 높고 또 시간도 많이 투자한다고 한다(Wuthnow, 2004: 125).

다음으로 탈물질주의적 가치는 교환가치를 가진 화폐나 재화보다 사용가치를 가진 사람이나 정든 물건에 애정과 관심을 갖는 것이 옳다는 삶의 지침을 뜻한다.[1] 많은 실증연구들은 탈물질주의적 가치를 강하게 내면화한 사람일수록 자

1) 원래 탈물질주의(post-materialism)란 경제성장 및 안정, 사회질서 유지, 국방력 증강 등과 같은 물질적 가치보다 인권, 환경, 표현의 자유와 같은 비물질적 가치들이 더욱 중요하다고 보는 삶의 태도를 의미한다(Inglehart, 1977). 여기서는 경제적 측면에만 초점을 맞춰 교환가치보다 사용가치가 더 중요하다고 보는 삶의 태도를 의미하는 것으로 해석하였

원봉사활동을 할 가능성이 높음을 보여준다(박재묵·이정림. 2010). 또한 그와 같은 사람은 이기적 개인들이 넘쳐나고 적자생존의 논리가 횡행하는 오늘날 자본주의 사회에서 이윤보다 인간에 대한 순수한 애정으로 이기심을 극복하고, 경쟁사회의 커리어에 방해가 될 수 있음에도 일부러 시간과 역량을 짜내어 자원봉사활동을 하는 자신의 모습에 대해 매우 자랑스럽게 생각하고 있음을 보여준다(Wuthnow, 1991: 271).

공동체주의적 가치는 개인의 이익보다 공동체의 이익 - 그것이 이익집단의 이익이 됐든 공공의 이익이 되었든 - 을 앞에 두는 것이 도덕적으로 옳고 우월하다는 생각과 관련된 삶의 지침을 가리킨다. 공동체주의적 가치 반대편에는 개인주의적 가치가 놓여 있다. 여러 실증연구들에 따르면, 개인주의적 성향이 강할수록 자원봉사참여율은 떨어지고 반대로 공동체주의적 성향이 강할수록 자원봉사참여율은 높아진다고 한다(Wuthonow, 1994: 346). Putnam(2000)과 같은 사회적 자본 이론가들은 공동체주의적 가치가 사라지고 개인주의적 가치가 확산된 20세기 후반의 미국사회의 변화된 세태로 말미암아 미국 내 자원봉사참여율이 하락하고 전체적으로 미국 사회가 후퇴하였음을 지적한 바 있다. Putnam은 전사회적 차원에서 공동체주의적 가치를 내면화하는 길만이 - 이는 곧 사회적 자본의 축적을 의미한다 - 미국 사회의 번영을 다시금 구가하는 첩경이라고 주장하였다.

그런데 여기서 한 가지 흥미로운 사실은, 일부 서구 유럽 국가들에서는 개인주의적 가치가 평균자원봉사참여율과 부적인 관계를 나타내는 것이 아니라 반대로 정적인 관계를 나타내는 것으로 조사된 적도 있었다는 점이다(Voicu and Voicu, 2009: 558). 즉 개인주의적 성향이 강할수록 오히려 자원봉사참여율이 올라갔다는 것이다. 하지만 이를 개인주의적 가치와 자원봉사참여 사이의 부적 관계를 부정하는 결과로 해석해서는 곤란하다. 이 같은 조사결과는 일부 서구 유럽 국가들에선 탈물질주의적 가치가 사회 전반에 깊숙이 퍼져 있고, 이에 따라 개인주의적 성향을 가진 많은 사람들이 사리사욕이나 물욕을 채우는 데에는 별 관심을 보이지 않고 오히려 정신적이고 심리적인 부분, 예를 들어 자기만족

다. 탈물질주의에 대한 보다 자세한 논의는 제 13장에서 다루도록 한다.

이나 사회적 인정, 사교와 같은 탈물질적 이기심을 채우는 데 열중하면서 자원봉사활동에 매진하는 경향을 나타내기 때문에 발생하는 현상으로 해석하는 것이 보다 합당하다. 다시 말해, 개인주의적 가치와 자원봉사참여가 정적 관계를 나타냈다는 사실 자체만을 갖고 둘의 관계를 '정적이다'고 단정지어서는 곤란하다는 것이다. 개인주의적 가치와 자원봉사참여는 원칙적으로 부적 관계를 나타내는 것이 맞다. 다만, 탈물질주의적 사회에서는 자기만족 등 다소 이기적인 동기로 자원봉사활동에 나서는 개인이 그렇지 않은 개인보다 상대적으로 많기 때문에 그 관계가 간혹 반대로 나타날 수도 있다는 뜻이다(Wuthnow, 1991: 22).

마지막 가치는 종교적 가치이다. 종교적 가치는 기독교의 사랑, 불교의 자비와 같이 종교적인 교리에 따라 조건 없이 다른 개인을 돕는 것은 무조건 옳다는 삶의 지침을 가리킨다. 종교적 신념과 자원봉사 간의 정적 관계는 대단히 많은 선행연구들에 의해 오래 전부터 "참"으로 입증된 사실로서(김기현, 2010; Einolf, 2011b; Perks and Haan, 2011), 이어지는 여러 절에서 반복적으로 다룰 예정이므로 여기서는 구체적 언급을 생략하도록 하겠다.

자, 이제 그럼 Clary와 그의 동료들(1998)이 개발한 자원봉사기능척도로 다시 돌아가 보자. 자원봉사기능척도에 나오는 두 번째 동기유형은 강화(enhancement) 동기이다. 일부 몇몇 사람들은 새로운 장소에 가서 새로운 사람을 만나고 새로운 경험을 하며 이를 통해 새로운 기술과 지식을 습득하는 데 많은 관심을 가진다. 이러한 사람들, 즉 무엇인가로부터 끊임없이 자극받는 것을 좋아하는 사람들을 우리는 강화동기가 충만한 사람이라 부른다(한정란, 2012).

강화동기가 충만한 사람은 어떤 측면에서 보면 자극과 긴장의 중독자이다. 육체적이든 정신적이든 혹은 지적이든 감성적이든 상관없이 어떤 형태로든 새로운 자극을 받을 수만 있다면 그것이 무엇이든 적극적으로 좇는다는 이유에서다. 이런 측면에서, 강화동기에 따라 자원봉사활동에 임하는 사람들은 자원봉사활동 자체에 의미를 둔다기보다, 그러한 활동으로부터 얻는 자극이나 쾌감, 긴장감, 짜릿함에 더 큰 의미를 두는 독특한 개성을 지닌 사람들이라고 말할 수 있겠다(Finkelstein, 2008: 1355).

예를 들어, 만약 여러분이 AIDS란 무엇이고 어떻게 전염되며 사람에게는 어떤 영향을 미치는지 그리고 이 병을 어떻게 극복할 수 있는지 등에 대한 지적 호기심과 현장경험에 대한 욕심이 너무나 많아 AIDS 환자들의 치료 및 상담과 관련된 자원봉사활동기관에서 활동을 하기로 결심했다면, 여러분은 강화동기에 의해 움직이는 자원봉사자라 할 수 있다. 마찬가지로, 만약 여러분이 저 멀리 아프리카 국가의 국민들은 어떻게 사는지, 어떠한 생활과 문화를 향유하는지 너무나 알고 싶고 너무나 궁금하여 국제자원봉사활동에 투신하기로 결심했다면, 여러분은 역시 강화동기가 강한 자원봉사자라 할 수 있다. 또한, 여러분이 만약 부상당할 위험성이 대단히 높은 지역방범대원으로 자원했다든가, 돌멩이와 화염병이 난무할 것으로 예측되는 폭력시위현장에 시위참여자로 자발적으로 뛰어들어갔다면, 여러분은 새로운 상황에서 새로운 경험을 함으로써 끊임없이 자극받고 아슬아슬한 긴장의 줄을 타는 데 지대한 관심을 가진, 강화동기가 충만한 자원봉사자 범주에 든다고 할 수 있다.

세 번째 동기유형은 사회성(social) 동기이다. 모든 사람들은 자신의 입장에서 중요하다고 생각하는 사람들, 즉 준거집단 구성원들과 지속적으로 어울리고자 하는 욕구를 가진다. 흥미로운 점은, 간혹 이렇게 준거집단 구성원들과의 친밀감이나 유대감 형성에 대한 욕구가 지나치게 큰 일부 몇몇 사람들은 그와 같은 욕구 충족의 한 방편으로 봉사활동에 나서기도 한다는 사실이다(Butcher, 2010: 18). 이처럼 자신이 중요하다고 생각하는 사람들과 좀더 오래 긴밀한 관계를 형성·유지할 목적으로 시작된 자원봉사활동을 우리는 사회성 동기에 의해 촉발된 봉사활동이라고 부른다(한정란, 2012).

사회성 동기와 관련된 해외의 실증연구 사례들을 몇 개 살펴보면, 먼저 미국 일리노이주 거주자를 대상으로 한 한 설문에서 80%에 가까운 자원봉사자들이 자원봉사를 하게 된 동기로 "내가 좋아하는 사람들과 어울릴 수 있어서"를 꼽았고, 74%는 "나와 이념을 같이 하는 사람들을 만날 기회가 있기 때문에"를 꼽았다는 조사결과를 거론해 볼 수 있다(Profile of Illinois, 2001). 또한, 캐나다의 한 질적 연구(Reitsma-Street et al., 2000: 659)에 따르면, 우리나라의 주민자치센터와 비슷한 역할을 담당하는 공공기관에서 자원봉사활동을 하는 사람들에게 왜 이런 일을 하는지 물었더니, 대부분의 답변이 "친한 사람들을 만나고 이야기를 나누기 편한 곳이기 때문에"와 "마을 사람들과 흥겹게 어울려 놀 수 있어서"에 집중되었다 한다. 모두 다 친밀한 관계에 놓인 사람들과의 즐거운 만남에 대한 욕구, 즉 사회성 동기에 따라 수행된 자원봉사활동을 묘사한 사례들이다.

사회성 동기에 관한 문헌검토를 하면서 한 가지 눈길을 끌었던 사안은, 미국의 민간 자원봉사기관 가운데 한국말로 번역하면 '독신자 자원봉사자'(Single Volunteers)라는 단체가 있는데, 이 단체는 비슷한 나이대의 남녀들이 봉사활동을 통해 진지한 교제를 할 수 있다는 장점(?)을 대놓고 기관홍보 전단지에 싣고 있으며, 이 부분을 적극적으로 광고함으로써 봉사자들을 모집하고 있었다는 점이다. 실제로 이 기관의 지방분회 홈페이지에 가보면, 봉사활동을 통해 교제하고 결국 결혼에 골인한 몇몇 커플들을 전면에 내세워놓고 기관홍보를 하고 있는 모습을 확인할 수 있다. 사회성 동기가 강한 사람들의 교제 욕구를 자극해 봉사자를 모집하는 전략을 쓰는 셈인데, 꽤 잘 먹히는 모양새다.

해외의 성공사례를 바탕으로 최근 몇 년 사이 우리나라에서도 젊은 남녀들의 미팅을 주선해주는 봉사프로그램들이 만들어지고 있다. 서울시 양천구청의 '내인생 최고의 나이스캐치'라는 자원봉사프로그램이 대표적인 사례이다. 이 프로그램은 "가슴 떨리는", "봉사데이트" 같은 다소 선정적이고 이목을 끄는 단어를 써가면서 결혼 적령기의 미혼남녀가 자원봉사를 통해 자연스럽고 유쾌한 만남의 기회를 갖도록 장을 마련하는 데 초점을 맞춘다.

사회성 동기는 오로지 친한 사람들과 흥겹게 놀고 얘기하며 즐기는 욕구에만 그 내용이 국한되지 않는다. 사회성 동기는 한 개인에게 부과되는 사회적 기대에 걸맞게 행동함으로써 주위의 신망과 존경을 획득하고 싶어하는 인간의 이른바 사회적 인정 욕구와도 깊은 연관성을 가진다(Ward and McKillop, 2011). 만약 누군가가 "나는 주변 사람들이 중요하다고 생각하는 분야에서 일을 잘 한다고 평가받길 원하고, 그 때문에 자원봉사활동을 한다"라고 말했다면, 그는 사회성동기를 가진 자원봉사자 범주에 들어간다고 볼 수 있다. Bowen과 그의 동료들(2000)은 사회적 인정 욕구의 충족을 목적으로 자원봉사활동에 임하는 사람들의 수는 특별한 가치의 수호 및 구현 욕구를 충족할 목적으로(=가치동기) 자원봉사활동에 임하는 사람의 수 다음으로 많다는 사실을 입증함으로써, 사회적 인정이 자원봉사활동을 촉발시키는 중요한 원인 중 하나임을 적시한 바 있다.

한편, 사회성 동기는 친밀성 욕구나 사회적 인정 욕구 외에 연대성에 대한 욕구와도 밀접한 관련성을 가진다(Butcher, 2010). 만약 누군가가 "사회가 제대로 잘 돌아가려면 나를 비롯해 여러 사람들이 각자 시간과 노력을 투자해 봉사활동을 해야 한다"라고 말했다거나, "지금 내가 하고 있는 이 봉사업무는 나에게도 충분히 벌어질 수 있는 일이기 때문에 나는 이 봉사활동을 열심히 한다"라고 말했다면, 또는 "나도 과거에 비슷한 도움을 자원봉사자들로부터 많이 받아본 경험이 있기 때문에 현재와 같은 자원봉사 일을 한다"고 말했다면, 그는 사회적 상호호혜에 대해 자각 정도가 높은 사람으로서 연대성에 대한 욕구를 충족시킬 목적으로 자원봉사활동에 투신한 사람이라고 볼 수 있다. 연대성에 기반을 둔 사회성 동기는 미국의 경우 2001년 9.11 테러 직후 World Trade Center 잔해물에서 봉사활동을 한 사람들에게서 자주 포착됐던 유형의 봉사동기이고(Beyerlein and Sikkink, 2008), 우리나라에서는 지난 2007년 태안반도 기름유출 사건 당시 오염물 제거작업에 동참한 자원봉사자들 일부에게서 종종 포착됐던 유형의 봉사동기이다.

자원봉사기능척도에서 언급되는 네 번째 동기유형은 경력(career) 동기이다. 경제활동이 가능한 모든 사람들은 학교를 졸업하고 직업을 가질 시기를 대비해 여러 측면에서 미래의 직업과 관련된 기술을 습득·연마하는 데 큰 관심을 보인다. 이처럼 자신이 관심을 갖고 있는 직업 분야에서 새로운 기술을 습득·연마하고 그 분야의 중요 인물들과 인적 네트워크를 형성할 기회를 갖기 위해 자원봉사를 하는 사람을 가리켜 우리는 경력동기가 강한 자원봉사자라고 일컫는다(한정란, 2012).

Abrahams(1996: 773)은 미국 내 성폭력피해여성 위기개입센터에서 일하는 상담봉사자들을 대상으로 심층면접을 실시한 후, 이들 가운데 상당수가 카운슬링을 향후 자신의 평생직업으로 고려하고 있다는 사실을 알아냈다. 그는 이들

상담봉사자들이 전문 카운슬러가 되기 위한 직업탐색 작업의 일환으로 봉사활동을 시작했다는 점에 주목해 직업적 경력에 대한 욕구 역시 자원봉사활동의 중요한 동기가 될 수 있다고 주장하였다. 마찬가지로 Jenner(1982) 역시 미국 고등학생 자원봉사자들의 약 15퍼센트가 졸업 후 새로운 경력이나 직업관련 기술을 배우고 연마, 유지하기 위한 방편으로 봉사활동을 시작한다는 사실을 알아냈다. 그녀 역시 경력에 대한 욕구야말로 자원봉사활동의 진정한 동기가 된다고 주장하였다.

경력동기는 설문을 통해 비교적 쉽게 포착이 가능하다. 만약 구조화된 설문지에서 응답자에게 자원봉사를 하게 된 동기를 물으면서 "취업이나 승진, 진학 등에 도움이 되기 때문에"라든지 "어떤 일이 내 적성에 가장 잘 맞는지 탐색해보기 위해서" 같은 선택지를 제시했다면, 해당 질문은 경력동기를 측정하기 위해 준비된 항목이라 볼 수 있다(Handy et al., 2010).

일반적으로 사람들은 자원봉사를 매우 이타적인 행위로 이해하려 든다. 좀더 정확하게 표현하면, 100퍼센트 이타적인 동기로 시작된 자원봉사만 진짜 자원봉사라고 생각하고, 이기적 동기로 시작된 자원봉사는 가짜 자원봉사로 평가절하하는 경향을 보인다. 자원봉사에 대한 이 같은 양가적 인식은 많은 사람들이 자원봉사의 동기를 묻는 설문조사에 응답할 때 경력동기를 측정하는 항목에 체크하길 꺼리는 이유를 잘 설명해 준다(Wuthnow, 1995: 25). 실제로 대부분의 국내외 자원봉사관련 설문조사 분석결과를 살펴보면, "취업이나 승진, 진학 등에 도움이 되기 때문에"라든지 "어떤 일이 내 적성에 가장 잘 맞는지 탐색해보기 위해서"와 같은 경력동기 항목을 자원봉사의 제 1동기로 지목하는 비율이 상대적으로 매우 낮다는 사실을 쉽게 확인할 수 있다.

경력동기를 자원봉사의 제 1동기로 지목하는 비율이 가장 높은 집단은 우리나라의 경우 주로 청소년과 대학생 등 젊은 세대이다(박관숙·김성희, 2012). 특히 중고등학교 청소년층에게서 경력동기가 뚜렷이 관찰되는데, 중고등학생들이 이처럼 강력한 경력동기를 가지게 된 배경에는 대학교 진학에 자원봉사경력이 매우 중요한 요소로 부상한 최근의 교육환경 상의 변화가 놓여 있다고 생각된다. 즉, 수시입학이나 입학사정관제도와 같은 새로운 방식으로 명문대에 진학하려면 봉사경력이 최소한의 수준을 넘어, 화려하게 "장식"돼야 할 필요가 있다는 정보가 학생과 학부모들 사이에서 널리 나돌면서 애당초 자원봉사를 할 생각이 전혀 없었던 학생들까지도 새롭게 경력동기를 갖게 되었고, 이것이 실제 일부 학생들에게 대학입학이라는 가시적 보상으로 이어지면서 점차 더 많은 학생들이 경력동기를 가지는 등 눈덩이 효과를 발생시켜 지금과 같은 높은 경력동기 비율을 만들어 냈다는 설명이다.

중고등학생들의 자원봉사 실태에 대해서는 9장에서 다룰 예정이므로 여기서는 자세한 언급은 생략하겠다. 그러나 한 가지만 짚고 넘어가면, 일류대 진학이라는 당근이 주어지지 않았더라면 애당초 자원봉사활동을 생각조차 하지 않았을 수많은 중고생들이 현재 자발적 봉사라는 미명 아래 "반강제적"으로 봉사현장에 투입되고 있는데, 이는 완전한 강제성을 동반하지는 않다는 점에서 자원봉사의 범주에 포함될 수는 있겠으나, 봉사를 하지 않으면 졸업을 못 한다든지 일류대학에 진학 못 한다든지 하는 제한조건을 깔고 이루어진다는 측면에서 작금의 청소년 자원봉사활동은 자원봉사가 아닌 사회봉사의 성격을 상당히 많이 내포하고 있다는 점이다(정진경, 2012). 이것은 자원봉사의 진정한 의미와 교육효과를 퇴색시킬 수 있는 비정상적 관행으로서 반드시 재고되어야만 한다. 물론 일부 교육학자들이 청소년의 봉사활동을 일종의 교과과정으로 보는 이른바 봉사학습(service learning) 개념을 도입해 반강제적 봉사활동의 효과성에 초점을 맞춰 이를 긍정적으로 평가하고, 자원봉사의 범주에 포함시킬 수 있다고 주장하고는 있으나, 여전히 이에 대해서는 논란이 해결되지 않은 채 남아 있는 상태이다(이용교, 2010). 청소년의 봉사학습에 관해서는 이어지는 9.1.장에서 자세히 다루도록 하겠다.

어쨌든, 청소년의 자원봉사참여율은 다른 연령층보다 상당히 높게 집계되는 것이 작금의 현실이다. 실제로 〈서울복지패널 2차 조사〉 원자료를 분석해 보면, 15세 이상부터 18세 미만 청소년들의 자원봉사참여율은 무려 34.4%에 달하는 것으로 나타난다. 18세~29세, 30세~39세, 40세~49세, 50세~59세, 60세~64세 연령대의 자원봉사참여율이 각각 4.8%, 8.8%, 11.9%, 11.4%, 7.1%, 10.4%이고, 전 연령대의 평균자원봉사참여율이 9.9%에 지나지 않다는 점에 비추어 보면 우리나라 청소년들의 자원봉사참여율이 얼마나 비정상적으로 높은지를 단번에 알 수 있다.

그런데 여기서 한 가지 흥미로운 점은, 청소년층의 부풀려진 자원봉사참여율은 자원봉사 선진국인 미국에서도 예외가 아니라는 사실이다. 실례로 2005년 실시된 한 조사에 따르면, 12세 이상 18세 미만 미국 청소년들의 평균자원봉사참여율은 55%에 달했는데, 이는 19세 이상 성인들의 평균자원봉사참여율 29%보다 거의 두 배 가까운 수치였다고 한다(Grimm et al., 2005: 2).

그렇다면 미국 청소년들의 자원봉사참여율이 이처럼 높게 나타나는 원인은 무엇일까? Syvertsen과 그의 동료들(2011)의 연구는 그 원인이 우리나라와 별반 다를 바가 없음을 시사한다. 연구결과를 보면 미국 청소년들도 우리나라 청소년들과 똑같이 자원봉사와 같은 시민적 활동(civic activities)을 대학 진학을 위한 수단으로 인식하는 경향이 강하다는 사실을 알 수 있다. 더욱 주목할 점은, 시민적 활동을 대학 진학의 수단으로 인식하는 정도가 클수록 실제 대학 진학을 계획하는 비율 역시 높게 나타난다는 연구결과다. 이는 4년제 대학 진학을 계획하는 고등학생과 4년제 대학 외의 진로를 계획하는 고등학생 두 집간 간의 평균자원봉사참여율이 43% 대 26%로 현격한 격차가 난다는 통계분석에 의해 지지된다.

자원봉사기능척도에 포함된 다섯 번째 동기유형은 방어(protective) 동기이다. 모든 사람들은 내적 갈등이나 무력감, 정체성에 대한 불확신, 감정적 불안정, 죄책감 등 각종 부정적인 심리상태에서 벗어나고 싶어 하는 욕구를 가진다(Yoshioka, 2007: 33-34). 이러한 욕구, 즉 부정적 심리상태에서 자신을 보호하려는 욕구가 자원봉사라는 방식으로 표출되었을 때, 우리는 이를 방어동기에 의해 촉발된 자원봉사활동이라 일컫는다(한정란, 2012).

방어동기에 따라 자원봉사활동에 나선 사람들은 "당신은 왜 자원봉사를 하십니까?"란 질문에 "나 자신의 문제를 해결하기 위해서" 혹은 "나 자신을 위로받기 위하여"와 같은 대답을 곧잘 내놓는다. 예컨대, 경증 AIDS 환자 자신이 중증 AIDS 환자들을 돕는 자원봉사활동기관에서 봉사활동을 펼친다든가(Chambre, 1995: 123), 어렸을 때 성폭행을 당한 적이 있는 여성이 성폭행피해여성 긴급구조기관에서 자원봉사활동을 펼친다든가(Abrahams, 1996: 773), 유방암 생존자가 유방암퇴치 보건기관에서 자원봉사활동을 펼치는 것(Blackstone, 2004: 356) 등이 바로 "나 자신의 문제를 해결하기 위해서" 또는 "나 자신을 위로받기 위해서"와 같은 방어동기 때문에 봉사활동을 나선 경우에 해당된다.

방어동기가 강한 자원봉사자들은 봉사활동을 통해 내면의 분노와 좌절감을 덜어내고, 자신을 당황케 하는 트라우마를 극복한다. 나아가 이러한 과정을 거치면서 점차 부정적인 심리상태에 빠지기 이전의 온전한 사람으로 거듭난다. 또는 거듭나고자 노력한다. 지역보건소에서 일하는 전업주부 자원봉사자를 인터뷰한 미국의 한 질적 연구는 아래와 같은 대화를 인용함으로써 방어동기에 따라 봉사활동에 나선 개인이 어떻게 기존의 손상된 자아를 건전한 자아로 회복시키는지 그 심리상태의 변화를 상세히 묘사하였다(Merrell, 2000: 34).

> *"아이가 없었을 때에는 시간제로 온갖 알바를 했었어요. 하지만 아이가 태어나고 난 후에는 대부분의 시간을 집에서 보냈지요. 그럴 때 가끔씩 남편이랑 싸우고 나면 정말 힘이 쫙 빠지고 죽을 것만 같았어요. 하지만 당시 저는 집 밖에 나가 할 일이 아무 것도 없었죠. 그러다가 우연히 여기 이 지역보건소에서 봉사자를 구한다는 소식을 듣고 곧바로 지원을 했습니다. 나락으로 떨어진 저에게 뭔가 좋은 기회가 될 거란 생각이 들었죠. 봉사활동을 시작한 후, 내가 아직 이 세상에서 쓸모가 있는 사람이구나, 사람들이 나를 필요로 하고 또 존경하고 있구나 하는 느낌을 많이 받았어요. 자원봉사활동을 통해 나도 뭔가 할 수 있는 사람이구나 하는 느낌을 많이 받았는데, 전 이런 느낌이 너무 좋아요. 그래서 앞으로도 계속 할 거예요".*

사회에서 아직 쓸모 있는 사람임을 느끼고 활기찬 삶을 영위하기 위해 자원봉사활동에 임하는 사람들은 전업주부 외에 은퇴한 노인들이 있다. Freedman(1999: 77)은 병원에서 자원봉사활동을 하는 노인들을 심층면접한 후 다음과 같은 인터뷰를 인용하였다.

"봉사활동을 하기로 한 건 어려운 결정이 전혀 아니었어요. 아픈 어린이들이 나의 도움을 필요로 하는 걸 너무나 잘 아니까, 자연스럽게 봉사활동을 하러 병원으로 발길이 돌려지더라고요. 더군다나 이런 일이라도 안 하면 집에서 가만히 놀고먹는 것밖에 더하겠어요? 난 그러고 싶지 않아요. 집에 있으면 너무 답답하고 우울해요".

자원봉사기능척도에 나타난 마지막 여섯 번째 동기유형은 이해(understanding) 동기이다. 정도의 차이는 있을 수 있지만, 모든 사람들은 개인적 성장과 발전, 인격적 도야, 학습, 공부 등에 대한 욕구를 저마다 마음 한구석에 품고 있다(Mannino, Snyder and Omoto, 2011). 성장, 발전하고 인격적으로 고양되며 자신을 둘러싼 미지의 세계에 좀더 가까이 다가서려는 내면의 욕구가 자원봉사라는 방식으로 발산됐을 때, 우리는 이를 이해동기에 근거한 자원봉사활동이라 일컫는다(한정란, 2012).

이해동기에 의해 움직이는 자원봉사자들은 "당신은 왜 자원봉사활동을 하기로 결정하였습니까?"란 질문에 보통 "세상에 대한 새로운 시각을 얻기 위하여", "상대가 어떤 상황에 처해 있는지 한 번 살펴보기 위하여", "내가 가진 장점을 충분히 활용해 보기 위하여", "아직 써보지 못한 나만의 기술이나 능력을 마음껏 펼쳐보기 위하여" 등과 같은 답변을 내놓는다. 예를 들어, Abrahams(1996: 776)는 미국에서 태어나 자란 중상류층 라틴아메리카 출신 청소년 한 명을 심층인터뷰 하였는데, 인터뷰 도중 그녀는 자신이 이민자 관련 시민단체에서 자원봉사활동을 하는 이유로 "라티노로서 인종적·민족적 정체성을 찾고 이를 올바로 세우기 위해서"란 답변을 제시하였다고 한다. 이는 자신이 어디에서 비롯되고 어디로 흘러가는지, 정체성의 뿌리를 알고자 하는 욕구가 이민자 관련 봉사단체에서 봉사활동을 하는 행위로 이어진 케이스로서 이해동기가 자원봉사활동을 촉발시킨 대표적인 사례라 할 수 있다.

지금까지 우리는 자원봉사자의 동기와 관련해 가장 대표적인 이론인 기능주의 이론을 살펴보았다. 이 이론에 따르면 인간은 누구나 다 특별한 심리적 욕구를 갖고 있고, 그것을 해결하는 과정에서 하나의 욕구충족의 방편으로서 자원봉사활동을 선택하는 존재로 묘사된다.

그러나 문헌을 좀더 자세히 검토하다 보면, 자원봉사동기 관련 문헌에는 기능주의 이론 외에 다양한 이론들이 존재함을 알 수 있다. 다양한 이론적 관점들의 한 극단에는 봉사자의 동기를 이기적 동기와 이타적 동기라는 두 가지 차원으로 나눠보는 다소 단순한 입장이 존재하는 한편(박관숙·김성희, 2012), 다른 한 극단에는 봉사자에게 왜 자원봉사를 하는지를 묻고 그에 대한 다양한 응답들을 전부 다 봉사동기로 간주함으로써 거의 무한대에 가까운 동기 리스트를 마련하는 다소 복잡한 입장이 공존한다(Shye, 2010).

그러나 다양한 이론들 가운데 Daniel Batson이 제시한 이른바 네 가지 동기 이론이 심리학계에서는 특히 많은 주목을 받는 양상이다(Batson, Ahmad and Tsang, 2002: 430). 이 이론의 특징은 자원봉사의 동기를 크게 ① 이기적 동기, ② 이타적 동기, ③ 집합주의적 동기, ④ 원칙주의적 동기 등 네 가지 차원으로 나누어 보는 데 있다.

이기적 동기는 자기 자신의 복지를 증진시키는 것이 행동의 최종 목적인 개인의 내적 심리상태를 가리킨다. 자기 자신의 복지 증진이란 구체적으로 물질적 안녕, 사회적 인정, 칭찬, 죄의식의 회피 등을 아우른다. 이것은 많은 자원봉사자들의 내면 깊숙한 곳에서 발견되는 유형의 동기이며, 자기 자신을 위하지만 그 과정에서 타인의 복지증진을 부차적으로 야기한다는 점에서 사회적으로 '나쁘지 않고 괜찮은 것'으로 보통 인식된다. 그러나 이기적 동기에 의해 촉발된 자원봉사활동은 지속성 측면에서 상당한 취약성을 나타낸다. 즉, 자기 자신의 복지를 증진시킬 수 있는 방법으로 자원봉사 이외의 다른 선택지가 제시될 경우, 현재 진행 중인 자원봉사활동을 쉽게 중단할 수 있다는 점에서 강력하고 지속적인 봉사동기로 작동하지는 않는다는 뜻이다.

이타적 동기는 다른 사람의 복지를 증진시키는 것이 행동의 최종 목적인 개인의 내적 심리상태를 가리킨다. 이타적 동기는 일반적으로 불행한 개인에 대한 연민의 감정이라든지 감정이입에 의해 주로 발생한다. 이타적 동기는 자원봉사활동의 가장 중요하면서도 기본이 되는 촉발원인으로 종종 지목되며, 자원봉사자들이라면 모두 예외 없이 갖고 있는 - 갖고 있다고 사회적으로 여겨지는 - 동기유형으로 간주된다. 그러나 왜 낯선 이방인들에게까지 연민의 감정을 느끼고 감정이입을 하게 되는지, 특히 연민을 느끼고 감정이입을 하기에는 그 대상이 모호한 경우, 예를 들어 식물보호운동에 왜 일부 사람들이 굳이 애써 봉사활동을 하려하는지 등의 기본적인 의문점에 납득할 만한 이유를 제시해 주지 않는다는 점에서 설명 상 한계를 가진 개념이라 할 수 있다.

집합주의적 동기는 특정 집단 구성원들의 복지를 증진시키는 것이 행동의 최종 목적인 개인의 내적 심리상태를 가리킨다. 집합주의적 동기는 해당 집단과 자신을 동일시하는 정도가 크면 클수록 강하게 나타난다(Finkelstein, 2010). 이것의 실례는, 자신은 상류층 계층에 속하면서 빈민들과 정체성을 같이 하고 나아가 이들을 위한 봉사활동에 매진하는 일부 엘리트출신 자원봉사자 혹은 사회운동가들에게서 쉽게 확인할 수 있다. 집합주의적 동기는 일부 자원봉사활동의 중요한 촉발요인 중 하나로 간주된다. 하지만 특정 집단 구성원들과의 동일시가 약함에도 불구하고 자원봉사활동이 활발하게 일어나는 특별한 상황을 적절히 설명할 수 없다는 점에서 한계를 가지는 개념이라 할 수 있다.

마지막으로 원칙주의적 동기는 어떤 숭고한 도덕적 원칙을 고수하는 것이 행동의 최종 목적인 개인의 내적 심리상태를 가리킨다. 이것은 사회정의라는 대의명분을 구현하기 위해 자원봉사활동에 투신하는 사람들에게서 잘 발견되며, 특히 정치적 옹호 분야에서 활동하는 봉사자들에게서 가장 두드러지게 나타나는 동기유형이다. 원칙주의적 동기가 강한 자원봉사자들은 사회적 이슈에 있어 결코 무임승차(free-riding)를 해서는 안 되는 의식이 강하고, 민주사회의 성숙한 구성원으로서 "무엇인가를 해야 한다"는 사명감이 크다는 특징을 나타낸다.

지금까지 우리는 자원봉사동기와 관련된 주요 이론적 관점과 개념들을 포괄적으로 살펴보았다. 봉사동기와 관련해 살펴볼 것들은 대체로 다 살펴본 셈인데, 아직 논의하지 않은 내용이 하나 남았다. 우리나라 자원봉사자들의 봉사동기에 관한 실증자료 검토가 바로 그것이다. 아래에서는 〈2011년 전국 자원봉사활동 및 기부에 대한 조사〉 자료를 활용해 우리나라에서 활동하는 자원봉사자들의 봉사동기 구조에 대해 간략히 살펴보기로 하겠다.

그런데 자료검토에 앞서 짚고 넘어가야 할 사항이 한 가지 있다. 〈전국 자원봉사활동 및 기부에 대한 실태조사〉에 사용된 설문지는 애당초 우리가 앞에서 집중적으로 살펴본 자원봉사기능척도를 바탕으로 항목구성을 하지 않았기 때문에, 척도에 포함된 여섯 가지 동기유형의 관점을 그대로 적용해 결과를 해석하기에는 무리가 따른다는 점이다. 그러나 완전히 맞아 떨어지지는 않더라도, 제시된 항목들은 여섯 가지 동기유형을 대략적으로나마 모두 포함하고 있으므로 여기서는 자원봉사기능척도의 본래 틀에 맞춰 항목분석을 계속 진행하기로 하겠다.

우리나라 자원봉사자들이 자신들의 봉사동기로 가장 많이 체크한 상위응답 세 가지는 순서대로 "사회문제를 해결하고 사회에 필요한 사람이 되기 위하여"(78.9%), "시민으로서의 도덕적 의무와 책임이라고 생각해서"(78.4%), "많이 가진 자는 적게 가진 자를 도와야 한다고 생각해서"(77.6%)였다(〈표 4-1〉 참조). 세 응답 모두 자원봉사기능척도 상의 여섯 개 동기유형 가운데 특히 가치동기의 성격을 많이 내포함을 알 수 있으며, 부차적으로 사회적 연대의식과 관련된 사회성동기의 성격도 살짝 내비치는 것으로 파악된다.

반면, 가장 적게 체크한 하위응답 세 가지는 순서대로 "고용주나 직장에서 장려해서"(29.5%), "새로운 사람을 만나기 위하여"(34.8%), "취업, 승진, 진학 등 자기계발에 도움이 되어서"(38.8%)였다. 자원봉사기능척도 상의 여섯 가지 동기유형 측면에서 봤을 때 첫 번째와 세 번째 대답은 대체로 경력동기 밀접한 관련성을 가지고, 두 번째 대답은 친밀한 관계에 놓인 사람들과의 즐거운 만남에 대한 욕구, 즉 사회성동기와 밀접히 연관된 것으로 파악된다.

기타 대답으로는 "여가시간을 의미 있고 재미있게 보내기 위해서"(69.7%), "다양한 경험을 해보기 위하여"(60.0%), "종교적 신념에 따라서"(50.3%), "나 자신이 위로받기 위해서"(55.7%) 등이 언급되었다. 각각은 자원봉사기능척도 상의 여섯 가지 동기유형 가운데 강화동기, 이해동기, 가치동기, 방어동기와 밀접한 관련성을 가지는 것으로 보인다.

〈표 4-1〉 자원봉사참여의 개인적 동기

구분	중요동기	
	그렇다/약간 그렇다	별로 그렇지 않다/전혀 그렇지 않다
1) 새로운 사람을 만나기 위하여	111(34.8)	208(64.9)
2) 사회문제를 해결하고 사회에 필요한 사람이 되기 위하여	253(78.9)	66(20.5)
3) 많이 가진 자는 적게 가진 자를 도와야 한다고 생각해서	279(77.6)	70(21.8)
4) 고용주나 직장에서 장려해서	95(29.5)	219(68.3)
5) 시민으로서의 도덕적 의무와 책임이라고 생각해서	251(78.4)	63(19.7)
6) 여가시간을 의미 있고 재미있게 활용하기 위해서	223(69.7)	94(29.4)
7) 다양한 경험을 해보기 위해서	208(65.0)	110(34.4)
8) 종교적 신념에 따라서	161(50.3)	153(47.8)
9) 취업, 승진, 진학 등 자기개발에 도움이 되기 때문에	12(38.8)	194(60.6)
10) 나 자신이 위로받기 위해서	179(55.7)	140(43.7)

단위: 명(%)
자료: 〈2011년 2008년 전국 자원봉사활동 및 기부에 대한 조사〉

우리나라 자원봉사자들의 봉사동기에 대한 분석에서 눈길을 끌었던 부분은, 가장 높은 응답률을 보인 삼순위 대답들은 대체로 이타적인 동기의 범주에 들어가고, 반대로 가장 낮은 응답률을 보인 또 다른 삼순위 대답들은 대체로 이기적인 동기의 범주에 포함되어 좋은 대비를 이루었다는 점이다. 구체적으로, 가장 많이 언급된 상위응답 세 가지는 가치동기 및 연대감을 나타내는 사회성동기와 밀접히 관련된 것으로 보였는데, 이 동기들은 자기 자신의 복지증진보다 전체 사회의 복지증진에 초점이 맞춰진 활동을 야기한다는 점에서 우리나라 자원봉사자들은 대체로 이타적인 목적을 갖고 봉사활동에 임하고 있음을 유추할 수 있었다.

이와 대조적으로, 가장 적게 언급된 하위응답 세 가지는 경력동기 및 친밀감을 나타내는 사회성동기와 밀접히 관련된 것으로 보였다. 이것은 전체 사회의 복지증진보다는 개인의 복지증진에 초점이 맞춰진 활동을 암시하며, 따라서 우리나라 자원봉사자들은 이기적인 목적, 즉 개인의 욕구를 충족시키기 위한 목적으로 봉사활동을 하는 경우가 비교적 드물다는 사실을 유추할 수 있었다.

물론 이러한 분석결과들은 양적 자료에 근거한 것이기 때문에 응답자들 내면의 진정한, 비가시적이고 양화불가능한 마음상태를 정확히 반영한 것이라고는 단정 짓기 어려운 부분이 있다. 즉 일부 응답자들의 경우 봉사동기에 관한 질문을 받고 주위의 시선을 의식·무의식적으로 고려한 끝에 실제로는 경력동기가 강함에도 마치 자신은 가치동기가 강한 사람이어서 자원봉사활동에 나선 것 마냥 허위로 답했을 가능성을 배제할 수 없기 때문에 - 사회조사방법론에서는 이 같은 허위를 사회적 선망 편의(social desirability bias)라고 일컫는다 - 앞에서 확인된 결과를 일반화시키기에는 무리가 따른다는 것이다. 응답자의 반응이 사회적 선망 편의에 의해 얼마만큼 왜곡됐는지 여부를 알려면 다수의 개방형 질문(probes)을 포함한 질적 조사가 추가적으로 반드시 필요하다(Wuthnow, 1995: 25).

한편 위 논의에서 한 가지 유념할 사안은, 이기적 동기를 가급적 언급하길 꺼리고 반대로 이타적 동기를 봉사활동의 이유로 전면에 앞세우는 모습은 우리나라 자원봉사자들만의 독특한 특성이 아니라 전 세계적으로 수많은 자원봉사자들에게서 - 완전히 같지는 않지만 - 비슷하게 발견되는 패턴이라는 사실이다. 실제로 미국과 호주에서 실시된 몇몇 경험적 서베이 조사들은 자국 내 자원봉사자들이 가장 많이 언급한 봉사동기가 가치동기이고 가장 적게 언급한 봉사동기가 경력동기라는 연구결과로 보고함으로써(Clary and Snyder, 1999; McCabe et al., 2007), 이기적 동기보다 이타적 동기에 따라 봉사활동에 나서는 것은 - 그것이 봉사당사자의 내면을 여과 없이 그대로 보여주고 있는지 여부와 관계없이 - 다소 보편적인 현상임을 입증한 바 있다.

국내 자원봉사자들의 봉사동기와 관련해 마지막으로 검토할 사안은 사회결정론자들 논리에 대한 타당성 검증이다. 사회결정론자들은 자원봉사의 결정요인으로서의 순수한 행동 동기란 현실적으로 존재하지 않는다는 점에 주목한다. 이들에게 있어 행동의 동기란 사회적 상황이나 맥락, 주어진 자원 등에 따라 개인별·집단 별로 상이하게 나타나는, 유동적이고 가변적인 사회구성물에 불과하다.

아래에서는 자원봉사자들의 봉사동기가 사회적으로 결정된다는 사회결정론자들의 주장을 〈2008년 전국 자원봉사활동 및 기부에 대한 조사〉 원자료를 분석함으로써 간략히 검증해 보고자 한다.

동기의 사회적 결정요인으로는 다양한 인구학적·사회경제적 변수들이 거론돼 왔다. Clary와 Snyder(1999) 같은 학자들은 이 가운데 특히 성별, 연령, 교육수준, 소득수준, 고용상태, 결혼상태, 종교여부 등을 자원봉사활동 동기의 사회적 결정요인으로 지목한 바 있다. 이 책에서는 지면의 제약을 고려해 이 모든 변수들을 하나씩 다 검토하기보다, 성별 변수 하나에만 초점을 맞춰 사회결정론자들 주장의 타당성을 일부 검증해 보도록 하겠다.

〈2008년 전국 자원봉사활동 및 기부에 대한 조사〉 자료의 분석결과, 자원봉사자들이 봉사활동을 시작한 이유로 지목한 동기는 총 열 세 가지였는데, 이 가운데 유의수준 5%에서 통계적으로 유의한 성별 격차를 보인 것은 세 가지로, 구체적으로 "다양한 경험을 해보기 위하여"(27.7% vs. 42.6%), "종교적 신념에 따라서"(19.3% vs. 29.4%), "나 자신이 위로받기 위해서"(8.9% vs. 20.6%)로 확인됐다. 이 같은 결과는 여성이 남성보다 좀더 뚜렷하게 내면화하는 자원봉사 동기유형은 강화동기, 종교적 가치동기, 보호동기임을 보여준다. 나아가 분석결과는 이러한 동기의 차이가 남녀 간 자원봉사활동 정도, 수준, 시간, 영역, 분야, 헌신도 등을 차별적으로 결정짓는 요인으로 발전할 수도 있음을 간접적으로 증명해 준다. 이와 같은 분석결과를 토대로 우리는 자원봉사활동의 동기는 100퍼센트라고 확신할 수는 없지만 일정 부분 사회적으로 결정되는 사회구성물이라는 - 성별(gender)은 사회적 속성을 강하게 내포한다는 측면에서 - 사회결정론자들의 주장을 일부 받아들일 수 있을 것이다.

제 3 부

인적자원과 자원봉사

제 3부의 주제는 개인이 가진 인적자원과 자원봉사의 관계이다. II부에서 다룬 주제인 개인의 내면적 특질은 비가시적인 심리상태를 주로 다루는 까닭에 변수에 대한 객관적 측정이 사실상 매우 어려웠던 측면이 있었다. 이에 반해 III부에서 다룰 주제인 개인의 인적자원은 가시적 속성을 주로 내포하며, 따라서 변수에 대한 객관적 측정이 비교적 쉽다는 특징을 가진다.

자원봉사 현상을 이해하는 데 있어 개인의 인적자원을 살피는 가장 큰 이유는 무엇보다 자원봉사도 일종의 노동이라는 점 때문이다(Wilson, 2012: 183). 노동은 유급이든 무급이든 상관없이 효과적이고 효율적으로 수행되기 위해선 개인의 다양한 자산들, 예를 들면 시간, 돈, 지식, 기술, 건강, 가족적 배경, 기타 개인의 처분 하에 놓인 각종 자원들의 적극적인 동원과 활용이 반드시 요구된다. 여기서 주안점은, 자원의 소유 수준이나 활용 정도는 개인과 집단마다 본질적으로 다르며, 이와 같은 자원의 불균등한 배치와 분포는 자원봉사라는 노동행위의 정도, 수준, 빈도, 강도 등에 상당한 영향을 미치고, 궁극적으로 그 결과를 완전히 다르게 만들어 놓을 수도 있다는 사실이다.

실례로, 이 세상 모든 사람들이 다 똑같이 굿네이버스 같은 국제 NGO단체에서 거리낌 없이 번역봉사활동을 할 수 있다거나, 광화문에서 열리는 알바연대의 최저임금인상요구 시위행렬에 열성적으로 동참할 수 있는 것은 아니다. 마찬가지로, 이 세상 모든 사람들이 다 똑같이 탈북자나 다문화가정출신 청소년들을 위한 멘토링봉사활동을 하면서 국영수 과외를 시켜줄 수 있다거나, 스키장에서 자원봉사구호대원으로 활약할 수 있다거나, 자비를 들여 아프리카 같은 최빈국을 방문해 무료의료봉사활동을 할 수 있는 것이 아니다. 이런 자원봉사 업무들을 적절히 수행하려면 그에 합당한 지식과 기술, 자유시간과 소득, 직업, 건강상태 등의 인적자원들이 충분히 뒷받침되어야 한다.

아무런 지식도 없고 기술도 없고 시간도 없으며 소득도 없는, 거기다가 건강도 안 좋은 사람이 자원봉사활동에 참여할 리는 만무하다(Lancee and Radl, 2014: 836). 이와 같이 빈약한 인적자원을 갖고 있는 사람에게 있어 자원봉사 참여란 그저 엄청난 희생과 대가의 지불만을 의미한다. 앞선 I, II부에서 살펴보았듯이, 자원봉사는 100퍼센트 이타적인 동기에 의해서만 촉발되는 현상이 결코 아니다. 일정 부분 이기적인 동기에 의해서도 촉발되는 측면을 분명히 가진다. 인적자원의 빈약함에 따른 비용지출이 상당할 것으로 예상되는 상황에서, 자원봉사 참여를 주저하고 회피하는 것은 이기적 동기를 품고 있는 개인의 입장에서 본다면 어쩌 보면 매우 합리적인 결정이라 할 수 있다.

요컨대, 개인이 가진 인적자원의 종류와 양, 질 등은 자원봉사활동의 양상과 결과에 심대한 영향을 미친다. 이런 점을 감안하면, 자원봉사 현상을 이해하는 데 있어 개인의 인적자원을 분석하는 일은 매우 중요하고 당연한 작업임을 금세 깨달을 수 있다. 이어지는 5, 6, 7, 8장에서는 개인의 인적자원을 사회경제적지위, 시간, 건강, 성별 등 크게 네 가지 차원으로 나누고, 각 유형의 자원과 자원봉사와의 관계를 심층적으로 살펴보도록 하겠다.

5
chapter

사회경제적 지위와 자원봉사

한 개인의 사회경제적 지위는 일반적으로 학력, 소득, 직업의 세 가지 차원으로 구성된다. 아래에서는 각각의 요인에 초점을 맞춰, 먼저 학력과 자원봉사의 관계를 살펴보고 다음으로 소득과 자원봉사의 관계를 살펴본 후 마지막으로 직업과 자원봉사의 관계를 집중적으로 검토하도록 하겠다.

1. 학력과 자원봉사

학력은 자원봉사의 가장 강력한 영향요인 중 하나로 아주 오래 전부터 수많은 실증연구들에 의해 다차원적으로 검증돼 왔다. 연구들은 거의 예외 없이 교육수준이 높을수록 자원봉사참여수준 역시 높아진다는 사실을 보여줘 왔다 (Huang, van den Brink, and Groot, 2009).

이 책에서는 학력과 자원봉사 간의 너무나 잘 알려진 정적 관계는 잠시 제쳐두고, 둘의 관계를 좀더 심층적이고 새로운 관점에서 파악하기 위해 다음 세 가지 사항에 초점을 맞춰 논의를 전개하고자 한다. 첫째, 학력과 자원봉사를 이어주는 매개변인이 있는지, 만약 있다면 어떠한 매개변인이 유효한지 살펴본다. 둘째, 학력과 자원봉사 사이의 관계에 영향을 미치는 조절변인이 있는지, 만약 있다면 어떠한 조절변인이 유효한지 살펴본다. 셋째, 학력에 따라 자원봉사활동

영역이 다른지, 만약 다르다면 그 양상은 어떠한지 살펴본다.

1.1. 매개효과

학력은 어떤 변인을 매개로 자원봉사에 정적인 영향을 주는 것일까? 전 세계 많은 연구자들은 이 질문에 답하기 위해 다양한 가설들을 세우고 이를 검증해 왔다. 검증대상이 된 가설들은 크게 두 가지 관점으로 나눠 살필 수 있다.

먼저 고학력자의 내적 특질에 초점을 맞추는 관점이다(Musick and Wilson, 2008: 126). 이 관점에 따르면, 고학력자는 저학력자에 비해 파당적 사고방식에서 벗어나 사해동포적(cosmopolitan) 태도를 취할 가능성이 높고 불행한 이들의 고통에 공감하는 능력이 크며 자신의 능력에 대한 큰 자신감을 보인다고 한다(DeYoung, 2011). 이 같은 내적 특질은 자원봉사참여수준을 높이는 데 기여한다.

상식적으로, 교육을 많이 받을수록 개인의 인지능력은 개선되고 낯선 세계에 대한 수용력과 이해력은 제고되기 마련이다. 또한 사회문제에 대해 비판적 사고력이 커지고 사회조직과 정부기관의 작동방식에 대한 이해도가 올라간다. 이처럼 높아진 지적·심리적·정서적 민감도는 자원봉사에 대한 호기심을 자극하고, 문제해결 수단으로서의 가능성에 주목하게 하는 효과를 만들어 낸다. 다시 말해, 교육수준 향상 → 자원봉사활동에 유리한 내면적 특질의 제고 → 자원봉사참여수준의 실질적 증가의 인과적 연결고리에 주목하는 것이 첫 번째 관점의 핵심인 것이다.

다음은 고학력자의 사회참여에 초점을 맞추는 관점이다(Musick and Wilson, 2008: 126). 이 관점의 핵심은 고학력자는 사회참여수준이 높기 때문에 자원봉사참여수준이 높다는 데에 있다. 일반적으로 고학력자는 저학력자에 비해 훨씬 다채로운 관심사와 이해관계, 욕구를 가진다(DeYoung, 2011). 따라서 이들은 저학력자보다 더욱 다양한 사회조직과 단체에 회원으로 가입했을 확률이 높고, 거기서 적극적으로 활동할 확률 역시 높다. 고학력자의 이 같은 높은 사회참여수준은 네트워크이론의 관점에서 봤을 때 저학력자에 비해 고학력자가 훨씬 더 폭넓으면서 동시에 촘촘한 네트워크에 연결돼 있을 가능성이 큼을 뜻한다. 여기서 주안점은, 넓고 다양하며 이질적이면서 조밀한 사회연결망을 가진 개인은 그렇지 않은 개인보다 자원봉사활동에 참여할 가능성이 더 높다는 점이다.

폭넓고 촘촘한 네트워크에 연결된 개인이 그렇지 않은 개인보다 자원봉사참여수준이 더 높은 까닭은, 무엇보다 이들이 네트워크 안팎에서 구성원들과 교류하는 가운데 자원봉사와 관련된 정보나 기회, 중요 인물들에 노출되는 빈도가 월등이 높기 때문이지만 - 많은 사람들과 만나 어울리다보면 자연스레 언제 어디서 자원봉사 이벤트가 열리는지, 누구를 통해 봉사현장에 손쉽게 접근할 수 있는지 등을 보다 잘 알게 된다 - 그 밖에도 봉사활동에 참여해 달라는 외부의 요청을 더욱 자주 접하게 되고, 당사자가 이를 적절하게 뿌리치지 못하기 때문인 측면도 무시 못 할 이유가 된다(Lee and Brudney, 2010: 518).

특히 후자의 경우는 좀더 면밀히 살펴볼 필요가 있다. 그 이유는 다양한 네트워크에 연결된 개인들은 외부의 요청이 빈번히 들어오기도 하지만, 일단 그러한 요청이 들어왔을 때 스스로 별로 내키지 않음에도 불구하고 요청을 받아들이는 일종의 "비자발적" 자원봉사자가 되기 쉽다는 점 때문이다(Bekkers, 2010). 봉사요청을 거절하지 못하는 이유는 자신의 사회적 위신이나 명망을 지켜야한다거나 집단 의무감에 따라 행동해야만 하기 때문인 경우가 대부분이지만(Ward and McKillop, 2011), 간혹 경제적 이해관계를 추구하거나 정치적 입지를 다지기 위한 목적으로 그와 같은 요청을 거부하지 못하는 경우도 왕왕 발생한다(Carpenter and Meyer, 2010).

거절하기 힘든 외부의 봉사활동 요청은 개인의 입장에서는 당황스럽고 짜증나는 사회적 압력이 될 수 있다. 하지만 요청을 하는 사람이나 단체의 입장에서 보면 대단히 합리적이고 효율적인 봉사자 모집전략이라 하지 않을 수 없다(정민욱 외, 2010). 실제로 봉사현장에 나가 보면, 대부분의 사회단체들이 많이 배운 고학력자의 수준 높은 사무능력과 행정처리역량, 전문적 기술 그리고 심도 깊은 지식을 절실히 필요로 하며, 이에 따라 육체적 근력이 필요하지 않은 분야라면 못 배운 저학력자보다 많이 배운 고학력자들을 훨씬 선호하는 모습을 쉽게 목격할 수 있다. 단언컨대, 고학력자는 저학력자에 비해 상대적으로 더 많은 사회단체의 봉사프로그램 담당자들의 모집타깃으로 지목되는 경우가 많다 (Ward and McKillop, 2010).

요컨대, 문헌에는 학력과 자원봉사 사이에 놓인 매개변인과 관련해 크게 두 가지 가설이 존재하는 것으로 나타난다. 첫 번째 가설은 높은 학력 → 자원봉사활동에 유리한 내면적 특질의 제고 → 자원봉사활동수준의 실질적 증가의 인과적 연결고리에, 두 번째 가설은 높은 학력 → 사회참여수준의 증가 → 자원봉사참여수준의 실질적 증가의 인과적 연결고리에 주목한다. 이 책에서는 국내 패널 자료들의 설문조사설계 상 한계와 지면의 한계 등을 고려해 첫 번째 가설의 검증은 보류하고, 두 번째 가설의 검증에만 초점을 맞추어 논의를 이어나가도록 하겠다.

가설검증 결과는 〈표 5-1〉에 제시하였다.[1] 먼저, Model 1은 학력과 자원봉

---

1) 가설검증에는 종단적으로 병합된 〈서울복지패널 1, 2차 조사〉 원자료를 활용하였다.

변수의 조작적 정의와 관련해서는, 먼저 독립변수는 학력으로서 교육연수(years in education)로써 측정하였다. 구체적으로, 초등학교 졸업이하면 6점, 중학교 졸업이하면 9점, 고등학교 졸업이하면 12점, 전문대학 졸업이하면 14점, 4년제대학 졸업이하면 16점, 대학원 석사이상졸업이면 20점을 각각 부여함으로써 일종의 연속변수의 모습을 띠게끔 변수구성을 하였다.

다음으로 매개변수는 사회참여수준으로서 〈서울복지패널 2차 조사〉 설문지에 포함된 H1 문항을 토대로 변수구성을 마쳤다. H1 문항에 포함된 질문은 "귀하는 다음과 같은 모임, 단체 등에 참여하여 활동하고 계신가요?"이고, 이에 대한 응답은 "매우 적극적으로 활동한다"부터 "전혀 활동하지 않는다"까지 총 5점 리커트척도로 기록된다. 제시된 모임과 단체들에는 다음과 같은 것들이 포함된다: 각급 학교 동창회 등 출신학교가 같은 사람들의 모임; 비슷한 취미나 운동을 즐기는 사람들의 모임; 향우회 등 출신지역이 같은 사람들의 모임; 종친회 등 혈연으로 연고가 있는 사람들의 모임; 종교단체의 활동이나 모임; 시민단체 또는 직업과 연관이 없는 모임; 자선단체나 문화예술단체 등의 후원회 모임; 학교운영위원회 등 교육 또는 학술관련 단체의 모임; 아파트 부녀회, 입주자대표회의 등 거주지역의 모임; 정당 등 정치관련 단체모임; 직업 또는 직무와 연관이 있는 단체 또는 협회의 모임 등. 원점수들은 값이 낮을수록 사회참여수준이 활발하고 높을수록 저조한 구조를 띤다. 여기서는 해석의 편의를 위해 값이 낮을수록 사회참여수준이 저조하고 높을수록 활발하게 나타나도록 원점수들을 리코딩한 후, 제시된 13개 모임 및 단체들에서의 활동수준의 값들을 합산하고, 마지막으로 이를 13으로 나눈 평균값을 최종 변수값으로 지정하였다.

종속변수는 자원봉사참여여부로서 〈서울복지패널 2차 조사〉 설문지에 등장하는 자원봉사경험여부 항목을 활용하였다. 2차 조사에서는 응답자의 자원봉사경험여부를 측정하기 위해 다음과 같은 질문을 제시한다: "귀하는 지난 일 년(2009. 1.1~2009. 12.31) 동안 자원봉사활동을 하신 경험이 있습니까?" 이 질문에 대한 답은 "있다"와 "없다" 두 가지 방식으로 기록된다. 종속변수가 이분형 구조를 띠기 때문에 분석방법으로는 로지스틱 회귀분석을 사용하였다.

사참여율의 관계를 살피는 연구모형이다. 모형의 검증결과, 교육연수가 길수록 자원봉사참여율 역시 높아짐을 확인할 수 있었다. 이는 학력이 자원봉사참여수준과 정적인 관계를 가진다는 거의 대다수 선행연구들의 보고와 일치하는 결과이다.

〈표 5-1〉 학력이 사회참여를 매개로 자원봉사참여에 미치는 영향에 관한 이항로짓모형 분석결과

		Model 1	Model 2	Model 3
여성		0.283*	0.193	0.297*
연령(a)	20세이상~30세미만	-1.426***	-1.204***	-1.440***
	30세이상~49세미만	-1.454***	-1.264***	-1.481***
	50세이상~65세미만	-1.117**	-1.133**	-1.165**
	65세이상	-1.575***	-1.620***	-1.598***
未취업		0.194	0.189	0.200+
혼인(b)	이혼/별거	-0.670+	-0.728*	-0.644+
	사별	0.131	-0.002	0.153
	미혼	-0.097	-0.050	-0.079
	미성년	0.128	-0.087	0.156
소득(c)	100만이상~200만 미만	0.285	0.345	0.282
	200만이상~300만 미만	0.211	0.301+	0.191
	300만이상~400만 미만	0.330	0.458	0.314
	400만이상~500만 미만	0.322	0.474*	0.289
	500만원 이상	0.457*	0.647**	0.421*
종교有		0.507***	0.496***	0.484***
이전년도 봉사경험有		1.922***	1.955***	1.904***
학력		0.095***	-	0.090***
사회참여		-	0.229**	0.178*
상수항		-3.499***	-2.808***	-3.705
R^2		0.36	0.34	0.40

주 1: 표 안의 숫자는 모두 비표준화 회귀계수임.
주 2: 준거집단: (a)19세미만; (b) 기혼; (c) 100만원미만
+p 〈 0.10, *p 〈 0.05, **p 〈 0.01, ***p 〈 0.001

Model 2와 3은 학력과 자원봉사참여율의 관계에서 사회참여수준이 매개변수로서 기능하는지 살피는 연구모형이다. 모형의 검증결과, 교육연수가 자원봉사참여율에 발생시키는 효과는 사회참여수준에 의해 부분매개(partial mediation)

됨을 확인할 수 있었다. 이는 ① 교육연수(x)가 사회참여수준(m)에 유의한 정적 영향을 미치고, ② 교육수준(x)을 통제한 상태에서 사회참여수준(m)이 자원봉사참여율(y)에 유의한 정적 영향을 미치며, ③ 사회참여수준(m)을 통제한 상태에서 교육수준(x)이 자원봉사참여율(y)에 유의한 정적 영향을 미치는 한편, ④ Sobel test 실시결과, 사회참여수준(m)을 통제한 상태에서 교육연수(x)가 자원봉사참여율(y)에 발생시키는 직접효과(c')가 아무 것도 통제하지 않은 상태에서 교육연수(x)가 자원봉사참여율(y)에 발생시키는 총효과(c)보다 통계적으로 유의미하게 작게 나타났다는 데에서 확증되었다.[2)]

요컨대, 분석결과는 학력은 그 자체로 자원봉사참여수준에 독립적인 영향을 미치기도 하지만, 이와 함께 사회참여수준을 매개로 부분적으로 자원봉사참여수준에 영향을 미치기도 함을 보여주었다. 따라서 앞에서 살펴본 두 번째 가설, 즉 높은 학력 → 사회참여수준의 증가 → 자원봉사참여수준의 실질적 증가라는 인과적 연결고리는 실증적으로 지지된다고 결론지을 수 있겠다.

1.2. 조절효과

다음으로 검토할 사안은 학력과 자원봉사의 잘 알려진 정적 관계가 모든 상황에서 획일적이지 않고 다양한 인구학적 변수들과의 상호작용에 따라 매우 다르게 나타날 수 있다는 가설에 대한 검증이다. 이는 곧 학력과 자원봉사의 정적인 관계가 다양한 인구학적 변수들의 영향으로 인해 사라지거나 심지어 부적으

2) Sobel Test는 선형회귀의 매개효과 분석에만 적용된다는 것이 학계의 일반적인 상식이다. 그러나 최근 통계학자들은 로지스틱회귀의 매개효과 분석에도 적용이 가능한 진보된 형식의 Sobel Test를 새롭게 고안해 사용 중이다(Herr, 2014). 이에 대한 자세한 기술적 논의는 다음의 홈페이지를 참고하기 바란다: http://www.nrhpsych.com/mediation/logmed.html.
이 방식에 의거하여 여기서 검토 중인 매개효과의 통계적 유의성을 검증해보면, 독립변수에서 매개변수로 가는 경로계수를 a, 독립변수를 통제한 상태에서 매개변수에서 종속변수로 가는 경로계수를 b, 독립변수에서 종속변수로 가는 경로계수를 c, 매개변수를 통제한 상태에서 독립변수에서 종속변수로 가는 경로계수를 c'라 했을 때, 각각의 계수(표준편차)는 0.052(0.002), 0.276(0.069), 0.104(0.013), 0.09(0.013)로 계산됐고, Sobel test의 z값은 3.95, $p=0.002$로 계산됐다. 따라서 총효과(c)와 직접효과(c')가 같다는 영가설은 기각됐으며, 직접효과는 $a=0.01$에서 총효과보다 유의미하게 작음이 확인되어, 매개효과는 실제로 존재한다는 결론을 도출할 수 있었다.

로 바뀔 수도 있다는 주장에 대한 검증을 의미한다. 아래에서는 학력과 자원봉사의 관계에 영향을 주는 조절변인이 있는지, 만약 있다면 어떠한 인구학적 특성의 조절변인이 특히 유효한지에 관해 살펴보도록 하겠다.

먼저 인종 변인부터 검토해 보자. 우리나라 사례는 아니지만, 인종문제가 심각한 미국의 경우 흑인들은 일반적으로 심한 인종적 차별을 경험하는 것으로 잘 알려져 있다. 이러한 차별은 자원봉사 영역에서도 상당한 변수로 작용한다. 백인들과 달리 흑인들은 봉사현장에서 인종차별을 예상하고 또 실제로 인종차별을 경험하기 때문에 심리적·사회적으로 매우 위축된 모습을 보이곤 하는데, 이는 흑인들의 자원봉사참여수준을 백인의 그것보다 유의하게 낮추는 주요 원인이 된다(Foster-Bey, 2008).

그런데 여기서 주목할 점은 자원봉사참여수준에 있어 단순히 인종 간 차이가 있다는 것만이 이야기의 전부가 아니라는 사실이다. 더 큰 문제는 봉사활동을 주저하고 망설이는 흑인들의 모습은 학력에 관계없이 보편적으로 발생하는 현상이라는 점이다. 이는 백인과는 명백히 비교되는 부분이다. 백인의 경우 고학력자들은 활발하게 자원봉사활동을 전개하지만 저학력자들은 저조한 활동을 보이는 것이 일반적이다. 실제로 Musick과 그와 동료들(2000: 156)은 학력이 총 자원봉사활동시간에 미치는 정적인 효과가 성인 백인들한테는 유의미했으나 성인 흑인들에게는 통계적으로 전혀 유의미하지 않게 나타났다는 사실을 보여줌으로써, 다시 말해 고학력 백인은 저학력 백인보다 자원봉사활동시간이 더 길었지만 고학력 흑인은 저학력 흑인과 비교해 자원봉사활동시간에 있어 별 차이가 없었음을 보여줌으로써, 학력이 자원봉사에 미치는 효과는 인종집단 별로 상이하다는 가설이 현실과 부합함을 입증한 바 있다. 유사한 조절효과 양상이 인종변인 뿐 아니라 성별, 연령, 소득, 혼인상태, 종교여부 등 대다수의 주요 인구학적 변인들 사이에서 뚜렷이 관찰되는 것으로 외국의 선행연구들은 보고하고 있다(Barkan, 2004: 926).

그렇다면 우리나라는 어떨까? 본 연구자는 학력과 자원봉사참여수준 사이의 관계를 조절하는 요인에 관한 선행연구가 국내 문헌에 보고된 적이 있는지 알아보기 위해 2000년부터 가장 최근인 2014년까지 약 14년 동안 국내 저명 학술지에 출판된 자원봉사 관련 연구논문 약 1,000편을 검토해 보았다. 검토에 사용한 핵심 키워드는 자원봉사, 학력, 교육수준, 조절효과, 조절변수 등이었다. 문헌검토 결과, 아쉽게도 국내 연구 가운데 학력과 자원봉사참여수준 사이의 관계에 영향을 주는 조절변인을 집중적으로 조사한 연구는 아직 없는 것으로 파악되었다. 이에, 이 책에서는 학력과 자원봉사의 관계를 조절하는 변인이 국내를 배경으로 수집된 패널자료를 통해서도 확인되는지, 만약 확인된다면 그것은 무엇인지 알기 위해 가능한 많은 인구사회학적 변인들을 대상으로 조절효과 분석을 실시해 보았다.

안타깝게도 다양한 인구학적 변인들을 살펴보았으나, 학력과 자원봉사참여수준의 정적인 관계를 유의하게 변화시키는 조절변인은 국내의 공개 조사자료 - 서울복지패널, 한국복지패널, 전국 자원봉사활동 및 기부에 대한 조사 등 - 를 통해서는 포착할 수 없었다. 예를 들어, 성별의 경우 학력이 자원봉사참여율에 미치는 정적인 효과는 여자보다 남자에게서 약간 더 큰 것으로 나타났지만, 이러한 차이는 통계적으로 유의미하지 않은 수준에 불과해 결국 학력이 자원봉사참여수준에 미치는 정적인 효과는 남녀 간에 별 차이가 없다는 결론만 확인하였다.

성별 외에 연령, 소득, 취업여부, 종교유무 같은 잘 알려진 인구학적 변수들도 마찬가지 패턴을 보였다. 즉, 학력이 자원봉사참여수준에 미치는 정적인 효과는 연령, 소득수준, 취업여부, 종교여부 등에 따라 사라져버리거나 혹은 아예 부적인 효과로 바뀌는 경우가 발견되지 않아 두 변수가 몇몇 대표적인 인구학적 변인들에 의해 조절될 수 있다는 가설은 국내에 한해서는 적용되지 않는 시나리오임을 확증할 수 있었다.

1.3. 주요 봉사활동 영역

마지막으로 학력과 관련해 검토할 사안은, 많이 배운 고학력자와 덜 배운 저학력자 사이에 봉사활동 영역 상에 어떤 차이가 있냐 하는 점이다. 특정한 봉사활동 영역은 많이 배운 고학력자만을 선호하고 적극적으로 식자층을 겨냥해 봉사자 모집활동을 펼친다. 의료봉사나 해외파견봉사, 번역봉사 등이 여기에 해당하는 대표적인 사례들이다. 반면 어떤 봉사영역은 학력의 고하를 크게 개의치 않는다. 환자들과 말동무해주는 봉사, 독거노인에게 도시락을 전달해주는 봉사, 연탄을 나르는 봉사, 구세군 자선냄비 종치기 봉사활동 영역 등이 대표적인 사례이다. 이러한 분야에서는 평균 정도의 완력이나 대면기술만으로도 충분히 주어진 업무를 수행할 수 있기 때문에 많이 배운 것은 결코 큰 메리트가 되지 못한다.

학력에 따라 사람들이 주로 활동하는 자원봉사 영역에 차이가 있는지 없는지 여부를 좀더 자세히 살피기 위해 여기서는 교차분석을 실시하였다.[3] 분석결과, 우리나라의 경우 고학력자가 저학력자보다 더 활발하게 활동하는 자원봉사 활동 영역은 총 네 가지로 ① 종교단체를 통한 사회복지기관이나 불우이웃을 돕는 자원봉사활동 영역, ② 자선단체를 위한 봉사활동 영역, ③ 의료기관을 위한 봉사활동 영역, ④ 환경 및 동물애호를 위한 봉사활동 영역으로 조사되었다(유의수준 $a=0.05$). 이 같은 조사결과는 고학력자는 저학력자에 비해 종교적 색채가 강한 봉사 영역에서 더욱 활발하게 활동하는 한편, 의료나 환경, 동물보호와 같이 전문지식이나 기술 혹은 사회적 비판의식이 요구되는 분야에서도 좀 더 적극적인 모습을 보임을 시사한다.

이와 대조적으로, 저학력자가 고학력자보다 더 활발하게 활동하는 자원봉사 영역은 단 한 개로 공공기관 및 지역사회를 위한 자원봉사 활동영역으로 조사되었다(유의수준 $a=0.05$). 공공기관이나 지역사회를 위한 봉사활동은 주로 주

3) 분석에는 종단적으로 병합된 〈서울복지패널 1, 2차 조사〉 원자료를 활용하였다. 해석의 편의를 위해 고학력자는 4년제대 졸업생 이상으로, 저학력자는 전문대졸업 이하로 묶어 학력 변수를 이항화하였다. 다음으로, 봉사활동 영역은 설문조사지에 나와 있는 대로 다음과 같이 총 열두 개 영역으로 구분해 사용하였다: ① 종교단체를 통해 사회복지기관이나 불우이웃을 돕는 활동, ② 종교단체를 위한 봉사활동, ③ 자선단체를 위한 자원봉사, ④ 해외구호를 위한 자원봉사, ⑤ 교육기관을 위한 자원봉사 ⑥ 의료기관을 위한 자원봉사, ⑦ 문화예술단체를 위한 자원봉사, ⑧ 환경 및 동물보호를 위한 자원봉사, ⑨ 공공기관 및 지역사회를 위한 자원봉사, ⑩ 직계가족을 제외한 친척, 친구 및 가까운 이웃을 위한 자원봉사, ⑪ 알지 못하는 길가의 부랑인, 노숙인 등을 위한 자원봉사, ⑫ 선거, 정치단체, 정치인 등을 위한 자원봉사. 설문지에는 원래 기타 자원봉사활동 항목도 포함돼 있었지만, 여기서는 분석의 간략함을 위해 제외하였다. 교차분석 결과는 명목척도 간 상관관계를 검증하는 데 흔히 사용되는 Cramer's V 검정을 통해 최종 확인하였다.

민센터나 기타 다양한 주민자체단체들(예: 아파트주민회의)에 의해 조직된 자원봉사활동들을 가리키는데, 저학력자가 고학력자에 비해 이러한 영역에서 더 적극적인 모습을 보인다는 것은 저학력자가 한편으로는 정부의 동원대상이 될 가능성이 상대적으로 좀더 높고, 다른 한편으로는 지역사회 밀착적 특성을 좀 더 강하게 나타낸다는 사실을 말해주는 일부 증거가 된다.

2. 소득과 자원봉사

이번 장에서는 사회경제적지위의 두 번째 하위요인인 소득과 자원봉사의 관계를 살펴보도록 하겠다. 구체적으로, 소득이 높아지면 자원봉사참여수준은 높아지는지 아니면 반대로 낮아지는지에 관한 해답을 찾는 데 논의의 초점을 맞추도록 하겠다.

소득이 높아지면 자원봉사참여수준은 높아질까 낮아질까? 이 질문에 대한 답은 관점에 따라 크게 두 가지로 나뉜다. 첫 번째 관점은 소득이 높아지면 자원봉사참여수준은 낮아진다는 입장이다(Devoe and Pfeffer, 2007). 이 관점에 선 학자들은 고소득 근로자는 노동시장에서 막대한 양의 임금을 벌들이기 때문에 자원봉사와 같은 무급노동에 종사할 경우 예상되는 기회비용은 엄청나며, 따라서 합리적인 경제행위자로서 자원봉사에 관심을 덜 가지고 참여에도 망설이는 것은 고소득 근로자의 입장에서 봤을 때 매우 당연하고 합리적인 선택이라고 주장한다(Romero, 1986: 31).

두 번째 관점은 소득이 높아지면 자원봉사참여수준도 같이 높아진다는 입장이다(Lee and Brudney, 2010). 이 관점에 선 학자들은 자원봉사와 같은 무급노동은 물질적·금전적 대가에 대한 기대가 거의 없는 무보수 활동이기 때문에 대가가 주어지지 않아도 생계유지에 큰 문제가 없는 여유로운 사람들만 자유롭게 봉사활동에 임할 수 있고, 어느 정도 대가가 주어지지 않으면 생계에 큰 타격을 받는 소위 "없는" 사람들은 자원봉사활동을 꺼린다는 논지를 펼친다(Pho, 2008: 233).

자원봉사 "참여율"에 초점을 맞춘 대다수의 실증연구들은 두 번째 관점, 즉 소득이 높을수록 자원봉사참여수준도 높다는 가설이 좀더 설득력 있음을 보여준다. 예를 들어, 캐나다의 한 설문조사는 2만불 미만의 연봉을 벌어들이는 저소득자 가운데 금전적 타격을 자원봉사 미참여의 가장 큰 이유로 꼽은 비율은 30%인 반면, 10만불 이상의 고소득자 가운데 같은 이유를 꼽은 비율은 고작 10%에 불과하다고 보고하였다(Lasby, 2004: 10). 이 같은 조사결과는 저소득자의 자원봉사참여수준은 낮고 반대로 고소득자의 자원봉사참여수준은 높다는 두 번째 가설의 한 가지 증거가 된다.

소득수준이 자원봉사참여율과 정적인 관계를 나타내는 가장 큰 이유는 물론 앞에서 설명했다시피 무급노동에 종사함으로써 받는 금전적·물질적 타격이 고소득자보다 저소득자에게 훨씬 크게 나타난다는 점 때문이다. 상식적으로 그날 벌어 그날 먹고 사는 가난한 사람이 당장의 일감을 제쳐두고 무보수로 타인을 도와주는 모습은 상상하기 어렵다. 돈이 없는 사람은 남을 도와주기보단 일단 자기 몫을 챙기는 데 급급하고, 따라서 기회비용이 큰 자원봉사에 헌신하기 어려울 수밖에 없다(Lee and Brudney, 2010).

그러나 금전적 타격의 정도가 다르다는 것 외에도, 고소득자의 자원봉사참여율이 저소득자의 그것보다 높은 이유는 몇 가지가 더 있다. 저소득자에 비해 고소득자의 사회참여수준이 일반적으로 훨씬 높다는 점, 그리고 이에 따라 봉사기관으로부터 봉사활동에 대한 요청을 받을 확률이 저소득자보다 고소득자가 더 크다는 점 등이 바로 그것이다(Lee and Brudney, 2010). 특히 후자의 이유와 관련하여, 봉사기관의 입장에서 봤을 때 고소득자가 저소득자보다 더 탐나는 모집대상이 되는 것은 분명한 사실이다. 소득수준이 높으면 왠지 여유시간이 더 많을 것 같고, 금전적인 기부도 더 많이 할 것 같은 기대감이 자연스럽게 든다는 측면에서다(Ward and McKillop, 2010). 부의 소유가 만들어내는 이와 같은 기대감을 일부 사회과학자들은 능력신호 효과(ability signaling effect)라는 개념으로 풀어내기도 한다.

요컨대, 대부분의 연구들은 고소득자의 자원봉사참여율이 높다는 점을 근거로 소득수준이 높으면 자원봉사참여수준도 높다는 가설을 지지하는 상황이다. 그러나 여기서 한 가지 반드시 짚고 넘어가야 할 사항이 있다. 자원봉사 "참여율"

이 아닌 자원봉사 "시간"에 초점을 맞춘 일부 연구들은 앞서 살펴본 두 가지 가설 중 첫 번째 가설, 즉 소득이 높을수록 자원봉사참여수준이 낮다는 경쟁가설이 보다 타당함을 지적한다는 점이 바로 그것이다(Devoe and Pfeffer, 2007: 783).

실제로 Freeman(1997: S152)은 현재 직장에 다니는 노동자들을 대상으로 임금과 평균자원봉사시간의 관계를 조사하였더니, 둘은 부적 상관관계를 맺는다는 사실을 발견하였다고 한다. 이 같은 결과는 취업상태에 놓인 고소득자는 무급의 자원봉사에 시간과 노력을 투자함으로써 금전적·물질적으로 잃는 부분이 상당하며, 막대한 기회비용을 날릴 수도 있다는 두려움 때문에 자원봉사에 참여하더라도 활동시간을 극도로 제한한다는 점을 시사한다(Lee and Brudney, 2010).

한편 소득이 증가할수록 자원봉사참여수준은 일방적으로 증가하거나 감소하지 않고, 상황에 따라 증가하기도 하고 감소하기도 한다는 다소 모순적인 조사결과를 보고한 연구도 문헌에 존재한다. 실례로, Woolley(2003)는 캐나다를 배경으로 설문조사를 실시한 후 소득과 평균자원봉사시간 사이에 종 모양의 곡선관계가 놓여 있다는 흥미로운 사실을 보고하였다. 즉, 소득이 가장 낮은 지점에서 중간 지점으로 오를 때까지는 평균자원봉사시간이 증가하지만, 소득이 중간지점을 지나 가장 높은 지점에 다다르면 오히려 봉사시간이 감소하는 역브이(reverse-V) 패턴을 포착했다는 것이다. Woolley(2003)의 분석결과는 소득수준과 자원봉사참여수준의 관계와 관련하여, 우리가 앞에서 살펴본 두 가지 가설 모두가 동시에 타당할 수 있음을 보여주는 단적인 사례라 할 수 있다.

그렇다면 이제 우리의 관심은 한국의 현실은 어떨까 하는 의문으로 모아진다. 이에, 이 책에서는 우리나라를 배경으로 수집된 패널데이터 〈서울복지패널 1, 2차 조사〉 원자료를 활용해 소득과 자원봉사참여 간의 관계를 집중 분석해 보았다. 분석결과는 〈표 5-2〉와 〈표 5-3〉에 제시하였다.

먼저 종속변수를 자원봉사참여여부로 두고 독립변수를 가구소득으로 둔 경우에 대한 분석결과부터 제시하겠다(〈표 5-2〉 참조).[4)5)] 가구소득은 다시 연속변

4) 개인소득이 아닌 가구소득을 사용한 이유는, 자원봉사는 개인소득이 거의 없는 전업주부나

수 형태로 측정된 가구소득과 범주형으로 측정된 가구소득 두 가지로 나눠 볼 수 있는데, 연속변수 형태로 측정된 가구소득을 독립변수로 활용한 것은 Model 1에, 범주형으로 측정된 가구소득을 독립변수로 활용한 것은 Model 2에 각각 반영하였다.

Model 1을 자료에 적합시킨 결과, 월평균가구소득이 클수록 개인의 자원봉사참여율도 커짐이 확인됐다($p=0.021$). 마찬가지 결과가 Model 2를 자료에 적합시켰을 때에도 확인됐다. 즉 월평균 가구소득 100만원 미만을 기준으로, 그 이상의 가구소득대에 속한 개인의 자원봉사참여율은 100만원 미만의 가구소득대에 속한 개인의 자원봉사참여율보다 모두 높게 나타난 것이다. 특히 500만원 이상의 가구소득대에 속한 개인의 자원봉사참여율이 100만원미만 가구소득대에 속한 개인의 자원봉사참여율보다 통계적으로 월등히 높게 나타났다는 점이 눈에 띈다($p=0.033$). 그러나 200만원 이상 300만원 미만, 300만원 이상 400만원 미만, 400만원 이상 500만원 미만의 소득대에 속한 개인의 자원봉사참여율은 100만원 미만 가구소득대에 속한 개인의 자원봉사참여율보다 높긴 했지만, 통계적으로 유의미한 수준으로 높지는 않게 나타났다. 하지만 이러한 특수한 결과와 상관없이 어찌됐든, Model 1과 2의 검증결과는 둘 다 모두 가구의 소득수준이 높을수록 개인의 자원봉사참여율도 높아짐을 보여주었다는 측면에서, 앞에서 살펴본 두 가지 가설 가운데 후자의 가설, 즉 높은 소득은 높은 자원봉사참여수준으로 귀결된다는 가설은 실증적 근거를 가진다고 결론지을 수 있겠다.

학생 같은 비경제활동인구층 사이에서 상당히 활성화돼 있고, 이들이 활발하게 자원봉사활동을 할 수 있는 배경에는 집안의 경제적 뒷받침이 놓여 있었기 때문이라는 추정에 근거한다.

5) 이 책에서 말하는 가구소득이란 가구의 경상소득을 가리킨다. 참고로 경상소득은 정기적이고 예측가능한 소득을 뜻하는 단어로서, 보통 근로소득, 금융소득, 부동산소득, 이전소득, 사회모험소득 등을 합산해 계산한다.

〈표 5-2〉 소득이 자원봉사참여에 미치는 영향에 관한 이항로짓모형 분석결과

		Model 1	Model 2
여성		0.264*	0.259*
연령(a)	20세이상~30세미만	-1.268***	-1.238***
	30세이상~49세미만	-1.343***	-1.294***
	50세이상~65세미만	-1.056**	-0.992**
	65세이상	-1.524***	-1.429***
학력(b)	고졸	0.635***	0.616**
	전문대졸	0.738**	0.715**
	4년제대졸	0.718***	0.689***
	석사이상	1.484***	1.470***
未취업		0.208+	0.222+
혼인(c)	이혼/별거	-0.736*	-0.686+
	사별	0.043	0.084
	미혼	-0.130	-0.093
	미성년	0.049	0.102
종교有		0.524***	0.512***
이전년도 봉사경험有		1.926***	1.927***
소득(연속)		0.110*	-
소득(d)	100만이상~200만미만	-	0.292
	200만이상~300만미만		0.228
	300만이상~400만미만		0.369+
	400만이상~500만미만		0.359
	500만원이상		0.504*
상수항		-2.793***	-3.010***
R^2		0.35	0.36

주 1: 표 안의 숫자는 모두 비표준화 회귀계수임.
주 2: 준거집단: (a)19세미만; (b) 고졸미만; (c) 기혼; (d) 100만원미만
+p 〈 0.10, *p 〈 0.05, **p 〈 0.01, ***p 〈 0.001

한편 범주형으로 측정된 가구소득을 독립변수로 활용한 Model 2의 검증결과는 또 다른 흥미로운 사실을 우리에게 말해준다. 소득수준은 자원봉사참여수준과 단순히 정적인 선형관계만 가지는 것이 아니라, 정-부-정의 3차 곡선관계를 가질 수도 있다는 가능성이 바로 그것이다. 이는 100만원 미만의 가구소득대를

기준으로, 100만원 이상 200만원 미만, 200만원 이상 300만원 미만, 300만원 이상 400만원 미만, 400만원 이상 500만원 미만, 500만원 이상의 가구소득대에 속한 개인의 자원봉사참여율 관련 승수비(odds ratio)가 각각 1.340, 1.256, 1.446, 1.431, 1.655로 처음에는 증가하다가 이후 곧바로 감소한 후, 다시금 증가하는 패턴을 나타났다는 데에서 확인된다. 이 같은 조사결과는 소득 측면에서 봤을 때 하위계층보다는 중하계층이 자원봉사활동에 참여할 가능성이 크고, 이후 중하계층이 중상계층이 되면 그와 같은 가능성이 다소 줄어드는 한편, 중상류계층이 상류층으로 올라서면 그 가능성이 다시금 상승함을 보여주는 간접적인 증거가 된다. 즉, 우리가 앞서 살펴본 두 가지 가설 가운데 두 번째 가설(=소득과 자원봉사참여율은 정적 관계를 가진다)이 대체로 현실과 부합하지만, 첫 번째 가설도(=소득과 자원봉사참여율은 부적 관계를 가진다) 특정 소득구간에서는 현실과 부합하는 면을 가진다는 점을 보여주는 결과인 것이다.

〈표 5-3〉 소득이 자원봉사활동시간에 미치는 영향에 관한 다중회귀모형 분석결과

변수	비표준화계수 (표준오차)	
여성		24.110 (9.210)**
나이		10.199 (4.329)*
교육연수		1.489 (1.445)
근로소득		-0.020 (0.019)
종교 있음		18.329 (9.469)*
상수항		-3.782 (13.786)
F		12.782 (2.221)***
R^2		0.10

*$p < 0.05$, **$p < 0.01$, ***$p < 0.001$

다음은 종속변수를 총자원봉사시간으로 두고 독립변수를 개인의 근로소득으로 둔 경우에 대한 분석결과이다(〈표 5-3〉 참조).[6][7] 표에도 나와 있듯이, 몇

6) 분석에는 종단적으로 병합된 〈서울복지패널 1, 2차 조사〉 원자료를 활용하였고, 조사대상은 지난 일 년 간 자원봉사활동 경험이 있는 자 가운데 지난 일 년 간 단 1원이라도 근로소득이 있는 자로 한정하였다. 따라서 전체 사례수는 n1=5,733에서 n2=2,431로 감소하였다. 총 봉사시간은 지난 일 년 간 수행한 모든 자원봉사활동들의 시간을 합산한 값을 사용하였고, 근로소득은 지난 일 년 간 획득한 모든 근로소득의 합산치를 사용하였다.

7) 조사대상을 근로소득이 있는 자로 한정한 까닭은, 여기서 검증하고자 하는 내용이 앞에서 살펴본 두 개의 경쟁적 가설들 가운데 주로 첫 번째 가설에 해당하기 때문이다. 첫 번째

가지 기본적인 인구사회학적 변인들을 통제한 상태에서 총 자원봉사시간에 대한 근로소득의 영향력을 검증한 결과, 개인의 근로소득은 총 자원봉사시간에 의미 있는 부적 효과를 발생시키지 않음을 확인할 수 있었다($p=0.402$). 즉, 개인의 근로소득이 커져도 해당 개인의 총 자원봉사시간은 유의미하게 줄어들지 않았다는 것이다.

이같은 조사결과는 앞에서 살핀 두 개의 대립적 가설들 가운데 첫 번째 가설, 즉 높은 소득은 낮은 자원봉사활동수준으로 귀결된다는 가설은 우리나라를 배경으로 해서는 지지되기 힘들다는 실증적인 증거가 된다. 나아가 두 번째 가설은 실증적으로 지지된다는 앞 단락의 소결론과 결부지어, 적어도 우리나라에서만큼은 아직 자원봉사란 주로 고소득자 - 이 말이 거북하다면, 먹고 사는 데 크게 지장이 없는 자 - 위주의 민간활동이라는 사실을 위 조사결과는 강력히 시사한다.

3. 직업과 자원봉사

이번 장에서는 사회경제적지위 중 마지막 하위요소를 구성하는 직업과 자원봉사의 관계를 살피도록 하겠다. 구체적으로, 한 개인의 직업지위가 높을수록 자원봉사참여수준은 높아지는지 아니면 반대로 낮아지는지에 관한 해답을 찾는 데 논의의 초점을 맞추겠다.

직업지위(occupational status)는 소득이나 교육 등의 잘 알려진 지표를 통해 직업의 순차적 서열을 포착한 것으로, 객관적 위계의 속성을 나타낸다.[8] 외

가설은 자원봉사활동을 할 경우 일반적으로 고소득자는 저소득자에 비해 근로소득에 대한 높은 기회비용을 떠안으며, 이러한 비용을 최소화하기 위해 고소득 근로자들은 보통 자원봉사활동을 꺼리고, 한다손 치더라도 가능한 한 적은 시간만을 투자한다는 것을 주요 골자로 한다. 즉, 애당초 가설 자체가 현재 일을 하고 있는 사람들을 주대상으로 도출됐기 때문에, 여기서도 근로소득을 올린 자에 한정해 분석을 진행했다는 것이다.

8) 참고로, 직업지위는 직업위세와 구분된다. 직업위세(occupational prestige)는 직업구조 내에서 갖는 위치에 따라 부여된 주관적 평가의 결과물로서, 사람들이 가지고 있는 평판이나 인식에 근거한 직업의 위상을 뜻한다(유홍준·김월화, 2006: 157-158). 이 책에서는 주관적 차원의 직업위세 개념은 배제하고, 객관적 차원의 직업지위 개념에만 초점을 맞춰 논의를 전개하였다.

국의 경우 직업지위에 관한 연구가 1960년대부터 본격적으로 이뤄져 왔고(Blau and Duncan, 1967), 이후에도 많은 사회학자들에 의해 심도 깊게 논의되어 왔다(Treiman and Ganzeboom, 1990). 하지만 우리나라에서는 홍두승(1987)이 인구총조사 1975년도 자료를 활용해 183개 직업에 대한 직업별 사회경제적 지위척도를 제시한 이래, 직업지위에 관한 연구활동은 상당히 미진하였던 것이 사실이다.

다행히 최근 유홍준과 김월화(2006)가 직업지위에 관한 체계적인 연구결과를 보고하면서 그 명맥을 잇고 있는 상황이다. 2000년 인구주택총조사와 2002년 한국노동패널 자료를 병합분석한 이들의 연구결과에 따르면, 우리나라에 존재하는 모든 공식적 직업들을 2000년 한국표준직업분류 방식에 의거해 아홉 개 대분류로 나누고 이를 지위점수에 따라 높은 것에서부터 낮은 것까지 줄을 세웠더니, 각 직업군의 위계는 대체로 다음과 같은 순서를 나타냈다고 한다: ① 의회의원, 고위임직원 및 관리자, ② 전문가, ③ 기술공 및 준전문가, ④ 사무종사자, ⑤ 서비스 및 판매종사자, ⑥ 농업, 임업 및 어업숙련종사자, ⑦ 기능원 및 관련기능종사자, ⑧ 장치, 기계조작 및 조립종사자, ⑨ 단순노무종사자. 공교롭게도 이 순서는 한국직업분류표가 원래 제시한 직업대분류 순서와 역방향으로 정확히 일치하는 패턴이었다. 즉, 대분류 1에서 9로 갈수록 직업지위 점수는 대체로 하락하는 것으로 나왔다는 뜻이다.

다수의 실증연구들은 직업지위가 올라갈수록 자원봉사참여수준도 올라감을 보여준다(Marshall and Taniguchi, 2011). 이는 미국, 캐나다, 영국 및 유럽 여러 나라들의 다양한 서베이조사 결과 반복적으로 입증된 사실로서, 아래에서 곧 살펴보겠지만 우리나라도 예외가 아니다. 실례로 2003년 미국 최신인구조사(Current Population Survey) 원자료를 분석한 한 조사연구에 따르면, 직업지위가 평균이상인 변호사와 판사의 57%, 중고등학교 교사의 50%가 지난 일 년 간 자원봉사활동을 했다고 응답한 데 반해, 직업지위가 평균이하인 판매직 근로자의 25%, 공장노동자들의 20%만이 지난 일 년 간 자원봉사활동을 한 번 이상 해 봤다고 답한 것으로 나온다(Musick and Wilson, 2008: 137). 이는 직업지위와 자원봉사 간에 어떤 일정한 관계 - 정적 관계 - 가 존재함을 암시하는 결과로 해석이 가능하다. 참고로 직업지위에서 평균적 위치를 차지하는 관리직 종사자들과 사무직 종사자들은 중간 정도의 자원봉사참여수준을 보인 것으로 조사됐다(각각 45%, 31%).

그렇다면 여기서 직업지위는 왜 자원봉사참여수준과 정적인 관계를 맺게 되었는가 하는 의문을 제기해 볼 수 있겠다. 이에 관해서는 여러 가지 설명들이 있을 수 있는데, 이 책에서는 문헌에서 가장 활발히 논의되어 온 두 가지 매개변인들에 주목함으로써 위 질문에 대한 답을 찾고자 한다. 선행연구들은 직업지위가 높은 사람이 낮은 사람보다 자원봉사참여수준이 더 높은 이유를 첫째, 상대적으로 더 많은 여가시간을 가지고 있기 때문에, 둘째, 상대적으로 더 많은 사회참여활동수준을 나타내고 이에 따라 더 강력한 사회적 압력을 받기 때문으로 보통 설명한다. 아래에서는 먼저 고위직 종사 → 여가시간 증가 → 자원봉사참여수준 상승의 경로를 검토하고, 다음으로 고위직 종사 → 사회참여수준 증가 → 자원봉사참여수준 상승의 경로를 검토한 후, 마지막으로 고위직 종사자들의 주요 자원봉사활동 영역에 대해 간략히 살펴보도록 하겠다.

3.1. 상대적으로 많은 여가시간

Penner(2004: 649)는 직업지위가 올라갈수록 자원봉사참여율이 올라가는 것을 그 직업을 통해 획득하는 돈, 즉 근로소득의 영향이라기보다는 그와 같은 직업이 제공하는 시간 상의 자유로움, 즉 근로시간을 자기 마음대로 통제할 수 있는 재량권의 결과 측면에서 살폈다. 근로시간에 대한 재량권을 중요하게 본 까닭은 그것이 개인에게 여가시간을 부여하고 나아가 여가시간 동안 무얼 할지에 대한 결정권까지 폭넓게 인정하는 동인이 된다는 측면에서였다. Penner(2004)의 논리는 자원봉사 현상을 공부하는 많은 학자들에 의해 현재 광범위하게 지지되고 있다.

실제로 우리 주위를 돌아보면 고위직 종사자일수록 고소득을 올림과 동시에 자신의 근로시간을 마음대로 통제, 관리할 수 있는 권한을 더 많이 갖게 됨을 알 수 있다. 여기서 주안점은, 근로시간에 대한 지배력이 커질수록 여가시간을 더 많이 갖게 되고, 여가시간이 많을수록 자원봉사에 대한 관심을 키우고 실제로도 봉사활동에 더 많이 참여한다는 가정이다.

이 가정은 얼마나 현실과 부합할까? 흥미로운 사실은, 이 가정에 대한 검증이 20세기 초 몇몇 선구적 인류학자들에 의해 이미 시도된 바 있고, 상당 부분 현실과 부합하는 것으로 오래 전에 판정받았다는 점이다. 실제로 미국 인디애나주 먼치市 연구를 통해 도시인류학의 토대를 마련했다고 평가받는 린드씨 부부의 『*Middletown: A Study in Modern American Culture*』란 책을 보면, 먼치시에서 자원봉사활동을 가장 열심히 하는 집단은 둘이 있는데, 하나는 부유한 가문 출신의 여성 전업주부들이고 다른 하나는 성공한 남성 사업가들이라는 기록이 나온다(Lynd and Lynd, 1929: 460). 두 자원봉사자 집단은 사뭇 다른 인구학적 특성을 가졌다. 하지만 몇 가지 공통점을 공유하였다. 소득 측면에서 중상류층이었다는 점, 그리고 무엇보다 자기 시간을 마음대로 통제할 수 있었고 이에 따라 언제 일을 하고 언제 놀 지와 관련해 상당 수준의 통제력과 융통성을 보였다는 점 등이 바로 그것이다.

사회학 분야에서도 비슷한 연구결과가 오래 전부터 보고되어 왔다. 사회학자들은 특히 유급노동시장에서 높은 직업지위를 가진 사람들과 낮은 직업지위를 가진 사람들의 대조적 여가시간 활용에 많은 관심을 가져왔다. 프랑스의 Bourdieun(1984), 미국의 Staines(1987), 영국의 Reid(1989) 같은 학자들은 관리자나 전문직 종사자와 같이 높은 직업지위를 가진 사람들은 창조적이고 능동적이며 보상 정도가 큰 여가활동 - 예를 들면 자원봉사활동 같은 - 에 많은 시간을 투자하고, 반대로 육체노동자 같은 낮은 직업지위를 가진 사람들은 여가활동에 보내는 시간 자체가 절대적으로 부족하며, 설령 여가시간을 보내더라도 주로 소모적이고 수동적이며 보상 정도가 낮은 활동 - 예를 들면 도박이나 음주 - 에 몰두하는 경향을 보임으로써 여가시간 활용에 있어 상당히 계급적인 차이를 드러낸다고 분석한 바 있다.

그렇다면 이제 우리의 궁금증은 고위직 종사 → 여가시간 증대 → 자원봉사 참여수준 상승의 경로가 우리나라에서 얼마나 사실로서 통용되느냐 하는 점이다. 이에, 이 책에서는 종단적으로 병합된 〈서울시 복지패널 1, 2차 조사〉 원자료를 활용해 위에 언급된 경로에 대한 매개효과 검증을 실시해 보았다.[9] 검증 결과는 〈표 5-4〉에 제시하였다.

9) 검증가설의 독립변수가 직업지위임을 감안해 조사대상은 현재 직업을 갖고 있는 65세 미만의 개인들, 즉 취업자들로 한정하였다. 따라서 전체 사례수는 n1 = 5,733에서 n2 = 2,431로 감소하였다.

독립변수는 직업지위로서, 〈서울복지패널 1, 2차 조사〉 원자료에 나와 있는 중분류 직업코드들을 2010년 한국표준직업분류의 대분류 코드에 맞춰 총 아홉 개로 리코딩한 후, 유형준과 김월화(2006)의 연구결과에 의거해 아홉 개 각 직업군에 다음과 같이 직업지위 점수를 부여하는 방식으로 변수의 조작적 정의를 시도하였다: 관리자(9), 전문가 및 관련 종사자(8), 사무종사자(7), 서비스종사자(6), 판매종사자(5), 농림어업종사자(4), 기능원 및 관련기능종사자(3), 정치, 기계조작 및 관리종사자(2), 단순노무자(1). 따라서 직업지위 변수는 1부터 9까지의 값을 가지며, 점수가 낮을수록 직업지위가 낮고 점수가 높을수록 직업지위가 높은 구조를 띤다.

매개변수는 여가시간이다. 〈서울복지패널 1, 2차 조사 원자료〉에는 응답자에게 실제 여가시간을 묻는 항목이 누락돼 있다. 이 문제를 해결하기 위해 여기서는 여가활동수준을 여가시간의 대리(proxy)변수로 활용해 분석을 수행하였다. 〈서울복지패널 1, 2차 조사 원자료〉는 응답자의 여가활동수준을 묻기 위해 “귀하는 지난 일 년 동안 다음과 같은 활동을 얼마나 자주 하셨습니까?”란 질문을 묻고, 이에 대한 대답으로 다음과 같은 열한 가지 활동목록을 응답자에게 제시한다: 극장에서 영화를 관람하는 것; 연극, 오페라, 뮤지컬, 발레, 음악회 등의 공연을 공연장에서 관람하는 것; 야구, 농구, 축구 등 경기를 경기장에서 관람하는 것; 서점에서 신간서적을 구입하는 것; 도서관을 방문해 책을 읽거나 빌리는 것; 미술관, 화랑 등을 방문하여 관람하는 것; 각종 축제, 이벤트, 행사장을 방문하여 참여 또는 관람하는 것; 고궁 등 유적지 등을 관람하는 것; 각종 박물관 등 전시장소를 방문해 관람하는 것; 경기장에서 다른 사람과 운동경기나 연습을 하는 것; 혼자 조깅, 헬스, 체조, 걷기 같은 운동을 하는 것. 각 활동에 대한 답은 ‘일주일에 한번이상’, ‘한 달에 한번이상’, 두세 달에 한번 이상’, 일 년에 한두 번 정도’, ‘거의 한 적이 없다’의 5점 라이커트 척도로써 기록된다. 여기서는 해석의 편의를 위해 점수가 낮을수록 활동수준이 낮고 점수가 높을수록 활동수준이 높게 나타나도록 원점수들을 리코딩하였다. 마지막으로, 이렇게 리코딩된 값들을 합산해 11로 나눈 평균값을 여가시간 변수의 최종 측정치로 확정지었다.

종속변수는 자원봉사참여여부로서, 이미 앞에서 여러 번 설명했기 때문에 해당 변수의 구성 및 조작적 정의 과정에 대한 자세한 설명은 생략하겠다. 자원봉사참여여부는 이항변수이므로 모형검증에는 이원로지스틱 회귀분석방식을 채택하였다.

〈표 5-4〉 직업지위가 여가시간 및 사회참여를 매개로 자원봉사참여에 미치는 영향에 관한 이항로짓모형 분석결과

		Model 1	Model 2	Model 3	Model 4	Model 5
여성		0.147	0.208	0.179	0.221	0.181
연령(a)	20세이상~30세미만	0.101	0.182	0.190	0.063	0.081
	30세이상~49세미만	0.291	0.463	0.488	0.222	0.268
	50세이상~65세미만	-0.346	-0.148	-0.095	-0.461	-0.380
학력(b)	고졸	-0.337	-0.357	-0.423	-0.270	-0.355
	전문대졸	-0.369	-0.480	-0.597	-0.239	-0.399
	4년제대졸	-0.177	-0.236	-0.386	0.000	-0.204
	석사이상	0.666+	0.524	-0.343	0.874*	0.629+
혼인(c)	이혼/별거	-0.944	-0.962	-0.952	-0.921	-0.927
	사별	0.234	0.176	0.176	0.265	0.259
	미혼	-0.109	-0.193	-0.197	-0.101	-0.107
소득(d)	100만이상~200만미만	0.239	0.225	0.214	0.235	0.221
	200만이상~300만미만	0.492	0.449	0.429	0.492	0.463
	300만이상~400만미만	0.306	0.218	0.197	0.318	0.279
	400만이상~500만미만	0.377	0.228	0.202	0.376	0.330
	500만원이상	0.798	0.619	0.578	0.799	0.738
종교有		0.757***	0.737***	0.728***	0.746***	0.737***
직업지위		0.074*	-	0.053	-	0.070+
여가시간		-	0.693***	0.675***	-	-
사회참여		-	-	-	0.171	0.155
상수항		-3.758***	-4.571***	-4.705***	-3.768***	-3.958
R^2		0.08	0.08	0.09	0.06	0.07

수 1: 표 안의 숫자는 모누 비표준화 회귀계수임.
주 2: 준거집단: (a)19세미만; (b) 고졸미만; (c) 기혼; (d) 100만원미만
+p 〈 0.10, *p 〈 0.05, **p 〈 0.01, ***p 〈 0.001

먼저 Model 1은 직업지위와 자원봉사참여수준의 관계를 살피는 연구모형이다. 모형의 검증결과, 직업지위점수가 높을수록 자원봉사참여율 역시 높아짐을 확인할 수 있었다. 이는 직업지위가 자원봉사참여수준과 정적인 관계를 가진다는 외국 선행연구들의 보고와 일치하는 결과이다.

다음으로 Model 2와 3은 직업지위와 자원봉사참여수준의 관계에서 여가시간

이 매개변수로서 기능하는지 살피는 연구모형이다. 모형의 검증결과, 직업지위점수가 자원봉사참여율에 발생시키는 효과는 여가시간에 의해 완전매개(full mediation)됨을 확인할 수 있었다. 이는 ① 직업지위(x)가 여가시간(m)에 유의한 정적 영향을 미치고, ② 직업지위(x)를 통제한 상태에서 여가시간(m)이 자원봉사참여율(y)에 유의한 정적 영향을 미치며, ③ 여가시간(m)을 통제한 상태에서 직업지위(x)가 자원봉사참여율(y)에 유의한 정적 영향을 미치지 못하는 한편, ④ 로지스틱회귀분석에 적합화된 Sobel test를 실시한 결과, 여가시간(m)을 통제한 상태에서 직업지위(x)가 자원봉사참여율(y)에 발생시키는 직접효과(c')가 아무 것도 통제하지 않은 상태에서 직업지위(x)가 자원봉사참여율(y)에 발생시키는 총효과(c)보다 통계적으로 유의미하게 작게 나타났다는 데에서 확증되었다.[10)]

요컨대, 분석결과에 따르면 직업지위는 여가시간을 완전매개로 자원봉사참여수준에 정적인 영향을 미치는 것으로 나타났다. 따라서 앞에서 살펴본 고위직 종사 → 여가시간 증대 → 자원봉사참여수준 상승의 인과적 연결고리는 우리나라에서도 똑같이 실증적으로 지지되는 가설임이 확인되었다. 조사결과를 바탕으로, 우리나라에서도 취업자에 한해 고위직 종사자들은 저위직 종사자들보다 자원봉사참여수준이 높으며, 이 같은 영향관계가 수립되는 여러 이유 중 하나는 고위직 종사자들이 저위직 종사자들보다 여가활동수준이 높고, 이에 따라 자기시간에 대한 강력한 통제권을 행사하기 때문임을 알 수 있었다.

10) 로지스틱 회귀모형에 적합화된 Sobel Test 방식에 의거하여(Herr, 2014) 여기서 검토 중인 매개효과의 통계적 유의성을 검증해보면, 독립변수에서 매개변수로 가는 경로계수를 a, 독립변수를 통제한 상태에서 매개변수에서 종속변수로 가는 경로계수를 b, 독립변수에서 종속변수로 가는 경로계수를 c, 매개변수를 통제한 상태에서 독립변수에서 종속변수로 가는 경로계수를 c'라 했을 때, 각각의 계수(표준편차)는 0.083(0.005), 0.669(0.114), 0.131(0.032), 0.073(0.033)로 계산됐고, Sobel test의 z값은 5.53, $p=0.004$로 계산됐다. 따라서 총효과(c)와 직접효과(c')가 같다는 영가설은 기각됐으며, 직접효과는 $a=0.01$에서 총효과보다 유의미하게 작음이 확인되어, 매개효과는 실제로 존재한다는 결론을 도출할 수 있었다.

3.2. 상대적으로 활발한 사회참여수준

직업지위가 높은 사람들이 직업지위가 낮은 사람들보다 주어진 근로시간과 여가시간을 더 자율적으로 관리, 통제할 수 있고 이에 따라 자원봉사에 더 열심히 참여하게 된다는 조사결과는 20세기 중반 Vidich와 Bensman(1960: 55)의 연구에서도 확인된다. 그런데 이들의 연구는 무조건적으로 시간에 대한 지배권에만 관심을 기울이지 않았다. 이들 연구의 독창성은 고위직 종사자들의 높은 자원봉사참여율을 높은 사회참여수준에서 찾았다는 데 있다.

예를 들어 설명해 보자. 일반적으로 직업지위가 높은 성공한 사업가들은 자신의 업무분야에서 계속해서 성공하려는 욕구가 크다. 이들은 기존의 성공을 유지하고 나아가 더 큰 성공을 이룩하기 위해 지역사회 안에서 고립돼선 안 되고, 가능한 한 많은 사람 및 단체들과 접촉하고 친분을 쌓으며 꾸준히 네트워킹을 할 필요가 있다고 굳게 믿는다. 여기서 중요한 부분은, 이렇게 더 큰 성공을 위해 사회참여활동을 열심히 해 가다보면 자기가 원하던 원하지 않던 상관없이 자원봉사를 하게 될 가능성이 차츰 올라간다는 사실이다.

사회회참여활동을 열심히 하다보면 자연스레 자원봉사와 관련된 다양한 기회나 정보를 자주 접하게 된다. 이 때 자원봉사를 함으로써 얻게 될 것으로 예상되는 직접적 이익이 자원봉사를 하지 않았을 때 얻게 될 것으로 예상되는 이익보다 크다고 판단되면, 사업가는 당연히 자원봉사를 선택한다. 이뿐만이 아니다. 사회참여활동을 많이 하다보면 단기적으로는 자신의 사업적 이해관계와 직접적으로 관련이 없더라도 장기적으로 봤을 때 자원봉사를 하는 것이 좋다는 판단이 설 때가 종종 생긴다. 봉사 혹은 기부에 대한 요청을 받았을 때 사업가들이 자기사업에 당장에 별 도움이 안 되더라도 봉사현장에 꾸준히 나타난다거나 거액의 기부금을 쾌척하는 것은 다 자신의 사업번창을 위한 장기적 전략이라 할 수 있다. 어쨌든 요약하면, 성공한 사업가들은 더 큰 성공을 위해 사회참여수준을 계속해서 확대시켜 나가며, 확대된 사회참여수준은 자원봉사와 관련된 기회와 정보의 양 그리고 요청받는 가능성을 증가시켜 결국 해당 사업가의 자원봉사활동수준을 높이는 결과를 야기한다는 것이 Vidich와 Bensman(1960) 연구의 핵심이다.

Sills(1957: 22)도 위와 비슷한 논지의 주장을 펼쳤다. 그는 사업가 말고도 지역사회 내 명성과 평판을 관리하는 일이 무엇보다 중요한 고위직 종사자들, 예컨대 변호사, 회계사, 의사 및 기타 전문직종 종사자들의 자원봉사활동에 보다 많은 관심을 가졌다. Sills는 고위직 종사자들이 자원봉사활동에 열심인 이유를 이들이 지역사회 안팎에 업무상 구축한 다양한 사회관계와 연결망들 - 이것은 곧 사회참여활동수준이 높음을 뜻한다 - 그리고 그것이 야기하는 강력한 사회적 압력들, 구체적으로 부탁과 청탁, 강요, 평판에 대한 걱정, 인맥관리의 필요성 등에서 주로 찾았다. Sills는 사회참여수준이 높은 고위직 종사자들의 자원봉사는 거부하기 힘든 사회적 압력에 의해 수행되는 측면이 짙기 때문에, 이들의 봉사활동은 겉으로 드러난 것과 달리 즐거운 놀이나 여가생활의 일환이 되지 못하고, 그와 반대로 난처하고 곤혹스러운 또 다른 "업무"의 연장선상으로 받아들여지는 경우가 많다고 묘사하였다. 거부하기 힘든 요청이나 청탁 등 다소 강제적인 사회적 압력으로 인해 봉사활동을 하는 고위직 종사자들의 면면들은 Oesterle와 그의 동료들(2004) 그리고 DellaVigna와 그의 동료들(2012)의 조사연구에도 잘 나타나 있다.

그렇다면 이제 우리나라 현실은 어떠한지 한 번 살펴보자. 검증대상 가설은 고위직 종사 → 사회참여수준 증가 → 자원봉사참여수준 상승의 경로이며, 가설 검증에는 종단적으로 병합된 〈서울복지패널 1, 2차 조사〉 원자료를 사용하였다. 검증결과는 〈표 5-4〉에 제시하였다.

Model 1은 직업지위와 자원봉사참여수준의 관계를 살피는 연구모형이다. 앞에서도 이미 언급했듯이 모형검증 결과, 직업지위가 높아질수록 자원봉사참여율 역시 높아짐을 확인할 수 있었다. 그러나 여기서 중요한 것은 Model 1이 아닌 Model 4와 5의 검증결과다. Model 4와 5는 직업지위가 사회참여를 매개로 자원봉사참여수준에 정적인 영향을 미치는지 살피는 연구모형이다. 모형의 검증결과, 사회참여는 직업지위와 자원봉사참여수준을 잇는 매개변인이 전혀 되지 못한다는 사실을 확인하였다.

이런 결과가 나온 가장 큰 이유는 무엇보다 사회참여가 그 자체로 자원봉사 참여에 통계적으로 유의미한 영향을 전혀 주지 못했기 때문이라 할 수 있다 (Model 4의 해당변수 p값, $p=0.149$). 원래 사회참여는 자원봉사참여수준과 매우 높은 통계적 관련성을 갖는 것이 일반적이다. 이에 관해선 앞의 5.1장에서 자세히 살펴보았다. 그렇다면 왜 여기서는 사회참여 변수가 자원봉사참여와 아무런 통계적 관련성을 가지지 않게 나왔을까? 그 이유는 일차적으로 분석대상을 설문 응답자 전체가 아닌, 현재 직업을 갖고 있는 자, 즉 취업자로 한정했기 때문이다. 다시 말해, 취업자로만 분석대상을 제한한 상태에서 사회참여 변수가 자원봉사참여율에 미치는 영향을 살폈더니 사회참여 변수는 통계적으로 전혀 유의미하지 않은 예측변인으로 드러났는데, 바로 이러한 부분이 사회참여 변수의 매개변인으로서의 유효성마저 상실케 하는 직접적 원인이 되었다는 설명이다.

사회참여가 매개변인은 물론 독립변인으로서의 유효성마저 확보하지 못했다는 위 조사결과는 결국 취업자들의 활발한 사회참여는 최소한 우리나라에서만큼은 자원봉사활동의 촉발요인이 되지 못하다는 점을 함의한다. 개인적인 생각으로는, 우리나라 취업자들은 대부분 열악한 근로여건에서 장시간 일하기 때문에 좀처럼 직장 바깥에서의 사회참여활동에 큰 관심을 쏟지 못하고,[11] 설령 관심을 쏟는다 할지라도 그 활동 에너지를 - 사회적으로 바람직하다고 여겨지는 긍정적인 - 자원봉사에 쓴다기보다 소모적이고 극히 사적인 취미활동이나 여가생활에 쏟아 붓는 게 일반적인 까닭에[12] 위와 같은 현상이 나타나는 것은 아닐는지 조심스럽게 추정해 보는 바이다.

요컨대, 자료분석 결과 우리나라에서는 고위직 종사 → 사회참여수준 증가 → 자원봉사참여수준 상승의 경로가 적용되기 힘들다는 사실이 확인되었다. 이러한 현상이 발생하는 가장 큰 이유는 취업자들의 사회참여활동이 자원봉사활동으로

11) 우리나라 근로자들의 평균 노동시간은 연간 2,090시간(2012년 기준)으로, OECD 34개 회원국 중 멕시코(2,226시간)에 이어 두 번째로 길다. OECD 회원국 중 연간 근로시간이 2,000시간을 넘는 국가는 멕시코와 한국을 포함해 그리스(2,034시간), 칠레(2,029시간) 등이다(유병홍 외, 2013: 61).

12) 실제로 한국문화관광연구원이 우리나라 국민의 여가활동 수요 및 실태를 파악하기 위해 실시한 『2014년 국민여가활동조사』의 분석결과에 따르면, 우리나라 사람들이 여가시간에 가장 많이 하는 활동은 TV시청(51.4%)과 인터넷/SNS하기(11.5%)였다고 한다(매일경제, 2014/12/17).

이어지기 않기 때문이므로, 실천적 측면에서 고위직 종사자든 저위직 종사자든 상관없이 취업자들의 자원봉사를 장려하기 위해서는 무엇보다 가장 먼저 이들의 유급노동 시간과 강도를 대폭 축소할 필요가 있다고 생각한다. 노동시간과 강도가 줄어야 사회참여활동에 눈길을 돌릴 여유가 생기고, 그와 같은 가외적 활동이 많아야 그 활동 에너지의 일부가 자원봉사 쪽으로 흘러들어올 수 있기 때문이다.

3.3. 고위직 종사자들의 주요 봉사활동 영역

고위직 종사자들은 주로 어떤 봉사 영역에서 활발한 활동을 펼칠까? 이것은 나라 별로, 사회 별로, 시대 별로 다른 양상을 나타내는 문제이기 때문에 전 세계적으로 어떤 합치된 답변은 없는 상황이다.

미국의 경우 고위직 종사자들은 체제에 도전하면서 사회구조적 문제를 타파하고 개혁하는 정치봉사 영역보다는, 체제의 틀을 건드리지 않는 선 안에서 어려운 처지에 놓인 사람들의 개인적 구원에 초점을 맞춘 이른바 자선(charities) 봉사 영역에서 활동하는 것을 선호하는 것으로 알려져 있다(Daniels, 1988: 221). Wuthnow(1998: 106)에 따르면, 미국 고위직 종사자들의 자선봉사영역 선호경향은 지역적으로는 교외지역에 거주하는 중상류계층에게서 특히 뚜렷이 발견되는데, 이들은 곤경에 처한 환자들이나 빈곤계층, 사회적 약자계층들을 상대로 일대일의 개별화된 서비스를 제공하는 데에는 적극 찬성하고 실제로 손수 도움도 많이 주지만, 정치적 측면에서 자신들의 사회경제적 이해관계를 희생하면서까지 그들을 도와주는 어떤 정책이나 프로그램(예: 복지예산증가 등)을 도입하는 데에는 극렬히 반대하고 저항하는 이중적 태도를 보인다고 한다.

영국의 양상은 이와 사뭇 다르다. 영국 내 고위직 종사자들 가운데 특히 전문직 종사자들과 관리직 종사자들은 사회구조적 문제의 개혁과 혁신에 앞장서는 정치 영역 봉사활동을 선호하는 것으로 알려져 있다(Parry et al., 1992: 218). 반대로 쁘띠 브루조아지라 할 수 있는 중소상공인들과 영세자영업자들은 보다 대면적이고 개별화된 서비스 제공에 초점을 맞춘 자선 영역 봉사활동을 선호한다고 한다.

그렇다면 우리나라의 경우는 어떠할까? 아래에서는 우리나라의 고위직 종사자들이 주로 활동하는 자원봉사 영역은 무엇인지 좀더 자세히 파악하기 위해 〈서울복지패널 1, 2차 조사〉 원자료를 활용해 교차분석을 실시해 보았다.[13] 분석결과, 우리나라 고위직 종사자들은 ① 종교단체를 위한 자원봉사, ② 종교단체를 통해 사회복지기관이나 불우이웃을 돕는 자원봉사, ③ 자선단체를 위한 자원봉사의 세 가지 봉사 영역에서 가장 활발히 자원봉사활동을 수행하고 있는 것으로 조사됐다.[14]

하지만 위 세 영역에서 고위직 종사자들이 저위직 종사자들보다 눈에 띌 만큼 활발하게 자원봉사활동을 하고 있는 것은 아님을 유념해야 한다. 명목변수 간 상관관계 검증도구인 Cramer's V를 통해 살펴본 결과, 위 세 봉사 영역에서 고위직 종사자들과 저위직 종사자들 간 자원봉사참여율은 통계적으로 아무런 차이가 없는 것으로 나타났기 때문이다(각각 $p=0.367$, $p=0.504$, $p=0.731$). 한편 나머지 아홉 개 봉사 영역을 대상으로도 고위직 종사자와 저위직 종사자 간 자원봉사참여율에 어떤 유의미한 차이가 있는지 검토해 보았다. 검토결과, 두 집단 간 자원봉사참여율에 통계적으로 유의미한 차이가 나타난 봉사 영역은 단 한 개도 없는 것으로 조사됐다.

13) 고위직 종사자는 2010년 한국표준직업분류 대분류표 상의 '관리직'과 '전문직 및 관련종사자'로 한정하였고, 저위직 종사자는 '장치, 기계 조작 및 관리종사자'와 '단순노무자'로 한정했다. 다음으로 봉사활동 영역은 설문조사지에 나와 있는 그대로 다음과 같이 총 열두개 영역으로 구분해 사용하였다: ① 종교단체를 통해 사회복지기관이나 불우이웃을 돕는 활동, ② 종교단체를 위한 봉사활동, ③ 자선단체를 위한 자원봉사, ④ 해외구호를 위한 자원봉사, ⑤ 교육기관을 위한 자원봉사 ⑥ 의료기관을 위한 자원봉사, ⑦ 문화예수단체를 위한 자원봉사, ⑧ 환경 및 동물보호를 위한 자원봉사 ⑨ 공공기관 및 지역사회를 위한 자원봉사, ⑩ 직계가족을 제외한 친척, 친구 및 가까운 이웃을 위한 자원봉사 ⑪ 알지 못하는 길가의 부랑인, 노숙인 등을 위한 자원봉사, ⑫ 선거, 정치단체, 정치인 등을 위한 자원봉사. 설문지에는 원래 기타 자원봉사활동 항목도 포함돼 있었지만, 여기서는 분석의 간소성을 위해 제외하였다. 교차분석 결과는 명목척도 간의 상관관계를 검증하는 데 사용되는 Cramer's V를 통해 최종적으로 검정하였다.

14) 고위직 종사자 647명(관리직 41명+전문직 및 관련종사자 606명) 가운데 봉사활동 영역에 관한 질문에 실제로 답한 사람은 70명에 불과했다. 이 70명 중 종교단체를 위한 자원봉사, 종교단체를 통해 사회복지기관이나 불우이웃을 돕는 자원봉사, 자선단체를 위한 자원봉사 활동에 지난 일 년 간 한 번이라도 참여해 봤다고 응답한 비율은 각각 44.3%, 34.3%, 24.3%로 조사됐다.

결국 이러한 조사결과들은 모두 우리나라 자원봉사자들의 활동 영역은 직업 지위의 고하에 따라 별반 차이가 없다는 사실을 우리에게 말해준다. 나아가, 우리나라 자원봉사활동의 실태는 고위직 종사자들의 고유한 니즈라든가 그들이 가진 높은 수준의 인적자원에 알맞게 구조화되지 못한 채 주먹구구식으로 운영, 관리되고 있어 사회적 낭비를 야기하고 있음을 시사한다. 따라서 자원봉사 기관과 현장이 앞으로 좀더 효과적으로 운영, 관리되려면 무엇보다 고위직 종사자들의 흥미를 끌만한 특화된 봉사 영역을 새롭게 개발하는 한편, 고위직 종사자들의 수준 높은 기술과 지식, 정보, 네트워크망들을 적극 활용할 수 있는 방안을 봉사프로그램 작성 단계에서부터 충분히 반영해 자원의 효과적 활용을 꾀하는 전략적 자세가 요구된다고 할 것이다.

물론 고위직 종사자들의 의식전환도 절실히 요구된다. 실제 현장에 가보면, 국회의원이나 회사임원 같은 고위직 종사자들은 의무감에 따라 혹은 사회적 평판에 대한 우려 때문에 봉사 "행사장"에 나타나 일회성 이벤트 식으로 사진만 열심히 찍고 돌아가는 경우가 허다하다. 이는 고위직 종사자들은 으레 그런 목적을 갖고 봉사활동을 하는 사람이려겠거니 하는 잘못된 인식을 봉사프로그램 관리자들에게 심어주게 된다. 설상가상으로 이런 인식이 고착화돼 고정관념으로 변하면, 프로그램 관리자들은 고위직 종사자들에게 어울리는 일감개발 자체를 점차 게을리 할 수밖에 없다. 결국 악순환이 거듭되면서, 고위직 종사자들이 할 만한 일이라곤 연탄나르기나 김장하기, 밥퍼봉사 같은 허드렛일밖에 남지 않는 불상사가 생겨난다. 따라서 서로에게 좋지 않은 상황이 발생할 수 있음을 염두에 두고, 봉사프로그램관리자 뿐 아니라 봉사 당사자 역시 자신이 가진 직업의 지위에 걸맞은 수요를 적극적으로 표출하고 요구하는 노력을 기할 필요가 있다고 생각한다.

6
chapter

시간과 자원봉사

지금까지 우리는 학력, 소득, 직업에 초점을 두어 사회경제적 지위와 자원봉사의 관계에 대해 살펴보았다. 이제 다음 주제로 넘어가 이번 장에서는 개인의 인적자원 중 하나인 시간과 자원봉사의 관계를 공부해 보기로 하자.

시간이 많아야 자원봉사를 할 여유도 생긴다는 것은 상식이다. 그 어느 누구도 생계와 직접적으로 연관된 경제활동 그리고 가족 부양과 관련한 다양한 개인적·사회적 책임들을 뒤로한 채 낯선 이들을 상대로 도움을 제공하는 자원봉사활동에 많은 시간을 투자하기란 쉽지 않다. 실제로 대다수 실증연구들의 조사결과를 살펴보면, 자원봉사를 하지 않는 이유로 사람들이 가장 흔히 제시하는 이유 중 하나가 바로 시간의 부족임을 알 수 있다(Sundeen, Raskoff, and Garcia, 2007).

실례로 2001년 미국 일리노이주 주민조사 보고서를 보면, "장시간 근로", "불규칙한 교대근무", "빈번한 직업상 이동"과 같이 시간부족과 직간접적으로 관련된 이유들로 인해 자원봉사를 꺼린다는 응답이 무려 30%를 넘는다는 것을 확인할 수 있다(Profile Illinois, 2001). 호주의 한 설문조사 역시 "당신은 왜 자원봉사를 꺼립니까?"란 질문에 가장 많은 비율로 나타난 응답이(27%) 바로 단순히 "시간이 없어서"였다고 보고함으로써 시간부족이 자원봉사활동의 큰 장애물 중 하나임을 분명히 밝히고 있다(Altman and Harris, 2013: 30). 심지어 시간이 남아돌 것이라 여겨지는 고령의 은퇴노인들까지도 매우 높은 비율로 시간부족을 자원봉사활동의 주요 장애요인 중 하나로 꼽아(Bass and Caro, 2001: 44), 시간부족 문제는 자원봉사 현상을 이해하는 데 있어 매우 중요한 요소임을 선행연구들은 분명히 보여준다.

시간부족을 자원봉사 미참여의 주요 원인으로 지목하는 관점은 이른바 시간의 압박 가설(time-squeeze hypothesis)에 잘 반영돼 있다(Taniguchi, 2012). 시간의 압박 가설은 다수의 실증연구들에 의해 광범위하게 지지되는 보편적 학술 시나리오 중 하나로, 특히 타이트한 근로스케줄을 가진 전일제 근로자들의 낮은 자원봉사참여수준을 설명하는 데 매우 효과적인 논리로 널리 알려져 있다. 이 가설의 핵심은 전일제 근로자들은 무직자들보다 훨씬 바쁜 일정의 삶을 살기 때문에 자원봉사활동에 많은 시간을 투자하기 어렵다는 데에 있다.

일견 그럴듯해 보이지만, 시간의 압박 가설은 일부 연구자들에 의해 그 타당성에 커다란 의문을 받아왔다(Musick and Wilson, 2008: 149-150). 반대자들이 제시하는 이의의 근거는, 첫째, 아무리 시간이 없어도 자원봉사에 충분히 동기화되어 있는 한 봉사활동을 할 시간은 어떻게든 확보한다는 것이고, 둘째, 바쁜 일정 속에서 직장 업무를 왕성하게 보는 사람일수록 바로 그 왕성한 사회생활 자체로 말미암아 봉사와 관련된 기회, 정보, 외부 요청을 더욱 자주 접하게 되고, 결국 없는 시간을 쪼개서라도 어떻게든지 간에 자원봉사활동에 참여하게 된다는 것이다(Oesterle, Johnson and Mortimer, 2004).

이와 같은 논리에 의하면 시간이 부족해서 자원봉사를 하지 않는다고 말하는 것과 시간이 부족해서 실제로 자원봉사활동수준을 낮추는 것은 별개의 사안으로 구분될 필요가 있음을 알게 된다. 둘을 별개의 사안으로 분리해서 보지 않으면, 왜 타이트한 근로일정에 따라 바쁘게 직장생활을 영위하는, 그래서 시간이 너무나 부족하다고 하소연하는 일부 전일제 근로자들이 시간이 남아도는 무직자들보다 실제로는 더 많은 시간을 자원봉사활동에 할애하며 커다란 열의를 보이는지 도무지 설명할 길이 없다(Altman and Harris, 2013).

문제는, 이러한 지적에도 불구하고 시간의 압박 가설을 추종하는 "일부" 학자들은 간단한 설문조사를 통해 사람들에게 자원봉사 미참여의 이유를 묻고 그에 대한 답으로 시간부족이 거론되면 이를 시간의 압박 가설을 지지하는 유력한 증거로 제시한다는 점이다. 시간의 압박 가설은 이렇게 해서는 입증되기 어렵다. 이 가설이 제대로 입증되려면, 먼저 전일제 근로자들의 자원봉사참여수준이 무직자들의 그것보다 유의미하게 낮다는 사실이 밝혀져야 하고, 다음으로 만일 전일제 근로자들의 자원봉사참여수준이 무직자들의 그것보다 높게 나타났다면 왜 그와 같은 결과가 도출되었는지 충분하고 합당한 설명이 제시되어야만 한다(Einolf, 2011a).

시간이 부족한 전일제 근로자들이 상대적으로 여유로운 무직자들보다 더 열심히 그리고 더 오랜 시간 자원봉사활동에 매진한다는 관점은 이른바 사회통합 가설(social integration hypothesis)에 잘 축약돼 나타난다(Erlinghagen, 2010). 사회통합 가설은 경제적·사회적으로 왕성하고 활발하게 일하는 사람일수록, 즉 자신을 둘러싼 환경에 완전히 통합되어 사회경제적으로 유익한 기능을 수행하는 사람일수록, 오히려 부족한 시간을 쪼개어 어떻게 해서든 자원봉사활동을 더 열심히 한다는 내용을 주요 골자로 한다.

사회통합 가설도 시간의 압박 가설만큼이나 많은 지지를 받아온 학술 시나리오 중 하나이다. 이 가설은 보통 취업자의 자원봉사참여수준이 무직자의 그것보다 유의미하게 높게 나타났을 때 실증적으로 지지됐다고 본다(Strauß, 2008). 실례로 캐나다의 한 설문조사에 따르면, 지난 일 년 간 한 번이라도 자원봉사활동을 해 봤다고 응답한 사람은 시간제 근로자의 경우 전체의 33%, 전일제 근로자의 경우 전체의 27%였다고 한다. 이에 반해 실업자는 전체의 25%, 비경제활동인구는 전체의 24%만이 지난 일 년 간 한 번이라도 자원봉사활동을 해 봤다고 응답했다고 한다(Lasby, 2004: 3). 비슷한 맥락에서, 최신인구조사(Current Survey Population) 자료를 분석한 미국의 한 정부조사연구는 지난 일 년 간 자원봉사활동을 한 번이라도 해 봤다고 응답한 비율이 시간제 근로자, 전일제 근로자, 비경제활동인구의 순서대로 각각 38.2%, 29.8%, 24.4%였다고 보고한 바 있다(U.S. Bureau of Labor Statistics, 2005: 2). 마찬가지 맥락에서, 호주 통계청의 2010년 인구조사는 시간제 근로자, 전일제 근로자, 실업자, 비경제활동인구 순서대로 자원봉사참여율이 44%, 38%, 20%, 31%라고 보고함으로써 바쁜 근로스케줄에 따라 일을 하는 사람이 그렇지 않은 사람, 즉 일하지 않은 사람보다 전체적으로 자원봉사참여가능성이 더 높음을 입증한 바 있다(Australian Bureau of Statistics, 2011). 이러한 조사결과들은 모두 일을 하는 사람(=취업자)이 일을 하지 않는 사람(=무직자)에 비해 자원봉사참여율이 현저히 높음을 보여준다는 측면에서 사회적 통합 가설을 지지하는 유력한 증거라 볼 수 있다.

그러나 여기서 한 가지 해석 상 상당한 주의를 요하는 부분을 언급하고 지나가지 않을 수 없다. 위 연구보고서 결과들을 다시 한 번 자세히 살펴보면, 현재 일을 하는 취업자 중에서도 근로형태가 시간제냐 아니면 전일제냐에 따라 자원봉사참여율이 조금씩 달라지는 것을 볼 수 있다(Einolf, 2011a). 구체적으로, 취업자 가운데 조금 덜(less) 일하고 이에 따라 조금 덜 바쁜 생활을 영위하는 시간제 근로자들의 자원봉사참여율이 전일제 근로자들의 자원봉사참여율보다 조금 더 높게 나타나는 현상이 눈에 띈다. 이 말인즉슨, 자원봉사참여율을 근로형태에 따라 높은 순에서 낮은 순으로 나열해 봤더니 시간제 근로자 → 전일제 근로자 → 무직자의 패턴이 발견됐다는 뜻이다. 이 같은 패턴은 총론적 차원에서는 사회통합 가설이 현실과 좀더 부합하나(취업자의 자원봉사참여율〉무직자의 자원봉사참여율), 각론으로 들어가서는 시간의 압박 가설도 완전히 기각하기 어려운 속성을 가진다는 점을(시간제 근로자의 자원봉사참여율〉전일제 근로자의 자원봉사참여율)을 적시한다.

그런데 여기서 또 다시 우리를 헛갈리게 만드는 흥미로운 사실이 한 가지 남았다. 종속변수를 자원봉사참여여부가 아닌 총 자원봉사시간 혹은 평균자원봉사시간으로 둘 경우, 위에서 우리가 내린 결론은 확신할 수 없는 주장으로 바뀐다는 것이 바로 그것이다. 예를 들어, 2005년 미국 최신인구조사(Current Population Survey)를 분석한 미국정부 조사연구에 의하면, 지난 일 년 간 총 자원봉사시간의 중위수는 시간제 근로자의 경우 51시간이었고 전일제 근로자들의 경우 45시간이었던 데 반해, 비경제활동인구의 경우는 무려 62시간에 달한 것으로 나타난다(U.S. Bureau of Labor Statistics, 2005). 이 같은 분석결과는 자원봉사참여수준을 자원봉사참여율로 따졌을 땐 일반적으로 시간제 근로자들이 수위를 차지하고 전일제 근로자들이 그 다음을 차지하며 비경제활동인구가 맨 마지막 자리를 차지하지만, 자원봉사투자 시간의 측면에서 따졌을 땐 그 관계가 역전되어 나타나기도 함을 우리에게 말해준다. 즉, 가장 많은 시간을 자원봉사활동에 투자하는 사람은 바쁜 시간스케줄에 따라 움직이는 취업자가 아니라 - 원했든 원하지 않았든 - 막대한 시간적 여유로움을 누리는 비경제활동인구라는 뜻이다. 나아가 이러한 결론은 자원봉사참여수준을 자원봉사참여율의 측면에서 봤을 땐 전체적으로 사회통합 가설이 현실과 더 부합하지만, 자원봉사시간의 측면에서 봤을 땐 시간의 압박 가설이 훨씬 타당함을 함의한다.

지금까지 논의를 정리하면, 첫째, 한 사람의 시간 일정은 자원봉사참여수준에 상당한 영향을 미친다. 둘째, 자원봉사참여율에 초점을 맞추면 사회통합 가설이 보다 타당하다. 셋째, 그러나 자원봉사시간에 초점을 맞추면 시간압박 가설이 보다 타당하다 정도로 요약이 되는 것처럼 보인다. 그러나 이 정도로 선행연구들의 결과요약이 완료된다면 더할 나위 없이 좋겠지만, 안타깝게도 문헌을 심층적으로 고찰하다 보면 다양한 연구들의 조사결과가 위 요약과 반드시 일치하는 것만은 아님을 이내 깨닫게 된다.

앞에서 정리한 문헌요약과 상충되는 결과가 발생하는 가장 큰 이유는, 아무래도 위에서 살핀 시간과 자원봉사의 관계 관련 선행연구들이 모두 단순히 상관관계에만 초점을 둔, 즉 다양한 통제변수들을 고려하지 않은 상태에서 수행된 기술연구(descriptive studies)라는 점 때문이다. 기술연구는 변수 간 관계를 전혀 통제하지 않고 분석을 실시하기 때문에 결론의 일반화 수준에 많은 한계를 가지는 것이 보통이다. 따라서 아래에서는 주요 인구학적·사회경제적 변수들을 통제한 상태에서 수행된 다변량 연구(multivariate studies)들의 조사결과들을 선택적으로 살펴보고, 시간과 자원봉사참여수준의 관계에 관해 한층 다각적인 이해를 도모해 보도록 하겠다.

먼저 Ravanera와 그의 동료들(2002) 및 Oesterle와 그의 동료들(2004: 1140)의 연구들을 살펴보자. 두 연구 모두 자원봉사참여율을 종속변수로 두고 분석을 실시했고, 독립변수로는 각각 전일제 형태의 근로여부와 전일제 형태로 지속된 근로기간을 사용하였다. 성별, 학력, 소득 등의 기본적인 인구학적, 사회경제적 변수들을 통제한 것은 물론이다. 분석결과, 전자의 연구는 전일제 근로자들의 자원봉사참여율이 비경제활동인구들의 그것보다 낮다는 사실을 확인했고, 후자의 연구는 전일제 근로자로 보낸 기간이 1개월씩 증가함에 따라 자원봉사참여율 관련 승수값이 약 4%씩 감소함을 확인했다. 이 같은 결과는 꽉 짜인 근로일정에 따라 일을 하는 사람의 자원봉사참여수준이 일을 하지 않아 시간적으로 여유로운 사람의 자원봉사참여수준보다 낮다는 사실을 명확히 보여준다. 궁극적으로, 시간의 압박가설이 보다 타당함을 적시한다. 대다수 기술연구들이 자원봉사참여율을 종속변수로 활용했을 때 사회통합 가설이 보다 타당하다고 결론내린 것과는 대조적인 모양새이다.

자원봉사시간을 종속변수로 쓴 다변량 연구들도 이와 비슷한 양상을 보였다. 즉, 대부분의 기술연구들이 자원봉사시간을 종속변수로 사용한 경우 시간압박가설의 설명력이 좀더 크다고 했지만, 다변량 연구들은 정반대의 결과, 즉 사회통합 가설의 설명력이 더 크다는 결과를 제시했다는 것이다. 예를 들어, Willson과 Musick(1997)은 전일제 근로자들로만 조사대상을 한정하여 일주일 평균근로시간 40시간인 집단, 55시간인 집단, 60시간 이상인 집단 등 세 집단으로 구분해 다중회귀분석을 실시하였다. 분석결과, 세 번째 집단은 첫 번째와 두 번째 집단보다 그리고 두 번째 집단은 첫 번째 집단보다 평균적으로 더 오랜 시간을 자원봉사활동에 투자한다는 사실이 확인되었다. 이는 상관관계 분석에서 입증된 시간의 압박가설에 정면으로 위배되는 결과로, 오히려 사회적 통합가설을 지지하는 증거가 된다. 이와 유사한 결론, 즉 더 많이 일하는 사람이 바쁜 와중에도 시간을 쪼개 더 오랜 시간 자원봉사활동에 매진한다는 결론은 Freeman(1997)의 연구에서도 재차 확인되었다.

결국 선행연구들을 광범위하게 검토한 결과, 시간의 압박 가설과 사회통합 가설 가운데 어느 하나가 반드시 참으로 판정받는 상황은 현실적으로 존재하지 않음을 알 수 있었다. 엇갈리는 결과가 오히려 현실과 더 부합함을 확인한 것이다. 따라서 중요한 사안은 이처럼 엇갈리는 결과를 만들어내는 사회적 배경이 무엇이냐 하는 의문에 대한 답이라 할 수 있겠다. 이 책에서는 그와 같은 배경을 - 다소 허무할 수 있지만 - 다음과 같이 정리함으로써, 시간과 자원봉사의 관계에 관한 긴 논의를 마무리하고자 한다: 시간과 자원봉사의 관계는 ① 어떤 나라에서, ② 어떤 인구학적 특성의 집단을 대상으로, ③ 어떤 근로형태에 초점을 맞춰, ④ 어떤 분석방식을 채택해 연구를 진행하느냐에 따라 사뭇 다른 결과가 나온다. 이는 전 세계적으로 통용될 수 있는 일반화 수준이 높은 어떤 이론의 발견보다는, 구체적인 사례 및 대상집단 분석을 통해 시간의 압박 가설과 사회통합 가설 가운데 무엇이 좀더 타당성을 갖는지, 만약 하나의 가설이 좀더 타당성을 갖는다면 그 배경은 무엇인지에 대해 개별주의적 방식으로 접근하는 것이 보다 합리적일 수 있음을 우리에게 시사한다.

지금까지 우리는 시간과 자원봉사의 관계와 관련해 주로 외국 문헌을 중심으로 주요 내용들을 살펴보았다. 그렇다면 이제 남은 관건은 고용형태에 따른 여유시간과 자원봉사의 관계가 대한민국이라는 특수한 사회경제적 맥락 하에서 어떻게 전개되고 있는지에 관한 궁금증이라고 할 수 있겠다. 우리나라에서는 시간의 압박 가설이 지지될까 아니면 사회통합 가설이 지지될까? 아래에서는 이 질문에 대한 답을 찾는 데 초점을 맞춰 논의를 진행하도록 하겠다. 분석을 위해 밟은 각종 예비 절차와 과정, 특히 고용형태에 대한 조작적 정의는 각주에 자세한 설명해 놓았으니 참고하기 바란다.[1)]

분석결과는 〈표 6-1〉과 〈표 6-2〉에 제시하였다. 〈표 6-1〉은 종속변수를 자원봉사참여여부로 둔 경우를, 그리고 〈표 6-2〉는 종속변수를 총자원봉사시간으

---

1) 분석에는 종단적으로 병합된 〈서울복지패널 1, 2차 조사〉 원자료를 활용하였다.
독립변수는 고용형태로서, 좀 더 정확한 가설검증을 위해 두 가지 형태로 조작적 정의를 하였다. 첫 번째는 단순히 현재 일을 하는 자(=취업자)와 일을 하지 않는 자(=비취업자)의 두 집단으로 나눈 형태고, 두 번째는 대한민국 통계청에서 사용하는 종사상 지위 개념에 의거해 전일제 근로자(=상용직근로자+고용주+자영업자), 시간제 근로자(=임시직근로자+일용직근로자+무급가족종사자), 비취업자(=실업자+비경제활동인구)의 세 집단으로 나눈 형태다.
마지막으로, 종속변수로는 자원봉사참여여부와 총자원봉사시간을 사용하였다. 자원봉사참여여부는 앞에서 수차례 설명했기 때문에 넘어가고, 총자원봉사시간은 지난 일 년 간 수행한 모든 자원봉사활동들의 시간을 합산한 값을 분석에 활용하였다. 자원봉사참여여부를 종속변수로 둔 경우 그 값이 이항적 구조를 띰을 감안해 분석에는 이분형 로지스틱 회귀분석기법을 활용했고, 총자원봉사시간을 종속변수로 둔 경우 그 값이 연속변수임을 감안해 분석에는 일반적 중다회귀분석 기법을 활용하였다.

로 둔 경우를 각각 요약정리한 표이다.

먼저 〈표 6-1〉의 Model 1은 취업자와 비취업자 가운데 어떤 집단이 자원봉사참여경험이 더 많은지 살피는 연구모형이다. 모형의 검증 결과, 비취업자가 취업자보다 유의수준 $a=0.10$에서 자원봉사참여경험이 더 많은 것으로 나타났다. 비록 일반적인 유의수준 $a=0.05$보다 높은 p값을 보이긴 했지만($p=0.063$), 어쨌든 낮은 수준에서라도 이 같은 결과가 나타났다는 것은, 일단 빡빡한 스케줄에 따라 생활하는 취업자보다 상대적으로 여유로운 비취업자가 자원봉사참여에 더 적극적이라는 사실을 보여줬다는 측면에서 의미 있는 결과로 생각된다.

Model 2는 Model 1로부터 비취업자 변수는 그대로 둔 상태에서 취업자를 전일제 근로자와 시간제 근로자로 세분화해 조사대상을 총 세 집단으로 구분한 후, 전일제 근로자를 기준집단으로 봤을 때 시간제 근로자와 비취업자가 전일제 근로자보다 자원봉사참여경험이 더 많은지 아니면 적은지 살피는 연구모형이다. 모형의 검증결과, 비취업자와 시간제 근로자 모두 전일제 근로자보다 자원봉사참여경험이 더 많은 것으로 나타났다. 하지만 시간제 근로자는 통계적으로 유의미한 수준에서 전일제 근로자보다 자원봉사참여경험이 더 많지는 않았다($p=0.720$). 통계적으로 유의미하게 전일제 근로자보다 자원봉사참여경험이 더 많은 집단은 오로지 비취업자들 뿐이었다($p=0.071$). 물론 이 경우도 앞서와 마찬가지로 일반적으로 잘 쓰이지 않는 유의수준 $a=0.10$이 통계적 유의성 여부를 가리는 기준이 됐기 때문에 그 설명력에 의문이 제기될 수 있는 상황이지만, 어찌 됐든 낮은 수준에서라도 비취업자가 전일제 근로자보다 자원봉사참여에 더 적극적이라는 커다란 맥락을 파악하게 해주었다는 점에서 의미가 큰 결과라고 생각한다.

〈표 6-1〉 시간(유급고용형태에 따른 여유시간)이 자원봉사참여에 미치는 영향에 관한 이항로짓모형 분석결과

		Model 1	Model 2
여성		0.259*	0.251*
연령(a)	20세이상~30세미만	-1.238***	-1.244***
	30세이상~49세미만	-1.294***	-1.296***
	50세이상~65세미만	-0.992**	-0.995**
	65세이상	-1.429***	-1.432***
학력(b)	고졸	0.616**	0.615**
	전문대졸	0.715**	0.720**
	4년제대졸	0.689***	0.693***
	석사이상	1.470***	1.476***
혼인(c)	이혼/별거	-0.686+	-0.689+
	사별	0.084	0.084
	미혼	-0.093	-0.094
	미성년	0.102	0.094
소득(d)	100만이상~200만미만	0.292	0.291
	200만이상~300만미만	0.228	0.230
	300만이상~400만미만	0.369+	0.372+
	400만이상~500만미만	0.359	0.364
	500만원이상	0.504*	0.511*
종교有		0.512***	0.512***
이전년도 봉사경험有		1.927***	1.928***
未취업		0.222+	-
고용형태	시간제근로자	-	0.066
	비취업자	-	0.244+
상수항		-3.010***	-3.027***
R^2		0.36	0.39

주 1: 표 안의 숫자는 모두 비표준화 회귀계수임.
주 2: 준거집단: (a)19세미만; (b) 고졸미만; (c) 기혼; (d) 100만원미만
+p 〈 0.10, *p 〈 0.05, **p 〈 0.01, ***p 〈 0.001

다음으로 〈표 6-2〉를 살펴보자. 〈표 6-2〉의 Model 1은 가장 기본적인 인구학적, 사회경제적 변수들을 통제한 상태에서 취업여부가 총자원봉사시간에 어떠한 영향을 미치는지 살피는 연구모형이다. 모형의 검증결과, 비취업자는 취업자

보다 평균 4시간 30분가량 자원봉사시간이 긴 것으로 나타났고, 이는 통계적으로도 유의미한 차이로 확인됐다($p=0.006$).

다음으로 Model 2는 Model 1로부터 비취업자 변수는 그대로 둔 상태에서 취업자를 전일제 근로자와 시간제 근로자로 세분화해 조사대상을 총 세 집단으로 구분한 후, 전일제 근로자를 기준집단으로 삼았을 때 시간제 근로자와 비취업자가 전일제 근로자보다 총자원봉사시간이 더 긴지 아니면 짧은지 살피는 연구모형이다. 모형의 검증결과, 시간제 근로자는 전일제 근로자보다 평균 약 1시간 30분가량 더 많이 자원봉사활동에 시간을 투자한 것으로 조사됐다. 그러나 이는 통계적으로 전혀 유의미한 차이는 아닌 것으로 확인됐다. 반면, 비취업자의 경우 전일제 근로자보다 5시간가량 더 길게 자원봉사활동을 했고, 이는 통계적으로도 유의미한 차이로 확인됐다($p=0.007$).

〈표 6-2〉 시간(유급고용형태에 따른 여유시간)이 자원봉사시간에 미치는 영향에 관한 다중회귀모형 분석결과

		Model 1	Model 2
여 성		0.780(1.668)	0.608(1.690)
나 이		1.196(0.856)	1.217(0.857)
교육연수		0.644(0.255)*	0.663(0.256)*
종교 有		3.123(1.570)*	3.122(1.570)*
가구경상소득		0.020(0.003)	0.020(0.004)
未 취업		4.621(1.694)**	-
고용형태	非취업	-	5.251(1.962)**
	시간제	-	1.701(2.672)
상수항		-10.320(4.888)*	-11.192(5.077)*
F		6.217	7.011
R^2		0.18	0.19

주 1: 기준집단: (a) 전일제근로자
*p 〈 0.05, **p 〈 0.01, ***p 〈 0.001

결국 앞에서 수행한 복수의 다변량 분석들은 모두 시간과 자원봉사의 관계에서 시간의 압박 가설이 사회통합 가설보다 적어도 우리나라에서만큼은 훨씬 더 강력한 설명력을 가진다는 사실을 우리에게 말해준다. 다시 말해, 비취업자가 취업자보다 그리고 취업자 중에서도 시간제 근로자가 전일제 근로자보다 확률

적으로도 더 많이 자원봉사활동에 참여하고 시간적으로도 더 오래 봉사활동에 매진한다는 측면에서, 사회통합 가설은 우리나라에서는 지지되기 어렵고 오히려 시간의 압박 가설이 월등히 큰 설명력을 가진다는 의미이다.

시간압박 가설이 현실적으로 더 큰 타당성을 가진다는 것은 우리나라의 노동문화가 임금의 많고 적음에 상관없이 대다수 근로자들에게 장시간 노동을 명시적·암묵적으로 강요하는 방식으로 진화해 왔음을 함의한다. 즉, 성장과 발전이라는 지상과제 아래 절대다수 노동자들의 여가영역을 과도히 침범, 침탈하는 형태로 우리나라의 자본주의 문화가 발전해 왔고, 이에 따라 많은 노동자들이 자본 재생산의 한 축을 담당하는 여가활동에 대한 권리개념을 자의반 타의반 상실하였으며, 그 결과 자본주의 사회에서 공식적 업적으로 인정받는 유급노동에만 몰입했을 뿐 그 대칭관계에 놓인 무급노동의 가치는 깨닫지 못하는 사회적 불능 상태에 침잔함으로써, 무급노동의 대표적 예라 할 수 있는 자원봉사와 같은 "생산적인" 사회활동이 등한시되는 결과가 초래되었다는 분석이다.

이런 맥락에서, 향후 자원봉사와 같은 여가활동, 다른 말로 표현하여 무보수 노동이 활성화되기 위해 지향해야 할 정책적 방향은 분명하다고 할 수 있다. 첫째, 노동자들이 여가시간을 시혜가 아닌 당연한 권리로서 받아들이는 인식전환이 필요할 것이다. 둘째, 사용자들 역시 노동시간 단축에 대한 노동계 및 정부의 요구와 협상요청에 진지한 자세로 임해야 할 것이다.[2)]

주지하다시피, 경제협력개발기구(OECD) 회원국 중 가장 긴 시간 동안 일하는 나라는 우리나라 대한민국이다. 유병홍 외(2013: 51)의 연구보고서에 따르면 2012년 기준 우리나라 근로자 일인당 연간 근로시간은 2천 90시간(임금근

2) 이런 측면에서 국내 굴지의 기업 SK그룹이 회사 차원에서 임직원들의 봉사활동을 장려하면서, 봉사활동시간을 근무시간으로 인정해주는 제도를 지난 2007년부터 도입해 활용하고 있는 것은 긍정적인 변화라 할 수 있다. 지난 2007년부터 SK그룹은 CEO는 물론 모든 임직원이 매년 4~5차례 이상 자원봉사활동에 참여토록 하고, 각 팀마다 사회공헌 코디네이터를 두어 각 팀별 특성에 맞는 자원봉사활동을 진행할 수 있도록 했다. 또 자원봉사시간을 근무시간으로 인정하는 제도적 뒷받침도 마련했다. 아울러 신입사원 때부터 자원봉사활동에 대한 자연스런 인식을 갖도록 하기 위해 이주간의 신입사원 교육 중 하루를 반드시 자원봉사활동을 진행토록 했다. 그 결과 SK그룹 자원봉사단에 속하는 임직원은 제도 도입 일 년 만인 2008년을 기준으로 2만2,000명(전 구성원 대비 가입률 93%), 연 기준 총 봉사시간은 38만2,000시간, 일인당 봉사시간은 17시간을 기록하였다(한국사회적기업진흥원, 2008).

로자 기준)으로, OECD 34개국 평균을 무려 420시간가량 초과한 것으로 나타난다. OECD 평균은 1천 765시간이고, 네덜란드는 1천 381시간, 독일은 1천 397시간, 노르웨이는 1천 420시간, 프랑스는 1천 479시간에 불과하다. 선진국과 비교해 우리나라 노동자들이 이렇게 장시간 일하는데, 자원봉사에 관심을 갖고 실제 봉사활동에 나서기란 어지간한 의지와 동기가 갖지 않고서는 결코 달성할 수 없는 일이다. 자원봉사활동을 활성화하기 위해 무엇보다 유급 노동자들의 유급 노동시간을 줄이기 위한 전 사회적 노력이 선행돼야 함은 바로 이 때문이다.

7 chapter 건강과 자원봉사

개인의 인적자원과 자원봉사의 관계를 살피는 데 있어 다음으로 점검할 인적자원 영역은 다름 아닌 건강이다.

먼저 건강과 자원봉사의 관계를 살피기에 앞서, 자원봉사도 일종의 노동임을 감안해 건강과 노동과의 관계를 간단히 짚고 넘어가도록 하자. 노동자의 노동생산성은 여러 요인들에 의해 복합적으로 영향 받는다. 하지만 그 가운데 가장 핵심적인 것은 생산활동을 담당하는 노동자 자신의 건강상태이다.

건강이 좋으면 노동자는 취업시장에서 일단 경쟁자보다 유리한 고지에 올라선다(Kalwij and Vermeulen, 2008). 더 많은 시간과 노력을 직무능력계발에 오롯이 쏟아 부울 수 있기 때문이다. 뿐만 아니라 취업 후 건강악화로 중도 사직할 위험요인이 없다는 신호는, 채용에서 신중한 자세를 견지하는 잠재적 사용자의 입장에서 매우 좋은 선정 근거가 된다. 결과적으로 건강한 지원자는 건강하지 않은 지원자보다 좋은 직장에 안착할 확률이 더 높다.

채용과정에서와 마찬가지 이유로 회사생활에서도 건강한 노동자는 건강하지 않은 노동자보다 우월한 경쟁력을 확보할 확률이 더 높다(Garcia-Gomez, Jones and Rice, 2010). 건강한 노동자는 병원에 간다든지 정신과상담을 받기 위해 결근, 조퇴를 반복하는 등의 노동생산성을 떨어뜨리는 일에 정력을 낭비하지 않고 주어진 시간과 노력의 대부분을 생산활동에 오롯이 투자할 수 있기 때문이다. 건강한 노동자가 건강하지 않은 노동자보다 더 많은 보수를 받고 더 빨리 진급하는 것은 이런 측면에서 봤을 때 전혀 놀라운 일이 아니다.

자원봉사 역시 노동의 한 하위범주로서 위에서 설명한 논리가 그대로 통용된다(Komp et al., 2011). 구체적으로, 건강한 사람은 건강하지 않은 사람보다 우수한 봉사활동을 지속적으로 제공할 수 있다는 능력신호를 강하게 발생시킨다. 이러한 신호가 봉사기관에 일단 접수되면, 건강한 사람은 적극적 모집대상으로 분류되어 건강하지 않은 사람보다 더 자주 봉사활동 요청을 받게 된다(Kim et al., 2007). 건강한 사람의 자원봉사참여도가 건강하지 않은 사람의 그것보다 상대적으로 높게 나타나는 것은 이런 측면에서 봤을 때 매우 자연스러운 현상이라 할 수 있다. 뿐만 아니라 건강한 사람은 일단 봉사대열에 참여하는 순간, 단순히 건강하기 때문에 중도하차 하지 않고 더 오랜 기간 봉사활동을 지속할 가능성이 높은 것이 보통이다. 물론 건강하지 않은 사람도 봉사활동을 오래 지속할 수는 있으나, 상대적으로 건강한 사람의 지속력을 넘어서기란 여간해서는 쉽지 않은 게 현실이다.

설령 봉사기관의 모집 의도가 전혀 개재되지 않더라도, 건강한 사람이 건강하지 않은 사람보다 더 많이 그리고 더 활발히 자원봉사를 한다는 것은 상식 중에 상식이다. 건강이 나쁜데도 아무런 금전적 대가 없이 낯선 이들을 돕는 이타적 활동, 즉 자원봉사활동을 감행할 사람은 성자가 아닌 이상에야 현실적으로 거의 찾아보기 힘들다는 측면에서다.

앞에서 우리는 사람들이 왜 자원봉사 참여에 주저하는지 묻는 질문에 “시간이 부족해서”를 가장 많이 언급했다고 알아보았다. 그러나 시간의 부족만큼이나 자원봉사활동의 방해요인으로 자주 언급되는 것이 한 가지 더 있다. 그것은 바로 “건강에 대한 걱정” 또는 “신체적 능력의 미비”다. 실례로 2001년 미국 일리노이주 주민조사에 따르면, 조사대상 주민의 약 15%가 “건강이 나빠서” 자원봉사활동을 꺼린다고 답했다고 한다. 두 배에 달하는 약 30%의 조사대상이 시간부족을 자원봉사 미참여의 이유로 꼽은 것과 비교하면 그 비율은 작다고 할 수 있지만, 여전히 두 번째로 가장 많이 지목된 자원봉사 저해요인이었다는 측면에서 주목할 만한 가치가 크다고 하겠다(Profile of Illinois, 2001).

한편 다수의 실증연구들의 보고에 의하면, 나쁜 건강상태가 저조한 자원봉사활동으로 이어지는 것은 모든 사회경제적·인구학적 계층에서 천편일률적으로 발생하는 보편적 현상은 아닌 것을 알 수 있다. 연구들은 나쁜 건강상태가 자원봉사활동의 장애요인으로 가장 극적으로 작동하는 계층은 노인, 배우자와 사별한 사람, 고등학교 중퇴이하의 저학력자, 비경제활동인구, 저소득층 등이라고 보고한다(Lasby, 2004: 9).

Musick과 Wilson(2008)은 독립섹터조사(Independent Sector Survey) 자료의 분석결과를 바탕으로 이 같은 사실을 좀더 구체적으로 묘사하였다. 이들에 따르면, 나쁜 건강상태를 자원봉사의 방해요인으로 응답한 비율은 전체 응답자의 9.5%에 불과했다고 한다. 그러나 같은 분석을 좀더 세부적인 사회경제적·인구학적 변수들로 쪼개어 재실시해 보았더니, 65세 이상 노인층의 26%가 나쁜 건강상태를 자원봉사의 방해요인으로 답했고, 이와 대조적으로 26세 이하에서는 그 비율이 겨우 4%에 불과한 것으로 나타났다고 한다. 비슷한 맥락에서, 고등학교 중퇴이하 저학력자의 14%가 나쁜 건강상태를 자원봉사 방해요인으로 꼽은 데 반해, 석사 이상 고학력자에서는 그 비율이 4%에 불과했고, 연 2만 5천불미만 저소득층의 13%가 나쁜 건강상태를 자원봉사 방해요인으로 꼽은 데 반해, 연 7만5천불이상 고소득층의 경우 그 비율이 2%에 불과한 것으로 나타났다고 한다. 이러한 조사결과들은 건강과 자원봉사의 관계가 집단 별, 계층 별로 상이하게 작동함을 강력히 시사한다.

그렇다면 우리나라에서는 건강과 자원봉사의 관계가 어떠한 양상을 나타낼까? 문헌검토 결과, 건강과 자원봉사의 관계를 조사한 절대다수의 국내 선행연구들은 크게 다음과 같은 세 가지 특징적 단점을 공유하는 것으로 확인됐다(이병순·김욱, 2006; 이현기, 2013; 임옥빈, 2012; 정광중·황석규·강준혁, 2010).

첫째, 독립변수를 자원봉사로 그리고 종속변수를 건강으로 설정하는 경향이 매우 강하다. 둘째, 조사대상을 55세 이상 중고령층으로만 제한한다. 셋째, 건강을 주관적 건강의 측면에서만 측정한다. 이를 다시 풀어쓰면, 국내 연구들은 건강을 독립변수로 그리고 자원봉사참여여부를 종속변수로 두고 조사를 수행한 경우가 상당히 드물고, 건강을 독립변수로 둔 몇몇 사례에서조차 조사대상을 55

세 이하 젊은 세대로 확대시키지 않은 채 65세 이상 노인층에게만 관심을 국한시켰으며, 건강 개념의 다차원성을 연구모형에 잘 반영시키지 못해 정신건강이라든가 객관적인 신체건강 등의 측면에서 건강과 자원봉사의 관계를 충분히 살피지 못한 근본적 한계점들을 내비쳤다고 말할 수 있겠다. 이는 국내 연구자들이 자원봉사의 다양한 긍정적 효과들에 많은 관심을 나타냈고, 다양한 효과들 가운데 특히 건강에 초점을 맞춘 경우 건강이 큰 화두라 할 수 있는 노인계층을 주요 조사대상으로 삼은 데 따른, 다시 말해 연구대상 선택에 있어서의 편의(bias)에 따른 결과가 아닐까 생각해 본다. 게다가 자원봉사가 건강에 미치는 영향을 연구하는 학자들의 대다수가 국내에서는 의학계통의 과학자들이 아니고 사회과학자들이기 때문에, 건강의 가장 직접적 척도라 할 수 있는 객관적 건강상태를 좀처럼 고려대상으로 삼지 못하고 주관적 건강상태에만 천착한 데 따른 결과가 아닐까도 추정해 본다.

국내 선행연구들의 이러한 한계점들을 고려하여, 이 책에서는 건강을 크게 정신건강, 주관적 건강, 객관적 건강의 세 가지 형태로 나누고, 각각을 주요 독립변수로 둔 상태에서 건강이 자원봉사참여수준에 어떤 영향을 미치는지를 종단적으로 병합된 〈서울복지패널 1, 2차 조사〉 원자료를 활용해 살펴보았다. 분석을 위해 밟은 각종 예비 절차와 과정들, 특히 건강에 대한 조작적 정의는 각주에 자세한 설명하였으니 참고하기 바란다.[1]

---

1) 독립변수는 건강으로서, 좀 더 정확한 가설검증을 위해 아래와 같이 세 가지 형태로 조작적 정의를 하였다.

첫 번째는 정신건강이다. 정신건강은 사실 굉장히 광범위한 현상으로서 어떻게 정의내리냐에 따라 그 대상도 완전히 달라진다. 여기서는 정신건강을 우울감의 차원에서만 측정하기로 했다. 우울감과 관련하여 〈서울복지패널 2차 조사〉의 설문지에는 다음과 같은 총 네 개의 진술문들이 응답자에게 제시된다: 지난 한 달을 돌이켜 보건대, ① 나는 기운이 없고 우울하다, ② 나는 예전처럼 일들을 쉽게 처리한다, ③ 나는 미래를 희망적이라고 생각한다, ④ 나는 쓸모 있고 필요한 사람이라고 생각한다. 이에 대한 응답은 a) 그렇지 않다, b) 가끔 그렇다, c) 자주 그렇다, d) 항상 그렇다의 4점 라이커트 척도로 측정된다. 이 분석에서는 우울감을 측정하기 위해 제시된 네 개 진술문들에 대한 응답에 각각 1점부터 4점까지를 부여하고(②, ③, ④번 진술문은 역점처리함) 이를 진술문 별로 합산한 후, 그 총합산값을 4로 나눈 평균치를 구해 우울감의 변수값을 최종 확정지었다. 따라서 최종 우울감 변수는 점수가 낮을수록 덜 우울하고, 높을수록 더 우울한 구조를 띤다.

두 번째는 주관적 건강이다. 주관적 건강은 한 개인이 자신의 건강과 관련해 주관적으로 느끼고 평가한 내용을 나타낸다. 주관적 건강은 수많은 보건관련 연구들에서 주요 독립 혹은 종속 변수로 사용되는데, 이는 건강은 단면적인 임상적 관찰만으로는 측정될 수

분석결과는 〈표 7-1〉에 제시하였다. 표의 Model 1, 2, 3은 각각 우울감(정신건강의 하위범주), 주관적 건강, 객관적 건강이 자원봉사참여수준과 어떤 관계를 맺는지 살피는 연구모형들이다. 각 모형의 검증결과, 우울감이 커질수록 자원봉사참여율은 유의미하게 떨어지고(OR=0.647, p=0.000), 주관적 건강상태가 좋을수록 자원봉사참여율은 유의미하게 올라가는 모습을 확인할 수 있었다(OR=1.201, p=0.004). 그러나 객관적 건강상태는 자원봉사참여율과 통계적으로 주목할 만한 관계를 갖지 않는 것으로 나타났다. 오히려 객관적 건강이 좋지 않을수록 통계적으로는 유의미하지 않은 수준에서 자원봉사참여율이 - 예상과 달리 - 올라가는 모습이 발견됐다(a=0.10).

없는 다차원적이고 주관적인 현상이라는 선행연구들의 일관된 조사결과가 크게 작용하였다((서제희・김호・신영전, 2010: 141). 무엇보다 주관적 건강상태는 사망률과 이환율, 기대여명 등의 예측지표로 유용하다는 이점이 있고, 임상보고에 비해 더 정확한 예측인자인 것으로도 널리 알려져 있다. 특히 사회과학계에서는 심리적 요인도 반영한다는 점 때문에 각종 연구에서 오랫동안 요긴히 다뤄져 왔다(Kaplan et al., 1996). 〈서울복지패널 2차 조사〉 설문지에는 개인의 주관적 건강을 측정하기 위해 조사 당시 응답자의 건강상태를 묻는 다음과 같은 질문이 한 개 포함돼 있다: 평소에 귀하의 건강상태는 어떻다고 생각하십니까? 응답자의 반응은 '매우 건강하다'부터 '건강이 아주 좋지 않다'까지 총 다섯 개의 선택지를 제시하고 이 중 하나를 고르게 하는 방식으로 기록된다. 여기서는 해석의 편의를 위해 원래 점수를 역점처리하여 점수가 낮을수록 건강하지 않고, 점수가 높을수록 건강한 구조를 띠게끔 변수를 조작적으로 정의하였다.

세 번째는 객관적 건강이다. 객관적 건강은 말 그대로 병원에서 객관적으로 진단받은 질병의 유무를 평가한 결과이다. 〈서울복지패널 2차 조사〉 설문지는 응답자의 객관적 건강을 측정하기 위해 "귀하는 다음 질병을 가지고 있습니까? 앓고 계신 질병을 모두 응답해 주십시오"란 진술문을 제시하고, 이에 대해 총 열 개의 질병 목록들을 제시한 후 현재 앓고 있는 질병이 있으면 응답자로 하여금 해당 질명 목록에 v 체크하도록 한다. 각 목록에 나와 있는 질병들의 자세한 이름은 여기서는 생략한다. 최종적으로 확정된 변수는 연속변수의 형태를 띠며, 단 한 개의 질병목록에도 체크하지 않은 경우 0을 부여하고, 이후 체크한 목록이 하나씩 늘 때마다 1점씩 추가 부여하는 방식으로 변수의 조작적 정의를 마무리하였다. 따라서 점수가 높을수록 객관적으로 건강하지 않음을 뜻한다고 해석할 수 있다.

마지막으로 종속변수는 자원봉사참여여부이다. 자원봉사참여여부 관련 설명은 앞에서 수차례 했으므로 여기서는 넘어가도록 한다. 분석방법으로는 이분형 로지스틱 회귀분석을 사용하였다.

〈표 7-1〉 건강상태가 자원봉사참여에 미치는 영향에 관한 이항로짓모형 분석결과

		Model 1	Model 2	Model 3
여성		0.262*	0.260*	0.260*
연령(a)	20세이상~30세미만	-1.300***	-1.228***	-1.239***
	30세이상~49세미만	-1.331***	-1.253***	-1.297***
	50세이상~65세미만	-0.984**	-0.932*	-1.002**
	65세이상	-1.384**	-1.311**	-1.454***
학력(b)	고졸	0.574**	0.569**	0.622**
	전문대졸	0.635*	0.655**	0.723**
	4년제대졸	0.610**	0.631**	0.696***
	석사이상	1.399***	1.421***	1.476***
未취업		0.253*	0.241*	0.219+
혼인(c)	이혼/별거	-0.611+	-0.639+	-0.688+
	사별	0.117	0.102	0.081
	미혼	-0.090	-0.085	-0.093
	미성년	0.011	0.080	0.104
소득(d)	100만이상~200만미만	0.193	0.262	0.296
	200만이상~300만미만	0.119	0.179	0.232
	300만이상~400만미만	0.259	0.312	0.373+
	400만이상~500만미만	0.252	0.296	0.364
	500만원이상	0.382+	0.427*	0.509*
종교有		0.528***	0.518***	0.511***
이전년도 봉사경험有		1.914***	1.906***	1.928***
건강	우울감	-0.435***	-	-
	주관적 건강	-	0.184**	-
	객관적 건강	-	-	0.022
상수항		-1.941***	-3.615***	-3.020***
R^2		0.41	0.39	0.34

주 1: 표 안의 숫자는 모두 비표준화 회귀계수임.
주 2: 준거집단: (a)19세미만; (b) 고졸미만; (c) 기혼; (d) 100만원미만
+p 〈 0.10, *p 〈 0.05, **p 〈 0.01, ***p 〈 0.001

이같은 결과는 건강이 나쁘면 자원봉사참여수준도 자연스레 나빠진다는 서구 실증연구 결과들이 우리나라에서도 대체로 부합하고 통용되는 증거라 생각된다. 다만 문제가 되는 부분은 객관적 건강상태가 자원봉사참여수준과 특별한 관계

를 나타내지 않았다는 분석결과인데, 이는 실제로 건강이 좋지 못한 것보다는 정신적이고 주관적 차원에서 건강이 좋지 못한 것이 오히려 자원봉사활동에 부정적인 영향을 더 강하게 끼친다는 식으로 해석함으로써 충분히 논리적으로 해명해 낼 수 있는 문제라 생각한다. 나아가 이러한 결과는 조금 확대 해석하면, 객관적으로 건강상태가 그리 좋지 않다 할지라도 주관적·정신적인 건강이 충분히 좋은 상태를 유지한다면, 자원봉사참여수준은 얼마든지 높아질 가능성이 있음을 함의한다. 물론 이러한 확대 해석을 확증하기 위해서는 앞으로 보다 심도 깊은 연구와 분석이 필요할 것이다.

요컨대, 위 분석을 통해 얻은 가장 중요한 발견은 의학적으로 건강이 좋지 못하다고 판정받은 것은 한 개인의 자원봉사참여수준을 결정하거나 예측하는 불변의 요인이 될 수 없다는 점이다. 거동에 심각한 장애가 찾아온다거나 생명이 위독한 상황에 처하지 않는 한, 사람들은 어떤 질환을 가지게 됐다는 이유만으로 자원봉사참여수준을 줄이지 않는다. 이 말인즉슨, 자원봉사참여수준을 결정 혹은 예측하는 보다 중요한 건강관련 요인은 객관적인 이환(罹患)이라기보다는 정신적이고 주관적인 차원의 강건함이란 뜻이다. 따라서 건강한 사람을 자원봉사자로 동기화하고 봉사현장에 끌어들이는 일에 관심이 많은 봉사관련 전문가들은 앞으로 잠재적 봉사자들을 찾으러 다닐 때 의학적으로 진단받은 질병의 유무만을 볼 것이 아니라, 즉 겉으로 드러나는 어떤 병을 갖고 있느냐 없느냐만 따질 것이 아니라, 그 사람이 주관적으로 자신의 건강을 양호하게 평가하고 있는지, 또한 정신적으로 건강한 삶을 살고 있는지 등의 다양한 건강관련 태도 및 자세 등도 주의 깊게 눈여겨 볼 필요가 있다고 생각한다.

8 chapter 성별과 자원봉사

개인의 인적자원과 자원봉사의 관계를 살피는 데 있어 마지막으로 점검할 주제는 성별이다. 여기서 말하는 성별이란 태어날 때부터 결정되는 생물학적 성별(sex)이 아니라, 노동시장에서 한 개인에게 고용기회를 부여하고 다양한 노동여건과 환경을 결정짓는 데 사용되는 사회학적 성별(gender)을 뜻한다. 거듭 말하건대, 이 책은 자원봉사를 넓은 의미의 노동으로 간주하는 이른바 노동사회학적 관점을 취한다. 노동사회학적 관점에 따르면, 자원봉사와 같은 무보수 노동을 원활히 수행하기 위해선 일반적인 유급노동에서와 마찬가지로 개인은 다양한 자원들을 필요로 한다(Wilson, 2012). 그 중 하나가 인적자원이고, 지금까지 우리는 인적자원의 하위범주들로서 사회경제적 지위, 시간, 건강 등의 다양한 주제들을 검토하였다. 모두 한 개인이 노동시장에서 생존하기 위해 활용할 수 있는 그리고 활용해야만 하는 자산들이다.

이번 장에서 살필 인적자원의 하위범주는 성별이다. 성별이 노동시장 내 중요한 인적자원으로 간주되는 까닭은, 대부분의 노동자들 - 무급노동시장의 경우 자원봉사자들 - 은 자신의 주어진 성별을 적극적·소극적으로 이용하여 고용기회 - 무급노동시장의 경우 자원봉사기회 - 를 확보하고, 사회적으로 이미 유형화된 성별의 역할과 규범에 따라 그에 합당한 노동여건 및 환경을 찾아들어가 일하려는 속성을 지니기 때문이다(비판사회학회, 2012: 369-403). 예를 들면,

간호사 분야는 여성 노동자의 성별분리현상(sex segregation)이 가장 극적으로 드러나는 채용시장 중 하나이다. 대부분의 지원자들은 주로 여성을 간호사로 뽑는다는 불합리한 사회적 관행을 잘 인지하며, 이에 따라 지원 단계에서부터 남성은 자동적으로 걸러지게 된다. 여성은 자신의 신체적 특성을 사회적 차원에서 십분 활용하여 남성보다 손쉽게 채용시장에서 고용기회를 확보하는 셈이다. 성별은 이때 노동자의 가치를 상승시켜 주는 지렛대 혹은 무기와 같은 역할을 한다. 이런 측면에서 성별을 인적자원이라 칭하는 것이다.

노동활동에서 성별이 중요한 자산이 될 수 있다는 인식을 바탕으로, 이번 장에서는 간단하게 두 가지 사안을 짚고 넘어가도록 하자. 첫째, 남성과 여성 중 자원봉사참여수준이 더 높은 쪽은 어느 쪽인가? 둘째, 만약 여성의 자원봉사참여수준이 남성의 그것보다 높다면 그 이유는 무엇인가?

지금까지 제시된 각종 표들을 유심히 살펴본 독자라면 참여율의 측면에서 본 우리나라 여성의 자원봉사참여수준은 남성의 그것보다 통계적으로 유의미하게 높다는 사실을 이미 재빨리 눈치 챘을 것이다. 흥미로운 사실은 여성의 높은 자원봉사참여율은 우리나라에서뿐 아니라 대부분의 서구 선진국가들에서 공통적으로 발견되는 범세계적인 현상이라는 점이다(김성경, 2009; Musick and Wilson, 2008: 180). 물론 나라마다 상황이 조금씩 다르고,[1] 게다가 참여율이 아닌 총봉사시간의 측면에서 보면 여성의 총자원봉사시간이 남성의 그것보다 반드시 길다고 볼 수 없는 복잡한 부분도 무시할 수 없지만,[2] 어찌 됐든 전체적으로 봤을 때 여성이 남성보다 자원봉사활동에 보다 적극적인 모습을 보이는 것만은 부정할 수 없는 현실이다(이경혜·황지민, 2013).

그렇다면 여성은 왜 남성보다 자원봉사참여수준이 높게 나타날까? 이 질문에 대한 답은 관점에 따라 크게 세 갈래로 설명할 수 있다. 우리는 이 가운데 첫

1) 예를 들면, 미국과 영국, 호주에서는 여성의 자원봉사참여율이 남성의 그것보다 월등이 높지만, 캐나다에서는 남녀 간 자원봉사참여율에 아무런 유의미한 차이가 존재하지 않고, 스웨덴 같은 나라에서는 오히려 남성의 자원봉사참여율이 여성의 그것보다 더 높게 나타나는 것으로 연구들은 보고하고 있다(Musick and Wilson, 2008: 180).

2) 종단적으로 병합된 〈서울복지패널 1, 2차 조사〉 원자료를 분석해 보면, 지난 일 년 간 얼마나 많은 시간을 자원봉사활동에 보냈는지를 나타내주는 지표, 즉 총자원봉사시간은 여성의 경우 평균 6.71시간, 남자는 평균 5.03시간으로 나타났고, 두 집단 t-검증 결과 이 같은 차이는 통계적으로 유의미하지 않은 것으로 확인됐다($a=0.05$).

번째 시각은 배제하고, 두 번째와 세 번째 시각만을 채택해 비교하기로 한다.

첫째, 여성은 남성에 비해 이타적이고 희생적이며 따뜻한 보살핌의 마음이 요구되는 활동에 날 때부터 적합하게 태어났기 때문에 자원봉사 영역에서 적극적인 모습을 보인다는 시각이다(Eagly, 2009: 649). 일종의 유전학적 관점인 셈인데, 이는 최근 사회복지학계에서 거의 주목받지 못하는 비주류 의견이라는 점을 감안해 우리 책에서는 논의를 생략하기로 한다. 여성이 남성보다 이타적이고 희생적이며 따뜻한 마음씨를 가졌다는 것 자체가 논란의 소지가 많은 주장이지만, 설령 그와 같은 주장을 수용했다 할지라도 이를 생물학적 형질로까지 결부지어 생각하는 사회복지학계 학자들은 드물다.

둘째, 여성은 남성에 비해 이타적이고 희생적이며 따뜻한 보살핌의 마음이 요구되는 활동에 적합하도록 태어날 때부터 지속적으로 교육받고 훈련받았기 때문에 자원봉사 영역에서 적극적인 모습을 보인다는 시각이다(Messner and Bozada-Dea, 2009). 자원봉사참여수준에 성별 차이가 발생하는 배경을 가부장적 이데올로기 속에서의 사회화 결과로 보는 관점이다. 이러한 주장을 하는 여러 가지 근거 가운데 하나는, 공감능력이나 친사회적 태도를 많이 내면화한 사람일수록 자원봉사참여율이 높게 나타나는데, 자기 스스로 그와 같은 능력과 태도를 실제로 많이 내면화한다고 생각하는 사람의 비율이 남성보다 여성에게서 훨씬 높게 나타난다는 데에서 찾을 수 있다(Petrzelka and Mannon, 2006: 244).

셋째, 여성은 남성보다 자원봉사활동에 적합한 사회구조적 위치에 더 많이 노출됐기 때문에 자원봉사 영역에서 적극적인 모습을 보인다는 시각이다(Marshall and Taniguchi, 2011). 이는 자원봉사참여수준에 있어 성별 차이가 발생하는 것을 유전자라든지 내면적 성향의 차이가 아닌, 구조의 문제나 상황의 차이로 보는 다소 비개인적이고 거시적인 관점이라 할 수 있다.

좀 더 구체적으로 설명해 보면, 앞서 살펴보았듯이 미취업 상태는 우리나라 사람들의 자원봉사참여수준에 상당히 강하게 정적인 영향을 미치는 요인으로 작용한다. 여기서 주안점은, 남자보다 여자가 구조적으로 미취업 상태에 놓일 확률이 우리나라의 경우 월등이 높다는 점이다. 실제로 2011년 기준 대한한국의 고용률은 남녀평균 65.1%로 남성이 74.9%, 여성은 53.5%로 남녀 간 차이가 무려 21.4% 포인트에 달하는 것으로 나타난다(유병홍 외, 2013: 5).[3] 미취업 상태에 놓인 여성이 남성보다 월등히 많은 데에는 여러 요인들이 복합적으로 영향을 미쳤겠지만, 우리나라의 경우는 여성들이 육아나 가사 등의 이유로 결혼 후 전업주부로 직종변경을 하는 경우가 매우 많고, 이에 따라 비경제활동인구에서 여성이 차지하는 비율이 상대적으로 높은 것이 주요 원인으로 곧잘 거론된다(김태홍, 2009). 어쨌든, 전업주부의 절대다수가 여성이고, 이는 그렇잖아도 일반노동시장에서 성차별로 취업에 어려움을 겪는 여성의 미취업 비율을 높이는 원인으로 작용한다. 이처럼 여성의 일반노동시장 내 미취업 비율이 비정상적으로 높다는 사실을 감안하면, 그리고 여기에 덧붙여 미취업 상태에 놓여 있을수록 자원봉사참여수준이 높아진다는 우리나라의 특수한 상황을 감안하면, 여성의 자원봉사참여수준이 남성의 그것보다 높게 나타난다는 것은 그리 놀라운 사실이 아닌 게 된다.

위에 제시한 내용을 간단하게 표현하면, 일반적인 경쟁적 노동시장 테두리 바깥에 위치한 사람들의 대부분은 여성이고, 이 여성들은 일반노동시장에서 활용하지 않은 "남는" 시간과 열정, 자원을 무급노동인 자원봉사활동에 쏟아 붓는다는 것으로 요약해 볼 수 있다. 그렇다면 일반노동시장 테두리 바깥이 아닌 안쪽에 위치한 여성 노동자들의 상황은 어떨까?

유감스럽게도 - 혹은 입장에 따라 전혀 유감이 아닌 축복할만한 관점에서 - 우리나라 여성 노동자들은 자원봉사참여수준에 중요한 영향을 미치는 또 다른 요인인 노동시간의 측면에서 남성 노동자들보다 훨씬 짧은 시간을 일하는 것으로 알려져 있다. 실제로 2009년 통계청의 『2009년 생활시간조사』 자료를 살펴보면, 우리나라 여성 근로자들의 일평균 노동시간은 306분인데 반해 남성은 380분으로 무려 24.1%가량 여성 근로자들이 남성 근로자들보다 "덜" 일하는 것으로 나타난다. 남성이 여성보다 더 오랜 시간 일하는 것은 우리나라에서 야

3) 취업률이 아님을 주의. 취업률로 따지면 20대의 경우 여성이 남성의 취업률을 앞질렀다는 연구결과가 최근 쏟아지고 있다. 그러나 취업포기계층 혹은 취업지연계층(예: 고시족)들을 아우르는 고용률로 보면, 전 연령대에 걸쳐 여전히 여성의 취업 가능성은 남성의 그것에 크게 미치지 못함을 알 수 있다.

근과 당직, 주말연장근무 같은 추가 노동활동을 관행적으로 남성들이 상대적으로 더 많이 담당하기 때문임과 동시에, 여성들의 경우 임시직이나 일용직 같은 시간제 근무형태로 취업을 하는 비율이 훨씬 높기 때문인 현실을 반영한 결과라고 생각한다. 그러나 이유가 어찌됐든, 여기서 중요한 사실은 남성이 여성보다 더 오랜 시간 일반노동시장 테두리 안에서 일을 한다는 점, 그리고 이에 따라 시간의 압박을 남성이 여성보다 상대적으로 더 강하게 느끼며, 그와 같은 현실적 장벽의 높이차가 결국 일반노동시장 테두리 바깥에서 통제할 수 있는 여유시간을 여성들에게 더 많이 부여하는 결과를 가져옴으로써 여성의 자원봉사 참여수준을 높이는 계기가 된다는 설명이다.

여성의 자원봉사참여수준을 남성의 그것보다 높게 만드는 사회구조적 양상들은 이외에도 여러 가지가 있을 수 있다. 하지만 생각나는 모든 구조적 양상을 거론하는 것은 별 실익이 없고, 아래에서는 미취업 상태라는 구조적 특징에만 초점을 맞춰 이것이 어떻게 성별이라는 사회적 변인과 상호작용함으로써 여성의 자원봉사참여수준을 남성의 그것보다 높이는 요인으로 작용하는지 살펴보고자 한다. 이와 함께 앞서 언급한 두 번째 시각, 즉 자원봉사참여수준에 성별 차이가 발생하는 배경을 가부장적 이데올로기에 따른 사회화 결과로 보는 관점의 유효성도 같이 점검해 보고자 한다. 이를 위해 아래에서는 여성이 남성보다 월등이 많이 갖고 있다고 곧잘 언급되는 공감능력에 초점을 맞춰, 이것이 어떻게 성별이라는 사회적 변인과 상호작용함으로써 여성의 자원봉사참여수준을 남성의 그것보다 높이는 요인으로 작용하는지 알아보겠다.

분석의 목적은 여성의 높은 자원봉사참여수준을 보다 잘 설명해 줄 수 있는 관점은 무엇인지 결정짓는 것이다. 여성의 높은 자원봉사참여수준은 가부장제 이데올로기 하 사회화의 결과인가, 아니면 여성의 일반노동시장 진입을 어렵게 하는 사회구조적 특성의 결과인가?

분석결과는 〈표 8-1〉에 제시하였다. Model 1은 공감능력과 자원봉사참여율의 관계를 살피는 기초모형이고, Model 2는 공감능력이 자원봉사참여율에 미치는 영향이 성별에 따라 다르게 나타나는지 여부를 살피는 연구모형이다. 각 모형의 검증결과, 공감능력이 클수록 자원봉사참여율은 통계적으로 유의미하게 높아졌으나

(Model 1의 해당변수 p값, $p=0.002$), 이러한 변수 간 관계가 성별에 따라 유의하게 달라지지는 않는 것으로 확인되었다(Model 2의 상호작용항 p값, $p=0.368$).

〈표 8-1〉 여성적 특성이 자원봉사참여에 미치는 영향에 관한 이항로짓모형 분석결과

		Model 1	Model 2	Model 3	Model 4
연령(a)	20세이상~30세미만	-1.267***	-1.253***	-1.238***	-1.172***
	30세이상~49세미만	-1.316***	-1.302***	-1.294***	-1.239**
	50세이상~65세미만	-1.023**	-1.011**	-0.992**	-0.932*
	65세이상	-1.463***	-1.452***	-1.429***	-1.340**
학력(b)	고졸	0.614**	0.614**	0.616**	0.623**
	전문대졸	0.699**	0.699**	0.715**	0.720**
	4년제대졸	0.670**	0.669**	0.689***	0.690***
	석사이상	1.416***	1.413***	1.470***	1.481***
혼인(c)	이혼/별거	-0.668+	-0.665+	-0.686+	-0.660+
	사별	0.088	0.087	0.084	0.060
	미혼	-0.072	-0.071	-0.093	-0.057
	미성년	0.122	0.158	0.102	0.283
소득(d)	100만이상~200만미만	0.261	0.260	0.292	0.292
	200만이상~300만미만	0.209	0.207	0.228	0.216
	300만이상~400만미만	0.344	0.345	0.369+	0.356
	400만이상~500만미만	0.328	0.325	0.359	0.350
	500만원이상	0.476*	0.476*	0.504*	0.494*
종교有		0.508***	0.509***	0.512***	0.513***
이전년도 봉사경험有		1.890***	1.890***	1.927***	1.927***
여성		0.252*	0.724	0.259*	0.198+
공감능력		0.211**	0.283**	-	-
여성 X 공감능력		-	0.121	-	-
未취업		0.229*	0.230*	0.222+	0.203+
여성 X 未취업		-	-	-	0.473
상수항		-3.749***	-4.044	-3.010***	-3.021
R^2		0.40	0.41	0.36	0.38

주 1: 표 안의 숫자는 모두 비표준화 회귀계수임.
주 2: 준거집단: (a)19세미만; (b) 고졸미만; (c) 기혼; (d) 100만원미만
+p 〈 0.10, *p 〈 0.05, **p 〈 0.01, ***p 〈 0.001

다음으로, Model 3은 미취업 상태와 자원봉사참여율의 관계를 살피는 기초 모형이고, Model 4는 미취업 상태가 자원봉사참여율에 미치는 영향이 성별에 따라 다르게 나타나는지 여부를 살피는 연구모형이다. 각 모형의 검증결과, 미취업 상태에 놓이면 자원봉사에 참여할 가능성이 올라가고, 반대로 취업 상태에 놓이면 자원봉사에 참여할 가능성이 낮아지는 것으로 나타났다(Model 3의 해당변수 p값, $p=0.063$, $a=0.10$). 나아가 이러한 변수 간 관계는 성별에 따라 유의하게 달라지는 것으로 확인되었다(Model 4의 상호작용항 p값, $p=0.091$, $a=0.10$).

위 분석결과는 크게 두 가지를 사실을 우리에게 말해준다. 첫째, 참여율의 측면에서 살핀 여성의 자원봉사참여수준은 남성의 그것보다 높다. 둘째, 여성의 높은 자원봉사참여수준은 여성이 남성보다 유난히 더 공감능력을 많이 가져서라기보다는, 여성이 우리 사회에서 노동자로서 차지하는 구조적 위상이 남성보다 열악하기 때문에 발생하는 현상이다. 다시 말해, 여성의 높은 자원봉사참여수준은 가부장제 이데올로기 하에서의 사회화 결과라기보다, 노동시장의 구조적 특성을 반영한 결과란 뜻이다. 이 같은 결론은, 만약 여성의 일반노동시장 내 고용률이 가까운 시일 내에 전폭적으로 개선돼 남성의 고용률과 동등한 수준에 다다른다면, 자원봉사참여수준에 있어 관찰되는 현재와 같은 성별 차이는 곧 소멸될 수 있음을 함의하는 결과로서 의미가 크다고 생각한다.

제 4 부

사회환경과 자원봉사

지금까지 우리는 자원봉사활동에 영향을 미치는 요인으로서 개인의 내면적 특질 요인과 인적자원 요인들을 두루 살펴보았다. 그러나 아직까지 살피지 못한 중요한 영향요인이 하나 남았다. 사회적 환경 요인이 바로 그것이다.

자원봉사는 분명 개인의 성향이나 주관적 속성, 역량, 자원 등에 의해 강하게 영향을 받는 측면이 있다. 그러나 앞에서도 수차례 언급했듯이 개인에 초점이 맞춰진 요인들은 정말 순수하게 개인적이라기보다 단순히 사회적 환경이나 맥락의 부산물에 불과할 가능성을 우리는 결코 간과할 수 없다.

이처럼 겉으로 드러난 개인의 행동 결과를 사회적 환경이나 맥락의 영향으로 보는 입장을 학자들은 흔히 사회결정론적 관점이라고 일컫는다. 사회결정론자들은 자원봉사활동을 개인의 성향, 주관, 역량, 자원 등의 결과라기보다 개인을 둘러싼 조직과 제도, 구조의 산물로 간주한다(Wilson, 2012: 177-178). 즉, 자원봉사를 할 수 밖에 없게 만드는 특수한 환경 속에 놓여 있기 때문에 개인은 자원봉사활동에 참여한다고 본다는 것이다.

사회적 환경은 일반적으로 다양한 가시적 사회관계들로 구성된다. 사회적 관계 속의 중요 행위자들로는 보통 회사동료, 학교 선후배, 선생님, 교수님, 지역사회 유력인사들, 단골가게주인과 손님, 교회친구, 고향친구, 이웃사촌 등이 주로 포함된다(Wellman, 1979: 1209). 개인은 이러한 행위자들과 연(緣)을 맺기 시작하면서부터 셀 수 없이 많은 정치, 경제, 문화, 사회, 취미 단체들에 소속된다. 그리고 이를 발판삼아 좋든 싫든 더 큰 사회적 관계망의 바다 속에 빠져 든다. 여기서 주안점은, 다양한 단체와 조직, 사람들과의 복잡다단한 가시적 사회적 관계들에 얽힘으로 말미암아 한 개인은 그와 같은 관계가 형성되지 않았더라면 하지 않았을 자원봉사활동을 어느 순간 하게 된다는 점이다.

한편, 사회적 환경의 또 다른 한 부분은 인간의 행동과 사고에 심오한 영향을 주는 각종 비가시적 사회제도들로 구성된다. 예를 들어 사회적 제도로서의 교회가 바로 그 대표적 사례다. 교회는 그 자체로 자원봉사활동과는 직접적 관련성을 가지지는 않는다. 하지만 교회는 교리와 복음, 기타 여러 가외활동들을 통해 교회 안팎에 존재하는 다양한 자원봉사기회에 수많은 신앙인들을 연계시킨다(Son and Wilson, 2012).

그렇다면 여기서 질문 하나. 사회적 환경은 오로지 자원봉사활동을 촉진시키기만 할까? 그렇지 않다. 사회적 환경은 자원봉사활동을 촉진시키기도 하지만 저해하는 경우도 대단히 많다. 구체적으로, 어떤 유형의 사회적 관계들은 자원봉사활동에 강력한 저해요소로 작용한다(Mutchler, Burr and Caro, 2003).

예를 들어, 결혼을 하고 자식을 셋 낳아 기르는 남편 A와 아내 B 두 인물이 있다고 가정해 보자. 새롭게 생긴 가족이란 사회적 관계 속에서 A와 B는 미혼일 때만큼 자유롭게 낯선 사람을 무보수로 도와주는 자원봉사활동에 매진할 수 있을까 없을까? 상황에 따라 답은 다르겠지만 - 특히 앞에서 우리나라의 경우 시간의 압박 가설이 사회통합 가설보다 더 강력히 지지된다는 사실이 입증됐음을 상기한다면 - 아마 현실적 가능성이 더 높은 답은 '아니다' 쪽일 것이다.

일단 A와 B는 어린 자녀 셋을 키우기 위해 대부분의 비근로시간을 육아에 쏟아 부을 것이다. 혹여 시간이 잠깐 남는다 하더라도 A와 B는 그 남는 시간을 자원봉사활동에 쏟아 붓지 않을 가능성이 크다. A와 B는 육아에 지친 몸을 달래기 위해 둘만의 오붓한 시간을 보내거나, 자기발전을 위해 학원에 나가거나 혹은 헬스장에 가는 방향으로 여가시간을 활용할 가능성이 현실적으로 더 높다. 요컨대, 자원봉사활동을 할 절대적 시간 자체가 확보되지 않을 가능성이 크다. 이렇게 가족이라는 새로운 사회적 관계는 미혼일 때 자원봉사활동을 활발히 했던 개인에게조차 이전과는 질적으로 전혀 다른 그리고 매우 막중한 사회적 의무와 책임들을 새롭게 부과함으로써 자원봉사욕구와 기회를 현저히 감소시키는 효과를 발생시킨다(Egerton and Mullan, 2008).

사회적 환경의 한 부분을 구성하는 사회제도 역시 자원봉사활동을 위축시키는 방해요인으로 작용하는 경우가 많다. 교회를 예로 들어 설명해 보자. 아직까지 절대다수의 교회는 동성애를 금지한다. 그런데 만약 당신이 동성애를 옹호하는 정치적 입장을 갖고 있고, 이에 따라 동성애 관련 사회단체에서 자원봉사활동을 하기로 결심했다고 치자. 동시에 당신은 종교적으로 독실한 기독교 신자라고 가정해 보자. 이 경우 당신은 심각한 역할갈등을 겪게 될 것이다. 그리고 그 결과, 동성애 단체에서 자원봉사활동하는 것을 아예 포기하거나, 한다고 해도 주위 교인들에게 그와 같은 사실을 숨기면서 비밀스럽게 할 공산이 크다.

이처럼 한 개인을 둘러싼 사회적 환경은 그것이 사회적 관계가 되었든 사회적 제도가 되었든 모두 자원봉사활동을 촉진하거나 혹은 저해하는 효과를 만들어 낸다. 앞으로 우리가 9장부터 13장까지 다섯 장에 걸쳐 살필 주제는 바로 이와 같이 자원봉사활동에 심대한 영향을 주는 것으로 생각되는 사회환경이다.

사회환경은 자원봉사라는 특별한 인간의 행동을 이해하는 데 매우 유용한 관점을 제공해 준다. 사회환경을 살핌으로써 우리는 사람의 몸과 마음 속에 초점을 맞추던 미시적이고 제한적인 시각에서 벗어나, 좀더 광범위한 차원에서 개인의 행동 결과와 원인을 보다 폭넓게 이해할 수 있다.

사회환경은 다양한 측면에서 파악될 수 있다. 이 책에서는 복잡다단한 사회적 환경을 ① 생애과정, ② 다양한 유형의 사회적 연결망들(비공식적 사회연결망, 자발적 결사체, 종교기관 등), ③ 자원봉사참여요청 네트워크, ④ 지역, ⑤ 국가의 총 다섯 가지 차원으로 나누어 살펴보도록 하겠다.[1)]

1) 원래는 학교 환경이 아동청소년의 자원봉사참여에 미치는 영향도 살펴보려 했다. 그러나 실증적 자료의 부속과 한계로 포기하였다.

9 chapter

생애과정과 자원봉사

자원봉사에 영향을 주는 요인으로서 사회환경의 하위범주 중 가장 먼저 살펴볼 주제는 생애과정이다. 사회학적 관점에서 생애과정(life course)이란 개인이 당연히 거쳐야 하는 것으로 생각되는 다양한 사회적 제도들, 예를 들어 가족, 학교, 종교 등이 한 개인의 삶을 규정하고 방향을 제시하는 방식을 의미한다(Lancee and Radl, 2014: 836-840). 사회학적 생애과정 개념에 의하면, 한 사람의 일생은 개인이 독자적으로 만들어 내는 사적 일대기(autobiography)와는 거리가 먼 것으로 간주된다. 한 사람의 일생은 일종의 사회환경의 일부로서, 환경이 개인에게 정해진 삶의 지침을 제시할 때 비로소 현시화되는 보편적 산물로서 간주된다(Mayer, 2009). 이 말인즉슨, 한 사람이 수행할 수 있는 혹은 수행해야 한다고 기대되는 규범, 규칙, 가치들은 국가마다, 사회마다, 시대마다 독특할 수 있지만, 동일한 국가와 사회, 시대를 사는 사람들은 엇비슷한 규범과 규칙, 가치들을 공유할 가능성이 높고 따라서 엇비슷한 인생사적 선택을 할 가능성이 높으며, 그 결과 개성이 강한 서로 다른 사람들조차 매우 비슷한 삶의 궤적과 패턴을 그릴 확률이 크다는 것을 의미한다.

일반적으로 사람들은 자신들이 삶을 매우 독창적이고 주체적으로 영위한다고 믿는 경향이 있다. 하지만 이 같은 믿음은 완전히 오판일 가능성이 높다. 모든 인간은 삶이라는 소설의 전지적 작가가 아니라, 사회적으로 규정된 생애과정의 규범과 규칙에 따라 피동적으로 움직이는 무대 위 꼭두각시 같은 존재에 불과할 수 있다는 측면에서다(Mayer, 2009).

아주 간단한 예로, 이 책을 읽는 독자들 가운데 상당수는 십대에는 중고등학교에 진학해야 하고, 20대에는 진로를 모색해야 하며, 30대에는 취업과 결혼을 완수해야 하고, 40대와 50대에는 자녀를 양육하는 한편 열심히 직장에서 일을 하며 노후를 대비해야 하고, 마지막으로 60대에는 일터에서 서서히 은퇴하는 생애사적 발달과정을 아주 당연시하는, 전형적인 대한민국 사회의 구성원으로서 살아왔을 것이라 생각한다. 물론 사회적으로 합의된 이러한 생애과정적 과업들을 모든 대한민국 국민들이 백퍼센트 똑같이 따라하며 살고 있다고는 말할 수 없다. 그럼에도 불구하고 많은 사람들이 이를 대체적으로 따라야 할 규범이라 생각하며 그에 맞춰 살아가고 있음은 21세기 현재를 살아가고 있는 대한민국 구성원이라면 부정할 수 없는 사실이다.

하지만 청소년기에 학교에서 정규교육을 받아야 한다든지, 서른 살 언저리에는 결혼을 하고 아이를 낳아야 한다든지 혹은 번듯한 직장을 구해 열심히 일을 하면서 재산을 축적해야 한다든지 하는 생애사적 과업들과 그에 대한 사회적 압력은 반드시 모든 나라와 사회 그리고 시대에서 일반적으로 통용되던 상식은 결코 아니었다(김현철 외, 2007: 9). 일례로, 수백 년 전 조선시대만 하더라도 오늘날 청소년기에 해당하는 수많은 어린 꼬마 신랑들이 결혼을 해서 애도 낳고 일을 하면서 상투를 튼 이른바 "어른"으로 살았다. 그러나 현재 그 나이 대의 "어른"들은 학교라는 공교육 제도에 소속돼, 지도편달을 받아야 할 이른바 미완의 "청소년"이란 지위를 부여받고 자신들보다 훨씬 나이가 많은 "진짜" 어른들의 다양한 통제를 받으면서 제한된 삶을 영위한다.

산업혁명 시기 서구 사회에서도 이와 비슷한 경우가 발견된다. 대표적 사례로 오늘날 아동의 범주에 속하는 열 살 언저리의 어린 아이들이 당시 농촌지역에 출현하기 시작한 매뉴팩처(=공장)에 대량 투입돼 장시간의 노동을 아무런 제재 없이 수행했다는 사실을 떠올려 볼 수 있다. 오늘날 같으면 상상할 수 없는 정신적·육체적 혹사 속에서 다수의 노동자계급가족 자녀들이 고단한 삶을 영위했던 셈인데, 아동청소년에 대한 현대적 정의가 내려지기 훨씬 전이었던 당시에 비추어 보면 이 같은 노동행위는 십대 청소년은 물론 그보다 훨씬 미성숙한 아동들에게까지 사회적으로 널리 요구되었던 생애과정적 과업이었다.

유사 사례는 얼마든지 많다. 이번에는 장소와 시간을 바꿔 천여 개 이상의 작은 섬들이 모여 군도를 이루는 남태평양 폴리네시아 지역으로 가보자. 수천 년 전부터 지금까지 이 곳 군도에서 수렵채취 생활을 하는 원시 부족들은 각자 독특한 문화를 일구며 군집해 살고 있다. 이곳 십대 청소년들은 학교에서 정규교육을 배우는 경우가 과거에도 그렇고 현재까지 매우 드물다. 대부분의 폴리네시아 지역 청소년들은 집에서 어린 아이들을 돌보고 음식을 하며 물고기를 잡아오는 등의 각종 가족부양 의무들을 가장 먼저 배운다. 즉, 이 지역에서는 가족부양이 십대 부족 구성원에게 가장 강력히 요구되는 생애과정적 과업인 것이다.

이처럼 생애과정은 나라별로, 사회별로, 시대별로 매우 다르게 규정된다. 다른 생애과정을 가진 나라와 사회, 시대를 사는 개인들은 서로 다른 규범과 규칙, 가치를 내면화함으로써 서로 다른 인생사적 선택을 할 가능성이 높다. 그리고 이에 따라 상이한 삶의 궤적과 패턴을 보일 확률이 높다. 하지만 동일한 생애과정의 환경 속에 사는 개인들은 동일한 규범과 규칙, 가치를 내면화함으로써 엇비슷한 인생사적 선택을 할 가능성이 높다. 그리고 그 결과, 매우 독특한 개성과 매력을 갖고 있다고 생각되는 개인들조차 매우 비슷한 삶의 궤적과 패턴을 그리게 될 확률이 높다. 이처럼 상이한 개인들의 삶의 궤적과 인생사적 선택들을 동질화시킨다는 측면에서, 생애과정은 한 개인의 행동을 촉발시키고 제한하는 일종의 사회적 환경으로서 작용한다는 사회결정론자들의 주장은 타당성을 얻는다(Lancee and Radl, 2014).

그렇다면 여기서 질문 하나. 현재 우리네 삶의 패턴과 인생사적 선택에 영향을 주는 사회적 환경으로서의 생애과정은 일반적으로 어떤 내용을 담고 있을까? 오늘날 대부분의 현대 국가와 사회에서 생애과정은 대체로 세 단계로 구성되는 것으로 간주된다. 1단계는 사회화와 공식적인 교육 및 훈련을 받는 초기 생애과정 단계이고, 2단계는 직장을 찾고 결혼을 하며 살 집을 마련하고 애들을 낳아 키우는 중간 생애과정 단계이며, 3단계는 자녀들이 집을 떠나 각자의 세대를 구성하는 한편 본인은 은퇴를 한 후 최종적으로 죽음을 맞이하는 마지막 세 번째 생애과정 단계이다(Wilson, 2012: 188-190).

단계별 생애과정은 좀더 세분화해 살펴볼 수 있다. 구체적으로, 1단계는 영유아기, 아동기 그리고 청소년기로, 2단계는 청년기와 중장년기로, 3단계는 노년기로 세분화가 가능하다. 이 책에서는 오늘날 현대 국가와 사회에서 발견되는 독특한 단계별 생애과정에 초점을 맞춰, 특히 청소년기와 청년기, 중장년기 그리고 노년기의 개인들은 어떠한 양상을 보이면서 자원봉사에 매진하는지 - 혹은 매진하지 않는지 - 그 특징적 모습들을 우리나라의 실증 패널데이터를 활용해 좀더 자세히 알아보기로 하겠다.

1. 청소년기의 자원봉사

사회화를 경험하고 공식적 교육과 훈련을 받는 일단계 생애과정에 놓인 개인들 중 가장 높은 연령층에 속한 개인을 우리는 보통 청소년이라 부른다. 청소년의 신체적·사회적 나이는 나라와 사회, 시대 별로 달리 정의된다.[2)]하지만 오늘날 대부분의 현대 국가와 사회에서 19세 미만의 개인을 청소년으로 보는 것이 일반적이다(김현철 외, 2007: 18).[3)]

청소년들은 대체로 자기중심적이고 물질적 소유에 집착하며 공동체의 공적 사안과 정치적 문제, 자선 등에 대해 무관심한 존재로 묘사된다(허성호·정태연, 2010). 무엇보다 청소년들은 정서적으로 불안정하고 시끄럽고 다루기가 쉽지 않다는 고정관념이 따라붙는다. 따라서 일부 봉사관련 기관에서 종종 응대하기

2) 근대 이전에는 청소년이라는 개념 자체가 부재했다. 청소년이란 일종의 근대적 발명품으로서, 특히 자본주의가 완숙기에 접어들면서 어린이들이 곧장 어른들의 노동시장에 편입되는 것을 가능한 지연하기 위해 노사간 타협물로서 탄생한 이력을 갖고 있다(김현철 외, 2007).

3) 최근 취업시장의 불황으로 대학졸업을 미루고 부모의 경제적 지원에 의존해 살아가는 20~30대 젊은이들이 크게 는 양상이다. 언론에서는 이들을 "캥거루족"이라고 일컫고 있고, 학계에서는 "성인모색기"라는 신조어를 만들어 내 기존의 청소년기와 성인기 사이에 놓인 취약집단을 포착하는 실정이다(김은정, 2014). 캥거루족의 증가에 따라 일각에서는 기존 19세 미만이었던 청소년기의 상한선을 30세 미만으로 늘려 잡아야 한다는 극단적 주장마저 제기되는 실정이다(경향신문, 2014/11/19).

싫은 불청객으로까지 여겨지곤 한다. 따라서 이러한 불편한 현실들을 고려하면, 청소년의 자원봉사참여수준은 다른 연령대 개인들과 비교해 무척 낮아야 마땅하다(이용교, 2010).

하지만 청소년의 자원봉사참여수준은 우리나라와 미국 그리고 대부분의 서구 국가들에서 다른 연령대, 특히 청년(20~30대)보다 대체로 높게 나타나는 패턴을 보인다(Griffith, 2012; Syvertsen et al., 2011). 실제로 우리나라와 미국의 연령별 자원봉사참여율을 보여주는 〈표 9-1〉을 보면, 자료의 출처에 따라 구체적인 수치는 조금씩 다르지만 우리나라의 경우 십대 청소년의 자원봉사참여율은 다른 모든 연령대 개인의 참여율을 대체로 훨씬 압도하는 것을 볼 수 있다. 미국의 경우도 이와 유사하게 십대 청소년의 자원봉사참여율은 20~30대 청년과 55세 이상 중고령층 개인의 참여율보다 앞서는 것으로 나타난다.

〈표 9-1〉 한국과 미국의 자원봉사참여 현황 비교(2013년)

	15~19세	20~29세	30~39세	40~49세	50~59세	60세 이상
서울(a)	52.7	19.1	17.9	20.2	18.9	15.5
한국(b)	75.4	13.7	11.2	17.3	14.5	7.8

	16~19세	20~24세	25~34세	35~44세	45~54세	55~64세	65세 이상
미국(c)	26.2	18.5	21.9	30.6	28.2	26.0	24.1

주 1: 표 안의 숫자는 해당 연령대 전체인구 대비 지난 일 년 간 자원봉사활동을 한 번이라도 해 본 사람의 비율, 즉 자원봉사참여율(%)을 나타낸다.
(a) 『서울서베이 2013년 연구보고서』, 서울시 열린데이터광장.
(b) 『국내 나눔실태 2013』, 대하민국 통계청.
(c) U. S. Bureau of Labor Statistics. Retrieved from http://www.bls.gov/news.release/volun.t01.htm

청소년들의 상대적으로 높은 자원봉사참여수준을 설명하기 위해 학자들은 지금까지 다양한 가설들을 제시해 왔다. 대표적으로, 봉사의 가치를 강조하고 실제로 몸소 봉사활동을 열심히 수행하는 부모와 함께 살면 청소년 자녀의 자원봉사참여수준도 높아진다는 가설(Caputo, 2009), 봉사를 독려하는 부모가 곁에 없더라도 주변에 봉사활동을 장려하고 몸소 보여주는 중요한 멘토라든가 그와 비슷한 또래집단 친구들이 존재하면 청소년의 자원봉사참여수준도 높아진다는 가설(Flanagan and Levine, 2010), 부모, 롤모델, 또래의 영향과는 별개로 부모가 높은 사회경제적지위를 점하고 있으면 그것 자체로 청소년 자녀의 자원봉사참여수준은 높아진다는 가설(Porterfield and Winkler, 2007) 등이 있다.

다양한 가설들이 저마다 설득력 있는 근거를 바탕으로 청자들을 매료시키고 있다. 하지만 이 책에서는 사회적 환경이 청소년의 자원봉사참여에 영향을 준다는 사회결정론적 관점에 입각하여, 어떤 한 두 사람이나 집단의 영향을 강조하기보다 제도나 조직의 영향을 강조하는 시각을 견지하기로 한다. 즉 학교, 종교기관, 기타 다양한 청소년 유관단체들이 자원봉사참여를 적극 독려하고 강조할 때 그리고 때로 특수한 과정의 완수에 대한 필수적인 결과물로서 자원봉사참여를 요구할 때, 청소년의 자원봉사참여수준은 높아진다는 가설을 청소년층의 봉사활동에 관한 본서의 주요 입장으로 삼겠다는 것이다(Henderson et al., 2007).

학교, 종교기관, 기타 청소년 관련단체와 조직들이 자원봉사를 독려, 강조, 강요할수록 청소년의 자원봉사참여수준은 올라간다는 가설은 다양한 사실적 근거를 갖는다. 예를 들어, 우리나라에서는 1995년에 문화체육부가 청소년육성사업의 하나로 '청소년 자원봉사센터의 설치'를 제안하고, 국회교육개혁위원회가 청소년의 봉사활동을 인성교육의 과제로 포함시키면서 청소년자원봉사가 제도화되기 시작하였다. 1996년부터 1997년까지는 전국 주요 시도에 청소년자원봉사센터가 설치되었고, 교육부 역시 청소년들의 자원봉사를 활성화하기 위한 목적으로 1996년 이른바 '학생자원봉사활동 점수제도'를 도입함으로써, 청소년들의 자원봉사를 국가 정책적으로 독려하는 기틀을 모두 마련하였다(이용교, 2010: 63-65).

이후 청소년의 자원봉사참여율은 비약적으로 증가하기 시작했다. 현재는 전국 각 시도마다 약간씩 상황이 다르긴 하지만, 기본적으로 중학생의 고교 입시용 성적을 산출할 때 총점 300점 가운데 10점에서 20점 가량을 봉사활동 점수로 배정하고 있다. 이에 따라 전국의 모든 중학생들이 고등학교 진학을 위해 일 년에 약 20시간에서 60시간가량의 봉사를 하고 있는 실정이다. 참고로, 서울시의 2015년 고입전형 기본계획을 보면 300점 만점 고입시험 총점에서 봉사활동이 차지하는 비중은 12점으로 약 4%임을 확인할 수 있다.

다행인지 불행인지, 아직까지 대학 입시에서만큼은 봉사 점수를 직접적으로 반영하고 있지 않다. 그러나 수시모집이나 입학사정관제 등 특수 전형에서는 학교생활기록부에 기재된 봉사활동 내역을 사정자료로 활용하고 있다. 이에 따라 많은 학생과 학부모들이 자원봉사 활동에 엄청난 관심을 보이는 상황이다. 이런 측면에서 봤을 때, 자원봉사는 최소한 우리나라 청소년들에게 있어서만큼은 대입을 위해 반드시 극복해야 할 "입시과목" 중 하나로 여겨지는 게 아닌가하는 암울한 생각마저 든다(박정희 · 김민, 2007).

학교 울타리 안 어린 중고교 학생들이 봉사활동을 외부의 강요 혹은 의무적 강제성으로 받아들이는 것과는 대조적으로, 학교 밖 어른들은 학생들의 봉사활동을 이른바 봉사학습(service-learning)이란 개념을 써서 이들에게 반드시 필요한 것, 유익한 것으로 이해하고 있다. 봉사학습이란 하나의 실천적 교육으로서, 인간과 지역사회의 욕구를 함께 해결하는 도움제공 활동에 학생들을 조직적 · 계획적으로 참여시킴으로써 아직 성장과정에 놓여있는 미성숙한 청소년의 인간적 도야와 발전을 향상시키는 것을 목적으로 하는 현장중심의 경험 학습, 행동 학습을 의미한다(박가나, 2012).

봉사학습의 궁극적인 목적은 첫째, 사회구성원들 간에 서로 돕고 사는 방법을 배우고, 둘째, 교육과 체험을 통해 자발적 봉사활동에 관한 마인드를 최대한 기르는 것이다. 이를 위해 학생들은 먼저 수업을 통해 사회적으로 유의미한 활동과 책임감에 관해 교실 안에서 학습하고, 이후 학교 울타리 밖으로 나가 교실에서 배운 내용을 유의미한 봉사활동을 통해 실천한다. 그리고 다시 학교로 돌아와 현장에서 경험한 바를 비판적 자기반성 과정을 통해 곱씹으면서 종합적 차원에서 개인적, 사회적 차원의 성장과 변화를 꾀한다(박가나, 2014).

봉사학습의 유효성을 지지하는 교육학자들은 청소년들의 봉사활동이 강제성과 강요를 다소 동반한다는 사실을 인정한다(박가나, 2012; 2014). 하지만 이들은 봉사활동이 결과적으로 학생들에게 배려하는 마음과 책임감, 자율성이라는 민주사회의 바람직한 시민적 가치들 - 구체적으로 자원봉사 마인드 - 을 양산하는 데 실질적인 도움을 준다는 측면에서 장점이 단점을 압도하며, 따라서 장려할 가치가 충분한 커리큘럼이라고 주장한다. 즉, 본래적 의미의 자원봉사활동은 이타성, 자발성, 무보수성을 특징으로 하지만 청소년은 이러한 자원봉사 마인드들을 빠른 시간 안에 스스로 체득하기 어려우므로, 제도권 교육을 통해 구조화된 봉사학습기회를 효과적으로 제공함으로써 아직 미성숙한 청소년들의 이타성과 자발성, 무보수성에 대한 이해도를 빠르게 높여줄 필요가 있다는 주장이다.

청소년의 봉사활동은 이타성, 자발성, 무보수성을 가르치고 실천하는 교육적 목적을 갖기 때문에 커리큘럼으로서의 충분한 가치를 지닌다는 논리는 그러나 아직 우리나라에서만큼은 검증되지 않은 시나리오에 불과하다. 왜냐하면, 봉사학습을 통해 의도적으로 길러진[4] 이타성, 자발성, 무보수성에 대한 이해가 청소년기를 지나 청년기, 중장년기, 나아가 노년기까지 실제로 이어진다는 수십 년에 걸친 장기적 추적조사가 우리나라에서는 아직까지 전혀 수행된 바 없기 때문이다. 외국의 경우 이러한 추적조사 연구가 몇몇 존재하긴 하지만, 이들 패널자료 연구결과들조차 그 연결고리는 주목할 만한 정도가 아니고 기껏해야 인접한 생애과정 주기의 십 년 이내의 짧은 기간일 뿐이라고 보고하는 실정이다(Astin, Saxon and Avalos, 1998; Oesterle, Johnson and Mortimer, 2004). 즉, 청소년기에 획득된 자원봉사 마인드의 매우 장기적이고 지속적인 일출효과(spillover effects)는 이후 생애과정에서 뚜렷하게 발현되지 않는다는 뜻이다.

따라서 우리나라 일부 교육학자들이 주장하는 것과 같이 강제된 봉사학습이 청소년들의 자율적 시민참여를 촉진하고 공동체의식을 함양하며 지역사회 일원으로서 당당히 활동할 수 있는 교육적 토대를 학생들의 전 생애과정에 걸쳐 구축해 준다는 결론은 실증적 근거를 결여했다는 측면에서 주의를 갖고 접근해야 할 문제라고 생각한다. 청소년의 봉사학습이 이후 생애과정에서의 자원봉사활동에 긍정적인 영향을 준다는 주장은 우리나라의 공교육 현실을 고려했을 때 과장에 가깝다. 오히려 현실을 좀더 적나라하게 묘사해 줄 수 있는 표현은, 강제된 봉사학습이 실천중심의 교육 그리고 전인교육의 강화라는 미명 아래 어린 학생들에게 입시부담의 가중 원인 중 하나로 작용하는 작금의 붕괴된 공교육 현실이라 하겠다.

---

4) 사실 봉사학습을 통해 이타성과 자발성, 무보수성에 대한 이해도가 커진다는 주장도 논란의 여지가 많다. 왜냐하면, 만약 봉사학습이 자원봉사 마인드를 키우는 데 효과적이었다면, 이는 원래부터 이타성, 자발성, 무보수성에 대한 이해도가 컸던 학생들이 봉사학습을 통해 더 높은 수준의 이타성과 자발성, 무보수성에 대한 이해도의 소유자로 발전한 것에 불과하다는 이른바 선택편의(selection bias)의 결과일 가능성을 배제할 수 없기 때문이다. 하지만 여기서는 이 문제에 대해서는 자세히 거론하지 않겠다.

2. 청년기의 자원봉사

우리나라와 미국, 기타 서구 유럽국가 청소년들이 자원봉사참여를 강력히 독려 받는 생애과정 속에 놓인 것과는 대조적으로, 청년기 개인들은 일반적으로 자원봉사활동 이외에 완수해야 할 과업들이 매우 많은 복잡한 생애과정 속에 놓인다(은기수 외, 2011). 구체적으로, 대학에 진학한 청년들은 심도 깊은 학습을 위해 외부세계를 경험하기보다 상아탑에 파묻혀 시간을 보내는 경우가 대부분이고, 대학에 진학하지 않은 청년들은 생계와 취업을 위해 열심히 직장생활 혹은 취업공부에 몰두하는 것이 일반적이다. 일부 청년들은 평생의 반려자를 만나기 위해 다양한 파트너 탐색과정에 탐닉하기도 하고, 또 다른 일부 청년들은 순수한 자기 발전을 위한 각종 취미생활과 여가활동을 즐기는 데 많은 시간을 할애한다. 한편으로, 다수의 청년들은 생애과정 상의 규칙들이 규정하는 대로 결혼이라는 제도를 받아들여 배우자를 맞이하고 자녀를 낳아 양육하는 보편적 삶의 양식을 택하는 등 보통 사람의 길을 걷는다.

대학진학, 취업, 결혼, 임신, 양육과 같이 20대에서 30대 청년들에게 집중적으로 부과되는 생애과정 상의 다양한 과업들은 개인의 생활패턴과 일신 상에 중대한 변화와 책무, 요구들을 부과한다(은기수 외, 2011). 가장 대표적으로, 미혼 시절 자원봉사활동에 누구보다 열성적이었던 두 남녀가 결혼 후 자녀를 낳고 키우면서부터 절대적 시간 자체를 확보하지 못해 자원봉사자로서의 삶에서 멀어지는 경우를 생각해 볼 수 있겠다(Sarkisian and Gerstel, 2008). 20대와 30대 청년기 개인들에게는 이처럼 여러 가지 새로운 과업들과 이전에는 경험해 보지 못한 일신 상의 변화들이 잇따른다. 이에 따라 20대와 30대 청년 및 청년기 부모들의 자원봉사참여수준은 그 이전 생애주기 단계, 즉 청소년기 개인의 자원봉사참여수준보다 단기적으로 크게 하락하는 현상이 전 세계적으로 보편적으로 발생한다(Lancee and Radl, 2014; Nesbit, 2012; Oesterle, Johnson and Mortimer, 2004; Rotolo and Wilson, 2007).

그런데 여기서 흥미로운 사실을 한 가지 발견할 수 있다. 청소년에 비해 청년들의 자원봉사참여수준이 단기적으로 떨어지는 것은 전 세계적으로 매우 보편적인 현상이지만, 그 낙폭은 청소년기에 자원봉사를 해 보았는지 여부에 따라 사뭇 달라진다는 점이 바로 그것이다. 이와 관련하여 수행된 대규모 패널조사 연구가 하나 있다. Astin과 그의 동료들(1998)은 1985년 전국규모의 패널조사 방식으로 당시 대학교 1학년에 재학 중이던 미국 청년들(20세)을 대상으로 최초 설문조사를 실시하고, 4년 후 이들이 24살 대학교 3학년생이 되던 1989년에 다시 한 번 설문조사를 실시하였다. 그리고 이들이 29살이 되던 9년 후 1994년도에 최종 설문조사를 실시함으로써 약 10년에 걸친 세 차례 추적조사를 마무리지었다. 1985년 조사에서는 참여자들에게 고등학교 재학시절과 현재(대학 1학년) 자원봉사활동여부를 물었고, 1989년 조사에서는 현재(대학 3학년) 자원봉사활동여부를 물었으며, 마지막으로 1994년 조사에서는 참여자들에게 대학을 완전히 졸업한 후 사회에 정착한 시기인 1993년도 당시의 자원봉사활동여부를 물었다.

데이터 분석결과, 고등학교 시절 자원봉사활동을 해봤다고 응답한 조사참여자들은 해보지 않았다고 응답한 조사참여자들보다 대학 진학 후 1학년 재학 시 자원봉사활동에 참여하고 있을 개연성이 더 높게 나타났다($R=0.18$, $p=0.000$). 마찬가지로 고등학교 재학 시절 자원봉사활동을 해봤다고 응답한 조사참여자들은 해보지 않았다고 응답한 조사참여자들보다 대학 3학년 재학 중 자원봉사활동을 지속할 개연성이 더 높은 것으로 조사됐다($R=0.16$, $p=0.000$). 그러나 고등학교 때 자원봉사활동을 한 경험은 약 10년이 지나 20대 후반, 즉 29세까지 지속되지는 않는 것으로 드러났다($R=0.03$, $p=0.234$).

위 조사결과는 세 가지 사실을 우리에게 말해준다. 첫째, 청소년기의 높은 자원봉사참여율이 청년기에 이르러 크게 줄어든다는 주장에는 확실한 실증적 근거가 존재한다. 둘째, 그러나 청소년기에 자원봉사활동을 해 본 경우 청년기에 자원봉사활동을 할 가능성이 줄어드는 현상은 현저히 약화된다. 셋째, 그럼에도 불구하고 이와 같은 연구결과를 바탕으로 청년기의 자원봉사참여율을 높이기 위해 청소년기의 자원봉사활동을 독려할 필요가 있다는 주장을 펼치기에는 무리가 따른다. 왜냐하면 청소년기의 자원봉사활동경험이 20대 초중반 청년의 자원봉사활동에 긍정적인 영향을 미치기는 하지만, 20대 후반에 이르면 그 일출효과(spillover effects)가 거의 사라지기 때문이다(Oesterle, Johnson and Mortimer, 2004). 결국 이러한 해석들은 십대 때의 자원봉사활동 경험여부보다는 20대 후반에서 30대 초반에 부과되는 새로운 사회적 역할과 책무들이 20~30대 청년과 청년기 부모들의 자원봉사참여수준에 보다 중요한 결정요인이 됨을 연구자들에게 시사한다.

청년기 개인의 자원봉사활동을 검토할 때 많이 언급하는 주제 중 어쩌면 가장 중요한 주제는 바로 결혼일 것이다. 오늘날 대부분의 나라와 사회에서 결혼이란 사회제도는 청소년층이나 중장년층보다는 20~30대 청년층에서 집중적으로 현실화한다.

결혼은 자원봉사참여수준에 어떠한 영향을 미칠까? 결론부터 얘기하면, 결혼 그 자체는 자원봉사참여수준에 별 다른 영향을 미치지 않는다고 말할 수 있다(Erlinghagen, 2010; Hank and Erlinghagen, 2010). 약간의 예외를 제외하고는 기혼자의 자원봉사참여수준이 비혼자의 그것보다 대체로 높게 나타나는 것은 사실이나(김성경, 2009), 그 차이는 통계적으로 전혀 유의미하지 않다고 많은 연구들이 보고하기 때문이다. 뿐만 아니라 비혼자를 다시 이혼/별거중, 사별자, 단 한 번도 결혼한 적 없는 싱글 등으로 세분화시켜 살펴보면, 대다수 실증연구들에서 - 통계적으로 유의하지 않은 수준에서 - 이혼/별거중인 사람의 자원봉사참여수준이 가장 낮고 그 다음으로 한 번도 결혼한 적이 없는 싱글의 자원봉사참여수준이 낮으며, 사별자의 경우 오히려 기혼자보다 높은 자원봉사참여수준을 나타내는 등 한 마디로 요약하기 힘든 복잡한 면모를 확인할 수 있다(Broese van Groenou and Tilburg, 2012; Lancee and Radl, 2014: 855; Pavlova and Silbereisen, 2012).[5] 이는 미국이나 서구 유럽국가들 뿐 아니라 우리나라를 배경으로 수집된 서울복지패널 조사자료를 통해서도 똑같이 확인되는 내용이다(〈표 9-2〉 참조).

5) 사별자들은 사회적 고립과 정서적 고독감을 최소화하기 위해 자원봉사에 참여하는 경우가 많다. 이는 특히 고령층 노인들에게서 잘 발견된다(Li, 2007).

〈표 9-2〉 혼인상태가 자원봉사참여에 미치는 영향에 관한 이항로짓모형 분석결과

		Model
여성		0.259*
연령(a)	20세이상~30세미만	-1.238***
	30세이상~49세미만	-1.294***
	50세이상~65세미만	-0.992**
	65세이상	-1.429***
학력(b)	고졸	0.616**
	전문대졸	0.715**
	4년제대졸	0.689***
	석사이상	1.470***
未취업		0.222+
소득(c)	100만이상~200만미만	0.292
	200만이상~300만미만	0.228
	300만이상~400만미만	0.369+
	400만이상~500만미만	0.359
	500만원이상	0.504*
종교有		0.512***
이전년도 봉사경험有		1.927***
혼인(d)	이혼/별거	-0.686+
	사별	0.084
	미혼	-0.093
	미성년	0.102
상수항		-3.010***
R^2		0.34

주 1: 표 안의 숫자는 모두 비표준화 회귀계수임.
주 2: 준거집단: (a)19세미만; (b) 고졸미만; (c) 100만원미만; (d) 기혼
+p 〈 0.10, *p 〈 0.05, **p 〈 0.01, ***p 〈 0.001

따라서 많은 실증연구들은 만약 기혼자의 자원봉사참여수준이 높게 나타났다면, 이는 혼인상태의 독립적 영향이 아니라 기혼자들이 비혼자들보다 더 많은 사회적 네트워크 속에 속해 있기 때문이라든지[6], 교회 같은 종교기관에 더 깊

6) 결혼은 개인이 소속된 단체와 조직의 절대적 양을 늘림으로써 자원봉사와 관련된 사회적 네트워크의 크기를 증가시키는 효과를 발생시킨다(Tang, 2006).

숙이 개입돼 사회적으로 활발한 활동을 하기 때문이라든지 하는 등의 대안적 설명들을 제시함으로써 혼인상태와 자원봉사참여수준 사이이 정적 관계를 설명하고자 시도하는 상황이다. 그러나 이보다 더 설득력이 강한 설명이 한 가지 있다. 그것은 바로 기혼자들의 자녀양육에 포커스를 맞추는 관점이다(Gee, 2011; Sundeen, Garcia and Raskoff, 2009).

이 관점에 따르면, 기혼자들의 자원봉사참여수준이 비혼자의 그것보다 높은 까닭은 기혼자들이 결혼을 하여 배우자와 같이 살고 있기 때문이 아니라, 기혼자들이 비혼자들보다 초중고 학령기 자녀를 양육하고 있을 가능성이 높기 때문으로 풀이된다. 이 말인즉슨, 만약 혼인상태와 자원봉사참여율의 관계가 유의미하게 정적으로 나타났다면, 이는 초중고 학령기 자녀를 양육함에 따른 교란효과(confounding effects)의 결과이지 기혼 상태가 정말로 자원봉사참여율을 유의미하게 증가시키는 효과를 발생시킨 것은 아님을 뜻이다.

따라서 이 관점 하에서는 자원봉사참여수준을 예측, 결정하는 사회과학 요인으로서의 혼인상태는 큰 의미를 갖지 못하는 것으로 간주된다. 포커스는 이제 혼인상태와 독립적으로 존재하는 자녀의 양육여부, 그것도 그냥 자녀가 아니라 초중고 학령기 자녀의 양육여부로 모아진다. 초중고 자녀를 양육하는 것과 자원봉사참여수준 사이의 관계에 관한 좀더 자세한 설명은 그 나이 또래 아이를 기르고 있을 확률이 20~30대 청년층보다 일반적으로 더 높은 40~50대 중장년층에 대한 아래 9.3.장의 논의로 갈음하겠다.

3. 중장년기의 자원봉사

20~30대 청년기를 지나 40~50대의 중장년기에 이르면 사람들은 어느 정도 생활의 안정을 찾는다(Flanagan and Levine, 2010). 물론 항상 그런 것은 아니겠으나, 오늘날 대부분의 국가와 사회에서 중장년기에 접어든 개인은 직장경력이 상당 수준에 달했고 살 집을 마련했으며 자신의 거주 지역에서 어느 정도 뿌리를 내려 일정 수준의 명망을 쌓았을 나이대에 접어든다(*Ibid*: 160). 이 시기는 주변 이웃들과도 친분을 두텁게 쌓았고 회사동료들과도 주말에조차 종종

어울리면서 교회 같은 종교기관이나 기타 친목집단에서도 얼굴을 널리 알렸을 때이다. 또한 자녀들도 초등학교나 중고등학교에 진학하면서 주로 엄마들을 중심으로 자녀교육과 관련된 사교모임을 형성했을 수 있는 나이대이기도 하다.

이와 같이 생활의 모든 측면들이 청년기보다 한층 안정화된 시기, 즉 다양한 직업경력과 사회적 관심사 그리고 흥미를 바탕으로 활발한 사회활동을 영위하면서 복잡다난한 관계망 속에 스스로를 놓고 또 놓이기도 하는 생애과정 상의 한 단계, 그리고 이에 따라 다양한 자원봉사 네트워크에 속할 기회가 이전 시기보다 현저히 높아지는 생애과정 상의 한 단계가 바로 중장년층 시기이다. 자원봉사참여수준은 일반적으로 이 중장년기에 다시 한 번 치솟는 패턴을 보인다(〈표 9-1〉 참조)(Wilson, 2012: 189).

중장년층의 자원봉사참여율을 끌어올리는 요인들은 매우 다양하다. 그러나 미국과 캐나다 그리고 여러 서구 국가들에서 가장 주목받는 생애과정 요인은 특히 자녀양육 요인이다(Ehrhardt, 2011; Gee, 2011). 자녀양육은 주지하다시피 혼인상태와 매우 밀접한 관련성을 가진다. 하지만 오로지 기혼자만이 아이를 키우는 것은 아니라는 점, 다시 말해 이혼자나 사별자, 별거 중인 커플, 심지어 결혼을 한 번도 한 적이 없는 싱글 역시 결혼이라는 제도적 틀에서 벗어나 얼마든지 자녀를 낳고 키우기도 한다는 점을 감안하면, 혼인상태와 자녀양육 여부는 구분할 필요가 있는 독립적 변인들임을 우리는 곧 깨닫게 된다.

실제로 미국과 캐나다 그리고 서구 유럽 국가들을 배경으로 수행된 절대다수의 실증연구들을 검토하다 보면, 기혼 상태 그 자체는 중장년층의 자원봉사참여율에 별다른 영향을 주지 않음을 쉽게 확인할 수 있다(Erlinghagen, 2010; Hank and Erlinghagen, 2010). 연구들은 만약 기혼자의 자원봉사참여율이 비혼자의 그것보다 유의미한 수준으로 높게 나타났다면, 이는 자녀양육 변수가 일으킨 교란효과일 가능성이 높다는 조사결과를 한결같이 보고한다.

그런데 여기서도 매우 흥미롭고 중요한 사실이 하나 숨겨져 있다. 영유아나 미취학 아동 자녀를 둔 부모들 - 이들은 20~30대의 청년층일 가능성이 높다 - 보다 초중고 학령기 자녀를 둔 부모들 - 이들은 40~50대의 중장년층일 가능성이 높다 - 의 자원봉사참여율보다 일반적으로 월등이 높다는 조사결과가 바로 그것이다(Ehrhardt, 2011; Nesbit, 2012; Oesterle, Johnson and Mortimer, 2004).[7] 사실 영유아와 미취학 아동 자녀를 둔 대부분의 청년층 부모들은 양육과 관련된 시간적·재정적 부담 및 사회적 책임감, 정서적 몰입감 등 여러 현실적 장애요인들 때문에 자원봉사활동을 적극적으로 전개할 여력이나 여유가 절대적으로 부족하다. 따라서 이들의 자원봉사참여수준은 초중고 학령기 자녀를 둔 대부분의 중장년층 부모 뿐 아니라 심지어 아이를 키우지 않는 무자녀 기혼자의 자원봉사참여수준보다 더 낮게 나타나기까지 한다. 따라서 이 논의에서 반드시 염두에 두어야 할 부분은, 자녀양육이 자원봉사참여율에 긍정적인 효과를 발생시킨다는 논리는 대체로 사실과 부합하는 가설이나, 이 때 자녀는 영유아나 미취학 아동이 아니라 반드시 초중고 학령기 자녀야지만 해당 가설이 실증적으로 지지될 수 있다는 점이다(Lancee and Radl, 2014: 855).

자녀양육이 부모의 자원봉사참여수준에 정적 효과를 발생시킨다는 가설이 예외적으로 들어맞지 않는 상황은 몇 가지가 더 존재한다. 구체적으로, 부모가 아버지와 어머니로 구성된 전통적인 두부모가 아니라 혼자서 애를 키우는 한부모가정, 그 중에서도 특히 싱글맘가정일 경우, 그리고 두부모가정이라 해도 어머니가 전일제 직장을 다니는 워킹맘가정일 경우, 자녀를 양육하는 것은 부모의 자원봉사참여수준에 오히려 부정적인 영향을 주는 것으로 알려져 있다(Rotolo and Wilson, 2007).

언급한 김에 이 같은 다양한 예외적 상황들을 40~50대 중장년층만을 조사대상으로 집중적으로 살핀 연구결과를 하나 소개해 보겠다. Kohut(1997)의 연구에 따르면, 40~50대 중장년층 가운데 가장 높은 자원봉사참여율을 나타낸 집단은 초중고 학령기 자녀가 있고 직장생활을 하지 않는 기혼 전업주부 여성이었다고 한다. 그 다음 높은 참여율을 보인 집단을 차례대로 나열하면, 초중고 학령기 자녀가 있고 전일제로 직장생활을 하는 기혼 여성 → 같은 조건의 기혼

7) 반드시 그런 것은 아니지만, 일반적으로 영유아나 미취학 아동을 둔 부모는 20~30대 청년층일 가능성이 높고, 이와 달리 초중고 학령기 자녀를 둔 부모는 40~50대 중장년층일 가능성이 높다. 따라서 이 책에서는 자녀의 초등학교 입학여부를 기준으로 부모의 생애과정을 청년기와 중장년기로 나눠본다는 가정을 바탕으로 논의를 이어감을 독자들이 유념해 주기 바란다.

남성 → 영유아 자녀가 있고 직장생활을 하지 않는 기혼 전업주부 여성 → 영유아 자녀가 있고 직장생활을 하는 기혼 남성 순이었다. 가장 낮은 참여율을 나타낸 집단은 영유아 자녀를 두고 있고 전일제로 직장생활을 하는 싱글맘들이었다(*Ibid*: 43). Kohut의 연구는 40~50대 중장년층의 자녀양육은 자원봉사참여율과 분명 정적인 관계를 갖긴 하지만, 그 관계는 자녀의 연령을 비롯하여 부모의 성별, 노동시간 및 형태, 한부모가족여부 등 다양한 사회경제적·인구학적 요인들에 따라 유의미하게 조절된다는 사실을 분명히 보여준다.

그럼 이제 다시 우리의 애초 관심사였던 주제로 돌아가 다음과 같은 질문을 하나 던져보자. 초중고 학령기 자녀를 양육하는 것은 왜 40~50대 중장년층 부모의 자원봉사참여율을 높이는 주요 원인중 하나로 작용할까? 이 질문에 대해 Musick과 Wilson(2008)은 직접적으로 해답을 제시한 바 있다. 이들에 따르면, 학령기 자녀를 키우는 것은 명백히 자원봉사참여수준에 정적인 효과를 발생시킬 수밖에 없다고 한다. 가장 큰 이유는 무엇보다 자녀가 다니는 초·중·고등학교에서 중장년층 부모에게 자원봉사를 요청하는 경우가 현실적으로 상당히 빈번하기 때문이다(예: 교통지도봉사, 일일교사봉사 등등[8]). 설령 그와 같은 요청이 없더라도, 학령기 자녀를 키우는 부모, 특히 중장년층 부모는 왕성한 사회적 활동과 탄탄한 재력, 광범위한 사회적 관심사 등을 바탕으로 아동 및 청소년 관련기관에서 자기 자녀에 직간접적 영향을 주는 다양한 교육현안들에 상당한 이해관계를 보이면서 열성적으로 봉사활동에 참여하는 경우가 많다(Gee, 2011; Flanagan and Levine, 2010: 160). 이는 학령기 자녀를 키우는 것이 중장년층 부모의 자원봉사참여수준과 정적인 관계를 맺을 수밖에 없는 또 다른 이유를 잘 설명해 준다.

그렇다면 가족제도에 있어서만큼은 서구와 그 내용을 많이 달리하는 우리나라에서는 자녀양육이라는 변수가 부모의 자원봉사참여율에 어떠한 영향을 줄까?

8) 서울시는 초등학교 엄마들이 자주 하던 급식봉사를 지난 2005년 폐지하였다. 1996년부터 시행되던 제도였는데 근 10년여 만에 폐지한 것이다. 아버지는 열외로 하고 어머니에게만 급식당번을 떠맡긴다는 불만 그리고 맞벌이 가정 어머니들을 차별하는 요소가 있다는 불만이 제기된 것이 폐지의 가장 큰 원인이 되었다. 물론 그 이후에도 암암리에 어머니들을 급식봉사에 강제로 동원하는 폐단이 언론에 조명되고는 있다(매일경제, 2008/5/13).

미취학 영유아와 아동을 양육하는 것은 청년층 부모의 자원봉사참여율에 부적인 영향을 주고, 반대로 초중고 학령기 자녀를 양육하는 것은 중장년층 부모의 자원봉사참여율에 정적인 영향을 준다는 지금까지의 논의는 미국과 캐나다 그리고 몇몇 유럽 국가들에서만 실증적으로 증명된 사실이다. 따라서 우리나라에서도 해당 현상이 동일하게 통용되는지를 보려면 직접적인 분석이 필수적이다.

분석결과, 서구 여러 나라에서 관찰되는 패턴이 우리나라에서도 유사하게 통용된다는 점이 사실로 입증됐다(〈표 9-3〉 참조).[9] 여기서 완전히 동일한 패턴이라 하지 않고 유사한 패턴이라고 제한적으로 언급한 까닭은, 영유아나 미취학 아동의 양육은 부모의 자원봉사참여율에 통계적으로 유의미하게 부정적인 영향을 주었지만($p=0.009$), 19세 미만의 초중고 학령기 자녀의 양육은 부모의 자원봉사참여율에 통계적으로 유의미하지 않은 수준에서 긍정적인 영향을 주었다는($p=0.82$) 본 연구의 로지스틱 회귀분석 결과에 기반을 둔다. 즉, 서구 여러 국가에서 통용되는 사실의 오로지 절반만이 우리나라에서 사실로 인정되었음을 분석 결과는 확인시켜 준 것이다.

---

9) 분석에는 종단적으로 병합된 〈서울복지패널 1, 2차 조사〉 원자료를 사용하였다. 조사대상은 만19세 이상 성인남녀로 한정하였다(n1 = 5,733 → n2 = 5,574).

독립변수는 총 두 가지로서, 첫 번째는 영유아/미취학아동 자녀양육여부이고 두 번째는 초중고학령기 자녀양육여부이다. 영유아/미취학아동 자녀양육여부는 응답자가 자녀를 키우고 있고(친자식이 아니더라도 주양육자일 경우 부모자식관계로 간주) 그 자녀가 초등학교에 입학하지 않은 경우 1을, 그 외의 모든 경우 0을 부여해 조작적으로 정의한 이항변수이고, 초중고학령기 자녀양육여부는 응답자가 자녀를 키우고 있고(마찬가지로 친자식이 아니더라도 주양육자일 경우 부모자식관계로 간주) 그 자녀가 초등학교 1학년 이상, 고등학교 3학년 이하의 학생인 경우 1을, 그 외의 모든 경우 0을 부여함으로써 조작적으로 정의한 이항변수이다.

종속변수는 자원봉사참여여부로서, 응답자가 서울복지패널 1차 조사 당시를 기준으로 지난 일 년 간 자원봉사활동을 한 번이라도 해 봤으면 1을, 해보지 않았으면 0을 부여함으로써 조작적으로 정의한 이항변수이다.

분석방법으로는 종속변수가 이항변수임을 감안해 이분형 로지스틱 회귀분석을 사용하였다.

〈표 9-3〉 자녀양육이 자원봉사참여에 미치는 영향에 관한 이항로짓모형 분석결과

		Model
여성		0.249*
연령(a)	30세이상~50세미만	-0.070
	50세이상~65세미만	0.222
	65세이상	-0.180
학력(b)	고졸	0.628**
	전문대졸	0.802**
	4년제대졸	0.727***
	석사이상	1.558***
未취업		0.212+
혼인(c)	이혼/별거	-0.733*
	사별	0.091
	미혼	-0.159
소득(d)	100만이상~200만미만	0.345
	200만이상~300만미만	0.324
	300만이상~400만미만	0.388
	400만이상~500만미만	0.368
	500만원이상	0.532*
종교有		0.546***
이전년도 봉사경험有		2.029***
양육	미취학아동	-0.480**
	학령기자녀	0.230+
상수항		-4.355***
R^2		0.36

주 1: 표 안의 숫자는 모두 비표준화 회귀계수임.
주 2: 준거집단: (a) 19세이상~30세미만; (b) 고졸미만; (c) 기혼; (d) 100만원미만
+p 〈 0.10, *p 〈 0.05, **p 〈 0.01, ***p 〈 0.001

그렇다면 이제 궁금증은 왜 미국이나 캐나다, 기타 서규 유럽국가들과 달리 우리나라에서는 초중고 학령기 자녀를 둔 것이 중장년층 부모의 자원봉사참여율에 뚜렷하게 긍정적인 영향을 주지 않는가란 질문으로 모아진다고 할 수 있다. 이에 관한 정해진 답변은 아쉽지만 없다. 오로지 몇 가지 추론만 가능할 뿐이다. 본 연구자는 개인적인 경험과 상식을 동원해 다음과 같은 추론을 제시하

는 바이다.

우리나라의 경우 일반적으로 학생부모에 대한 학교기관들의 직접적인 봉사요청은 서구사회와 비교해 현저히 드물다. 서구에서는 많은 수의 학부모들을 각종 가외활동(extra-curricula)의 강사나 지도자, 인솔자, 책임자 등으로 임명하고 부모의 교육적 역할을 강조한다(McFarland and Thomas, 2006). 심지어 봉사직 외부이사로 위촉하고 학교운영과 관련된 다양한 사안들에 대해 상당한 결정권을 부여하기까지 한다. 우리나라에서는 보기 힘든 면면들이다. 뿐만 아니라 서구에서는 많은 학부모들이 학교 이외의 비공식적인 교육관련 조직이나 단체에서 활발한 봉사활동을 펼치는 경우가 드물지 않다. 그러나 우리나라에서는 초중고 자녀를 키우는 대부분의 40~50대 중장년층 부모들은 자기 자녀의 성적획득을 위해 대리로 혹은 자녀와 함께 봉사활동에 참여하는 경우는 종종 있어도(서울경제, 2010/2/21), 지역사회의 교육여건 개선이라는 대의명분을 위해 교육관련 자원봉사영역에 투신하는 사례는 그리 많지 않은 게 현실이다. 이러한 상이한 현실들을 감안해 보면, 초중고 학령기 자녀를 양육하는 것이 중장년층 부모의 자원봉사참여율에 큰 영향을 미치지 않는다는 한국적 상황은 그리 놀라운 사실이 못된다고 볼 수 있다. 더군다나 초중고 자녀를 둔 학부모의 가장 중요한 가족적 역할과 책무를 사회참여를 통한 불합리한 교육여건의 개선보다는 더 나은 사교육 기회의 제공에 초점을 맞추는 한국 고유의 경쟁주의적 입시환경을 고려해 본다면, 그 관계가 유의미하지 않게 나타나는 것은 오히려 당연한 게 아닌가 느껴지기까지 한다.

4. 노년기의 자원봉사

마지막으로 다룰 생애과정 단계는 노년기이다. 나라와 사회, 시대 별로 노인의 신체적·사회적 나이는 조금씩 다르게 정의된다. 하지만 생애과정의 마지막 단계로서, 양육을 완료하고 은퇴를 하며 최종적으로 죽음을 맞이하는 시기인 노년기는 오늘날 대부분의 국가와 사회에서 대체로 60세 정도부터, 구체적으로는 65세 이상부터 시작하는 것으로 보통 인식된다.

현대사회는 의학의 발달과 생활수준의 향상으로 많은 사람들이 지속적으로 수명 연장을 경험해 왔다. 그 결과 전 세계적으로 인구의 노령화가 중단 없이 진행됐다(김경혜, 2011). 2013년 세계은행(World Bank)의 인터넷홈페이지(http://data.worldbank.org) 지표자료에 의하면, 가까운 일본의 경우 65세 이상 노인인구의 비율은 이미 전체 인구의 25%, 미국의 경우 14%, 우리나라의 경우 12.2%에 달한 것으로 나타난다. 전 세계 대부분의 국가들이 노인인구의 증가를 유례없이 강렬한 수준으로 목도하고 있는 셈이다.[10)]

노인인구가 급증하면서 전 세계 각국 정부와 사회는 그동안 경험하지 못한 새로운 현상을 목격 중이다. 사람들이 과거 어느 때보다 오랜 시간을 살면서도 취업활동에서는 일찍 물러나 일하지 않는 긴 여생을 맞이하게 됐고, 이에 따라 과거에는 드물었던 장수와 정년이 일반적인 인생사적 경험이 됐다는 게 이 현상의 핵심이다(최성재, 2004). 문제는 장수와 정년이 보편적인 인생사적 사건이 되면서 노년기의 빈곤, 실업, 건강 등의 문제가 새롭게 크게 부각되기 시작했다는 점이다.

각국 정부와 사회는 노후의 빈곤, 실업, 건강, 고립 등 각종 노인관련 문제들을 해결하기 위해 다양한 방안들을 고안, 실행해 왔다. 여러 정책적 대응들이 존재하지만, 이 가운데 우리의 이목을 가장 끄는 것은 이 책의 주제이기도 한 자원봉사활성화 대책이다(UNV, 2011: 58). 이 대책은 노인들의 자원봉사를 정책적으로 권장, 독려하고 관련 제도 및 조직을 정비함으로써 노인들의 사회참여를 확대시키고, 이를 통해 궁극적으로 활기차고 생산적인 건강한 고령사회를 맞이하자는 내용을 골자로 한다. 실제로 우리나라의 보건복지부에서 발간한 2009년 『노인자원봉사 실태조사 및 활성화방안 연구』 보고서를 보면, 한국정부는 노인들의 건강한 여가문화 확산과 신체적·정신적 건강증진 및 유휴인력 활용 등 다양한 목적을 위해 노인자원봉사에 대한 정책적 지원을 천명하고 있음을 확인할 수 있다.

---

10) 참고로 전체 인구 대비 65세 이상 노인인구 비율이 7% 이상이면 고령화사회, 14% 이상이면 고령사회, 20% 이상이면 초고령사회로 분류한다. 이 분류법에 따르면 우리나라는 이미 2000년 고령화사회에 진입했고, 2018년경 고령사회로 진입할 것으로 예측된다(김경혜, 2011).

노인자원봉사의 중요성에 대한 강조는 한국정부 뿐 아니라 세계 각국 정부에서 보편적으로 발견되는 정치적, 행정적 현상이다. 예를 들어, 65세 이상 노인자원봉사자 참여비율이 2008년 기준 14.2%에 달하는 미국은 이미 오래 전인 1990년부터 연방정부가 정책적으로 국가봉사사업의 큰 틀에서 CNCS(Corporation for National and Community Services)라는 일종의 자원봉사 공단을 세우고, 이를 통해 노인봉사단(Senior Corps)을 전국적, 지역적 규모로 운영해 왔다(김종숙 · 이동우 · 김종환, 2008: 23). 뿐만 아니라 2007년 기준 65세 이상 노인인구 중 약 53%가 봉사활동에 참여하고 있는 영국은 중앙정부가 Experience Corps 라는 비영리단체와 협약을 체결함으로써 민간으로 하여금 다양한 프로젝트성 노인자원봉사사업을 추진할 수 있도록 정책적으로 지원하고 있다(*Ibid*: 34). 또한 2006년 기준 65세 이상 노인인구 중 약 26%가 봉사활동에 참여하고 있는 일본은 중앙정부의 후생노동성이 이른바 실버인재센터를 조직해 노인의 고용과 봉사를 결합하는 방식으로 노인들의 봉사활동을 정책적으로 후원하고 있다. 실버인재센터에 등록된 60세 이상 노인회원들은 주차장관리, 창호지바르기, 육아지원 등 각종 봉사영역에서 일을 하고 업무량에 따라 최소한의 재정적 보수를 수령하고 있다(*Ibid*: 43).

이처럼 오늘날 각국 정부와 사회는 노인들의 자원봉사활동에 커다란 의미를 부여하면서 그 중요성에 대해 역설하는 상황이다. 노인자원봉사가 이렇게까지 큰 주목을 받고 유효한 정책적 대안으로 부상한 데에는 물론 탄탄한 이론적인 근거가 뒷받침돼 있다. 아래에서는 문헌에서 가장 빈번히 언급되고 있는 대표적 노인관련 이론 세 가지를 간략히 요약제시하고, 각 이론에서 노인들의 자원봉사활동을 어떻게 인식하는지에 관해 관점별 차이를 부각시키는 방식으로 살펴보겠다. 그 다음 우리나라 노인자원봉사의 현황을 참여율과 참여시간의 측면에서 실증적으로 분석하고, 마지막으로 노인들의 자원봉사활동을 억제하는 방해요인들에는 무엇이 있는지 검토해 보겠다.

대부분의 현대 사회에서 노년기는 양가적(兩價的) 의미를 갖고 있다(이윤경, 2007). 한편으로는 고된 노동의 의무에서 해방돼 젊은 시절 쌓아놓은 경제적 ·

사회적 결실을 온전히 누리면서 소위 말하는 "즐기는" 삶을 사는 시기로 보는 시각이 존재하는 반면, 다른 한편으로는 건강과 정력의 쇠퇴, 재정적 어려움, 그리고 사회적 고립 속에서 외롭고 고통스럽게 삶을 마무리하는 시기로 보는 정반대 시각이 공존한다는 측면에서다. 전자의 관점에서 노년기는 젊은 시절 여유가 없어 차마 하지 못했던 자원봉사활동을 이제 마음껏 즐기면서, 그동안 쌓아온 삶의 기술과 노련한 지혜를 바탕으로 완전히 펼쳐내는 완숙의 시기로 간주된다. 반대로 후자의 관점에서 노년기는 재정과 건강, 의욕 등 삶의 모든 측면들에서 쇠락을 맞이하는 시기로서, 많은 비용과 희생이 요구되는 봉사활동을 자발적으로 즐기면서 할 노인은 거의 없는 불모의 생애과정으로 간주된다.

이러한 양가적 시각에 균열이 발생한 것은 최근 10~20년 사이이다. 최근 출판된 다수의 연구결과들을 검토해 보면, 위에 묘사된 노년에 관한 두 개의 고정적 이미지는 모두 설득력이 떨어진다는 비판을 쉽게 마주칠 수 있다. 구체적으로, 연구들은 노인들이 신체적으로 취약하고 심리적으로 무력하며 사회적으로 의존적이라는 고정관념, 그리고 그 반대인 재정적 자신감과 삶의 지혜로 가득찬 완벽한 어른으로서의 고정관념 모두 실증적으로 좀처럼 지지되지 않는다는 점을 집요하게 파고든다(Kornadt and Klaus, 2011.). 이들 연구들은 대부분의 노인들이 어느 한 쪽 편 이미지와 닮았을 것이라는 일반대중의 인식과는 달리 실재적으로는 두 고정관념의 중간 정도의 위치에 놓여 있음을 적시한다.

이러한 절충적 관점에 따르면, 노년기는 늘어난 여가시간을 바탕으로 봉사활동에 열정을 보이는 완숙의 시기도 아니고, 봉사하는 삶과는 거리가 먼 의존과 약함의 시기도 아닌 것으로 이해된다. 이 관점에 따르면 노년기는 다른 생애과정 단계와 마찬가지로 여러 가지 여건과 상황에 따라 자원봉사활동을 아예 안 할 수도 있고 반대로 매우 열정적으로 할 수도 있는, 이전 생애과정의 연속선상에 놓인 중립적인 시기로 이해된다.

노년기를 이전 생애과정 단계들과 전혀 다를 바 없는 중립적 시기로 보는 관점을 학자들은 연속성이론(continuity theory)이라 부른다. 이와 대조적으로 노년기를 이전 생애과정보다 한 걸음 성숙한 발전의 단계로 보는 관점을 활동이론(activity theory)이라 부르고, 그 반대로 침체와 위축, 쇠퇴의 단계로 보는 관점을 분리이론(discontinuity theory)이라 부른다(남기민, 2011).

최근 노년학의 동향은 활동이론이나 분리이론보다 연속성이론이 보다 설득력이 큰 것으로 보는 추세이다(박선권, 2012). 연속성이론의 관점에 따르면 성공적 노화는 무조건적인 육체적·사회적 철회나 활동의 확대가 아닌, 한 개인이 살아온 인생 전체를 보았을 때 크게 달라지는 부분 없이, 그러나 가능한 한 주위 사람들과의 상호작용 횟수와 질을 개선하면서 자아의 의미를 굳건히 다지는 가운데, 삶을 죽음이나 끝이 아닌 지속적인 성장과 발전의 기회로 받아들이는 긍정적이고 적극적인 태도 및 행동으로 정의된다(Fisher, Day and Collier, 1998: 44). 따라서 연속성이론의 관점에서 노인의 노화와 젊은이의 성장은 내용 상 크게 다를 바 없는 삶의 계속적 과정 중 하나로 여겨진다.

연속성이론의 관점이 국제노인학계에서 큰 주목을 받으면서 최근 우리나라에서도 노년기의 삶을 거주지역을 중심으로 활발하게 유지하면서 목표지향적이고 동시에 개인적·사회적으로 의미 있게 가꾸려는 변화노력이 중요하다는 인식이 대중적으로 인기를 얻게 됐다(최해경, 2013). 이에 따라 성공적 노화의 대표적인 "성공" 사례로 노인자원봉사에 대한 뉴스가 줄을 잇는 상황이다(크리스천투데이, 2014/2/20). 관계, 학계, 언론계, 사회복지계 전문가들이 한결같은 목소리로 노인의 자원봉사활동을 성공적 노화의 대표적 성공 사례로 묘사하면서 큰 관심을 보이는 까닭은, 그렇게 함으로써 노년기를 타인에게 의존하는 심약과 위축의 시기로 보는 일각의 부정적 시각을 제거할 수 있을 뿐 아니라, 자원봉사란 그저 할 일이 없어서 혹은 순수하게 여가시간을 즐기기 위해 보내는 여유 있는 가진 자들의 자투리 시간활용에 불과하다는 일부의 회의적 시각을 긍정적으로 바꿀 수 있다고 강력히 믿기 때문이다.

하지만 이와 같은 다소 정치적 목적을 차치하더라도, 노인의 자원봉사를 정책적·실천적으로 장려하고 권장하는 데에는 다양한 개인적, 사회적 차원의 이유들이 놓여 있다(강민연·김춘경, 2010; 김동배·신수민·정규형, 2012). 먼저 개인적 차원에서 노인의 자원봉사는 당사자에게 의미 있는 여가시간을 부여한다. 또한 신체능력의 향상과 우울증 감소 등의 건강증진을 경험케 하고, 사회관계망을 확충시키는 데 일조함으로써 육체적, 사회적으로 건전한 삶을 영위할 수 있는 토대를 마련해 준다. 이 뿐만이 아니다. 노인의 자원봉사는 질적으로 우수한 노인의 노동력 활용이라는 측면에서 사회적 비용절감의 효과를 가져 온다. 나아가 사회복지기관의 운영에 실질적 도움을 줘 복지국가의 재정다원화에 기여하는 한편, 지역사회에 다양하고 새로운 도움활동들을 제공함으로써 사회적 자본의 구축에 중요한 역할을 담당한다.

노인의 자원봉사가 개인적 차원에서도 이득이 많고 사회적 차원에서도 생산적이라는 인식이 널리 퍼지면서 전 세계적으로 은퇴 이후 비경제활동인구으로 편입돼 아무 일도 하지 않던 비생산적 노인들을 자원봉사 네트워크에 재편시키려는 움직임이 공공과 민간 영역에서 동시다발적으로 매우 활발히 벌어지고 있다(김종숙·이동우·김종환, 2008). 예컨대, 미국에서는 연방정부에 의해 설립된 공공의 노인봉사단(Senior Corp) 외에 Foster Grandparents, The Retired and Senior Volunteer Program, Senior Companions 같은 민간 노인자원봉사기관들이 현재 활발히 조직을 운영, 확장 중에 있다. 또한 영국과 호주에서는 Retire and Senior Volunteers Program 이라는 비영리 국제민간봉사단체가 50세 이상 중장년과 노년층의 자원봉사기회를 적극적으로 발굴해 세계 각국의 봉사현장에 지원자들을 연계하는 파견활동을 활발히 수행 중이다.

이같은 상황은 우리나라라고 다르지 않다. 예를 들어, 대한노인회는 지난 2011년 전국을 커버하는 노인자원봉사지원센터를 설립해 현재 활발히 조직을 운영 중에 있고, 한국노인인력개발원과 한국노인복지중앙회 등 우리나라의 대표적 노인단체들 역시 비슷한 프로그램을 마련해 실행에 옮기고 있다. 뿐만 아니라 서울시를 포함한 전국의 모든 지자체들도 각자 관내 노인인력을 자원봉사활동에 투입하는 공공프로그램들을 적극 개발, 운영 중이다. 서울시가 보건복지부, 한국노인복지관협회 등과 함께 〈전국노인자원봉사대축제〉를 2007년부터 현재까지 매해 개최하고, 관련 정보와 교류를 활성화하고자 노력하는 것이 그 대표적 예이다.

요컨대, 성공적 노화의 한 방편으로서 노인자원봉사가 최근 시쳇말로 "뜨고" 있다. 이에 따라 노년기의 자원봉사참여율이 과거보다 계속해서 증가하는 추세이다(보건복지가족부, 2009: 455-459). 그러나 노인들의 자원봉사참여율이 점차 증가하는 것과는 별개로, 다른 연령층과의 비교했을 때 그 비율이 상대적으로 아직 여전히 매우 낮은 수준에 머물고 있음은 부정할 수 없는 현실이다. 노년층의 자원봉사참여율이 전 연령대에 걸쳐 가장 낮다는 사실은 - 최근 사회적으로 활동성을 유지하는 베이비부머 세대의 등장으로 인해 논란의 여지가 생기고는 있으나 - 외국에서는 이미 오래 전 입증된 사실이고(Musick and Wilson, 2008: 253; Wilson, 2012), 최근 우리나라에서도 다수의 실증연구들에 의해 속속들이 밝혀지고 있다(보건복지가족부, 2009). 이는 우리나라와 미국의 연령대별 자원봉사참여율을 요약, 정리한 〈표 9-1〉을 통해서도 잘 알 수 있는 사실이다.

표를 보면, 우리나라 60세 이상 노년층의 자원봉사참여율은 전 연령대에 걸쳐 가장 낮은 것이 확연히 드러난다. 미국의 경우 65세 이상 노년층의 자원봉사참여율은 20대의 그것보다는 높지만 30~50대 청년층, 중장년층의 자원봉사참여율보다는 낮은 수치를 나타냄을 확인할 수 있다. 미국 노년층의 자원봉사참여율이 전 연령대 중에 가장 낮은 스코어를 기록하지 않는 까닭은, 미국에서는 노년층으로 접어든 베이비부머 세대의 사회참여활동이 높은 수준을 유지한 데 따른 결과로 풀이된다. 참고로 〈표 9-1〉에는 기재하지 않았지만, 종단적으로 병합된 〈서울복지패널 1, 2차 조사〉 원자료를 본 연구자가 자체적으로 분석한 결과, 65세 이상 서울시 노인인구의 자원봉사참여율은 20~30대나 40~50대의 절반에도 미치지 못하는 4.9%로 나타났다.

그렇다면 노인들의 자원봉사참여율이 이처럼 낮은 수준에 머무는 이유는 무엇일까? 가장 손쉬운 설명은 아마도 나이가 들면 육체적 건강이 점차 나빠지고 사회적 관심과 활동량이 감퇴하기 때문에 자연스럽게 자원봉사활동은 줄어들 수밖에 없다는, 분리이론에 근거한 대답일 것이다(남기민, 2011). 이 설명에서 핵심은 연령변수 그 자체이다. 즉, 나이가 들면 자원봉사참여율은 떨어지는데, 이는 자연스러운 현상이라는 것이다. 쉬운 접근법이지만, 이것은 복잡한 사회현상을 지나치게 단순화한 대답으로서, 노인들의 저조한 자원봉사참여수준에 대해 연령 이외에 말해주는 게 아무 것도 없다는 근본적인 한계를 가진다. 따라서 다른 대안적 설명을 찾아볼 필요성이 떠오른다.

여러 대안적 설명 가운데 가장 눈에 띄는 것은 학력변인에 주목하는 접근 방식이다. 이 방식의 특징은 만약 노년층의 자원봉사참여율이 중장년층이나 청년층의 그것보다 낮게 나타났다면 이는 노년층이 젊은 세대보다 대체적으로 학력수준이 떨어지기 때문이라고 설명하는 데에 있다(Musick and Wilson, 2008: 252-254). 즉, 2차 세계대전 종료 후 태어난 코호트(cohort) 구성원(=현재의 중장년층과 청년층)보다 전쟁 발발 전 혹은 전쟁 중 태어난 코호트 구성원(=현재의 65세 이상 노인들)의 공식적 교육연수가 평균적으로 더 짧기 때문에 자원봉사참여율이 낮게 나타나는 것일 뿐, 이들의 연령 자체가 직접적으로 자원봉사참여율에 부정적 영향을 주는 요인으로 작용하지는 않는다는 뜻이다. 이 설명에서 중요한 설명요인은 매개변수로서의 학력이다. 주지하다시피, 학력은 자원봉사참여율에 영향을 주는 강력한 요인 중 하나로서 자원봉사 현상을 설명하는 데 거의 언제나 필수적으로 거론된다.

낮은 교육수준 외에 노인들의 자원봉사참여율을 떨어뜨리는 데 방해요인으로 자주 언급되는 것에는 소득수준, 교통수단, 사회적 고립 등이 있다. 여러 실증연구들의 조사결과에 의하면, 노인들은 젊은 세대에 비해 일반적으로 ① 소득수준이 낮고 ② 버스나 지하철, 자가용 등 교통수단에 대한 접근성이 떨어지며 ③ 배우자와 사별해 독거가구를 형성하고 있을 뿐 아니라, ④ 젊은 세대들로부터 차별대우를 받을까 심리적으로 위축돼 있는 등 각종 사회적 고립 상황에 처해 있을 확률이 상대적으로 높기 때문에, 그리고 자원봉사에 대한 인식 자체가 사회 평균치보다 덜 긍정적이기 때문에, 젊은 세대보다 자원봉사참여수준이 낮다고 알려져 있다(Warburton, Paynter and Petriwskyj, 2007). 모두 고령 자체는 자원봉사참여율을 떨어뜨리는 직접적인 원인이 될 수 없다는 논거를 지지하는 변수들로 문헌에서 종종 다뤄져 왔다.

지금까지 우리는 노년기의 특성과 자원봉사활동 간의 관계에 대해 살펴보았다. 그런데 아직 노인에게 부과된 가장 큰 과업이라 할 수 있는 한 가지 사안에 대해선 전혀 검토를 하지 않았다. 노년기 개인에게 부과된 가장 큰 과업은 무엇일까? 누군가는 죽음을 준비하는 일이라 말할 것이다. 그러나 이 책에서는 죽음과 관련된 논의는 자원봉사활동과 큰 관계가 없다는 가정 하에 생략하기로 하고, 그 다음 주요 과제로서 문헌에서 자주 언급되고 있는 은퇴라는 생애사적 사건에 초점을 맞춰, 은퇴와 자원봉사활동 간의 관계를 집중적으로 살펴보도록 하겠다.

요즘 우리 사회에서는 명퇴란 단어가 고유명사화된 지 오래다. 또한 평생직장이란 말이 사라지고 평생직업이란 신조어가 생겨나는 상황이다(비판사회학회, 2012: 19). 이러한 변화들은 과거와 달리 나이가 들면 일터를 완전히 떠나는 게 당연하다는 고정관념이 점차 사라지고, 죽을 때까지 계속해서 노동시장에서 일을 할 수도 있다는 고단한 경제적 현실에 많은 사람들이 봉착하게 되었음을 단적으로 말해준다(중앙일보, 2015/1/15). 하지만 이 같은 노동여건 상의 중대한 변화에도 불구하고, 어찌됐든 아직까지 대부분의 평범한 사람들의 마음 속에 노년은 정년과 안식의 시기로 인식되고 있음엔 이견의 여지가 없다(박태정, 2013).

은퇴는 자원봉사에 어떤 영향을 미칠까? 이 질문에 대한 답은 앞서 살펴본 세 가지 노년관련 이론들 - 활동이론, 분리이론, 연속성이론 - 중 어떤 이론을 연구자가 자신의 주요 입장으로 정리하느냐에 따라 사뭇 달라진다고 말할 수 있다.

먼저 활동이론적 관점을 취하는 연구들을 살펴보자(Zedlewski, 2007). 이들 연구들은 크게 두 개의 가정에 기반을 둔다. 하나는 은퇴 후 노인들은 여가시간의 대폭적 증가를 경험한다는 가정이고, 다른 하나는 대부분의 퇴직노인들은 늘어난 여가시간에 마주해 은퇴 이전만큼이나 계속 바쁘게 왕성한 삶을 살기를 원한다는 가정이다. 특히 두 번째 가정은 은퇴노인들이 그동안 직장생활을 하느라 바빠서 하고 싶었으나 하지 못했던 영역에서 사회활동을 계속하길 원한다는 논리를 핵심 내용으로 담는다. 여기서 주안점은, 많은 경우 자원봉사활동은 은퇴노인들이 말하는 일명, 하고 싶었으나 그동안 바빠서 잘 하지 못했던 다양한 사회활동 중 중요한 한 축을 담당한다는 사실이다. 위 두 개 가정은 합쳐져서, 퇴직노인의 자원봉사참여수준은 비퇴직노인의 그것보다 높게 나타난다는 예측으로 귀결된다(Morrow-Howell, 2010: 3).

다음은 분리이론의 관점을 취하는 연구들이다(Cornwell, Laumann and Schumm, 2008). 이들 연구들은 기본적으로 자원봉사와 같은 무급노동과 우리가 흔히 직장생활과 동일시하는 유급노동은 상호경쟁적이지 않고 상호보완적이다라는 논리를 펼친다. 이 논리 역시 두 가지 가정에 기반을 둔다. 첫 번째 가정은 일반노동시장에서 은퇴한 노인은 비은퇴 노인보다 이미 상당한 정도로 건강과 정력의 쇠퇴를 경험했고 더불어 기존에 보유하고 있던 사회적 연결망도 많이 상실한 상태기 때문에 일반노동시장에 재취업할 가능성이 낮다는 내용을 담는다. 두 번째 가정은 많은 퇴직노인들이 일반노동시장에서 재취업이 불가능할 정도의 이른바 심신미약 상태에 놓여 있다면, 자원봉사활동이 이뤄지는 무급노동시장에서도 수요에 상응하는 공급을 퇴직노인들이 적절히 제공하기 어려울 것이란 내용을 담는다. 이 두 가정은 합쳐져서, 유급노동시장에서 은퇴한 노인은 무급노동시장에서도 생산적 노동을 하기에 적합하지 않다는 판정을 받을 가능성이 높고, 따라서 본인 스스로도 무급노동시장에서 자원봉사와 같은 사회활동을 할 생각을 잘 하지 않을 뿐더러, 설령 감히(?) 그런 생각을 했다고 해도 현장에서 좀처럼 환영받지 못한다는 결론으로 귀결된다(Erlinghagen, 2010).[11] 따라서 은퇴자의 자원봉사참여수준이 같은 나이대의 비은퇴자보다 낮게 나타나는 것은 이 이론적 관점에서 봤을 때 그리 놀라운 뉴스가 못 된다.

---

11) 분리이론과 관련된 논의는 여기에 그치지 않고 몇 가지가 더 있다. 먼저, 분리이론가들은 노년기는 육체적·정신적 휴식 및 사회적 철회의 시기이며, 이는 사회적으로 부과된 기대인 동시에 노인 자신이 자발적으로 선택한 삶의 선호된 방식이기도 하다는 논리를 펼침으로써 노인들의 저조한 자원봉사참여수준을 설명한다. 이 말인즉슨, 노인들은 자원봉사가 아무리 보잘 것 없는 일일지라도 그것은 말 그대로 엄연한 노동으로서 상당한 의무와 책임을 동반하는 사회적 활동이기 때문에, 그동안 자신을 얽어매던 모든 사회적 의무와 책임들에서 자유로워지고 싶어 하고, 나아가 자유로울 수 있음을 사회적으로 허용 받은 노인들이 굳이 새로운 의무와 책임의 족쇄에 스스로를 옥죌 이유가 없으며, 따라서 노인들의 저조한 자원봉사참여수준은 그리 놀라운 일이 아님을 의미한다.

또한 분리이론가들은 활동이론의 중요한 논리적 근거 중 하나로 자주 언급되는 "남아도는" 여가시간에 대한 가정도 완연히 부정한다. 활동이론가들은 은퇴를 하면 여유시간이 많이 생기고, 갑작스럽게 늘어난 여유시간을 의미 있게 사용하기 위해 노인들이 자원봉사활동에 투신하는 것이라 주장하지만, 분리이론가들은 이 같은 주장이 실증적으로 지지되지 못한다고 단언한다. 실제로 호주의 한 설문조사는 한창 사회적으로 바쁘게 활동 중인 19세 이상 35세 미만 직장인들보다 55세 이상의 은퇴자들이 훨씬 높은 비율로 여유시간의 부족을 호소했다는 연구결과를 발표함으로써, 은퇴는 여가시간의 대폭적 증가를 동반한다는 활동이론의 제일 가정을 정면으로 반박하였다(Warburton and Crozier, 2001).

마지막은 연속성이론의 입장에 선 연구들이다(Griffin and Hesketh, 2008). 연속성이론의 관점을 지지하는 연구자들은 은퇴가 자원봉사참여율에 큰 변화를 주지 않는다는 입장을 고수한다. 이들은 앞선 두 이론이 은퇴의 효과를 과장한다고 주장하면서, 정년 이후에도 대부분의 사람들은 정년 이전과 비슷한 생활양식을 유지하는 게 일반적이고, 기존에 갖고 있던 자산, 기술, 인적 연결망들을 괄목할 만큼 늘리거나 줄이지도 않은 채 변화된 신체적, 정신적, 직업적, 가족적 상황에 맞춰 삶의 면면들을 유지, 보수해 나간다는 의견을 피력한다. 연속이론의 관점에서는 따라서 노인들이 정년 후 자원봉사를 시작했다면, 이는 젊은 시절부터 봉사활동에 관심을 갖고 있었으나 여러 가지 이유 때문에 그렇게 하지 못했고 때마침 기존에 갖고 있던 봉사네트워크에서 봉사기회를 접해 활동을 개시한 것에 불과할 뿐, 적극적으로 새롭게 누군가를 만나기 위해, 외로움을 덜기 위해, 또는 바쁜 사회생활을 하는 게 좋아서 갑작스럽게 봉살활동에 투신한 것이 아니라는 논리가 도출된다. 마찬가지로, 은퇴 후 지금까지 해 오던 자원봉사를 중지했다면 이는 휴식과 철회, 활동중지라는 분리적 조치라기보다, 건강 상의 이유라든가 기타 일신 상 이유 및 각종 상황변화 때문에(예: 젊은 시절 회사 상사와 동료들의 강권에 의해 어쩔 수 없이 봉사활동을 했다가 나이가 들고 은퇴를 한 후 이제 그런 사회적 압박이 사라지면서 봉사활동을 중지한 경우 등) 봉사활동을 하지 않기로 결정할 것일 뿐, 어떠한 심오한 이유는 없다는 논리가 도출된다. 요컨대, 연속성이론에서는 중장년기부터 가져온 역할과 사회적 연결망, 자산, 기술들이 노년기에도 그대로 재활용된다고 여겨진다(Broese, van Groenou and van Tilburg, 2012). 따라서 은퇴노인의 자원봉사활동을 결정짓는 요인은 은퇴 그 자체가 아니라 그 이전 생애과정 단계로부터 이어져오고 축적되어 온 사회적 역할과 연결망, 자산, 기술들이라는 결론에 다다른다.

은퇴와 자원봉사의 관계를 조사한 최근의 실증연구들은 활동이론이나 분리이론보다 연속성이론이 보다 설득력이 크다는 사실을 보여준다. 예를 들어, Musick과 Wilson(2008: 256)은 은퇴자들을 대상으로 자원봉사참여여부에 관해 종단적 연구를 실시하였는데, 연구결과에 따르면 정년 일 년 전 시점에서 자원봉사를 했던 사람은 해당 시점에서 자원봉사를 하지 않았던 사람보다 정년 후 일 년이 지난 시점에서 자원봉사를 할 확률이 훨씬 더 높게 나타났으며, 그 가운데 매개변인으로 작용한 것은 은퇴노인이 기존에 가지고 있던 인적 연결망이었다고 한다. 이 연구결과는 활동이론이나 분리이론보다 연속성이론이 더 타당성이 높다는 한 가지 중요한 실증적 근거가 된다.[12)]

문헌을 보면, 연속성이론은 크게 네 가지 형태의 가설로 증명돼 왔음을 알 수 있다. 각각을 구체적으로 명기하면, ① 은퇴 이전부터 자원봉사를 했다면 은퇴 후에도 자원봉사를 할 가능성이 높다는 시나리오, ② 은퇴 이전부터 자원봉사를 하지 않았다면 은퇴 후에도 자원봉사를 하지 않을 가능성이 높다는 시나리오, ③ 은퇴 이전에는 자원봉사를 하지 않았다가 은퇴 이후 자원봉사를 하기 시작했다면 이는 은퇴 이전부터 갖고 있었던 기술과 지식, 자원, 연결망 등의 영향의 결과일 가능성이 크다는 시나리오, ④ 은퇴 이전에는 자원봉사를 했다가 은퇴 이후 자원봉사를 중지했거나 그 횟수를 줄이기 시작했다면 이는 건강이라든가 기타 일신 상 중대한 변화(예: 사별 등)가 발생했기 때문이라는 시나리오 등을 거론해 볼 수 있다. 각 시나리오를 실증적 자료를 써서 증명한 연구들은 문헌에 많이 존재한다. 따라서 이 책에서는 각 시나리오에 대한 종단 분석을 직접 시도하기보다 몇몇 대표적 선행연구들을 위에서 간략히 소개한 것으로 연속성이론의 타당성에 대한 논의를 마무리 짓고자 한다.

자, 이제 그럼 생애과정과 자원봉사의 관계와 관련해 우리가 지금까지 논의한 바를 한번 정리하고 넘어가도록 하자. 지금까지 논의한 내용은 크게 다섯 가지 정도로 요약이 가능하다. 이를 구체적으로 적시하면, ① 인간의 행동은 생애과정이 정하는 몇 가지 규칙과 규범에 의해 강하게 영향을 받는다. ② 행동 결과로서의 자원봉사참여율은 정규교육을 받고 사회화를 경험하는 생애과정의 첫 단계, 즉 청소년기에 가장 높아진다. ③ 그러다가 부모와 학교의 보호 및 통제

12) 하지만 여기서 한 가지 흥미로운 사실도 함께 발견되었다. 은퇴 전 자원봉사활동에 투자한 시간이 길면 길수록 은퇴 후 자원봉사활동시간을 줄일 가능성도 그만큼 커진다는 부차적인 발견이 바로 그것이다. 이는 일정 부분 분리이론을 지지하는 결과로서, 은퇴와 자원봉사의 관계가 생각만큼 명료하게 단선적인 것만은 아님을 함의한다. 이처럼 상충되는 결과들이 일부 보고되기도 했지만, 어찌 됐든 은퇴와 자원봉사의 관계에 있어서만큼은 연속성이론이 여타 두 이론보다 실증적으로 보다 굳건히 지지되고 있는 상황임에는 변함이 없다.

로부터 벗어나 독립적 개체로서 다양한 사회적 의무와 책임을 부여받게 되는 생애과정의 다음 단계, 즉 청년기에 접어들면서부터 점차 감소한다. ④ 하지만 생활이 안정되고 자녀가 초중고등학교에 다니기 시작하며 사회적 연결망이 내실화되는 시기인 중장년기에 이르러 자원봉사참여율은 다시 증가하다가, ⑤ 노년기에 접어들면서부터 복합적인 요인들이 합쳐지면서 다시 한 번 감소하는 정(+) 부(-) 정(+) 부(-)의 패턴을 보인다. 여기서 주안점은, 생애과정 단계에 따른 이 같은 독특한 자원봉사참여율의 등락 패턴은 비단 미국이나 캐나다, 호주, 영국, 네덜란드 등의 서구 국가들뿐 아니라 우리나라에서도 발견되는 전 세계적으로 다소 보편적인 현상이라는 사실이다.

하지만 참여율이 아닌 참여시간의 측면에서 생애과정과 자원봉사참여수준의 관계를 재검토해 보면, 앞에서 살핀 독특한 정부의 등락 패턴은 좀처럼 감지되지 않는다. 서구 국가들을 배경으로 실시된 여러 실증연구 결과들에 의하면, 사람들은 대체로 청소년기나 청년기보다 중장년기에 그리고 중장년기보다 노년기에 더 오랜 시간 동안 자원봉사활동하는 것으로 나타난다.

예를 들어, 2004년 미국의 최신인구조사(Current Population Survey)의 분석결과를 보면 가장 긴 시간을 자원봉사활동에 투자한 연령층은 65세 이상의 고령인구인 것으로 나타난다(U.S. Bureau of Labor Statistics, 2005). 그 다음으로 많은 시간을 투자한 연령층은 55세~64세의 중고령 인구였고, 그 다음이 35세~54세의 중장년 인구였다. 가장 적은 시간을 투입한 집단은 16세~34세의 젊은 청소년-청년기 인구집단이었다. 비슷한 패턴이 Musick과 Wilson(2008: 222)의 연구결과에서도 확인되었다. 두 사람의 연구결과에 따르면 평균적으로 가장 오랜 시간을 자원봉사활동에 투자한 연령층은 35~49세의 청장년 인구였고 그 다음이 65세 이상의 고령인구였다. 하지만 두 집단 간 차이는 통계적으로 전혀 유의미하지 않아, 65세 이상 고령층의 평균자원봉사시간이 35~49세 청장년층의 그것과 비교해 전혀 적은 게 아니라는 사실을 확인시켜 주었다.[13)]

13) Musick과 Wilosn(2008: 223)은 전반적으로 고령층의 자원봉사시간이 젊은 층의 자원봉사시간보다 더 긴 것은 사실이지만, 초고령층(75세 이상)에서는 그 시간이 다시 급격히 감소한다는 조사결과도 함께 보고하여, 연령과 자원봉사시간의 관계가 무조건 선형적이지만은 않다는 점을 주의환기시켜 주었다. 이들은 이 같은 급격한 감소현상을 건강 상의 문

마찬가지 패턴이 서유럽을 배경으로 한 연구들에서도 발견되었다. 예를 들어, 만 18세 이상 영국 성인남녀 235명을 대상으로 실시된 Smith(1998: 27)의 설문연구 결과에 따르면, 자원봉사참여율은 18~24세의 초기청년층에서부터 점차 증가해 45~54세의 중장년층에 이르러 정점을 찍은 후 계속 줄어들었고, 반대로 평균자원봉사시간은 18세~24세의 초기청년층에서부터 점차 증가해 45~54세의 중장년층을 거쳐 65세 이상 노인층에서 정점을 찍는 것으로 나타났다. 네덜란드를 배경으로 실시된 설문조사 연구 역시 55~74세 노인집단이 35~54세 청년-중장년집단보다 자원봉사참여율은 낮지만 총자원봉사시간은 오히려 훨씬 길다는 사실을 보고하였다. 유사한 연구결과가 호주에서도 보고되었다(Warburton et al., 2001: 587).

결국 서구를 배경으로 실시된 여러 실증연구들의 분석결과들은 종합해 보면, 청소년기나 청년기보다 중장년기에 그리고 중장년기보다 노년기에 사람들은 더 오랜 시간 자원봉사활동에 매진함을 알 수 있다. 이는 생애과정과 자원봉사시간 사이에 다소간의 정적 선형성이 존재한다는 사실을 우리에게 말해준다.

하지만 외국과 달리 우리나라에서는 생애과정과 자원봉사시간 간의 정적인 선형관계가 실증적으로 지지되지 않고 있다. 〈표 9-4〉에도 제시하였듯이, 종단적으로 병합된 〈서울복지패널 1차 및 2차 조사〉 원자료를 분석한 결과, 극단적으로 긴 시간 동안 자원봉사활동을 하는 사람들이 주로 노년층에 분포한 것은 외국이나 우리나라나 마찬가지였지만[14], 평균자원봉사시간에 있어서만큼은 연령집단별 유의미한 차이가 존재하지 않았다는 일원분산분석(One-Way ANOVA) 결과가 이에 대한 유력한 증거라 할 수 있다(10대, 20~30대, 40대, 50대~65세미만, 65세 이상의 연평균 총자원봉사시간 = 각각 7.4시간, 4.8시간, 5.1시간, 7.6시간, 6.3시간, 일원분산분석의 F-test에 대한 p값, $p=0.753$). 즉 연령대 별로 평균자원봉사시간에 어떤 뚜렷한 패턴이 발견되지 않았다는 것이다.

제 발생 결과로 추정하였다.

14) 가장 오랜 시간 자원봉사활동을 한 케이스는 65세 이상 노인인구집단에서 나왔다. 일 년간 소모한 총자원봉사활동시간에 대한 가장 높은 이상값은 3,600시간이었다.

〈표 9-4〉 연령집단 별 자원봉사활동시간 차이 비교

	구분	평균	표준편차	F값/유의확률
연령	19세 미만	7.40	14.67	0.477/0.753
	19세~30세미만	4.78	28.67	
	30세~50세미만	5.10	33.17	
	50세~65세미만	7.58	43.38	
	65세 이상	6.31	101.48	

요약하면, 우리나라에서는 봉사율 측면에서는 노인의 봉사참여수준이 다른 연령대 개인의 그것보다 분명 낮지만, 봉사시간 측면에서는 다른 연령대 개인의 그것보다 결코 낮지 않게 나타났다. 즉, 시간의 측면에서 생애과정과 자원봉사시간 간에는 외국에서와 같은 정적 선형관계가 포착되지 않았을 뿐 아니라 그 어떠한 주목할 만한 패턴도 감지되지 않았다는 뜻이다. 이 같은 조사결과는 결국 노인의 자원봉사참여수준은 반드시 참여율과 참여시간을 개념적으로 구분해 파악할 필요가 있는 양가적 현상임을 연구자들에게 강력히 시사해 준다.

지금까지 우리는 생애과정과 자원봉사참여율 및 자원봉사참여시간의 관계를 살펴보았다. 이제 마지막 주제로 넘어갈 차례다. 마지막 주제는 생애과정과 자원봉사활동분야의 관계이다. 사람들이 자원봉사를 하려고 일단 마음먹었을 때 주로 활동하고자 하는 봉사분야는 네 가지 생애과정 단계 가운데 어떤 단계에 해당 개인이 위치해 있느냐에 따라 조금씩 달라진다. 생애과정 단계 별로 선호하는 봉사분야가 다르게 나타나는 이유는, 나이를 먹어감에 따라 ① 주요 관심사가 변하고, ② 이에 따라 이전과는 질적으로 다른 새로운 성격의 생애사적 욕구를 갖게 되며, ③ 보유한 인적자원의 양과 질이 달라질 뿐 아니라, ④ 사회적 관계망의 크기와 성격이 변화하기 때문이다(Lancee and Radl, 2014: 836-837).

실제로 1994년도 유럽의 열 한 개 국가 국민들을 대상으로 시행된 한 설문조사 결과에 따르면, 20~30대 청년층 사이에서 가장 인기 있는 자원봉사활동 영역은 스포츠·레크리에이션·예술·문화 영역이었던 반면, 40~50대 중장년층 사이에서는 교육관련 봉사영역이 가장 선호되었고, 65세 이상 노년층 사이에서는 사회서비스 관련 봉사영역이 가장 선호되는 봉사영역인 것으로 조사된 바 있다(Gaskin and Smith, 1997: 36). 이는 자원봉사란 기본적으로 무보수로 낯선 타인을 돕는 이타적 행위라는 기본적 사실을 전제하더라도, 젊은 세대는 봉사활동을 하면서 동시에 즐길 수 있는 재밌는 분야를 선호하고, 중장년층은 어린 자녀들의 교육이나 학교운영과 연관된 실용적 분야에서 활동하기를 선호하며, 노년층은 자기보다 처지가 좋지 않은 동료노인들(예: 거동이 불편한 치매노인)이나 환자, 어린이, 장애인, 기타 저소득 소외계층을 상대로 필요한 도움을 일대일 방식으로 제공하는 서비스 영역을 선호하는 등 연령대 별로 좋아하는 봉사영역이 사뭇 다르다는 사실을 명백히 보여준다.

비슷한 패턴이 미국(Stoker and Jennings, 1995)과 영국(Smith, 1998: 48)을 배경으로 수행된 연구들에서도 발견됐다. 이들 연구들은 젊은 층은 스포츠나 문화예술, 레크리에이션 관련 영역을, 중장년층은 청소년 교육이나 학교운영 관련 영역 및 정치·정당 관련 영역을, 노년층은 종교, 취미, 기타 사회서비스 제공 관련 봉사영역을 선호함을 보고하였다(Musick and Wilson, 2008: 224).

그러나 우리나라에서는 이와는 조금 다른 패턴이 발견된다. 종단적으로 병합된 〈서울복지패널 1, 2차 조사〉 원자료를 분석한 결과, 모든 연령층이 예외 없이 단 세 개 영역에 집중되어 봉사활동을 수행하는 것으로 드러났기 때문이다.[15] 이들 영역들은 구체적으로 ① 종교기관을 통한 사회복지기관이나 불우이웃을 돕는 봉사영역, ② 종교단체를 위한 봉사영역, 그리고 ③ 공공기관/지역사회를 위한 봉사영역을 포함한다. 기타 영역 중에서는 교육기관을 위한 봉사활동 영역에서 19세미만 청소년층의 활동이 활발한 것이 특히 눈에 띄었다.

연령대 별로 선호하는 봉사영역에 별다른 차이가 없고 대부분의 사람들이 세 개 영역에 국한돼 봉사활동을 수행한다는 위 분석결과는 몇 가지 함의점을 연

15) 봉사활동 영역은 설문조사지에 나와 있는 대로 다음과 같이 총 열두 개 영역으로 구분해 사용하였다: ① 종교단체를 통해 사회복지기관이나 불우이웃을 돕는 활동, ② 종교단체를 위한 봉사활동, ③ 자선단체를 위한 자원봉사, ④ 해외구호를 위한 자원봉사, ⑤ 교육기관을 위한 자원봉사, ⑥ 의료기관을 위한 자원봉사, ⑦ 문화예술단체를 위한 자원봉사, ⑧ 환경 및 동물보호를 위한 자원봉사, ⑨ 공공기관 및 지역사회를 위한 자원봉사, ⑩ 직계가족을 제외한 친척, 친구 및 가까운 이웃을 위한 자원봉사, ⑪ 알지 못하는 길가의 부랑인, 노숙인 등을 위한 자원봉사, ⑫ 선거, 정치단체, 정치인 등을 위한 자원봉사. 설문지에는 원래 기타 자원봉사활동 항목도 포함돼 있었지만, 여기서는 분석의 간략함을 위해 제외하였다.

구자들에게 제시한다. 첫째, 우리나라의 자원봉사활동은 종교기관이나 지역밀착적 공공기관들이 주체가 돼 추진하는 경우가 많다. 둘째, 사적 집단이라든지 취미동아리 등의 단체가 주체가 돼 자발적으로 봉사활동을 계획, 발굴, 추진, 운영하는 경우는 우리나라에서는 흔치 않다. 셋째, 봉사단체들은 봉사자들의 연령요인이라든지 각 연령에 따른 생애사적 특징 등을 거의 고려하지 않고 봉사업무와 활동들을 계획, 추진, 운영하고 있다.

10
chapter

사회연결망과 자원봉사

다음으로 살필 사회환경 요인은 사회적 자원으로서의 사회연결망(social networks)이다. 사회연결망이란 간단히 말해 복수의 개인들(nodes)이 공식적 혹은 비공식적으로 연결된 관계의 구조를 의미한다(장덕진, 2004). 자원봉사현상과 밀접한 관련성을 갖는 사회연결망은 크게 세 가지 형태로 구분이 가능하다. 비공식적 지지망, 자발적 결사체, 그리고 종교기관이 바로 그것이다(Musick and Wilson, 2008: 267-287). 각각은 독립적으로 혹은 상호작용을 주고받으면서 한 개인의 자원봉사참여수준에 영향을 준다.

1. 비공식적 지지망과 자원봉사

비공식적 지지망(informal social support networks)은 매우 가깝고 친밀하게 상호작용을 주고받는 사람들 사이에 형성된 사적인 관계 구조이다(민기채 · 이정화, 2008). 비공식적 지지망은 굳이 의식적으로 어떤 목표를 계획하지 않아도 자연스럽게 형성되는 사람들 간의 원초적이고 감정적이며 직접적인 면대면 모임으로서, 일반적으로 구성원 간 상호작용 강도와 밀도가 대단히 높다. 이런 측면에서 사회과학자들은 비공식적 지지망으로 연결된 사람들을 - 명료한 이해관계를 바탕으로 형성된 공식적 이차집단(secondary group)과 구분하여 - 일차집단(primary group)이란 말로 대신하기도 한다(Kunitz, 2004). 일차집단은 보통 직계가족이나 친척과의 관계 속에서 주로 발견된다. 하지만 친구, 선후배, 가까운 이웃사촌, 일과 연관되지 않은 회사동료들 등과의 관계 속에서도 종종 발견된다.

비공식적 지지망은 두 가지 측면에서 사람들의 자원봉사참여수준을 증가시키는 효과를 가져온다. 첫 번째는 구조적 측면으로서, 비공식적 지지망은 그와 같은 사회연결망에 포함되지 않았더라면 봉사활동을 하지 않았을 비동기화된 개인들을 새로운 자원봉사 정보와 기회에 노출시키고 연계시킨다(Cuskelly, 2008). 비공식적 지지망에 탄탄히 연결된 개인은 자원봉사를 이미 하고 있는 지인과 마주치는 경우가 많다. 또한 봉사활동에 관한 정보를 접할 기회도 많고, 봉사요청을 받은 후 이를 수락할 확률도 상대적으로 높다. 뿐만 아니라 참여여부를 고민할 때 지인의 권유와 안내를 받고 안심하고 참여결정을 내릴 가능성도 높다. '잘 아는 고향후배가 거기 있으니까', '남편과 아이들과 함께 나갈 거니까', '옆집 사람이 한번 해보자고 요청했기 때문에' 자원봉사활동을 하기로 결심했다는 봉사자들의 흔한 봉사동기들은 비공식적 지지망이 자원봉사참여수준에 미치는 긍정적 영향에 대한 강력한 현실적 근거이다.

두 번째는 교육적 측면으로서, 비공식적 지지망은 그와 같은 사회연결망에 포함되지 않았더라면 봉사활동을 하지 않았을 비동기화된 개인들에게 자원주의(voluntarism)라는 시민사회의 바람직한 덕목을 교육하는 효과를 발생시킨다(Cuskelly, 2008). 일종의 사회화 효과인 셈인데, 이는 우리가 우리 주변의 가까운 친지나 친구, 이웃들이 헌신하는 특정 활동, 행동, 아이디어 등을 100퍼센트 믿고 전부 받아들이지는 않더라도 한번쯤 고려해 보고 일부 수용한다는 점을 감안해 보면 무엇을 의미하는 말인지 쉽게 이해가 갈 것이다. 쉽게 말해, 주변에 사적으로 밀접한 관계에 놓인 어떤 한 지인이 자원봉사활동을 하고 있고 그에 대해 긍정적 생각을 설파하고 다닌다면 우리는 그 지인의 생각, 말, 행동 등에 영향을 받아 자신도 모르는 사이 자원봉사활동을 긍정적으로 생각하고 동기화되면서 실제 봉사활동을 할 가능성이 커진다는 의미이다.

서구의 많은 실증연구들은 한 개인이 보유한 비공식적 지지망의 크기와 강도가 커질수록 해당 개인의 자원봉사참여율 역시 상승한다는 분석결과를 꾸준히 보고해 왔다. 예를 들어, Musick과 Wilson(2008: 268-267)은 비공식적 지지망을 ① 부모님 또는 친척, ② 이웃 주민, ③ 먼 지역에 사는 친구, ④ 회사 동료, ⑤ 교회를 통해 알게 된 사람, ⑥ 자원봉사단체를 통해 알게 된 사람, ⑦ 문화예술/체육관련 단체를 통해 알게 된 사람 등 일곱 가지 범주로 구분하고, 각 범주에 속한 '잘 알고 있는 사람(들)'과 함께 저녁 시간대에 사적으로 얼마나 자주 시간을 보내는지 질문한 후, 그 대답을 (a) 매주, (b) 한 달에 한두 번, (c) 일 년에 몇 차례, (d) 전혀 시간을 같이 보내지 않는다의 4점 라이커트 척도를 사용해 측정하였다. 그리고 이렇게 측정한 비공식적 지지망의 크기와 강도가 해당 개인의 자원봉사참여율을 얼마나 효과적으로 설명, 예측해 주는지 살펴보았다. 분석 결과, 예상했던 대로 '잘 알고 있는 사람(들)'과 더 자주 저녁 시간에 사적인 시간을 보내는 사람일수록 자원봉사참여율은 높아지는 것으로 확인됐다.

그러나 여기서 몇 가지 흥미로우면서도 해석에 주의를 요하는 사실들이 함께 포착되었다. 첫째, 일곱 개 범주로 구분한 비공식적 지지망 관련 변수값들을 하나로 합산하지 않고 따로 떼어 점수화한 후 각 지지망이 자원봉사참여율에 미치는 영향을 독립적으로 살펴보았더니, ①과 같이 혈연적으로 친밀한 관계에 놓여 있거나(=부모님 또는 친척), ②와 같이 지역적으로 가까운 곳에 살거나(=이웃 주민), ④와 같이 시간적으로 자주 얼굴을 마주하고 이야기를 주고받는 사람들(=회사동료) 사이에 형성된 비공식적 지지망은 자원봉사참여율을 늘리는 데 별다른 효과를 가지지 못했고, 오히려 혈연적으로, 지역적으로, 그리고 시간적으로 덜 가깝고 덜 밀착적이라 여겨진 사람들, 구체적으로 ③ 먼 지역에 사는 친구, ⑤ 교회를 통해 알게 된 사람, ⑥ 자원봉사단체를 통해 알게 된 사람, ⑦ 문화예술/체육관련 단체를 통해 알게 된 사람들 사이에 형성된 비공식적 지지망이 자원봉사참여율을 증가시키는 데 보다 효과적이었다는 점이다. 이 같은 연구결과는 비공식적 지지망의 크기와 강도가 자원봉사참여율에 정적인 영향을 주는 것은 사실이지만, 그와 동시에 지지망의 유형 역시 유의미한 영향요인으로 작용하기 때문에 자원봉사 현상을 연구하는 데 있어 지지망 유형을 다른 요인들과 함께 반드시 고려할 필요가 있음을 연구자들에게 시사한다.

둘째, 유형 ③ ⑤ ⑥ ⑦의 지지망에 포함된 사람들의 자원봉사참여율이 유형 ① ② ④의 지지망에 포함된 사람들의 자원봉사참여율보다 높게 나왔는데, 그 이유 중 하나는 전자가 후자보다 봉사참여에 대한 요청을 더 자주 받기 때문이라는 점이다. 이는 "자원봉사참여를 요청받은 횟수"를 측정해 매개변수로 놓고 바로 위에 했던 분석을 반복한 결과 확인된 내용으로서, 혈연적, 지리적, 시간적으로 가깝고 친밀한 관계에 놓여 있는 지인들은 봉사요청을 덜 하고, 상대적으로 데면데면한 관계에 놓인 지인들이 주변 사람들에게 봉사참여를 오히려 더 빈번히 요청함을 단적으로 보여준다.

사적으로 아주 밀접한 관계에 놓인 지인보다 상대적으로 먼 관계에 놓인 지인이 자원봉사 참여요청을 더 빈번히 하고 이것이 자원봉사참여율을 높이는 중요한 기제 중 하나가 된다는 주장은 네트워크 이론의 일반적 견해와 궤를 같이 한다. 일반적으로 네트워크 이론가들은 중시적 구조(mezzo-structure)로서의 사회연결망을 강한 유대(strong ties)와 약한 유대(weak ties)로 양분하고, 전자보다 후자가 고립된 개인들에게 가치 있는 정보와 기회를 더 많이 제공해 주고 활동범위와 교류정도 - 여기서는 자원봉사참여수준을 가리킴 - 를 더 많이 극대화시켜 준다고 주장한다(Granovetter, 1985).

요컨대, 비공식적 지지망은 자원봉사참여율에 긍정적 영향을 미친다. 그러나 그 영향관계는 봉사요청이라는 변인에 의해 상당 부분 매개된다. 나아가 봉사요청을 거리낌 없이 더 자주 하는 사람은 비공식적 지지망 중에서도 특히 강한 유대로 얽힌 가족, 친지, 이웃주민, 회사동료 등 가깝고 친밀한 사람들이 아니라, 오히려 상대적으로 약한 유대로 얽힌, 그래서 심리적으로 좀더 멀게 느껴지는 오다가다 만난 지인들이다.

그럼 이제 우리의 주요 관심대상인 대한민국으로 돌아와 국내의 현실을 한번 살펴보기로 하자. 우리나라에서는 비공식적 지지망과 자원봉사의 관계가 어떻게 나타날까? 〈2008년 전국 자원봉사활동 및 기부에 대한 조사〉 원자료를 분석한 결과,[1)2)] 자원봉사자가 보유한 비공식적 지지망의 크기 및 강도가 비자

1) 자원봉사참여여부를 묻는 다양한 국내 공개설문조사들 가운데 응답자의 비공식적 지지망

원봉사자의 그것보다 훨씬 큰 것으로 파악됐다(〈표 10-1〉 참조).[3] 구체적으로, 자원봉사자들은 비자원봉사자들보다 봉사기관을 통해 알게 된 친구들, 종교단체를 통해 알게 된 친구들, 직장이나 시민단체를 통해 알게 된 친구들, 운동/취미활동을 같이 하는 친구들과 함께 시간을 보내며 교류하는 경우가 더 많았다. 부모님이나 친척, 이웃사촌, 근처에 살지 않는 친구들과 시간을 보내며 교류를 하는 경우도 자원봉사자들이 비자원봉사자들보다 - 비록 앞의 사례에서보다는 그 정도가 다소 약했으나 - 더 많았다. 비공식적 지지망의 크기 및 강도를 위와 같이 유형 별로 나누지 않고 전체 평균을 구해 자원봉사자와 비자원봉사자 간 차이를 살펴본 경우에도 결과는 마찬가지였다. 자원봉사자는 비자원봉사자보다 비공식적 지지망에 전반적으로 더 단단히 밀착돼 있었다.

에 대해 묻는 조사는 〈전국 자원봉사활동 및 기부에 대한 조사〉가 유일하다. 이 조사의 설문지를 보면, Musick과 Wilson(2008)의 연구와 매우 흡사하게 항목설계가 되어 있음을 알 수 있다. 구체적으로, 비공식적 지지망의 크기와 강도를 측정하기 위해 ① 부모님이나 친척, ② 이웃사촌, ③ 근처에 살고 있지 않은 친구, ④ 직장이나 시민단체 친구들, ⑤ 종교단체 친구들, ⑥ 봉사기관 친구들, ⑦ 운동, 취미활동 친구들 등 일곱 개 유형의 지지망을 특정하고, 각 유형 별 지지망에 속한 사람들과 평소 얼마나 자주 시간을 함께 보내는지 그 빈도를 (a) 일주일에 1회 이상, (b) 한 달에 한두 번, (c) 일 년에 몇 번, (d) 전혀 없다의 4점 라이커트 척도로써 측정하였다. 이는 Musick과 Wilson이 시도한 비공식적 지지망의 측정과 상당히 흡사한 방식으로, 〈전국 자원봉사활동 및 기부에 대한 조사자료〉의 분석결과를 기존 연구결과에 비추어 비교하는 작업을 수월하게 해주는 이점으로 작용한다.

2) 2014년 가을 기준 〈전국 자원봉사활동 및 기부에 대한 조사〉는 2011년 조사 분까지 완전히 종료된 상태다. 하지만 조사수행 주체인 '한국자원봉사문화'(舊 볼룬티어21)의 연구부서 담당자에게 문의한 결과, 일반에 공개할 수 있는 것은 2008년 자료가 마지막이란 회신을 받았다. 이에, 여기서는 가장 최신인 2011년 자료는 포기하고, 2008년 원자료를 주요 자료로 삼아 분석을 실시하였다. 2011년 자료에 대한 분석은 '한국자원봉사문화'에서 발행한 연구보고서를 참조하는 것으로 대체하였다.

3) 해석의 편의를 위해 앞에서 특정한 일곱 개 유형의 지지망에 속한 사람들과의 만남 빈도를 역점처리해 그 값이 클수록 비공식적 지지망의 크기 및 강도가 크고, 반대로 값이 작을수록 비공식적 지지망의 크기 및 강도는 작게 나타나도록 변수를 재정의하였다. 비공식적 지지망의 크기 및 강도는 일곱 개 유형의 지지망 값들을 합산하기도 하고 따로 계산하기도 함으로써 최종적으로 확정지었다. 확정된 비공식적 지지망 크기 및 강도의 최종 값들은 자원봉사자와 비자원봉사자 간에 유의미한 차이가 있는지 비교하기 위한 목적으로 사용하였다. 집단 비교에는 두집단 t-검증방식을 활용하였다. 자세한 분석 결과는 〈표 10-1〉에 제시하였다. 여기서 자원봉사자란 조사 시점을 기준으로 지난 일 년 간 봉사활동을 단 한 번이라도 해 본 사람을, 비자원봉사자란 단 한 번도 하지 않은 사람을 의미한다.

〈표 10-1〉 자원봉사자와 비자원봉사자 간 비공식적 지지망 크기/강도 비교

지지망 유형	구분	평균	표준편차	t-값/유의확률
부모님 / 친지	자원봉사자	2.98	0.86	2.44/0.015*
	비자원봉사자	2.86	0.86	
이웃사촌	자원봉사자	3.16	0.97	5.33/0.000***
	비자원봉사자	2.83	1.09	
근처에 살지 않는 친구	자원봉사자	2.58	0.82	2.90/0.004**
	비자원봉사자	2.44	0.84	
직장/시민단체를 통해 알게 된 친구	자원봉사자	2.77	1.05	6.75/0.000***
	비자원봉사자	2.31	1.12	
종교단체를 통해 알게 된 친구	자원봉사자	2.70	1.22	8.80/0.000***
	비자원봉사자	2.01	1.18	
봉사단체를 통해 알게 된 친구	자원봉사자	2.43	1.09	25.23/0.000***
	비자원봉사자	1.21	0.58	
운동/취미활동을 같이 하는 친구	자원봉사자	2.53	1.10	6.76/0.000***
	비자원봉사자	2.09	1.11	
비공식적 지지망 전체	자원봉사자	19.12	3.75	14.70/0.000***
	비자원봉사자	15.09	3.67	

주 1: 제시된 t 검증값은 부모님/친지, 근처에 살지 않는 친구, 운동/취미활동을 같이 하는 친구 등 세 유형을 제외하고는 모두 등분산 가정을 충족시켰기에 그에 따라 보고하였음.

*p 〈 0.05, **p 〈 0.01, ***p 〈 0.001

이같은 결과는 비공식적 지지망의 크기 및 강도가 자원봉사참여율과 정적으로 밀접한 관련성을 가진다는 Musick과 Wilson(2008)의 보고와 대체로 일치하는 것이다. 하지만 중대한 차이점도 발견됐다. Musick과 Wilson은 비공식적 지지망의 유형에 따라 자원봉사참여율에 상당한 차이가 생김을 보고하였으나 - 구체적으로, 강한 유대로 얽힌 친밀한 지인들과의 비공식적 관계보다 약한 유대로 얽힌 데면데면한 지인들과의 비공식적 관계가 자원봉사참여율을 높이는 관계망적 요인이 된다고 보고하였으나 - , 우리나라의 〈2008년 전국 자원봉사활동 및 기부에 대한 조사〉 원자료를 직접 분석해 보니 지지망 유형에 따른 자원봉사참여율의 차이는 그리 유의미하지 않게 나타났다는 점이 바로 그것이다. 이 같은 결과는 자원봉사영역에 있어서만큼은 봉사참여를 촉진하는 요인으로서 비공식적 지지망을 강한 유대나 약한 유대로 굳이 나눌 필요 없이 동등하게 간주해도 무방하다는 사실을 연구자들에게 함의한다.

어쨌든 〈2008년 전국 자원봉사활동 및 기부에 대한 조사〉 결과의 핵심은 비공식적 지지망에 단단히 연결된 개인의 자원봉사참여 가능성은 매우 높다는 점이다. 그렇다면 이제 궁금증은 자연스럽게 “왜 이 같은 현상이 일어났는가?”란 질문으로 이어진다. 이 질문에 대한 답은 여러 가지가 있을 수 있다. 하지만 여기서는 외국문헌의 검토결과를 충실히 반영하여, 비공식적 지지망에 강하게 연결된 사람들의 자원봉사참여율이 높은 이유를 그 지지망이 동반하는 빈번한 봉사요청의 측면에서 살펴보도록 하겠다.

먼저 ‘한국자원봉사문화’에서 발간한 『2011년 전국 자원봉사 및 기부 실태조사연구』 보고서를 보면, 최초 자원봉사 참여경로를 묻는 질문에 ‘외부의 요청 때문에’가 차지하는 비중이 상당히 크다는 점을 쉽게 확인할 수 있다. 구체적으로, 지난 일 년 간 자원봉사를 한 번이라도 해 본 경험이 있다고 답한 조사대상자의 53%가 “소속된 단체(종교단체 포함)나 조직, 학교 및 직장 등의 요청에 의해 처음 봉사에 참여하게 되었다”고 답했고, 26.5%가 “(단체가 아닌) 누군가로부터의 요청을 받아서 처음 봉사에 참여하게 되었다”고 답했다. 무려 79.5%에 달하는 사람들이 개인이 됐든 단체가 됐든 외부의 요청을 받고 난 후 봉사활동에 참여하기로 결심했다고 응답한 것이다.[4] 또한 같은 조사에서 지난 일 년 간 봉사참여요청을 받아 봤는지 여부를 물어본 결과, 자원봉사자의 55.7%가 그러한 권유를 받아봤다고 응답한 반면, 비자원봉사자의 8.8%만이 그와 같은 권유를 받아봤다고 응답하였다. 봉사요청을 받은 경험의 유무와 관련된 집단 간 차이(55.7% vs. 8.8%)는 Cramer's V 검증 결과 통계적으로도 유의미한 차이임이 확인되었다($a=0.05$).

이처럼 분석결과는 외국에서와 마찬가지로 우리나라에서도 주변 지인이나 단체 또는 모임으로부터 활동요청을 받은 것이 봉사참여의 중요한 계기가 됨을 여실히 보여준다. 그러나 이 같은 분석결과를 근거로 비공식적 지지망 → 봉사요청 → 자원봉사참여율의 경로를 전면적으로 일반화하기에는 다소 어려운 측면이 있음을 독자들이 유념하기 바란다. 분석에 사용된 자료 자체가 봉사요청의

4) 반면, 라디오/티비/기타인쇄매체, 인터넷, 아파트주민게시판 등을 보고 자원봉사활동에 참여했다는 응답은 각각 전체 조사대상의 3.4%, 3.1%, 3.1%로써 매우 저조하였나.

주체를 비공식적 지지망에 포함된 사람/단체인지 아니면 공식적 사회연결망에 포함된 사람/단체인지 특정하지 않은 채 수집됐기 때문이다.

예를 들어, 〈전국 자원봉사활동 및 기부에 대한 조사〉의 설문지 상에 표기된 '단체나 조직, 학교 및 직장 등'은 일반적으로 명확한 이해관계를 바탕으로 형성된 공식적인 이차집단을 의미하는 경우가 대부분이다. 비록 단체나 조직, 학교, 직장 등에서 맺은 공식적 관계들의 일부가 비공식적 일차집단의 성격으로 전환되는 경우가 종종 있지만 전환되지 않는 경우가 더 많다는 점을 감안하면, 봉사요청의 주체를 공식적 사회연결망이 아닌 비공식적 지지망에서만 찾는 것은 다소 문제의 소지가 있는 접근 방식이라 말할 수 있다. 뿐만 아니라 '누군가로부터의 요청 때문에'라는 응답에서 가리키는 '누군가' 역시 이차집단에 소속돼 일 관계로 얽힌 공식적인 남인지 아니면 일차집단에 소속돼 상호 감정적 유대감을 느끼는 비공식적인 지인인지 설문조사는 정확히 밝히지 않고 있다. 즉, 사회연결망의 성격이 공식적인 이차집단인지 비공식적인 일차집단인지 분명히 구분하지 않은 상태에서 설문지가 만들어졌고 답변이 수집됐기 때문에, 위 결과만으로 비공식적 지지망에 연결된 지인들의 거절하기 힘든 봉사요청으로 말미암아 사람들이 봉사활동에 참여하게 된다는 가설이 우리나라에서도 당연히 통용된다고 단정 짓기에는 무리가 따른다는 뜻이다.

하지만 이 같은 방법론 상의 결함에도 불구하고 비공식적 지지망 → 봉사요청 → 자원봉사참여율 가설의 타당성을 살피기 위해 굳이 〈전국 자원봉사활동 및 기부에 대한 조사〉 자료에 의존하는 까닭은, 각주 1)에서도 밝혔다시피 자원봉사자의 비공식적 지지망과 관련된 항목을 포함하는 공개된 국내 설문조사는 〈전국 자원봉사활동 및 기부에 대한 조사〉가 유일하다는 점 때문이다. 서울복지패널이나 한국복지패널 같이 연구자들이 널리 애용하는 패널데이터들은 자원봉사자의 비공식적 지지망에 대해 묻는 항목들을 전혀 포함하지 않아 사용이 사실상 불가능하다. 이처럼 자료의 희소성이라는 현실적 제약을 감안한다면, 분석결과가 비록 비공식적 지지망 → 봉사요청 → 자원봉사참여율의 경로를 입증하는 것인지 아니면 공식적 사회연결망 → 봉사요청 → 자원봉사참여율의 경로를 입증하는 것인지 불분명하지만 최소한 전자의 가설을 간접적으로는 지지해 주며, 이런 측면에서 위 분석결과는 학문적 의의를 가진다고 말할 수 있겠다.

2. 자발적 결사체와 자원봉사

자발적 결사체는 공동의 규범적 이해관계를 추구하는 사람들이 자발적으로 만든 집단이다(김효정 · 유영주 · 최종혁, 2010). 사람들이 자발적으로 집단을 형성하는 까닭은 집단의 힘을 빌려 특정한 규범적 목표를 빠르고 효과적으로 달성하기 위함이다. 공동의 집합적 목표 달성이 자발적 결사체의 근본적 존재 이유라 함은 비공식적이고 임의적이며 예측불가능해 목표 달성에 별 도움이 되지 않고 오히려 해가 될 수 있는 구성원 간 상호작용은 되도록 배제하고, 가능한 공식적이고 예측가능하며 규격화된 성격의 상호작용에 초점이 맞춰져 집단이 운영됨을 함의한다. 또한 목표가 달성되는 순간 집단의 존재 이유가 사라져 자체 해산될 가능성도 높음을 함의한다. 규범적 이해관계라는 분명한 목표 달성을 위해 조직이 형성, 유지되고 이와 함께 의사소통이 공식적, 비대면적 성격을 지닌다는 측면에서, 사회학자들은 자발적 결사체를 이차집단의 한 유형으로 간주하기도 한다.

자발적 결사체는 분업화와 전문화가 심화되고 사람들의 관심사, 이해관계, 욕구 등이 다양화 · 복잡화된 근대 이후 그 수가 폭발적으로 증가하기 시작하였다(김효정 · 유영주 · 최종혁, 2010). 규모가 크고 공식화된 자발적 결사체로는 오늘날 정치 정당이 존재하고, 규모가 작고 이해관계가 협소한 것으로는 동창회나 각종 친목회 등이 존재한다. 그 외 잘 알려진 자발적 결사체들로는 구호지원단체, 계모임, 향우회, 전우회, 재향군인회, 자녀학교모임, 학부모회, 직장모임, 직능단체/협회, 국민운동단체, 시민사회단체, 종교소모임, 노동조합, 스포츠/취미관련 동호회, 지역사회풀뿌리조직 등이 존재한다.

자발적 결사체는 간혹 비공식적 지지망으로 연결된 사람들의 모임, 즉 일차집단과 혼동되는 경우가 있다. 물론 현실적으로 일부 겹치는 부분이 존재하는 것은 사실이나, 둘은 개념적으로 명백히 구분이 가능하다. 예를 들어, 같은 동창회라 할지라도 학교발전이나 동창 간 경조사 부조, 지역사회공헌과 같이 분명한 목표를 바탕으로 애당초 집단이 형성됐고 형성 이후에도 구성원 간 상호작용이 애당초 설정한 목표의 달성을 위해 지속성을 갖고 정기적으로 꾸준히 이루어졌다면, 그 동창회는 자발적 결사체의 속성을 가진다고 할 수 있다. 반대로 뚜렷한 목표 없이 자연적으로 형성됐고 형성 이후에도 특별한 규칙성 없이 임의적으로 모임이 이루어졌으며 회합의 이유도 순수한 친분과 사교욕구의 충족에 방점이 찍혀졌다면, 그 동창회는 비공식적 지지망의 속성을 가진다고 볼 수 있다.

자발적 결사체의 가입여부와 활동정도는 절대다수의 해외 실증연구들에 의해 자원봉사활동의 참여가능성을 높이는 강력한 예측요인으로 꾸준히 지목돼 왔다(Wang and Graddy, 2008). 다시 말해, 회원으로 가입한 자발적 결사체의 수가 많고 가입한 자발적 결사체에서 활동하는 정도가 클수록 해당 개인의 자원봉사참여율은 높아진다는 뜻이다.

이같은 내용은 우리나라에서도 예외 없이 사실로 입증되었고(최은숙·이석호, 2011), 종단적으로 병합된 〈서울복지패널 1, 2차 조사〉 원자료를 분석한 본서의 자체적인 조사에서도 마찬가지로 사실로 입증되었다. 즉, 기존의 국내연구결과와 동일한 문제의식을 갖고 - 그러나 다소 다른 방법론을 바탕으로 - 자발적 결사체와 자원봉사참여의 관계를 살핀 결과, 자발적 결사체에서의 사회참여수준이 높을수록 자원봉사참여율 역시 높게 나타났다는 것이다(〈표 10-2〉의 Model 1 참조). 여기서 자발적 결사체에서의 사회참여수준은 총 열 한 개 유형의 자발적 결사체들을 열거하여 응답자들로 하여금 회원가입여부를 체크케 하고, 가입한 결사체에서의 활동정도를 '매우 적극적으로 활동한다'부터 '전혀 활동하지 않는다'까지 5점 라이커트척도를 써서 기록한 후 이를 합산한 값으로서, 자발적 결사체 가입여부 및 활동정도와 관련된 종합적 척도 역할을 하는 복합변수(composite variable)라고 정의내릴 수 있다.[5][6]

5) 사회참여수준을 측정하는 데 동원된 열한 개 유형의 자발적 결사체는 다음과 같은 단체 및 모임들을 포함한다: 각급 학교 동창회 등 출신학교가 같은 사람들의 모임; 비슷한 취미나 운동을 즐기는 사람들의 모임; 향우회 등 출신지역이 같은 사람들의 모임; 종친회 등 혈연으로 연고가 있는 사람들의 모임; 종교단체의 활동이나 모임; 시민단체 또는 직업과 연관이 없는 모임; 자선단체나 문화예술단체 등의 후원회 모임; 학교운영위원회 등 교육 또는 학술관련 단체의 모임; 아파트 부녀회, 입주자대표회의 등 거주지역의 모임; 정당 등 정치관련 단체모임; 직업 또는 직무와 연관이 있는 단체 또는 협회의 모임 등. 보다 자세한 변수의 측정 및 조작적 정의에 대한 내용은 5장의 각주 1)을 참조하기 바란다.

〈표 10-2〉 자발적 결사체 참여가 자원봉사활동에 미치는 영향에 관한 이항로짓모형 분석결과

		Model 1	Model 2	Model 3
여성		0.274*	0.252*	0.266*
연령(a)	20세이상~30세미만	-1.253***	-1.254***	-1.267***
	30세이상~50세미만	-1.324***	-1.297***	-1.326***
	50세이상~65세미만	-1.045**	-0.991**	-1.040**
	65세이상	-1.456***	-1.432***	-1.457***
학력(b)	고졸	0.580**	0.623**	0.589**
	전문대졸	0.665**	0.716**	0.669**
	4년제대졸	0.631**	0.685**	0.630**
	석사이상	1.402***	1.465***	1.400***
未취업		0.229*	0.228*	0.234*
혼인(c)	이혼/별거	-0.661+	-0.671+	-0.648+
	사별	0.106	0.073	0.095
	미혼	-0.074	-0.080	-0.061
	미성년	0.130	0.084	0.112
소득(d)	100만이상~200만미만	0.290	0.283	0.280
	200만이상~300만미만	0.207	0.219	0.199
	300만이상~400만미만	0.352	0.337	0.323
	400만이상~500만미만	0.325	0.333	0.302
	500만원이상	0.467*	0.484*	0.451*
종교有		0.488***	0.500***	0.477***
이전년도 봉사경험有		1.908***	1.919***	1.901***
사회참여		0.185*	-	0.175*
일반적 사회신뢰		-	0.286**	0.275*
상수항		-3.256***	-3.835***	-4.039***
R^2		0.38	0.40	0.41

주 1: 표 안의 숫자는 모두 비표준화 회귀계수임.
주 2: 준거집단: (a) 20세미만; (b) 고졸미만; (c) 기혼; (d) 100만원미만
+p 〈 0.10, *p 〈 0.05, **p 〈 0.01, ***p 〈 0.001

6) 다수의 연구들이 자발적 결사체 가입여부 및 활동정도가 자원봉사참여율과 정적인 관계를 맺음을 이의 없이 보고하고 있다(Wang and Graddy, 2008). 하지만 둘 간의 관계를 무턱대로 정적인 관계로 단정 짓는 것은 부주의한 접근 방식이다. 많은 사람들이 봉사단체와 같은 자발적 결사체들에 가입해 회원자격을 획득한 후 비로소 봉사활동을 시작하는 것이 작금의 현실이지만, 여전히 적지 않은 수의 사람들이 그와 같은 일련의 공식적 과정들을 생략한 채 아무런 소속단체 없이 개별적으로 봉사활동을 수행한 후 조용히 사라지는 경우도 많기 때문이다(Hustinx, 2010b). 이렇게 홀연히 나타나 봉사활동을 펼치고 홀연히 사라지는 사람들이 많이 존재하는 한, 자발적 결사체와 자원봉사참여율 사이의 관계가 반드시 정적으로 나타난다고 단정 짓기는 어려워진다.

그렇다면 왜 자발적 결사체에 가입해 활발히 활동하는 것이 자원봉사참여율을 높이는 원인이 되는 것일까? 이에 대해서는 여러 가지 설명들이 문헌에 존재한다(최은숙·이석호, 2011: 120-121; Musick and Wilson, 2008: 270-275). 하나씩 살펴보면, 첫째, 자발적 결사체는 자원봉사에 관한 정보와 기회를 기존 집단 구성원들에게 집중적으로 제공함으로써 자원봉사참여율을 높인다는 설명이다. 예를 들어, 당신의 거주지 근처에 '우리마을 개천살리기 교회모임'이란 자발적 결사체가 형성돼 있고, 당신은 여기에 교인으로서 별 생각 없이 가입한 평회원이라고 가정해 보자. 단체의 일차적인 목표는 물론 우리 동네의 개천을 깨끗이 복원하는 일이다. 그런데 이 목표는 그냥 달성되지 않는다. 하천을 복원하려면 많은 사람들의 노력과 참여가 요구된다. 따라서 단체장과 스태프들은 평회원들이 쉽게 수행할 수 있는 봉사활동들을 기획해 이를 알리는 한편, 가능한 한 많은 회원들의 동참과 기여를 독려하게 된다. 봉사활동과 관련된 기회와 정보가 조직 내부에 빠르게 순환되면, 활동에 소극적이었던 평회원들조차 집중적으로 관련 정보와 기회를 접하게 된다. 그리고 이에 따라 점차 많은 회원들이 봉사업무에 관심을 보이면서 적극적으로 활동에 동참하게 된다. 물론, 단체 임원들의 은근한 요청을 받고 이를 거절하기 힘들어 봉사활동에 참여하는 회원들도 일부 존재할 것이다.

실제로 태안반도 기름유출 사고 때 많은 자원봉사자들이 이러한 과정을 거쳐 오염제거 작업에 동참하였다고 한다(행정안전부, 2008: 116-117). 가족단위로 또는 선후배, 친구들, 친한 직장동료들과 함께 비공식적으로 현장에 나선 봉사자들도 많았지만, 공식적인 단체회원 자격으로 각자 가입한 모임의 지원과 격려, 거부하기 힘든 요청에 힘입어 다른 회원들과 함께 손에 손잡고 현장에 나타난 봉사자들도 상당수 있었다는 얘기다. 이 때 모임은 동창회와 향우회부터 시작하여 대학동아리, 스포츠/취미관련 동아리, 시민운동단체까지 그 종류가 매우 다양하고 다채로웠다.

둘째, 자발적 결사체는 우연한 기회에 그 단체의 존재를 접하게 된 사람들에게 단체가 추진 중인 각종 봉사활동들을 새롭게 알리고 그 의미를 교육시키는 방식으로도 자원봉사참여율을 높일 수 있다(van Ingen and Bekkers, 2012:

5-6). 이는 첫 번째 설명과 유사한 내용을 담는데, 차이점은 봉사활동에 관한 정보와 기회를 제공하고 참여를 독려하는 대상이 단체의 기존 구성원들이 아니라 비구성원들, 즉 비회원들이라는 점이다. 비회원들은 단체가 발행한 홍보물이나 광고영상 등을 통해 이전에는 몰랐던 봉사활동들에 대해 새롭게 알기도 하고 이전에는 미처 감지하지 못한 봉사동기들을 자각하기도 한다. 뿐만 아니라 추후 봉사기회를 스스로 발굴해 나서는 적극성을 띠기도 한다. 이 모든 행동들은 단체에 가입해 회원자격을 획득하는 것과는 별개로 이루어지는 사안이다.

셋째, 자발적 결사체는 집단 구성원들에게 조직의 목표 달성을 위해서라면 싫더라도 봉사활동을 해야 한다는 심리적 압박감을 심어주는 방식으로 자원봉사 참여율을 높인다(DellaVigna, List and Malmendier, 2012). 앞서 언급했다시피, 자발적 결사체의 궁극적 존재 이유는 특정 목표의 달성에 있다. 집단의 목표를 달성하기 위해 무엇보다 필요한 것은 구성원들의 헌신적인 기여이다. 그러나 이 같은 헌신은 개개 구성원들의 이기적 본능을 감안할 때 자연스럽게 생겨나기 어려운 측면이 있다. 따라서 이러한 문제를 해결하기 위해 자발적 결사체들은 보통 집단의 연대를 강조하는 규범, 가치, 기대감 같은 상징체계들을 만들어 개인에게 이를 부과하는 방식으로 헌신을 주조해 낸다. 즉, 싫더라도 조직을 위해 희생하는 게 마땅하다는 논리를 개발해 이를 개인에게 주입한다는 것이다. 집단의 논리를 내면화한 개인은 조직에 몸담지 않았더라면 당연히 꺼리고 회피했을 일들을 - 여기서는 자원봉사활동을 의미 - 조직의 성공과 발전이라는 대의명분 아래 묵묵히 참고 수행하게 된다. 이 경우 표면적으로 봉사활동은 자원적인 성격을 띠지만, 본질적으로는 타의에 의한 강제성을 동반한다는 점에서 자원봉사활동의 성격에 근본적 의문이 제기된다.

넷째, 자발적 결사체는 구성원들이 단체회원자격으로 봉사활동을 할 경우 그 활동이 적합한지 또 적절한지 등에 대한 내용확인을 지속적으로 실시하는 방식으로 자원봉사참여율의 하락을 막는다(Wuthnow, 1991: 201). 이는 회원들의 활동을 모니터링, 즉 관리감독하는 것은 집단의 의무이자 책임이란 조직이론의 관점을 반영한 것으로서, 봉사활동 중에 발생할 수 있는 소진현상을 미리 감지해 적절히 제어함으로써 봉사의 지속성을 높이고 참여율의 하락을 방지함을 뜻한다. 그런데 불행히도, 단체회원자격으로 봉사활동을 하는 사람들이 섬세한 조직적 케어를 받는 것과 대조적으로, 독립적으로 봉사활동을 하는 개인 자격의 봉사자들은 보통 그와 같은 보호막을 갖지 못하는 게 현실이다. 따라서 개인 자격의 봉사자들에게는 일반적으로 다른 형태의 소진현상 차단장치가 요구된다(예: 더 강력한 봉사동기의 장착, 더 강력한 비공식적 지지망의 구축 등).

다섯째, 일부 자발적 결사체는 회원가입 요건으로 혹은 회원자격의 유지요건 중 하나로 봉사활동을 요구하는데, 이러한 요구조건은 자원봉사참여율을 올리는 원인 중 하나가 된다. 대학교 동아리들이 실시되는 봉사활동들이 여기에 해당하는 대표적 사례이다. 대학교에 갓 입학한 신입생들이 동아리에 가입하면 보통 신입생 환영 M.T.라는 것을 간다. 이 때 일부 동아리 선배들은 후배 신입생들에게 일종의 모임가입요건으로서 함께 봉사활동에 갈 것을 요청하는 경우가 왕왕 있다. 물론 참여여부는 전적으로 본인 의지에 달렸으나, 참여하지 않으면 향후 동아리 활동이 사실상 어려워진다는 측면에서 대부분의 신입생들은 봉사활동에 참가하는 것이 관행이다.

요컨대, 자발적 결사체에의 가입여부 및 활동정도는 자원봉사참여율에 유의미하게 정적인 영향을 미친다. 그리고 이 정적 영향관계는 대략 다섯 가지 사회적·조직적 요인들에 의해 매개된다. 여기까지는 국내외 많은 선행연구들에 의해 꼼꼼히 잘 밝혀진 내용이다. 하지만 이 다섯 개 요인보다 문헌에서 더 많이 그리고 더 집중적으로 파헤쳐져 온 중요한 매개요인이 한 가지 더 있다. 일반적 사회신뢰(generalized social trust)가 바로 그것이다(최은숙·이석호, 2011).

일반적 사회신뢰는 자원봉사참여율에 그 자체로 유의미한 영향을 미치는 독립변인이자 동시에 자발적 결사체와 자원봉사참여율을 잇는 강력한 매개변수로서, 자원봉사와 관련해 그 중요성이 대단히 높은 사회현상으로 학계에 널리 알려져 있다(Nannestad, 2008). 상식적으로, 낯선 타인을 조건 없이 돕는 이타적 행위, 즉 자원봉사는 미지의 낯선 타인이 나에게 최소한 해를 가하지 않을 것이고 가능한 한 협조적인 태도를 보일 것이란 추상적 믿음이 없으면 발생하기 어려운 현상이다. 그만큼 일반적 사회신뢰는 자원봉사와 관련해 중요한 변인인 것이다.

하지만 아직까지 우리는 이 책에서 일반적 사회신뢰가 무엇인지, 나아가 자원봉사 현상과 어떤 관련성을 갖는지에 대해 전혀 논의한 바가 없다. 따라서 아래에서는 먼저 일반적 사회신뢰란 무엇인지 그 개념을 유관개념과의 비교를 통해 알아보고, 그 다음 일반적 사회신뢰는 어떠한 논리 구조를 통해 자원봉사참여에 영향을 주고 또 자발적 결사체와 자원봉사참여율을 매개하는 요인으로 작동하는지 심층 탐구해 보도록 보겠다.

일반적 사회신뢰의 개념을 짚어보기에 앞서 먼저 신뢰의 개념부터 알아보자. 신뢰란 무엇일까? 간단히 보이지만 막상 답하기에 꽤 어려운 질문이다. 일반적으로 신뢰는 두 사람 혹은 그 이상의 관계에서 발생하며, 서로 상대의 행위를 통제하거나 완벽하게 예측할 수가 없는 상황, 즉 위험이 어느 정도 존재하는 상황에서 상대의 행위가 반규범적이거나 본인에게 해를 끼치지 않을 것이라는 일종의 기대감으로 정의된다(김욱진, 2014b: 3). 다시 말해, 불확정한 위험 상황 속에서 내가 아는 사람 또는 모르는 누군가가 나의 이해관계에 부합하는 방향으로 행동할 것이며, 그렇지 않은 경우라 할지라도 최소한 나의 이해관계에 반하는 행동을 하지는 않을 것이란 기대를 우리는 신뢰라 부르는 것이다.

신뢰는 사람들 간 상호작용의 종류와 내용, 형성과정 등에 따라 다양한 차원으로 유형화된다. 학자들마다 이 유형화 방식은 조금씩 다르게 나타나는데, 이 책에서는 국내 학자로는 강철희와 이상철(2013)의 문헌을, 국외 학자로는 Delhey와 Newton(2003; 2005)의 문헌 검토결과를 바탕으로 다양한 학문 영역에서 상이하게 정의되어 온 신뢰 개념을 크게 세 가지 유형, 구체적으로 대인간 신뢰, 특정적 신뢰, 일반적 사회신뢰로 나누어 살펴보기로 하겠다.

먼저 대인간 신뢰(interpersonal trust)이다. 대인간 신뢰는 구체적이고 일상적인 관계 속에 놓여 있는 두 개인 사이에서 형성, 유지되는 신뢰를 의미한다(Hardin, 1993). 대인간 신뢰는 양자 관계에서 이해득실을 따져 상대를 믿고 따르는 데 상호이익이 존재한다고 판단될 때 형성된다. 즉, 과거부터 현재까지 특정 상대와 주고받은 거래나 실적, 효용 등을 종합적으로 평가하고, 이를 근거로 상대방을 신뢰하고 협력할 경우 그 상대가 최소한 자신의 믿음을 저버리는 짓은 하지 않을 것이고 오히려 협조하고 나에게 혜택을 가져다 줄 것이란 합리적 사유 과정을 거쳐 성립되는 신뢰라는 것이다. 이런 관점에서 혹자는 대인간 신뢰를 계산적 신뢰 혹은 전략적 신뢰라고도 일컫는다(Coleman, 1990).[7)]

다음은 특정적 신뢰(particularized trust)이다. 특정적 신뢰는 특수한 이해관계나 인구사회학적 특질을 공유하는 사람들 사이에서 발견되는 집단편향적 신뢰를 의미한다(Portes and Sensenbrenner, 1993). 특정적 신뢰는 내집단 구성원들이 사회화 과정을 함께 거치면서 공동의 가치와 행동양식을 내면화하고, 이에 따라 높은 수준의 집단 동일시를 발전시킬 때 형성되는 신뢰의 한 유형이다. 특정적 신뢰는 주로 가까운 친족이나 동료 집단과 같이 정서적·문화적으로 동질적인 일차집단에서 많이 발견된다(Portes and Landholt, 1996). 그러나 직장이나 각종 사회단체, 협회와 같이 도구적이고 이차적인 성격의 이질적 이익집단에서도 목적 달성에 도움이 되는 한 흔히 나타나는 편이다(강내원, 2008: 4-5). 하지만 어디가 됐건 집단 동일시 정도가 클수록 내집단 동료들의 행동과 선택에 대한 개인의 믿음은 더욱 맹목적으로 변한다는 내용은 동일하다.[8)]

마지막 유형의 신뢰는 일반적 사회신뢰(generalized social trust)다. 일반적 사회신뢰는 불특정 타자에 대한 광범위한 믿음을 의미한다. 즉, 일면식도 없고 유사성도 없는 사람들 사이에 형성되는 신뢰의 한 유형이란 얘기다(Yamagishi and Yamagishi, 1994). 따라서 신뢰의 대상은 특정 개인이나 집단으로 구체화되기보다 보통 시민으로 추상화돼 나타나는 특징을 보인다. 미지의 보통 시민이

---

7) 대인간 신뢰 개념은 상대방에 대한 믿음을 상호협력을 통해 얻을 수 있는 이익에 대한 계산 차원에서 파악한다는 점에서 효과적인 설명틀이 될 수 있다. 그러나 상대에 대한 정보가 전혀 없거나 불충분한 계산불가의 불특정 상황에서조차 상당한 손해를 감수하면서까지 타인을 믿고 따르며 낙관적인 태도를 갖고 협력하는 특별한 사람들이 존재한다는 현실을 제대로 설명해 주지 못한다는 점에서 한계를 가진다. 또한 쌍방 관계에만 설명이 국한돼 세 명 이상의 다자 관계에서 존재하는 신뢰를 이해하는 데에는 다소 제약이 있는 개념이라 할 수 있다(강철희·이상철, 2013: 4-5).

8) 특정적 신뢰는 내집단 구성원 간 긴밀한 협력과 연대를 가능케 하고 거래비용을 감소시킴으로써 공동의 목적 달성을 용이케 한다는 장점을 가진다. 하지만 내집단 바깥에 위치한 사람들의 진입을 막는 배타성을 동반함으로써 집단 간 교류와 연대를 봉쇄하는 원천이 되기도 한다. 이러한 이유 때문에 내집단 구성원들 간에 형성된 폐쇄적 신뢰는 사회전체 차원에서 분열과 갈등으로 비화하는 경우가 흔히 발생한다. 무엇보다 현실 세계에는 자신이 속한 집단 동료가 아닌 낯선 이방인에게까지 신뢰를 보이고 협력하며 희생을 기꺼이 감수하려는 낙관적 태도의 사람들이 일부 존재하는데, 이 같은 특별한 사람들의 신뢰형성 기제에 대해 특정적 신뢰 개념은 이론적으로 설명해주는 바가 거의 없다는 한계를 갖기도 한다(강철희·이상철, 2013: 5-6).

나의 이해관계를 감안해 협력적 행동을 취할 것이라는 낙관은 나 역시 그들의 이해관계를 보전, 증진하는 데 협조해야 한다는 사회적 의무감으로 이어진다. 따라서 일반적 신뢰 수준이 높은 사회일수록 상호호혜의 규범에 입각한 협동은 쉽게 이루어지고 미지의 타자와의 업무추진에 소비되는 거래비용은 획기적으로 낮아져 신뢰 수준이 상대적으로 떨어지는 사회와 비교했을 때 해당 사회는 훨씬 빠르고 효율적으로 번영, 발진할 수 있다(강내원, 2008; Newton, 2013).[9]

많은 선행연구들은 일반적 사회신뢰 수준이 높을수록 자원봉사참여율이 높아짐을 보고하고 있다(Delhey and Newton, 2003: 95-97). 둘 사이에는 왜 이런 관계가 생기는 것일까? 문헌에는 다양한 설명들이 존재한다. 이 가운데 우리의 주목을 가장 끄는 것은, 일반적 사회신뢰 수준이 높은 사람은 사회적 상보성의 원리를 누구보다 더 잘 체득한 사람이기 때문에 낯선 미지의 타자를 돕는 이타적 활동 - 여기서는 자원봉사활동 - 에 적극적이다 라는 설명이다.

사회적 상보성이란 쉽게 말해 어려움에 처한 낯선 타자를 조건 없이 도와주면 훗날 내가 어려움에 처했을 때 나 역시 수많은 낯선 타자들로부터 필요한 도움을 적시에 받을 수 있다는 사회구성원 간의 공유된 믿음을 의미한다(Torche and Valenzuela, 2011). 사적으로 친밀한 관계의 지인을 도와주면, 돌아오는 혜택은 그 지인의 개인역량에 제한된 사적인 도움에 그치곤 한다. 하지만 미지의 낯선 타인을 도와주면, 돌아오는 혜택은 보다 다양하고 광범위한 사회적 차원의 도움으로 확장될 가능성이 높다. 일반적 사회신뢰 수준이 높은 사람은 이처럼 확장성 강한 사회적 상보성의 원리를 깊숙이 체화한 사람이다. 따라서 이들의 입장에서 봤을 때 자원봉사와 같이 사회적으로 이타적인 행위에 적극적

9) 사회가 번창하고 발전하기 위해서는 불확실한 위험 상황 아래에서 내가 만나는 낯선 사람들이 나를 속이지 않고 협조적인 태도를 보일 것이라는 낙관적 믿음이 사회 전반에 확산돼 있어야 한다. 최악의 상황에서도 추상적 타자가 나의 이해관계에 반하는 행동이나 선택을 하지 않을 것이란 기대감을 개개 구성원들이 가지고 있을 때, 한편으로 우리는 우리가 속한 집단 내부의 개인적 친분이 없는 낯선 사람들과 배신에 대한 염려 없이 마음껏 상호작용할 수 있고, 다른 한편으로 우리가 속한 집단 바깥의 미지의 이방인들과도 허물없이 교류하며 보다 폭넓은 연대를 도모할 수 있기 때문이다. 전자의 경우 일반적 사회신뢰는 사회 전체의 응집력을 강화하는 효과를, 후자의 경우 이질적 집단과의 새로운 연대와 의사소통의 확대라는 효과를 발생시킨다. 신뢰가 사회적 접착제이자 동시에 윤활유라는 말은 일반적 사회신뢰의 이와 같은 두 가지 상호밀접한 효력을 빗댄 표현이다(Newton, 2013).

태도를 보이는 것은 당연한 반응이라 할 수 있다.

이 뿐만이 아니다. 일반적 사회신뢰 수준이 높은 사람은 일반적으로 사회적 협력과 협동이 가져오는 긍정적 결과에 대해 낙관하는 경향이 강하다(Uslaner and Brown, 2005). 이들은 비열하게 남을 속이거나 상대방에게 의도적으로 해악을 가하는 사람은 드물고, 대부분은 호의를 가진 선한 개인들로 이 사회가 구성돼 있다고 생각한다. 따라서 선한 의지를 가진 대다수 구성원들이 힘을 합쳐 사회적으로 바람직한 일을 도모한다면, 특히 낯선 타인을 무보수로 돕는 자원봉사와 같은 이타적 행위에 몰두한다면, 그와 같은 노력은 더 나은 사회, 살기 좋은 사회, 다 같이 어우러져 함께 잘 사는 사회를 만드는 데 반드시 기여할 것이란 강력한 믿음을 갖고 있다.

요컨대 일반적 사회신뢰 수준이 높은 사람들의 자원봉사참여가능성은 대체로 매우 높다. 또한 일반적 사회신뢰 수준이 높은 사회의 자원봉사참여율은 평균적으로 매우 높다. 그렇다면 이제 우리의 관심사는, 자원봉사참여율을 올리는 요인으로서의 일반적 사회신뢰를 결정짓는 상급 요인은 무엇인가 하는 궁금증으로 모아진다고 할 수 있겠다. 일반적 사회신뢰 수준에 영향을 미치는 요인과 관련해 기존 문헌에는 크게 세 가지 이론적 관점들이 존재한다(Newton, 2013).

하나씩 살펴보면, 첫 번째 관점은 일반적 사회신뢰를 세속적으로 성공한 개인이 갖는 후천적 특성으로 보는 관점이다(Orren, 1997). 이 관점은 간혹 “사회적 성공/복지 이론”이라는 말로도 표현된다. 이는 다양한 변수들을 일반적 사회신뢰의 영향요인으로 가정하고 분석을 시행한 결과, 우리가 일반적으로 세속적 기준에서 성공했다고 보는 개인, 즉 소득과 교육수준이 높고 자신의 현 상태에 대해 만족감을 느끼는 개인이 그렇지 않은 개인보다 미지의 추상적 타자를 더 많이 신뢰하는 것으로 조사된 데 기인한다.[10]

10) 신뢰는 나의 이해관계를 불확실한 타인의 선택 아래에 두는 행동이다. 따라서 일정한 위험을 반드시 동반한다. 여기서 주안점은, 세속적 기준에서 성공한 개인은 그와 같은 위험을 대체로 잘 감수해 낸다는 점이다. 타인에게 속아 심각한 비용이 발생하더라도 자신의 부와 명예, 지적 능력, 그리고 튼튼한 자아관 등을 이용해 어려움을 쉽게 극복할 수 있기 때문이다. 그러나 세속적 기준에서 실패한 개인은 보통 그와 같은 회복탄력성을 갖고 있지 못하다. 따라서 타인에게 속은 대가는 그에게 극복하기 어려운 상당한 부담 요인으로 작용한다. 이런 측면에서, 다른 사람을 쉽사리 믿지 못하고 이기적으로 행동하며 냉소적 태도를 보이는 “사회적 패자”의 모습은 어찌 보면 당연한 방어기제의 발동 결과라 할 수

두 번째 관점은 일반적 사회신뢰를 사회 불평등의 인식 차원에서 보는 관점이다. 이 관점은 정부 부패와 효율성을 주로 연구한 Eric Uslaner(2002)에 의해 집중적으로 제기되었다. Uslaner에 따르면 사회 구성원들은 현재 자신이 속한 사회가 불평등하다고 인식할수록 일반적 타자에 대한 믿음을 철회한다고 한다.11)

마지막 세 번째 관점은 일반적 사회신뢰를 활발한 사회참여활동의 결과로 보는 관점이다. 이 관점은 저명한 사회적 자본 이론가 Robert Putnam(2000; 338)에 의해 설득력 있게 제시되었다. Putnam에 따르면 사람들은 사회경제적 배경을 달리하는 낯선 타인들과 정기적으로 만나 어울리는 가운데 신뢰, 상호호혜, 협동, 공감, 공공선에 대한 인식 같은 이른바 "마음의 습관(habits of the heart)"을 자연스럽게 체득한다고 한다(Bellah, 1985).

Putnam은 이질적 배경을 지닌 개인들을 하나로 묶어 어울리게 하면서 서로 몰랐던 점에 대해 학습하게 만들어주는 다양한 사회참여 매개체 중 제일 눈 여겨 보아야 할 것으로 자발적 결사체를 지목하였다. 앞에서 설명했다시피, 자발적 결사체란 공통의 목표를 지닌 사람들이 자발적으로 만든 집단이다. 자발적 결사체는 공동의 이해관계 달성이라는 일치된 지향점이 없었더라면 애당초 만나지 않았을, 극단적으로 서로 다른 성향과 배경의 사람들을 한자리에 모아 어울리게 하고 이야기를 나누게 하며 집단행동을 모색하도록 유도한다. 이러한 사

있다. 이 뿐만이 아니다. "사회적 승자"는 패자에 비해 낯선 타자들로부터 더 많은 관심과 존경을 받는 경우가 많다. 이러한 차별적 대접은 승자에게는 타인에 대한 이타심과 협동적·낙관적 태도를, 패자에게는 이기심과 냉소적·비관적 태도를 차별적으로 배태시키는 원인이 된다(김욱진, 2014b).

11) 불평등에 대한 인식이 일반적 사회신뢰 수준의 저하로 이어지는 기제를 Uslaner는 크게 두 가지로 설명하였다(Uslaner and Brown, 2005). 첫째, 사회 불평등이 심화되고 있다고 인식하는 순간 저소득층은 기성 정치체계 뿐 아니라 자신들의 이해관계를 대변한다고 광고해온 각종 이익집단들이 더 이상 자신들의 입장을 옹호하기 위해 충분한 노력을 다하지 않고 있고, 오히려 자신들을 기만하고 있다고 판단한다. 이는 모든 형태의 사회참여와 활동들에 대한 냉소적 태도를 불러일으키고 외부 주류사회에 대한 저소득층의 불신을 키우는 계기가 된다. 둘째, 사회적 불평등이 심화되고 있다고 인식하는 순간 저소득층과 부유층은 더 이상 서로를 동일한 경계선 안에 위치한 운명공동체의 동반자로 간주하지 않는다. 불평등의 인식에 의해 야기된 이 같은 분열은 상이한 사회경제적 지위를 가진 사람들 간의 대화와 타협, 협력을 어렵게 만듦으로써 일반적 사회신뢰 수준을 저하시키고 궁극적으로 향후 공동체 번영과 발전에 대한 전망을 어둡게 한다.

회적 혼합(social mixing)은 앞서 언급한 "마음의 습관", 즉 낯선 타인을 믿고 따르며 공감하고 협업하는 정신을 학습시키는 데 매우 큰 효과를 발휘한다. 성향과 배경이 다른 사람들이 모여 공동의 목표 달성을 위해 논의하고 같이 행동을 모색하는 가운데 상호몰이해가 사라지고 편견과 차별의식이 희석되는 한편, 그 빈자리를 협업정신에 대한 의무감과 상호호혜적 규범, 그리고 궁극적으로 내가 직접 경험해 보지 못한 추상적 타자에 대한 믿음이 대신 채워 들어선다는 측면에서다(Putnam, 2000: 137).[12] Rosenblum(1998: 48) 같은 학자는 자

12) 다시 말해, 가입한 자발적 결사체의 수가 많고 각 결사체에서의 활동수준이 높을수록, 즉 사회참여수준이 높을수록 일반적 사회신뢰 수준도 높아짐을 의미한다. 언뜻 보기에 틀린 게 없는 시나리오 같지만, 의외로 이 관계를 전면적으로 부정하는 목소리도 만만치 않게 많음을 독자들은 유념해야 한다(Bekkers, 2012).

반대 입장에 선 학자들은 자발적 결사체에서 활발하게 활동함으로써 몰랐던 미지의 타자의 좋은 부분에 대해 이해하고, 이를 통해 타인을 믿고 따르며 낙관하는 자발적인 시민으로 성장, 발전해 나간다는 논리는 터무니없다고 주장한다. 여기에는 크게 두 가지 이유가 존재하는데, 가장 빈번하게 언급되는 것은, "신뢰"란 일종의 개인의 퍼스낼리티로서 비가변적이고 상당히 안정적인 속성을 지니기 때문이라는 이유이다(Roberts and Mroczek, 2008). 원래부터 남을 잘 불신하는 퍼스낼리티의 소유자는 아무리 활발히 그리고 빈번하게 자발적 결사체에서 활동하더라도 좀처럼 타인을 신뢰하는 특성을 보이기 힘들다는 게 이 비판의 핵심이다. 두 번째 이유는, 자발적 결사체에서 사회경제적, 인구학적 배경이 완전히 다른 이질적 집단의 구성원들을 조우하여 이들과 교류하는 것은 개인에게 외집단에 대한 보다 깊은 이해와 학습 효과를 발생시키는 것이 아니라 정반대로 불쾌감과 갈등, 불화와 같은 부정적 경험을 심어다 줌으로써 오히려 불신을 키우는 계기가 될 수 있다는 지적이다(Robteutscher, 2005).

위 두 입장에 선 학자들은 따라서 자발적 결사체↑ → 일반적 사회신뢰↑의 관계는 성립되기 힘들다고 주장한다(Uslaner, 2002: 4). 이들은 만약 두 변수 간에 어떤 관련성이 존재한다면, 그 인과관계는 뒤바뀌어야 한다고 주장한다. 즉 화살표의 방향은 일반적 사회신뢰↑→자발적 결사체↑이 되어야 옳다고 주장하는 것이다. 자기선택(self-selection) 효과를 적극 반영한 이 가설에 따르면, 미지의 낯선 타인이 정직한 사람이고 나의 뒤통수를 때리지 않을 것이며 나에게 협조할 것이라 굳게 믿는 개인은 모르는 사람들과 "함께 일함"으로써 주어진 목적을 보다 효과적으로 잘 달성할 것이라 생각하기 때문에 그렇게 생각하지 않는 개인에 비해 자발적 결사체에 더 많이 가입하고 더 활발히 활동하는 것으로 여겨진다(van Ingen and Bekkers, 2012).

한편, 자발적 결사체에서의 활동수준이 높은 것이 반드시 개인의 일반적 사회신뢰 수준을 높여주는 요인으로 작동한다고 단정 지어서는 안 된다고 주장하는 학자들도 존재한다. 특수한 목적을 달성하기 위해 사람들이 모이고 일사분란하게 움직이는 것은 그 자체로 구성원들로 하여금 편협한 집단이기주의에 사로잡히게 만드는 원인이 될 수 있다는 측면에서다. 즉, 자발적 결사체 역시 일종의 조직으로서, 태생적으로 집단내부 이익을 갖기 때문에 구성원들 역시 자칫 분파적이고 분열적인 자세를 가짐은 물론 배타적이고 폐쇄적인 조직논리를 체화할 수 있다는 것이다. 문제는, 이 경우 구성원들이 갖게 되는 신뢰는 추상적 타인에 대한 보편적 믿음을 가리키는 일반적 사회신뢰가 아닌, 잘 아는 "우리 사람"에 대

발적 결사체 활동에서 얻게 되는 이 같은 긍정적이고 형성적인 효과를 일출효과(spillover effects)라 표현하기도 하였다.

요약하면, 기존 문헌에는 일반적 사회신뢰의 영향요인과 관련한 이론적 관점이 크게 세 가지가 존재한다. 첫 번째 관점은 일반적 사회신뢰를 세속적으로 성공한 개인의 후천적 속성으로 보는 관점으로서, 구체적으로 소득수준, 교육수준, 생활만족감, 행복감 같은 변수들을 주요 영향요인으로 열기한다. 두 번째 관점은 일반적 사회신뢰를 사회적 불평등에 대한 인식의 결과로 보는 관점으로, 구체적으로 사회지도층이나 부유층과의 사회적 거리감, 상향이동의 가능성에 대한 믿음, 복지국가에 대한 지지적/비판적 태도 등을 주요 영향요인으로 활용한다. 마지막 세 번째 관점은 일반적 사회신뢰를 사회참여활동의 결과로 보는 관점으로, 구체적으로 자발적 결사체 가입여부, 활동정도, 활동의 결과 획득된 시민적 규범(=상호호혜의 의무감) 같은 변수들을 주요 영향요인으로 열거한다.

이 책에서는 이 세 관점 가운데 마지막 세 번째 관점을 주요 분석틀로 삼고자 한다. 이 관점의 핵심은, 자발적 결사체 내에서의 활발한 사회참여가 일반적 사회신뢰를 증가시키는 요인 중 하나라고 보는 데에 있다. 이때 사회참여는 우리가 10.2장에서 줄곧 논의해 온 자발적 결사체 가입여부 및 활동정도와 같은 내용을 담는 변수로서, 둘은 상호호환이 가능하다.

세 번째 관점을 주요 분석틀로 입장을 정리했으니, 이제 자발적 결사체(=사회참여) → 일반적 사회신뢰 → 자원봉사참여율의 경로가 얼마만큼 실제 데이터에 의해 지지되는지 검증할 준비는 다 끝났다고 볼 수 있다. 이 가설은 해외문헌에서는 이미 다수의 실증연구들에 의해 입증된 바 있지만(Bekkers, 2012), 국내의 경우 경험적 데이터에 의해 그 사실 여부가 입증된 바 없어 아직껏 미검증 가설로 잔존해 있는 실정이다(최은숙·이석호, 2011). 따라서 검증을 시도할만한 학문적 가치를 지닌다고 볼 수 있겠다. 가설 검증에는 종단적으로 병합

한 배타적 믿음을 가리키는 특정적 신뢰가 될 가능성이 높아진다는 데에 있다. 따라서 이 관점에 의하면 자발적 결사체에서 활발히 활동하는 사람의 일반적 사회신뢰 수준은 덜 활동하는 사람의 그것보다 오히려 낮게 나타날 수밖에 없다. 이 같은 주장은 Portes(1998)에 의해 처음 제기되었고, 우리나라의 경우 이재혁(1998: 311-335)의 연구에서 집중적으로 논의되었다.

된 〈서울복지패널 1, 2차 조사〉 원자료를 사용하였다. 주요 변수들의 조작적 정의와 측정 그리고 분석방법에 관한 자세한 내용은 아래 각주에 기재하였고,13) 분석결과는 앞의 〈표 10-2〉에 제시하였다.

먼저 Model 1은 자발적 결사체 가입여부 및 활동정도와 자원봉사참여율의 관계를 살피는 연구모형이다. 모형의 검증결과, 가입한 자발적 결사체의 수가 많고 각 결사체에서의 활동이 활발할수록 자원봉사참여율은 높아지는 것으로 나타났다. 이는 앞에서 우리가 사회참여수준 변수를 통해 수차례 입증한 내용과 동일한 것으로, 따로 특기할만한 내용은 없다고 하겠다.

다음으로 Model 2와 3은 자발적 결사체 가입여부 및 활동정도와 자원봉사참여율의 관계에서 일반적 사회신뢰가 매개변수로서 어떤 기능을 하는지 살피는 연구모형이다. 모형의 검증결과, 자발적 결사체 가입여부 및 활동정도(x)가 자

13) 독립변수는 자발적 결사체 가입여부 및 활동정도로서, 사회참여수준 변수를 통해 측정하였다. 사회참여수준 변수는 총 열 한 개 유형의 자발적 결사체들을 열거해 응답자들로 하여금 회원가입여부를 체크케 하고, 가입한 결사체에서의 활동정도를 '매우 적극적으로 활동한다'부터 '전혀 활동하지 않는다'까지 5점 라이커트척도를 써서 기록한 후 이를 합산한 값으로서, 자발적 결사체와 관련된 종합적 척도 역할을 하는 복합변수이다. 사회참여수준 변수의 조작적 정의 및 측정에 관한 자세한 묘사는 5장의 각주 1)의 내용으로 갈음한다.

매개변수는 일반적 사회신뢰이다. 일반적 사회신뢰는 미국 미시건대학교 사회조사연구소(Institute for Social Research)의 세계가치조사(World Value Survey) 설문에 포함된 질문, 즉 "일반적으로, 당신은 대부분의 사람을 믿을 수 있다고 생각하십니까 아니면 사람을 대함에 있어 아주 조심해야 한다고 생각하십니까?"란 단일항목을 통해 측정하는 것이 가장 보편적이다(강내원, 2008: 7). 그러나 이 책의 주요 분석자료인 〈서울복지패널 1, 2차 조사〉 원자료에는 이 같은 항목이 미포함돼 있다. 이에, 시민사회에 대한 불신과 절망을 표시하는 서울복지패널 데이터 상의 다섯 개 항목에 주목하여, 이들을 일종의 대리변수 삼아 일반적 사회신뢰를 측정하는 대안적 방식을 취하였다. 다섯 개 항목을 서술하면 다음과 같다: ① 시민들의 잘못된 기본자세 때문에 우리 사회의 미래는 밝지 않다, ② 우리 사회에서는 아무 기여도 하지 않고도 사회에서 인정받는 경우가 많다, ③ 우리 사회에서는 일상적인 것을 개선하려다 오히려 더 큰 문제가 생기는 경우가 있다, ④ 나는 더 이상 우리 사회 발전을 위해 개선점을 제안하거나 노력할 생각이 없다, ⑤ 우리 사회에서는 시민이 자발적으로 사회 발전을 위한 일을 하는 것이 매우 어렵다. 각 항목은 5점 라이커트 척도로 측정되며, 점수가 작을수록 우리 사회를 불신하고 부정적으로, 반대로 점수가 높을수록 우리 사회를 신뢰하고 긍정적으로 바라보고 있음을 뜻한다. 일반적 사회신뢰의 최종값은 5개 항목들의 응답을 종합한 평균값으로 확정지었다.

마지막으로 종속변수는 자원봉사참여여부이다. 자원봉사참여여부는 "귀하는 지난 일 년(2009. 1.1~2009. 12.31) 동안 자원봉사활동을 하신 경험이 있습니까?"란 질문을 제시하고 이 질문에 대한 답을 "있다"와 "없다"로 측정해 기록한 이항변수이다. 종속변수가 이분형 구조를 띠기 때문에, 분석방법은 로지스틱 회귀분석을 사용하였다.

원봉사참여율(y)에 발생시키는 정적 효과는 일반적 사회신뢰 수준(m)에 의해 부분매개됨을 확인할 수 있었다. 이는 ① (x)가 (m)에 유의한 정적 영향을 미치고, ② (x)를 통제한 상태에서 (m)이 (y)에 유의한 정적 영향을 미치며, ③ (m)를 통제한 상태에서 (x)가 (y)에 유의한 정적 영향을 미치는 한편, ④ Sobel test 실시결과, (m)를 통제한 상태에서 (x)가 (y)에 발생시키는 직접효과(c')가 아무 것도 통제하지 않은 상태에서 (x)가 (y)에 발생시키는 총효과(c)보다 통계적으로 유의미하게 작게 나타났다는 데에서 확증되었다.[14)]

요컨대, 연구결과는 자발적 결사체의 가입여부와 활동정도는 자원봉사참여율에 독립적으로 정적인 영향을 미치지만, 이와 더불어 일반적 사회신뢰를 매개로 자원봉사참여율에 일부 영향을 미친다는 사실을 확인시켜 주었다. 따라서 앞에서 제기한 자발적 결사체(=사회참여) → 일반적 사회신뢰 → 자원봉사참여율의 인과적 연결고리는 국내의 실증적 데이터에 의해서도 지지된다고 결론지을 수 있겠다. 무엇보다, 이 같은 연구결과는 우리나라도 선진 외국 국가와 마찬가지로 각종 모임과 집단, 단체에 가입하여 왕성하게 사회참여활동을 하는 개인이 그렇지 않고 사회적으로 소통하지 않고 고립된 개인보다 낯선 미지의 타자를 더 많이 신뢰하고, 바로 그러한 신뢰와 낙관이 자원봉사참여가능성을 높이는 요인으로 부분적으로 작용한다는 사실을 보여주었다는 점에서 의미가 크다고 하겠다.

3. 종교기관과 자원봉사

마지막으로 살필 사회연결망 관련 소주제는 종교기관과 자원봉사의 관계이다.

14) 로지스틱 회귀모형에 적합화된 Sobel Test 방식에 의거하여(Herr, 2014) 여기서 검토 중인 매개효과의 통계적 유의성을 검증해 보면, 독립변수에서 매개변수로 가는 경로계수를 a, 독립변수를 통제한 상태에서 매개변수에서 종속변수로 가는 경로계수를 b, 독립변수에서 종속변수로 가는 경로계수를 c, 매개변수를 통제한 상태에서 독립변수에서 종속변수로 가는 경로계수를 c'라 했을 때, 각각의 계수(표준편차)는 0.015(0.003), 0.097(0.025), 0.144(0.023), 0.139(0.023)로 계산됐고, Sobel test의 z값은 3.01, $p=0.0005$로 계산됐다. 따라서 총효과(c)와 직접효과(c')가 같다는 영가설은 기각됐으며, 직접효과는 $a=0.01$에서 총효과보다 유의미하게 작음이 확인되어, 부분매개효과는 실제로 존재한다는 결론을 도출할 수 있었다.

이 관계를 살피는 데 있어 가장 주목을 해야 할 쟁점사안은, 종교단체에 소속돼 그곳에서 다양한 사회적 관계를 맺으면서 연결망을 구축하는 것은 자원봉사참여수준에 어떠한 영향을 미칠까 하는 의문의 제기라 할 수 있다.

종교기관과 자원봉사의 관계와 관련해 현재 문헌에서 가장 그럴듯하게 제기되는 가설은 종교단체에 참석해 그곳에서 다른 교인들을 공식·비공식적으로 만나 정기적으로 상호작용을 하는 것은 자원봉사참여율에 긍정적인 영향을 미친다는 논리이다(Smith and Stark, 2013). 이 논리의 핵심은 사람들을 자주 만나 사회적 관계망을 두텁고 넓게 쌓을수록 자원봉사기회를 더 많이 접하게 되고 요청을 더 많이 받게 되며 봉사와 관련된 숙고를 더 자주 한다는 데 있다. 따라서 이러한 관점에서는 종교인들의 자원봉사참여수준이 비종교인들의 그것보다 높게 나타나는 것은 논리적으로 전혀 놀라운 일이 못 된다.

일반적으로 종교인들은 비종교인들보다 신실성, 동조성 등의 퍼스낼리티를 보다 많이 내면화한다. 따라서 인내와 희생, 사랑 등의 이타적 속성이 그 어느 사회적 활동보다 더 강력히 요구되는 자원봉사활동에서 좀더 적극적인 태도를 보이는 것은 당연하다(Einolf, 2011b). 그러나 이번 10.3장에서 다루는 주제는 그와 같은 종교인들의 내면적 속성, 예컨대 믿음의 강도나 퍼스낼리티와는 거리가 멀다. 10장 3.에서 다루는 주제는 종교적 믿음과는 별개로 생각할 수 있는 종교관련 사회적 네트워크, 다시 말해 종교단체 혹은 기관이다. 둘을 별개로 간주해야 하는 까닭은, 종교적 믿음이 아무리 강하다고 해도 교회, 성당, 절 등의 종교시설에는 정작 나타나지 않는 "조용한" 교인이 있는 반면, 그러한 시설에 꾸준히 나타나 주위 교인들과 긴밀한 관계를 유지하지만 종교적 믿음의 강도나 신실성 등에 있어서만큼은 강한 의구심이 드는 "겉만 번지르르한" 교인도 있음을 생각해 보면 쉽게 이해가 가리라 생각한다.

요컨대, 종교적 믿음을 갖고 있는 것과 종교단체에 참석해 그곳에서 사람들과 자주 어울리면서 지속적으로 교제활동을 벌이는 것은 분리해서 살펴야 할 사안이다. 전자는 한 개인의 믿음의 문제라는 점에서 개인적 자원의 차원에서 살펴야 할 사안이고, 후자는 사회적 관계의 문제라는 점에서 사회적 자원의 차원에서 살펴야 할 사안이다(Tienen et al., 2011).

우리는 앞에서 종교적 믿음이 있는 것은 자원봉사참여수준을 높이는 매우 강력한 영향요인이 됨을 서울복지패널 등 각종 실증적 자료들을 통해 여러 번 입증하였다. 그렇다면 종교적 믿음을 갖고 있는 것과는 별개로, 종교단체에 소속돼 그곳에서 많은 사람들을 만나면서 오랜 시간 교제하는 것은 자원봉사참여수준에 어떠한 영향을 미칠까? 종교적 믿음과 종교단체 참석여부를 별개의 사안으로 보는 관점에서는 이와 같은 질문이 전혀 이상하지 않은, 당연한 문제제기로 여겨진다.

서구의 여러 실증연구 결과들을 살펴보면, 교회나 성당, 절 등의 종교단체의 회합에 참석하는 것과 자원봉사참여율 사이에는 상당히 강력한 상관관계가 놓여있음을 즉각 알 수 있다. 여기에는 거의 의견의 불일치가 없다. 예를 들어, 호주 통계청의 한 연구보고서에 의하면 자원봉사자들 가운데 교회에 정기적으로 참석해 예배를 보는 사람들은 30.6%인 반면, 비자원봉사자들 가운데 교회에 정기적으로 참석해 예배를 보는 사람들은 11.1%에 불과한 것으로 조사되었다고 한다(Australian Bureau of Statistics, 2011). 캐나다의 한 설문조사도 이와 유사한 결과를 보고하였다. 구체적으로, 매주 교회에 참석하는 교인들의 자원봉사참여율은 평균 40%였지만, 전혀 나가지 않는 비교인들의 자원봉사참여율은 25%에 불과하였다(McKeown et al., 2004).

봉사참여율 뿐 아니라 봉사시간에 있어서도 종교단체의 회합에 정기적으로 참여하는 사람과 그렇지 않은 사람 간에 상당한 차이가 존재하는 것으로 연구들을 보고한다. 예를 들어, 앞에서 언급한 Mckeown과 그의 동료들(2004: 10)의 설문조사 결과에 따르면 교회에 전혀 나가지 않는 비교인들의 연간 총자원봉사시간은 148시간이었던 반면, 매주 교회가 정기적으로 나가는 교인들의 연간 총자원봉사시간은 202시간에 달해 두 집단 간 격차가 상당한 것으로 보고한 바 있다. 이와 유사하게, 미국 내에서 매주 빠짐없이 정기적으로 교회에 나가 예배를 보는 교인만을 조사대상으로 한 설문조사에 따르면, 그와 같은 “독실한” 교인들은 전체 미국인구의 약 37%를 차지하는데 이들이 수행하는 연간 총자원봉사시간은 미국인구 전체가 수행하는 연간 총자원봉사시간의 무려 59%를 담당하였다고 한다(Musick and Wilson, 2008: 279). 이 같은 조사결과들은 모두 종교기관에 정기적으로 참석하는 것과 자원봉사시간 간의 긴밀한 상관관계에 대한 좋은 실증적 증거가 된다.

〈표 10-3〉 자원봉사자와 비자원봉사자의 종교단체 참석빈도 차이

	거의 매주	한 달에 한두 번	일 년에 몇 번	전혀 참석안함	총계	Cramer's V값/유의확률
자원봉사자	147(33.0)	50(24.4)	67(20.6)	21(20.6)	285(26.4)	18.17/0.001**
비자원봉사자	299(67.0)	155(75.6)	259(79.4)	81(79.4)	794(73.6)	
총계	446(100)	205(100)	326(100)	102(100)	1079	

단위: 명(%)
$^*p < 0.05$, $^{**}p < 0.01$, $^{***}p < 0.001$

우리나라에서도 이와 유사한 패턴을 쉽게 목격할 수 있다(최은숙·이석호, 2011). 예를 들어 〈2008년 전국 자원봉사활동 및 기부에 대한 조사〉의 설문지 원안을 보면 "교회나 절, 성당에서의 예배, 예불, 미사 등을 위해 종교단체 등에 얼마나 자주 참석하십니까?"라는 질문이 포함돼 있다. 이 질문에 대해 거의 매주 참석한다고 답한 사람의 33%가 지난 일 년 간 한 차례 이상 자원봉사활동에 참가해 봤다고 대답하였다. 그러나 이와 대조적으로 한 달에 한두 번 참석한다고 답한 사람의 오직 24.4%만이, 그리고 일 년에 몇 번 참석한다는 사람의 20.6%, 전혀 참석하지 않는다고 답한 사람의 20.6%만이 지난 일 년 간 최소 한 차례 이상 자원봉사활동에 참가해 봤다고 답한 것으로 조사되었다(〈표 10-3〉 참조). 이 같은 결과는 다른 나라들과 마찬가지로 우리나라에서도 종교단체 참석빈도와 자원봉사참여율 간에 높은 정적 상관관계가 있음을 보여주는 실증적 증거라 할 수 있다(명목변수간 상관관계를 나타내주는 Cramer's V의 p-value$=0.001$ at $a=0.01$).

〈표 10-4〉 종교적 믿음이 종교단체활동을 매개로 자원봉사참여에 미치는 영향에 관한 이항로짓모형 분석결과

		Model 1	Model 2	Model 3
여성		0.259*	0.205+	0.201+
연령(a)	20세이상~30세미만	-1.238***	-1.257***	-1.268***
	30세이상~50세미만	-1.294***	-1.341***	-1.364***
	50세이상~65세미만	-0.992**	-1.072**	-1.109**
	65세이상	-1.429***	-1.521***	-1.563***
학력(b)	고졸	0.616**	0.534**	0.540**
	전문대졸	0.715**	0.586*	0.587*
	4년제대졸	0.689***	0.551**	0.557**
	석사이상	1.470***	1.305***	1.309***
未취업		0.222+	0.219+	0.217+
혼인(c)	이혼/별거	-0.686+	-0.677+	-0.671+
	사별	0.084	0.101	0.088
	미혼	-0.093	-0.063	-0.062
	미성년	0.102	0.047	0.040
소득(d)	100만이상~200만미만	0.292	0.282	0.285
	200만이상~300만미만	0.228	0.229	0.222
	300만이상~400만미만	0.369+	0.365	0.362
	400만이상~500만미만	0.359	0.343	0.339
	500만원이상	0.504*	0.515*	0.503*
이전년도 봉사경험有		1.927***	1.864***	1.856***
종교有		0.512***	-	0.204+
종교단체 활동정도		-	0.322***	0.288***
상수항		-3.010***	-3.231***	-3.243***
R^2		0.31	0.37	0.39

주 1: 표 안의 숫자는 모두 비표준화 회귀계수임.
주 2: 준거집단: (a) 20세미만; (b) 고졸미만; (c) 기혼; (d) 100만원미만
+p 〈 0.10, *p 〈 0.05, **p 〈 0.01, ***p 〈 0.001

이 책의 주요 분석자료인 종단적으로 병합된 〈서울복지패널 1, 2차 조사〉 원자료 역시 동일한 결과를 보여준다(〈표 10-4〉 참조). 그러나 이 책에서는 분석의 정밀성을 제고하기 단순히 종교단체 활동정도가 자원봉사참여수준에 미치는

영향만을 보지 않고, 종교적 믿음이 종교단체 활동정도를 매개로 자원봉사참여수준에 미치는 매개적 영향관계를 살펴보았다. 먼저 표의 Model 1은 종교적 믿음을 갖고 있는지 여부를 독립변수로 설정한 상태에서 응답자의 자원봉사참여여부를 살피는 연구모형이고, Model 2는 종교단체에 참석해 활동하는 정도를 독립변수로 설정한 상태에서 응답자의 자원봉사참여여부를 살피는 연구모형이다. Model 3은 Model 1과 2에서 특정한 독립변수를 동시에 투입한 상태에서 응답자의 자원봉사참여여부를 살피는 연구모형이다.

모형의 검증결과, 종교적 믿음이 있는 것은 자원봉사참여율에 통계적으로 유의미하게 정적인 영향을 미쳤고(Model 1, $p=0.000$), 종교단체에 참석해 활동하는 정도가 많으면 많을수록 자원봉사참여율은 통계적으로 유의미한 수준에서 증가하는 것으로 나타났다(Model 2, $p=0.000$). 하지만 이와 동시에 종교적 믿음을 갖고 있는 것은 그 자체로 자원봉사참여율에 정적인 영향을 미치지는 않는 것으로 드러났다. 종교적 믿음과 종교단체 활동정도를 동시에 투입해 자원봉사참여여부에 미치는 상대적 영향력을 살핀 Model 3의 검증결과에 따르면, Model 1에서 통계적으로 유의미했던 종교적 믿음 변수가 Model 3에서는 통계적 유의성을 상실하고 말았기 때문이다(Model 3, $p=0.075$). 이 같은 결과는 종교적 믿음을 갖고 있는 것은 오로지 종교단체에 참석해 활발히 활동하는 행위를 통했을 때에야 비로소 자원봉사참여여부에 정적인 영향을 미친다는 사실을 암시한다. 즉, 종교적 믿음은 종교단체 활동정도를 완전매개 삼아 자원봉사참여여부에 정적인 영향을 미치는 쪽으로 분석결과가 나타났다는 것이다.

종교적 믿음(x) → 종교단체 활동정도(m) → 자원봉사참여율(y) 사이에 존재하는 완전매개적 관계가 실제로 존재하는지 여부를 알기 위해 매개효과 분석을 실시해 보았다. 분석결과, 매개효과는 통계적으로 유의하게 존재하는 것으로 확인되었다. 이는 ① (x)가 (m)에 유의한 정적 영향을 미치고, ② (x)를 통제한 상태에서 (m)이 (y)에 유의한 정적 영향을 미치며, ③ (m)를 통제한 상태에서 (x)가 (y)에 유의적이지 않은 정적 영향을 미치는 한편, ④ Sobel test 실시결과, (m)를 통제한 상태에서 (x)가 (y)에 발생시키는 직접효과(c')가 아무 것도 통제하지 않은 상태에서 (x)가 (y)에 발생시키는 총효과(c)보다 통계

적으로 유의미하게 작게 나타났다는 데에서 확증되었다.[15)]

위 결과는 종교적 믿음이 있는 사람의 자원봉사참여율이 높은 까닭은 이들이 체화한 종교적 소신이나 믿음의 강도, 그에 따른 정서적 고양 때문이라기보다는, 이들이 교회나 성당, 절 등의 종교단체에 나가 다른 교인들과 활발하게 교제하면서 사회적 연결망을 넓고 두텁게 쌓고, 그 와중에 비교인들보다 자원봉사기회를 더 많이 접하게 되고 요청을 더 많이 받게 되며 봉사와 관련된 숙고를 더 자주 할 가능성이 높아졌기 때문이라는 사실을 명백히 보여준다. 쉽게 말해, 아무리 종교적 믿음이 크다 해도 자원봉사활동을 한다고 보장할 수 없으며, 종교적 믿음이 큰 사람들이 자원봉사활동을 하는 중요한 원인은 이들이 종교기관에 정기적으로 참석하기 때문이라는 뜻이다. 자원봉사 현상을 연구하는 데 있어서 종교단체에서의 사회적 참여활동이 갖는 의미를 보여주었다는 점에서 위 연구결과는 학문적으로 의미가 크다고 하겠다.

---

15) 로지스틱 회귀모형에 적합화된 Sobel Test 방식에 의거하여(Herr, 2014) 여기서 검토 중인 매개효과의 통계적 유의성을 검증해보면, 독립변수에서 매개변수로 가는 경로계수를 a, 독립변수를 통제한 상태에서 매개변수에서 종속변수로 가는 경로계수를 b, 독립변수에서 종속변수로 가는 경로계수를 c, 매개변수를 통제한 상태에서 독립변수에서 종속변수로 가는 경로계수를 c'라 했을 때, 각각의 계수(표준편차)는 0.248(0.007), 0.237(0.024), 0.159(0.026), 0.046(0.028)로 계산됐고, Sobel test의 z값은 9.29, $p=0.006$로 계산됐다. 따라서 총효과(c)와 직접효과(c')가 같다는 영가설은 기각됐으며, 직접효과는 $a=0.01$에서 총효과보다 유의미하게 작음이 확인되어, 완전매개효과는 실제로 존재한다는 결론을 도출할 수 있었다.

11
chapter

봉사요청네트워크와 자원봉사

지금까지 우리는 참여율 혹은 시간 등을 자원봉사참여수준의 구체적 종속변수들로 사용하면서 여기에 영향을 미치는 요인들을 대부분 개인이 가진 내면적 성향, 인적자원의 종류 및 양 혹은 사회적 자원의 양이나 질 측면에서만 검토하였다. 개인적 측면과 사회적 측면을 동시에 검토한 셈인데, 완벽해 보이지만 이 같은 접근 방식은 한 가지 공통적인 한계점을 가진다. 자원봉사를 공급의 측면에서만 살피고 수요의 측면에선 살피지 않는다는 점이 바로 그것이다. 여기서 수요란 자원봉사활동의 대상자들 - 개인과 집단 모두 포함 - 이 도움을 필요로 하는 정도를 의미한다.

자원봉사참여수준은 봉사 당사자의 의지와 노력, 개인적 자원, 사회적 자원의 양과 질 등에 의해 결정되는 측면이 강하다. 하지만 모든 인간의 사회적 활동은 그와 같은 활동을 공급하는 사람의 의지, 노력, 자원 뿐 아니라 그러한 활동을 필요로 하는 사람의 시급함, 다급함, 절박함 등에 의해 결정되는 측면도 분명 존재한다. 필요가 없는데 사회적 활동이 거래될 리 만무하다는 얘기다. 자원봉사활동에도 이 같은 법칙은 똑같이 적용된다. 일종의 사회적 활동으로서 자원봉사참여는 봉사자 개인의 의지, 노력, 자원에 의해 결정되는 측면이 있는가 하면, 봉사 대상자의 시급함, 다급함, 절박함에 의해 결정되는 측면도 분명 존재한다 (Musick and Wilson, 2008: 288).

따라서 자원봉사참여수준은 봉사자의 의지, 노력, 자원이 빈약하고 부실한 상황에서조차 외부에서 누군가의 강력한 요청이 들어오면 얼마든지 증가할 수 있는 구조를 띤다. 이는 이 책에서만 볼 수 있는 독특한 주장이 아니고, 수많은 자원봉사 관련 실증연구들에 의해 반복적으로 입증된 사실이다(박화윤·최재숙, 2001; 이강현 외, 2003; Bryant et al., 2003: 47). 요청, 즉 수요가 있으면 자원봉사참여수준은 상승하는 것이 학계의 정설이라는 얘기다. 따라서 지금 언급되고 있는 수요 관련 논리를 그대로 받아들인다면, 요청이 처음부터 아예 없었다거나 혹은 요청이 있었어도 중간에 어떤 이유로 인해 사라지거나 약화되었다면, 자원봉사참여수준은 얼마든 저조해질 수 있음을 독자들은 유념해야 한다.

봉사요청과 자원봉사참여수준의 정적 관계를 입증한 연구들은 상당히 많다. 예를 들어, Musick과 Wilson(2008: 290)은 독립섹터조사(Independent Sector Survey) 원자료를 분석해 봤더니, 지난 일 년 간 한 번이라도 봉사요청을 받은 적이 있는 사람들의 4분의 3은 실제로 지난 일 년 간 한 번이라도 자원봉사를 해본 적이 있었다고 응답했지만, 이와 반대로 지난 일 년 간 단 한 차례도 봉사요청을 받아본 적이 없는 사람들의 경우는 오로지 15%만이 지난 일 년 간 실제로 자원봉사를 해 보았다고 응답했다고 한다. 이는 "봉사요청을 받은 적이 있음"과 "자원봉사참여율" 사이의 강력한 정적 상관관계를 보여주는 명백한 실증적 증거라 할 수 있다.

뿐만 아니라 봉사요청을 받아본 적이 있는 사람은 그와 같은 요청을 전혀 받아본 적이 없는 사람보다 훨씬 더 많은 시간을 자원봉사활동에 투자하는 것으로 드러났다. 이는 Musick과 Wilson(2008: 290)이 독립섹터조사 자료를 분석해 보았더니, 전체 설문응답자 중 지난 일 년 간 봉사요청을 받아본 적이 있는 사람의 비율은 44%로 채 절반에 미치지 못하였으나, 이들이 기여한 총자원봉사시간은 데이터 상에 나타난 응답자 전체의 총자원봉사시간의 무려 81%를 차지했다는 데에서 잘 확인된다.

그렇다면 이제 우리의 궁금증은, 봉사요청을 받아본 적이 있는 사람의 자원봉사참여수준은 요청을 받아본 적이 없는 사람의 그것보다 왜 더 높게 나타날까 하는 의문으로 이어진다고 할 수 있겠다. 여기에 대한 답은 두 가지 관점에서 생각해 볼 수 있다. 첫 번째 관점은 사회적 압박 개념과 관련되고, 두 번째 관점은 신호효과 개념과 관련된다. 구체적으로 살펴보면, 전자는 봉사요청을 받는 사람은 그와 같은 요청을 한 사람과의 우호적인 사회관계 유지에 대한 필요성 때문에 싫은 상황에서도 싫다 하지 않고 "자발적"으로 봉사활동에 참여하고 활동을 지속한다는 논리로 구성된다(DellaVigna, List, and Malmendier, 2012). 관계망 이론에 따르면 이렇게 싫다 말하지 못하는 "비자발적" 자원봉사자들은 강한 유대로 엮인 집단에 소속돼 있을 가능성이 크다고 한다(Paik and Navarre-Jackson, 2010). 이와 대조적으로, 후자는 애당초 봉사활동을 열심히, 오래, 잘 할 것 같이 보이는 사람에게 봉사요청이 주로 몰리기 때문에(=신호효과, signaling effects) 봉사요청을 받은 사람들의 자원봉사참여수준은 높게 나타나는 게 당연하다는 논리로 구성된다(Ward and McKillop, 2011). 관계망 이론에 따르면 이와 같이 일을 잘 할 것이라 지레 짐작된 "능력자" 봉사자들은 주로 약한 유대(weak ties)로 엮인, 사회경제적으로 안정된 기득권 집단의 구성원일 가능성이 크다고 한다(Paik and Navarre-Jackson, 2010).

두 관점은 다소 다른 입장을 나타낸다. 하지만 공통점도 있다. 봉사활동에 참여해 달라는 요청은 주로 사회적 관계망 - 그것이 약한 유대가 됐건 아니면 강한 유대가 됐건 - 을 많이 보유한 사람에게 몰리며, 봉사요청과 관련된 이러한 각종 사회관계망들은 다양한 사회경제적·인구학적 요인들의 자원봉사에 대한 효과를 매개함으로써 한 개인의 자원봉사참여수준에 영향을 미친다는 점이 바로 그 공통점의 핵심이다. 실제로 Musick과 Wilson(2008: 295)은 '봉사요청 받아본 적 있음'을 매개변인으로 설정한 상태에서, 다양한 사회경제적·인구학적 요인들, 구체적으로 성별, 인종, 연령, 학력, 소득, 자가보유여부, 근로상태, 혼인상태 등이 한 개인의 자원봉사참여여부에 미치는 영향력을 검증한 바 있다. 검증결과, 봉사요청을 받아본 적이 있는지 여부는 독립변인인 성별, 인종, 연령, 학력, 소득, 자가보유여부, 근로상태, 혼인상태와 종속변인인 자원봉사참여여부의 관계를 완전 혹은 부분 매개함으로써 나름의 영향력을 발휘하고 있음이 확인되었다.

그렇다면 여기서 잠깐 '봉사요청을 받아본 적 있음 → 자원봉사참여수준↑'

논의는 일단 잠시 멈추고, 다음과 같은 하나의 상황을 가정한 후 봉사자 모집과 관련된 다소 현실적인 문제를 다 같이 한 번 고민하는 시간을 갖도록 하자. 조금 뜬금없는 문제제기로 보일 수 있겠으나, 결과적으로 봉사요청과 관련된 논의와 곧 맞물릴 내용이니 독자들은 인내심을 갖고 읽어주길 바란다.

제시하고자 하는 상황은 다음과 같다: 『당신은 현재 지역복지관에서 일하는 사회복지사다. 올 상반기 당신에게 주어진 제1 업무는 지역사회 봉사프로그램을 스스로 개발해 운영하는 것이다. 특히 당신은 상사의 명령에 따라 아주 유능하고 신뢰할 수 있는 생산적인 자원봉사자들을 상대적으로 적은 시간과 돈, 노력을 들여 효율적으로 선별, 모집해야 하는 어려운 상황에 처해있다. 여기서 상황이 어렵다고 말한 이유는, 당신은 해당 지역복지관에 입사한 지 아직 한 달이 채 지나지 않은 풋내기 사회복지사로서, 봉사관련 업무를 떠맡은 것은 이번이 처음이기 때문이다. 자, 이제 현실적인 고민을 시작해 보자. 당신은 이 복지관 주변 지역에서 어떠한 인구사회학적 특성을 가진 사람들을 주요 타깃으로 삼아 봉사자 모집활동을 펼쳐야만 당신의 상사가 가장 만족할만한 결과를 안겨다 줄 수 있을까?』

여러 가지 시나리오들을 생각해 볼 수 있겠다. 몇 가지 예를 들면, ① 인접한 복지관을 찾아가 유사업무를 수행해 본 경험이 있는 사회복지사들을 면담하고 그들로부터 어떤 사람들을 주요 타깃으로 삼아야 좋은지 조언을 얻는 방법, ② 담당 구청에 찾아가 기존의 열혈(?) 봉사자 리스트를 직접 획득해 이들을 일일이 접촉하고 참여를 요청하는 방법, ③ 각종 공개 패널데이터들을 활용해 자원봉사경험이 있는 사람들만 추려내 이들의 인구사회학적 특징들을 요약정리한 후 그와 같은 특성을 가진 사람들한테만 집중적으로 봉사자 모집광고를 내는 방법 등등이 있겠다.

모두 다 효과적인 방법이 될 수 있다. 그러나 여기서는 위와 같은 통상적인 방법 외에 공개된 대규모 설문조사 자료들을 활용해 '이미 봉사요청을 받아본 사람들'을 주요 타깃으로 삼는 방법에 대해 살펴보고자 한다. 이 방법은 위에서 언급한 ③번 방식과 상당히 유사한데, 차이점은 그 대상이 자원봉사경험이 있는 사람이 아니라 봉사요청을 한 번 이상 받아본 사람들로 한정된다는 데 있다.

즉, 봉사요청을 이미 받아본 사람들로 대상자들을 제한한 후, 〈서울복지패널〉이나 〈노인복지패널〉, 〈전국 자원봉사활동 및 기부에 대한 조사〉 등 널리 애용되고 있는 대규모 설문조사 자료들을 활용해 이들의 인구사회학적 특징들을 분석해 내고, 그 다음 그와 같은 특징을 갖고 있는 사람들을 중심으로 봉사자 모집전략을 펼치는 방법이라는 것이다.

이 방법이 앞에서 제시한 방법들보다 봉사자 모집에 좀더 효과적인 결과를 낳을 수 있는 까닭은, 기존에 한 번 이상 봉사요청을 받아본 사람들의 특징을 바탕으로 향후 봉사요청의 대상이 될 만한 사람들을 물색한다는 점 때문이다. 과거에 이미 봉사요청을 받아보았다는 것은 그만큼 그 사람이 주변 사람들 혹은 봉사단체들로부터 우수한 봉사자로서 능력을 좋게 평가받았다는 것을, 즉 적격심사(screening process)에서 무난히 통과했다는 것을 함의한다. 또한 요청을 받았을 시 그것을 대놓고 거절하기가 쉽지 않은 사회적 위치에 놓여 있어서 향후 또 다른 봉사참여 요청이 들어왔을 때 상당한 압박감을 느끼면서 요청을 수락할 가능성도 높음을 함의한다. 봉사요청을 받아본 적 있는 사람이 그와 같은 요청을 받아보지 못한 사람보다 확률적으로 봉사활동에 참여할 가능성이 더 높고, 또 일단 참여하면 더 오랫동안 우수한 활동을 유지할 것이란 주장은 바로 이와 같은 논리에서 나온다(Bryant et al., 2003). 어쨌든, 봉사요청을 한 번 이상 받아본 사람들의 평균적인 인구사회학적 특징을 알아내 이를 토대로 모집전략을 짜 잠재적 봉사자들을 물색하면, 봉사참여 요청이 거절될 확률을 줄일 수 있음과 동시에 시간과 노력, 돈을 절약하면서 우수한 봉사인력을 가능한 한 많이 확보할 수가 있다.

실제로 Musick과 Wilson(2008: 291)은 독립섹터조사(Independent Sector Survey) 원자료를 이용해 위에서 묘사한 방법을 그대로 시현해 보였다. 즉 이들은 매우 실용적 관점에서 봉사단체의 봉사자 모집전문가의 입장에 서서, 어떠한 인구집단을 집중 공략하는 것이 가장 적은 시간과 돈, 노력을 들이면서 가장 우수한 봉사인력을 되도록 많이 모집할 수 있을지 궁리한 것이다. 이를 위해 두 연구자들은 '봉사요청을 받아본 적 있음'을 종속변수로 두고, 다양한 개인적, 인구학적 변수들, 구체적으로 성별, 연령, 교육수준, 수입, 고용상태, 혼인상태, 종교여부 등을 독립변수로 둔 후 다중회귀분석을 실시하였다.

분석결과, 남성보다는 여성이, 유색인종보다는 백인이, 저학력자보다는 고학력자가, 저소득층보다는 고소득층이, 전일제근로자/은퇴자/무급가족노동자보다 시간제근로자가, 자녀가 없는 사람보다 자녀가 있는 사람이, 무신론자보다는 종교적 믿음을 가진 사람이 통계적으로 유의미하게 봉사요청을 더 많이 받아본 경험이 있는 것으로 나타났다. Musick과 Wilson(2008: 291)은 이러한 분석결과를 바탕으로 봉사자 물색 단계에 있는 봉사프로그램 담당자가 여성, 백인, 고학력자, 부유층, 시간제근로자, 자녀가 있는 부모, 종교적 믿음이 강한 자들을 집중 공략한다면, 가능한 한 적은 시간과 돈, 노력을 들여 가장 우수한 봉사인력을 가장 많이 모집할 수 있을 것이라고 주장하였다.

한편, 또 다른 하나의 시나리오도 상정해 볼 수 있다. 이 시나리오는 공개된 설문조사 데이터들을 활용해 잠재적 봉사자들을 총 네 가지 부류로 나누는 방법이다. 구체적으로, 봉사요청을 받아본 적이 있고 또 그 요청을 실제 수락한 사람들(=순응자 conformists), 봉사요청을 받아본 적은 있으나 실제로는 수락하지 않은 사람들(=거부자 decliners), 봉사요청을 받아본 적도 없는데 봉사활동에 참여한 사람들(=이타주의자 altruists), 봉사요청을 받아본 적도 없고 자원봉사를 해본적도 없는 사람들(=무관심자 disengaged) 등 설문응답자들을 총 네 집단으로 나누고, 각 집단별 인구사회학적 특징들을 면밀히 비교조사한 뒤 순응자를 주요 타깃 삼아 잠재적 자원봉사자를 집중적으로 모집하는 방법이다. 당연히, 이 방법에서 거부자는 봉사자 모집프로그램의 효율적 운영과 관리 목적 상 기피대상 1호가 된다.

Musick과 Wilson(2008: 293-294)은 이 방법 역시 독립섹터조사(Independent Sector Survey) 자료를 활용해 시현해 보였다. 중다회귀분석 결과, 첫 번째 순응자 집단과 연관되는 유의미한 예측요인으로는 여성, 중년, 백인, 고학력자, 고소득층, 기혼자, 자녀양육자, 자영업자, 자가소유자, 종교인이, 세 번째 이타주의자 집단과 연관되는 예측요인으로 백인, 고학력자, 중간수준소득자, 자영업자, 종교인이 포착됐다. 이와 대조적으로 두 번째 거부자 집단과 관련된 요인으로는 미혼 혹은 사별자, 자녀없는 자, 비종교인이, 마지막 네 번째 무관심자 집단과 관련되는 요인으로는 남성, 노인, 유색인종, 저학력자, 저소득자, 은퇴자 혹은 무직자, 미혼, 월세자, 종교인 등이 포착됐다.

미국이라는 특수한 나라에 제한돼 수행된 연구이긴 하나, 이 연구결과는 한 사회의 삶의 모습이 심지어 자원봉사의 측면에서조차 상당히 양극화돼 나타나고 있음을 단적으로 보여준다는 점에서 주목할 만한 발견이라 할 수 있다. 예를 들어, 순응자와 이타주의자의 속성으로 지목된 요인들은 대다수 사회에서 주류집단이 가진 특징들로 잘 알려진 것들이다. 주류집단은 보통 우리가 정치적, 경제적 생활의 다양한 면면들에서 특권을 향유하고, 가정과 직장에서 상당 수준의 자율성과 융통성을 보장받으며, 다양한 개인적, 사회적 자원들을 수준급으로 갖춘 사람들을 일컫는 말이다. 이들은 자원봉사 현장에서 봉사참여 요청을 자주 받을 뿐 아니라 요청을 받았을 시 이를 수락할 가능성도 높은 사람들이다. 그만큼 특정한 임무의 수행에 있어 능력을 이미 인정받았고, 자신의 사회적 명성과 체면을 중시한다는 뜻이다.

이와 대조적으로, 거부자와 무관심자의 고유한 속성으로 지목된 요인들은 사회 중심부에서 멀리 떨어진 채 근근이 생계를 유지해 나가는 소외계층의 특징들을 고스란히 보여준다. 예컨대, 직업이 없고 은퇴를 했으며 소수인종 출신에 학력과 소득이 낮은 자, 게다가 집도 없고 결혼도 하지 않은 자가 거부자와 무관심자 집단의 대부분을 차지한다고 했는데, 이와 같은 처지에 놓인 사람들 중 무급으로 낯선 타인을 도와주는 봉사활동에 자발적으로 흔쾌히 나설 수 있는 자는 그리 많지 않다. 그만큼 소외계층은 봉사요청을 받을 확률이 낮고, 요청을 받아도 그것을 수락하지 않을 - 정확히 말해, 수락하고 싶어도 그러지 못할 - 어려운 상황에 처해 있는 것이다.

어찌되었든 위 조사결과는 봉사프로그램을 효과적으로 운영, 관리하는 데 관심이 있는 사회복지사라면 주로 순응자들을 주요 타깃으로 삼아 봉사자 모집활동을 전개하면 효과적인 결과를 낳을 수 있다는 점을 시사한다. 순응자들은 일단 능력을 검증받은 사람들로서, 봉사참여를 요청하면 이내 그 요청을 승낙할 사람들이다. 이타주의자들도 참여를 요청하면 곧 승낙표시를 보일 것이다. 하지만 이들은 굳이 요청을 하지 않아도 알아서 봉사단체에 자기 발로 찾아올 사람들이기 때문에 괜히 힘을 쏟을 필요가 없는 대상자들이라 할 수 있다. 물론 거부자와 무관심자는 가능한 한 봉사요청대상 리스트에서 빼는 것이 좋겠다. 힘들게 봉사요청을 해 봤자 거절당할 것이 뻔하고, 거절당하지 않고 본인이 흔쾌히 요청을 승낙한다 해도 개인 역량의 측면에서 봤을 때 봉사단체에 기여할 바가 극히 적기 때문이다.

매우 합리적인 프로그램 운영 방안 같아 보이지만, 위에서 언급한 내용들은 봉사프로그램을 운영하는 해당 단체 및 조직의 차원에서만 합리적일 뿐(=도구적 합리성은 존재함) 전체 사회의 차원에서 봤을 때는 기존에 존재하고 있던 우리 사회의 계층간 양극화를 심화할 수 있다는 측면에서 그리 합리적이지 않음을(=가치합리성은 부족함) 독자들은 유념해야 한다. 즉 고학력자, 경제적으로 중산층 이상, 기혼자, 자녀양육자, 자영업자, 자가소유자, 종교적 믿음을 가진 자, 그리고 미국과 같은 다인종 사회인 경우 백인 중심으로만 봉사자들을 모집하는 전략을 계속해 나간다면, 자원봉사자들은 주류사회의 특권층 집단 구성원들로만 충원되는 결과가 발생할 수 있고, 이는 봉사활동 자체를 "귀족 활동"으로 전형화시킬 가능성을 내포하기 때문에 사회적으로 책임감 있는 사회복지사라면 위에 묘사한 흡사 기업마케팅 전략 같은 봉사자 모집전략을 실제 현장에서 활용하기에 앞서 한 번쯤 그 사회적 파급효과를 숙고해 볼 필요가 있다는 뜻이다.

자, 이제 그럼 지금까지 위에서 봉사요청과 관련해 외국 문헌을 통해 살펴본 연구결과 내용들이 우리나라 현실에서는 얼마만큼 적용되는지 알아볼 차례이다. 국내에서도 봉사요청과 봉사참여의 관계를 조사한 시도들은 몇 차례 있어 왔다. 〈2002년 전국 자원봉사활동 및 기부에 대한 실태조사〉 원자료를 활용해 봉사요청을 통한 개별모집이 봉사자 동원에 있어 매우 효과적임을 입증한 이강현과 그의 동료들(2003: 223-224)의 연구, 유치원 자녀를 키우는 어머니들의 자원봉사활동이 대부분 유치원 측의 요청에 의해 이루어지고 있음을 밝힌 박화윤과 최재숙(2001)의 연구, 퇴직공무원들을 대상으로 이들이 봉사활동을 하지 않는 이유로 '아무도 요청하지 않기 때문에'라고 답한 응답자의 비율이 무려 32.6%에 달한다고 보고한 박철민(2010)의 연구 등이 여기에 해당하는 대표적인 사례들이다.

본서에서는 국내 선행연구들의 성과를 가장 최신의 전국 규모 설문조사인 〈2008년 전국 자원봉사활동 및 기부에 대한 조사〉 원자료를 통해 다시 한 번 입증하고자 한다. 다양한 공개 자료 가운데 〈전국 자원봉사활동 및 기부에 대한 조사〉를 사용하기로 한 까닭은, 우리나라에서 '자원봉사요청을 받아본 적이 있음'과 관련된 질문을 설문지에 포함해 응답자에게 묻는 전국 규모의 대규모 조사는 현재로서는 〈전국 자원봉사활동 및 기부에 대한 조사〉가 유일하기 때문이다. 본 연구의 주요 분석자료인 서울복지패널을 포함해 국내에 현존하는 각종 패널자료들은 모두 봉사요청 관련 항목을 설문지에 마련해 넣고 있지 않다. 따라서 우리나라에서 자원봉사 참여요청이 실제 어떻게, 누구에 의해, 얼마나 자주 일어나는지 등의 구체적 내용을 파악하려면 〈전국 자원봉사활동 및 기부에 대한 조사〉 자료에 의존하는 길 밖에 없다.

그러나 안타깝게도 이 조사자료는 봉사요청 관련 질문을 지난 일 년 간 한 차례 이상 봉사활동을 해 본 경험이 있는 자원봉사 유경험자들에게만 묻는다는 한계점을 가진다. 이것이 문제가 되는 까닭은, 자원봉사 유경험자들만을 대상으로 자료수집을 했기 때문에 앞서 살핀 네 부류의 사람들, 즉 순응자, 거부자, 이타주의자, 무관심자 모두를 대상으로 연구를 설계하는 것이 불가능해지고, 오로지 순응자와 이타주의자들만을 대상으로 연구설계를 할 수밖에 없는 상황으로 연구자들을 밀어 넣는다는 데에 있다.

하지만 이와 같은 자료 상의 한계는 어떻게 할 도리가 없는 주어진 조건으로서 안고 가야 할 제약이라 볼 수 있다. 이러한 제약을 감안한 상태에서, 아래에서는 『2011년 전국 자원봉사 및 기부 실태조사연구』 보고서에 나온 연구결과와 〈2008년 전국 자원봉사활동 및 기부에 대한 조사〉 원자료를 중심으로 봉사요청 관련 내용분석을 실시해 보았다. 분석은 총 세 가지 사안에 초점을 맞춰 진행하였다. 구체적으로, ① 봉사요청을 받은 것이 얼마나 유의미하게 봉사참여 결정에 영향을 미치는지 살펴보는 것부터 시작해, ② 봉사를 실제로 수행한 사람 가운데 봉사요청을 받아본 적이 있는 자(=순응자)와 요청을 받아본 적이 없는 자(=이타주의자)의 인구사회학적 특징을 살피고, ③ 마지막으로 봉사를 요청하는 주체는 주로 누구인지 검토하는 순서로 분석을 진행하였다.

〈표 11-1〉 자원봉사자의 자원봉사 처음 참여경로

	2011년	2008년
1) 누군가로부터 요청받음	26.5	34.9
2) 자원봉사활동을 하는 가족/친구가 있어서	21.8	10.6
3) 자원봉사활동으로부터 도움을 받은 가족/친구가 있어서	5.0	2.8
4) 단체/조직/직장을 통해	53.0	34.2
5) 라디오, TV, 기타 인쇄매체를 통해	3.4	2.3
6) 자원봉사센터를 통해	6.2	3.0
7) 스스로 참여	-	23.4
8) 인터넷을 통해	3.1	2.5
9) 소셜네트워크를 통해	0	-
10) 아프트, 주민센터 등 안내게시판을 통해	3.1	-
11) 건물옥외/지하철/버스에 붙은 광고물을 통해	0	-

단위: %
주 1: 기재된 수치들은 모두 중복응답을 반영함.
주 2: 9)~11) 소셜네트워크, 아파트 안내게시판, 옥외광고물 등은 2011년 조사에서 새롭게 추가

먼저 봉사 유경험자를 대상으로 자원봉사에 처음 참여하게 된 경로를 묻는 질문에 대한 분석결과이다(〈표 11-1〉 참조). 이 질문에 대한 반응으로 가장 많이 언급된 응답은 "소속된 단체(종교 단체 포함)나 조직, 학교 및 직장을 통해서"였다(53%). 그 다음으로 많이 언급된 응답은 "누군가로부터의 요청"(26.5%)과 "자원봉사에 참여한 가족이나 친구들의 활동을 보고"(21.8%)였다. 이 세 응답 중 특히 앞의 두 응답은 해당 설문조사가 처음 실시된 1999년부터 2002년, 2005년, 2008년, 2011년에 이르기까지 무려 십 년이 넘는 기간 동안 한국인들의 자원봉사 최초 참여 경로로 가장 많이 지목된 경로였다.

반면 "라디오나 TV, 기타 인쇄매체"나 "인터넷", "아파트나 주민센터의 안내게시판"을 보고 자원봉사에 처음 참여했다고 답한 비율은 각각 3.4%, 3.1%, 3.1%로 매우 저조하였다. 심지어 "자원봉사센터를 통해" 자원봉사활동에 처음 참여하게 됐다고 응답한 비율도 생각보다 훨씬 적은 6.2%에 불과했다. 이 같은 조사결과는 결국 자원봉사자 모집에 있어 대중매체나 활자매체, 인터넷매체 등

에 의존하는 방식은 효과적일 수 없고, 오로지 사람을 통해 혹은 조직의 힘을 빌려 직간접적으로 봉사참여를 읍소하는 대인간 요청(man-to-man asking)만이 자원봉사참여율을 높이는 데 가장 효과적인 모집 방식임을 시사한다.

〈표 11-2〉 순응자(conformist) 및 이타주의자(altruist) 자원봉사자들의 인구학적·사회경제적 특성

		순응자 형	이타주의자 형
성별	남성	54.3	47.4
	여성	45.7	52.6
연령	20대	22.9	16.5
	30대	17.9	18.0
	40대	29.3	28.6
	50대	16.4	22.6
	60대이상	13.6	14.3
학력	중졸이하	15.0	14.7
	고졸	40.7	38.3
	대졸이상	44.3	47.0
가구소득	200만원미만	28.6	19.5
	200만원~300만원미만	27.1	18.8
	300만원~400만원미만	22.9	30.1
	400만원~500만원미만	7.1	15.0
	500만원이상	10.7	13.5
주택소유	자가	77.1	79.7
	전세	14.3	16.9
	월세	7.9	2.3
혼인상태	미혼	22.1	16.5
	기혼	74.3	81.2
	이혼	1.4	0.4
	사별	1.4	1.9
	별거	0.7	0.0
종교유무	있음	60.0	75.2
	없음	40.0	24.8
취업여부	취업	59.3	63.5
	미취업	40.7	36.5

단위: %

다음으로 봉사요청을 받아본 적이 있고 또 실제로 봉사활동에 참여해 본 경험이 있는 순응자들(conformists)과 봉사요청을 받아본 적은 없지만 봉사활동에 참여한 경험이 있는 이타주의자들(altruists)의 인구사회학적, 개인적 특징들에 대해 알아보았다.[1] 분석결과, 우리나라의 경우 순응자들의 주요 특징들로는 남성, 40대 장년층, 대졸이상 고학력자, 300만원미만의 가구소득을 올리는 서민, 자가소유자, 기혼, 취업자, 종교적 믿음이 있는 자 등이 주로 포착됐고, 이타주의자들의 주요 특징들로는 여성, 50대 중년, 대졸이상의 고학력자, 300만원~400만원미만 가구소득을 올리는 중산층(?), 자가소유자, 기혼, 취업자, 종교적 믿음이 있는 자 등이 주로 포착되었다(〈표 11-2〉 참조).

이같은 조사결과는 봉사프로그램을 운영, 관리하는 사회복지사의 입장에서는 중요한 정보가 될 것이라 생각한다. 그 이유는 무엇보다 위에서 거론한 순응자와 이타주의자의 인구사회학적 특징들을 바탕으로 순응자에 초점을 맞춰 봉사자들을 모집하면, 봉사참여를 요청했을 시 그 요청을 거절당한 염려 없이 우수한 역량을 갖춘 검증된 봉사자들을 가능한 한 많이 모집할 수 있다는 점 때문이다. 앞서 설명했다시피, 이타주의자들은 굳이 봉사단체에서 타깃으로 잡아 모집활동을 펼칠 필요가 없는 대상들이다. 가만히 놔둬도 제 발로 봉사단체에 찾아와 활동을 펼칠 준비가 된 매우 동기화된 사람들이기 때문이다. 따라서 이타주의자의 범주에 드는 사람들을 배제한 상태에서 순응자 범주에 드는 사람들만을 타깃 삼아 한정된 조직의 자원을 쏟아 붓는다면, 분명 효과적이고 빠르게 원

---

1) 자료는 〈2008년 전국 자원봉사활동 및 기부에 대한 실태조사〉 원자료를 사용하였다 (N=2,016). 조사대상은 지난 일 년 간 자원봉사활동을 한 차례 이상 해 본 자원봉사 유경험자(N1=406) 가운데 지난 일 년 간 한 차례 이상 봉사요청을 받아본 사람들(순응자, N2=140)와 봉사요청을 한 차례도 받아보지 못한 사람들(이타주의자, N3=266)로 한정하였다.

설명변수(explanatory variable)로는 성별(남/녀 이항변수), 연령(20대/30대/40대/50대/60대 이상으로 구분한 서열변수), 학력(중졸이하/고졸/대졸이상으로 구분한 서열변수), 가구소득(100만원미만/100만원대/200만원대/300만원대/400만원대/500만원이상으로 구분한 서열변수), 취업여부(취업/미취업 이항변수), 혼인상태(미혼/기혼/사별, 별거, 이혼의 범주변수), 자가소유형태(자가/전세/월세/기타의 범주변수), 종교적 믿음 여부(믿음/믿지 않음 이항변수)를 사용하였다.

순응자의 인구사회학적 특성을 알아보는 것이 주요 목적이었기 때문에 반응변수(response variable)는 특정하지 않았으며, 분석방법으로는 SPSS의 단순 빈도분석을 채택해 실시하였다.

하는 결과를 얻을 수 있을 것이다. 여기에 덧붙여, 거부자와 무관심자 집단의 인구사회학적 특징들까지 확실히 파악해 초기 모집단계에서부터 미리 열외시킬 수 있다면 최상의 결과를 낼 수 있을 것으로 사료된다. 하지만 앞서 설명했다시피 〈전국 자원봉사활동 및 기부에 대한 실태조사〉 자료는 봉사요청과 관련된 항목을 자원봉사 유경험자에게만 묻는 까닭에 거부자와 무관심자들을 확인할 방법은 아쉽게도 없는 것이 현실이다.

〈표 11-3〉 자원봉사활동 요청자(2011년)

권유자	
친구, 이웃	122(43.1)
가족, 친척	25(8.9)
종교지도자 등 종교단체에 있는 사람	64(22.6)
고용주	2(0.7)
직장 내 고용주 외 다른 사람	23(8.1)
학교선생님이나 교수님	30(10.6)
사회단체/기관 및 담당자	34(12.0)
합계	300(100)

단위: 명(%)
주: 기재된 수치들은 모두 중복응답을 반영함.

마지막으로, 자원봉사참여에 중대한 영향을 미치는 요청의 주체에 관한 내용이다. 〈2011년 전국 자원봉사활동 및 기부에 대한 실태조사〉의 자료분석 결과(〈표 11-3〉 참조), 우리나라에서 봉사참여를 요청하는 개인 수준의 주체는 '친구/이웃'(43.1%)이 가장 많았고, 그 다음으로 '종교단체에 있는 사람'(22.6%), '사회단체/기관 및 담당자'(12.0%), '학교 선생님이나 교수님'(10.6%) 등이 많았다. 이 같은 결과는 우리나라에서는 친구나 단체 내의 지인, 학교 교사 등 비교적 약한 유대(weak ties)로 얽힌 사람들이 자원봉사참여를 요청하는 경우가 상대적으로 많다는 사실을 보여준다. 반면, 가족과 친척의 요청은 비교적 적은 것으로 드러나(8.9%), 봉사참여 요청은 혈연적으로 가까운 일차집단 구성원 간 이른바 강한 유대(strong ties)에서는 상대적으로 덜 중요하다는 사실이 확인되었다.

12
chapter

지역과 자원봉사

한 개인의 자원봉사활동에 영향을 미치는 사회적 환경 요인으로 그 다음 살펴볼 주제는 지역요인이다. 가장 단순하게 말해 지역이란 특정한 지리적 영토를 의미한다. 그리고 지역이라는 물리적 공간을 공동으로 점하는 사람들의 모임을 우리는 그 공간의 물리적 크기나 공동체성의 강도 등에 따라 '마을', '동네', '지역사회', '도시' 등의 단어로 표현해 낸다(Lyon and Robyn, 2012).

20세기 중반 행동주의가 맹위를 떨치던 시기, 사회과학에서는 한 개인의 심리나 행태를 설명하기 위해 그 개인이 가진 특질이나 인적자원 등의 미시적 변인들에 관심을 집중시키던 때가 있었다. 예를 들어 어떤 한 개인의 건강상태를 설명하기 위해 해당 개인의 유전적 소인이나 평소 식습관, 위생습관, 사회경제적지위 등의 변인들에 초점을 맞추던 개별주의적 접근방식을 거론해 볼 수 있겠다(김형용, 2010). 그러나 한 개인의 건강상태를 오로지 그 개인에 부착된 미시적 요인들만으로 설명해 내는 데에는 많은 한계가 따른다. 개인의 건강상태를 온전히 설명해 내기 위해선 개인요인뿐 아니라 그 개인을 둘러싼 거주환경, 즉 지역사회 전반에 대한 병역학적 조사와 이해가 필수적이라는 측면에서다.

이러한 지적에 따라 한 개인의 유전적 소인, 식습관, 위생습관, 사회경제적지위 등에 초점을 맞추던 기존의 건강관련 연구들은 최근 20여 년 간 개인의 거주환경에 대한 다층적 분석, 즉 지역요인이 개인의 건강에 미치는 영향에 대한 분석으로 관심의 초점을 돌리기 시작하였다(Schwartz, 1994). 그리고 이러한 관심의 전환 덕분에 한 사람의 건강상태는 유전이나 식습관, 사회경제적지위 뿐 아니라 해당 개인이 살고 있는 지역의 보건적 유익함 혹은 유해함의 측면에서도 집중 조명되기 시작하였다. 그 결과 건강에 미치는 지역요인들로 지역사회 전체의 사회경제적지위, 지역지니계수, 사회자본총량, 집합적 효능감, 지역실업율, 빈곤율, 범죄율, 보건의료자원총량, 주택의 질적수준, 혐오시설 존재여부(예: 공장, 탄광, 발전소 등) 같은 거시적 건강관련 변인들이 학계에서 심층적으로 논의되기에 이르렀다(김욱진, 2013; 김윤희 · 조영태, 2008; 김태형 · 권세원 · 이윤진, 2012).

이 책에서 언급하고자 하는 바는 물론 건강과 관련된 현상이 아니다. 그럼에도 불구하고 건강관련 연구들로 이번 장의 서두를 연 까닭은, 바로 그와 같은 연구결과들로부터 이른바 지역효과(place effects)라는 개념이 대두되었기 때문이다. 특히 한 개인의 미시적 행태나 심리, 인지상태 등에 영향을 미치는 거시적 현상으로서 지역효과가 사회과학자들의 주목을 끈 데에는 지역사회 건강연구들이 결정적으로 기여하였다(노병일 · 곽현근, 2005).

일부 사회과학자들, 특히 행동결정주의의 입장에 선 학자들은 지역이 만들어내는 효과, 즉 지역효과란 존재하지 않는다고 단언한다. 이들은 한 개인의 특별한 행태나 심리적 상태는 그 개인이 갖고 있는 특질이나 인적자원 차원에서 충분히 설명해 낼 수 있다고 주장한다. 개인의 특수한 결과를 그 개인이 아닌, 주변 환경에서 찾는 것은 생태학적 오류(ecological fallacy)를 저지르는 것이라는 게 이들 비판의 요점이다(Karb, 2010: 2).

그러나 Diez Roux(2003) 같은 학자들은 일부 행동주의학자들의 비판에 대해 "그들은 개별주의화의 오류(individualistic fallacy)에 빠져 있다"고 지적하며 역으로 비판을 제기하였다. Roux에 따르면, 생태학적 오류가 개인의 결과를 모두 환경의 탓으로 돌리는 입장이라면, 반대로 개별주의화의 오류는 개인의 결과를 전부 개인의 탓으로 돌리는 입장이며, 두 입장 모두 잘못된 편견에 근거하기 때문에 비판받아 마땅하다고 한다. 특히 Roux는 생태학적 오류도 문제이지만, 개별주의화의 오류가 현재 사회과학계의 주류를 차지하고 있다는 점에서 더 큰 문제의 소지가 있다고 지적하였다.

예를 들어 한 번 생각해 보자. 여기 A라는 인물이 있다. A는 유전적 소인에 별 문제가 없고 식습관과 기타 생활습관이 매우 올바르다. 뿐만 아니라 사회경제적지위 역시 상당히 높다. 그렇다면 A의 건강상태는 반드시 좋다고 단언할 수 있을까? 기존의 개별주의적 접근방식에 따르면, A의 건강상태는 당연히 우수할 것이라 예견된다. 하지만 만약 A가 살고 있는 거주지 근처에 보건의료시설이 전무하다면? 몇 km 근방에 폐수방출 공장이 준공돼 있다면? 도시 방역체계가 엉망이라면? A의 건강상태는 개인적 요인보다는 지역적 영향으로 말미암아 나쁘게 나타날 가능성이 크다. Roux(2003)의 비판은 바로 이와 같은 가능성들을 도외시한 채 개인의 건강상태를 그 개인의 탓으로만 돌리던 주류 행동주의자들의 과도한 개별주의적 관점에 집중되었다.

사실 어떤 한 개인의 행태나 심리적 결과를 개인 내부보다 외부, 즉 환경의 차원에서 바라보는 관점은 현대사회학의 3대 창시자 중 한 명인 Emile Durkheim이 그의 유명한 책 『자살론(*Suicide*)』(1897)에서 발현적 속성(emergent properties)이란 개념적 용어를 제시하면서부터 이미 많은 사회과학자들의 머리에 각인되어 온, 다소 진부한 내용이라 할 수 있다. 사회과학 용어로서 발현적 속성이란 쉽게 말해 부분의 합은 전체가 아니라, 전체보다 크거나 작을 수 있다는 것을 뜻한다. 즉 전체는 부분과 완전히 별개로서 독립된 개체라 단정 짓기는 어렵지만, 부분의 합과는 다른 고유한 속성을 가진다는 점에서 전체는 부분으로 환원되기 힘든 독특한 실체라는 사실을 Durkheim은 일찍이 간파했다는 것이다.

실례로, 매우 이기적인 개인들이 모여 형성한 자유경쟁시장을 한 번 가정해 보자. 자유경쟁시장은 이기적 개인들이 모여 만든 산물이기 때문에 탐욕과 거짓, 권모술수가 판을 치고 결국 붕괴할 것임을 예측해 볼 수 있다. 그러나 현실에서 자유시장은 간헐적으로 중대 위기에 봉착한 적은 많지만, 대체로 굳건히 유지돼 왔다. 왜일까? 모래알 같은 이기적 개인들이 뭉쳐 시장윤리라는 공동의 가치와 규범을 만들어 내고, 국가라는 통제적 제도와 체계를 발전시켜 운영해 왔기 때문이다. 발현적 속성의 발생으로 말미암아 이기적 자아들이 만인의 만인에 대한

투쟁 상태에 돌입하는 불행이 사전에 방지되고, 결과적으로 전체의 복지상태가 개선되는 대표적 케이스를 우리는 이처럼 자유경쟁시장의 역사에서 명백히 목격할 수 있다.

어쨌든, 부분의 합은 전체보다 크다는 발현적 속성의 관점에서 보면 어떤 한 지역을 단순히 개인들이 몰려있는 물리적 공간으로만 정의하는 데에는 많은 한계가 따름을 알 수 있다. 지역은 개인의 삶을 결정짓는 독특한 개성을 지닌 실체일 수 있음을 간과한다는 측면에서다. 따라서 발현적 속성의 관점을 수용해, 이 책에서는 어떤 한 개인이 거주하는 지역을 그 개인의 행동, 인지, 정보 수준에 심대한 영향을 미치는 다차원적이고 상호의존적인 경제적, 사회적, 물리적, 문화적 층들(layers)로 보는 입장을 취하고자 한다. 이 입장에서, 지역효과는 개인요인이 만들어내는 효과와는 별개로 존재하는 독립적 실체로서 간주된다(김욱진, 2013: 6).

그러나 여기서 취하는 입장은 다양한 입장들 가운데 하나의 특수한 입장에 불과하며, 또 다른 입장 역시 대척점에서 많은 지지를 받아 왔음을 분명히 밝혀두는 바이다. 그 입장이란 바로 지역효과의 존재를 부정하고, 개인요인이 만들어 내는 효과만으로 모든 사회현상의 설명이 가능하다는 행동주의자들의 주장이다(Karb, 2010: 3-4). 이들은 만약 지역효과가 감지되었다면, 그것은 다양한 개인요인들을 연구모형에 적절히 포함시키지 못한 데 따른 조사 상의 누수라는 입장을 견지한다. 모든 개인요인을 연구모형에 포함시켰다면 지역효과란 없을 것이라는 주장이다.

지역효과는 크게 세 가지 유형으로 나뉜다(김욱진, 2013: 6). 구성효과와 맥락효과, 집합효과가 바로 그것이다. 먼저 구성효과(compositional effects)는 어떤 한 지역에 사는 개인들의 행동적·심리적 결과가 집단적 수준에서 특별한 모습을 나타냈다면, 그것은 그 지역에 애당초 그와 같은 행동적·심리적 모습을 띠는 개인들이 많이 몰려 있었기 때문이라고 보는 것과 관련된 개념이다. 예컨대, A라는 지역과 B라는 지역에 심장병 발생률이 유의미하게 다르게 나타났다고 해보자. 이유를 조사해 보았더니, A는 은퇴한 노인들이 다수를 차지하는 지역이었고, B는 대학생들이 다수를 차지하는 지역인 것으로 드러났다. 처음부터

A 지역의 유병률이 높을 수밖에 없는 구조였던 것이다. 이처럼 지역 자체의 특별한 효과라기보다는, 특수한 속성을 갖고 있는 개인들이 특정 지역에 많이 집중됐기 때문에 나타나는 지역적 결과를 우리는 구성효과라 일컫는다.

이와 구별되는 것으로 맥락효과(contextual effects)가 있다. 맥락효과란 어떤 한 지역에 거주하는 개인들의 행동적·심리적 결과가 집단적 수준에서 특별한 모습을 나타냈다면, 그 이유를 해당 지역 자체가 가진 독특하고 고유한 특질에서 찾는 것과 관련된 개념이다. 예를 들어, 만약 A 지역과 B 지역의 폐질환 발병률에 유의미한 차이가 있는 것으로 나타났고, 그 이유를 조사해 보았더니 A 지역에는 탄소발생 굴뚝공장이 여러 개 지어져 있었고 B에는 정반대로 삼림이 울창한 것으로 나타났다면, 이것은 두 지역에 살고 있는 개인들의 집단적 특질 차이라기보다 지역 자체가 가진 고유의 특질 차이 때문에 나타난 결과로 풀이할 수 있다. 이처럼 사람과는 별 관계없이, 그 지역 자체의 고유한 특성에 따라 발생하는 지역적 결과를 우리는 맥락효과라 일컫는다.

마지막으로 집합효과(collective effects)는 특정 지역에 몰려 있는 개인들의 물리적 근접성으로 말미암아 그 개인들의 행동과 생각에 유사성이 발생함으로써 나타나는 지역적 결과와 관련된 개념이다. 예를 들어, A와 B 지역 청소년흡연율에 유의미가 차이가 포착됐고, 그 이유를 조사해 보았더니 A 지역 청소년들 사이에 담배와 관련된 또래집단압력 - 구체적으로, 담배를 펴야 우리 "팸"에 들어올 수 있다는 하위문화 - 이 B 지역 내 청소년들의 그것보다 상대적으로 강한 것으로 드러났다면, 이는 집합효과의 결과로 볼 수 있다. 즉, 가까운 곳에 다수의 개인들이 집중돼 있고, 그에 수반되는 물리적 근접성으로 말미암아 무리의 구성원들이 비슷한 행동과 생각을 갖게 됨으로써 어떤 행동이나 심리상태에 지역적 격차가 발생하게 되었다면, 이는 집합효과에 따른 결과로 간주할 수 있다는 뜻이다.

자, 그렇다면 이제 자원봉사참여수준에 영향을 미치는 거시적 요인으로서 지역효과가 실제 존재하는지 여부를 기존 연구들에 대한 문헌검토를 통해 한 번 살펴보도록 하자. 자원봉사 연구의 역사가 긴 서구 학계에서는 오랫동안 개인요인과는 별도로 지역요인이 자원봉사참여에 미치는 영향에 대해 많은 관심을 보여 왔다. 그러나 지역요인들을 주제로 그것이 자원봉사에 미치는 영향을 실제로 조사하고 그 효과를 입증한 연구는 관심 정도에 비해 그 숫자가 결코 많지 않았다. 그나마 2000년대 들어 조금씩 그 효과를 증명하는 연구들이 등장하기 시작했는데(Rotolo, 2000), 이러한 다소 미진한 연구성과는 지역효과라는 개념 자체가 이론적 차원에서 체계적으로 잘 논의되고 정리된 것과는 반대로, 그것을 입증해 낼 수 있는 방법론에 있어서는 많은 진척이 없었기 때문이라고 분석할 수 있다.

지역효과를 제대로 입증하려면 이른바 다수준분석(multi-level analysis)이란 통계기법의 활용이 필수적이다. 다수준분석이란 개인 對 지역, 개인 對 조직, 개인 對 국가처럼 분석수준이 완전히 다른 조사대상을 하나의 회귀모형에 넣고, 낮은 수준의 조사대상(=Level-1, 예: 개인)의 특성이 그보다 높은 수준의 조사대상(=Level-2, 예: 지역)의 특성에 미치는 영향력을 추정하는 방식으로, 일반적인 회귀분석과는 사뭇 다른 접근방식이 요구되는 통계기법이다. 현재는 다수준분석이 일반화되었지만, 불과 십여 년 전만 하더라도 통계패키지프로그램의 한계 때문에 극히 일부의 전문가만이 다수준분석을 할 수 있었던 것이 현실이었다. 그러나 최근 통계패키지프로그램들은 비약적인 발전을 거듭하였고, 특히 사용자 편의를 고려한 개발자들의 노력 덕분에 지난 십년 새 자원봉사참여와 관련된 지역효과를 조사한 연구결과들이 조금씩 배출되고 있는 양상이다.

연구들은 자원봉사참여수준, 특히 자원봉사참여율에 영향을 주는 요인들로서 다양한 거시적 지역변수들을 연구하고 제시해 왔다(Bennett, 2013; Lipford and Yandle, 2009; Rotolo and Wilson, 2012). 이들 연구들에 따르면 ① 자가보유비율이 높은 지역에 거주할수록, ② 장기정착자들의 비율이 높은 지역에 거주할수록, ③ 지역애착심이 전반적으로 강한 지역에 거주할수록, ④ 사회경제적지위가 전반적으로 높은 지역에 거주할수록, ⑤ 자원봉사를 기획, 장려, 모집하는 기관들이 많이 몰려 있는 지역에 거주할수록 개인의 자원봉사참여가능성은 올라간다고 한다.

그렇다면 우리나라에서 지역요인들과 자원봉사참여수준의 관계를 살핀 연구들의 실태는 어떠할까? 안타깝게도, 자원봉사참여수준에 영향을 주는 지역요인을 조사한 실증연구는 아직까지 우리나라에는 전혀 없는 것으로 파악된다. 그 이유는, 다수준 연구방법론이 학계에 대중화된 지 겨우 십 여 년 정도밖에 안 됐기 때문인 점도 있지만, 무엇보다 다른 서구 국가들과 달리 우리나라에서는 대부분의 도시들이 지역효과가 존재하기 힘든 구조적 형태를 띠며 발전해왔다는 점도 무시할 수 없는 이유가 된다(정성원 · 조영태, 2005). 쉽게 말해, 우리나라에서는 지역효과가 존재하지 않고, 존재하더라도 개인의 자원봉사참여수준에 있어 유의미한 영향을 준다고 보기 어려울 만큼 미미하게 감지되고 있기 때문에, 이와 같은 난점으로 말미암아 주요 학술지에 자원봉사 관련 지역효과를 발견했다고 보고한 사례가 전무하다는 해석이다.

그럼 도대체 지역효과가 발생할 여지가 적게끔 도시 외형이 구조화됐다는 것은 무엇을 의미하는가? 예를 들어 설명해 보자. 당신의 외국인 친구 A가 생애 처음으로 대한민국 서울을 방문했다고 가정해 보자. 그래서 서울의 강북구와 강서구를 차례로 방문하면서 A에게 서울 구경을 시켜 줬다고 해 보자. 구경이 다 끝난 후, A에게 강북구와 강서구 사이에 어떤 큰 차이가 있는지 물어보았다. A는 뚜렷한 차이를 발견했을까? 십중팔구 그러지 못했다고 답했을 것이다. 심지어 A가 이후 서울 강북구에 눌러앉아 몇 년을 살았다 할지라도, 강북구와 강서구 간에 어떤 유의미한 지역적 격차가 있는지는 잘 알지 못했을 것이다.

왜 이 지역과 저 지역에 별 차이가 없이 우리나라의 "지역사회"들은 무색무취 그것이 그것인 것처럼 보이는 것일까? 왜 강북구와 강서구는 서울 정반대에 위치해 있지만, 별로 다른 게 없어 보이는 것일까? 정성원과 조영태(2005)는 아래와 같은 몇 가지 사안들을 거론하며 우리나라에서 지역적 차이가 발생하기 어려운 이유를 설명하였다.

첫째, 정책적 · 행정적으로 모든 것이 중앙집중화된 국가여서 지방의 재량권이 제대로 인정받지 못하기 때문이다. 다시 말해, 지방의 재량권이 충분히 인정받지 못하고 중앙의 지침이 지방으로 그대로 하달되는 구조이기 때문에 많은 지역사회들이 저마다의 고유한 색깔을 내지 못한 채 표준화된 정책을 구사하고 행정을 운영함으로써 획일성을 띠게 되었다는 논리이다.

둘째, 인구밀도가 높고 여기에 맞물려 지하철과 버스 등 대중교통체계의 선진

화로 개인들의 이동성이 세계 어느 나라보다 크기 때문이다. 지역적 차이가 발생하려면 지역사회들 간에 물리적으로 어느 정도 거리가 존재해야 한다. 그러나 우리나라는 땅덩이가 좁아 이 지역과 저 지역이 거의 붙어 있다시피 해 지역효과가 발생하기 어려운 구조를 띤다. 예컨대, 서울 강서구에서 차를 타고 출발해 강북구까지 가는 데는 한 시간이면 족하다. 그만큼 가까운 거리에 위치해 있다는 것이다. 재정자립도에서 그 차이가 현격한 서울의 강남구와 중랑구마저도 불과 삼십 분이면 이동할 수 있는 지근거리에 놓여있다. 중랑구 거주자가 문화생활을 즐기러 지하철 7호선을 타고 강남구에 삼십 분 내로 가는 경우가 일상적일만큼 지역사회 간 물리적·심리적 거리가 가까우며, 이는 곧 지역적 차이가 존재하지 않는다는 것, 다시 말해 지역효과가 발생할 여지가 매우 적음을 함의한다.

셋째, 우리나라는 문화적·인종적 격차가 적은 동질적인 사회이기 때문이다. 미국이나 캐나다, 프랑스 같은 다민족, 다인종 국가에 가보면 동성애자커뮤니티, 흑인밀집지역, 코리아타운 등 문화적·인종적으로 서로 다른 집단의 구성원끼리 몰려 사는 경우가 매우 흔함을 볼 수 있다. 물론 땅이 넓기 때문에 따로 떨어져 사는 게 가능한 부분도 있겠지만, 애당초 문화적·인종적으로 매우 이질적이어서 섞여 살기 힘든 집단이 존재하였기 때문에 그와 같은 다양한 지역공동체들이 출현하고 또 유지되는 부분도 무시할 수 없다. 하지만 우리나라는 외국과 달리 다수 지역공동체들의 토대가 되는 다양한 문화나 인종들이 - 물론 최근에는 다소 변화가 감지되고는 있지만 - 뚜렷하게 존재한다고 보기 어려운 나라이다. 인종적, 문화적으로 대체로 동질성이 큰 사회이기 때문에, 그에 기반을 둔 지역사회 역시 동질적 성격을 띠는 게 당연하다는 얘기이다.

요컨대, 정성원과 조영태(2005) 연구논문의 핵심은 한 개인의 심리상태나 행동양태에 영향을 미치는 거시적 요인으로서의 지역효과는 최소한 우리나라에서만큼은 존재하지 않는다는 주장에 있다. 이는 지역효과의 존재 자체를 전면적으로 부정하는 논리가 결코 아니다. 이들의 주장은 우리나라에서만 발견되는 도시발달의 독특한 역사적, 문화적 양상으로 인해 지역효과가 미미하게 감지되는 게 당연하다는, 그 범위가 제한된 논리로 이해하면 좋을 것 같다. 지역효과가 미미하니, 한 개인의 자원봉사참여수준에 영향을 발생시키는 거시적 요인으로서 지역효과를 실증적으로 검증하고 그 존재유무를 보고한 연구논문이 아직 우리나라에서 한 건도 보고되지 않은 것은 그리 놀라운 일이 아니라고 말할 수 있겠다.[1)]

그러나 검색된 문헌이 없었다는 것과 실제로 효과가 감지된 바가 없다는 것은 엄연히 구분되는 독립적인 사안이다. 따라서 아래에서는 자원봉사참여수준에 영향을 미치는 지역효과가 우리나라에도 실존하는가 실존하지 않는가 여부를 국내에서 수집된 각종 지역관련 자료들을 토대로 제대로 한 번 검증해 보고자 한다. 검증결과는 자원봉사 현상과 관련된 지역효과를 조사한 실증연구가 국내에 부재하는 이유가 단순히 연구자들의 관심 부족 때문인지, 아니면 정말로 자원봉사와 관련된 지역효과란 것이 감지된 바가 없어서 보고되지 않은 것인지 그 진짜 이유를 알려줄 것으로 예상된다.

분석을 위한 기초자료로는 종단적으로 병합된 〈서울복지패널 1, 2차 조사〉 원자료를 활용하였다. 통계기법으로는 SPSS 21.0이 제공하는 일반화선형혼합모형(Generalized Linear Mixed Models) 프로시져 가운데 이분형 로지스틱 다층회귀분석을 선택해 실시하였다. 지역의 구분은 〈서울복지패널조사〉가 서울시 25개 행정자치구를 대상으로 할당표집을 실시했음을 감안하여 25개 자치구들의 행정 경계선을 기준으로 잘라보는 방식을 취하였다.

다음으로 분석에 사용한 변수들을 열거하면, Level-1의 예측변인들은 이 책에서 계속 사용해오던 기존의 개인변수들 - 성별, 연령, 학력, 취업여부, 가구소득, 종교여부 - 에 두 가지 새로운 개인변수들 - 미취학아동양육여부, 학령기자녀양육여부 등 - 을 합쳐 모형에 투입하였다. Level-2 예측변인들은 서구의 실증연구들이 유의미하다고 보고한 요인들을 그대로 차용해 모형에 투입하였다

1) 자원봉사 현상과 관련지어 지역효과를 조사한 실증연구는 국내에 전무하다. 하지만 지역효과는 자원봉사를 제외한 국내 여러 주요한 사회현상들을 설명하고 예측하는 데 여전히 유효한 개념으로 주목받는다. 예를 들면, 지역사회의 사회경제적수준과 개인의 주관적 건강상태의 관계를 연구한 김형용(2010)의 연구라든지, 지역사회의 참여적 속성과 개별 가구의 식품미보장률을 조사한 김욱진(2013)의 연구 등을 대표적으로 거론해 볼 수 있겠다. 이들 연구들은 모두 지역효과는 엄연히 존재하는 실체이며, 유의미한 수준에서 개인의 행동양태와 심리상태에 영향을 미치는 거시적 환경요인임을 주장한다.

(Bennett, 2013; Hooghe and Botterman, 2012; Lipford and Yandle, 2009; Rotolo and Wilson, 2012; 2014; Rotolo, Wilson, and Hughes, 2010; Tolsam et al., 2009). 구체적으로, ① 자가보율비율, ② 5년이상 장기 정착자비율, ③ 지역애착심 높은 인구비율, ④ 자치구별 재정자립도, ⑤ 자치구별 사회경제적박탈지수, ⑥ 서울시에 공식 등록된 자치구별 자원봉사수요기관의 숫자 등 총 여섯 가지 지역요인들을 분석에 포함시켰다. Level-2 변수들의 자료 취득방식과 관련해선, ①, ②, ③은 〈2010년 서울서베이 조사〉 원자료로부터, ④, ⑤는 서울시 통계청 인터넷 홈페이지 자료실로부터, ⑥은 〈2010년 서울서베이 조사〉 원자료를 활용한 김태형 외(2012)의 연구논문 결과섹션에서 각각 확보하였음을 밝힌다. 마지막으로 종속변수는 Level-1에서 측정한 개인의 자원봉사참여여부로서, 이항변수 형태를 띠도록 조작적으로 정의하였다(지난 일 년 간 자원봉사활동에 참여한 적이 있다 vs. 참여한 적이 없다).

모형의 검증결과를 제시하면 다음과 같다(〈표 12-1〉 참조). 먼저 Model 1은 개인의 자원봉사참여율이 서울시 25개 행정자치구 별로 유의미하게 다른지 살피는 기초모형(null model)이다. 검증결과, 개인의 자원봉사참여율은 서울시 25개 행정자치구 별로 유의수준 $a=0.05$에서 통계적으로 유의미하게 변화함을 확인하였다. 이는 일반화선형혼합모형 프로시저를 이용해 다수준회귀분석을 실시할 타당성이 확보되었음을 의미한다. 하지만 무선절편의 p값이 $p=0.018$에 불과해, 종속변수 변량의 대부분이 이미 Level-1의 독립변인들에 의해 충분히 설명되고 있다는 점에 유념해야 할 것이다.[2)]

2) 종속변수 변량의 대부분이 Level-1 변인들에 의해 설명될 수 있다는 것은 급내상관계수값(intra-class correlations)이 오직 3.5%에 불과하다는 계산에서도 잘 확인되는 사항이다. Model 1에서 계산된 매우 작은 급내상관계수는 개인의 자원봉사참여율이 행정자치구 별로 다르게 나타남은 실증적으로 지지되는 사실이나, 그 정도가 매우 미약함을 여실히 보여주는 증거가 된다. 그러나 어찌되었든 무선절편의 계수값이 $a=0.05$ 수준에서 통계적으로 유의미하게 나타났기 때문에 다음 연구모형을 검증하는 단계로 진행하는 데에는 기술적으로 무리가 없다고 말할 수 있다.

〈표 12-1〉 자원봉사참여에 영향을 주는 지역요인에 관한 이항로짓 일반화선형혼합모형 분석결과

		Model 1	Model 2	Model 3
절편		-2.279(0.081)	0.070(2.091)	-0.073(2.245)
LEVEL-1				
여성		-	-	0.333***(0.060)
연령(a)	20세~30세미만	-	-	-1.582***(0.364)
	30세~50세미만	-	-	-1.588***(0.310)
	50세~65세미만	-	-	-1.202***(0.289)
	65세이상	-	-	-1.761***(0.310)
학력(b)	고졸	-	-	0.804***(0.170)
	전문대졸	-	-	0.909**(0.286)
	4년제대졸	-	-	1.049***(0.181)
	석사이상	-	-	1.839***(0.132)
未취업		-	-	0.293***(0.138)
소득	100만원~200만원미만	-	-	0.077(0.229)
	200만원~300만원미만	-	-	0.493**(0.184)
	300만원~400만원미만	-	-	0.314(0.237)
	400만원~500만원미만	-	-	0.514*(0.237)
	500만원이상	-	-	0.579**(0.220)
종교有		-	-	0.627***(0.105)
자녀양육	미취학아동	-	-	-0.731***(0.208)
	학령기자녀	-	-	0.273***(0.148)
LEVEL-2				
자가소유자비율		-	-0.016(0.014)	-0.011(0.013)
5년이상장기 거주자비율		-	0.032*(0.016)	0.030(0.019)
지역애착심		-	0.009(0.017)	0.004(0.017)
재정자립도		-	0.006(0.005)	0.003(0.007)
상대적 박탈수준		-	-0.868(2.178)	-1.293(2.451)
자원봉사관련 단체 숫자		-	-0.007(0.001)	-0.001(0.001)
절편의 무선효과 μ_{oj}		0.121*(0.051)	0.129*(0.061)	0.154*(0.072)
설명변량 (ICC)		3.5%	-	-

주 1: N(Level-1)=5,717; N(Level-2)=25

주 2: 표에 제시된 계수들은 절편의 무선효과(random effects)를 제외하고 모두 고정효과(fixed effects)의 크기를 나타냄.

주 3: 괄호 안은 표준오차를 나타냄.

+p 〈 0.10, *p 〈 0.05, **p 〈 0.01, ***p 〈 0.001

다음으로 Model 2는 종속변수의 변량이 25개 서울시 행정자치구 별로 유의

미하게 다르다는 전제 아래, Level-2의 여섯 개 예측변인들을 투입하고 이들 지역요인들과 자원봉사참여율 사이의 관계를 살피는 연구모형이다. 모형의 검증 결과, Level-2의 여섯 개 지역요인 가운데 개인의 자원봉사참여율에 통계적으로 유의미한 영향을 미치는 요인은 5년이상 장기정착자비율, 단 한 개뿐인 것으로 드러났다. 즉, 다른 지역요인들은 개인의 자원봉사참여율에 별다른 영향을 미치지 않았고, 오로지 5년이상 장기정착자비율이 높은 행정자치구에 사는 개인만이 그와 같은 행정자치구에 거주함으로써 자원봉사참여율의 증가를 유의미하게 경험했다는 뜻이다.

마지막으로 Model 3은 종속변수의 변량이 25개 서울시 행정자치구 별로 유의미하게 다르다는 전제 아래, Level-1의 여덟 개 예측변인과 Level-2의 여섯 개 예측변인들을 전부 투입하고 이들 개인 및 지역요인들과 자원봉사참여율 사이의 관계를 살피는 연구모형이다. 모형의 검증결과, 서구의 실증연구들이 입증해 낸 지역요인들 가운데 우리나라에서도 자원봉사참여율에 통계적으로 유의미한 영향력을 행사하는 지역요인은 단 한 개도 없다는 사실을 확인할 수 있었다. 이를 쉬운 말로 다시 표현하면, ① 자가소유자비율이 아무리 높은 지역에 살고 있다 해도, ② 5년 이상 한 장소에 오랫동안 머물러 산 장기거주자들의 비율이 아무리 높은 지역에 살고 있다 해도, ③ 지역애착심이 강한 사람들이 이웃으로 아무리 많이 거주하는 곳에 살고 있다 해도, ④ 지역 전체의 사회경제적 지위가 아무리 높은 곳에 살고 있다 해도, ⑤ 사회경제적 박탈수준이 아무리 낮은 곳에 살고 있다 해도, ⑥ 공식적으로 자원봉사수요기관들이 많이 몰려 있는 지역에 살고 있다 해도, 어떤 한 개인의 자원봉사참여율이 특별히 높아지거나 낮아지는 결과는 발생하지 않는다는 것을 의미한다.

결국 위 조사결과는 우리나라에서 개인의 자원봉사참여율은 굳이 지역수준의 변수를 사용하지 않아도 개인수준의 변인들만으로 충분히 설명, 예측할 수 있다는 것을 시사한다. 나아가 지역수준 변인들이 개인의 자원봉사참여율을 일부 설명, 예측해 줄 수는 있지만 그 정도는 매우 미약함을 시사한다.

그러나 여기서 해석 상 주의를 요하는 사안이 한 가지 있다. Model 2와 3의 무선절편 p값이 여섯 개 지역요인들을 전부 투입한 이후에도 여전히 통계적으로 유의미하게 나타났다는 점이 바로 그것이다. 무선절편의 p값이 유의성을 잃지 않았다는 것은 개인의 자원봉사참여율에는 미약하게나마 지역 간 편차가 존재하는데 이 같은 편차의 원인은 기존 서구 실증연구들이 입증해낸 지역수준의 예측요인들만으로는 포착되지 못함을 함의한다.

요약하면, 자원봉사참여율과 관련하여 우리나라에서는 지역효과가 거의 존재하지 않는다는 쪽으로 조사결과들은 수렴한다. 그럼에도 불구하고 미약하게나마 지역효과는 분명 존재하며, 이 지역효과는 서구 실증연구들이 지목하는 예측요인들에 의해서는 거의 포착되지 못함을 조사결과들은 보여준다. 따라서 향후 연구는 우리나라에서만 존재하는 독특한 지역효과를 포착해 줄 수 있는 고유의 지역수준 변인들을 발굴해 내고, 그 근원은 어디서부터 시작하는지 체계적으로 조사해 밝힐 필요가 있다고 생각한다.

뿐만 아니라 여기에 덧붙여, 지역사회의 물리적 경계를 어디서부터 어디까지로 정해야 지역효과가 발생한다고 말할 수 있는지에 대해 학자들 간에 의견의 일치를 보아야 할 것이라 생각한다. 위 분석에서는 지역효과를 측정하기 위해 지역의 물리적 경계를 서울시 25개 행정자치구로 정하였다. 그러나 25개 행정자치구가 지역효과의 발생 단위라 할 수 있는 논리적 근거는 사실 박약하다. 만약 분석 단위로서의 지역을 동단위라든지 마을단위로 줄여서 위에서 수행한 분석을 반복 수행한다면, 어쩌면 지역효과가 매우 뚜렷하게 발생할 수도 있음을 연구자들은 주의하고, 향후 어떤 물리적 단위를 근거로 지역효과를 측정하고 존재여부를 가려야 할지 좀더 신중히 접근해야 할 것이다.

그렇다면 여기서 가외적인 질문 하나를 던져보겠다. 자원봉사와 관련된 지역효과가 우리나라에서 거의 존재하지 않는 게 현실이라면, 지역과 관련된 사회적 현상들은 자원봉사 현상을 설명하는 데 아무런 고려사항이 되지 못하는 것일까 하는 질문이 바로 그것이다. 이 질문에 대해 답은 단언컨대 '아니다'라고 말할 수 있다. 지역사회는 모든 이들의 거주 및 생활환경으로서, 한 개인의 행동과 인지수준에 분명 엄청난 영향을 미친다. 위에서 내린 결론이 함의하는 바는 다만, 특별한 성격을 가진 어떤 지역사회에 산다고 하여 자원봉사참여율에 유의미한 변화가 생기는 것은 아니라는 것, 그것뿐이다. 이는 역으로 표현하면, 한 개인이 자기 거주지 주변의 환경을 이해하고 받아들여 "개별적으로" 내면화한 부분이라든가, 특정 거주지역에 살면서 "개인적으로" 계발하고 체화한 지역관련 특성 등은 개인수준에서 여전히 한 사람의 자원봉사참여율에 충분히 유의미하게 영향을 미칠 수 있음을 의미한다(이현기, 2012; Mellor et al., 2009; Rotolo, Wilson and Hughes, 2010).

〈표 12-2〉 지역관련 개인요인이 자원봉사참여에 미치는 영향에 관한 이항로짓모형 분석결과

		오즈비(Odds Ratio)
여성		1.441***
연령(a)	20대	0.231***
	30대	0.269***
	40대	0.287***
	50대	0.233***
	60대이상	0.161***
학력(b)	고졸	1.090+
	대졸	1.158**
	석박사	2.663***
未취업		1.219***
혼인(c)	미혼	0.887**
	별거/이혼	0.825**
	사별	0.645***
소득(d)	100만이상~200만미만	1.462***
	200만이상~300만미만	1.554***
	300만이상~400만미만	1.917***
	400만이상~500만미만	2.053***
	500만원이상	2.389***
종교有		1.398***
자가소유		1.107***
5년이상장기거주		1.258***
지역애착심有		0.955
거주지주변환경 인식부정적		1.074***
상수항		0.128***
R^2		0.29

주: 준거집단: (a) 15세~20세미만; (b) 고졸미만; (c) 기혼; (d) 100만원미만
+p 〈 0.10, *p 〈 0.05, **p 〈 0.01, ***p 〈 0.001

실제로 〈2010년 서울서베이〉 원자료를 토대로 자가보유여부(1은 자가비소유, 2는 자가소유), 5년이상 한 집에서 장기거주했는지 여부(1은 5년미만 거주, 2는

5년이상 거주), 지역애착심을 갖고 있는지 여부(1=서울서 태어났으나 고향같지 않다/서울서 안 태어났고 고향같지도 않다, 2=서울서 태어났고 고향같다/서울서 안 태어났지만 고향같다), 거주지 주변의 물리적/사회적 환경을 부정적으로 인식하는 정도(화재나 홍수, 산사태 등의 재해로 인한 피해; 밤늦게 걸어다닐 경우, 강도/소매치기/성추행 등 다양한 범죄피해, 건물/엘리베이터추락/다리붕괴 등 여러 유형의 건축물 사고 등 총 네 가지 실문에 대해 매우 위험하다부터 전혀 위험하지 않다 5점 리커트 척도로 측정한 후 총점을 합산한 복합변수)와 같은 거주지역 관련 개인요인들을 독립변수로 놓고 이항로지스틱 회귀분석을 실행했더니, 지역애착을 제외한 나머지 세 변수들은 모두 유의수준 $a=0.01$에서 자원봉사참여율에 통계적으로 유의미하게 정적인 영향을 미치는 것으로 나타났다(〈표 12-2〉 참조). 이러한 조사결과는 거주지역과 관련해 개인이 자기 지역에 대해 갖는 인식이라든지, 특정 지역에 오래 거주함으로써 갖게 되는 특별한 감정적, 재정적, 영토적 애착 혹은 인구사회학적 특질 등 각종 "지역관련" "개인변수"들은 여전히 해당 개인의 자원봉사참여율에 상당한 영향을 미침을 강력히 시사한다. 따라서 지역과 거주지 환경은 자원봉사라는 사회현상을 이해하는 데 있어 여전히 매우 중요한 고려대상이 된다고 말할 수 있겠다.

13 chapter
국가와 자원봉사

마지막으로 살필 사회적 환경요인은 국가이다. 국가는 개인의 자원봉사참여수준에 우회적이지만 심대한 영향을 미치는 환경요인을 구성한다(Wilson, 2012: 192).[1] 완벽히 동일한 인구사회학적·개인적 특성을 가진 A와 A'라는 두 인물이 있다고 가정했을 때, 어떤 국가의 국민으로 소속돼 살아가느냐에 따라, 예를 들어 자본주의 국가인 X에 소속돼 살아가느냐 아니면 사회주의 국가인 Y에

1) 지역요인과 마찬가지로 국가요인이 자원봉사와 관련해 발생시키는 효과는 크게 세 가지 - 구성효과, 맥락효과, 집합효과 - 로 나눠 살펴볼 수 있다.
먼저 구성효과를 예를 들어 설명하면, A 나라 국민의 교육수준이 B 나라 국민의 교육수준보다 전반적으로 높고, 그로 말미암아 A 나라의 평균 자원봉사참여율이 B 나라의 그것보다 높게 나타났다면, 이는 자원봉사활동에 적극적인 태도를 보이는 개인들이 A 국가에 더 많이 집중된 데 따른 결과라는 점에서 구성효과를 묘사한 것이라 볼 수 있다. 주지하다시피, 학력이 높을수록 자원봉사참여율은 올라간다.
이와 대조적으로 A 나라에는 B 나라보다 훨씬 더 많은 자원봉사장려센터들이 설치돼 있고, 자선단체들의 봉사활동도 수백 년에 걸쳐 독보적인 전통으로 이어져 내려오는 등 민관을 가리지 않고 자원주의의 역사가 길고 탄탄한 탓에 A 나라의 평균 자원봉사참여율이 B 나라의 그것보다 높게 나타났다면, 이는 국가의 독특한 발현적 속성이 국민 개개인들에게 영향을 주어 전체적인 자원봉사참여율을 높였다는 점에서 맥락효과를 묘사한 것이라 할 수 있다.
마지막으로, A 나라 국민들이 B 나라 국민들보다 훨씬 더 밀도 높게 상호작용을 나누고, 그로 인해 훨씬 더 높은 수준의 일반적 신뢰, 상부상조 정신, 상호호혜의 의무감 같은 사회적 자본의 핵심요소들을 내면화했으며, 그 결과 자원주의 정신이 훨씬 더 광범위하게 퍼지면서 A 나라의 총자원봉사참여율이 B 나라의 그것보다 높게 나타난 것이라면, 이는 집합효과를 묘사한 것이라 볼 수 있다.

소속돼 살아가느냐에 따라 두 인물의 자원봉사참여수준이 현저히 달라질 수 있다는 측면에서다.

이번 장에서는 자원봉사참여에 영향을 미치는 사회적 환경요인 중 가장 마지막 순서로서, 국가를 주요 주제로 삼아 논의를 전개하고자 한다. 구체적으로, 국가의 어떠한 면모가 한 개인의 자원봉사참여수준을 높이거나 혹은 낮추는 결과를 자아내는지 다양한 실증적 자료들을 바탕으로 살펴보고자 한다.

〈1999년~2001년 세계가치조사(World Value Survey)〉 설문은 각국 응답자들의 자발적 결사체 가입여부 및 활동정도를 측정하기 위해 총 열 개 유형의 자발적 결사체들을 제시하고,[2] 각 집단에서의 활동정도를 ① 회원 아님, ② 소극적 회원, ③ 적극적 회원 중 하나를 고르게 하는 방식을 취한다. 여기서 우리가 눈여겨 봐야 할 사안은, 세계가치조사 자료를 가져다 쓰는 각국의 많은 실증연구들은 각 단체에서 소극적 회원 내지는 적극적 회원 상태에 놓여 있다고 답한 사람들만 따로 모아 이들을 자원봉사자로 규정하고, 그 숫자를 바탕으로 한 국가의 평균 자원봉사참여율을 계산해 낸다는 부분이다.[3]

위와 같은 방식으로 〈1999년~2001년 세계가치조사〉 자료를 분석해 보면, 각국의 평균 자원봉사참여율은 다음과 같은 순서로 계산된다.

- 0 -10%: 러시아, 세르비아, 터키
- 11-20%: 일본, 라트비아, 리투아니아, 우크라이나, 몬테그로, 북아일랜드,

---

2) 제시된 열개 유형의 자발적 결사체들은 다음과 같다: 종교나 교회단체; 스포츠나 레크리에이션 활동; 예술, 문화, 교육 및 문화적 활동; 노동단체; 정당; 환경보호단체; 전문가협회; 인권 혹은 자선단체; 소비자보호단체; 기타.

3) 그럴듯해 보이지만, 이러한 계산 방법은 다소 문제의 소지를 가진다. 자발적 결사체에 가입해 활동하는 모든 회원들이 실제 자원봉사활동에 참여한다고 볼 수는 없음에도 불구하고, 이 자료를 갖고 조사를 수행한 대부분의 실증연구들은 자발적 결사체 가입한 사람들을 모두 자원봉사자로 규정한 채 봉사참여율을 계산함으로써, 실제보다 상당히 부풀려진 수치를 한 국가의 평균 자원봉사참여율로 제시한다는 측면에서다(Salamon, 2010).

이러한 명백한 문제점에도 불구하고, 세계가치조사 자료는 전 세계 각국의 자원봉사참여율을 동일 잣대에서 비교분석할 수 있게 해주는 몇 안 되는 대규모의 체계적 설문조사로서, 실제 학계에서 상당히 많은 사회과학 조사연구들에 의해 과거부터 애용돼 왔고 현재도 널리 활용되고 있다. 무엇보다 특정 국가의 자원봉사참여율만이 유난히 높게 나오는 게 아니라 모든 나라들의 자원봉사참여율이 일률적으로 부풀려져 나온다는 점에서, 세계가치조사의 분석결과는 전 세계 자원봉사참여율의 대략적 추세를 알게 해주는 이점을 가지는 것으로 긍정적으로 평가할 수 있다.

폴란드, 포르투갈, 스페인

- 21-30%: 오스트리아, 아르헨티나, 보스니아, 크로아티아, 프랑스, 이탈리아, 룩셈부르크, 슬로베니아
- 31-40%: 벨기에, 체코공화국, 덴마크, 핀란드 아일랜드, 인도, 멕시코, 모르도바, 마케도니아, 싱가포르
- 41-50%: 알제리, 캐나다, 칠레, 대한민국, 네덜란드, 페루, 푸에르토리코, 영국
- 51-60%: 알바니아, 필리핀, 남아프리카, 스웨덴
- 60% 이상: 방글라데시, 중국, 탄자니아, 베트남, 짐바브웨, 우간다, 미국

그렇다면 이제 이번 장의 핵심 질문을 독자들에게 던져보겠다. 국가 별로 자원봉사참여율이 이렇게 다르게 나타나는 이유는 무엇일까? 이 질문에 답을 구하는 관련 조사는 아직 걸음마 수준에 놓여 있다. 하지만 아쉬운 대로 지금까지 발간된 문헌들을 면밀히 검토한 결과, 이 문제에 대해 다음과 같은 몇 가지 설명과 관점들이 제시되어 온 사실을 확인할 수 있었다. 아래에서는 각 설명과 관점들을 하나씩 검토하기로 한다.

1. 구조적 관점

가장 먼저 살펴볼 관점은 자원봉사참여율에 국가별로 차이가 발생하는 이유를 정부의 통치방식, 복지국가의 크기, 경제적 수준, 소득불평등도, 계급구조, 시민섹터의 역량 차이와 같은 구조적 특징에서 찾는 관점이다.

1.1. 민주화

비교정치사회학자들은 일반적으로 민주주의가 미발달된 국가, 즉 집회·결사의 자유, 사상의 자유, 언론출판의 자유가 보장되지 않고 시민사회가 성숙하지

못한 국가에서는 자원주의가 번성하기 힘들다고 본다(Voicu and Voicu, 2009). 비근한 예로, 과거 공산주의를 국가통치 이데올로기로 채택했던 동구권 국가들와 군사독재정권 치하에 장기간 놓여 있던 아프리카와 아시아의 일부 저 개발국, 개발도상국들을 거론해 볼 수 있다.

Ziemek(2003: 78)의 연구에 따르면, 우리나라는 후자의 유형에 속하는 것으로 볼 수 있다. Ziemek은 대한민국에서 자원봉사활동이 사회적 차원에서 주목을 받기 시작한 것은 1990년대 이후 군사독재정권이 몰락하고 문민정부가 들어선 이후부터라고 보았다. 그는 신문기사와 사설에 대한 내용분석을 실시하고, 그 결과를 바탕으로 한국 사회에서는 문민정부가 들어선 후에야 비로소 자원봉사활동에 대한 정부의 지지와 인정이 시작됐고, 민간 차원에서도 그 중요성에 대한 인식이 싹트기 시작했다고 진단하였다.

한편 Norris(2002: 164)는 1995년 세계가치조사 자료를 토대로 전 세계 21개국의 정치적 권리와 시민적 자유의 수준을 측정하고, 이 두 가지 관측변수를 요인분석하여 "민주화"라는 새로운 잠재변수를 구성하였다. 다음으로 각 국의 평균 자원봉사참여율을 계산한 후, 민주화 정도와 평균자원봉사참여율 간의 상관관계를 살펴보았다. 분석결과 1995년 조사자료에 한해, 한 나라의 민주화 수준과 평균자원봉사참여율에는 별 상관관계가 없는 것으로 나타났다.

횡단 분석에서 두 변수 간 상관관계가 약한 것을 확인하자, Norris는 이번에는 세계가치조사 자료의 시간적 범위를 1972년부터 2000년까지 대략 30년 가까이 늘려 동일한 분석을 종단적 관점에서 재실시하였다. 분석결과, 이전 횡단분석에서는 관련성이 없었던 민주화 수준과 자원봉사참여율 간에 새롭게 유의미한 상관관계가 생겼음을 확인할 수 있었다.

얼핏 상충되는 것처럼 보이는 위 조사결과는 두 가지 함의점을 우리에게 제공한다. 첫 번째 함의는 러시아, 세르비아, 우크라이나 같은 과거 공산권 국가들의 90년대 도미노식 민주화 사례에서 볼 수 있듯 명목적이고 형식적인 민주화와 그에 따른 민주주의에 대한 국민들의 짧은 노출은 그들의 자원봉사활동 촉진에 별 도움이 되지 못하고, 이와 반대로 미국, 영국, 네덜란드의 사례에서 볼 수 있듯 실질적이고 안정적인 민주화와 수백 년에 걸친 오랜 민주주의의 경험은 일종의 집단적 자산으로 남아 국민들 개개인의 자원봉사활동을 촉진하는 데 크게 기여한다는 사실이다. 다시 말해, 민주주의를 꾸준히 그리고 오랫동안 경험한 것이 그렇지 않은 것보다 한 나라 국민들로 하여금 자원주의를 내면화하고 이를 실천에 옮기게 하는 데 더 강력한 영향요인으로 작용한다는 얘기이다. 민주주의를 경험한 시간과 자원봉사참여율 사이의 유의미한 상관관계는 다른 여러 실증연구들에 의해서도 입증된 바 있다(Halman, 2003: 192).

두 번째 함의는 민주주의를 얼마나 오래 꾸준히 경험했는지도 중요하지만, 그에 못지않게 민주주의를 얼마나 오래 심각히 박탈당했는지도 한 나라 평균자원봉사참여율을 설명하는 데 중요한 요인이 될 수 있다는 점이다. 앞선 조사에서 Norris(2002)가 1995년 데이터에만 국한시켜 민주화 수준과 자원봉사참여율의 관계를 국가별로 비교했더니 둘 간의 상관관계가 별로 유의미하지 않게 나타났다고 하였다. 여러 가지 이유가 있겠지만, 이런 결과가 나온 배경 중 하나에는 분석에 포함된 몇몇 나라들이 1995년 당시 형식적 지표 상으로는 충분히 민주화되어 있었으나, 그 이전까지 오랜 시간 동안 민주주의를 경험한 적이 거의 없어 민주주의적 가치와 제도에 대한 이해를 결여했다는 역사적 현실도 일부 기여했다고 생각한다. 구소련연방공화국에 속한 나라들, 예를 들어 러시아나 세르비아, 라트비아, 우크라이나, 폴란드 등이 바로 여기에 해당하는 사례들이다(Voicu and Voicu, 2009). 과거 이들 국가에서는 모든 활동이 중앙의 사회주의 정부로부터 계획, 수직하달됐고, 지방과 주변의 국민들은 하달된 지침을 준수하기만 하면 모든 것이 만사형통이었다. 정치적 자유가 거의 인정되지 않았고, 시민사회가 성숙할 여지도 부족하였다. 자원주의가 번영할 정치적, 시민적 토양이 전혀 준비되지 않았던 것이다. 따라서 1990년대 동구권 사회주의 국가들이 무너지면서 표면적·형식적으로는 민주화를 이룩했으나, 이들 나라의 국민들은 민주주의를 너무 오랫동안 박탈당해 왔었기 때문에, 즉 사회주의 국가 하에서 자유로운 민주주의를 체득하고 실천한 경험이 일천했기 때문에 자원주의가 무엇인지 숙고하고 내면화할 기회가 없었고, 그 결과 이들 나라 국민들의 자원봉사참여율은 필연적으로 저조하게 나타날 수밖에 없었다는 설명이다.

1.2. 정치체제

몇몇 정치학자들은 한 나라의 정치체제 속성이 그 나라 자원봉사참여율의 가늠자 역할을 할 수 있다고 주장한다(Curtis, Baer and Grab, 2001). 여기서 정치체제는 일반적으로 크게 다섯 가지 정도 - 자유주의, 사회민주주의, 조합주의, 사회주의, 그리고 기타 - 로 나누어 살필 수 있다.

먼저 자유주의 정치체제이다. 자유주의 정치체제를 채택한 나라들로는 대표적으로 영국, 캐나다, 아일랜드, 미국 등이 있다. 이들 나라에서는 국가의 통제나 감시로부터 벗어난 자발적 개인들의 자유로운 결사활동이 특히 강조된다. 따라서 자원봉사활동은 매우 활발하고, 그 역사 역시 유구하다는 특징을 나타낸다(Salamon and Sokolowski, 2001: 13).

다음은 사회민주주의 정치체제다. 사회민주주의 정치체제를 택한 나라들로는 대표적으로 덴마크, 핀란드, 아이슬란드, 네덜란드, 스웨덴, 노르웨이 등이 있다. 이들 나라에서도 자원봉사활동은 매우 활발히 이루어진다. 특히 정당과 노조, 직능단체 등 주로 노동이나 직업과 관련된 자발적 결사체 차원의 봉사활동이 활발한 편이다. 이들 집단들은 저마다 중앙과 지방의 국가정책, 특히 노동현안과 관련된 정치적 환경 조성에 상당한 영향력을 발휘한다. 국가 역시 이들 자발적 결사체들에 많은 양의 보조금을 지원해 주면서 민간의 자원봉사활동을 장려하는 데 정책적으로 적극적인 태도를 취한다(Salamon and Sokolowski, 2001: 13).

그 다음으로 살펴볼 정치체제는 조합주의이다. 조합주의 정치체제를 택한 나라들은 대표적으로 오스트리아, 프랑스, 이탈리아 등이 있다. 이들 나라에서는 중요한 정책적·실천적 의사결정이 주로 중앙에 속한 정부단체 및 공공기관들에 의해 내려진다. 따라서 민간의 자원봉사활동은 위 두 나라에 비해 현저히 "덜" 활발한 편이고, 표면적으로 활발한 것처럼 보이는 봉사활동들조차 사실은 중앙 정부기관의 조정과 통제를 받아 수행되는 경우가 대부분이다(Salamon and Sokolowski, 2001: 13-14).

마지막으로 사회주의 정치체제이다. 구소련연방국에 소속됐던 이른바 사회주의 국가들에는 불가리아, 에스토니아, 헝가리, 라트비아, 리투아니아, 루마니아, 러시아 등이 포함된다. 이들 나라의 국민들은 구소련이 해체된 직후 곧바로 민주화를 경험했지만, 그 기간이 짧아 민주주의적 제도나 운영 원리를 아직 충분히 깨치지 못한 상태에 놓여 있다. 무엇보다, 행정 및 사회서비스 전달이 중앙의 규격화된 정부지침에 따라 좌지우지되던 중앙집권식 의사결정에 아직도 많은 국민들이 젖어 있는 까닭에, 민간의 자발성과 시민의식이 근간을 이루어야 비로소 활발해질 수 있는 자원봉사활동은 매우 저조하고 침체된 특징을 나타낸다(Salamon and Sokolowski, 2001: 14).

한편, "기타"에 속하는 나라들은 위 범주 어디에도 속하지 않는 국가들로서 대부분 제 3세계의 저개발국이거나 아니면 장기간의 독재정권 치하에 놓여온 나라들을 포함한다. 이들 국가 역시 구소련연방 소속 국가들과 마찬가지로 시민사회의 부재 또는 저발달로 말미암아 자원봉사활동은 일반적으로 매우 저조하고 침체된 특징을 나타낸다(Salamon and Sokolowski, 2001: 14). 1990년대와 2000년대 초반 자료를 활용한 조사연구들은 대체로 우리나라를 이 기타 범주, 특히 권위주의적 독재정권 치하의 국가주의 국가로 분류하는 모습을 보인다(Kang et al., 2010).

많은 연구들은 정치체제 역시 한 국가의 평균 자원봉사참여율에 심대한 영향을 미치는 환경요인으로 작동함을 보여준다. 예를 들어, Parboteeah와 그의 동료들(2004: 438)은 전세계 41개 국가를 조사대상으로 삼아 각 국의 국민총소득수준, 교육수준, 세속화수준(=종교적 믿음이 없는 자의 비율) 그리고 각종 인구사회학적 특징 등 주요 변수들을 공변인으로 통제한 후, 독립변수로는 정치체제를 그리고 종속변수로는 자원봉사참여율을 설정하고 회귀분석을 수행하였다. 분석결과, 한 국가의 평균 자원봉사참여율에 통계적으로 유의미하게 영향을 주는 정치체제 요인으로는 자유주의 체제와 사회민주주의 체제가 특정됨을 확인하였다. 이는 한 국가의 정치체제가 자유주의나 사회민주주의의 특성을 많이 띠면 띨수록, 해당 국가의 자원봉사참여율도 상승함을 의미하는 결과로 해석할 수 있다.

Musick과 Wilson(2008: 347-349) 역시 세계가치조사(World Value Survey) 자료를 토대로 이와 동일한 결론을 얻었다. 이들은 자유주의나 사회민주주의 체제를 채택한 국가들의 자원봉사참여율이 다른 유형의 정치체제를 채택한 나라들보다 높게 나타나는 이유를, 전자의 경우 자원봉사활동이 정부나 시장의 허약한 복지안전망 시스템에 대한 대안적(alternative) 역할을 담당하기 때문으로 보았고, 후자의 경우엔 부가적(adjunct) 역할을 담당하기 때문으로 보았다.

1.3. 복지국가

김태성과 성경륭은 『복지국가론』(2014)에서 서유럽 복지국가의 역사적 발전을 총 세 단계로 구분하였다. 구체적으로, ① 반복지국가(14세기~19세기 후반) → ② 제한적 복지국가(19세기 후반~20세기 초반) → ③ 제도적 복지국가(20세기 중반~20세기 후반)로 구분하였다.

먼저 반복지국가 시기부터 살펴보자. 이 시기에 가난과 불행의 구제는 일차적으로 개인과 가족의 책임 하에 있었다. 그러나 개인이나 가족 수준에서 감당하기 힘든 수준의 빈곤과 고난도 종종 발생하였다. 이에, 일종의 이차적 안전망으로서 많은 종교적 자선단체들이 설립돼 구제 활동을 전개하였다. 각 단체들은 구성원들의 강력한 소명의식과 개별적인 시간, 노력, 재능의 투자를 바탕으로 당시 만연했던 빈곤과 사고, 재해 등의 불행에 대처하였다. 종교적 색채를 강하게 띤 개인 혹은 단체의 자발적 봉사활동은 따라서 이 시기를 특징짓던 키워드 중 하나였다. 많은 개인과 단체들이 각자의 종교적 신념에 따라 다른 비종교적 개인이나 단체와의 경쟁 혹은 갈등 없이 무난하게 그리고 활발하게 활동을 전개하던 시기였다.

그러나 자선단체들의 개별적 구제와 소규모 구원 활동은 자본주의가 심화되고 도시화와 산업화 등 각종 거시적인 사회구조의 빠른 변화 조류 속에서 점차 그 효용을 잃어갔다. 이전과는 비교할 없을 만큼의 규모와 빈도로 각종 사건사고와 재해, 빈곤 등의 불행들이 연이어 사람들을 사지로 몰아넣었고, 이러한 동시다발적 위기에 대해 민간 자선단체들의 산발적이고 개별적인 대응만으로는 근본적인 문제 해결이 불가능한 시대에 접어들었다.

이 난국을 타개하기 위해 등장한 것이 바로 복지국가이다. 복지국가는 처음 등장했을 당시, 사람들을 극단적으로 사지에 몰아넣던 소수의 사회문제들, 예를 들어 질병, 산업재해, 빈곤 같은 한정된 위험만을 보호함으로써 적은 수의 선별적 복지제도를 운영하는 입장을 고수하였다. 복지국가가 복지에 대해 포괄적이라기보다 잔여적인 접근방식을 고수한 이 당시를 김태성과 성경륭(2014)은 제한적 복지국가의 시기로 규정한다.

하지만 1차 세계대전, 대공황, 2차 세계대전 등 굵직굵직한 사회적 재난들이 잇따라 터지면서 복지국가를 둘러싼 잔여적 접근방식은 점차 그 지지기반을 잃어갔다. 여기에 덧붙여, 민주주의 원리가 확장되면서 모든 인간은 조건에 관계없이 최소한의 수입, 영양, 건강, 주택, 교육 등을 보장받아야 한다는 보편적 권리 의식이 발전하게 되었고, 자본주의가 심화되면서 국가와 정부는 앞에서 열거한 이론적 차원의 보편적 권리를 실재적 차원에서의 급부로 모든 국민들에게 제공할 만큼의 충분한 부를 축적하게 되었다. 그 결과 공공부조에 치우쳐져 있던 기존의 잔여적 복지제도에 보편적 성격을 띤 새로운 제도들이 보강·확충되기 시작했고, 개별 복지제도의 적용대상도 꾸준히 확대되면서 복지국가는 이른바 제도적 정착기에 접어들게 되었다. 복지국가의 이 같은 다면적·종합적 발전과 팽창은 2차 대전 종결 이후부터 신자유주의가 득세하기 직전인 1970년대 초까지 꾸준히 지속되었다.

요컨대, 복지국가의 등장은 기존 민간 영역에서 또는 시민사회 영역에서 자발적·자체적으로 진행되어 오던 자조와 자립의 산발적 노력들을 입법, 행정, 사법 삼권의 측면에서 국가 영역으로 포섭·제도화시키고 안정화시키는 데 기여하였다. 이에 따라 사람들의 생계가 국가적 차원에서 보편적 권리로서 보장되는 결과가 초래되었고, 불안정하던 일반 대중의 생활이 안정화되는 등 긍정적인 효과가 다수 발생하였다.

하지만 복지국가의 등장과 팽창, 안정화가 자원봉사 영역에 있어서만큼은 부정적인 결과를 가져왔다는 지적이 학계의 일부 학자들에 의해 제기되었다(Carpenter and Myers, 2010: 912). 복지국가의 등장이 자원봉사활동에 부정적 영향을 주었다는 주장은, 공적 영역의 확대가 사적 행위자들의 자발성을 축소시키고 시민사회의 자치(self-governance) 역량을 훼손시킴으로써 종국적으로 자원주의 정신을 말살시키고 봉사활동에 대한 열망을 꺾는다는 식의 논리적 추론을 근간으로 한다. 쉽게 말해, 국가가 모든 사회문제 해결에 앞장서 주는데 민간 행위자들까지 굳이 나서서 스스로를 구제한다거나 도움이 필요한 취약계층에게 사회서비스를 제공하는 등의 자원활동에 시간과 돈을 낭비할 이유가 없지 않냐 하는 얘기다. 공적 영역이 과잉발달한 큰 정부의 복지국가에서는 자원봉사정신이 위축돼도 하등 이상할 게 없다는 의미이다. 어떤 학자들은 여기서 한 걸음 더 나아가, 최근 신자유주의의 득세로 인해 복지국가가 점차 해체·쇠퇴해 가고 있는데, 이는 그동안 위축됐던 자원주의 정신을 갱생시키고 봉사자들의 활동반경을 넓혀주는 등 각종 긍정적 효과들을 낳았기 때문에 복지국가의 해체와 쇠퇴는 일각에서 생각하는 것만큼 우려할만한 일이 아니라 오히려 환영하고 박수칠만한 일이라고까지 주장하기도 하였다(Warburton and Smith, 2003: 774).

여하튼, 일각에서 제기된 복지국가 팽창 → 자원봉사참여 위축 가설은 상당히 그럴듯해 보인다. 하지만 이 가설은 이론적 차원에서만 논의된, 말 그대로 가설일 뿐 실제 데이터에 의해 입증된 사실과는 거리가 멀다. 오히려 많은 경험적 연구들은 복지국가 팽창 → 자원봉사참여 위축 가설이 현실과 잘 들어맞지 않는다는 정반대 분석결과들을 꾸준히 보고해 왔다(Wilson, 2012: 192).

대표적인 연구 몇 가지만 소개하면, 네덜란드 사례에 초점을 맞춘 De Hart와 Dekker(1997: 77)의 연구 그리고 스웨덴의 사례에 초점을 맞춘 Rothstein(2001: 214)의 연구가 있다. 두 연구 모두 방법론 상으로는 상당한 차이를 나타낸다. 하지만 네덜란드와 스웨덴이라는 북유럽의 복지 강국들을 조사대상으로 삼아 공적 영역의 확대가 반드시 민간 영역 내 자원봉사정신과 활동을 위축시키는 결과를 가져오지는 않는다는 결과를 제시하고, 이를 통해 복지국가 팽창 → 자원봉사참여 위축 가설이 현실과 잘 맞지 않는다는 사실을 지적했다는 점에서는 공통점을 공유한다. 참고로, 위 연구들의 조사결과에 따르면 북유럽의 복지강국 네덜란드는 40% 이상의 평균자원봉사참여율을, 또 다른 복지국가 스웨덴은 50% 이상의 평균자원봉사참여율을 기록하는 것으로 나타난다.

Hank(2011)의 연구와 Stadelman-Steffen(2011)의 연구 역시 유사한 결론을 도출한다. Hank(2011)는 11개 유럽 국가들을 대상으로 GDP 대비 사회복지 지출액을 계산한 후 각국의 자원봉사참여율(조사대상 개인은 50세 이상 시민으로 제한함)과의 관계를 다층분석기법을 활용해 살펴보았다. 분석결과, 국가별 사회복지지출비는 자원봉사참여율과 부적인 관계가 아닌 정반대의 정적 관계를 맺는 것으로 확인되었다. 이는 복지국가 팽창 → 자원봉사참여 위축 가설을 정면으로 반박하는 경험적 증거가 된다. 비슷한 맥락에서, Stadelman-Steffen(2011)는 자원봉사활동을 활동유형 별로 크게 두 가지, 사회서비스형 봉사활동과 비사회서비스형 봉사활동으로 나누고, 유럽 내 23개 OECD 국가들의 복지지출비와 자원봉사참여율의 관계를 살폈다. 분석결과, 복지지출비는 사회서비스형 봉사활동에 통계적으로 유의미한 부적 영향을 미쳤다. 그러나 비사회서비스형 봉사활동에는 통계적으로 아무런 유의미한 영향을 미치지 않음으로써 복지국가 팽창 → 자원봉사참여 위축 가설은 오로지 부분적으로만 사실과 부합하다는 점을 입증하였다.

이처럼 여러 실증연구들에 따르면 복지국가가 자원봉사활동에 부정적인 영향을 미친다는 주장은 아직까지는 근거 부족의 시나리오임을 알 수 있다. 이는 자원봉사가 복지국가와는 별 관련성 없이 나타나는 별개의 사회적 현상일 수 있음을 함의하는 결과이다. 따라서 한 나라의 자원봉사참여율을 설명하기 위해서는 복지국가와의 연관성을 찾기보다는 오히려 복지국가에 관한 논의 바깥에서, 예를 들어 그 나라의 뿌리 깊은 자원주의 문화라든지 상호부조의 전통 같은 부분에서 관련요인들을 찾아내는 것이 더 효과적임을 연구자들은 염두에 두어야 할 것이다.

한편 복지국가와 자원봉사가 부적 관계를 맺고 있다거나 아니면 아예 관련성이 없다거나 하는 기존 논의와는 별개로, 둘의 관계는 어떤 일률적인 잣대로 재는 게 무의미하고 각국의 정치경제학적 맥락들을 고려해 나라마다 다르게 개념화하고 정리하는 게 보다 유용하다고 주장하는 학자들의 주장도 존재한다(Salamon and Anheier, 1996: 2). 복지국가와 자원봉사의 관계를 탄력적으로 규정할 필요성이 있다고 주장하는 학자들은 획일적으로 그 관계가 부적이다 혹은 무관계하다고 단정 짓기보다, 해당 복지국가가 어떤 정치체제를 채택해 구사하느냐에 따라 자원봉사를 대하는 태도와 활용도가 크게 달라진다는 점에 주목한다.

이를 좀더 구체적으로 살펴보자. 먼저 자유주의 정치체제를 채택한 국가들의 경우 일반적으로 복지와 관련된 공적 지출이 대체로 적은 편이다. 따라서 이를 대신해 제 3섹터가 발달하고, 특히 자원봉사활동이 활발하다는 특징을 보인다. 이 범주에 가장 정확히 해당되는 사례국가로 미국이 있다. 영국과 호주 등 다른 앵글로색슨계 국가들도 대체로 이 범주에 포함되는 나라들로 볼 수 있다. 특히 미국은 전통적인 엘리트 귀족계급이나 그 대척세력인 노동자계급이 역사적으로 뚜렷이 형성된 적이 없었기 때문에 사회적 여유 자원들이 계급투쟁이나 복지국가 건설에 투입되기보다 시민사회의 자원주의를 촉진하는 데 집중적으로 투입될 수 있었다(Salamon and Sokolowski, 2001). 특히 민간의 대인서비스 지향적 자선사업들이 활발히 전개되는 형태를 띠었다.

이와 대조적으로 사회민주주의 정치체제를 채택한 나라들의 경우 일반적으로 국가는 복지에 상당히 많은 정책적 관심과 재정 지출을 감행한다. 따라서 원칙적으로 미국식 자선사업, 즉 대인서비스형 자원봉사활동은 대체로 저조한 편이다. 다시 말해, 국가가 대부분의 사회서비스들을 공급·전달하는 주체가 되기 때문에 제 3섹터의 대인서비스형 봉사활동은 위축돼 있다는 뜻이다. 그러나 사민주의 국가에서도 활발한 봉사활동 유형은 몇 가지가 존재한다. 노동자들의 권익 쟁취라든지 사회경제적 약자계층에 대한 옹호나 대변 같은 정치색 짙은 자발적 봉사활동들이 바로 그것이다. 이들 나라에서는 전통적으로 정치 영역에서의 자원봉사활동은 매우 강한 편이었다. 한편, 최근에는 복지국가가 잘 담당하지 않던 스포츠/문화/레크리에이션 관련 영역에서 시민들의 자발적 봉사활동이 두드러지게 나타나는 추세이다. 핀란드, 노르웨이, 스웨덴 등이 이 범주에 해당하는 대표적인 사례국가들이다(Salamon and Sokolowski, 2001).

다음으로 조합주의 정치체제를 택한 나라들의 경우 일반적으로 국가는 사회적 합의를 유도하기 위해 민간 부문 - 여기서 민간 부문이란 공공 부문 외에

시장과 제 3섹터를 아우른다 - 의 이익집단들에 대해 강력한 주도권을 행사한다. 국가는 자체적인 이해관계를 가지고서 - 예컨대, 보편적 사회보험제도의 구축이라는 목적 - 다양한 이익집단들의 활동을 규정, 포섭, 억압하는 독립적 실체로서 활동한다. 국가의 넓은 영향력 아래에 놓인 이익집단들은 책임, 조화, 협동 등의 가치가 강조되는 사회적 분위기 속에서 국가와 갈등관계에 놓인다든지 또는 다른 이익집단들과 경쟁관계에 돌입한다든지 하는 이기적 모습을 지양하고, 가능한 한 국가의 지도 아래 다른 이익집단들과 이해관계를 조정하고 협력하는 모습을 보인다. 따라서 민간 부문의 다양한 행위자들, 특히 자원봉사 영역에서 활동하는 행위자들은 표면적으로는 독립적 존재로서 자발적 의지에 따라 움직이는 것처럼 보일지 모르지만, 실제로는 국가의 넓은 영향력 아래 국가가 정한 가치와 활동의 한계선 안에서 제한적으로 움직이는 준정부기구 혹은 확장된 정부의 일부분적인 성격을 띠게 됨을 유념해야 한다. 즉, 조합주의 체제에서 전개되는 자원봉사활동이란 그 영역과 방향, 권한, 재정 등 대부분의 내용들이 정부에 의해 이미 밑그림이 그려진 후 시행된 결과라는 점에서, 비록 겉으로 자발적으로 보일지라도 그것은 자원주의의 본질과는 거리가 먼 것으로 이해해야 한다는 뜻이다. 오스트리아 프랑스, 독일, 아일랜드 등이 이 범주에 속하는 대표적 사례국가들이라 할 수 있다. 참고로, 조합주의 국가들에서 가장 흔히 발견되는 유형의 봉사활동은 자유주의 정치체제에서와 마찬가지로 대인서비스 지향형 봉사활동들이다. 이는 정부가 100퍼센트 책임지지 못하는 사회서비스 부문에 대해서는 전폭적으로 지원해주는 등 자원봉사 섹터의 힘을 적극적으로 빌리지만, 반대로 정부정책에 반기를 들 수 있는 정치지향적이고 인권옹호적 부문에 대해서는 지원은커녕 억압하고 통제한 데 따른 결과로 풀이할 수 있다(Salamon and Sokolowski, 2003: 75-87).

마지막으로 국가주의(statism) 정치체제를 택한 나라들은 일반적으로 사적 행위자의 이익보다는 국가의 이익을 절대시하는 경향을 보인다. 여기서 국가의 이익이란 대부분 경제성장이나 제국주의적 팽창, 군사적 지출확대 등을 가리킨다. 따라서 중산층 이하 계층의 생계보장 및 생활안정에 그 목적을 두는 복지에 대한 관심이나 재정 지출은 국가주의 체제를 택한 나라에서는 보기 힘든 것이 일반적이다. 과거 구소련 소속의 공산권 국가들 그리고 오늘날 북한이나 이집트 같은 독재정권 국가에서 국가주의는 주로 창궐한다. 국가주의 체제를 채택한 나라에서는 오랜 공산주의 혹은 독재의 경험으로 인해 시민사회가 거의 발달되지 못했고, 자원주의의 뿌리도 허약한 편이다. 중앙의 힘이 너무나 강력한 탓에 지방과 민간의 자원봉사활동은 대체로 많이 위축돼 있는 것이 현실이다(Voicu and Voicu, 2009).

1.4. 경제수준

한 나라의 경제발전 정도에 따라 그 나라의 자원봉사참여율이 달라진다는 관점도 존재한다(Lundåsen, 2005). 이 관점에 따르면 경제적으로 부유한 나라는 상대적으로 빈곤한 나라보다 훨씬 더 높은 수준의 자원봉사참여율을 나타내는 것으로 간주된다.

지금까지 우리는 다양한 구조적 요인들 - 민주화, 정치체제, 복지국가 - 을 한 나라의 자원봉사참여율에 영향을 미치는 거시적 국가요인들로 살펴보았다. 모두 그럴듯해 보이지만, 한 가지 의문점이 남는다. 경제적 수준이 높은 나라들은 대개 민주주의가 잘 발달돼 있고, 정치체제도 자유주의이거나 아니면 사민주의적 형태를 띠는 나라 아닌가? 경제적 수준이 높은 나라들은 대개가 공공의 복지지출 수준이 높은 복지국가적 성격을 강하게 드러내지 않는가?

이 문제제기의 핵심은 한 나라의 자원봉사참여율을 가늠하는 데 굳이 민주화 수준이나 정치체제의 종류, 복지국가의 형성 유무 등을 힘들게 알 필요가 없다는 비판에 있다. 모두 간접적인 척도에 불과하기 때문에 경제발전 정도라는 직접적 척도를 쓰느니만 못하다는 논리이다. 현상의 원인을 전부 경제적 요인으로 환원시키는 일종의 경제결정주의적 관점인 셈이다.

그러나 자원봉사라는 사회적 현상을 설명하고 예측하는 데 오로지 한 나라의 경제적 수준만 활용하는 경제결정주의적 관점이 과연 올바른 접근 방식일까? Inglehart(2003) 같은 학자들은 올바르지 못한 접근 방식이라 비판한다. 그는 한 나라의 경제수준은 그 나라 국민들의 자발적인 사회참여율을 높이는 데 반드시 도움만 주는 것은 아니라고 지적한다(*Ibid*: 56). 경제수준은 자원봉사참여율을 높이기도 하지만 반대로 낮추기도 하는 등 상쇄효과를 일으켜 결과적으로 자원봉사참여율에 별다른 임팩트를 가하지 않을 수 있다는 점 때문이다(*Ibid*: 55-56).

일단 경제수준이 자원봉사참여율에 긍정적인 영향을 주는 것은 분명한 사실이다. 산업화가 진행되고 경제수준이 나아질수록 먹고사는 생존 문제는 뒷전으로 밀리고, 그에 반대되는 이슈들, 예를 들어 자기표현이나 만족감, 자아실현 같은 정신계발로 사람들의 관심이 자연스레 이동하기 때문이다. 자원봉사는 그와 같은 고차원적 정신활동에 가장 부합하는 사회참여 경로이다.

하지만 한 국가의 경제적 수준이 올라가면 고차원적인 정신활동에 가치를 부여하는 사람들이 많아지는 한편, 사회 전반에 걸쳐 세속성은 증가하는 모순적 장력이 작동한다. 여기서 세속화란 구체적으로 공동체주의, 이타주의, 종교적 가치들을 강조하던 사회 분위기가 이기주의, 물질만능주의, 배금주의를 더 바람직한 가치로 강조하는 사회 분위기로 바뀌는 과정을 의미한다. 시장의 교환가치가 물건 자체의 사용가치보다 더 우대받는 사회풍토 속에서 무보수성과 이타성을 근간으로 하는 자원봉사정신이 위축되는 것은 당연한 결과이다. 자원봉사활동은 '돈 안 되는 쓸데없는 일', '자투리 시간에나 하는 일', '금전적으로 여유 있는 사람들이나 하는 귀족적 활동' 등으로 평가절하되기 마련이다. 전 사회적 차원의 경제발전과 경제수준 향상이 자원봉사참여율을 올리기도 하지만 반대로 내리기도 함으로써 결과적으로 별다른 효과를 내지 못하는(net effect=0) 무관련 요인으로 전락한다는 Inglehart(2003)의 주장은 바로 이러한 맥락에서 나타난 것이다.

한 나라의 경제수준과 자원봉사참여율의 관계를 연구한 학자들은 Inglehart 외에도 많다. 그러나 연구자들의 지속적인 노력에도 불구하고 아직까지 학자들 사이에 두 변수의 관계에 대해 어떤 일치된 합의는 만들어지지 않은 상태이다. 아무런 의견 일치를 내리지 못한 데에는 여러 가지 이유가 있겠으나, 그 중 하나는 아마도 각각의 연구들이 경제수준의 척도로서 사용한 변수들이 일률적이지 않고 천차만별로 달랐다는 데에 일부 원인이 있지 않나 생각한다. 어떤 연구들은 국내총생산(GDP)을(Curtis, Baer and Grabb, 2001; Halman, 2003: 192), 다른 연구들은 국민총생산(GNP)을(Ruiter and DeGraaf, 2006), 또 다른 어떤 연구들은 국민총생산(GNP) 대비 구매력평가지수(Purchasing Power Parity, PPP)를 경제수준의 지표로 삼아 국가평균 자원봉사참여율과의 관련성을 조사했으므로(Norris, 2002: 157; Parboteeah et al., 2004: 438) 당연히 그 결과가 일치되게 나올 리 만무하다는 뜻이다.

1.5. 소득불평등

마지막으로 살필 구조적 관점은 한 나라의 소득불평등도에 초점을 맞추는 관점이다(Putnam, Frederick and Snellman, 2012). 이 관점의 핵심은 소득불평등도가 높은 곳에서는 자원봉사참여율이 저조하게 나타나고, 반대로 소득불평등도가 낮은 곳에서는 자원봉사참여율이 높게 나타난다는 데 있다. 이는 자원봉사참여율에 결정적인 영향을 미치는 요인은 한 국가 내 중산층 비율의 크기에 있음을 시사한다(Curtis, Baer and Grabb, 2001).

심각한 소득불평등도는 한 사회의 다수를 차지하는 중간계층의 박탈감, 무력감을 키우고 계층 간 위화감을 조성한다. 이 같은 집단적 심리상태는 한 사회의 자원주의에 독으로 작용한다는 점에서 큰 문제이다(Uslaner and Brown, 2005). 제아무리 열심히 일하고 성실히 돈을 모으면서 잘 살려고 발버둥 쳐봤자 상향이동의 기회는 제한되고 세상은 오로지 '있는 사람', '경제적으로 힘 있는 자' 위주로 돌아간다면, 사회 대다수를 구성하는 중간계층 구성원들은 모든 형태의 집합적 활동과 행위에 냉소적 태도를 보일 것이고, 타인에 대한 그리고 사회에 대한 신뢰를 전면 철회할 것이다. 나아가 오로지 나와 사적으로 밀접한 관계에 놓여 있는 소수의 몇몇 가족이나 친지, 지인들하고만 제한적으로 교류를 유지해 나가려고 할 것이다(예: 피는 물보다 진하다, 우리가 남이가 등). 이는 사회 전체를 건강하게 유지해 나가는 데 필수적인 상호호혜의 의무, 협동, 참여, 낙관적 태도, 낯선 타자에 대한 믿음 같은 시민사회의 바람직한 가치들을 통째로 집어 삼킴으로써, 결과적으로 자원주의 정신을 말살시키고 봉사활동에 대한 열정과 자원을 사회의 다른 부문으로 누수시키는 부정적 효과를 발생시킨다. 소득불평등도가 심각한 사회에서 사람들이 불우이웃이나 사회소외계층에게 서비스를 제공하는 전통적 형태의 따뜻하고 공동체주의적인 자원봉사활동은 잘 하려 들지 않고, 그 대신 부를 독점하는 소수 엘리트 계층에 대한 분노와 불만을 키우면서 이를 대외적으로 표출하는 행위에 몰두하거나, 아니면 아예 손을 놓고 무력감을 느끼면서 체념상태에 빠지는 모습을 보이는 까닭은 바로 이 때문이다.

한 국가 내 중간계층의 크기와 평균자원봉사참여율의 관계에 대한 연구는 다각도에서 수행돼 왔다(Uslaner and Brown, 2005). 하지만 안타깝게도, 국가 간 차이에 초점을 맞춰 수행된 몇몇 연구들은 우리가 앞에서 논의했던 이론적 가설이 만장일치로 지지되는 것은 아님을 보여준다. 예를 들어 Woolley(2003: 155)는 유럽 14개국을 조사대상으로 삼아 룩셈부르크 소득조사(Luxemburg Income Study) 자료와 세계가치조사(World Value Survey) 자료를 병합해 소득불평등도와 자원봉사참여율 사이의 상관관계를 조사하였다. 분석결과, 두 변수는 통계적으로 유의미한 수준에서 상호 관련성을 가짐이 확인되었다. 그러나 세계가치조사 자료를 이용해 전 세계 31개국 상황에 대한 다수준회귀분석을 실시한 Musick과 Wilson(2008: 354)의 연구결과에 따르면[4] 한 나라의 소득불평등도와 자원봉사참여율은 별다른 관련성을 맺지 않는 것으로 나타난다.

후자의 연구결과는 한 나라의 자원봉사참여율이 중산계층 비율의 크기에 따라 큰 영향을 받지 않는다는 점을 시사한다. 이는 앞서 이론적 차원에서 추론해 낸 가설과 들어맞지 않는 결과라는 점에서 우리를 적잖이 당황스럽게 만든다. 그러나 여기서 미국이라는 특정국가의 사례를 집중적으로 검토하다보면, 그 결과가 또 그렇게 논리적으로 앞뒤가 맞지 않는 것만은 아님을 알 수 있다. 미국은 전 세계적으로 소득불평등도가 가장 심한 국가 중 하나이다. 소득불평등도가 크기 때문에 우리가 앞서 이론적으로 추론해 낸 가설에 근거해 추론해 보면 미국의 자원봉사참여율은 평균적으로 매우 낮게 나타나야 마땅하다. 하지만 실상은 어떠한가? 미국은 소득불평등도가 높은 나라임에도 불구하고 세계에서 자원

4) 독립변수 = 국가지니계수(Level-2). 통제변수 = 각종 인구사회학적 · 개인적 변수들(Level-1) + 국가 평균학력 및 GNP(Level-2). 종속변수 = 국가 평균자원봉사참여율.

봉사참여율이 가장 높은 나라 중 하나로 종종 거론된다.

요컨대 Musick과 Wilson(2008)의 연구결과 자체는 소득불평등도와 자원봉사참여율이 아무런 관계가 없으며, 따라서 한 나라의 자원봉사참여율을 설명하는 데는 소득불평등도보다는 다른 요인에서 원인을 찾는 것이 훨씬 효과적이라는 사실을 우리에게 말해준다. 하지만 Musick과 Wilson은 자신들의 연구결과를 토대로 소득불평등도와 자원봉사가 정말 아무런 관련성이 없는, 별개의 현상이라고 성급하게 결론 내리지는 않았다. 다시 말해, 중간계층이 빈약하면 자원봉사참여율이 낮아지고 반대로 두터우면 참여율이 올라간다는 기존의 가설이 반드시 틀렸다고 단언하지 않았다는 것이다. 이것의 근거로 Musick과 Wilson은 자신들의 분석에 쓴 국가지니계수가 사실상 소득불평등도에 대한 정밀한 척도가 되지 못할 수 있다는 한계를 거론하였다. 지니계수는 일반적으로 직장인들의 임금소득만 소득범주에 포함시키는데, 많은 경우 소득은 그 외 경로, 예를 들어 자영업소득, 재산소득, 연금소득 및 이전소득 등 다양한 경로들을 통해 흘러들어오기 때문에 오로지 직장인들의 임금소득만으로 한 사회의 소득불평등도를 측정하는 지니계수의 계산법은 한계가 있을 수밖에 없다는 것이다.[5)]

한편, 소득불평등도가 큰 미국 같은 나라에서 오히려 자원봉사참여율이 높게 나타나는 역설적 상황을 설명하기 위해 Dayton-Johnson(2001: 78)은 비슷한 소득불평등도를 나타내는 이탈리아와 미국의 비교 연구를 실시하였다. 두 나라의 국가지니계수는 거의 비슷하다. 하지만 자원봉사참여율은 미국이 이탈리아보다 월등이 높다. Dayton-Johnson은 이 같은 차이의 원인을 두 국가 국민들의 평균교육연수 상의 격차에서 찾았다. 구체적으로, 2000년 기준 미국인들의 평균교육연수는 12.0년, 이탈리아인의 평균교육연수는 7.2년이고, 이 값의 표준편차는 각각 2.3년, 3.6년으로 조사되었다. 즉, 이탈리아인들의 교육수준이 미국인들의 그것보다 훨씬 낮을 뿐 아니라 편차도 큰 것으로 드러난 것이다. 자원봉사참여율에 학력이 결정적으로 영향을 미친다는 사실을 감안하면, 엇비슷한 소득불평등도를 나타내는 두 나라의 평균자원봉사참여율에 상당한 격차가 나타나는

5) 이러한 문제점을 해결하기 위해 최근에는 임금소득 외의 비임금소득을 모두 포괄해 한 사회의 소득불평등도를 계산하는 LIS(Louxembourg Income Studies) 지니계수가 개발돼 사용되고 있다.

이유는 결국 두 나라 간 평균학력의 차이에 있었다고 말할 수 있다.

2. 문화적 관점

다음으로 살필 관점은 자원봉사참여율에 국가별로 차이가 발생하는 이유를 국민들이 신봉하는 특정 가치와 믿음, 태도 등 문화적 요인에서 찾는 관점이다(Meijs et al., 2003). 대부분의 사회학자들은 정도의 차이만 있을 뿐 서로 다른 국가 간에 문화적 태도나 가치, 이데올로기 등에 있어 일정한 차이가 존재하고, 이러한 차이는 그 나라 국민들의 행동과 생각에 우회적이지만 심대한 영향을 준다는 주장에 대체로 동의한다(Dolnicar and Randle, 2005; Kaseke and Dhemba, 2006: 23).

자원봉사활동을 대하는 사람들의 태도와 믿음, 가치와 생각 역시 국가 별로 사뭇 다르다. 예를 들어, 앵글로색슨계열 국가의 국민들(예: 미국, 영국, 호주 등)은 자원봉사에 대해 대체로 호의적이고 긍정적인 태도를 보인다. 반대로, 독일이나 프랑스, 이탈리아, 스페인 같은 나라의 국민들은 상대적으로 자원봉사에 덜 호의적이고 중립적인 반응을 보인다(Dalton, 2013: 46). 심지어 같은 앵글로색슨계열 국가의 국민들조차 자원봉사에 대해 미묘한 태도상 차이를 보인다. 예를 들어, 미국 국민은 자원봉사를 복지국가에 대한 매력적인 대안으로 간주하는 반면, 캐나다 국민은 복지국가를 가장 믿을만한 제일 안전망 체계로 보고, 자원봉사는 그 일차 안전망이 작동하지 않을 시 의지할 수 있는 차선책으로 보는 시각을 가지고 있다(Uslaner, 2002: 24).

2.1. 탈물질주의

가장 먼저 살펴볼 문화적 관점은 탈물질주의적 관점이다. 탈물질주의에 대해서는 이미 위에서 몇 번 언급했기 때문에 독자들도 이 개념에 대해 어느 정도 익숙해져 있을 것이라 생각한다. 여기서는 탈물질주의의 개념을 앞에서보다 좀 더 자세히 체계적으로 살펴보기로 한다.

탈물질주의의 개념을 제대로 이해하려면 먼저 물질주의에 대한 개념 이해가 선행되어야 한다. 물질주의란 질서유지, 물가안정, 경제성장, 강한 국방, 안정된 경제, 범죄소탕 등을 중시하는 가치관을 통칭한다(Inglehart, 1997: 118-119). 물질주의적 가치와 태도는 산업화와 경제발전이 정점을 향해 진행 중인 개발도상국 국가에서 흔히 발견된다.

물질주의적 가치를 중시하는 사람들은 인간의 생존과 관련된 기본적 욕구들, 다시 말해 생리적 욕구와 안전의 욕구를 가장 먼저 충족시키고자 하는 특징을 보인다. 여기서 생리적 욕구는 배고픔이나 갈증, 성욕을 포함한 인간의 모든 본능적 충동을 해소시키고자 하는 심리적 결핍 상태를 가리키는 말로서, 신체의 항상성 유지에 반드시 필요한 욕구이자 다른 어떠한 욕구들보다 강력하고 근본적인 속성을 나타낸다. 우리가 잘 아는 Maslow의 욕구 5단계에서 제 1단계에 해당하는 부분이다(Maslow, 1970: 35-36).

생리적 욕구가 만족스럽게 충족된 사람은 그 다음 단계인 안전의 욕구를 해결하기 위해 노력한다(Maslow, 1970: 39). Maslow의 욕구이론에서 2단계 욕구에 해당하는 부분이다. 안전의 욕구는 보안, 안정, 보호, 공포로부터의 벗어남, 혼돈과 무질서로부터의 벗어남, 질서 유지 등의 속성들을 아우른다.

한편, 탈물질주의는 개인의 발언권, 언론의 자유보장, 인본주의적 사회로의 성장과 발전, 자아실현, 자기표현 등을 중시하는 가치관을 의미한다. 구체적으로, 탈물질주의적 가치관을 내면화한 개인은 정부에 대한 의견의 피력, 언론의 자유, 집회결사의 자유, 직장에서의 참여, 쾌적한 자연환경, 보다 인간적인 사회, 더불어 사는 공동체, 참신한 아이디어 등에 커다란 관심을 보인다. 이러한 가치들은 Maslow의 욕구 5단계 중에서 제 3~5단계에 해당하는 욕구들과 깊은 관련성을 가진다.

Maslow 이론에서 제시되는 제 3단계 욕구는 소속감과 사랑의 욕구이다. 이 욕구는 생리적 욕구와 안전의 욕구가 충족된 이후에야 비로소 발생한다. 집단에 소속되기를 바라고, 타인과 교류하면서 그로부터 인정받기를 원하며, 서로 애정을 주고받는 데에서 즐거움을 느끼는 것과 관련된 욕구이다.

제 4단계 욕구는 존중의 욕구이다. 이 욕구는 자기 자신에 대한 존경과 관련된 욕구와 더불어, 믿고 따를 수 있는 멘토를 찾아 그를 존경하고자 하는 욕구까지 폭넓게 포괄한다(Maslow, 1970: 45). 존중의 욕구는 세계 속에서 자기 자신의 힘과 능력, 성취, 자신감, 독립성을 유지하고자 하는 의지, 나아가 명성, 위세, 타인으로부터의 인정, 지배, 위엄 등을 획득하고자 하는 의지 등을 함축한다.

마지막 제 5단계 욕구는 자아실현 욕구이다(Maslow, 1970: 46). 자아실현의 욕구는 어떤 한 개인이 위에서 묘사한 네 가지 욕구를 충실히 충족시켰다 할지라도 자신이 진정으로 원하는 것을 아직 찾지 못했다면 삶에 강한 불만을 느낄 수 있다는 가정에 기초를 둔다. 다시 말해 모든 사람들은 자신의 잠재력을 개발하고 이를 구현함으로써 타고난 가능성을 최대치까지 끌어올리고자 하는 욕심을 갖는데, 이것이 충족되지 못하는 한 4단계까지의 욕구들이 아무리 충실히 만족됐다 할지라도 그 사람은 상시적 결핍 상태에 놓일 가능성이 높다는 것을 뜻한다. 자아실현의 욕구는 도전, 성취, 목표, 가르침, 발견, 학습, 성장, 아름답게 보이고 싶음, 타인의 자아실현을 돕고 싶어 하는 이타적 마인드 등의 속성을 포함한다(Maslow, 1970: 54).

요컨대, 탈물질주의란 후기산업사회에 접어들면서 의식주에 관한 기본적인 생존 문제들이 해결된 후 보다 고차원적인 정신적 가치들에 대한 사람들의 관심과 열망이 커짐에 따라 나타난 사회적 현상을 의미한다(박재묵・이정림, 2010). 탈물질주의 연구의 초석을 깔았다고 평가받는 미국 미시간대학교 세계가치조사 연구소의 Ronald Inglehart 교수에 따르면, 탈물질적 가치관은 경제성장, 평화, 안정의 시기를 오랜 기간 경험한 국가 환경 속에서 그 출현 가능성이 가장 높아진다고 한다. 경제성장과 평화, 안정의 시간을 오랜 기간 경험한 국가의 국민들은 더 이상 생존이나 안전 등의 기본적인 인간보장(human security)을 고민할 필요가 없기 때문에, 정신적으로 고차원적인 욕구, 예를 들어 자아실현이나 인격적 성장, 타인과의 영적인 교류 등에 관심을 두는 방향으로 자연스럽게 태도 상의 변화를 보이게 된다.

특히 Inglehart는 탈물질적 가치를 내면화한 개인은 다양한 사회적 현안들과 공동체 문제에 깊은 관심을 보이고, 직접 참여해 해결하는 데 열의를 갖게 된다고 보았다. 자원봉사를 비롯한 각종 사회참여활동에 탈물질적 가치를 내면화한 사람들이 큰 관심을 보이면서 활발히 활동하는 까닭은, 그러한 활동들이 이들의 자기표현과 자기만족감, 내적 충만감 같은 고차원적 욕구들을 쉽게 충족시켜 주는 유용한 통로가 되기 때문이다(Voicu and Voicu, 2009: 557-558).

그러나 Inglehart(2003)는 탈물질적 가치관이 물질적 가치관을 대체하면서 자원봉사를 비롯한 각종 사회참여활동이 활발해지는 것은 사실이지만, 그와 동시에 탈물질주의와 불가분의 관계에 놓여있는 경제성장 팩터가 기존의 사회구성원들이 가지고 있던 주인의식, 상부상조와 같은 공동체의식을 희박하게 만듦으로써 각종 사회참여활동들을 위축시키는 결과를 낳는다고 주장하였다. 다시 말해, 경제발전, 평화, 사회안정이 오랜 기간 지속됨으로 인해 탈물질주의가 출현하고 그에 따라 사회적으로 깨어 있는 "행동하는 사람"들의 수가 증가하는 측면도 있지만, 다른 한편으로 탈물질사회의 근간을 이루는 경제성장과 발전 요인은 배금주의, 물질만능주의, 이기주의 같은 세속적 가치관들을 증식시킴으로써 이타성과 무보수성을 근간으로 이뤄지는 자원봉사활동 같은 사회참여활동들을 '의미 없는 일', '돈 안 되는 일', '자투리 시간에나 하는 짓' 정도로 격하시키는 부정적 결과를 낳는다고 본 것이다. 이 같은 상충적 힘의 작용은 자원봉사인구의 증가폭을 0으로 수렴케 하는 결과를 가져온다(*Ibid*: 56).

2.2. 민주주의적 태도, 가치, 신념

앞에서 우리는 민주화를 달성한 국가의 자원봉사참여율은 그렇지 못한 국가의 자원봉사참여율보다 높다는 가설을 제기하였다. 그리고 이 가설은 실제 데이터에 의해 대체로 현실과 부합한다는 점을 밝혔다. 그렇다면 여기서 민주화는 무엇을 의미하는가?

학자마다 민주화를 정의하는 방법은 다르다. 하지만 일반적으로 민주화라 말했을 때 우리는 그것을 집회결사의 자유, 사상의 자유, 언론출판의 자유, 다수결의 원리, 다당정치에 대한 수용, 소수자에 대한 관용, 사회적 약자에 대한 보호, 인간의 존엄성에 대한 인정 등 민주주의의 오랜 핵심 가치들의 제도화 및 절차화와 연관 지어 생각하는 경향이 있음을 부정할 수 없다(박상혁, 2013). 즉, 민주주의가 규정하는 개념들을 제도화하고 이를 절차 상 규범에 따라 그대로 소화해 내는지 여부를 기준으로 한 나라가 민주화되었다 혹은 민주화되지 못했다고 판단한다는 것이다.

제도화 및 절차적 규범에 대한 준수 여부를 기준으로 한 나라의 민주화 여부를 판단할 때 우리는 민주주의를 형식적 차원에서 이해하고 있다고 볼 수 있다(이현우, 2011). 형식적 민주주의는 민주화 달성이라는 국가적 중대 과업에서 역사적 분기점이 되는 일대 사건으로서 매우 중요한 의미를 가진다. 하지만 형식적 민주주의 개념은 민주화 현상을 온전히 설명하는 데 한계가 있다. 비근한 예로, 아무리 한 나라의 민주주의가 제도적으로 그 틀을 잘 갖췄고 절차적으로 운영에 아무 흠결이 없는 것처럼 보일지라도, 그것을 운용하는 사람들이 민주주의의 핵심 가치에 대한 이해도가 떨어지고 민주적 태도나 신념 등 소프트웨어적인 측면에서 많은 문제점들을 드러낸다면, 그 민주주의는 겉만 번지르르한 가짜(fake) 민주주의에 다름없다는 비판이 형식적 민주주의 개념의 한계를 단적으로 말해준다.

이러한 비판은 단순히 형식적 측면에만 초점을 맞추는 방식으로는 민주화 현상을 제대로 설명할 수 없고, 온전한 설명을 위해서는 자유, 평등, 인간의 존엄성 같은 민주주의의 핵심 가치들이 실질적 차원에서 한 나라 국민들의 심리 속에 얼마나 깊숙이 스며들었는지 살필 필요가 있다는 당위적 주장으로 이어진다(이현우, 2011). 국민 개개인이 자유로운 의사표현을 하는지, 자유로운 의사표현을 하도록 다수가 소수의 의견을 존중하는 관용적 사회분위기가 형성됐는지, 다양한 결사체를 만들고 활동하는 데 어떤 제약이 있지는 않은지, 정부가 여론을 존중하고 그에 맞춰 정책을 시행하는지, 여러 형태의 이익집단들이 상호공존하면서 합리적 방법을 통해 정책결정에 영향을 미치는지 등의 내용들을 종합적으로 판단하고 그 결과를 바탕으로 한 나라의 정치제도가 실질적으로 민주주의를 구현하고 있는지 아닌지를 가늠해야 한다는 뜻이다. 제도와 절차만으로 한 나라의 정치제도가 민주화됐다고 말하는 것은 마치 A라는 신생국가에서 X라는 독재자가 국민의 압도적 반대여론을 무시한 채 "합법적" 절차를 거쳐 종신대통령이 된 경우를 보고, 그 나라의 선거과정이 민주적이었다고 말하는 것과 다름 없음을 유념해야 한다. 이 경우 형식적 민주주의는 달성됐지만, 실질적 민주주의는 달성됐다고 볼 수 없다. 결국 민주화는 요원한 과제로 남아있는 것이다.

제도적·절차적으로 보장된 하드웨어적 민주주의 뿐 아니라 그것을 운영하는 사람들 - 정치인과 공무원 뿐 아니라 일반 시민도 모두 포함 - 의 소프트웨어적 민주주의, 즉 민주적 가치, 태도, 신념이 중요하다고 강조하는 이유는, 이론적으로 그것이 곧 자원봉사참여수준에 긍정적인 영향요인으로 작용하는 것으로 간주되기 때문이다(안병진, 2005; 편병철, 2007). 집회결사의 자유, 사상의 자유, 소수에 대한 관용, 사회적 약자에 대한 보호, 인간의 존엄성에 대한 인정 같은 민주주의의 오랜 핵심 가치들은 자원봉사 현상과 불가분의 관계에 놓여있다. 예를 들어, 자원봉사자들은 집회결사활동, 즉 사회참여활동에 누구보다 많은 관심을 보인다. 또한 특정한 사상, 예컨대 보편적 인권주의라든지 환경보호, 동물보호 같은 사상에 심취한 경우가 흔하다. 뿐만 아니라 소외계층에 대한 보호와 소수집단에 대한 관용, 인간의 존엄성에 대한 믿음 등은 자원봉사자들 사이에서 흔하게 발견되는 태도와 신념 중 하나이다.

이처럼 국가 구성원 개개인의 민주적 가치와 태도, 신념은 자원봉사 현상의 든든한 밑거름이 된다. 민주주의의 핵심 가치들이 구조적 차원에서 얼마나 제도화·절차화 되었는지도 한 나라 국민들의 자원봉사참여수준을 결정하는 중요한 요인이 되지만, 제도와 절차를 운용하는 사람들 개개인의 의식적인 측면, 즉 가치, 태도, 신념 등도 한 나라 자원봉사참여수준에 심대한 영향을 미칠 수 있는 요인이 될 수 있다는 의미이다. 전자를 구조적 요인이라 한다면, 후자는 문화적 요인이라 말할 수 있으며, 자원봉사 현상에 대한 온전한 이해는 구조적 요인에 대한 이해와 더불어 바로 이 문화적 요인에 대한 이해가 수반되어야 비로소 가능함을 독자들은 유념해야 한다.

이론적 차원에서 자원봉사참여수준과 충분히 관련성을 가진다고 생각되는 민주적 가치, 태도, 신념은 실제 자료를 통해 살펴봐도 그 관련성이 뚜렷이 드러난다. 이는 민주주의의 기본 원리 전반에 관한 한 나라 국민들의 인식이 그 나라 국민들의 자원봉사참여율과 어떤 관련성을 맺는지 조사한 Halman(2003)의 논문에 상세히 보고돼 있다.

Halman은 유럽가치연구(European Values Study) 1999년도 자료를 토대로 44개 유럽 국가들을 조사대상으로 정한 후, 조사대상국 국민들이 민주주의의 기본 원리들에 대해 전반적으로 어떻게 인식하는지를 다수준회귀방식을 활용해 분석하였다. 응답자들에게 제시한 질문들은 구체적으로, 정부는 국민들의 여론을 어떠한 방식으로 얼마만큼의 수준에서 수렴하고 정책에 반영해야 하는지 그리고 국가는 다양한 이익집단들의 이해관계를 어떠한 방식으로 얼마만큼의 공평무사성을 갖고 조정·규제해야 하는지 등을 포함하였다. 조사대상자들의 응답은 두 가지 차원으로 변수화 처리됐다. 하나는 총량변수(aggregate variables)로서, 이는 한 나라 국민들이 민주주의의 기본 원리에 대해 가지는 인식의 평균값을 그 나라 전체의 민주화 관련 지표로 삼는 방식을 가리키고, 다른 하나는 개별변수(individual variables)로서, 이는 개인이 갖고 있는 민주주의의 기본 원리에 대한 인식을 그 개인의 민주화 관련 지표로 삼는 방식이다.

분석결과, 민주주의의 기본 원리에 대한 한 나라 국민들의 총량적(aggregate-level) 태도와 인식은 개개인의 자원봉사참여율과 통계적으로 정적인 관련성을 맺고 있음이 확인되었고, 개인적인 수준에서(individual-level) 국민 한 사람 한 사람이 민주주의 원리에 대해 갖고 있는 태도와 인식은 그 개인의 자원봉사참여율을 유의미하게 설명해 주는 요인이 되지 못함이 확인되었다. 이 같은 조사결과는 민주주의 원리에 대한 가치태도와 자원봉사참여율의 관계가 오로지 국가적 분석단위 수준에서만 유의미하고(significant at Level-2) 개인 수준에서는 유의미하지 않다는 점을 강력히 시사한다(insignificant at Level-1). 다시 말해, 민주주의의 기본 원리에 대한 인식이 평균적으로 강한 국가적 환경은 개인의 자원봉사참여가능성을 높일 수 있지만, 개개인이 민주주의 원리에 대해 갖고 있는 인식은 해당 개인의 자원봉사참여가능성을 높이는 데 별다른 영향력을 발휘하지 못한다는 뜻이다. 이는 민주주의적 가치와 태도, 신념을 개인적으로 내면화시키기 위해 노력하는 것보다 사회적으로, 국가적으로 확산시켜 광범위하게 문화화시키는 것이 자원봉사를 촉진하는 데 더 효과적일 수 있음을 시사하는 결과로서, 학문적 유의성이 크다고 생각한다.

2.3. 자원봉사에 대한 태도

앞에서도 이미 한 차례 언급한 바 있지만, 자원봉사활동을 대하는 사람들의 태도와 믿음, 가치와 생각 등은 국가마다 사뭇 다르다. 이러한 국가 간 차이는 자원봉사활동이 도덕적·규범적으로 바람직한지 아닌지를 문화적 차원에서 결정짓는 데 부분적으로 기여함으로써 한 나라 국민들의 전체적인 자원봉사참여수준에 영향을 미칠 수 있다(Meijs et al., 2003; Dolnicar and Randle, 2005).

예를 들어, 미국과 같은 나라, 즉 큰 정부를 혐오하고 국가의 비효율성을 신봉하는 사람들이 많은 나라에서는 자원봉사 같은 개인들의 자발적 행위들은 매우 바람직하고 장려 받아 마땅한 시민사회의 덕목으로 칭송된다. 이러한 나라의 국민들은 대개 정부의 권한은 최소한도로 제한되어야 하고, 독립적이고 자율적인 시민들의 자발적인 자치 노력만이 공동체와 개인의 발전을 위한 최선의 방책이란 인식을 뚜렷하게 갖고 있다. 따라서 자원봉사참여수준은 이들 국가에서 대체로 높게 나타나는 패턴을 보인다(Meijs and Karr, 2004: 189).

반면 영국을 제외한 대부분의 유럽 국가들에서는 자원봉사자들을 선한 의지를 갖고 있지만 아마추어리즘에서 벗어나지 못한, 어설픈 전문가로 보는 시각이 주류를 이룬다(Anheier and Salamon, 1999: 43). 따라서 많은 유럽 국가들, 특히 조합주의 정치체제를 취하는 독일이나 프랑스 같은 국가들의 경우 자원봉사자에게 위탁이 가능한 업무조차 가능하면 유급 사회복지사나 공무원들에게 위임하는 경향을 보인다.

이와 대조적으로 구소련연방에 속했던 나라들이나 권위주의 독재정권 아래 통치되고 있는 나라들의 경우 자원봉사란 겉으로만 자발적이지 실제로는 국가의 강제적인 의무부과에 따른 어쩔 수 없는 노동이라는 인식이 널리 퍼져있다. 따라서 자원봉사란 단어에는 긍정적이기보다 부정적이고, 때로는 사역(forced labor)의 오명이 뒤따라 붙는 것이 현실이다(Kaseke and Dhemba, 2006: 23).

예를 들어, 우리나라에서도 지역사회의 자치와 자립의 확산이라는 캐치프레이즈 아래 1960~1970년대 새마을운동이라는 국민운동이 국가적 차원에서 전개된 적이 있었다. 당시 지역주민들은 국가 주도의 각종 근대화 사업들에 자발적인 봉사자 자격으로 참여하였다. 하지만 겉으로만 자원봉사자 자격으로 참여했을 뿐, 속사정을 살펴보면 반드시 모든 이들이 자원적 마음가짐을 갖고 운동에 참여한 것은 아니었다. 많은 이들이 실제로는 국가의 명령에 따라 "능동적" 성격을 띠는 부역에 "강제적"으로 참여했기 때문이다(김욱진, 2008). 운동이 종료된 지금, 새마을운동을 농촌사회의 혁신적 개발모델로 재평가해야 한다는 목소리가 일각에서 제기되기도 하지만, 또 다른 일각에서 정치적 목적에 따라 대중을 "능동적"으로 참여하게 만든 강제적 대중동원 메커니즘이었다고 부정적으로 기억하면서 평가절하하는 목소리가 존재하는 까닭은, 바로 그 '국가 근대화 프로젝트'가 자원봉사라는 미명 아래 많은 사람들의 참여활동을 강요하고 이를 통해 시민사회의 자생적 발전을 억누른 전력에서 비롯된 결과 때문이라고 생각한다.

하지만 많은 구소련연방 국가들과 과거 권위주의 독재 치하에 놓여있던 제 3세계 국가들이 최근 민주화에 대한 국민들의 강렬한 열망에 직면하고 있다. 일부 국가들은 실제로 상당 수준의 형식적 민주주의, 나아가 실질적 민주주의를 달성하였다. 이와 더불어 그동안 국가 섹터에 의해 억눌려 있던 시민사회 역시 차츰 그 싹을 차츰 틔워 나가고 있는 추세이다(Compion, 2015). 이에 따라 자원봉사자들의 활동영역이 자유로운 정치적 행위와 아이디어, 담론의 공간으로 재탄생되기 시작하였고, 그동안 강제와 노역의 의미가 강하게 덧칠해져 있던 자원봉사활동에 긍정적이고 밝은 의미가 부여되기에 이르렀다.

실제로, 1987년 민주화를 이룩한 지 대략 십 칠팔 년이 지난 시점의 국내 메이저 일간지를 검색해 보면 2005년 당시 대한민국 인구 전체의 5분의 1가량이 지난 한 해(2004년) 자원봉사를 해 본 경험이 있다는 조사결과를 인용한 기사를 확인할 수 있다(중앙일보, 2005/6/13). 기자는 이 같은 수치 상의 증가를 놀랄만한 사회적 변화로 진단하였다. 왜냐하면 민주화를 달성한 지 얼마 되지 않던 1990년대 후반까지만 해도 우리나라에서 자원봉사란 먹고 살기 바쁜 "보통 사람들"은 잘 하지 않던 특별한 활동으로 여기던 시각이 주류를 이루고 있었기 때문이다. 2000년대 들어 감지된 이와 같은 사회적 변화는 한 나라 국민들이 자원봉사활동을 문화적 차원에서 인식하고 받아들이는 바가 제도적·문화적 변화와 시간의 경과에 따라 얼마든지 바뀔 수 있고, 그에 따라 국민들의 자원봉사참여수준에도 긍정적인 영향을 줄 수 있다는 좋은 증거사례가 된다.

2.4. 총량적 차원에서 측정한 일반적 사회신뢰

앞선 10.2.장에서 우리는 불특정 타자에 대해 가지는 낙관적 믿음을 일반적 사회신뢰라 명명하고, 그것이 자원봉사참여수준과 맺는 정적 관계에 대해 자세히 살펴보았다. 그런데 이 논의는 한 가지 가정을 기반으로 진행되었다. 일반적 사회신뢰의 소유 주체를 특정 사회나 국가가 아닌, 개인으로 보는 개별주의적 관점에 대한 가정이 바로 그것이다.

하지만 이제 분석의 단위를 개인이 아닌 특정 사회 혹은 국가로 한 단계 높여 논의를 진행해 보도록 하자. 예를 들어, 여기 개인적 차원에서 낯선 미지의 타인을 상당히 불신하는 A와 B 두 사람이 있다고 가정해 보자. 일반적 사회신뢰가 개인적 차원에서 매우 낮다는 점이 두 사람의 공통점이다. 그런데 차이점도 있다. A는 낯선 미지의 타인을 굳게 믿는 사람들이 많이 몰린 사회, 즉 총량적 차원(aggregate level)에서 일반적 사회신뢰도가 높은 사회 X의 구성원인 반면, B는 총량적 차원에서 일반적 사회신뢰도가 낮은 사회 Y의 구성원이라는 점이 그 차이점의 구체적 내용이다.

그렇다면 이제 질문 하나를 독자들에게 던져보겠다. 질문의 핵심은, 개인적 차원에서 일반적 사회신뢰 수준이 높을수록 해당 개인의 자원봉사참여도도 증가한다고 앞에서 살펴보았는데, 사회총량적 차원에서도 마찬가지 논리가 적용될까 하는 의문의 제기에 있다. 구체적으로, A와 B 두 인물이 모두 개인적 차원에서 동등한 수준의 일반적 사회신뢰도를 나타낸다고 가정했을 때, 총량적 차원에서 일반적 사회신뢰도가 높은 사회(X)에 살고 있는 것(=A의 상황)과 일반적 사회신뢰도가 낮은 사회(Y)에 살고 있는 것(=B의 상황), 두 가지 중 어떠한 상황이 한 개인의 자원봉사참여도에 더 강력하게 정적인 영향을 줄까 하는 질문이다. A의 자원봉사참여도가 더 높게 나타날까 아니면 B의 자원봉사참여도가 더 높게 나타날까?

한 가지 가설은, 총량적 차원에서 일반적 사회신뢰도가 높은 사회(=X)에 소속돼 있는 것이 한 개인의 자원봉사참여도에 유의미하게 정적인 영향을 줄 것이란 추측이다. 이는 우리가 알고 있던 기존의 지식에 비추어 보면 - 개인적 차원에서 일반적 사회신뢰 수준이 높을수록 해당 개인의 자원봉사참여도는 올라간다 - 매우 그럴듯해 보이는 논리적 추론이다. 하지만 유감스럽게도 이 가설은 연구들에 의해 아직 실증적으로 입증되지는 못하였다.

예를 들어, Patlulney와 그의 동료들(2003)은 세계가치조사(World Value Survey) 자료와 국제시간사용조사(Multinational Time Use Surveys) 자료를 활용해 위 가설을 검증한 적이 있다. 가설의 검증결과는 예상에서 크게 벗어났다. 총량적 차원에서 일반적 사회신뢰도가 높은 국가의 국민으로 살면 해당 국민 개인의 자원봉사참여가능성이 올라갈 것으로 예상했지만, 이러한 관계는 통계적으로 전혀 유의미하지 않은 것으로 드러났기 때문이다. 유사한 결과가 Delhey와 Newton(2005)의 연구에서도 확인되었다. 이들 역시 세계가치조사 자료를 활용해 전 세계 60여개 국가들의 총량적 사회신뢰와 개인들의 자발적 결사체 활동정도 간의 영향관계를 조사한 적이 있다. 분석결과, 둘은 통계적으로 유의미하지 않은 수준에서 정적 관계를 맺고 있음이 확인되었다.

결국 다양한 실증적 조사결과들은 모두 총량적 차원에서 측정한 일반적 사회신뢰도가 개인의 자원봉사참여수준에 별다른 영향요인으로 작용하지 않는다는 사실을 보여주었다. 이는 일반적 사회신뢰도가 높은 사회에 살고 있든 아니면 낮은 사회에 살고 있든, 한 개인의 자원봉사참여가능성에는 커다란 변화가 생기지 않음을 의미한다.[6)]

하지만 이러한 결론을 국가나 혹은 그에 부합하는 사회적 단위 이외의 단위에 적용시켜 일반화하기에는 다소 무리가 있음을 독자들은 유념해야 한다. 왜냐하면, Patlulney와 그의 동료들(2003)의 연구와 Delhey와 Newton(2005)의 연구는 기본적으로 분석 단위가 국가였기 때문이다. 국가라는 지리적 경계로 분

6) 일반적 사회신뢰가 자원봉사참여가능성에 아무런 긍정적 영향을 주지 않는 이유에 대해서는 각주 10장 12)에 자세히 설명해 놓았으니, 그 내용으로 갈음하겠다.

석 단위를 제한시킨 연구였기 때문에 그보다 훨씬 작은 지리적 경계, 예를 들어 도시나 마을 수준으로 단위를 좁혀서 본다면 앞서 언급한 가설의 타당성은 어쩌면 확보될 수도 있음을 염두에 두어야 한다는 뜻이다. 이 부분은 선행연구들이 아직 밝혀내지 못한 영역으로서, 후발 연구자들이 풀어내야 할 몫이라 생각한다.

2.5. 종교

앞에서 우리는 종교적 믿음을 가진 개인의 자원봉사참여수준은 종교적 믿음이 없는 개인의 자원봉사참여수준보다 높게 나타난다는 사실을 살펴보았다(김기현, 2010; Perks and Haan, 2011). 그렇다면 총량적 차원(aggregate level)에서 종교적 믿음 → 자원봉사참여수준의 관계는 어떻게 나타날까? 다시 말해, 종교적 믿음을 가지고 있는 사람들이 많이 몰려 있는 사회에 사는 것은 한 개인의 자원봉사참여수준에 어떠한 영향을 미칠까? 개인적 차원에서 검증한 것과 똑같이 정적인 영향을 미칠까 아니면 반대로 부적인 영향을 미칠까? 혹은 아예 관련성이 없게 나타날까?

세계에서 가장 높은 자원봉사참여율을 보이는 미국을 준거집단 삼아 미국과 세계 여러 나라들과의 자원봉사참여율을 비교한 몇몇 실증연구들에 따르면(Greely, 1997; Ladd, 1999: 139), 종교적 믿음을 가지고 있는 사람들이 많이 몰려있는 국가의 국민으로 산다는 것은 한 개인의 자원봉사참여가능성이 정적인 영향을 미친다는 것을 이내 알 수 있다. 그러나 이러한 영향관계는 애당초 미국을 준거집단으로 잡고 분석을 수행했다는 점에서 어느 정도 예상됐던 결과라고 생각한다.

첫째, 미국은 세계에서 가장 높은 자원봉사참여율을 보이는 국가임과 동시에 세계에서 가장 높은 정기적 교회예배참석자(regular churchgoers) 비율(39%)을 보이는 국가이다(Newport, 2013). 둘째, 미국 내 자원봉사자들을 대상으로 실시한 각종 설문조사들의 결과에 따르면, 특정 단체의 권유나 요청 때문에 봉사활동에 참여하게 되었다고 응답한 사람들 가운데 교회를 제1 요청 주체로 거론한 사람들의 비율이 세계 어떤 다른 나라들보다 단연 최고로 높았다(Marta et al., 1999). 이러한 조건들은 미국을 준거집단으로 삼았을 시 당연히 총량적 차원에서 종교적 믿음 → 자원봉사참여수준의 관계가 유의미하게 정적으로 나타날 수밖에 없는 이유를 잘 설명해 준다.

그러나 모든 나라의 국민들이 미국인들만큼 영성적인 것은 아니다. 뿐만 아니라 모든 나라가 다 미국처럼 종교단체의 관리감독 및 지휘 아래 자원봉사활동을 체계적으로 진행시키고 있는 것도 아니다. 사회 전체적으로 상당 부분 세속화가 진행되었고, 종교단체 중심의 봉사활동역시 크게 활발하지 않은 나라에서조차 자원봉사활동은 얼마든지 비종교적 개인의 비영성적 선택으로 언제든 시작될 수 있다.

예를 들어, 미국만큼은 아니지만 전 국민의 절반가량이 지난 일 년 간 자원봉사활동에 한 번쯤은 참여하는 매우 자원적인 나라 캐나다의 사례를 살펴보자. 캐나다의 평균 자원봉사참여율은 2010년 기준 46%를 기록하였다. 60%가 넘는 미국만큼은 못하지만 캐나다 역시 자원봉사활동이 매우 활발한 국가라는 사실을 위 수치를 통해 어느 정도 짐작할 수 있다. 하지만 캐나다는 미국만큼 영성적이지는 않다. 캐나다의 정기적 교회예배참석자 비율은 미국의 절반수준인 20%에 불과하고, 자원봉사자들이 자신들의 봉사활동을 조직적 차원에서 지도감독·관리하는 단체로 가장 많이 지목한 단체는 1순위와 2순위가 각각 문화/예술/레크레이션 단체와 사회서비스제공기관이었고, 교회는 3순위에 불과했다는 사실이 그에 대한 방증이다(Vezina and Crompton, 2012). 이 같은 사실은 한 사회나 국가의 영성적 성격과 개인의 자원봉사참여율이 대체로 정적인 관계를 맺는다고 말할 수는 있으나, 반드시 그 관계가 자로 잰 듯 정적인 선형성(positive linearity)의 관계를 나타내는 것은 아니라는 점을 연구자들에게 시사한다(McKeown et al., 2004: 12).

어쨌든 다소 논란의 소지는 있으나, 대부분의 실증연구들은 종교적으로 믿음이 강한 신성한 사회에 사는 개인의 자원봉사참여가능성은 종교적으로 믿음이 약한 세속적 사회에 사는 개인의 그것보다 대체로 높은 것만은 사실임을 보여준다(Shye, 2010: 193; Voicu and Voicu, 2009). 다시 말해, 종교적 믿음을 가지고 있는 사람들이 많이 몰린 사회의 구성원으로 사는 것은 한 개인의 자원봉사참여수준에 대체로 정적인 영향을 미친다는 식으로 많은 연구결과들이 수렴한다는 뜻이다. 이러한 결론은 한 나라의 소득수준, 평균학력, 정치체제 유형을 통제한 상태에서 종교인 비율이 개인의 자원봉사참여가능성에 미치는 영향을 분석한 Parboteeah와 그의 동료들(2004: 438)의 연구, 그리고 세계가치조사 자료를 활용해 유럽 6개국 내 종교관련 단체들의 연결망 크기 및 강도와 개인의 자원봉사참여가능성의 관계를 분석한 Ruiter와 De Graaf(2006: 202)의 연구에서도 체계적으로 입증된 바 있다.

제 5 부

자원봉사활동

제 V부의 주제는 자원봉사의 업무(tasks)유형과 자원봉사자 역할(roles)이다. 대다수의 자원봉사자들은 자신들의 봉사동기를 '말하면서 '세상을 바꾸고자', '어려운 사람들을 돕기 위해', '자아실현을 위해', '신의 이름으로' 등 추상적이고 숭고한 이유들을 종종 언급한다. 그러나 실제 자원봉사 현장에 나가보면, 이런 숭고하고 추상적인 동기들은 대단히 현실적이고 상세한 업무들로 구체화돼 나타난다. 어떤 업무들은 너무나 특수하고 적나라하여 일부 자원봉사자들을 당황케 하고 낙담시킨다.

봉사자들에게 부여되는 업무들의 예를 몇 가지 들어보면, 뉴스레터 쓰기, 아동청소년 멘토링하기, 봉고차몰기, 김장하기, 연탄나르기, 도시락돌리기, 길거리에서 불우이웃돕기 성금요청하기, 시민운동캠페인에서 지지서명얻기, 음악치료, 미술관작품설명, 행정업무보조, 각종 지역사회기관들에서 이사 혹은 자문위원 역할해주기, 무료법률상담, 간호 등등 정말 다양하고 광범위하다. 실로 무급 자원봉사자들의 업무와 일들은 유급 노동시장의 그것과 비교해 그 숫자와 종류면에서 전혀 부족함이 없다!

자원봉사자들에게 부여되는 업무들을 가만히 살펴보면, 어떤 것은 육체적 힘이나 손기술 등을 요구하고, 어떤 것은 높은 수준의 지적 능력, 조직화 기술, 대면 기술, 언어능력, 창조력을 요구하고 있음을 알 수 있다. 또 다른 업무들은 참을성과 순종적인 자세를 특히 많이 요구한다. 이런 차이들에서 알아 차려야 할 중요한 사실은, 모든 사람들이 위에 언급된 혹은 언급되지 않은 능력과 기술, 체력, 손기술 등을 동등한 정도로 가지고 있지는 못하다는 점이다. 어떤 사람은 완력은 세지만 지성이 부족하고, 또 다른 누군가는 대인기술이 좋고 사교적이지만 조직적이고 체계적으로 사무업무를 보는 데는 서투를 수 있다. 어떤 사람은 고차원적인 사고능력은 좋지만 말하기 기술은 크게 부족할 수 있다.

이런 개인 간 역량의 차이들이 의미하는 바는 무엇일까? 봉사자 자신이 봉사활동을 하겠다고 할 때 자신이 어떤 업무에 최적화돼 있는지 스스로의 능력을 객관적으로 판단한 후 특정 봉사업무를 선택하는 것도 중요하지만, 이와 동시에 봉사활동을 조직하고 운영하는 봉사기관의 관리자 입장에서도 모집된 봉사자가 어떤 업무에 최적화돼 있는지 정확히 판단하고, 그 사람에게 가장 적합한 일과 역할을 부여하는 것이 중요함을 의미한다(구혜영 · 김일동, 2012; 옥철호 · 최혜경, 2013). 잘 하지 못하는 일이라든지, 잘 할 수는 있지만 봉사자 자신이 흥미를 갖지 못하거나 육체적 · 정신적으로 부담스럽게 느끼는 일을 맡긴다면, 아무리 굳은 의지를 가지고 일을 시작한 봉사자일지라도 금세 소진돼

봉사활동을 중단하고 기관을 탈퇴할 가능성은 커진다(이봉재, 2012; 장보성·남영준·이준기, 2014). 이러한 소진과 중단 현상은 모든 자원봉사단체와 그 관리자들이 가장 꺼리는 결과다.

요컨대, 자원봉사의 업무유형과 봉사자 역할에 대한 체계적인 이해는 봉사를 기획하고 담당하는 기관의 입장에서 자기 기관에서 일하는 봉사자들을 효과적으로 관리감독하고 소진을 막으며 봉사지속성을 유지·강화하기 위해 반드시 필요한 부분이다. 이에, 이어지는 14장과 15장에서는 봉사자의 소진과 중단 현상 그리고 지속성과 깊은 관련성을 가지는 자원봉사자들의 업무유형 및 역할에 대해 좀 더 자세히 살펴보도록 하겠다.

14
chapter

자원봉사자의 업무

자원봉사기관은 봉사자들의 소진과 중단 현상을 최소화하고 반대로 지속성을 최대화하기 위해 봉사자들이 흥미를 느낄 수 있는 업무들을 적절히 개발하고 이를 봉사자 개인의 역량에 맞추어 적당히 적시에 배분할 수 있어야 한다(권영섭·정순둘, 2009; 이연숙, 2010). 따라서 이번 장에서는 봉사자의 소진과 중단, 지속성과 깊은 관련성을 가지는 봉사업무에 관하여 독자들의 이해를 넓히는 데 지면을 할애하고자 한다. 특히 봉사자 업무에 관한 체계적인 이해를 돕기 위해 일반적인 경쟁적 노동시장 내 업무구분 현상을 파악하는 데 흔히 사용되는 분절화 가설(segmentation hypothesis)을 도입하고(손문금, 2005), 이 가설의 관점에서 자원봉사 업무들의 구분현상을 구체적으로 살피도록 하겠다.

자원봉사 영역에서 분절화 가설은 봉사자들이 수행하는 모든 업무들은 수직적·수평적으로 구분이 가능하다는 논리로 대변된다(Slack and Parent, 2006: 64-65). 여기서 수직적이라 함은 봉사업무들이 사닥다리 모양의 위계구조 속에 놓여 있음을 뜻한다. 구체적으로, 사닥다리 위계구조의 가장 아랫부분에는 단순 반복적이고 숙련을 요하지 않으며 자율성과 창조력이 거의 필요치 않은 평이한 업무들이 주로 위치하고(예: 연탄나르기, 김장속 채우기 등), 반대로 사닥다리의 맨 윗부분에는 복잡하고 다채로우며 높은 수준의 숙련도, 자율성, 창의력 등의 고급 역량이 요구되는 까다로운 업무들이 주로 위치한다(예: 무료법률상담,

간호업무 등). 이와 같은 분절주의적 시각은 일반 유급노동시장의 근로자들이 블루칼라 및 미숙련서비스업 종사자들 對 관리감독 및 고숙련서비스업 종사자들로 이분화돼 있고, 후자에게는 보다 많은 사회적 인정과 보상이 부여되는 반면 전자에게는 기여도에 걸맞지 않은 불충분한 인정과 보상이 주어진다는, 이른바 이중노동시장이론(dual labor market theory)의 관점을 무급 자원봉사 영역에 적용한 것으로 볼 수 있다(비판사회학회, 2012: 128-144).

분절화 가설에 따르면 자원봉사자의 업무는 수평적으로도 구분이 가능하다. 여기서 수평적이라 함은 동일한 수준의 반복도, 숙련도, 자율성, 창의성 등을 요구하는 하나의 봉사업무 내에서도 구체적인 업무내용과 수행주체는 얼마든지 달라질 수 있다는 것을 의미한다.

예를 들어, 독거노인을 위한 무료도시락 나눠주기 자원봉사를 한 번 생각해 보자. 이 활동에서 봉사자들에게 주어지는 업무는 비교적 명확하다. 독거노인들에게 무료로 도시락을 나눠주기가 주요 업무이다. 그런데 이 업무는 다양하고 구체적인 소업무들로 구성된다. 누군가는 음식을 만드는 요리 업무를 수행해야 하고, 다른 누군가는 이를 트럭에 싣고 독거노인들이 많이 사는 동네로 향하는 운전 업무를 수행해야 한다. 그리고 또 다른 누군가는 어르신들이 사는 집을 일일이 찾아다니며 문을 두드리고 준비된 도시락을 전해 드리는 전달 업무를 수행해야 한다. 요리하기와 운전하기, 도시락 전달하기는 수직적 차원에서 봤을 때 분명히 비슷한 정도의 반복성과 숙련도, 자율성, 창의력이 요구되는 봉사업무들이다. 그러나 수평적 차원에서 봤을 때는 분명히 질적으로 서로 다른 일들로 구분해서 살펴볼 수 있다. 요리하기와 운전하기가 어떻게 같은 일로 묶을 수 있는 성질의 것인가 하는 의문의 제기인 것이다. 뿐만 아니라, 성격적으로 업무의 내용이 다르다는 것은 그것의 수행주체 역시 사뭇 다를 수 있음을 함의한다. 예를 들어, 한국사회에서 요리하기는 주로 여성의 몫이고, 운전하기는 남성의 몫으로 간주하는 분위기가 존재한다. 이러한 사회적 성별 역할분담은 봉사현장에서도 그대로 적용돼 남성봉사자가 도시락 나눠주기 봉사를 하러 현장에 나타나면 자연스레 그에게 운전을 맡기고, 여성봉사자가 나타나면 자연스레 그녀에게 요리를 맡기는 업무분담 현상이 종종 발견된다.

분절화 가설의 수평적 차원은 이렇게 뚜렷이 구분되는 봉사업무들의 구체적 내용과 수행주체에 초점을 맞춰 봉사활동을 분석하는 접근방식을 가리킨다. 특히 '누가'와 관련해서는 성별, 연령, 학력, 취업여부, 종교여부 같은 흔히 거론되는 일반적인 인구사회학적 변인들이 객관적 기준점으로 많이 사용된다(Musick and Wilson, 2008: 408-418). 예를 들어, 어떤 연구자가 음식 장만하기 같은 봉사업무를 주로 남성이 담당하는지 아니면 여성이 담당하는지 알아보고 성별에 따른 업무내용 상 차이를 알아보겠다고 말했다면, 해당 연구자는 봉사업무를 수평적 차원에서 분석하기로 입장을 정리를 한 것으로 이해하면 무리가 없을 것이다.

이처럼 분절화 가설에는 수직적 관점과 수평적 관점이 공존한다. 하지만 수직적 관점이 되었든 수평적 관점이 되었든 두 관점에는 한 가지 공통된 논리가 관통한다. 특정한 자원봉사 업무는 모든 사람들에게 동일하게 그 기회가 제공되지 않는다는 것, 즉 자원봉사 업무는 해당 업무에 가장 적합하다고 판단되는 사람에게 작위적이고 차별적으로 부여된다는 논리가 바로 그것이다(권인탁 · 서재복 · 임영희, 2009; 홍순혜 · 원미순, 2006).

봉사업무의 종류는 실로 다양하다. 이런 다양한 봉사업무들 가운데 어떤 업무를 선택해 수행할지는 전적으로 개인의 몫에 달렸다. 개인은 자기 자신의 동기와 관심사, 능력 등을 종합적으로 고려해 자신에게 가장 적합한 봉사업무를 선택하고 수행한다. 하지만 실제 봉사현장은 일반적인 경쟁노동시장의 그것과 매우 비슷한 논리에 따라 작동한다. 이론적 차원에서 봤을 때, 일반적인 경쟁노동시장 하의 취업준비생은 자신이 원하는 직업을 그동안 쌓아온 자기스펙을 고려해 선택하는 것으로 알려져 있다. 하지만 원한다고 해서 특정 직업을 100퍼센트 자기 입맛대로 골라 취업하는 사람은 그리 많지 않다. 이런 경우는 소수에 불과하고, 대다수의 구직자들은 자신이 원하는 일을 능동적으로 선택해 취업한다기보다, 고용시장의 구조적(=분절화된) 수요에 따라 취업 "당하는" 현실 속에 살고 있다(비판사회학회, 2012: 195-206).

봉사현장에서 봉사자에게 업무가 부여되는 과정도 이와 흡사하다. 다양한 업무들 가운데 어떤 것을 택할지는 일차적으로 봉사자 개인이 자기 자신의 동기와 관심사, 능력 등을 종합적으로 판단해 스스로 결정내릴 사안이다. 하지만 원한다고 해서 특정 업무를 무조건 가져갈 수 있는 것은 결코 아니다. 봉사단체가 마련한 어떤 기준에 따라 나름의 조직적인 사정 과정을 거친 후, 해당 업무에 가장 적합하다고 판정받은 사람만이 특정 업무에 작위적으로 배치 "당하는" 것이 오늘날 봉사현장의 현실이다(정민욱 외, 2010).

그렇다면 기관에서 디자인한 봉사업무들은 도대체 어떤 기준에 따라 어떠한 과정을 거쳐 봉사자들에게 작위적으로 - 작위적으로란 말은 불균등하게의 다른 표현으로 이해해도 좋다 - 배분되는 것일까? 앞서 다뤘던 수직적·수평적 관점에 관한 논의는 이 질문에 대한 답을 찾는 데 유효히 적용된다.

먼저 봉사기관 관리자는 특정 봉사업무를 기획하면서 이를 세부적인 소업무들로 쪼갠다. 앞에서 든 예를 계속해서 사용하면, 독거노인을 위한 무료도시락 나눠주기 봉사업무를 요리하기, 운전하기, 전달하기 같은 세부 소업무들로 쪼개는 식이다. 설명의 편의를 위해 여기서는 요리하기, 운전하기, 전달하기의 세 가지 소업무에 설문조사하기라는 소업무를 하나 더 얹어 설명을 이어나가도록 하자. 설문조사하기는 무료도시락을 전달받은 독거노인의 생활실태를 서베이를 통해 조사하는 일로서, 봉사기관이 봉사대상자들에게 좀 더 나은 서비스를 제공하기 위한 사전준비작업의 일환으로 시행하는 업무라 보면 되겠다. 물론 이러한 설문조사는 일반적으로 전문연구자가 실시하는 것이 관행이나, 여기서는 자원봉사자가 무보수로 시행하는 일로 가정한 상태에서 이야기를 이어나가자.

다음으로, 봉사기관 관리자는 앞서 묘사한 소업무들을 업무위계의 사닥다리에 놓고 상단에 위치한 것들과 하단에 위치한 것들로 수직적으로 구분한다. 상단에 위치되는 업무들은 보통 높은 수준의 전문성과 숙련도, 자율성, 창의성이 요구되는 일들로, 예를 들면 설문조사하기 같은 것들을 가리킨다. 반면 하단에 위치되는 업무들은 보통 평균 이하의 전문성과 숙련도, 자율성, 창의성이 요구되는 일들로, 예를 들면 요리하기, 운전하기, 전달하기 같은 것들을 가리킨다.

업무들을 수직적으로 나누는 작업이 마무리되면, 마지막으로 봉사기관 관리자는 모집된 봉사자들의 객관적인 인구사회학적 특징들, 예컨대 성별, 연령, 학력, 취업여부, 종교여부 등을 기준점 삼아 준비된 업무들을 차별적으로 배분한다.

가령 고학력자에게는 복잡하고 창조적이고 자율성이 높은 일들을 주로 맡기고(예: 설문조사하기), 남성에게는 운동능력이 요구되는 일을 맡기는 한편(예: 운전하기), 저학력자에게는 단순반복적이고 다소 지루할 수 있는 일을(예: 도시락 배달), 여성에게는 손기술이나 섬세한 돌봄의 능력이 필요한 업무들(예: 조리하기)을 주로 맡기는 식이다.

이와 같은 업무조직화 방식은 상당히 효율적인 것처럼 들릴 수 있다. 그러나 여기에는 한 가지 커다란 문제점이 도사려 있다. 봉사업무들을 저차원적인 것에서부터 고차원적인 것까지 일렬로 줄 세우고, 잘 알려진 각종 인구사회학적 통계지식에 근거해 가장 합당한 능력을 가지고 있다고 판단되는 사람에게 관련 업무를 맡기는 방식은 순수하게 이타적인 동기와 선한 의지에 따라 봉사활동에 투신한 대부분의 "보통" 봉사자들의 기대에 어긋나는 실망스러운 상황들을 종종 조성함으로써, 결과적으로 이들을 봉사현장에서 중도이탈하게끔 만드는 원인이 되기도 하다는 점이 바로 그것이다. 몇 가지 예를 들면, 자신이 아무리 절실하게 원한다 할지라도 저학력자는 기관의 판단에 따라 복잡하고 창조적이며 자율성이 높은 일들(예: 위원회 자문)을 거의 떠맡지 못한다든지, 고학력자는 자신의 교육수준이 공개되는 순간 완력을 사용하는 육체적 업무(예: 연탄나르기)에 배정받을 가능성이 떨어진다든지, 여성은 운동능력이 요구되거나 중요한 행정적 판단을 내리는 일들로부터 원천적으로 배제된다든지, 남성은 환자나 아이를 돌보는 것과 같은 섬세한 돌봄기술이 요구되는 업무현장에 투입되지 못한다든지 하는 사례들을 거론해 볼 수 있다.

사람들은 일반적으로 자원봉사 영역을 떠올렸을 때 그것을 굉장히 순수한 동기와 선한 의지로 가득 찬 세계라 생각하는 경향이 있다(서지영 · 한현지, 2006). 그러나 이와 같이 "이상적"이라고 생각되는 자원봉사 영역에서조차 순수한 동기와 선한 의지에만 근거해 봉사자들이 모집, 관리, 배치되지는 않는 것이 현실이다. 현실의 봉사현장은 누군가의 의지와 동기는 체계적으로 배제되고 봉쇄되는 한편, 다른 누군가의 의지와 동기는 체계적으로 포함되고 장려되며 주목받는 양가적 구조를 띤다. 성별, 계급, 인종 등 각종 사회적, 경제적, 정치적, 문화적 요인들에 따라 누구는 채용되고 누구는 실업상태에 놓이는 분절적 유급노동시장의 작동원리와 크게 다를 바 없이, 자원봉사 영역에서도 누구는 원하는 업무영역에 배치되고 누구는 원치 않는 - 그래서 크게 흥미를 느끼지 못하고, 그래서 결국에 중도포기하는 - 업무영역에 배치되는 식으로 업무조직화 방식이 분절화되어 있다는 뜻이다(Musick and Wilson, 2008: 408-418).

유급노동시장에서 분절화가 문제시 되는 까닭은, 인적자본 수준이 높은 인재가 능력에 걸맞지 못한 수준 낮은 업무를 배정받음에 따라 시장의 효율성이 떨어지고 자원배분이 최적화를 달성하지 못한다는 점 때문이다(비판사회학회, 187-189). 외국태생의 유색인종이라는 이유로, 대학졸업장이 없다는 이유로, 여성이라는 이유로, 장애인이라는 이유로 아무리 실무능력이 좋아도 중요한 결정이 필요한 고등 부서에 임원 자격으로 배치되지 못하는 경우가 여기에 해당하는 대표적인 사례라 할 수 있다.

자원봉사 영역의 업무분절화 현상 역시 마찬가지 논리를 적용하여 문제제기를 할 수 있다. 자원봉사 업무들이 저차원적인 것에서부터 고차원적인 것까지 유형 별로 존재하고 나아가 각 업무의 배당이 성별, 연령, 학력, 종교여부, 취업여부 등 몇 가지 요인에 따라 분절화되어 있다면, 결국 선한 의지와 동기로 가득 차 있으되 앞서 언급한 기준 요인을 충족시키지 못하는 일부 개인들의 역량은 적절한 장소에 배치되지 못하고 완전히 낭비되고 마는 결과가 발생할 수 있다는 비판이 이 문제제기의 핵심이다. 예를 들어, 아무리 의지가 충만하고 동기부여가 충분히 된 상태라 할지라도, 해당 봉사자의 성별이 단지 여성이라는 이유로 자신이 정말로 하고 싶어 하는 특별한 운동능력을 요하는 육체적 업무에 좀처럼 배치되지 못하는 경우를 생각해 볼 수 있겠다. 여러 가지 개인적인 이유들 때문에 육체적 봉사업무를 떠맡길 희망했는데 봉사기관의 작위적 선택에 의해 그와 같은 업무를 부여받아서는 안 된다는 '부적격자' 판정을 받고 희망 업무에서 배제되었다면, 단기적으로는 업무부적응과 불만족감의 증가, 장기적으로는 봉사 당사자의 소진과 중도이탈은 심화될 수밖에 없다. 이는 분명 커다란 사회적인 손실이라 말할 수 있다.

아래에서는 자원봉사 영역의 다양한 업무들이 일반유급노동시장과 마찬가지로 수직적·수평적으로 분절화되어 있을 수도 있다는 가정 아래, 자원봉사 영역에서의 분절화 가설을 우리나라의 조사자료를 갖고 검증해 보고자 한다. 미국과 같이 자원봉사의 역사가 긴 나라에서는 이 가설의 타당성이 이미 오래 전에 입증되었다(Odendahl and Youmans, 1994: 207). 그러나 우리나라에서는 아직 자원봉사의 역사가 짧고, 이에 따라 봉사영역과 업무들의 분절화 여부를 판단하기에는 아직 시간적으로나 내용적으로 부족한 부분이 많은 것이 사실이다. 그럼에도 불구하고 사회 전체적으로 봉사영역이 차지하는 파이가 커지고 있고 관련 업무들 역시 유례없이 다양화되어 가고 있는 지금 이 시점에서, 유급노동시장의 분절화 현상이 얼마만큼 무급봉사영역에까지 전이돼 현시화됐는지를 살펴보는 것은 나름대로 큰 의미를 갖는 작업이라 생각한다.

그렇다면 여기서 질문 몇 가지를 독자들에게 던져보겠다. 만약 일반유급노동시장의 수직적·수평적 분절현상이 자원봉사영역에까지 전이돼 이미 뚜렷이 그 패턴을 나타내고 있는 것으로 밝혀졌다면, 연구자의 입장에서 우리는 이 현상에 어떻게 대처해야 할까? 예를 들어, 고학력자에게는 복잡하고 창조력이 요구되는 업무가, 저학력자에게는 단순반복적이고 미숙련된 무급노동이 집중된다는 분절화 가설이 사실로 입증되었다면, 우리는 이를 어떻게 받아들여야 하고 또 반응해야 할까? 자원봉사 업무의 분절화 현상을 비판하고 형평성을 추구해야 한다는 식으로 - 여기서 형평성을 추구한다 함은 다양한 봉사업무들의 귀천을 따지지 않고 봉사자 자신이 선호하는 업무가 있다면 앞뒤 재지 않고 봉사 당사자에게 착수여부를 전적으로 맡긴다는 것을 뜻한다 - 봉사기관 담당자들에게 개선에 관한 조언의 메시지를 전해줘야 할까? 아니면 봉사단체의 조직적 역량강화와 목표달성의 효율성이란 차원에서 현실을 있는 그대로 인정하고 따로 어떠한 개선에 관한 조언도 해주지 말아야 할까?

답은 분명하지도, 간단하지도 않다. 그러나 각자 아래 제시된 상황을 살펴보면서 자원봉사영역의 분절화 현상을 어떻게 이해하고 또 대처해야 하는지에 관해 한 번 천천히 생각하는 시간을 가져보도록 하자.

A라는 여성은 유급노동시장에서 정규직 간호사라는 직업을 갖고 있다. 그녀는 간호사로 일하면서 환자들을 치료하는 데 큰 보람을 느낀다고 한다. 하지만 주말마다 자신이 살고 있는 지역의 구청에서 민원안내 자원봉사를 하면서 구청

을 찾는 지역주민들에게 소소한 도움의 손길을 건네는 일에서도 간호사 업무만큼의 커다란 보람과 희열을 느낀다고 한다. 이런 A에게 자원봉사프로그램을 운영하는 담당자는 A의 전문지식을 십분 활용해 의료와 관련된 봉사업무를 새롭게 발굴해 맡기는 것이 좋을까(예: 보건소에서 의료관련 교육봉사업무) 아니면 계속해서 하던 일, 즉 구청에서 민원안내 봉사업무를 하게 내버려 둠으로써 그녀의 전문지식을 사장시키는 것이 좋을까? 무엇이 더 합리적인 결정일까?

한편 B라는 남성은 일반유급노동시장에서 평범한 회사의 샐러리맨으로 일하고 있다. 현재 나이는 50대 중반이지만 30여 년 전 20대 초반이었던 B는 상담심리학을 전공하던 대학생이었다. 그는 심리치료사가 되고 싶었으나 당시 심리치료사 자격증을 갖고 취업할 수 있는 길은 많지 않았다. 그래서 그는 일반 회사에 취직을 하였다. 이제 어느 정도 먹고살 만한 생활 수준에 이르자, B는 지난 수 십 년 간 너무나 하고 싶었지만 생계 때문에 좀처럼 할 수 없었던 상담업무를 자원봉사자 신분으로 해보기로 마음먹었다. 하지만 열정만 남달랐을 뿐 B의 상담능력은 그리 좋지 않았다. 그나마 갖고 있던 상담기술들도 이제는 현장에서 쓰이지 않는 낡은 기술로 사용가치가 크게 떨어졌다. 이에, 상담봉사자를 관리하는 자원봉사기관의 담당자는 B에게 직접 상담업무를 하도록 맡기기보다는 봉사기관 내 사무실에서 관리자들의 사무보조를 보도록 지도하는 게 낫겠다는 판단을 내렸다. 이러한 결정을 접한 B는 상당한 불만을 느끼면서 직접 내담자를 보고 상담을 할 수 있게끔 조치를 취해 달라고 봉사프로그램 관리자에게 다시금 강력히 요청하였다. 관리자는 이 요청을 들어줘야 할까 말아야 할까?

위 두 사례는 물론 모두 가상의 상황이다. 그러나 개연성은 충분한 시나리오이다. 그리고 안타깝게도, 각 사례에서 제기한 질문들에 대한 정해진 답은 사실상 없다고 말할 수가 있겠다. 답이 없는 이유는 효율성 對 만족도 그리고 효율성 對 지속성 중 어떠한 가치에 방점을 찍느냐에 따라 답이 완전히 다르게 나올 수 있다는 점 때문이다(권순미, 2003). 가령, 봉사목표의 빠르고 효율적인 달성에 관리자가 초점을 두고 있다면, 첫 번째 사례에서는 A에게 의료관련 봉사업무를 새롭게 맡기는 것이 그리고 두 번째 사례에서는 B에게 사무보조업무를 보도록 권유하는 것이 바람직할 선택일 것이다. 반대로, 효율성 보다는 봉사의 지속성 또는 봉사자의 만족감에 초점을 맞추는 상태라면, 첫 번째 사례에서는 A에게 지금까지 해 오던 민원안내 봉사업무를 그대로 계속 맡기는 것이 그리고 두 번째 사례에서는 B에게 상담업무를 보도록 허락하는 것이 바람직할 선택이 될 것이다.

효율성 대 만족감 또는 효율성 대 지속성 중 어떠한 가치가 우월하다고 단정적으로 말하기는 어렵다. 이는 봉사프로그램 관리자의 개인적인 가치관이나 세계관에 따라 사뭇 그 반응이 다르게 나타날 수 있는 개별적 사안이다. 따라서 이 점에 있어서는 독자들의 판단에 전적으로 맡기는 바이다. 다만 어떠한 가치에 방점을 찍느냐에 따라 앞서 제기한 질문들에 대한 답은 사뭇 달라질 수 있고, 그에 따라 봉사업무의 조직화 방식은 얼마든지 정반대로 현시화될 수 있다는 점만 분명히 밝혀둔 채, 다음 주제로 넘어가고자 한다.

다음으로 다룰 주제는 봉사업무와 관련된 분절화 가설이 우리나라의 현실에서 얼마나 타당성을 가지는가에 관해 실증적인 조사자료, 구체적으로 〈2008년 전국 자원봉사활동 및 기부에 대한 조사〉 자료를 토대로 검증해 보자는 것이다.

〈2008년 전국 자원봉사활동 및 기부에 대한 조사〉는 총 열 네 개 유형의 자원봉사단체들을 응답자에게 제시한 후[1], 각 단체의 도움이나 지도를 받아 지난 한 달 간 자원봉사활동을 실제 해 보았는지 묻는 일련의 질문들을 포함한다. 활동을 해보았다고 체크한 경우, 응답자는 해당 단체에서 주로 담당했던 업무 두 가지를 일순위와 이순위로 순서를 정해 제시할 것을 추가적으로 요청 받는다. 순위를 고르는 데에는 보기카드가 활용되며, 이 카드에는 다음과 같은 봉사업무들이 나열돼 있다: ① 대인서비스, ② 모금, ③ 행정 및 사무보조, ④ 교육, ⑤ 상담, ⑥ 문화예술 해결/공연, ⑦ 스포츠 및 여가지도, ⑧ 교통질서계도/방범활동, ⑨ 재난구호/안전예방, ⑩ 환경/문화재보호, ⑪ 기능 및 숙련기술지원, ⑫ 보건/의료활동, ⑬ 조사연구, ⑭ 캠페인, ⑮ 위원회활동, ⑯ Pro Bono(무료법률

1) ① 보건의료기관, ② 교육기관, ③ 종교단체, ④ 사회복지기관, ⑤ 환경단체, ⑥ 공익민간단체, ⑦ 지역사회개발단체, ⑧ 예술/문화/스포츠단체, ⑨ 노동조합/직능단체/전문가단체, ⑩ 정치 및 정당, ⑪ 관공서(구청/동사무소 등), ⑫ 청소년단체, ⑬ 재난구호단체, ⑭ 국제기구

상담), ⑰ 일손돕기, ⑱ 기획홍보, ⑲ 지역사회개발. 아래에서는 응답자가 제시한 일순위와 이순위 답을 특별히 구분하지 않고 중복응답을 허용한 상태에서, 지난 한 달 간 응답자가 해 보았다고 답한 자원봉사 업무유형에 관한 빈도분석 결과를 제시하고 그 의미를 해석하는 순서로 논의를 이어나가도록 하겠다.

〈표 14-1〉 지난 한 달 간 해 본 자원봉사 업무(2008년)

활동업무	빈도(명)	비율(%)
일손돕기	131	32.3
대인서비스	50	12.3
교통질서 계도 및 방범	31	7.6
지역사회개발	29	7.1
보건, 의료	28	6.9
교육	22	5.4
상담	18	4.4
재난구조, 소방, 안전예방	17	4.2
환경보전, 문화재보호	16	3.9
행정 사무보조	14	3.4
캠페인	10	2.5
스포츠, 여가지도	10	2.5
기능 및 숙련기술 지원	8	2.0
모금	7	1.7
위원회 활동	6	1.5
기획 홍보	6	1.5
문화예술해설, 공연	6	1.5
조사연구	1	0.2
Pro Bono(무료법률상담)	0	0
합계	410	100

주 1: 기재된 수치들은 모두 중복응답을 반영함.
주 2: 일순위와 이순위를 구분하지 않고 응답을 반영함.

자원봉사 업무에 관한 빈도분석 결과(〈표 14-1〉 참조), 우리나라 자원봉사자들은 전체적으로 일손돕기(131, 32.3%), 대인서비스(50, 12.3%), 교통질서계도/방범(31, 7.6%) 같은 상대적으로 단순하고 반복적이며 특별한 기술을 요하지 않는 대인서비스 업무분야에서 대부분의 활동시간을 할애하는 것으로 나타났다. 반면 위원회활동(6, 1.5%), 기획홍보(6, 1.5%), 조사연구(1, 0.2%), 기능 및 숙련기술지원(8, 2.0%), 무료법률상담(0. 0%) 등 상당 수준의 전문적 지식과 기술을 요하는 특화된 봉사활동에서는 전체적으로 굉장히 미미한 시간을 보내는 것으로 드러났다. 이러한 분석 결과는 수직적 차원에서 보았을 때 우리나라 자원봉사자들의 봉사업무 대부분이 업무위계구조의 하단부에 위치해 있다는 명백한 증거자료가 된다.

국내에 존재하는 자원봉사 업무들을 수평적 차원은 제외한 채 오로지 수직적 차원에서만 살폈기 때문에 해석에 한계가 있지만, 그럼에도 불구하고 위 조사 결과는 자원봉사프로그램의 기획 및 운영·관리의 측면에서 중요한 함의점을 우리에게 던져준다. 이 함의점이란, 우리나라 자원봉사자들은 자신들이 가진 각종 가용자원들의 양이나 질에 상관없이 대부분 단순하고 반복적이며 특별한 기술을 요하지 않는 대인서비스 업무분야에 집중돼 있다는, 이른바 인적자원의 저활용 현상과 관련성을 가진다. 인적자원의 저활용 현상이란 쉽게 말해 고급인력들이 자신들의 역량이나 경력에 걸맞지 않는 업무에 배치됨으로 말미암아 사회적으로 더 좋은 결과를 가져올 수 있었음에도 불구하고 그에 미치지 못하는 결과를 가져오는 비효율적 자원배치 현상을 가리킨다.

우리나라 자원봉사 영역에서 이 같은 인적자원의 저활용 현상이 두드러지게 나타나는 데에는 부분적으로 봉사자들의 선호가 일부 영향을 미쳤을 것이라 사료된다. 즉, 봉사자들 가운데 일부는 유급노동시장에서 쌓아온 자신의 경력이나 역량에 전혀 걸맞지 않는 단순반복적이고 육체적인 업무들을 선호하기도 하는데[2], 이것이 인적자원의 저활용 현상에 일부 기여했을 것이라는 이야기다. 하지만 아마도 그보다 큰 진짜 원인은 따로 있지 않을까 생각한다. 진짜 원인은 아마도 수요자라 할 수 있는 자원봉사기관 및 단체들이 모집된 봉사자들의 능력, 역량, 인구사회학적 배경 등을 꼼꼼히 평가한 후 각자에게 걸맞은 업무영역을-

2) 자신의 경력이나 역량에 걸맞지 않는 봉사업무를 선호하는 경향은 일부 정치인들이나 유명 전문직 종사자들 사이에서 종종 발견된다. 이들이 단순반복적이고 육체적인 봉사업무(예: 연탄나르기, 김장만들기)를 선호하는 까닭은 그러한 봉사업무만큼 일회성 이벤트로서 휘발성이 강하고 호사가들의 입방아(?)에 오르내릴만한 사회적 활동이 그리 많지 않기 때문이다. 한 번 하고 말 수 있는, 그러나 한 번 할 때 화려한 스포트라이트를 받을 수 있는 봉사업무를 선호한다는 의미이다.

필요하다면 새롭게 - 개발·배당하지 아니하고 이들을 그저 조직행정과 서비스 전달의 단순 보조인력으로만 활용하는, 개선되지 않는 오랜 관행에 있지 않을까 생각해 본다.

봉사자들은 싸구려 보조인력이 결코 아니다. 그럼에도 불구하고 아직까지 상당수의 국내 봉사기관과 관리자들은 자신들(=유급스태프)이 꺼리는 더럽고(dirty) 어렵고(difficult) 위험한(dangerous) 3D 업무에 봉사자들을 집중적으로 배치시키고, 이들을 위한 특별한 업무개발에는 노력을 게을리 한다는 인상을 강하게 내풍긴다. 선한 의지와 순수한 동기로 봉사기관을 찾은 동기화 수준이 높은 사람들마저 맡은 바 일을 수행하는 과정에서 낙담하고 당황하며 때로 중도에 이탈하는 데에는 업무와 관련된 위와 같은 이상과 현실의 불일치 그리고 그에 따른 업무불만족감이 깔려 있을 것으로 사료된다.

따라서 앞으로 자원봉사단체 및 봉사프로그램 관리자는 숙련된 기술을 가진 직장인이나 화려한 경력을 자랑하는 은퇴자 등 높은 사회적 위치에서 전문적 식견을 바탕으로 중요한 결정과 경험을 과거에 많이 해 봤거나 현재 하고 있는 봉사지원자들의 전문성을 십분 살린 다양한 업무유형 개발에 많은 노력을 기울여야만 할 것이다. 여기에 덧붙여, 대학생이나 전업주부, 영세자영업자와 같이 사회적으로 아직 많은 이력을 자랑하고는 있지는 않지만 그럼에도 불구하고 향후 열성적인 자원봉사자로 발전 가능성이 높은 인구집단 구성원들이 자신들의 잠재력을 인식하고 개발하여 보다 전문적이고 고차원적인 자원봉사활동에 참여할 수 있도록, 한편으로는 평생교육이나 사회교육 등의 방식으로 봉사자들의 인적자원 계발에 지속적인 지원을 쏟을 필요가 있고, 다른 한편으로는 이들이 새롭게 계발·취득한 기술과 능력을 봉사현장에서 충분히 활용할 수 있도록 새로운 업무유형들을 디자인하고 이를 실제 직접 착수할 수 있게끔 환경을 조성해주는 노력과 융통성이 필요하다고 하겠다.

다음은 우리나라 자원봉사자들의 업무유형을 수평적 관점에서 분석한 결과의 제시이다. 여기서 분석에 활용된 기준변수들은 성별, 교육수준, 취업여부, 직업의 위세, 나이 등 총 다섯 가지였다.

먼저 성별에 따른 봉사업무 유형의 특성을 살펴보면, 여성이 남성보다 통계적으로 유의미하게 더 많이 담당하는 업무유형으로는 대인서비스(여성: 35(70%) vs 남성: 15(30%), $p<0.01$)와 일손돕기(여성: 80(61.1%) vs. 남성: 51(38.9%), $p<0.05$), 교육(여성: 15(68.2%) vs 남성: 7(31.8%), $p<0.1$) 세 가지가 손꼽혔다. 반대로 남성이 여성보다 통계적으로 유의미하게 더 많이 담당하는 업무유형으로는 교통질서계도 및 방범(남성: 22(71.0%) vs. 여성: 9(29.0%), $p<0.05$)과 환경 및 문화재보호(남성: 12(75%) vs. 여성: 4(25%), $p<0.05$) 두 가지가 손꼽혔다.

그 외 남성이 상대적으로 더 많이 담당하는 업무유형으로는 모금, 문화예술 및 해설, 스포츠 및 여가지도, 재난구호 및 안전예방, 환경 및 문화재보호, 조사연구, 위원회활동, 기획홍보 등 8개 부문이 손꼽혔고, 여자가 상대적으로 더 많이 담당하는 업무유형으로는 행정 및 사무보조, 상담, 보건의료활동, 캠페인, 지역사회개발 등 5개 부문이 손꼽혔다. 그러나 여기서 언급된 13개 부문의 업무들은 성별 차이가 통계적으로 유의미하지는 않게 나타났음에 유의하면서 결과를 해석해야 한다. 그 밖에, 기능 및 숙련기술지원은 성별 차이가 전혀 없는 것으로 조사됐고, Pro Bono(무료법률상담)는 〈2008년 전국자원봉사활동 및 기부에 대한 조사〉 자료에 의하면 응답자 중 단 한 명도 그와 같은 업무를 수행한 적이 없음이 확인되었다.

조사결과는 대인서비스라든가 일손돕기와 같은 대인서비스제공 업무영역에서 여성이 남성보다 현저히 높은 비율로 봉사활동을 수행하고 있음을 명백히 보여준다. 뿐만 아니라 전통적으로 - 비록 최근 십여 년 사이 많이 희석되었다고는 하나 - 여성이 주로 담당하는 것으로 알려진 행정 및 사무보조, 상담, 교육, 보건의료 등의 업무영역에서도 여성이 훨씬 더 높은 비율로 남성봉자자들을 압도하고 있음을 보여준다. 이와 함께 전통적으로 남성이 주로 담당하는 것으로 알려진 교통질서계도 및 방범, 스포츠 및 여가지도, 재난구조 및 안전예방 등의 업무영역에서는 예상대로 남자들이 높은 비율로 여성봉사자들을 압도하고 있는 것으로 드러났다. 여기서 덧붙여, 조사연구, 위원회활동, 기획홍보, 모금 같은 상당한 전문지식과 조직력, 창조력 등을 요구하는 이른바 비완력적(non-physical)이고 행정적인 업무영역에서도 통계적으로 유의미한 차이는 아닐지라도 남자들이 여자들보다 더 높은 비율로 봉사활동을 수행하고 있는 것으로 조사되었다. 이러한 결과는 봉사업무 위계구조의 사닥다리 상단부가 주로 남성들에 의해 점유되는 현실을 일부 입증해 주는 증거가 된다.

이처럼 실증적 분석결과는 대체적으로 일반적인 유급경쟁노동시장에서 발견되는 성별분리 현상이 자원봉사 영역에까지 전이돼 상당 수준 확산돼 있음을 보여준다.[3] 그런데 여기서 우리가 주목해야 할 부분은, 이 같은 성별분리는 기본적으로 수평적 현상이지만 수직적 차원을 동반한다는 사실이다. 이는 남성은 완력과 같은 저차원적 능력이 요구되는 단순반복적 봉사업무에서부터 중요한 조직적 결정과 판단력, 행정력 등 고차원적 능력이 필요한 전문적 봉사업무까지 전 부문에 걸쳐 활발히 활동하는 반면, 여성은 섬세함과 돌봄의 정서적 능력이 필요한 저차원적 대인서비스형 봉사업무에서 주로 활동하고, 중요한 결정이나 판단력, 행정력 등 고차원적 능력이 많이 요구되는 고차원적 업무분야에서는 활동이 미미하다는 분석결과에 기초한 결론이다. 이 같은 결론은 우리나라의 경우 고급 여성인력이 자원봉사 영역에 진입했을 때 그 능력이 십분 활용되지 못하고, 일차적으로 단순반복 작업에서 소모되고, 이차적으로 단순반복 작업 가운데에서도 특히 여성들이 전통적으로 담당해 오던 허드렛일(예: 일손돕기, 대인서비스, 행정 및 사무보조 등)에서 소모됨으로써, 결과적으로 유용한 여성 인적자원들이 적재적소에 배치되지 못하는 사회적 낭비가 봉사활동 영역에서 광범위하게 발생한다는 점을 여실히 보여준다.

다음으로 봉사업무들을 고졸이하 저학력자들과 대졸이상 고학력자로 나누어 학력수준에 따른 봉사업무의 차이를 살펴보았다. 분석결과, 고학력자가 저학력자보다 통계적으로 유의미하게 더 많이 담당하는 봉사업무는 교육($a<0.01$)과 환경/문화재보호($a<0.05$) 두 가지가, 반대로 저학력자가 고학력자보다 통계적으로 유의미하게 더 많이 담당하는 봉사업무는 교통질서계도 및 방범($a<0.1$), 재난구호 및 안전예방($a<0.05$), 지역사회개발($a<0.01$) 세 가지가 손꼽혔다.

3) 참고로, 유급 경쟁노동시장에서 발견되는 성별분리 현상의 특징은, 남성노동자는 주로 좀 더 공식적(formal)이고 정치적(political)이며 도구적(instrumental)인 업무를 담당하고, 이와 대조적으로 여성은 상냥하고(feminine) 표현적인(expressive) 돌봄의 노동(caring work)을 주로 수행한다는 점이다(손문금, 2005).

그 밖에 고학력자가 좀더 높은 비율로 담당하는 업무들은 모금과 행정 및 사무보조, 상담, 조사연구 등이 있었고, 저학력자가 좀더 높은 비율로 담당하는 업무들은 대인서비스, 일손돕기, 보건의료, 위원회활동 등이 있었다. 그러나 이 업무들에서 포착된 학력에 따른 차이는 통계적으로 큰 의미를 부여하기 힘든 것이었다. 스포츠 및 여가지도, 문화예술 및 해설/공연, 캠페인, 기능 및 숙련기술지원, 기획홍보 등은 학력 간에 아무런 차이가 발견되지 않은 분야였다.

조사결과, 고학력자가 주로 담당하는 봉사업무는 저학력자가 주로 담당하는 봉사업무와는 조금 다르긴 달랐지만, 이러한 차이가 어떤 의미 있는 패턴을 나타냈다고 보기는 힘든 것으로 확인됐다. 수평적 차원에서 고학력자가 환경/문화재보호 등의 업무에 많이 몰리고 저학력자가 재난구호 및 안전예방, 교통질서계도 및 방범 등의 업무에 집중된 것은 사실이나, 이러한 업무구분이 반드시 학력차이에 근간하여 발생했다거나 학력과 어떤 연관성을 가진 결과로 보기는 힘들지 않느냐는 측면에서 - 환경/문화재보호 관련 업무를 반드시 고학력자가 담당해야 할 이유는 없고, 마찬가지로 재난구호 및 안전예방 업무를 저학력자가 굳이 담당해야 할 이유는 없지 않느냐 하는 문제제기라고 보면 되겠다 - 학력에 따른 봉사업무의 수평적 분절화 현상은 생각보다 미약하다고 볼 수 있다는 것이다. 그렇다고 해서 학력에 따른 봉사업무의 수평적 분절화가 수직적 분절을 동반했느냐고 물으면, 또 그것도 아니었다.

결국 조사결과는 우리나라의 봉사 현장은 고학력자든 저학력자든 상관없이 모두 비슷한 수준의 저차원적 업무들에 별다른 구분 없이 주먹구구식으로 몰려 있다는 것을 잘 보여준다. 봉사업무를 학력에 따라 수평적·수직적으로 나누는 등의 면밀한 사전분석 작업 없이, 많이 배운 사람 많이 못 배운 사람 할 것 없이 모두 일손돕기나 대인서비스 등의 비전문적이고 비숙련적인 일들에 되는 대로 배치시킴으로써 고학력이라는 우수 가용자원을 적극적으로 활용하지 못한 채 낭비만 거듭하고 있다는 뜻이다.

안타깝게도 이러한 사회적 손실은 취업여부라든지 직업의 위세, 연령 같은 주요 변수들을 기준점으로 잘라 봉사업무의 분절화 현상을 살핀 경우에도 여지없이 포착되었다. 구체적으로, 취업자와 비취업자, 고위세 직업종사자들과 저위세 직업종사자들, 젊은 층과 나이 많은 층을 나눠 특정 인구집단이 대응 인구집단에 비해 어떤 봉사업무를 집중적으로 수행하는지 살펴보았다.[4] 조사결과는 학력을 기준점으로 잘라 살핀 경우와 크게 다르지 않았다. 특정 인구집단이 대응 집단에 비해 2~3가지 업무분야에서 통계적으로 유의미하게 더 높은 점유율을 보이긴 했으나, 그것이 우리나라 봉사자들의 봉사업무와 관련해 어떤 특별한 분절화가 존재하는지 여부를 가려줄 만큼 뚜렷한 패턴을 보이지는 않았다는 것이다.

결국 우리나라에서 자원봉사 업무의 수평적인 분절화 현상은 성별 차원에서만 발견된다는 것으로 조사결과들은 수렴된다. 일반적인 경쟁노동시장에서 가부장적 성별분업이 상당 수준 철폐되거나 극복된 것과는 사뭇 다르게, 자원봉사 영역에서는 남녀가 수행하는 봉사업무가 기본적으로 다르게 조직화돼 있다는 것이다(예: 남자는 교통질서계도 및 방범을, 여자는 일손돕기). 심지어 비슷한 수준의 숙련도나 자율성, 창의성을 갖고 있는 경우조차 남자는 조직적 결정과 전문적 기술을 발휘하는 업무에(예: 모금, 기획홍보, 위원회활동), 여자는 섬세함과 돌봄의 기술이 요구되는 업무(예: 대인서비스, 교육) 집중적으로 배치되는 것으로 나타났다. 전자는 성별에 따른 수평적 분절화를, 후자는 성별에 따른 수직적 분절화를 의미한다.

요컨대, 우리나라 자원봉사 섹터에서는 성별에 따른 업무의 분절화 현상이 만연해 있으며, 이는 높은 전문성과 기술, 창의력, 다채로운 경험을 가진 여성인력이 자원봉사 영역에 진입했을 때 할당받을 수 있는 업무가 극히 제한적임을 시사한다. 자원봉사자들을 모집하고 관리하는 봉사기관의 입장에서는 따라서 향후 좀 더 효율적인 인력프로그램 운영을 위해, 여성 자원봉사자들을 모집하고 업무를 맡길 시 그녀가 가진 전문성과 기술, 경험, 노하우 등을 충분히 살릴 수 있는 방향으로 평가지표들을 개발하고 새롭게 직무를 개발·할당하는 노력이 필요하다고 하겠다.

---

4) 여기서 고위세 직업종사자들은 일반적 경쟁노동시장 내 직업이 전문직, 자유직, 관리직, 기술직, 사무직으로 분류되는 사람들을, 저위세 직업종사자들은 판매직, 서비스직, 생산직으로 분류되는 사람들 포함하게끔 변수를 조작적으로 정의하였다. 연령과 관련해서는, 젊은 층은 20대, 30대, 40대 청년 및 장년층을, 나이든 사람들은 50대 이상의 중년층과 노년층을 포함하도록 변수를 조작적으로 정의하였다.

한편 우리나라 자원봉사 영역은 아직까지 성별 이외의 요인, 예를 들어 학력이나 취업여부, 직업 위세, 연령 별로는 뚜렷이 분절화되어 있지는 않은 것으로 나타났다. 다시 말해, 학력 별, 취업여부 별, 직업 위세 별, 연령 별로 봉사업무가 차별적으로 배분되는 것이 아니라 대체로 무작위로(randomly) 배분되는 상황임을 알 수 있었다는 것이다. 그러나 무작위로 봉사업무들이 배분되고 있다는 것이 반드시 긍정적인 의미를 갖고 있는 것은 아님을 유념해야 한다. 특히 대부분의 봉사업무들이 대인서비스나 일손돕기 같은 단순반복적이고 저차원적인 일에 집중되어 있는 현실을 감안할 때 이는 더욱 그러하다. 배웠든 못 배웠든, 취업을 했든 안 했든, 직업 위세가 높든 낮든, 나이가 적든 많든 상관없이 대부분의 사람들이 자신의 적성, 능력, 유급노동시장에서의 배경과는 특별한 관련성이 없는 업무 사닥다리의 하단부 일들을 도맡아 수행한다는 것은 분명 일종의 사회적 낭비라는 측면에서다.

이러한 논의들은 다시 한 번 봉사업무의 분절화와 관련해 서두에서 제기했던 질문을 상기시킨다. 일반적인 유급노동시장처럼 자원봉사 섹터에서도 봉사자 개인의 능력과 배경을 고려해 자격요건을 갖춘 사람에게만 적합한 봉사업무를 맡기는 것이 과연 합리적인 선택일까? 자격요건을 갖추지 못한 사람에게는 그가 아무리 선한 의지와 순수한 동기, 사명의식을 갖고 있어도 목표의 효율적인 달성 그리고 조직의 역량 재고 차원에서 개인적으로 원하는 일을 맡기지 않는 것이 과연 바람직한 접근방식일까? 자원봉사 영역, 즉 무급노동시장에서 업무의 분절화 현상이 존재하는 게 괜찮은 것인지 괜찮지 않은 것인지 본 연구자는 정확한 판단이 잘 서지 않는다. 자원봉사 영역에 효율성 가치를 도입하는 것이 규범적으로 올바른 것인지에 대한 판단은 궁극적으로 봉사프로그램 관리자 개인의 몫이라는 생각을 본 연구자는 굳게 믿기 때문이다.

결국, 답은 독자들에게 달려 있다. 만약 효율성을 강조하는 독자라면, 자원봉사 영역에 업무 분절화 현상을 허용하고 이를 적극적으로 이용하는 방식으로 업무개발과 분배를 시도하면 되겠다. 반대로 봉사자 만족감이나 봉사지속성을 강조하는 독자라면, 분절화 현상이 나타나지 않도록 업무착수여부 및 활동내역을 되도록 봉사자 개인에게 맡기는 식으로 봉사프로그램을 계획・운영하면 되겠다.

15
chapter

자원봉사자의 역할

절대 다수의 자원봉사자들은 조직의 지시와 감독 아래 공식적으로 낯선 타인에게 도움을 제공한다. 조직, 즉 봉사단체를 매개로 필요한 도움을 제공한다는 것은 첫째, 봉사 현장에는 봉사자들을 책임지는 단체가 항시 존재하고, 둘째, 봉사자들은 자기 마음 가는대로 아무렇게나 행동하는 것이 아니라 책임단체가 부여한 재량권에 입각해 제한된 반경 내에서 업무활동을 수행하며, 셋째, 행동적 차원에서도 기대되는 바가 있어 봉사자 개인이 이를 충족시키지 못할 경우 봉사단체는 개인의 행동을 제재하고 구속할 수도 있음을 의미한다(Haski-Leventhal and Bar-Gal, 2008).

이처럼 주어진 상황이나 맥락에 따라 봉사자 신분에 걸맞은 임무를 수행해야 한다고 기대되는 행동의 묶음을 우리는 역할(role)이라 부른다(김미령, 2014). 구체적인 지침을 바탕으로 디자인되는 업무(tasks)와 달리, 역할은 조직이 개인에게 기대하는 바를 포괄적으로 반영해 놓은 일종의 행동지침이다. 따라서 봉사자의 역할은 구체적인 상황이나 맥락에 걸맞은 행동 하나하나를 직접 가리킨다기보다, 일반적인 상황이나 맥락 속에서 봉사자 신분으로서 주어진 업무를 어떻게 추진해 나가는 게 바람직한지를 대략적으로 묘사해 놓은 것이라 할 수 있다.

예를 들어, 초등학교 앞 건널목에서 등교하는 학생들을 위해 정지 깃발을 들고 아침마다 봉사활동을 수행하는 전업주부 자원봉사자 A의 사례를 한 번 살펴보자. A에게 부여된 업무는 무엇일까? 빠르게 달려오는 차를 감속시키고 건널목의 파란 불이 켜질 때 학생들을 안전하게 인도하는 교통질서계도일 것이다. 그렇다면 교통질서계도 업무를 수행하는 봉사자 A에게 부여된 역할은 무엇일까? 다양한 것이 있을 수 있겠으나, 아마도 A의 역할은 대체로 아래와 같은 행동들을 포괄할 것이다: 봉사단체가 정한 날짜와 시간에 나타나 책임자의 안내와 지도, 교육을 받는 일, 매일 정확한 시간에 기관이 정한 깃발을 들고 정해진 학교 건널목 앞에서 유니폼을 입고 나타나 깃발을 오르내리는 일, 업무지침서에 적힌 대로 학교 앞 교통질서 확립을 위해 항상 신경을 곤두세우는 일, 학생들의 안전한 학교생활을 위해 '큰 어른'으로서 학교 주위환경을 항상 주의 깊게 관찰하는 일, 봉사단체에서 일하는 전문 사회복지사에게 순응하고 동료 봉사자들과 사이좋게 지내는 일 등.

이러한 내용들은 모두 봉사자에게 일반적이고 포괄적으로 기대되는 행동들로서, 업무지침서에 명시돼 있을 수도 있고 그렇지 않을 수도 있다. 이번 장에서 살필 주제는 바로 이와 같이 봉사자 신분에 걸맞게 행동하고 맡은 바 업무를 성실히 수행하도록 봉사단체에 의해 기대되고 요구되는 행동양식으로서의 "봉사자 역할"이다.

주어진 업무를 성공적으로 수행·완료하기 위해 봉사자는 우선 해당 업무분야에서 자신이 맡은 역할을 잘 파악해야 한다. 역할을 제대로 파악하지 못하면 아무리 업무를 잘 수행한다 할지라도 봉사의 의미는 희석될 수 있기 때문이다. 예컨대, 암투병환자를 둔 가족들을 위한 상담업무에 어떤 한 봉사자 B가 투입되었다고 해보자. 그녀는 과거 치매환자가족들을 위한 상담업무를 수행해 본 경험이 1,000시간 이상이 넘었다. 따라서 스스로 이 분야 전문가라 생각하고, 치매나 암이나 큰 차이가 없는 질병이라고 단정 짓고 현장에 투입되기 전 봉사기관이 마련한 봉사자오리엔테이션에 불참했다. 준비된 업무매뉴얼도 읽지 않았다. 물론, B는 치매환자가족들을 위해 일했던 자신의 풍부한 경험을 토대로 암투병환자들에게도 의미 있는 도움을 줄 수도 있다. 그러나 이는 엄연히 현장에 투입되기 전 자신이 해야 할 일을 제대로 하지 못한, 대상자에게 잠재적으로 피해를 줄 수 있는 행위이다. 이런 측면에서 B는 봉사자의 역할을 제대로 이해하지 못했다고 볼 수 있다.

봉사자의 역할을 제대로 이해하고 실천하는 것을 돕기 위해 요 근래 봉사프로그램을 기획·운영하는 단체들은 대체로 두 가지 방식에 의존한다(Haski-Leventhal and Bar-Gal, 2008). 첫 번째는 봉사자에게 기대하는 포괄적 행동유형들을 표준화·명문화시키고 이를 반복적으로 훈련해 주입하는 방식이다. 여기에 해당하는 가장 단적인 예로, 생명을 다루는 의료활동 봉사자들로 하여금 현장에 가기 전 최소 몇 주 이상 매우 엄격한 교육과정을 이수케 하고 자격증을 따게 하는 사례를 거론해 볼 수 있겠다(Gora and Nemerowicz, 1985: 27). 훈련을 거쳐 특별한 자격증을 가진 사람에게만 의료봉사활동을 허락하는 이면에는, 의학지식을 심도 있게 배운 사람만이 사람의 생명을 다룰 수 있다는 기본적인 시각이 깔려 있지만, 무엇보다 자격증을 따는 지난한 교육과정을 거쳐야지만 비로소 의술을 베푸는 전문가로서 반드시 가져야할 기초적인 덕목과 자세, 태도를 배울 수 있다는 믿음이 넓게 깔려 있기 때문이라고 말할 수 있다. 즉, 자격증은 의료인에게 기대되는 행동양식을 체험하고 내면화하는 가장 확실한 방법이라는 믿음 때문에, 일부 봉사프로그램들은 의료봉사자 역할을 부여하는 주요한 루트로서 자격증 취득을 요구하는 경우가 있다는 것이다.

봉사자에게 기대하는 포괄적 행동유형을 표준화·명문화하고 이를 교육시킴으로써 봉사자 역할을 이해하게 하는 방식의 또 다른 예는 봉사활동이 극심한 스트레스를 유발시키는 상황에서 찾아볼 수 있다. 예를 들어, 말기암 환자의 통증 감소를 돕는 호스피스 봉사활동 현장에서 일부 단체들이 봉사자들에게 단 한 명의 환자만을 돕게 허락하고, 그것도 석 달 이상 지속하지 못하게 하는 다소 구체적인 내부 규정을 두어 이를 엄격하게 지킬 것을 요구하는 경우가 있다(Fox, 2006). 이는 죽어가는 환자의 심리상태에 봉사자가 정서적으로 지나치게 결부되어 심각한 감정이입을 경험하고, 그 결과 소진·중도이탈이라는 부정적 효과가 발생하는 것을 막기 위한 조치이다. 이러한 조직 차원의 명문화된 보호는 봉사자들로 하여금 주된 생활영역에서의 일상적 역할(예: 직장인으로서의 역할, 아버지로서의 역할 등)과 봉사자로서의 특수한 역할에 혼란이 생겨 정신적·행동적으로 어려움을 겪지 않도록 막아주는 긍정적인 효과를 낳는다. 역할혼란이나 갈등 같은 불필요한 소모가 발생하기 전에 미리 봉사자의 행동 반경과 범위를 명확히 제한함으로써 봉사자 역할을 이해하게 하는 방식이라고 보면 되겠다.

두 번째는 봉사자를 모집하여 업무와 관련된 훈련과정을 거치게 한 후 현장에 보내기 전까지의 전 과정에서 지속적으로 "올바른" 동기에 근거해 봉사활동을 해야 함을 강조함으로써 봉사자에게 기대되는 행동양식을 주입하는 방식이다. 이 방식은 이기적 동기보다는 이타적 동기에 근거해 봉사활동에 참여하는 사람들이 기관이 규정한 봉사자 역할을 정확히 이해하고 업무도 충실히 해 낼 가능성이 크다는 가정에 기반을 둔다(김영우, 2009).

가 방식을 취하는 단체들은 봉사자를 모집하는 첫 단계서부터 "진짜" 봉사자와 "가짜" 봉사자를 가려내는 데 많은 노력을 들인다. 가짜 봉사자는 스펙을 쌓으려는 자들(resume-padders)과 으스대는 자선가들(do-gooders)을 포함한다(Handy et al., 2010). 전자는 자기 자신의 경력쌓기와 취업에만 관심을 보이고, 봉사대상자들의 어려움에 대해서는 진정으로 생각하려들지 않는 경향을 나타낸다. 이와 대조적으로, 후자는 봉사대상자들의 생각이나 행동을 자기 생각에 재단하려(judgmental)들고 비공감적 태도를 보이며 으스댄다는 특징을 나타낸다. 이런 측면에서 가짜 봉사자들은 기관의 기피대상이 된다. 기관의 운영자들은 이들 가짜 봉사자들을 애초에 엄격한 적격심사 과정을 통해 채쳐 냄으로써, 가능한 한 자신들이 요구하는 행동양식에 맞춰 업무를 수행할 양질의 봉사자를 모집하는 데 몰두한다.

한편 봉사자의 역할은 위 두 가지 방식처럼 조직 차원에서 의도적으로 규정하려 하지 않아도 현장에서 봉사자가 기관 내 유급스태프라든지 클라이언트들과 관계를 형성해 나가는 과정 속에서 자연스럽게 규정돼 당사자들의 머리 속에 체화·각인되는 경우도 종종 있다(Field-Richards and Arthur, 2012; Kreutzer and Jager, 2010). 예를 들어, 인적서비스기관(human service organizations)에 고용되어 매달 월급을 받고 일을 하는 서비스전문가들(예: 간호사, 사회복지사, 상담치료사 등)과의 이원적인 관계 속에서 형성, 각인되는 봉사자 역할의 사례를 거론해 볼 수 있겠다. 인적서비스기관의 유급 전문가들은 자신들이 하는 일이야말로 진짜 일이고 봉사자들이 하는 일은 가짜 일이라며, 봉사자의 역할을 무시하고 평가절하하는 경향이 강하다. 이는 Nelsen과 Barley(1997)의 응급실을 대상으로 한 질적 연구를 통해 학계에 널리 알려진 사실이다.

이들의 연구에 따르면 전문가 - 의사와 간호사 - 와 자원봉사자는 자신이 속한 집단에게 기대되는 역할을 상대방이 속한 집단에게 기대되는 역할과 대비시킴으로써 온전히 이해한다고 한다. 연구결과를 좀 더 구체적으로 소개하면, 전문가집단의 구성원들은 혹독한 훈련을 거쳤고 전문적인 기술을 갖췄으며 중요한 결정을 내릴 권한을 갖고 있을 뿐 아니라 높은 수준의 심적 압박도 견딜 수 있는 우월한 감정조절 능력을 갖췄다고 스스로를 평가하고 있었다. 뿐만 아니라, 아무리 어려운 극한의 상황 속에서도 항시 대기하고 출동할 수 있는 육체적 강인함까지 갖췄다고 자평하였다. 무엇보다 중요한 사실은, 전문가집단의 구성원들은 다방면에 걸친 이와 같은 능력들을 종합적으로 활용하여 클라이언트의 응급상황을 빠른 시간 내에 처치 및 해결하는 한편, 일의 효율성을 저해할 수 있는 클라이언트와의 정서적 유착을 가능한 한 차단하는 쪽으로 자신들의 역할을 이해하고 있었다는 점이다. 따라서 전문가집단 구성원들은 높은 수준의 의학적 지식과 역량, 감정조절능력, 체력 등의 능력을 갖추지 못한 자원봉사자들을 매우 아마추어적이고 신뢰하기 어려우며 정서적으로 불안정한 사람들이라고 평가절하하는 모습을 보였다.

이와 대조적으로, 자원봉사자들은 전문가들의 효율적이고 감정통제적인 모습들이 일견 합리적으로 보일 수 있지만, 이것은 클라이언트와 소통하지 않는 태도로서 권위주의적이며 소외감을 발생시키는 부정적인 자세라고 인지하고 있었다. 이에 따라 봉사자들은 전문가의 역할과는 분명히 선을 그으면서, 자신들의 역할을 어떤 구체적이고 전문적인 의료서비스를 제공한다기보다는 클라이언트들과 정서적으로 강하게 연결되는 쪽으로, 다시 말해 감정적인 지원과 보살핌을 제공하는 쪽으로 이해하는 모습을 보였다. 자원봉사자들은 전문가들이 인간중심적인 생각과 적정 수준의 사회적 책임감을 결여하고 있음에 안타까워했고, 심지어 일부는 의사와 간호사들에게 분노를 표출하기까지 하였다.

봉사자의 역할은 현장에서 상호작용하는 클라이언트들과의 관계 속에서도 일정 부분 규정된다(Burbeck et al., 2014). 특히 낯선 사람에게 헌신적으로 도움을 제공하는 일명 도우미 역할(helper's role)을 봉사자가 100퍼센트 이해하고 충실히 이행할지 여부는 봉사자가 현장에서 맺는 클라이언트들과의 관계가 매우 중요한 것으로 연구들은 보고하고 있다.

> *실례로, Holden(1997)은 노숙자쉼터에서 노숙자들에게 의복과 음식을 제공하는 등 여러 가지 도움을 주는 봉사자들을 심층면접했는데, 피면접자 중 한 명은 다음과 같은 내용을 언급하면서 자신이 도우미 역할을 지속해야 할지에 대해 심각한 회의를 느꼈다고 한다: "... 노숙인 한 사람한테 음식을 갖다 주니까 맛이 없다고 다른 걸 가져다 달래요. 다른 음식을 갖다 주니까 그것도 맛이 없대요... 그 사람은 내가 하나부터 열까지 다 해줘야 하고, 그게 당연하다고 생각해요... 내가 해 주는 건 전혀 고마워하지 않고.. 정말 당황스럽네요..(pp. 137)."*

위 인용은 자원봉사자가 클라이언트에게 도움을 주었는데 그로부터 감사의 표현을 받기보다 오히려 적대적이고 비판적인 발언을 듣게 되면서 도우미 역할에 회의를 느끼게 되었고, 결과적으로 역할혼란을 경험하였다는 솔직한 고백이다. 이것이 실천적 측면에서 중요한 까닭은, 클라이언트로부터 나오는 피드백 가운데 일부는 봉사자에게 접수되는 즉시 봉사 당사자가 기존에 가지고 있던 역할기대에 수정을 가할 수 있으며, 이러한 수정은 때로 역할혼란과 갈등을 가져와 봉사자의 정신적·육체적 소진현상을 야기하고 중도이탈을 가속화할 수 있다는 점 때문이다(Haski-Leventhal and Bar-Gal, 2008). 봉사프로그램을 관리운영하는 담당자는 따라서 자원봉사자가 기관 내 유급 전문가들과 맺는 관계 뿐 아니라 기관 내 클라이언트와 맺는 관계의 성격 및 내용을 유심히 관찰하고, 그것이 부정적인 방향으로 봉사자 역할에 수정을 가하지 않도록 지속적으로 봉사자들의 활동내역과 관계형성의 패턴을 모니터링해야 할 것이다. 이 모니터링 작업은 봉사자들에 대한 수퍼비전의 형태를 통해 실시할 수 있다.

1. 봉사자 역할의 지속성 문제

위에서 우리는 봉사자의 역할이 조직적 차원에서 규정되고 관리·감독된다는 점을 살펴보았다. 봉사단체가 봉사자들에게 기대하는 행위양식이 있고, 그것을 규정·감독·관리하지 않으면 봉사자들은 자신들에게 부과된 역할에 대한 혼란과 갈등을 겪을 수밖에 없으며, 이와 같은 소모적 경험은 봉사활동의 질 관리(quality control)를 어렵게 해 결과적으로 봉사프로그램의 비효율과 실패를 야기할 수 있다는 위기의식이 조직 차원에서 봉사자 역할에 대해 지속적으로 관심을 쏟는 배경이 되었다(Haski-Leventhal and Bar-Gal, 2008).

그런데 이 논의에서 한 가지 우리가 주목해야 할 부분이 있다. 상식적으로 생각했을 때 봉사자 역할이란 일단 한 번 떠맡으면 오랫동안 안정적이고 지속적으로 유지될 것 같지만, 실상은 그렇지 않다는 점이 바로 그것이다. 봉사자 역할은 대부분의 사람들에게 비영속적이고 가변적인 것으로 인식된다. 즉, 주된 생활영역에서의 일차적이고 상시적인 역할에 덧붙여진 임시적 성격의 보충적 역할로 많은 사람들이 받아들이고 있다는 뜻이다(Hustinx, 2010a). 여기서 일차적이고 상시적 역할이라 함은 일반적인 경쟁노동시장 내 유급노동과 관련된 역할 및 가족부양과 관련된 역할들을 가리킨다. 즉, 생계유지와 관련된 역할 그리고 가족들과 어울리면서 가족구성원들을 먹여 살리는 것과 관련된 역할들이야말로 대부분의 사람들이 일차적이고 상시적인 역할이라 생각하는 것들이고, 이러한 역할들을 충실히 이행하고 어느 정도 마무리 짓고 나서야 비로소 관심을 갖고 떠맡을 여지가 생기는 것이 바로 자원봉사자의 역할이라는 의미이다(Egerton and Mullan, 2008).

그렇다면 다음과 같은 질문을 자연스럽게 떠올려 볼 수 있다. 왜 누구는 다른 누구보다 이와 같이 부차적이고 비영속적인 자원봉사자 역할을 더 오래 지속적으로 떠맡는가? 어떤 조건 하에서 자원봉사자 역할의 지속성은 커지는가? 아래에서는 이 두 가지 질문들에 대한 답을 찾는 과정과 결과를 제시하고자 한다. 그러나 그 전에 먼저, 논의의 명확성을 위해 두 가지 주요개념들을 정리하고 넘어가도록 하겠다. 두 개념 다 자원봉사활동의 지속성 문제와 깊은 관련성을 갖는 것으로, 하나는 봉사자 역할의 지속성 가운데 부착성의 측면을, 다른 하나는 봉사자 역할의 지속성 가운데 헌신도의 측면을 집중적으로 조명한다.

먼저 부착성(attachment)은 한 사람의 일생을 통틀어 얼마나 많은 시간을 자원봉사 역할을 수행하는 데 할애하는가와 관련된 지표이다(Musick and Wilson, 2008: 423). 이와 대조적으로 헌신도(commitment)는 한 가지 봉사기관이나 한 가지 봉사역할에 얼마나 오랜 시간 몰입하는가와 관련된 지표이다(Ibid: 424). 부착성이 높은 사람과 헌신도가 높은 사람은 대체로 일치하는 모습을 보인다. 그러나 둘은 동일 현상을 가리키는 동일 개념이 아니다. 한 평생 상당히 많은 시간을 자원봉사활동에 할애했을 수 있지만(=높은 부착성) 여러 기관을 옮겨 다니며 여러 가지 봉사역할들을 조금씩 조금씩 떠맡았을 수도 있고(=낮은 헌신도), 반대로 하나의 봉사기관에서 하나의 봉사역할에 오랜 기간 몰입했을 수 있지만(=높은 헌신도) 그 개인 평생을 놓고 보았을 때 가령 1년 정도의 짧은 시간만을 자원봉사활동에 할애했을 수도 있는 등(=낮은 부착성) 여러 조합의 불일치를 생각해 볼 수 있기 때문이다.

1.1. 부착성

흔하게 볼 수 있는 케이스는 아니지만, 우리 주변에는 자원봉사를 "업"으로 생각하고 살아가는 사람들이 일부 존재한다(경향신문, 2011/1/19). 일반적인 경쟁적 유급노동시장에서 주로 활동하기보다, 비경쟁적인 무급노동시장, 즉 자원봉사 영역에서 대부분의 사회적 활동의 시간과 에너지를 소비하는 이들 소수의 봉사 "꾼"들은 보통 봉사자 역할에 대한 부착성이 대단히 큰 특징을 나타낸다

실례로, 상류층 백인여성의 봉사활동실태를 조사한 미국의 한 실증연구는 이들이 봉사활동을 일종의 사회적 상승이동의 경로로 보고 일평생에 걸쳐 여러 봉사기관들을 돌아다니며 특정 봉사업무와 관련된 기술과 지식을 습득하고, 이를 토대로 점차 복잡하고 어려운 업무로 자신들의 활동영역을 확장해 나간다는 다소 공격적인 봉사활동실태를 학계에 보고한 바 있다(Daniels, 1988: 208).

이것은 자원봉사를 일종의 경력(career)으로 인식하는 사람들이 그렇지 않은 사람들보다 한평생 더 많은 시간을 더 정열적으로 봉사활동에 쏟아 붓는다는 사실을 단적으로 보여주는 연구결과이다.

그러나 자원봉사를 업으로 삼지 않는 보통 사람들에 한정시켜 보아도, 이미 한 번 자원봉사활동을 해 본 사람이 그와 같은 활동을 한 번도 해 보지 않은 사람보다 추후 자원봉사활동을 할 가능성이 높다는 점은 대체로 사실로 받아들여지는 분위기이다(Flick, Bittman and Doyle, 2002: 56). 실례로, 캐나다에서는 전국적 규모의 전국기부조사(Canadian National Survey of Giving)가 1997년과 2000년 3년을 간격으로 두 차례 실시된 바 있다(Reed and Selbee, 2000a: 6). 이 설문조사가 완료된 직후 출판된 한 연구논문에 따르면, 1차 조사 당시 자원봉사활동을 하고 있다고 응답한 사람 가운데 무려 70.5%가 3년 후인 2차 조사 시점에서도 여전히 자원봉사활동을 하고 있다고 응답했다고 한다. 하지만 1차 조사 당시 봉사활동을 하고 있지 않다고 답한 사람의 절대 다수는(88.2%) 2차 조사 시점에서도 여전히 봉사활동을 하지 않는 것으로 조사됐다. 1차 조사 때는 봉사활동을 하지 않았으나 2차 조사 시점을 기준으로 새롭게 봉사활동을 시작했다고 답한 사람의 비율은 오로지 11.8%에 불과했다.

Johnson과 그의 동료들(2004: 55) 역시 위와 비슷한 연구결과를 보고하였다. 이들은 1921년과 1928년 사이에 태어난 미국 상류층 여성들을 설문조사 대상자로 정하고, 이 여성들이 평균 29세였던 1940년, 39세였던 1950년, 49세였던 1960년 당시를 각각 회고하게 만든 후 각 시점에서 그녀들이 자원봉사활동을 했었는지 묻는 일련의 질문들을 던졌다. 수집된 자료를 분석한 결과, 1940년에는 조사대상자들의 32.8%가, 1950년에는 61.7%가, 1960년에는 45%가 각각 자원봉사활동을 하고 있었다고 답하였다. 중요한 점은, 세 시점에 걸쳐 모두 자원봉사활동을 했다고 답한 사람의 비율은 26%였고, 세 시점 중 어느 한 시점에서도 봉사활동을 해 본 적이 없다고 답한 사람의 비율은 24%였으며, 세 시점 중 오로지 한 시점 혹은 두 시점에만 봉사활동을 했다고 응답한 사람의 비율은 50%였다는 점이다. 한편, 1940년 자원봉사참여율과 1950년 자원봉사참여율 사이의 피어슨 상관관계는 $r=0.3$으로 계산됐고($p=0.01$), 1950년 자원봉사참여율과 1960년 자원봉사참여율 사이의 피어슨 상관계수는 $r=0.4$로 나타났다 ($p=0.000$).

위 조사결과는 자원봉사자 인구가 크게 세 집단으로 구성됨을 시사한다. 첫 번째는 자원봉사활동을 전 생애에 걸쳐 매우 지속적이고 안정적으로 하는 집단이고(부착성 수준 高), 두 번째는 간헐적으로 하는 집단이며(부착성 수준 中), 마지막 세 번째는 기회가 있어도 거의 하지 않는 집단이다(부착성 수준 低). 첫 번째 집단이 두 번째 및 세 번째 집단과 구분되는 점은, 전자가 생애사적 기회와 가용자원의 변동폭에 상관없이 자원봉사를 일종의 생활습관으로 발전시키고 일상적으로 수행하는 사람들인 데 반해, 후자는 여러 가지 직업 상 기회나 일신 상의 변화, 가용자원의 증감 정도 등에 따라 자원봉사활동을 탄력적으로 수행하는 기회순응형 사람들이라는 점이다.

봉사역할의 부착성과 관련해 마지막으로 살필 사안은 부착성의 결정요인이다. 이 사안은 만약 누군가가 한 평생 상당히 많은 시간과 노력을 자원봉사활동에 투자하였다면, 무엇이 그 사람으로 하여금 그와 같은 열정과 성실함을 가지게 했는가에 관련된 문제의 제기라 할 수 있다.

사실 이 문제와 관련하여 국내외적으로 수행된 연구의 숫자는 그리 많지 않은 편이다. 한 사람의 일생에 걸쳐 집요한 추적조사가 이루어져야만 어떤 결론을 내릴 수 있는 이슈인데, 그에 걸맞은 종단적 자료가 아직 충분히 축적되지 않았기 때문이다. 따라서 이 분야는 이제 막 걸음마를 떼기 시작했다고 보는 편이 낫겠다. 우리나라의 경우 〈한국복지패널조사〉가 2014년 현재 8차까지 완료되어 대중에 공개된 상태이기 때문에, 아마도 조만간 봉사자 역할과 관련된 부착성 결정요인에 관한 연구가 본격적으로 착수될 수 있지 않을까 기대해 본다.

봉사자 역할에 관한 부착성의 결정요인은 아직 걸음마 단계에 있지만, 학자들은 자원봉사참여수준을 결정짓는 요인들이 자원봉사자 역할의 부착성을 결정짓는 요인들로 동시에 기능한다는 주장에 대체로 동의를 표하는 편이다(Butricia, Johnson and Zedlewski, 2009; Choi and Chou, 2010). 즉 개인의 성격, 동기, 태도, 가치와 같은 내적인 특질, 성별, 학력, 소득수준, 종교여부 등 인적자원 요인,[1] 봉사네트워크로부터 요청, 사회적 의무감, 압력과 같은 환경적 요인을 포함해 지금까지 우리가 제 Ⅱ부에서부터 바로 앞 Ⅳ부까지 검토해 온 자원봉사참여 관련 각종 결정요인들과 거의 흡사한 변인들이 자원봉사 역할부착성의 결정요인으로 작용한다는 데 대부분의 학자들이 입장을 같이 한다는 뜻이다.

1.2. 헌신도

앞에서 설명했다시피 헌신도란 한 개인이 한 가지 봉사기관이나 한 가지 봉사역할에 얼마나 오랜 시간 몰입하는가와 관련된 지표이다. 헌신도가 떨어지는 봉사자는 하나의 봉사단체에 진득이 붙어 있지 않고 여러 봉사단체들을 전전한다. 설령 한 기관에 진득이 붙어 있다 하더라도 여러 역할을 맡으려 하는 등 변덕을 부린다. 따라서 헌신도가 떨어지는 봉사자는 조직의 입장에서 보면 분명 골칫덩어리이다. 새로운 봉사자를 모집하고 훈련시키는 일은 비용이 상당히 드는 어려운 작업인데, 기껏 교육시켜 배치해 놓은 봉사자가 맡은 바 역할을 충실히 이행하지 않고 자꾸 중간에 관두고 다른 역할을 떠맡고자 한다거나 다른 기관으로 옮겨가고자 한다면 그것만큼 해당 봉사기관의 프로그램 운영과 관리를 곤란하게 만드는 일은 없다는 측면에서이다.

하지만 봉사자들의 낮은 헌신도 문제는 자원봉사라는 무급노동이 가진 본연의 속성을 고려하면 100퍼센트 제거하기 힘든 난제라 할 수 있다. 이는 앞에서도 설명했다시피 대부분의 사람들에게 있어 자원봉사자 역할이란 먹고 사는 문제를 해결하는 역할과 가족을 책임지고 부양하는 역할을 일차적으로 마무리 짓고 나서야 비로소 생각해 볼 수 있는 부차적이고 비상시적인 일이라는 점(Hustinx, 2010a), 따라서 자원봉사활동은 높은 소진율과 중도탈락률을 보여도 전혀 이상할 것이 없다는 점 등 현실적 한계들을 감안하면 쉽게 이해가 가리라 생각한다. 이런 측면에서, 헌신도를 높임으로써 봉사자 역할을 가능한 한 오래 지속하게 만드는 것은 봉사프로그램을 운영하는 모든 관리자들의 숙원 사업이라 할 수 있다.

---

1) 인적 요인 가운데 연령은 부착성에 별다른 유의미한 영향을 미치지 못한다는 연구도 보고된 바 있다(McNamara and Gonzales, 2011).

특정 봉사자 역할에의 헌신도 제고를 위해서는 봉사기관 차원의 조직적 대응이 매우 중요하다(구혜영 · 김일동, 2012; 최유미 · 심성지, 2008). 많은 기관들이 이를 잘 인지하고 있으며, 이에 따라 대부분의 자원봉사기관들은 조직적 차원에서 보통 몇 가지 조치들을 공통적으로 취하고 있다. Garner와 Garner(2011) 그리고 Tang과 그의 동료들(2009)의 연구 제언들을 바탕으로, 아래에서는 이를 크게 네 가지 정도로 나누어 자세히 살펴보도록 하겠다.

(1) 인센티브 활용하기

먼저 다양한 인센티브를 활용해 봉사자들로 하여금 봉사기관 및 유급전문가들에 대해 강한 충성심과 순종성을 갖도록 유도하고, 이를 통해 역할에 대한 헌신도를 강화하는 방법이다(Finkelstein, 2008). 인센티브는 봉사자들의 봉사참여 동기에 따라 다양하게 범주화시켜 맞춤형으로 제공할 수 있다. 이 책에서는 봉사자들에게 줄 수 있는 인센티브를 크게 ① 가치규범적인 동기를 강조하는 인센티브, ② 사회교류적 동기를 강조하는 인센티브, ③ 실리적 동기를 강조하는 인센티브 등 세 가지로 나누어 살펴보기로 한다.

첫째, 가치규범적 동기를 강조하는 인센티브를 제공하는 방법이다. 이것은 특정한 행위를 하는 것 자체에 의미를 부여하는 사람들 또는 그와 같은 행동을 하지 않으면 안 된다는 강박관념을 가진 부류의 사람들에게 효과적일 수 있다. 이런 사람들에게는 "당신의 헌신적인 봉사활동은 소외된 아이들을 복지 사각지대에서 구해 줄 것입니다!"는 식의 가치규범적 의미가 담긴 메시지를 띄어주면 좋은 효과를 볼 수 있다(김현진 · 이민창, 2012).

둘째, 사회교류적 동기를 강조하는 인센티브를 제공하는 것이다. 이것은 사람들을 만나고 어울림으로써 외로움이나 우울감 등을 극복하는 사람들, 그러한 어울림 자체를 즐기는 사람들 혹은 어울림을 통해 무언가 사회적으로 바람직한 일을 했다는 공명감을 느끼는 사람들에게 특히 효과적이다. 이런 사람들에게는 "봉사활동을 통해 당신은 다양한 배경을 가진 사회각계각층 사람들을 만나볼 수 있습니다!"는 식의 사회교류 가능성을 암시하는 메시지를 띄어주면 꽤 괜찮은 효과를 볼 수 있다. 그와 더불어 공명심이 강한 속성을 십분 활용해 꾸준하고 헌신적인 봉사활동에 대해 상장 및 표창 수여, 지역사회신문에 칭찬 기사내기 등 충분한 인정 및 보상을 해 주면 더욱 큰 효과를 낼 수 있다(최유미, 2010).

셋째, 실리적 동기를 강조하는 인센티브를 제공하는 것이다. 이것은 봉사활동을 통해 무엇인가 실질적인 혜택을 얻기를 바라는, 즉 이기적 동기에 의해 움직이는 사람들에게 특히 효과적인 방식이 될 수 있다(이정해 · 김현주, 2014). 이런 사람들에게는 "봉사활동을 통해 당신의 비즈니스 네트워크를 늘려보세요!" 라든지 "봉사활동을 통해 당신의 언어실력을 한 번 테스트해 보세요!", "봉사활동을 통해 리더십 스킬을 길러 봅시다!"와 같은 구체적인 혜택 위주의 메시지를 띄어주면 좋은 효과를 볼 수 있다. 무엇보다, 실제로 그러한 혜택을 얻을 수 있게끔 봉사업무를 디자인하고 배분하는 노력이 중요하다.

이처럼 봉사동기에 걸맞은 인센티브를 제공함으로써 봉사자의 헌신도를 높이는 방법들에는 여러 가지가 있다. 그런데 여기서 한 가지 주의할 사항이 있다. 특정 유형의 인센티브에만 반응하는 사람들에게 그것이 아닌 다른 유형의 인센티브를 마련해 제공하는 것은 어떤 경우 완전히 역효과를 낼 수 있으므로 조심스럽게 접근해야 한다는 지적이 바로 그것이다.

예를 들어, 종교적 소명의식에 따라 조용히 그러나 꾸준히 오랜 세월에 걸쳐 자원봉사활동을 해 온 헌신적 자원봉사자 A를 한 번 가정해 보자. A는 가치규범적 동기가 매우 강한 사람이기 때문에 사회교류적 동기라든지 실리적 동기들은 가능하면 자극하지 않는 것이 좋다. 그럼에도 불구하고 만약 봉사프로그램 관리자가 시끌벅적한 상장 수여식을 개최해 A의 꾸준한 봉사활동을 인정해주고 보상해 주는, 나름의 의미 있는 프로젝트를 펼쳤다면? A는 공명심을 느끼기는 커녕 정반대로 모멸감을 느꼈을 공산이 크다. A 같은 부류의 사람들은 내면의 깊숙한 가치규범에 따라 봉사활동에 매진하는 사람들이기 때문에 자신들의 행위가 대외적으로 주목받고 있다고 느끼는 순간 숭고한 가치규범이 훼손됐다고 생각하면서 환멸을 느끼고, 심지어 그동안 꾸준히 해오던 봉사활동마저 중지할 수도 있다. 이런 사람들은 특히 무보수 봉사활동에 대한 강한 자부심을 가지며 그로부터 강렬한 정신적인 만족감을 느끼기 때문에 금전적인 보상의 제공을 가장 경계해야만 한다. 이들에게 현금이 오고가는 보상은 오로지 헌신도 저하라는 역효과만 낼 뿐이다(Fiorello, 2011).

위 사례는 봉사프로그램 관리자가 왜 사람들이 봉사활동에 참여하게 되었는지 내적 동기를 꼼꼼히 분석하고 그에 걸맞은 적절한 인센티브를 제공하는 것이 매우 중요하다는 사실을 여실을 보여주는 케이스이다. 사실 우리가 제 4장에서 봉사자들의 봉사동기를 자세히 공부한 까닭도 알고 보면 동기를 알아야만 그에 걸맞은 인센티브를 디자인하고 제공하는 일도 가능하다는 논리가 중요하게 작용하였다.

하지만 이론적 차원에서 아무리 동기에 걸맞은 인센티브를 제공하는 일이 중요하다고 역설할지라도, 수많은 사람들의 다양한 봉사동기를 일목요연하게 파악하고 거기에 딱 맞는 인센티브를 마련하는 일은 현실적으로 여전히 매우 어려운 일일 수밖에 없다(Hustinx, 2010b). 어떤 한 사람에게는 잘 통하는 인센티브가 또 다른 사람들한테는 전혀 통하지 않는 등 동기-인센티브 구조는 매우 복잡한 면모를 띤다는 측면에서다. 따라서 현실적인 접근이 필요하다고 하겠다. 여기서 현실적인 접근이라 함은 봉사자 역할에 대한 헌신도 저하를 최소화시켜줄 수 있는 가장 위험성 적은 구체적인 방안의 마련을 의미한다.

실제 현장의 다양한 사례들을 종합해 보면, 헌신도 저하 위험을 최소화시켜줄 수 있는 인센티브 제공 방식은, 아무래도 우리가 생각할 수 있는 모든 인센티브들을 가능한 한 많이 그리고 구체적으로 마련해 공개적으로 광고하고, 이를 개인별 조사나 면접을 통해 원하는 한도 내에서 인정·보상해 주는 방식이 아닐까 생각한다(최유미, 2010). 예를 들어, 아동사업에 초점을 둔 국제봉사단체 키와니스 한국지구(Kiwanis International Korea) 홈페이지에 들어가 보면, 이런 문구를 확인할 수 있다: ... 키와니스 회원이 되시면 당신은...

"아이들의 삶을 더욱 좋게 할 수 있습니다."
"오래 지속되는 우정을 만들 수 있습니다."
"리더십 스킬을 배울 수 있습니다."
"사업계약을 발전시킬 수 있습니다."
"지역과 국제적 이슈들에 대한 통찰력을 키울 수 있습니다."
"자신의 재능과 능력에 대한 더 훌륭한 감사를 얻게 됩니다."

봉사자들을 가능한 한 많이 모집하고 일단 모집된 봉사자들을 동일 기관과 역할에 가능한 오래 묶어두기 위해서는, 즉 헌신도를 제고하기 위해서는 위와 같이 가능한 많은 인센티브들을 구체적이고 길게 적시해주고, 또 다양한 방법으로 준비한 인센티브를 실제 제공해 주는 노력이 필요하다. 인센티브들을 포괄적으로 준비해 놓으면 그 중 어느 하나는 필히 다양한 동기를 가진 사람들의 눈길을 끌기 마련이기 때문이다. 그리고 필요한 경우 상장이나 표창 등을 수여하고 지역사회신문의 〈칭찬합니다〉 같은 코너에 기사를 낸다거나 아니면 교통비나 식비 정도의 사례를 주는 각종 방식을 통해 봉사자들에게 적정 수준의 인정과 보상을 제공해 주는 것이 바람직하다.[2)]

그런데 여기서 한 가지 주의할 사안이 있다. 인정과 보상은 그것을 원하는 사람에게만 제한적으로 제공해 주어야 한다는 원칙이 바로 그것이다. 수차례 지적했다시피, 내적 보상을 중시하는 일부 자원봉사자들은 자신들의 무보수 활동이 사회적으로 주목받고 대외적으로 알려지는 것을 상당히 부담스러워한다. 이런 "조용한" 부류의 자원봉사자들한테는 봉사단체 차원의 인정이나 보상은 가급적 삼가는 것이 좋다. 조용한 자원봉사자들은 클라이언트의 내적 변화와 인간적 성장을 바라보는 데에서 가장 강력한 인정과 보상을 경험하기 때문이다. 이런 사람들은 사례 역시 클라이언트 개인 차원에서 주어지는 감사의 말 한마디나 행동, 제스처 등에 훨씬 더 크게 감동받음을 염두에 두어야 한다.

(2) 효과적으로 봉사자 관리하기

다음은 효과적인 봉사자 관리 기법을 활용해 봉사자들로 하여금 봉사기관 및 유급전문가들에 대한 강한 충성심과 순종성을 갖도록 유도하고, 이를 통해 역할에 대한 헌신도를 제고하는 방법이다. 모집된 봉사자들을 효과적으로 관리하는 기법이란 기본적으로 봉사자들이 어떨 때 자신들의 활동으로부터 만족감을 느끼고 반대로 어떨 때 불만족을 느끼는지 정확히 파악하는 일에서부터 시작한다.

---

2) 사실 봉사프로그램을 운영하다보면 의외로 많은 사람들이 이러한 인정과 보상을 추구한다는 점을 이내 눈치 챌 수 있다. 씁쓸하지만, 어쨌든 많은 사람들이 가령 TV 중계차가 찾아온다고 했을 때, 지역사회신문에 기사가 난다고 했을 때, 식비나 교통비 정도의 돈이 손에 쥐어질 때, 더 많이 봉사현장에 찾아오고 더 열심히 봉사업무를 수행하며 주어진 봉사자 역할에 충실한 모습을 보이는 것이 작금의 봉사 현실이다.

봉사자들도 사람이기 때문에 아무리 이타적인 동기로 그와 같은 봉사활동에 나섰다 할지라도 특정 계기로 인해 자기가 하는 일에 불만을 갖게 되면 역할에 대한 헌신도는 낮아질 수밖에 없다(박철민, 2010). 따라서 일을 하는 데 있어 봉사자들이 만족감을 최대한 느낄 수 있도록 여러 가지 기법들을 동원해 봉사자들을 관리하는 노력은 조직 차원에서 반드시 필요하다고 하겠다. 이런 측면에서, 봉사자 관리란 경영학에서 얘기하는 이른바 고객관리와 그 궤를 같이 한다. 아래에서는 봉사자들이 느끼는 만족감 혹은 불만족을 어떻게 관리해야 헌신도를 제고할 수 있을지에 대해 몇 가지 현실적인 관리 팁을 중심으로 설명해 보도록 하겠다.

첫째, 봉사자들은 '이용당하고 있다' 혹은 '자기만 일하고 있다'는 생각이 들 때 불만족을 느끼고 쉽게 활동을 중단한다. 이와 같은 부정적 감정들은 동료 봉사자들이 일은 안 하고 설렁설렁 움직이면서 활동으로부터 발생하는 사회적 인정이나 물질적 보상 등의 혜택만 취하는 경우, 즉 무임승차자들이 많은 상황에서 특히 잘 발생한다(Wuthnow, 1998: 170).

둘째, 봉사자들은 기관의 유급전문가들로부터 수퍼비전을 충실히 받지 못하다고 느낄 때, 궁금증에 대해 충분한 대답을 적시에 받지 못한다고 느낄 때, 기타 활동 전반에 걸쳐 적절한 기술적·행정적·감정적 지원을 받지 못하고 있다고 느낄 때 불만족을 경험하고 쉽게 활동을 중단한다(이병순·김욱, 2009).

셋째, 봉사자들은 자신들의 노력이 기관 차원에서 충분히 인정·보상받고 있지 못하다고 느낄 때 불만족을 느끼고 봉사활동을 쉽게 중단한다(이연숙, 2010).

넷째, 봉사자들은 기관 내외부적으로 지나치게 많은 절차와 규정이 존재하고 재량권을 전혀 인정받지 못하고 있다고 느낄 때, 즉 관료주의의 정도가 지나치다고 생각할 때 불만족스러움을 느끼고 봉사활동을 쉽게 중단한다(Kreutzer and Jager, 2010).

다섯째, 지나친 관료주의도 문제지만 관료주의가 전혀 조성돼 있지 않을 때, 다시 말해 업무수행과 관련하여 봉사자에게 기대되는 행동지침이 개략적으로나마 정해진 것이 없고 모든 것이 불투명한 상태에서 활동 대부분이 개인의 재량에 맡겨져 있을 때, 봉사자는 불만족을 느끼고 활동을 쉽게 중단한다(Taylor et al., 2008).

여섯째, 봉사자들은 봉사기관 내 유급전문가나 클라이언트, 동료 봉사자들과 갈등 및 불화를 겪을 때 불만족을 느끼고 활동을 쉽게 중단한다(Caird, 2007).

봉사중단 이유로 위에 언급된 내용들은 효과적인 봉사자 관리에 함의하는 바가 크다. 아래에서는 위에 언급된 내용들을 토대로 봉사자들이 불만족을 느끼고 활동을 중단하는 불상사를 막기 위해 프로그램 담당자들이 고려해봄직한 현실적인 봉사자 관리 팁을 몇 가지 소개하도록 하겠다(Garner and Garner, 2011; Tang, Morrow-Howell and Hong, 2009).

첫째, 무임승차자들을 잘 골라내 봉사자의 역할과 임무에 대해 재교육시키고 필요하다면 다른 부서로 전환시켜야 한다. 둘째, 맡은 바 임무를 충실히 수행하는 우수 봉사자들에게는 충분한 수퍼비전 시간의 확보를 통해 그들이 요구하는 피드백을 가능한 한 많이 제공해야 한다. 셋째, 봉사자들의 동기-인센티브 구조를 세심히 감안해 체계적인 보상 및 인정 시스템을 구축한 후 우수 봉사자들에게는 수시로 보상과 인정을 해 주어야 한다. 넷째, 적정 수준의 관료주의를 봉사업무에 투영시킴으로써 봉사자 역할이 너무 애매모호하거나(=재량권 과다) 반대로 지나치게 공식화되는(=재량권 빈약) 불상사가 없도록 주의해야 한다. 다섯째, 인간관계 관리기법을 적극 도입하여 봉사기관 안팎에서 봉사자와 클라이언트, 봉사자와 유급전문가, 봉사자와 봉사자 간에 혹시 있을지 모르는 갈등을 사전에 적극적으로 예방하고, 만약 실제로 불화가 발생하였다면 주기적이고 적극적인 수퍼비전과 인성교육, 역할과 책임의 재배치, 업무의 분리 등 다양한 방법을 동원해 갈등을 잠재우는 데 노력해야 한다(Caird, 2007: 8; Ryan, 2007: 11).

특히 관료주의와 관련해 몇 가지 현실적인 봉사자 관리 팁을 덧붙이자면, 봉사자 역할이 지나치게 애매모호하고 막연하게 규정되어 있을 경우, 한편으로 일부 봉사자들은 무슨 일을 해야 할지 몰라 혼란과 지루함을 느끼면서 맡은 역할에서 이탈할 수 있고, 또 다른 한편으로 일부 봉사자들은 누구도 자신을 콘트롤하는 사람이 없는 속에서 과도하게 열정적으로 일을 하다가 자기 역량 밖의 업무에 손을 대고 그 결과 순식간에 소진현상을 경험해 봉사활동을 이내 접을 수 있다는 두 가지 가능성을 염두에 두어야 한다(Souza and Dhami, 2008).

반대로, 재량권을 전혀 인정받지 못하고 모든 업무와 역할이 지침서에 적혀져 있는 대로만 수행해야 하는 경우, 한편으로 일부 봉사자는 자신들의 행위 하나 하나가 모조리 통제·관리 받고 있다는 생각에 숨 막힘을 느껴 좀 더 자유로운 환경을 찾아 떠날 수 있고, 또 다른 한편으로 일부 봉사자들은 어려운 상황에 처한 사람들을 도와주러 나온 자신들의 순수한 이타주의적·인본주의적 동기가 훼손 받는다는 생각에 회의감을 느껴 좀 더 자유로운 환경을 찾아 떠날 수 있다는 두 가지 가능성을 염두에 두어야 할 것이다(Kulik, 2007).

특히 후자, 즉 순수한 이타적·인본주의적 봉사동기가 관료주의에 의해 훼손 받는 구체적인 사례 한 가지만 거론하면, 정해진 절차와 규정에 의해서만 클라이언트의 서비스수혜 자격심사를 하도록 하고 그 외 재량권은 일체 인정하지 않는, 성격적으로 매우 고정된 역할에 봉사자를 얽어 매어놓는 관리 기법을 생각해 볼 수 있다. 매뉴얼대로 엄격하게 클라이언트의 서비스수혜 자격심사 일만 하도록 허용할 경우, 일부 이타주의적·인본주의적 동기가 강한 봉사자들은 오래지 않아 자신들이 왜 이런 비인간적인 서류업무에 얽매여하는지 강한 의문에 사로잡힐 수 있다. 무엇보다, 각자 사정이 있어 기관을 찾아온 불쌍한 처지의 서비스 신청자들에게 매뉴얼에서 규정하는 대로 '서비스 제공불가' 딱지를 붙이고선 매정하게 돌아서야 할 수밖에 없을 때, 즉 그들의 이야기를 하나하나 들어주고 공감하는 태도를 보여서는 안 된다고 강요받을 때, 이들 이상주의적 마인드의 봉사자들은 그렇게 할 수밖에 없는 자신의 처지와 역할에 환멸을 느껴 맡은 바 임무를 쉽게 중단하는 경우가 많다(Garner and Garner, 2011).

(3) 유급전문가들과 관계 개선하기

대부분의 경우 자원봉사자들은 기관 내 유급전문가들(예: 사회복지사, 간호사, 선생님, 심리치료사 등)과 우호적인 관계를 유지한다. 유급전문가들 역시 자원봉사자의 존재 이유와 필요성을 대개의 경우 충분히 이해하고 협조하는 자세를 취한다. 하지만 둘의 관계가 갈등적 혹은 경쟁적으로 비화하는 경우도 왕왕 발생한다(장영희·권혜진, 2010; Kreutzer and Jager, 2010). 둘의 관계가 부정적으로 고착화되면, 봉사프로그램은 효과적으로 작동하기 어렵다. 어렵사리 모집한 자원봉사자들이 기관 내 유급전문가들의 지도를 받으려 들지 않고 오히려 무시하고 싸움질만 하려 든다거나 특정한 업무의 처리와 관련하여 소모적인 경쟁관계에 돌입한다면, 그리하여 여차하면 맡은 바 임무를 관두고 봉사자 역할을 관두겠다고 으름장을 수시로 놓는다면, 어떻게 봉사프로그램이 제대로 돌아가겠는가. 자원봉사자 프로그램을 안정적으로 운영하고 관리하고자 하는 책임자는 따라서 봉사자와 유급전문가의 관계의 성격을 명확히 파악하고 둘의 관계를 개선하는 데 특별한 신경을 쏟아야만 한다.

유급전문가와 자원봉사자의 관계는 자원봉사자가 전문가의 말을 고분고분 잘 듣지 않는다거나 사소한 규정 때문에 말다툼이 벌어져 감정이 서로 상할 때 종종 갈등적인 것으로 비화된다(Robson, 2007: 15). 그러나 이와 같은 사례들은 상하급 유급전문가들 사이에서도 얼마든지 벌어질 수 있는 흔한 감정 싸움으로서, 인간관계가 존재하는 곳이라면 어디든 그리고 언제든 벌이질 수 있는 속성의 갈등이라 볼 수 있다. 따라서 이 책에서는 이와 같은 일상적인 인간관계 상의 감정적 갈등은 제쳐두고, 사회적으로 부여된 역할 상의 충돌로 말미암아 발생하는 집단 간 구조적·필연적 갈등 및 경쟁관계에 초점을 맞춰 논의를 이어가도록 하겠다. 좀 더 구체적으로, 유급전문가가 자기의 역할에 대해 생각하는 관점과 자원봉사자가 자기의 역할에 대해 생각하는 관점이 본질적으로 달라 생겨나는 갈등 및 경쟁적 관계에 대해 집중적으로 살펴보겠다.

사회복지사나 간호사, 선생님, 상담치료사 같은 유급전문가들은 - 물론 모두 다는 아니지만 - 상당수가 신념과 가치의 관점에서 현재의 직업을 택하고 진로를 결정한 사람들이다. 이들은 자신들의 직업이 커다란 돈벌이가 되는 직업은 아니라는 점을 충분히 인식하면서도 사회적으로 의미 있는 일을 하기 위해, 또 사회적으로 의미 있는 일을 할 수 있다는 낙관 때문에 해당 직업을 선택한 사람들이다. 그만큼 자신의 일에 헌신적이고 자부심을 가진 부류의 사람들이란 뜻이다.

문제는, 유급전문가들의 이 같은 탄탄하고 투철한 직업의식이 종종 자원봉사자들과의 마찰을 빚어내는 원인이 되기도 한다는 점이다. 이는 Kieffer(1986)

가 한 인적서비스기관 내의 유급 사회복지전문가를 대상으로 시행한 심층인터뷰에서도 잘 드러난다. 해당 피인터뷰자는 다음과 같이 말하였다:

> *"... 자원봉사자들은 자기들이 원할 때 아무 때나 와서는 아무 때나 집에 가요. 수퍼바이저가 원할 때는 바쁘다는 핑계로 코빼기도 안 보이면서요.. 그러면서 자기들이 하는 일에 대해서는 인정받고 싶어 하고, 거기다가 또 금전적인 보상도 은근히 많이 달라고 보채요..."(Ibid: 59).*

위 인용문은 유급전문가들이 자원봉사자의 역량, 책임감, 소명의식 등을 얼마나 평가절하하는지 그 왜곡된(?) 시각을 여실히 보여주는 케이스이다. 유급전문가들은 자원봉사자들이 일하는 시간이나 기간을 자기 마음대로 정하려고 들 뿐 아니라, 어렵고 복잡한 일은 꺼린다고 비난한다. 혹여 그와 같은 일을 맡게 되더라도, 제대로 임무는 수행하지 않으면서 생색만 낸다고 분통을 터뜨린다. 전문적이지 못하고 감정적이며 신뢰하기 힘들다고 혹평도 서슴지 않는다.

물론 힐난에 가까운 이러한 질책에 대해 대상자인 자원봉사자들은 대부분 전혀 동의하지 않을 것이다. 이는 아마도 유급전문가들이 문제의 해결, 즉 특정 목적의 효율적인 달성을 최우선 가치로 추구하는 것과는 달리, 상당수 자원봉사자들은 특정한 목적의 효율적인 달성보다는 목적을 달성하는 지난한 과정 그 자체 그리고 그러한 과정 속에서 느끼는 인간적 성장 및 계발, 관계의 확장, 내적 고뇌의 해소, 새로운 경험, 자극 등의 대체가치에 방점을 찍고 활동하기 때문이라고 생각한다(Kreutzer and Jager, 2010). 전문가 집단과 자원봉사자 집단 사이에 놓인 이와 같은 간극은 기본적으로 전자는 경쟁적 유급노동시장에서 자기생존을 위해 노동하고, 반대로 후자는 비경쟁적 무급노동시장에서 자기만족을 위해 노동하기 때문에 생긴 세계관과 가치관의 충돌 결과로 볼 수 있다.

어쨌든 많은 유급전문가들은 공공연하게 자원봉사자들을 아마추어다, 신뢰할 수 없다, 감정적인 사람들이라서 같이 일하기가 어렵다는 식으로 부정적으로 평가하는 경향을 보인다. 유급전문가들은 자신들이야말로 효율적이고 합리적으로 일을 처리할 수 있는 역량을 갖췄고, 클라이언트가 감정적으로 불필요한 소모를 경험하지 않게끔 적당한 거리를 유지하면서 업무를 처리할 수 있는 전문성을 지녔다고 자평한다. 이와 대조적으로 자원봉사자들은 전문가들을 클라이언트와 소통하려 하지 않는 권위주의자로 규정하는 경향을 보인다. 자원봉사자들은 전문가들이 클라이언트의 감정적 소모를 방지한다는 미명 아래 실제로는 그들과의 심리적 거리감을 오히려 더 늘린다고 비판하면서, 자신들의 역할을 그 정반대, 즉 클라이언트와 정서적으로 연결되고 감정적인 지원을 해 주며 따뜻한 보살핌을 해주는 도우미(helper)로 규정하는 데 만족한다(Field-Richards and Arthur, 2012). 전문가 집단과 자원봉사자 집단 간의 이러한 역할 분업은 전체적인 업무의 처리 과정을 매끄럽게 만드는 데 분명 기여한다. 그러나 집단 간 대화와 소통이 부족하고 그에 따라 상호 역할에 대한 이해도가 떨어질 경우 불필요한 조직 차원의 갈등 공급처 역할을 할 수 있음에 유념해야 한다.

한편, 유급전문가들은 자원봉사자들을 성가신 방해물로 생각하기도 하지만 때로 그들을 잠재적 혹은 실질적 경쟁자로 간주하는 경우도 종종 있다(Burbeck et al., 2014: 7). 자원봉사자를 경쟁자로 보는 시각은 세 가지 조건 하에서 유급전문가들의 불안감을 특히 증폭시킨다. 첫째, 자원봉사자들이 유급노동시장에서 전문직종에 종사하는 고급인력인 경우, 둘째, 자신들의 업무 능력에 버금가거나 심지어는 능가하는 직업적 기술, 판단력, 상황대처능력, 경력 등을 실제로 보유한 경우, 셋째, 그리하여 잠재적·실질적으로 유급전문가들의 조직 내 위상을 떨어뜨리고 나아가 임금인상을 어렵게 하는 불안요인이 될 수 있다고 인지하는 경우이다. 실제로 Burbeck과 그의 동료들(2014)은 호스피스 기관의 유급사회복지전문가들이 자기들보다 훨씬 능숙하게 말기암환자와 치매환자들을 다루는 간호사출신 자원봉사자들을 가능한 한 모집하려 들지 않고, 어쩌다 이들과 같이 일하게 됐을 때도 그들의 전문지식과 기술에 상당한 부담감을 느껴 근거 없는 불신과 비협조적 태도를 내비춘다는 사실을 관찰한 바 있다.

결국 지금까지 논의한 내용들을 살펴보면, 자원봉사자들의 무급노동에 크게 의존하는 대다수의 영세 보건·사회복지 기관의 장들, 특히 봉사프로그램 담당자는 조직 내 유급전문가들과 자원봉사자들의 잠재적·실재적 갈등과 경쟁 관계의 속성을 십분 이해하고, 그 동학을 능숙하게 조정해 두 집단의 관계를 좀 더 건설적인 방향으로 개선하는 데 지금보다 더 많은 관심을 쏟을 필요가 있음을 알게 된다. 전문가 집단과 자원봉사자 집단의 관계를 개선하는 데 봉사프로그램 담당자들이 고려해 봄직한 한 가지 유용한 현실적인 전략은, 유급전문가들의 고유 업무영역에 자원봉사자들이 지나치게 개입하고 영역침범을 하지 않게끔 둘의 역할 관계를 가능한 한 명확한 상하구조 속에 위치시키고, 업무도 뚜렷이 구분해 배치하는 방식이다.

그러나 이와 같은 전략은 일견 효과적일 것 같지만, 숙련기술과 경험이 풍부한 일부 전문직종사 자원봉사자들을 그들의 직업적·사회적 배경과 별 관련성이 없는 변방의 업무영역으로 밀어 넣음으로써, 결과적으로 인적자원의 저활용을 야기한다는 측면에서 사회적 손실이 큰 제한적인 전략이라 말할 수 있다. 심지어 일부 전문직종사자 자원봉사자들은 자신들만의 특화된 고유 업무영역에 배치되지 못한 경우 봉사자로서의 역할혼란을 경험하면서 상당한 불만족을 느끼는 것으로 알려져 있다. 이는 봉사자 역할에 대한 헌신도를 저하시키는 주요 요인으로 작동할 수 있다.

따라서 어려운 주문일 수 있겠지만, 봉사프로그램 담당자는 유급전문가와 자원봉사자의 역할 관계를 분명히 갈라놓아야 할 업무영역과 갈라놓지 않아도 될 업무영역을 구분하고, 각 영역 별로 둘 간의 역할 관계를 탄력적으로 조정하면서 - 수직적으로 조정할지 아니면 수평적으로 조정할지 - 두 집단 구성원들이 가능한 한 조화롭게 어울릴 수 있는 방향으로 직무명세서(statement of job description)를 작성하는 노력이 필요하다고 하겠다(Gagne, 2007: 6). 이러한 노력이 선행될 때 비로소 자원봉사자들의 봉사만족도는 올라갈 것이고, 결과적으로 봉사 헌신도 또한 높아질 수 있다.

(4) 클라이언트와 관계 개선하기

자원봉사자가 클라이언트와 맺는 관계 역시 봉사자 역할에 대한 헌신도에 중대한 영향을 미친다(Gagne, 2007). 아래에서는 자원봉사자와 클라이언트 사이에 형성될 수 있는 부정적 관계들의 구체적 상황들을 하나씩 짚어보고, 이를 조직적 차원에서 어떻게 대처해야 할지에 대해 살펴보도록 한다.

(a) 일반적으로 자원봉사자들은 자신들의 도움에 대해 특별한 대가를 바라지 않는다. 그렇지만 자신들이 도움을 주는 클라이언트들로부터 감사의 말 한 마디

를 은근히 기대하는 경우는 많다. 감사의 말이 아니더라도 최소한 도움을 주고 있다는 것 자체를 클라이언트들이 인식해 주기를 원하는 경우도 많다. 따라서 감사의 말이나 고마워하는 태도를 보이기는커녕 오히려 화를 낸다거나 불만을 가진다거나 하는 등의 "불손한" 태도를 클라이언트들이 보일 때, 자원봉사자는 봉사자 역할에 대해 회의와 환멸을 느끼고 쉽게 중도이탈하게 된다(Haski-Leventhal and Bar-Gal, 2008). 불손하다고 느끼는 정도는 자원봉사자의 사회경제적지위가 높으면 높을수록, 그리고 클라이언트가 봉사자보다 계급적 · 인종적 · 기타 사회경제적 배경 측면에서 열등하다고 인지하면 인지할수록 큰 것으로 연구들은 보고하고 있다(Baggett, 2001: 115).

앞에서 살펴본 Holden(1997)의 노숙자쉼터 연구 결과는 이러한 상황을 잘 보여준다. Holden에 따르면 노숙인쉼터에서 음식장만 업무를 담당하던 한 자원봉사자는 다음과 같이 노숙인들과의 관계에 대해 불만을 토로했다고 한다:

> *"... 노숙인 한 사람한테 음식을 갖다 주니까 맛이 없다고 다른 걸 가져다 달래요. 다른 음식을 갖다 주니까 그것도 맛이 없대요... 그 사람은 내가 하나부터 열까지 다 해줘야 하고, 그게 당연하다고 생각해요... 내가 해 주는 건 전혀 고마워하지 않고.. 정말 당황스럽네요..(Ibid: 37)."*

Holden의 연구와 비슷한 것으로 Stein(1989: 243-244)의 민속지 연구가 있다. Stein는 노약자와 소외계층을 위한 무료급식소에서 질적 조사를 수행했는데, 그는 빵과 국수를 건네주는 자원봉사자들에게 일부 노인들이 음식을 더 많이 달라, 맛있는 것을 달라, 반찬이 왜 이 모양이냐 등의 불만을 노골적으로 표출하면서 클라이언트로서 취하지 말았어야 할 "부적절"한 행동들을 보였음에 주목하였다. 일부 자원봉사자들은 별로 화를 내지 않았지만, 일부 자원봉사자들, 특히 자신이 노인 클라이언트보다 계급적으로 훨씬 우월하다고 생각한 봉사자들은 이러한 불손한 태도에 적잖이 당황하고 분노하는 모습을 보였다고 한다.[3)]

3) 그런데 여기서 한 가지 흥미로운 사실이 함께 발견되었다. 계급적 우월성을 느끼는 거의 대부분의 자원봉사자들이 클라이언트의 불손한 태도에 당황하고 분노를 표시했지만, 극소수의 자원봉사자들, 특히 봉사의 동기를 특정한 종교적 가치의 실현이라든지 자기 자신의

봉사자들이 클라이언트와의 관계 속에서 겪는 부정적인 감정은 종국적으로 봉사자들의 역할이탈과 헌신도 저하로 이어질 수 있는 중대한 사안이다. 따라서 봉사프로그램 관리자는 클라이언트의 "불손한" 태도를 둘러싼 자원봉사자와 클라이언트 간의 부정적 관계에 특히 주의를 기울여야 한다. 그러나 사실 이와 관련해서는 어떤 특별한 갈등관리 기술이 있는 것은 아니다. 평범하게 접근하는 것으로 족하다. 구체적으로, 클라이언트에게는 자원봉사자들이 현재 희생하고 헌신하는 삶을 살고 있음을 계속 강조하면서 가능한 한 "불손한" 태도를 나타내지 않도록 주문하는 한편, 자원봉사자들에게는 클라이언트들의 "부적절"한 행동이 사실 의도된 것이 아니고 그들의 질곡어린 인생사적 경험과 처지에서 나온 반작용으로 이해할 것을 주문하는 식으로 둘 간의 관계를 개선하고자 노력한다면 좋은 결과를 얻을 수 있다(Robson, 2007; MacDonald, 2007).

(b) 자원봉사자들은 클라이언트와 지나치게 사적으로 가까운 친구 같은 관계를 유지할 때 스트레스를 느끼고 봉사자 역할에서 중도이탈할 수 있다. Field와 Johnson(1993: 1627)의 호스피스 자원봉사자 연구가 여기에 해당하는 대표적인 사례이다. 이들의 연구에 따르면 호스피스 내 유급전문가들은 자기 기관에서 일하는 자원봉사자들이 환자들과 가까운 관계를 맺고 이를 사적 차원으로 발전시키는 것을 엄격히 통제한다고 한다. 이러한 통제 노력은 유급전문가들이 자원봉사자들을 잠재적 혹은 실질적인 경쟁자로 간주해서가 아니라, 자원봉사자들이 죽음을 목전에 앞둔 환자들의 고통에 지나치게 감정이입돼 스트레스를 느끼고 일찍 소진현상을 경험할까봐 우려해서 취한 조치라고 연구자들은 설명하였다. 호스피스 자원봉사자들에게 주로 배당되는 업무들은 따라서 운전하기, 외부전화

내적 보상에서 찾는 영적인(spiritual) 일부 상류계층 봉사자들은 전혀 그러한 부정적 감정을 느끼지 않았다는 점이 바로 그것이다. 이들은 클라이언트들이 자원봉사자들의 활동에 전혀 고마워할 필요가 없다고 생각하였다. 오히려 사회적으로 온갖 차별과 박해에 고통받아 온 불쌍한 사람들이기 때문에, 훨씬 여유로운 입장에 놓인 자원봉사자들에게 그동안 쌓아 온 불만을 가능한 한 많이 표출하는 것이 그들의 정신건강 측면에서 더 낫다고 믿었다. 심지어 일부 영적인 봉사자들은 클라이언트들의 더 많은 요구와 불만의 표출을 클라이언트의 고유 권리로서 인식하는 경우도 있었다(*Ibid*: 245). 이런 봉사자들에게 있어 클라이언트의 고마워하는 태도나 감사의 말 한마디는 있어도 그만 없어도 그만인 사소한 보상에 불과했다. 이들에게 있어 중요한 것은 봉사활동을 통한 특정 가치의 실현 또는 심리적 안정감과 만족감이었다.

받기, 매점재고품 준비하기와 같이 환자들과의 대면적 접촉이 최소화될 수 있는 것들로 꾸리는 것이 바람직하다고 Field와 Johnson은 조언하였다.

에이즈환자 관련기관에서 활동하는 자원봉사자들을 조사한 Omoto와 그의 동료들(1998: 120)의 연구도 비슷한 조사결과를 발표하였다. 연구에 따르면, 클라이언트와 자원봉사자 간 접촉이 늘고 관계가 사적으로 친밀해질수록 자원봉사자의 업무만족도는 증가하였다고 한다. 그러나 이러한 긍정적 효과는 약 6개월 정도만 지속되었고, 그 후부터는 만족도가 급속히 떨어졌다고 한다. 만족도가 떨어진 이유는 여러 가지 측면에서 조사되었는데, 클라이언트와 지나친 사적 관계맺음으로 인해 그들의 개인적 어려움에 심하게 감정이입이 되었고, 그 결과 일상생활에 방해가 될 만큼의 상당한 정신적 소진현상을 경험했다는 것이 가장 많이 언급된 이유였다. 그 외에 클라이언트가 사적으로 어려운 부탁을 한다거나(예: 돈을 빌려달라는 부탁), 봉사자를 이성으로 좋아해 스토킹하는 케이스도 주로 언급된 친밀한 관계의 발전에 따른 봉사만족도 저하 이유였다(Haski-Leventhal and Bar-Gal, 2008)

봉사자가 클라이언트와 업무 외적인 부분에서 사적으로 관계를 맺고 발전시켜 나가는 것은 클라이언트의 문제 해결에 도움이 되는 한 가능한 한 장려해야 할 일이다. 클라이언트와의 라포(rapport) 형성 없이 어떤 도움을 주는 관계가 형성될 리는 만무하기 때문이다. 하지만 사람의 일이라는 것은 어떻게 될지 모르는 예측불가성이 가장 큰 특징이다. 클라이언트와 지나치게 가깝게 지내다 보면, 도움을 주는 사람으로서의 경계 설정이 무너지면서 자원봉사자는 정신적으로 힘들 수 있고 육체적인 피해를 입을 수도 있으며 재정적인 손실을 얻을 수도 있다. 법적 분쟁에 휘말릴 가능성도 배제할 수 없다(Caird, 2007: 8). 자원봉사자는 유급전문가가 아니기 때문에 프로페셔널들에게 요구되는 것만큼의 엄격한 역할 경계설정이나 역할유지의 윤리적 의무가 부과되지는 않는다. 하지만 자원봉사자는 말 그대로 개입할 의무가 없는 상황에서 선한 의지를 갖고 낯선 타인을 돕기 위해 의도적으로 개입한 이타적이고 인본주의적인 희생자이다. 어떤 형태로든 피해가 발생할 가능성이 존재한다면, 그러한 위험에 애당초 빠지지 않게끔 특별한 신경을 써야 할 당위성을 봉사프로그램 관리자는 가진다는 의미이다. 물론, 자원봉사자를 보호하는 노력은 결국 클라이언트를 보호하는 노력으로 자연스레 이어지기 때문에 조직적 차원에서도 특히 신경써야 할 부분이라 할 수 있다.

클라이언트와 봉사자의 관계 설정은 그러나 생각만큼 쉬운 일이 아니다. 왜냐하면 기본적으로 자원봉사자들은 클라이언트와의 정서적 유대를 - 유급전문가와 구분되는 - 자신들의 고유 역할로 인식하는 경향이 강하기 때문이다(Field-Richards and Arthur, 2012). 즉, 자원봉사자들은 본질적으로 클라이언트와의 사적 관계를 맺고 유지하는 데 많은 관심을 갖고 봉사영역에 들어선 사람들이라는 것이다. 따라서 클라이언트와 자원봉사자의 관계를 적절한 수준에서 통제하고 관리하는 일은 결국 어떤 특별한 관리기법을 사용했느냐가 중요한 것이 아니라, 매일 매일의 수퍼비전을 통해 지속적으로 체크해나가야 할 일상적 과업 형태로 접근하는 것이 보다 중요하다고 말할 수 있겠다(Gagner, 2007: 9). 일상적인 대화를 통해 봉사자가 오늘 어떤 일들을 했는지 수시로 질문을 던지고, 클라이언트와의 관계와 관련해 아리송한 상황에 대해 필요할 때 해석해 주고 피드백을 제공해 주는 프로그램 관리자의 민감한 인간관계 관리 기술(arts)에 봉사자의 만족감과 헌신도의 상당 부분이 달렸다고 해도 과언이 아니라는 얘기다.

(c) 자원봉사자와 클라이언트의 관계가 너무 친밀해도 봉사자 역할에 대한 헌신도에 문제가 생기지만, 반대로 그 관계가 너무 소원해도 문제가 발생한다. 여기서 소원하다 함은 둘 간의 접촉과 교류가 드물다는 것이 아니라 그 관계가 상하수직적이고 상명하복의 모습을 띰을 의미한다. Holden(1997)의 노숙인쉼터 연구가 이를 보여주는 대표적 사례이다.

Holden에 따르면, 조사대상 쉼터들 가운데 한 쉼터에 장기거주하는 노숙인들은 주류 사회의 일반적 행동규칙과 규범에 따라 행동하려들지 않는 경우가 많았다고 한다. 따라서 클라이언트의 인권을 존중하고 자기결정권을 보장해 주는 민주적인 방식으로 쉼터 운영이 이뤄지기보다, 상당히 규율적이고 억압적이며 처벌적인 방식으로 관리감독이 이뤄지고 있었다고 지적하였다. 여기서 주안점은, 기관의 운영방식이 전체적으로 상하수직적이고 상명하복의 비민주적인 모습을 띠었기 때문에 일부 자원봉사자들 역시 조직의 분위기에 휩쓸려 클라이언트들에게 수동적이고 순종적인 태도를 요구하는 비민주적인 모습을 보였다는 점이다. 클라이언트를 수평적 위치에서 동반자로 생각하기보다 열등하고 하급한 존재로 대상화하는 권위주의적 분위기 속에서, 일부 자원봉사자들은 동화하는 모습을 보였고, 또 다른 일부 자원봉사자들은 그와 같은 조직 내부의 소외화(distancing) 방침에 환멸을 느끼고 중도이탈이란 결정을 내리기도 하였다(*Ibid*: 123).[4]

자원봉사자들이 클라이언트를 하대하고 대상화하는 권위주의적 태도를 취하는 것은 둘의 관계가 정상적이지 않다는 것에 대한 방증이다. 이러한 태도가 한 조직 내에서 일상적인 문화로 정착되면, 이타적 동기가 강하고 인본주의적 퍼스낼리티를 소유한 성실한 봉사자들은 잠시 동안은 조직에 붙어 있을 수는 있지만 이내 학을 떼면서 도망칠 것이 분명하다. 봉사자 역할에 대한 헌신도 측면에서 매우 부정적인 결과를 가져오는 조직 문화라 하지 않을 수 없다. 따라서 봉사프로그램 담당자는 자원봉사자가 클라이언트를 너무 살갑게 대하면서 친구처럼 지내는 모습도 주의를 해가면서 모니터링하고 관리해야 하겠지만, 그와 동시에 자원봉사자가 클라이언트를 지나치게 하대하거나 대상화하는 등 권위주의적 태도로 일관하는지 여부도 꾸준히 체크해 나가야 할 필요가 있다. 만약 그러한 모습이 발견되면 즉시 수퍼비전을 통해 오류를 잡아주고 민주적인 관계 맺음을 유도해야 할 것이다.

지금까지 살펴본 내용들을 종합해 보면, 봉사자들의 활동만족도를 높이고 이를 통해 궁극적으로 역할에 대한 헌신도를 제고하는 방법은 조직 차원에서 굉장히 많음을 알 수 있다. 무엇보다 봉사자들의 봉사동기, 클라이언트에 대해 가지고 있는 가치 및 태도, 사회경제적·인구학적 배경 등을 빠르고 정확하게 파

4) 연구결과를 보면 권위주의적 조직운영 방식에 환멸을 느낀 자원봉사자들이 모두 무조건 중도이탈이란 초강수 결정을 내리지는 않았던 것으로 나온다. 일부 봉사자들은 클라이언트를 소외화시키는 조직 운영방침에 맞서 강경한 반대목소리를 내 조직의 변화를 도모하였고, 또 다른 일부 봉사자들은 권위주의적 규정의 실행과 같은 곤란한 일은 유급전문가에게 떠넘기고 자신은 그러한 악한(villian)의 역할에서 손 뗀 채 순수하게 사무적인 일 혹은 순수하게 노무적인 일에만 집중하는 식으로 조직에 잔류한 것으로 연구결과는 밝히고 있다(obid: 133-134).

악해 - 예컨대, 클라이언트와 친구 같이 허물없는 관계를 원하는지 그렇지 않은지 여부, 클라이언트로부터 감사의 말 한마디 정도쯤은 받아야 만족하는지 그렇지 않은지 여부를 파악해 - 그에 알맞은 직무에 배치시켜야 할 것이다. 그리고 이러한 맞춤형 배치가 여의치 않을 경우, 봉사자의 가치와 태도, 동기를 크게 손상시키지 않는 범위 안에서 어떻게 하면 클라이언트와 적절한 사회적·심리적 거리를 유지하면서 상호 윈윈의 관계를 형성, 유지, 발전시켜 나가는 데 도움을 줄 수 있을지 끊임없이 고민해야 할 것이다. 고민의 결과가 자원봉사자에 대한 상시적 수퍼비전 같은 교육투자 확대 및 기회 증대로 이어져야 함은 물론이다.

제 6 부

자원봉사의 효과

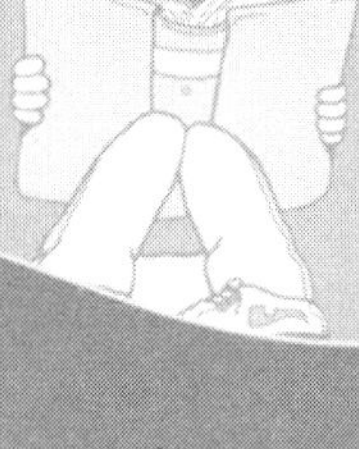

우리는 보통 자원봉사를 특별한 혜택에 대한 기대 없이 어떤 한 사람이 다른 누군가에게 도움을 주는 이타적 행위로 이해하는 경향이 있다. 무보수에 대한 인식이 강하게 자리 잡혀서인지, 자원봉사 활동경험이 봉사 당사자에게 발생시키는 긍정적 파급효과에 대해서는 지금까지 상대적으로 관심이 덜했던 것이 사실이다. 그러나 이타적 행동을 한다고 해서 당사자가 100퍼센트 비용만 감당하고 희생만 하는 것은 결코 아니다. 이타적 행동은 봉사자 개인에게 어떤 형태로든 상당한 수준의 물질적·정신적 보상으로 되돌아온다(이금룡·박상욱·유은경, 2013; 이정해·김현주, 2013).

예를 들어 여러 사람에게 도움이 되는 봉사활동을 함으로써 어떤 한 개인이 불현듯 '뿌듯하고 보람된' 감정을 느꼈고, 이에 따라 자신이 희생했다는 생각보다 오히려 얻고 배운 것이 더 많았음을 느꼈다고 가정해 보자. 이 때 경험한 긍정적 감정과 생각은 자기 이해관계만 집요하게 추구한 데 따른 결과가 아니고, 따라서 자원봉사의 "순수성"에 의심을 품을 근거가 되지 못한다. 이 때 얻은 뿌듯한 감정과 한 단계 정신적으로 성장했다는 느낌은 자원봉사활동으로부터 자연스럽게 발생한, 의도치 않은 비물질적 보상으로 보는 것이 보다 합당하다.

비물질적 보상 외에도 사람들은 자원봉사활동으로부터 각종 금전적 보상들을 종종 획득한다. 예를 들어, 지역주민들이 동네근처 생활건강센터에서 봉사활동을 수행함으로써 체육시설 이용료를 할인받는다든지, 대학생들이 소외계층 청소년들을 대상으로 국영수 과외를 해줌으로써 대학교 등록금을 일부 지원받는다든지 하는 것 등이 여기에 해당하는 대표적 사례이다.

제 Ⅵ 부의 초점은 바로 이렇게 타인의 복지증진에 초점이 맞춰 수행된 이타적 봉사활동이 타인의 복지 뿐 아니라 봉사 당사자 개인의 복지까지 증진하는 상황에 맞춰진다. 즉 자원봉사의 긍정적인 효과에 대해 살펴보겠다는 뜻이다. 구체적으로, 16장과 17장에서는 자원봉사의 비물질적 보상에 초점을 맞춰 자원봉사활동 참여여부가 봉사자 개인의 시민의식과 건강한 인간발달에 어떠한 영향을 주는지 살펴볼 것이다. 다음으로 18장과 19장에서는 물질적 보상에 초점을 맞춰 자원봉사활동 참여여부가 취업 및 건강에 어떠한 영향을 미치는지 살펴볼 것이다.

16
chapter

자원봉사와 시민의식

시민의식(citizenship)이란 무엇인가? 시민의식은 도대체 무엇이기에 자원봉사의 긍정적 효과 중 하나로 가장 먼저 거론하는가? 이번 장에서는 자원봉사가 발생시키는 다양한 혜택들 가운데 사회적으로 중요한 가치를 가진다고 판단되는 시민의식을 중심으로 자원봉사의 긍정적 효과에 대해 살펴보도록 하겠다.

시민의식의 개념을 살피기에 앞서 먼저 시민이라는 개념에 대해 좀더 자세히 알아보자. 시민(citizens)의 말뜻은 본래 도시에 거주하는 자이다(송현정, 2003). 역사적으로 도시 정주민들은 다양한 방식으로 자신이 소속된 정치체제에 영향력을 발휘하면서 권력의 주인으로 활동해 왔다. 고대 그리스 아테네의 시민이 그랬고, 프랑스혁명 당시의 파리시민이 그랬으며, 미국독립전쟁 당시의 미국시민들이 그러했다. 이러한 역사적 배경 탓에 오늘날 시민은 단순히 도시 거주민만을 의미하지 않고 그보다 훨씬 광범위한 의미, 즉 소속된 공동체의 주권자로서 책임감을 갖고 정체에 참여하고 의식 있게 행동하는 자 전부를 가리키게 단어로 발전하게 되었다.

시민은 체제의 창출과 유지·발전을 위해 구성원들에게 요구되는 일정한 의무가 있음을 충분히 인지한다(송현정, 2003). 선거에서 투표해야 할 의무, 세금을 납부해야 할 의무, 국방에 힘을 기울일 의무 등은 오늘날 현대 사회를 살아가는 모든 시민에게 부과되는 당연한 책무이자, 시민 스스로도 지켜야 한다고 생각하는 덕목들이다. 그러나 시민은 의무만 지는 것이 아니다. 그와 동시에 주권자로서 자신에게 부여된 권리를 날카롭게 인지하고 이를 적극적으로 수호, 실현, 확대하기 위해 부단히 노력한다. 선거에 직접 나가거나 선거에서 투표할 권리, 외부의 방해 없이 자유롭게 경제활동을 할 권리, 공동체의 안전과 번영을 위해 수거된 세금을 어디에 어떻게 쓸 것인지에 대해 의견을 피력할 권리 등이 오늘날 현대 사회를 살아가는 시민들에게 부여된 권리의 대표적인 사례들이다.

요컨대, 시민은 체제의 유지와 발전에 필요한 의무 및 권리에 대해 날카로운 지각하고, 이를 바탕으로 공적 영역 내에서 벌어지는 중요한 의사결정 과정들에 자발적이고 적극적으로 참여하는 주체적인 존재이다(최장집, 2009). 이러한 정의에 따르면, 시민은 통수권자의 의지에 따라 일사불란하게 움직이며 총화단결하는 신민, 공권력의 보호를 받고 체제에 순응·복종하는 공민, 체제와의 상하 수직적 관계에 대한 가정을 암묵적으로 동반하는 국민, 공권력 형성 이전의 자연인을 가리키는 인민, 비판적 사고와 합리적 의사결정능력을 결여한 대중 등 다양한 "사람" 관련 용어들과 개념적으로 엄격히 구분된다고 볼 수 있다(한승연, 2011).

시민의식은 바로 이와 같은 시민, 즉 정권창출의 주체로서 권리와 의무를 가지며 자발적, 주체적으로 공공의 정책결정에 참여하는 공동체 구성원이 반드시 가져야 할 자질과 덕목을 의미한다(배한동, 2001). 다시 말해, 시민사회를 구성하는 사람들의 생활태도, 마음의 자세, 신념, 가치 등을 통칭하는 일종의 우산개념이라고 보면 큰 무리가 없는 것이다. 이러한 자질과 덕목은 물론 자연 상태에서는 저절로 구현되기 어렵다. 따라서 많은 정치학자들과 교육학자들은 시민들이 공동체 형성에 본격적으로 참여하기 이전에 공공의 의무교육을 통해, 혹시 만약 이미 본격적으로 참여한 상태라면 지속적인 평생교육을 통해 시민으로서 가져야 할 자질과 덕목을 학습할 수 있도록 부단하게 여건을 마련하고 관심을 유도해야 함을 주장해 왔다(*Ibid*: 2).

그렇다면 시민으로서 가져야 할 자질과 덕목이란 도대체 무엇인가? 시민의식의 구체적인 항목 구성과 내용은 사실 시대마다, 나라마다, 정체마다 달랐기 때문에 어떤 특별한 사례를 콕 집어 설명하는 것은 큰 의미가 없다. 예를 들어,

60~80년대 권위주의 정권 하에서 우리나라 "시민"들에게 요구되던 자질과 덕목은 사회 구성원 개개인의 의식과 참여를 중요시하는 자율적 시민상이라기보다, 통치권의 의지에 일사불란하게 따르며 총화단결하는 비민주적인 국민상이 주된 내용을 이뤘다(박광주, 2000). 이론적 차원에서 논의되던 시민의식과는 크게 다른 양상이었다. 따라서 이 책에서는 구체적인 사례를 들어 현대 사회가 요구하는 시민의식을 설명하기보다, 다양한 학자들이 다양한 현대 사회와 정체들 - 주로 민주주의를 의미 - 을 폭넓게 검토하면서 수렴시켜 온 논의들을 토대로 오늘날 우리 사회가 지향해야 하는 시민의식의 항목과 내용의 핵심을 설명하도록 하겠다.

많은 정치학자들과 교육학자들은 다양한 방식으로 바람직한 시민의식의 전형을 제시하기 위해 노력해 왔다. 예를 들어, 영국의 Murdoch(1991)은 민주사회 시민의 기본 덕목과 자질로서 ① 토론에 참가하고 관점이 분명한 주장을 제시할 수 있는 능력, ② 선거에 참여하는 일, ③ 주민자치 단체와 같은 조직에 타인을 대표하여 책임을 지는 일, ④ 협동하여 일하는 경험으로서 팀의 일원으로 맡은 역할 담당, ⑤ 신문 또는 지역의 상점, 기관 등에 투고와 같은 행위로 옳지 않은 사례에 대항하기 등을 제시하였다. 미국의 Parker와 Jerolimek(1987) 역시 이와 유사하게 민주시민을 ① 다양한 공동체 현안에 대한 식견을 갖추고, ② 민주적 가치에 헌신하며, ③ 자유사회의 제반 과정과 절차에 숙달됨은 물론, ④ 사회 제반 문제에 적극적으로 참여해야 할 책무를 느끼고 실제로 적극적으로 참여하는 사람이라고 규정하였다.

우리나라의 경우 시민의식이 사회적 화두로 등장한 것은 비교적 최근의 일로 시간적으로는 1987년 민주화 이후라 할 수 있다. 관련 논의는 『한국교육개발원』 같은 교육관련 단체들이 중심이 되어 주도하였는데, 이는 시민의식이 자연 상태에서는 저절로 습득되기 어려우며 따라서 소정의 학습적 보조가 뒷받침되어야 한다는 논리가 크게 작용하였다. 우리나라가 처한 특별한 상황을 고려하여 곽병순(1993: 36)은 다음과 같은 내용을 중심으로 한국 사회가 지향해야 할 시민의식을 규정하였다. 시민은, 첫째, 민주주의의 기본 이념인 인간의 존엄성 보장에 대한 인식이 투철하여야 한다. 둘째, 민주사회의 기본 질서나 공공질서를 지킬 수 있는 능력을 계발해야 한다. 셋째, 민주사회의 다양성 인정과 같은 자유 민주 사회의 절차들에 숙달되어야 한다. 넷째, 합리적인 의사결정을 위해 비판적이고 개방적인 태도를 함양해야 한다.

일부 국내 학자들은 한국 사회에서 시민의식이 발달하기 어려운 조건들에 대해 역으로 숙고하는 방식으로 바람직한 시민의식의 전형을 규정짓기도 하였다. 예를 들어, 배한동(2001: 4-6)은 ① 권위주의의 팽배와 권리의식의 부족, ② 연고주의와 정실주의의 만연, ③ 설득과 타협정신의 부족, ④ 준법정신과 질서의식의 부족, ⑤ 참여의식의 부족, ⑥ 세계시민의식의 부족 등을 거론하면서 이러한 의식 상의 낙후성이 한국 민주정치 발전의 가장 큰 걸림돌이 된다고 지적하였다. 그는 이러한 의식의 낙후성을 제도적·교육적 차원에서 개선하고자 노력할 때 한국인들에게 부족한 시민의식이 비로소 출현할 수 있고, 이는 곧 민주주의의 발전을 가져올 것이라고 예측하였다.

요컨대, 시민의식과 관련해서는 국내외적으로 다양한 관점과 입장들이 공존한다. 그러나 오늘날 대부분의 사회에서 어떤 한 정치체제가 민주주의를 채택해 운영한다고 공개적으로 표방하는 한, 시민의식은 다음과 같은 네 가지 항목과 내용들로 구성된다는 데 학자들은 대체로 의견을 같이 한다(Perry and Katula, 2001: 331-333):

① 정치현안에 대한 관심과 민주주의적 정치 과정에의 적극적 참여
  - 예: 공식적 투표행위, 정치캠페인 동참, 공무원들과 상시적인 접촉 및 필요시 탄원 제기, 지역자치모임의 의결과정에 영향력발휘, 시위조직 및 참여 등

② 공동체에 대한 애착 내지는 책임의식, 주인의식
  - 예: 모범납세, 병역의무실천, 자원봉사 및 기부활동 등

③ 비판적 사고력과 의사표현력
  - 예: 인간에 대한 이해, 인권에 대한 이해, 공동체 역사에 대한 이해, 자기 스스로에 대한 이해, 시민사회에 대한 이해, 연대와 참여, 자기결정권 등의 가치에 대한 이해, 작문능력, 발표력, 조직력 등

④ 기타 민주주의 사회에서 바람직하다고 장려되는 윤리의식들

- 예: 타인을 신뢰하고 낙관하는 태도, 협력하는 자세, 정의롭고 공정한 판단, 자유로움, 차이에 대한 관용, 사생활 존중 등

이 책에서는 위 네 가지 항목과 내용들로써 시민의식을 정의하고자 한다. 그리고 이러한 정의를 바탕으로 자원봉사 경험이 봉사자 개인의 시민의식을 증진시킨다는 가설을 검증하고자 한다. 구체적으로, 자원봉사를 해 본 사람이 그렇지 않은 사람보다 자신의 삶에 영향을 미치는 중요한 정치적 의사결정과정에 더 많이 참여하고, 소속된 공동체의 현안들에 더 많은 관심과 책임의식을 가지며, 사회의 미시적·거시적 면면들을 비판적으로 읽고 이를 타인에게 더 능숙히 표현·전달하는 등 훨씬 높은 수준의 시민의식을 보인다는 주장의 타당성을 살피고자 한다.

그런데 여기서 혹자는 자원봉사와 시민의식의 관계와 관련해 다음과 같은 의문을 제기할 수 있다. 시민의식이 투철한 사람은 대부분 자발적으로 공동체의 정치적 형성과정에 관심을 가지고 참여하는 사람이기 때문에 자원봉사와 시민의식은 개념적으로 전혀 다를 바 없지 않느냐는 의문의 제기가 바로 그것이다. 이러한 관점에 의하면 자원봉사를 원인으로, 시민의식을 결과로 두고 둘을 별개로 보는 인과론적 추론은 합당하지 않은 것으로 여겨진다. 합당한 추론은 둘을 동일 현상으로 보는 관점이다.

이러한 문제 제기는 부분적으로 타당성을 가진다. 시민의식이 투철한 사람은 자신들의 신념과 가치, 역량을 어느 누가 강요하지 않아도 자발적으로 소속공동체에 투입, 반영하고자 부지런히 움직이는 자들, 즉 자원적 속성을 강하게 드러내는 주체적 존재들이라는 점을 고려하면 특히 더 그러하다. 다시 말해, 자원봉사를 하는 사람은 시민의식이 강한 사람이고, 반대로 시민의식이 강한 사람은 자원적으로 활동하는 자이기 때문에 둘은 결국 동일 현상을 지칭하는 개념이 아니냐는 지적이다(Musick and Wilson, 2008: 459-460).

물론 현실적으로 보았을 때 자원봉사와 시민의식은 겹치는 부분이 많은 것이 사실이다. 하지만 개념적으로 보았을 때 둘은 원칙적으로 구분이 가능하다는 것이 본서의 기본 입장이다. 예를 들어, 공식적 투표행위나 모범납세, 군복무, 교

통법규준수 같은 특정 유형의 시민적 활동들은 자원봉사의 범주에 들어간다고 볼 수 없다. 이와 같은 활동들은 시민사회의 구성원으로서 반드시 수행해야 하는 의무 또는 수행하면 좋은 것으로 장려되는 덕목들이다. 이와 대조적으로, 일부 유형의 자원봉사들, 가령 교회 내에서 성경책 공부동아리를 조직해 새내기 신도들에게 성경을 읽고 해석해 주는 봉사활동은 시민의식과 관련성이 매우 떨어진다고 볼 수 있다. 교회라는 제도적 틀 속에서 벌어지는 봉사활동은 시민의식보다는 특수한 종교적 신념의 실천으로 보는 편이 합당하다. 본서는 이와 같은 다수의 불일치 사례들을 감안하여, 자원봉사와 시민의식은 동일 현상이 아니고 교집합을 가진 서로 다른 별개의 현상이라고 입장을 정리한 후, 자원봉사와 시민의식의 인과적 관계에 관한 논의를 이어나가도록 하겠다(Conover et al., 1993).

자원봉사활동은 시민의식을 강화하는가? 세계 각국의 실증적 조사들은 대체로 '그렇다'는 쪽으로 연구결과들을 쏟아내고 있다. 예를 들어, Hodgkinson(2003: 50)은 〈1999년도 세계가치조사〉 자료를 바탕으로 전 세계 47개 나라 국민들의 시민참여 패턴을 조사하였다. 분석결과 47개 조사대상국 가운데 37개 국가에서 자원봉사자들은 비자원봉사자들보다 ① 주변 사람들과의 정치적 논의, ② 탄원서 제출 두 가지 측면에서 시민참여적 활동을 훨씬 더 활발하게 보인 것으로 조사되었다.

Dekker와 van den Broek(1996: 139) 역시 비슷한 연구결과를 보고하였다. 이들은 〈1991년도 세계가치조사〉 자료를 바탕으로 미국, 영국, 독일, 이탈리아, 멕시코 5개 나라 국민들의 시민의식 실태를 조사하였다. 분석의 편의를 위해 연구자들은 각 나라 국민들을 크게 세 집단, 구체적으로 열성적 자원봉사자, 명목적 자원봉사자(=봉사기관에 회원으로만 등록된 사람들), 비자원봉사자 세 집단으로 나누었다. 그 다음 자원봉사 경험여부 및 참여수준이 시민의식에 어떠한 영향을 주는지 살펴보았다. 분석결과 나라마다 근소한 차이는 있었지만, 기본적으로 열성적 자원봉사자는 명목적 자원봉사자보다 그리고 명목적 자원봉사자는 비자원봉사자보다 ① 정치적 지식, ② 정치이슈에 대한 관심, ③ 집회 및 시위에 대한 관여 세 가지 측면에서 월등히 높은 점수를 기록한 것으로 조사됐다.

비슷한 결론이 Vázquez-García(2009)의 연구에서도 도출되었다. 그는 2002년~2003년 유럽사회조사(European Social Survey) 자료를 이용해 유럽 20여개 국가 국민들의 자원봉사활동과 시민력, 구체적으로 정치적 현안에 대한 관심과 실제 참여도, 정치적 효능감의 관계를 조사하였다. 분석결과 자원봉사활동과 시민력 사이에는 매우 유의미한 상관관계가 놓여 있는 것으로 드러났다. 이러한 연구결과들은 모두 자원봉사 경험이 시민의식에 정적인 영향을 미친다는 주장의 실증적 근거가 된다.

그렇다면 우리나라의 경우는 어떨까? 우리나라에서도 해외와 똑같이 자원봉사활동은 시민의식 강화에 기여하는 것으로 나타날까? 이 질문에 대한 답을 얻기 위해 2000년 이후 2014년까지 약 14년 간 국내 학술지에 출판된 자원봉사 관련 연구논문 천 여 편의 키워드들을 검색해 보았다. 검색결과, 국내에서 자원봉사가 시민의식 함양에 미치는 영향을 조사한 연구는 예상보다 훨씬 적은 단 일곱 편에 불과한 것으로 확인됐다. 그 가운데 여섯 편은 십대 청소년과 20대 초반의 대학생을 조사대상으로 삼은 연구였고(곽미정 · 문신용, 2010; 박관숙 · 김성희, 2013; 서홍란 · 박정란, 2014; 우정자 외, 2003; 조호운 · 조성환 · 김영희, 2013; 허성호 · 정태연, 2014), 19세 이상 성인남녀들을 조사대상으로 삼은 연구는 단 한 편에 불과했다(원미순 · 박혜숙, 2010). 청소년과 대학생들을 조사대상으로 정해 자원봉사와 시민의식의 관계를 조사한 연구가 특히 많은 까닭은, 아무래도 자원봉사의 교육적 효과가 가장 극적으로 드러나는 연령대가 십대이기 때문에, 그리고 시민의식은 일반적으로 자아개념이 확실히 자리 잡기 전인 20대 이전에 학습기회를 제공하는 게 바람직하다고 주장해 온 교육학자들의 입장이 연구주제 선택에 많이 반영됐기 때문이 아닐까 추론해 본다(배한동, 2001). 그러나 어찌되었든 여기서 핵심은, 국내 연구들 역시 해외 문헌과 마찬가지로 예외 없이 자원봉사 경험은 봉사자 개인의 시민의식을 고양하는 데 긍정적 영향을 미친다는 데 적극 동의하였다는 부분이다.

하지만 국내 연구들은 여전히 조사대상을 청소년이나 대학생으로 한정했다는 제약을 나타낸다. 19세 이상 성인남녀를 조사대상으로 삼은 원미순과 박혜순(2010)의 연구 역시 표집지역을 광주광역시로 제한했기 때문에 일반화 가능성에 한계를 가진다. 따라서 이 책에서는 조사대상을 전국 19세 이상 성인남녀들로 확대하여 비슷한 분석을 자체적으로 재실시하였다. 분석에는 〈2004년 한국종합사회조사〉 원자료를 활용하였으며,[1] 설명변수(explanatory variable)에는 자원봉사자 유형을,[2] 응답변수(response variable)에는 시민의식을 조작적으로

---

1) 사실, 전국적 규모로 19세 이상 성인남녀를 대상으로 실시된 국내 설문조사들은 여러 개가 존재한다. 그러나 이 가운데 〈한국종합사회조사〉, 그 중에서도 특히 2004년 조사자료를 사용한 데에는 몇 가지 이유가 따른다. 첫째, 시민의식을 주요 조사주제 모듈로 삼아 설문지를 구성한 전국 규모의 대중공개 데이터는 우리나라의 경우 아직까지 〈2004년 한국종합사회조사〉 자료가 유일하기 때문이다. 둘째, 일반적으로 사용되는 패널데이터들의 경우 시민의식과 관련된 항목들이 빈약하게 갖춰졌기 때문이다. 예를 들어, 본서의 주요 분석자료인 〈서울복지패널〉이나 〈전국 자원봉사활동 및 기부에 관한 조사〉에는 시민의식 관련 항목들이 전혀 포함돼 있지 않거나 불충분하게 포함돼 있다. 〈한국복지패널〉의 경우 5차 조사에서 응답자들의 복지인식에 관한 부가조사를 실시한 적이 있는데, 여기에 시민의식과 관련된 항목이 한 개 포함돼 있다. 구체적으로, 복지인식과 관련된 부가조사 설문지의 맨 마지막을 보면 '정치참여와 성향'이라는 항목이 존재한다. 이 부분을 자세히 읽어보면 "귀하는 개인적으로 정치에 어느 정도 관심이 있으십니까?"라는 질문이 포함돼 있음을 알 수 있다. 이것은 시민의식의 하위 구성요소인 정치적 관심정도를 직접적으로 묻는 질문으로서, 우리가 수행하고자 하는 분석에서 매우 중요한 내용을 담는 항목이라 말할 수 있다. 그러나 안타깝게도 〈한국복지패널〉은 시민의식을 구성하는 그 밖의 하위 구성요소들, 예를 들어 집회나 시위에의 참여여부, 정치적 지식이나 기술의 보유수준, 공무원이나 정치인 등에게 청원해 본 경험여부 등은 전혀 포함하고 있지 않다. 시민의식은 다차원적 개념임에도 불구하고 〈한국복지패널〉에서 측정하는 시민의식은 일차원적이기 때문에 해당 개념을 온전히 담아낸다고 보기에는 무리가 따른다는 얘기이다. 결국 여러 현실적 제약들을 고려해, 이 책에서는 자원봉사와 시민의식의 관계를 분석하는 데 〈2004년 한국종합사회조사〉 자료를 활용키로 결정하였다.

2) 자원봉사자 유형은 응답자가 총 몇 개의 자발적 결사체에 가입됐는지 그리고 각 자발적 결사체에서 활동정도가 얼마만큼 이었는지를 종합적으로 판단해 총 세 가지 집단, 구체적으로 비자원봉사자, 명목적 자원봉사자, 열성적 자원봉사자로 응답자들을 나누는 방식으로 최종 확정지었다. 사실, "귀하는 지난 일 년 간 한번이라도 자원봉사활동을 해 본 경험이 있습니까?"와 같이 직접적으로 봉사경험이 있는지 여부를 묻는 질문이 설문에 포함되어 있었더라면 가장 좋았을 것이다. 하지만 안타깝게도 〈2004년 한국종합사회조사〉 설문에는 이와 같은 질문이 준비되어 있지 않았다. 이에, 일종의 대리변수로서 자발적 결사체에 가입여부 및 참여수준을 자원봉사자 유형에 대한 간접적인 척도로 사용하기로 하였다. 응답자들에게 제시된 자발적 결사체들은 순서대로 정당, 시민운동단체, 노조/사업자단체/직업조합, 종교단체, 스포츠/레저/문화단체, 동창모임, 향우회, 친목단체, 기타 모임 등 아홉 가지였다. 각 단체에서 활동정도는 '적극적 활동', '소극적 활동', '과거에는 소속됐으나 지금은 소속되지 않았음', '소속된 적 없음', '모름/선택불가' 등 다섯 가지 대답으로 선택하게 하였다. 여기서는 '적극적 활동'에는 2점을, '소극적 활동'에는 1점을, '과거에는 소속됐으나 지금은 소속되지 않았음'과 '소속된 적 없음'에는 0점을 부여하였고 '모름/선택불가'는 결측 처리한 후, 각 하위항목에서 나온 값들을 단순합산한 후 총합의 삼분위수를 구하였다. 제1삼분위수는 2, 제2삼분위수는 4로 계산됐다. 이에 따라 0점~2점을 나타낸 응답자는 비자원봉사자, 3점~4점을 나타낸 응답자는 명목적 자원봉사자, 5점이상을 나타낸

정의해 분석에 투입하였다.[3] 서로 다른 세 집단의 시민의식 수준을 비교하는 분석이기 때문에 일원분산분석(One-Way ANOVA)를 주요 통계기법으로 사용하였다.

〈표 16-1〉 자원봉사자 유형별 시민의식 비교

구분	평균	표준편차	F값/유의확률
비자원봉사자	5.308	0.927	
명목적 자원봉사자	5.395	0.823	8.743/0.000***
열성적 자원봉사자	5.559	0.809	
전체	5.404	0.873	

Turkey HSD 사후검증 결과

구분	평균차	표준오차
열성적 자원봉사자		
vs. 명목적 자원봉사자	0.164*	0.068
vs. 비자원봉사자	0.250***	0.060
명목적 자원봉사자		
vs. 비자원봉사자	0.086	0.062

+p 〈 0.10, *p 〈 0.05, **p 〈 0.01, ***p 〈 0.001

분석결과, 시민의식 점수는 자원봉사자 유형 별로 유의미하게 다르게 나타났다(F-test의 $p=0.000$ 〈 $a=0.01$, 〈표 16-1〉 참조). Turkey HSD 사후비교 검정법을 활용해 이와 같은 집단 간 차이의 발생 원인을 좀 더 자세히 알아본

응답자는 열성적 자원봉사자로 분류하는 식으로 설명변수에 대한 조작적 정의를 마무리 지었다.

3) 〈2004년 한국종합사회조사〉 설문은 응답변수인 시민의식을 열 가지 항목들을 통해 측정한다. 구체적으로, '항상 투표에 참여한다', '절대 탈세하지 않는다', '항상 법과 규칙을 지킨다', '정부의 행동을 감시한다', '정치적, 사회적 단체에 열심히 참여한다', '다른 의견을 가진 사람들을 이해하려고 노력한다', '조금 값이 더 나가더라도 정치적, 윤리적, 환경적으로 좋은 제품을 선택한다', '나보다 어려운 같은 나라 국민을 돕는다', '국적에 상관없이 나보다 어려운 사람들을 돕는다', '필요할 때 군대에 복무한다'는 항목들이 설문 전반부에 배치돼 있다. 각 항목에 대한 응답은 제시된 진술에 얼마만큼 동의하는지 의견을 묻는 형태로 측정하며, 7점 라이커트 척도를 사용한다. 점수가 높을수록 제시된 진술에 동의하는 정도가 높음을 의미한다. 여기서는 측정된 값들을 단순합산한 후 그 총합을 10으로 나눈 평균값을 시민의식의 최종값으로 확정짓는 식으로 변수에 대한 조작적 정의를 마무리 지었다.

결과, 열성적 자원봉사자들의 시민의식이 타집단보다 독보적으로 높았던 것이 가장 큰 원인으로 작용했음을 알 수 있었다. 구체적으로, 명목적 자봉사자와 비자원봉사자의 시민의식 점수는 각각 평균 5.3957과 5.3087에 불과했으나, 열성적 자원봉사자들의 시민의식 점수 평균이 5.5597로 나타났다. $a=0.05$와 $a=0.001$에서 각각 통계적으로 유의미하게 열성적 자원봉사자의 시민의식 점수가 다른 두 집단보다 높게 나타난 것이다. 그러나 명목적 자원봉사자의 평균 시민의식 점수(=5.3957)는 비자원봉사자의 그것(=5.3087)보다 통계적으로 유의미하게 높지는 않은 것으로 확인되었다($a=0.05$). 어찌되었든, 위 조사결과는 자원봉사자 유형에 따라 시민의식 수준에 유의미한 차이가 발생하였음을 보여주는 연구성과로서, 자원봉사참여수준이 시민의식에 정적인 영향을 미친다는 주장의 실증적 증거가 된다고 볼 수 있다.

이처럼 우리나라를 비롯한 전 세계 다수의 실증연구들은 자원봉사 경험이 시민의식을 증진한다는 가설을 직간접적으로 증명해 주고 있다. 그렇다면 여기서 한 가지 의문을 제기해 볼 수 있다. 자원봉사 경험은 왜 그리고 어떠한 경로를 통해 시민의식을 촉진하는 것일까? Musick과 Wilson(2008: 461-462)은 이러한 질문에 대해 아래와 같은 다섯 가지 해석을 제시하였다.

첫째, 자원봉사는 사회 전반의 일반적 신뢰수준을 높임으로써 시민의식을 고양한다. 자원봉사를 경험한 사람은 개인적으로 잘 모르는 인물 X를 이타적으로 도와주는 과정에서 상호호혜의 규범과 시민적 낙관의 가치를 깨닫는다. '나는 X를 개인적으로 모르지만 X가 어려움에 처했을 때 필요한 도움을 아무런 대가 없이 헌신적으로 제공하였다. 따라서 X도 나를 개인적으로는 모를 수 있지만 언젠가 내가 어려움에 처했을 때 필요한 도움을 헌신적으로 제공해 줄 것으로 믿는다'는 것이다. 이러한 상호호혜와 낙관은 궁극적으로 복수의 낯선 미지의 타자들에 대한 믿음과 협력적 자세의 견지로 발전한다. 일반적 사회신뢰의 수준이 증가한다는 뜻이다(Flanagan et al., 1998: 460). 높아진 신뢰감은 공동체 구성원들로 하여금 최소한 공식적인 영역에서만큼은 서로를 속고 속이는 데 들어가는 불필요한 비용을 걱정하지 않게 만든다. 상대방에게 기만당할 가능성이 최소화되므로, 공동체 구성원들은 다양한 정치적 의사결정과정에 보다 적극적으로 참여할 수 있고 자기 의견을 거리낌 없이 자유롭게 표출할 수 있다. 시민의식이 강화될 토대가 마련되는 것이다.

둘째, 자원봉사는 공동체 구성원들로 하여금 형체가 보이지 않던 시민사회의 존재를 알리고 그것의 작동 원리를 깨닫게 함으로써 시민의식을 고양한다. 어렸을 때부터 우리는 시민사회가 중요하다는 말을 많이 듣고 자라왔다. 학교에서, 가정에서, 매체에서 시민사회가 앞으로 다가올 미래 사회의 중심이자 거버넌스의 핵심 동력으로 자리매김할 것이라는 얘기를 귀가 닳도록 듣고 커왔다. 하지만 이러한 거듭된 강조와 교육에도 불구하고, 도대체 시민사회가 어디에 있고 어떻게 돌아가는지 감을 잡지 못하는 사람이 태반인 게 현실이다. 자원봉사는 이렇게 정치적으로 "무지"하고 "둔감"한 공동체 성원들에게 시민사회가 온전히 작동하기 위해 반드시 수행되어져야 할 임무들을 배분하며 이를 자발적으로 수행할 기회들을 제공한다(Hart et al., 2007). 여기서 주안점은, 각자의 임무와 역할을 능력껏 수행하는 과정에서 공동체 구성원들은 "행동은 상호의존적이고 집단의 규율은 공동의 목적 달성에 필수적이며 구성원 간 차이들은 조정될 수 있을 뿐 아니라 다양한 입장과 시각들도 얼마든 조율될 수 있다"(Youniss, Yates and Su, 1997)는 시민사회의 평범하면서도 중요한 진리를 자연스럽게 체득한다는 점이다. 자원봉사활동을 수행함으로써 형체가 보이지 않던 시민사회의 실체와 작동원리를 깨닫고, 그 결과 개인들은 시민사회의 구성원으로써 가져야 할 자세와 태도, 덕목과 자질을 키운다는 의미이다.

셋째, 자원봉사는 공동체 구성원들에게 시민사회에 관여할 수 있는 다양한 방법과 경로, 기회들을 제공함으로써 시민의식을 고양한다. 자원봉사자들은 자신들이 수행하는 봉사업무와 활동들을 통해 각계각층의 사람들과 조우하고, 민관의 다양한 기관, 조직, 집단 구성원들과 교류한다. 뿐만 아니라 봉사활동을 하지 않았다면 생각해 보지 않았을 정치 이슈들과 공동체 현안들에 대해 숙고하고 나름의 해결책을 모색하는 기회를 가진다. 이러한 과정 속에서 봉사자들은 자원봉사라는 특수한 형태의 시민참여 외에도 공동체가 직면한 문제와 욕구를 해결하는 방법과 경로들에는 다양한 것들이 있음을 깨닫는다(Hart et al., 2007). 특히, 많은 방법과 경로들이 이미 시민사회 제 영역에 상당한 수준으로 제도화돼 진용을 갖추고 있음을 알게 된다. 그리고 일부 자원봉사자들은 이를 실천에 옮긴다. 자원봉사 유경험자들 가운데 일부가 봉사현장에서 느낀 점들을 토대로 정치인이나 공무원들에게 탄원서를 쓴다든지, 국회공청회나 정책토론회에 참여해 의사를 표명한다든지, 청와대나 국회, 기타 지방자치제 인터넷홈페이지 신문고에 게시물을 올려 정부의 잘못된 행정에 질타를 표시한다든지 하는 등의 - 엄격히 말해 자원봉사의 범주에는 포함되지 않는 - 시민참여활동을 실행에 옮기는 것이 바로 여기에 해당하는 대표적 사례이다. Musick과 Wilson(2008: 460)은 "참여는 더 많은 참여를 낳는다"고 말했다. 이는 자원봉사라는 특수한 유형의 시민참여가 보다 넓은 의미에서의 시민참여활동들로 자연스럽게 이어지는 모습을 빗댄 표현이다.

넷째, 자원봉사는 공동체 내 중요 이슈 및 각종 문제들과 관련해 구성원들의 해결능력, 의사소통기술, 발표력 등 시민사회 일원이라면 가능한 한 가져야 하는 것으로 간주되는 덕목, 윤리, 역량을 실제로 보유케 함으로써 시민의식을 고양한다(Hart et al., 2007). 자원봉사자들, 특히 정치적 옹호 영역에서 활동하는 자원봉사자들은 비록 전문적으로 훈련받은 적은 없지만 자신이 부여받은 업무를 수행해 가는 과정에서 종종 청원서, 보고서, 제안서를 작성하고, 공청회나 기타 중요한 회의를 조직, 운영한다. 뿐만 아니라 공모사업 등에 참가해 심사위원들 앞에서 프레젠테이션을 하거나 공개석상에서 발언할 기회도 얻는다. 이와 같은 흔치 않은 경험들은 모두 해당 자원봉사자가 봉사활동을 중지한 이후에도 시민사회에서 정치적으로 왕성하게 활동할 수 있게 도와주는 시민적 자산(civic assets)이 된다(김경동, 2007). 다시 말해, 자원봉사활동 과정 가운데 습득하게 되는 각종 시민적 기술(civic skills)들은 의사결정이 필요한 주요 현안에서 시민들이 주도적이고 주체적인 역할을 맡게끔 도와주는 밑거름이 됨으로써 종국적으로 시민사회의 번영과 발전에 기여한다는 뜻이다.

다섯째, 자원봉사 경험은 일부 사회문제들은 구조적 속성을 갖고 있고 따라서 정치적인 해결이 필요하다는 인식을 갖게 함으로써 시민의식을 고양한다. 자원봉사자들, 특히 청소년 자원봉사자들은 현장에서 봉사활동을 하지 않으면 좀처럼 자기가 속한 사회경제적 집단 바깥의 외부인들과 조우할 일이 없다. 이는 상당한 숫자의 청소년들이 오늘날 부모와 학교의 엄격한 보호 및 감시의 테두리 속에 갇혀 살기 때문에 발생하는 안타까운 현상이라 할 수 있다. 과잉보호의 한 가지 폐단은, 적지 않은 수의 청소년들이 차이가 차별을 일으키고 배제와 박해로 연결되는 구조적 모순에 대해 무지하고 둔감한 이른바 사회적 식물인간으로 자라날 수 있다는 가능성이다. 자원봉사활동, 특히 정치적 옹호 영역에서 수행되는 봉사활동들은 이렇게 사회적 이슈에 무관심한 채 현재의 교육 시스템 하에서 "양산"되는 일부 청소년들에게 사회문제의 궁극적 원인이 어디에 있는지 숙고해 볼 기회를 다각도로 제공함으로써 이들 사이에 광범위하게 퍼져 있는 정치적 무관심과 무지, 무책임을 깨부수는 데 일조한다(조호운·조성환·김영희, 2012).

예를 들어, 빈민의 경제적 권리를 수호하는 데 초점이 맞춰진 자원봉사활동을 통해 청소년 봉사자들은 사람들이 빈곤의 덫에 빠지는 것은 이들이 게을러서라기보다 노동시장의 분절화 현상이라든지 감당하기 힘든 만큼의 높은 주거비, 교육비, 생활비 때문이라는 현실을 목도할 수 있다. 현실을 이와 같이 구조적 차원에서 인식한 자원봉사자들은 빈민을 돕는 가장 효과적 방법은 기존의 면대면 사회서비스의 제공에 있는 것이 아니라, 노동시장의 구조적 재편 또는 주택시장이라든지 노동시장, 교육시스템에 대한 대대적 개혁에 있다는 생각을 발전시켜 나가게 된다. 요약하면, 정치적 옹호 분야에서 주로 활동하는 자원봉사자들은 다양한 거시적·구조적 문제들을 정치적·제도적 차원에서 해결하는 일에 관심을 갖게 된다. 그리고 이러한 시각의 확장 과정 속에서 행동하는 시민으로서 자신이 할 수 있는 실천적 과업들을 진지하게 모색하게 된다. 정치적 관심과 주인의식, 참여수준의 증가가 곧 시민의식을 함양을 가져온다는 뜻이다.

지금까지 우리는 자원봉사가 시민의식에 긍정적인 영향을 준다는 가설이 타당하다는 가정 아래, 자원봉사가 시민의식 강화에 도움을 주는 이유 다섯 가지를 살펴보았다. 일견 그럴듯해 보이지만, 자원봉사가 시민의식에 긍정적인 영향을 준다는 가설이 보다 광범위한 지지를 받아 탄탄한 이론으로 발전하기 위해서는 아직 몇 가지 해결되어야 할 이슈들이 남아 있다. 아래에서는 그 미해결 이슈들을 하나씩 짚어보기로 한다.

첫 번째 사안은 학자들마다 시민의식을 정의하고 바라보는 방식이 규범적 차원에서 상당히 다르기 때문에 어떻게 시민의식을 규정하느냐에 따라 자원봉사 활성화 → 시민의식 함양의 등식이 성립하지 않을 수도 있다는 문제이다. 형식적으로 시민의식 개념은 정치적 참여와 관심, 책임의식과 공동체 윤리의식, 사고력과 의사소통기술 등을 아우른다. 여기에 대해서는 학자들 간에 이견이 없다. 그러나 규범적 차원으로 들어가면 의견이 충돌한다. 충돌의 핵심은 '무엇이 바람직한 시민의식이어야 하는가?'와 관련된 논란에 있다. 바람직한 시민의식이 가령 공식적 선거에 빠짐없이 투표를 하고 모범적으로 세금을 납부하며 교통법규를 성실히 지키는 한편 지역사회 자치모임에 정기적으로 참석해 의사결정에 영향력을 발휘하는 것으로 정의되기만 한다면, 자원봉사와 시민의식의 관계는 복잡하게 생각할 일이 하등 없다. 그러나 모든 학자들이 이와 같은 개념 정의에 동의하는 것이 아니다. 일부 학자들은 바람직한 시민의식을 부조리한 기득권에 도전함으로써 현 상태(status quo)를 뒤흔드는 도발적 생각과 능력으로 정의하기도 한다(McLaren and Farahmandpur, 2001: 363).

시민의식을 이와 같이 도전과 저항의 차원에서 정의할 경우, 자원봉사가 시민의식에 정적인 영향을 미친다고 단정 짓기는 사실상 매우 어려워진다. 왜냐하면, 거의 대부분의 전통적 자원봉사 활동들이 비정치 영역에서 면대면 사회서비스 제공이나 단순 일손돕기 같은 "온순한" 업무수행에 초점을 맞춰 운영되고 있기 때문이다. 정치적 옹호 영역 내의 봉사활동조차 순응적이고 평화적인 전략과 전술을 쓰는 경우가 대부분이다. 과격하고 대결적이며 체제전복적인 전략전술을 쓰는 사회운동 성격의 자원봉사활동은 상대적으로 그리 흔치 않고, 있다 해도 많은 사람들은 이를 자원봉사의 범주에 포함시키길 꺼린다. 기존의 자원봉사활동들이 저항적이어야 할 시민을 체제에 순응시키고 이를 통해 현 상태를 유지하는 기능에만 충실하다라든지, 따라서 시민의식 함양에 별다른 도움을 주지 못하는 것 아니냐 등의 비판은 바로 이러한 맥락에서 나오는 것이다. 요컨대, 구조적인 사회부조리와 기득권층의 부정의에 이의를 제기할 수 있는 용기와 의지, 능력의 함양에 기존 자원봉사활동들이 별다른 도움을 주지 못하는 한, 자원봉사가 시민의식 - 저항적 시민의식 - 을 증진시키는 데 도움을 준다는 가설의 타당성은 끊임없이 의문의 대상이 될 수밖에 없다.

두 번째 사안은 자원봉사가 시민의식을 고양하기는커녕 오히려 그것을 방해하고 저해하는 걸림돌로 작용할 수 있다는 점과 관련된다. 일반적으로 자원봉사는 사회신뢰 수준을 높이고, 높아진 사회신뢰감은 그 자체로 협력적 자세와 상호호혜의 규범을 동반함으로써 시민의식의 상승을 야기하는 것으로 알려져 있다. 그러나 자원봉사가 사회신뢰 수준을 높임으로써 시민의식을 고양한다는 논리는 신뢰를 일반화된 타자에 대한 믿음의 관점에서 바라봤을 때에만 기대할 수 있는 결과이다. 신뢰를 미지의 낯선 타자에 대한 믿음, 즉 일반적 사회신뢰의 관점에서 보지 않고 대신 익숙한 내집단(in-group) 구성원들에 대한 편애와 사심, 즉 특정적 신뢰의 관점에서 바라본다면, 시민의식은 고양되기는커녕 오히려 저해되고 심지어 집단이기주의로 변질될 수 있음을 우리는 항상 유념해야 한다(강내원, 2008: 4-5).

자원봉사가 사회적 신뢰수준을 높인다고 할 때 우리는 일반화된 타자에 대한 사회적 신뢰를 마음 속에 떠올리는 경향이 있다. 그러나 자원봉사를 통해 일반적 사회신뢰가 아닌 특정적 신뢰가 형성·축적되는 경우 역시 결코 드물지 않다. 종교단체에서 종교적 신념에 따라 성직자와 신도들을 위해 봉사활동을 하는 것이 여기에 해당되는 가장 대표적인 케이스이라 할 수 있다. 예를 들어, 이제 막 교회에 찾아온 새내기 신도들을 위해 A라는 사람이 자발적으로 성경공부 동아리를 교회 내에 만들고 열성적으로 새내기 신도들을 위해 매일 밤 성경수업을 진행했다고 가정해 보자. A는 교회라는 테두리 안에서 수행된 자신의 봉사활동을 통해 교회 바깥에 위치한 일반인들(=비신도들)에 대한 신뢰수준이 높아졌음을 느꼈을까? 아닐 것이다. 아마도 별로 달라진 게 없다고 느꼈을 가능성이 크다. 그러나 이와 반대로, 교회라는 테두리 안의 특수한 구성원들(=신도들)에 대한 특별한 신뢰감은 크게 증가됐음을 느꼈을 것이다. 여기서 문제는, 내집단 구성원들(=신도들)에 대한 신뢰가 높아진 것을 보고 우리가 시민의식이 향상됐다고 볼 수 있느냐 하는 점이다. 상식적으로 아니라고 말하는 게 옳은 답일 것이다. 시민의식은 다양성, 개방성, 연대, 협력, 관용 같은 포함적이면서도 집합적인 가치들을 핵심 사항으로 추구하는데, 지금 우리가 검토하고 있는 현상은 그 정도가 조금만 더 나아가면 폐쇄성, 배타성, 불관용을 동반하는 짙은 집단이기주의로까지 발전할 여지를 다분히 내포하기 때문이다. 이러한 사례들은 결국 자원봉사 경험이 일반화된 타자에 대한 사회적 신뢰로 이어진다면 시민의식이 증가될 수 있으나 반대로 특수화된 신뢰의 증가로 이어진다면 시민의식은 저해될 수 있다는, 자원봉사의 양면성에 대해 우리의 주의를 다시 한 번 환기시켜 주는 경우라 할 수 있겠다.

세 번째 사안은 자원봉사가 시민의식을 고양한다는 여러 실증적 증거에도 불구하고 진보적 입장에 선 몇몇 학자들은 자원봉사가 정치에 대한 관심과 참여의 자극제가 전혀 되지 못할 수 있음을 우려한다는 점과 관련된다. 즉, 자원봉사 경험을 바탕으로 사람들이 시민사회의 다양한 이슈들에 대해 더 많은 관심을 나타내고 더 많은 참여를 하며 사회문제에 관해 통합적·개방적인 시각을 갖게 되는 게 아니라, 반대로 탈정치화·탈맥락화하고 시민사회의 공적 영역에서 개인의 사적 영역으로 후퇴할 수도 있음을 걱정한다는 뜻이다(McBride et al., 2006). 자원봉사를 통해 정치적으로 각성된 행동력 강한 시민으로 성장하지 못하고 반대로 탈정치·탈맥락화된 개인으로 퇴보하는 현상은 자원봉사자가 클라이언트들과 오로지 면 대 면으로만 접촉하면서 사회서비스제공이나 일손돕기 같은 단순반복적 업무만 수행하는 봉사활동 영역에서 주로 잘 발견된다(예: 독거노인을 위해 무료도시락을 만들고 배달하는 봉사). 또한 활동의 규정과 지침들이 이미 타이트하게 짜여 있어 봉사자가 별다른 재량권을 가지지 못한 채 주어진 행정업무만 단순반복해야 하는 관료주의적 봉사 영역에서도 종종 발견된다(예: 빈곤계층 클라이언트를 상대로 서비스 수급자격을 심사하고 이후 서비스일정을 계획하는 봉사). 다른 한편으로, 외부의 역동적 환경과 단절된 채 사회적으로 고립된 상태에서 미시적 도움만 제공하는 활동 영역에서도 봉사자들의 탈맥락화·탈정치화 현상은 흔히 발생한다(예: 북한이탈주민의 가정집을 직접 방문해 청소년 자녀들을 대상으로 국영수 과목들을 과외시켜 주는 봉사).

우리 사회의 어떤 특수한 문제들은 집단행동이나 청원, 자체의결, 제안, 협상과 같은 정치적 참여와 개입으로 보다 쉽게 해결될 때가 있다(McLaren and Farahmandpur, 2001). 따라서 만약 봉사자가 면 대 면 사회서비스나 단순한 일손돕기, 재량권 없는 행정업무, 폐쇄된 환경에서의 도움제공 같은 업무만 계속 도맡아 수행한다면, 해당 봉사자는 우리 사회가 당면한 다양한 문제들을 주체적으로 해결하는 데 필요한 시민적 역량들을 두텁게 쌓지 못한 채, 문제 해결에는 오로지 개별적이고 직접적인 자선활동만이 전부다라는 편협한 시각을 가질 수가 있다. 시민사회가 직면한 다양한 문제들을 거시적·구조적 차원에서 이해하고 해결하는 데 필요한 통합적 안목과 능력을 좀처럼 계발하지 못할 수 있다는 우려이다(Eliasioph, 2003: 202).

문제는, 이런 상황에서는 자원봉사를 열심히 하여 얻게 된 시민의식이 탈정치화되어 하향평준화 해버리기 십상이라는 데 있다. 탈정치화된 시민의식에 젖은 개인은 사회문제를 다수 개인들의 참여와 관심, 건전한 비판, 연대, 자치의 기술로 해결할 수 있다고 믿기보다, 자립능력을 가진 개인들의 자조적·자구적 노력을 통해 해결하는 것이 가장 바람직하며, 자체 해결이 어려운 난해한 문제들에 한해서만 자선적 마인드를 가진 봉사자들의 도움을 받아 선별적으로 처리하는 것이 옳다는, 시민사회와 민주주의에 관한 다분히 "개별주의화된 관념(individualized notion of citizenship)"을 발전시키게 된다(Lam, 2005). 물론 시민사회가 직면한 다양한 문제들 가운데 일부는 개별화된 자선활동만으로 충분히 해결 가능한 것이 사실이다. 하지만 또 다른 일부 문제들은 여러 개인과 집단들의 공동 대처와 집합적 노력을 통해서만이 가장 효과적으로 해결될 수 있는 다분히 정치적인 사안들이다. 이런 문제들에 대해 자원봉사자가 무지 또는 무감각한 채 자신에게 부여된 탈정치화된 업무들만 맹목적으로 수행한다면? 단언컨대, 시민의식이 강화될 리는 만무하다.

시민사회의 몇몇 문제들은 분명 정치적 성격을 강하게 띤다. 따라서 시민들에게 필요한 자질과 덕목은 개별적 자선에 대한 의지와 더불어, 정치적 관심과 의사결정 과정에 대한 참여욕 그리고 과감한 실천력이라 할 수 있다. 이러한 덕목과 자질이 사회 전반에 넓고 단단히 뿌리 내리려면, 자원봉사활동 - 일부 자원봉사활동은 - 은 지금보다 좀더 강한 정치색과 실천성을 띨 필요가 있다고 생각한다. 사회적 맥락에 대한 감응성을 봉사자들의 업무와 역할 속에 지금보다 한층 더 뚜렷이 반영시킬 필요가 있다는 뜻이다.

마지막 네 번째 사안은 자원봉사가 정치적 참여와 관심을 자극하는 것은 사실이나 그 실제 효과는 미미할 수 있다는 점과 관련된다. 즉, 자원봉사 과정에서 정치적 각성이 일부 발생하기는 하나, 그것의 일출효과(spillover effects)는 해당 이슈에 제한될 뿐 다른 이슈로 잘 전이되지 않기 때문에 자원봉사활동에 따른 시민의식의 폭발적 제고는 과장됐다는 지적이다. 이는 정치적 권익 옹호와 관련된 자원봉사 영역에서조차 종종 발견되는 현상으로서, 사회적으로 좀더 많은 고민이 필요한 부분이라 생각한다.

우리들은 특정 취약계층의 특수한 권익 옹호를 위해 자발적으로 어떤 사회단체에 가입해 봉사활동을 하는 사람을 정치적으로 각성된, 행동하는 시민으로 보는 경향이 있다. 이들을 정치적으로 각성된 행동력 강한 시민으로 보는 까닭은, 한 번 사회운동적 성격이 강한 봉사활동을 수행한 사람은 비슷한 상황이나 문제가 발생했을 시 비슷한 반응을 보일 것이라 예상하기 때문이다. 하지만 몇몇 실증연구들의 조사결과에 따르면, 그와 같은 예상이 반드시 다 맞아 떨어지는 것은 아님을 알 수 있다. 즉, 한 번 사회운동적 성격이 강한 봉사활동을 했다고 해서 해당 개인이 또 다른 취약계층의 또 다른 특수한 권익 옹호를 위해 비슷한 수준의 자발성을 내보이면서 비슷한 정치적 각성도와 행동력을 발휘하는 것은 아니라는 얘기다.

실례로, Campbell과 Wood(1999: 135)는 소음공해 제거를 목적으로 영국의 한 시민단체가 주도가 돼 전개한 마을환경운동에 다수의 지역주민들이 자발적이고 열성적으로 참여한 현상을 목격하였다. 그리고 그 후 약 5년에 걸쳐, 해당 마을 주민들이 비슷한 문제의식을 갖고 착수된 이웃마을들의 환경운동에 동일한 수준의 열의를 보이면서 자발적으로 참여했는지 여부를 추적 조사하였다. 조사결과, 해당 마을의 주민들은 오로지 자기 마을의 이해관계와 맞물린 소음공해 제거 환경운동에만 열의를 보였을 뿐, 비슷한 이슈로 인해 촉발된 인접마을들의 환경운동에는 전혀 참여하지 않았고 참여할 의사도 보이지 않았음을 확인하였다. 심지어 해당 마을 주민들은 전국적 차원에서 전개된 소음공해제거 연합운동에도 거의 관심을 보이지 않았던 것으로 드러났다. 이처럼 자원봉사를 통해 획득한 정치적 각성과 참여욕구가 특정 지역이나 특정 이슈에 국한돼 나타나고 지역적·주제적 확장성을 전혀 수반하지 않는 한, 우리가 앞서 제기했던 자원봉사 활성화 → 시민의식 함양의 등식은 일반화하기 어렵다고 밖에 말할 수 없다. 자원봉사가 시민의식에 긍정적인 영향을 준다는 가설이 보다 광범위한 지지를 받아 높은 수준의 일반화 가능성을 인정받기 위해서는, 이와 같은 몇 가지 미해결 이슈들이 납득 가능하게 소명되어야 할 것이다.

17
chapter

자원봉사와 건강한 인간발달

이번 장에서는 자원봉사가 건강한 인간발달에 긍정적 영향을 미친다는 가설을 검증하고자 한다. 인간발달이란 한 인간의 특정 생애단계에서 나타내는 모든 신체적, 심리적, 사회적 변화 양상과 과정들을 의미한다(김은정, 2014). 학자들마다 인간발달 단계를 나누는 기준은 다소 다르다. 하지만 이 책에서는 이 분야의 고전적 대가인 Erik Erickson의 사회심리이론에 근거하여 신생아기 → 영아기 → 유아기 → 아동기 → 청소년기 → 초기성년기 → 중장년기 → 노년기의 총 여덟 단계로 나눠보는 관점을 채택하기로 한다. 덧붙여, 이 책에서는 이 모든 여덟 개 발달단계들을 전부 살피기 어려운 현실적 한계를 감안해, 여덟 단계 중 자원봉사의 긍정적 효과가 가장 크게 나타나는 것으로 알려진 청소년기에 초점을 맞춰 자원봉사가 인간발달에 미치는 긍정적 영향에 대해 체계적으로 살펴보도록 하겠다.

사전적 의미로 청소년기는 아동이 신체적, 정신적, 사회적으로 성인이 되어가는 과정의 시기를 가리킨다(곽진주, 2010). 청소년기의 개인에게 요구되는 가장 큰 인간발달 과업은 자아정체성 확립이다. 자아정체성을 굳게 확립한 청소년은 진취적인 자세를 가지게 되고, 분노와 같은 부정적 감정을 적절히 통제할 수 있으며, 팀워크와 리더십, 대인관계 기술을 갖추게 된다. 뿐만 아니라 차이에 대해 인내하고, 친사회적 규범들을 내면화하며 주위의 성인들과 상호작용할 수 있는 의사소통능력을 갖추게 된다(Hansen, Larson and Dworkin, 2003). 반면, 자아정체성 확립이라는 과업달성에 실패한 청소년은 다양한 문제적 행동들을 나타낸다. 문제행동에는 약물남용, 조기성경험, 범죄, 폭력, 퇴학 등 각종 반사회적 행동과 태도들이 포함된다.

자원봉사활동은 청소년들의 건강한 인간발달에 도움을 주는 강력한 매개체로 최근 학교 관련 종사자들에게 큰 주목을 받고 있다(김지선, 2010; Hart, Atkins and Donnelly, 2006: 634). 즉, 자원봉사를 통해 청소년들은 각종 문제행동들에서 벗어날 수 있고, 자아정체성을 굳게 확립하면서 건강하고 무탈하게 다음 발달단계인 성인기로 넘어갈 수 있다는 믿음이 교육전문가들 사이에 광범위하게 퍼지고 있다는 것이다. 이에 따라 점점 더 많은 전 세계 청소년 관련 교육제도들이 자국 내 중고등학교 학생들을 대상으로 한 자원봉사 프로그램들을 계획·이행하는 추세에 있다. 우리나라의 경우도 이러한 세계적 추세에 발맞추어 자원봉사를 봉사학습이라는 개념 아래에 묶고, 국영수 과목과 마찬가지로 교과과정의 일부로 포함시켜 모든 학생들로 하여금 이수케 하고 있는 실정이다(이용교, 2010). 학교 안팎에서 자원봉사의 긍정적 효과들을 대대적으로 홍보하면서 학생들의 봉사참여를 적극적으로 유도하는 상황이다.

자원봉사가 청소년들의 건강한 인간발달을 유도해 전인적 인간으로 성장할 수 있게끔 도와준다는 믿음에는 탄탄한 이론적, 실증적 근거가 밑받침되어 있다. 먼저 실증적 근거다. 실증적 근거는 상당히 많다. 몇 가지만 예를 들면, 자원봉사 경험이 청소년의 사회적 책임감과 자아존중감을 현격히 증가시킨다는 조사결과(Hansen, Larson and Dworkin, 2003), 자원봉사가 타인에 대한 존경, 생활만족감, 대인관계 기술을 증가시킨다는 조사결과(Hodgkinson, 1995: 38), 자원봉사가 조기성경험이나 임신, 학교중도이탈, 정학, 폭음 등 청소년들의 문제행동을 감소시킨다는 조사결과(Allen et al., 1994), 자원봉사 경험이 청소년의 최초 체포시점을 지연시킨다는 조사결과(Uggen and Janikula, 1999: 348)[1)]

1) 참고로, Uggen과 Janikula(1999)의 연구는 자원봉사 외에 다양한 친사회적 행동들을 통제변수로 활용하였다. 친사회적 행동 변수를 넣은 까닭은, 범죄를 저지르는 청소년들은 애당초 자원봉사를 할 가능성이 적기 때문에 자원봉사가 청소년의 범죄율에 부적 영향을 미치는 것으로 나타나는 것은 당연하다는 이른바 자기선택(self-selection) 효과를 제어하

등을 거론해 볼 수 있겠다.

다음은 이론적 근거이다. 자원봉사가 청소년의 건강한 인간발달을 돕는다는 것을 설명해 주는 이론들은 다양하다(Checkoway, 2011). 이 책에서는 그 중 가장 대표적인 것 한 가지, 통제이론을 소개하고자 한다.

많은 사회과학자들은 청소년의 비행을 연구하면서 "왜 청소년은 범죄에 빠져드는가?"를 집중 탐구해 왔다. 그러나 통제이론의 입장을 취하는 학자들은 약간 다른 각도에서 연구질문을 제기해 왔다. 통제이론가들의 주요 연구질문은 "왜 어떤 청소년은 범죄를 저지르는가?"가 아닌 "왜 어떤 청소년은 범죄행위를 저지르지 않는가?"였다(이동원, 1997). 이러한 질문을 기초로 정립된 통제이론의 핵심은, 주변 환경에 청소년들이 단단히 결합돼 있으면 있을수록 그들이 범죄를 저지를 확률은 떨어진다는 설명에 있었다. 여기서 주변 환경은 청소년 개인이 예전부터 잘 알고 지내던 부모나 친인척, 형제자매, 동네어른, 선생님, 또래 친구들을 비롯해 전통적인 제도들, 관습들, 기타 익숙한 사회적·심리적 과정과 체계들을 모두 포함한다.

주위 환경에 청소년들이 결합되는 양상은 크게 네 가지 측면에서 좀 더 자세히 들여다 볼 수 있다(Hirschi, 1969). 첫째, 애착(attachment)이다. 애착은 부모나 선생, 또래들과 같이 중요한 타자들과 개별 청소년 사이에 형성된 감정적인 연대를 의미한다. 강한 애착을 형성한 청소년은 자신이 범죄행위를 저질렀을 때 실망할 부모님, 선생님, 친구들의 반응을 상상하곤 미래의 범죄행위로부터 스스로를 삼간다. 둘째, 몰입(commitment)이다. 몰입은 일반적으로 사회가 청소년에게 기대하는 목표, 예를 들면 높은 학업성취수준에 대해 청소년 자신이 얼마나 동기부여가 되어 있는지를 나타내주는 지표이다. 몰입도가 높은 청소년은 세속적 의미의 성공을 달성하기 위해 불필요하고 해가 될 수 있는 범죄행위들로부터 스스로를 최대한 자제한다. 셋째, 관여(involvement)이다. 관여란 법적, 제도적, 사회적으로 용인된 활동에만 개입하고 그 이외의 활동에는 개입하지 않으려는 자세를 가리킨다. 관여도가 높은 청소년은 관여도가 낮은 청소년에 비해 부모님이나 학교, 기타 전통적인 제도나 단체가 마련한 교육프로그램에 더

기 위함이다.

높은 참여율과 참여시간을 나타낸다. 넷째, 신념(conviction)이다. 신념은 전통적으로 올바르다고 여겨지는 가치의 정당성을 얼마만큼 내면화했느냐와 관련된 지표이다. 신념이 강한 청소년일수록 전통과 관습을 잘 믿고 따르는 경향을 보인다. 따라서 행동과 사고에서 보수적인 태도를 보이고 문제 행위에 잘 말려들지 않는 특징을 나타낸다.

통제이론가들은 청소년들의 자원봉사 경험이 환경과의 결합 수준을 증가시키며, 이는 청소년들을 범죄행위들로부터 보호해 줌으로써 혹은 범죄행위들로부터 멀어지게 만듦으로써 궁극적으로 청소년의 건강한 인간발달을 돕는 원인이 된다고 주장한다. 물론 통제이론만이 자원봉사와 청소년의 건강한 인간발달 사이의 관계를 설명한 유일한 이론적 근거는 아니다. 그 외에도 자기존중감이라든가 자기효능감, 또래집단 압력, 공동체의식 등 자원봉사와 인간발달 사이의 관계에 관심을 갖고 설명을 시도한 이론적 개념과 관점들을 다양하고 많다.

이들 이론적 개념과 관점들의 구체적 내용은 모두 다 다르다. 하지만 한 가지 공통점이 존재한다. 자원봉사는 체제에 대한 순응성을 높이는 데 효과적이고, 이것이 청소년의 건강한 인간발달을 돕는 데 핵심 요인으로 작용한다는 지적이 바로 그것이다(Checkoway, 2011). 다양한 이론과 관점들이 자원봉사를 체제 순응적인 교육활동의 일환으로 보아 왔다는 것은, 그만큼 기존의 전통적인 자원봉사활동이 현 상태에 이의를 제기하고 도전하며 기득권에 저항하는 것을 목적으로 하는 사회운동적 성격의 자원봉사를 폭넓게 아우르지 못하고 한쪽 측면으로만 비대하게 발달해 왔음을 보여주는 방증이라 할 수 있다.

해외 이론과 문헌에 대한 검토가 마무리되었으니, 이제 자원봉사가 청소년의 건강한 인간발달에 긍정적 기여를 한다고 주장한 국내 문헌의 연구결과를 소개하는 시간을 갖도록 하겠다. 본래 이와 관련하여 본 연구자의 원래 계획은 자체적으로 패널자료를 확보해 분석을 수행하고 그 결과를 보고하는 것이었다. 그러나 국내문헌들을 면밀히 검토한 결과, 몇몇 연구들이 이미 자원봉사와 청소년의 건강한 인간발달의 관계에 대해 조사를 수행해 그 결과를 학계에 성공적으로 보고하였고(이수연 · 김형모, 2013), 특히, 허성호와 정태연(2010) 같은 경우 이미 여러 해 전 『자원봉사활동이 청소년기 발달에 미치는 영향』이라는 연구논문을 통해 본 연구자와 완전히 동일한 문제의식을 갖고 동일 가설을 검증 완료했다는 사실을 확인할 수 있었다. 이에 본서에서는 독립적인 분석을 수행하고 그 결과를 보고하기보다, 허성호와 정태연의 연구결과를 소개하는 방식으로 국내의 연구동향을 정리하는 게 낫겠다는 판단이 서 원래 계획에 수정을 가하였다. 아래는 두 연구자의 논문을 요약한 결과이다.

자원봉사 경험이 청소년의 건강한 인간발달에 긍정적인 영향을 미친다는 가설을 검증하기 위해 허성호와 정태연(2010)은 먼저 〈한국 청소년 패널조사〉에서 제공하는 총 여섯 시점의 패널자료들을 종단적으로 병합하였다. 구체적으로, 2003년 1차 조사자료부터 2008년 6차 조사자료까지 제공된 모든 자료를 종단적으로 합치고, 이 가운데 6년 간 설문조사에서 한 번도 누락된 적이 없는 1,395명의 청소년 응답자를 선별하는 방식으로 최종 표본을 구성하였다. 1차 조사시점 당시 전체 표집인원은 3,449명이었다. 따라서 탈락률은 약 40.4퍼센트에 이르렀다. 최종 표본에 포함된 응답자 1,395명 가운데 남학생은 589명, 여학생은 806명으로 여학생의 숫자가 다소 많았다. 참고로 1차와 2차 조사당시 응답자들은 중학생 신분이었고, 3차와 4차 조사당시에는 고등학생 신분이었으며, 마지막 6차 조사당시에는 대학교 1학년 신분이었다.

가설검증을 위한 주요 분석기법으로 연구자들은 두집단 독립 t-test를 선택해 실시하였다. 독립변수로는 지난 일 년 간 자원봉사경험 있는지 여부를(1＝없음, 2＝있음) 지정하였고, 종속변수인 인간발달은 크게 네 가지 요인으로 나눠 특정하였다. 구체적으로, ① 진로와 관련된 요인, ② 자아관과 관련된 요인, ③ 인간관계 및 정서와 관련된 요인, ④ 일상생활에 관련된 요인으로 특정하였다. 진로 관련요인은 직업성숙도 7문항과 진로성숙도 7문항으로, 자아관 관련요인은 자아존중감 6문항과 자아낙인 2문항으로, 인간관계 및 정서 관련요인은 부모애착 6문항과 친구애착 3문항 그리고 정서조절 3문항으로, 마지막으로 일상생활 관련요인은 일탈행동 14문항(대학생은 2문항 제외해 12문항)과 삶의 만족 단문항으로 구성하였다.[2]

---

2) 직업성숙도는 "나는 아직 내가 좋아하고 잘하는 것이 무엇인지 나 자신의 적성 및 소질에 대해 잘 알지 못한다" 등 일곱 개 항목으로 구성. 진로성숙도는 "향후 진로설정과 관련하여 내가 좋아하고 잘하는 것(적성 및 소질)이 무엇인지 아직 잘 알지 못한다" 등 일곱

연구자들은 t-검증 분석결과를 응답자들의 발달 시기 별로 나누어 제시하였다. 먼저 중학생 시기에 경험한 자원봉사활동은 응답자들의 부모애착과 친구애착 그리고 자기신뢰에 통계적으로 유의미하게 긍정적인 영향을 미쳤다. 그러나 나머지 변인들에는 별다른 유의미한 영향을 미치지 않았다. 다음으로 고등학생 시기에 대한 분석결과를 보면, 이 시기에 경험한 자원봉사활동은 거의 모든 검증대상 종속변인들에 긍정적인 영향을 미친 것으로 나타났다. 구체적으로, 고등학교에 진학한 응답자들은 자원봉사활동을 통해 진로성숙도와 직업성숙도 측면에서 중요한 발전을 이뤘고, 특히 자아관과 관련된 모든 변인들에서 뚜렷한 개선의 모습을 보였다. 더불어 일탈행동의 감소가 나타났고, 삶에 대한 만족도도 주목할 만큼 증가하였다. 단 하나, 친구애착만은 커다란 변화를 보이지 않았다. 마지막으로 대학생 시기에 대한 분석결과이다. 대학교 진학 이후 경험한 자원봉사활동은 응답자들의 삶의 만족도를 크게 개선하였다. 더불어 직업성숙도와 진로성숙도, 자존감, 자아낙인 등의 주요 변수들도 통계적으로 유의미한 개선 정도를 보였다.

허성호와 정태연(2010)의 조사결과는 자원봉사와 청소년의 건강한 인간발달 사이의 관계와 관련해 다음과 같은 몇 가지 함의점들을 연구자들에게 시사한다. 첫째, 중학생들의 자원봉사 경험은 이들의 자아관과 대인관계, 특히 부모 및 친구와의 관계의 질 개선에 큰 효과를 발생시키므로, 중학생들을 대상으로 한 봉사프로그램은 이들의 자아관을 탄탄히 정립해 주는 한편 타인, 특히 부모와 또래집단과의 관계의 질을 개선하는 데 초점을 맞춘 봉사업무와 역할의 개발 및 배분에 좀더 많은 고민을 할 필요가 있다는 점이다(예: 부모와 같이 할 수 있

개 항목으로 구성. 자아존중감은 "나는 나 자신이 좋은 성품을 가진 사람이라고 생각한다" 등 여섯 개 항목으로 구성. 자아낙인은 "나는 나 자신이 문제아라고 생각한다" 등 두 개 항목으로 구성. 부모애착은 "부모님과 나는 많은 시간을 함께 보내려고 노력하는 편이다" 등 여섯 개 문항으로 구성. 친구애착은 "나는 학교에서 학교친구들과 잘 어울린다" 등 세 개 문항으로 구성. 정서조절은 "나는 화가 나면 물불을 가리지 않는다" 등 세 가지 문항으로 구성. 일탈은 무단결석, 가출경험 등 총 열 네 가지 행동의 경험유무를 축적해 종합변수를 구성. 삶의 만족감은 "학생은 학생의 삶에 전반적으로 얼마나 만족하고 있습니까?"라는 단일 문항으로 구성. 설문문항과 관련된 자세한 내용은 한국청소년정책연구원에서 운영하는 한국아동청소년데이터아카이브 홈페이지를 검색해 직접 확인하기 바란다(http://archive.nypi.re.kr/).

는 봉사업무, 친구들과의 긴밀한 협력이 요구되는 봉사자 역할 등). 자아관 및 대인관계의 질 측면에서는 긍정적 효과가 기대되는 반면 진로탐색과 관련해서는 커다란 효과를 기대할 수 없는 이유는, 아마도 중학교에 다니는 청소년들에게 있어 진로는 아직 먼 훗날의 일이고, 반대로 나는 누구인가라는 고민 그리고 내가 소중히 생각하는 사람들이 나에게 의미하는 바는 무엇일까라는 질문에 대한 답을 찾는 고민은 좀더 직접적인 당면 과제기 때문이 아닐까 생각된다.

둘째, 고등학생 시기의 자원봉사 경험은 자아관과 대인관계의 질은 물론이거니와 진로의식, 일탈행동, 삶의 만족도까지 어느 것 하나 빠짐없이 거의 모든 인간발달 영역에서 골고루 긍정적인 개선 효과를 가져 오기 때문에, 고등학생들을 대상으로 한 봉사프로그램은 어떠한 업무나 역할이 되었든 일단 현장에 나타나 봉사활동을 해 볼 것을 권유하는 방식으로 프로그램 방향을 설정하는 것이 효과적일 수 있다는 점이다. 물론 무턱대고 아무 봉사업무나 역할을 맡길 수는 없는 일이지만, 그럼에도 불구하고 허성호와 정태연의 연구결과는 고등학생 시기는 봉사활동의 교육적 효과가 극대화되어 나타나는 시기기 때문에 일단 다양한 봉사경험을 접하게 유인하는 것이 급선무임을 보여준다. 따라서 프로그램 관리자들은 알차고 유익한 봉사프로그램을 만드는 데 많은 노력을 기울이는 한편, 교실 밖으로 가능한 한 학생들을 데리고 나와 책에서 배울 없는 내용을 몸으로 직접 느낄 수 있도록 봉사커리큘럼을 짜는 데에도 많은 노력을 기울여야 할 것이라고 생각한다. 책상 머리맡에 앉아 교과서를 읽고 외우며 문제집을 푸는 것만이 교육의 전부가 아니라는 얘기다.

셋째, 대학교 새내기 시기의 자원봉사 경험은 고등학생 시기의 자원봉사 경험에 비해 청소년들의 긍정적 인간발달에 미치는 효과가 급감하기 때문에, 대학교 신입생들을 대상으로 한 봉사프로그램은 되도록 이들에게 새로운 재미와 자극을 주는 방식으로 프로그램의 추진 방향을 설정하는 것이 효과적일 수 있다는 점이다. 자원봉사 경험이 인간발달에 미치는 긍정적 효과가 고등학교를 졸업한 이후 급격히 사라진다는 것은 자원봉사가 대학교 새내기들의 삶에 별다른 영향을 미치지 않음을 의미한다기보다, 대학 입학 첫 해 흔히 나타나는 이른바 새내기 증후군에 따른 결과로 보는 편이 보다 합당한 해석이라고 생각한다. 입시와의 싸움에서 이겼다는 해방감 그리고 그에 따라 밀려오는 자유로움을 만끽하는 와중에 그동안 경험해 보지 못한 다양한 상황과 자극들을 접하게 되고, 점차 자원봉사 말고도 다른 사회활동들에 더 큰 흥미와 재미를 느끼게 되면서 자원봉사가 청소년의 인간발달에 미치는 효과의 크기 자체가 줄어든다는 해석이다. 이것은 인간발달에 미치는 자원봉사의 영향력 자체를 부정하는 것이 아니고, 이전에 자원봉사가 수행하던 기능들을 다른 사회적 활동들이 대체하면서 나타나는 일시적 현상이라 보는 입장이다. 따라서 만약 대학교에 진학해서조차 느끼지 못한 새로운 재미와 자극을 대학교 새내기들의 봉사활동에 온전히 반영시킬 수만 있다면 또는 대학생에게만 허용되는 특별한 사회적 활동들과 자원봉사활동을 적절히 결합해 독특한 볼룬테인트먼트(voluntainment = volunteer + entertainment)의 기회를 제공할 수 있다면(예: 대학교 힙합댄스동아리 멤버들이 북한이탈주민 청소년들을 위해 문화봉사를 하는 사례 등), 얼마든지 인간발달에 미치는 자원봉사의 긍정적 영향력은 다시금 커질 수 있으리라 생각한다.

18
chapter

자원봉사와 취업

자원봉사의 긍정적 효과는 비물질적 차원에만 국한되지 않는다. 자원봉사가 가져다주는 긍정적 효과는 물질적 차원으로 확장하는 경우도 많다. 이번 장에서는 봉사활동의 물질적 차원에 초점을 맞춰, 자원봉사 경험이 봉사자 개인의 취업 가능성을 높여줄 것이라는 가설의 타당성을 검증하는 데 논의를 집중시키도록 하겠다.

자원봉사 경험이 봉사자 개인의 취업가능성을 증가시켜 준다는 가설은 세 가지 논리적 추론에 근거를 둔다(Ruiter and De Graff, 2008). 첫째, 자원봉사자들은 높은 교육성취도를 보이기 때문에 취업시장에서 경쟁력을 가진다는 논리이다(자원봉사참여수준↑ → 교육성취도↑ → 취업가능성↑). 우리는 앞선 Ⅲ 부에서 학력이 높을수록 자원봉사참여수준이 높다는 사실을 살펴보았다(교육성취도↑ → 자원봉사참여수준↑). 그런데 많은 연구자들은 반대의 인과관계에 대해서도 많은 관심을 보이면서 그 관계를 입증해 왔다. 연구들에 따르면 자원봉사활동을 왕성히 수행하는 개인은 학교에서도 높은 교육성취도를 나타낸다고 한다(자원봉사참여수준↑ → 교육성취도↑). 교육성취도가 높다는 것은 곧 인적자본수준이 높음을 뜻한다. 인적자본수준이 높은 개인은 경쟁적 노동시장에서 인적자본수준이 낮은 개인보다 높은 취업가능성을 보인다. 따라서 경제학적 관점에서 봤을 때 자원봉사참여수준↑ → 교육성취도↑ → 취업가능성↑의 도식은 무난히 성립 가능한 것으로 여겨진다.

실제로 Atkins과 그의 동료들(1998)은 미국 전역의 대학교 졸업생들을 조사대상으로 이들이 신입생이었을 때(1985년), 학교를 막 졸업했거나 졸업반이었을 때(1989년), 마지막으로 대학 입학 후 9년이 지난 시점(1994-1995년) 세 시기에 걸쳐 설문조사를 실시하고 패널데이터를 구축하였다. 그리고 대학교 1학년 때 자원봉사를 한 응답자가 졸업 이후 대학원에 더 많이 진학했는지 여부를 추적 조사하였다. 조사결과, 예상대로 대학교 1학년 신입생이었을 때 자원봉사를 해 봤다고 답한 조사참여자들의 대학원 진학률은 그렇지 않다고 답한 조사참여자들의 진학률보다 통계적으로 유의미하게 높게 나타났다. 이 관계는 1994년~1995년 당시의 자원봉사참여여부를 통제한 상태에서도 여전히 그 유의미성을 유지할 만큼 공고하였다. 다음으로, 석사학위이상 소지자들의 취업률과 학사학위 소지자들의 취업률을 비교분석하였다. 분석결과, 전자의 취업률이 후자보다 월등이 높음을 확인할 수 있었다. 결국 조사결과는 자원봉사참여수준↑ → 교육성취도↑ → 취업가능성↑의 도식이 실제로 성립하는 관계임을 입증해 주었다.

자원봉사자들의 교육성취도가 왜 높은지에 관한 기전은 아직까지 자세히 밝혀진 바 없다. 추측건대 자원봉사자들은 봉사경험을 통해 더 복잡하고 고차원적인 인지능력과 정신적 성숙도, 자기효능감, 인내력 등의 역량을 쌓게 되고, 이것이 높은 교육성취도의 원동력으로 작용하는 게 아닌가 짐작해 볼 뿐이다.

둘째, 자원봉사자들은 봉사활동을 하면서 특정한 직무와 관련된 기술을 갈고닦을 기회를 많이 가지게 되고 이에 따라 높은 숙련도를 완성시키기 때문에, 그리고 잠재적 고용자들은 자원봉사자들의 이 같은 노동경험을 - 비록 무급노동시장에서의 경험일지라도 결과적으로 유급노동시장에서도 효과적으로 통용될 것이란 믿음을 갖고 - 높이 평가하기 때문에 높은 노동시장에서의 취업가능성이 높아진다는 논리이다(자원봉사참여수준↑ → 직무관련기술수준↑ → 취업가능성↑)(Nichols and Ralston, 2011: 906; Ziemek, 2006: 536). 직무관련 기술은 해당 직무를 직접 수행하는 과정 속에서 획득하는 것이 일반적이다. 그러나 자원봉사활동을 통해서도 특정 직무기술은 획득되는 경우가 많다. 예를 들어, 독거노인을 위한 무료도시락 봉사활동에 현재 무직상태에 놓여 있는 A라는 사람이 등록했다고 가정하자. A에게 배당된 업무는 도시락에 들어갈 빵 만들기다. 그런데 실은 A는 한 번도 제대로 빵을 만들어 본 경험이 없었다. 이에, 봉사활동 과정에서 주변 사람들의 많은 도움과 조언, 훈련을 받아야 했고, 결국 시간이 흘러 각종 빵 만들기에 능숙해 질 수 있었다. 이 경우 봉사자 A는 봉사활동을 통해 빵 만드는 "기술"을 습득한 것이라 볼 수 있다. 이러한 제빵기술은 향후 A의 제빵업계에서의 취업 전망을 밝혀준다는 점에서 중요한 자산이 된다고 말할 수 있다.

또 다른 예를 들어보자. 정치적 옹호 분야에서 활동하는 자원봉사자들 같은 경우 빈번하게 회의를 주재하거나 펀드레이징을 해야 하는 상황에 처한다. 뿐만 아니라 뉴스레터를 작성하거나 많은 수의 청중 앞에서 프레젠테이션을 해야 하는 일을 종종 떠맡는다. 이러한 활동 과정 속에서 축적되는 시민들의 정치적 역량들은 노동시장에서 해당 시민 개인의 노동력 상품 가치를 높이는 중요한 자산이 된다. 봉사활동을 통해 축적한 시민적 역량은 특히 화이트칼라 직업 계통에서 노동자의 가치를 높이는 매우 유용한 인적자원으로 발전한다.

마지막으로, 자원봉사자들은 봉사활동을 하는 가운데 이전보다 더 많은 수의 사회적 연결망에 더 넓고 촘촘히 소속되게 되고, 이로 말미암아 취업가능성이 높아진다는 논리도 있다(자원봉사참여수준↑ → 사회연결망 크기 및 강도↑ → 취업가능성↑). 앞선 10장에서 우리는 자원봉사자들의 사회적 연결망 점수는 일반적으로 비자원봉사자들의 사회적 연결망 점수보다 월등이 높다는 사실을 살펴보았다(Wuthnow, 1998: 235). 구체적으로, 자원봉사자들은 비자원봉사자들보다 종교단체의 회합에 더 많이 참석하고, 지역자치모임의 의사결정과정에 더 많이 참여하며, 가까운 가족이나 친지, 이웃, 친구들과 더 자주 주말이나 퇴근 후에 사적으로 시간을 같이 보낸다는 사실을 선행연구 조사결과들을 통해 확인하였다(Wilson and Musick, 1998). 한 개인이 속한 사회적 연결망이 많아지고 넓어지고 촘촘해질수록 취업과 관련해 각종 정보와 충고를 제공해 줄 수 있는 사람의 수는 늘어난다. 무엇보다 실제로 취업 제의를 할 의향이 가진 잠재적 고용주들의 숫자가 크게 늘어난다.

Granovetter 같은 사회연결망이론가는 그의 유명한 저서 『*Getting a Job:*

A Study of Contacts and Careers』(1974)에서 일찍이 한 개인의 취업가능성은 그의 인적자본수준보다는 사회연결망의 크기와 강도에 의해 결정적으로 영향 받는다고 설파한 바 있다. 특히 그는 인적자본보다는 강한 연결(strong ties)이, 강한 연결보다는 약한 연결(weak ties)이 한 개인의 취업가능성을 높이는 결정적 요인으로 작용한다고 주장하였다. 이 같은 주장은 채용의 최종 결과는 개인의 능력도 능력이지만 어쩌면 그것을 뛰어넘는 비개인적 요인, 구체적으로 해당 개인이 속한 구조의 조직적 자원동원 능력에 종국적으로 그 성패가 달려 있음을 함의한다. 어쨌든 선행연구들의 다양한 실증적 증거들을 고려하면, 자원봉사참여수준↑ → 사회적 연결망의 크기 및 강도↑ → 취업가능성↑의 논리적 연결고리는 그리 놀라운 일이 아님을 알 수 있다.

해외 문헌에 대한 검토가 마무리되었으니, 이제 국내 문헌 가운데 자원봉사의 효과를 취업가능성의 증대 측면에서 조사한 선행연구들을 살펴보도록 하자. 본 연구자는 자원봉사 경험이 취업가능성에 긍정적 영향을 미친다는 가설을 검증한 국내 문헌을 찾기 위해 2000년부터 2014년까지 총 14년 간 국내 저명학술지에 게재된 약 1,000여 편의 자원봉사 관련 연구논문들을 몇 가지 키워드들을 중심으로 부지런히 검색하였다. 검색에 사용한 키워드들은 자원봉사, 취업, 채용, 노동자, 근로자 등이었다. 그러나 안타깝게도 자원봉사와 개인의 취업가능성 증대를 직접적으로 검증한 국내 선행연구는 좀처럼 발견할 수 없었다. 단 하나, 이수정 외(2010)의 논문만이 위에서 얘기한 것과 비슷한 가설을 검증하긴 했으나, 분석단위가 개인이 아닌 대학이었다는 점에서 완전한 비교대상이 될 수 없다고 생각하였다.

구체적으로, 이수정 외(2010)의 논문은 조직 차원에서 사회봉사에 많은 관심을 쏟는 대학은 졸업생들의 평균 취업률이 그렇지 않은 대학보다 높을 것이라는 추정을 주요 검증가설로 설정하였다. 자료분석 결과, 사회봉사 참여에 많은 관심을 쏟은 대학의 졸업생들은 그렇지 않은 대학의 졸업생들보다 특별하게 더 높은 취업률을 보이지는 않은 것으로 드러났다. 분석단위가 달랐기 때문에 확신할 수는 없지만, 이 같은 조사결과는 우리나라에서만큼은 자원봉사참여수준↑ → 취업가능성↑의 인과관계가 성립하지 않을 수도 있음을 시사했다는 점에서 중요한 발견이라고 생각한다.

관련 국내 선행연구가 부족했기 때문에, 이 책에서는 국내 패널자료인 〈서울복지패널조사〉를 이용해 자원봉사 경험이 봉사자 개인의 취업가능성을 실제 높이는지 여부를 다수준 회귀분석을 통해 직접 살펴보았다.[1] 분석결과는 〈표 18-1〉에 제시하였다.

〈표 18-1〉 자원봉사참여가 취업에 미치는 영향에 관한 종단적 이항로짓 다층모형 분석결과

		Model 1	Model 2	Model 3
고정효과	절편	-0.893***	-0.366***	-0.371***
	시간	0.298***	0.084***	0.094***
	이전년도 봉사경험 有	-	-0.202*	-0.160*
	시간 x 이전년도 봉사경험 有	-	-	-0.082
무선효과	절편	5.591***	5.232***	5.182***

+p 〈 0.10, *p 〈 0.05, **p 〈 0.01, ***p 〈 0.001

먼저 Model 1은 시간의 변화에 따라 응답자들의 취업여부에 어떤 변화가 생기는지 살피는 무조건부 모형이다. 모형검증 결과, 선행시점(2009년 3월 1일)부

1) 분석에 사용한 자료는 종단적으로 병합된 〈서울복지패널 1차 및 2차 조사〉 원자료였다. 분석대상은 2010년 5월 2차 조사당시 19세 이상 65세 미만 연령의 응답자로 한정하였고, 경제활동인구와 비경제활동인구를 모두 포함하도록 설정하였다. 19세 미만과 65세 초과 비경제활동인구는 노동시장 진입의 가능성이 떨어지는 점을 감안해 분석대상에서 제외하였다. 분석모형으로는 종단적 구조를 가진 자료의 분석에 흔히 쓰이는 일반화선형혼합모형(Generalized Linear Mixed Model: GLMM)을 채택하였다.

종속변수로는 취업여부를 지정하였다. 취업여부는 서울복지패널 1차와 2차 조사시점 당시, 즉 2009년 3월 1일과 2010년 5월 31일을 기준으로 각각 지난 1주일 간 취업상태에 놓여 있었는지 여부를 물은 후, 응답자가 취업상태에 있었다면 1, 그렇지 않았다면 0의 점수를 부여하는 방식으로 조작적으로 정의하였다.

독립변수로는 자원봉사참여여부를 지정하였다. 자원봉사참여여부는 서울복지패널 1차 조사당시 시점, 즉 2009년 3월 1일 기준으로 응답자가 지난 일 년 간(2008년 4월 1일~2009년 3월 1일) 한 번이라도 자원봉사활동을 해 봤다면 1, 그렇지 않았다면 0을 부여하는 방식으로 조작적으로 정의하였다. 독립변수는 혼합모형의 Level-2를 구성하였다. 시간변수는 2009년을 0, 2010년을 1로 값을 부여해 이항변수화시켜 모형에 포함시켰다. 시간변수는 혼합모형이 Level-1을 구성하였다. 마지막으로, 시간에 따른 독립변수와 종속변수 간 관계의 변화 양상을 포착하기 위해 시간변수(Level-1)와 독립변수(Level-2)를 곱해 층위간 상호작용항(cross-level interaction terms)을 만들고 이를 모형에 포함시켰다.

터 후행시점(2010년 5월 31일)까지 약 15개월에 걸친 기간 동안 응답자들이 취업상태에 놓일 가능성은 유의미하게 높아졌음을 확인할 수 있었다(시간변수의 회귀계수=0.298, p=0.000, OR=1.348). 이는 다른 말로, 시간의 경과에 따라 한 개인이 직면하는 취업가능성이 뚜렷이 증가했음을 뜻한다. 구체적으로, 어떤 한 개별 응답자가 선행시점에서 취업상태에 놓일 확률은 평균 38.9%였고, 후행시점에서 취업상태에 놓일 확률은 평균 40.2%였으며, 이 같은 격차는 통계적으로 유의미한 차이인 것으로 조사됐다.[2] 이와 더불어, 시간의 경과에 따른 개별 응답자의 취업가능성 증가 양상(within-subject variation at Level-1)은 응답자들이 가진 개인적 특성 차이(between-subjects variation at Level-2)에 의해 통계적으로 유의미하게 설명될 수 있음을 확인하였다(무선절편의 추정치=5.591, p=0.000). 이는 바로 아래 조건부 모형인 Model 2에서 시간에 따른 개별 응답자의 취업가능성의 증가 양상(Level-1)을 설명하기 위해 선행시점의 인구사회학적 변수(Level-2)를 투입하는 것이 타당함을 보여주는 결과로 해석할 수 있다.

다음으로 Model 2는 자원봉사참여경험이 응답자들의 취업상태와 어떤 관련성을 가지는지 살피는 조건부 연구모형이다. 모형검증 결과, 선행시점(2008년 4월 1일~2009년 3월 1일)에서 자원봉사활동을 한 번이라도 해 본 경험이 있는 응답자는 그와 같은 경험이 전혀 없는 응답자보다 평균적으로 미취업상태에 놓이게 될 가능성이 높다는 사실을 확인할 수 있었다(자원봉사참여여부의 계수=-0.202, p=0.010, OR=0.817). 구체적으로, 자원봉사자가 취업상태에 놓일 확률은 평균 37.2%였던 데 반해, 비자원봉사자가 취업상태에 놓일 확률은 평균

2) 여기서 말하는 취업가능성이란 취업률이 아니라 고용률을 의미한다. 취업률은 경제활동인구 대비 취업자 인구수를 나타내는 개념이고, 고용률은 전체 생산가능인구 대비 취업자 인구수를 나타내는 개념이다.
Model 1의 검증결과, 종단적으로 병합된 〈서울복지패널 1차 및 2차 조사자료〉에 포함된 응답자들은 전체적으로 1차 조사당시에서 2차 조사당시까지 약 15개월에 걸친 기간 동안 고용률의 유의미한 증가를 경험한 것으로 드러났다. 이는 당시 서울시 전체의 거시적 경제지표를 통해서도 마찬가지로 확인되는 사실이다. 실제로 2009년 3월 당시 서울시 평균 고용률은 58.0%였으나, 2010년 5월 당시 서울시 평균 고용률 59.6%로 약 2% 포인트 증가한 것으로 나타났다. 고용률의 전체적인 증가, 다른 말로 취업가능성의 전반적인 상승 추세는 당시 한국 경제가 2008년 세계경제위기의 여파 속에서 벗어나면서 회복 국면에 접어든 데 따른 결과로 해석할 수 있다.

42.0%에 달했고, 이 같은 격차는 통계적으로 유의미한 차이인 것으로 조사되었다. 요컨대, Model 2의 검증결과는 자원봉사자는 비자원봉사자보다 미취업상태에 놓일 확률이 상대적으로 높고, 반대로 비자원봉사자는 자원봉사자보다 취업상태에 놓일 확률이 상대적으로 높다는 사실을 입증해 주었다. 그러나 이 같은 차이가 선행시점에서의 자원봉사활동 경험 효과 때문인지 아닌지에 대해서는 Model 2의 검증결과가 말해줄 수 있는 부분은 없었다. 이에, Model 3에서는 선행시점에서의 자원봉사참여여부 변수와 시간변수를 곱한 층위간 상호작용을 투입해 응답자의 취업가능성에 자원봉사참여경험이 낳는 효과를 시간의 흐름 차원에서 파악해 보았다.

Model 3은 자원봉사경험이 응답자들의 취업상태와 맺는 관계가 시간의 변화에 따라 어떻게 달라지는지 살피는 연구모형이다. 모형검증 결과, Model 2에서 확인했던 것과 마찬가지로 선행시점(2008년 4월 1일~2009년 3월 1일)에서 자원봉사활동을 한 번이라도 해 본 경험이 있는 응답자는 그와 같은 경험이 전혀 없는 응답자보다 미취업상태에 놓일 가능성이 높았고(자원봉사참여여부의 계수 =-0.160, p=0.045, OR=0.853), 이와 같은 변수 간 관계는 시간의 경과에 따라 그 방향이나 크기 등이 특별히 바뀌지 않고 그대로 유지됨을 확인할 수 있었다(시간×자원봉사참여여부의 계수=-0.082, p=0.123, OR=0.922). 구체적으로, 선행시점에서 자원봉사자와 비자원봉사자가 취업상태에 놓일 확률은 각각 37.0%와 40.8%였고, 후행시점에서는 각각 37.3%와 43.1%였다. 선행시점에서는 약 3.8%포인트의 격차를, 후행시점에서는 약 4.8%포인트의 격차를 자원봉사자와 비자원봉사자 그룹이 보였다는 것인데, Model 3 검증결과의 핵심은 시간이 흘러도 이러한 격차의 크기나 방향이 통계적으로 유의미하게 바뀌지 않고 거의 같게 유지됐다는 것이다.

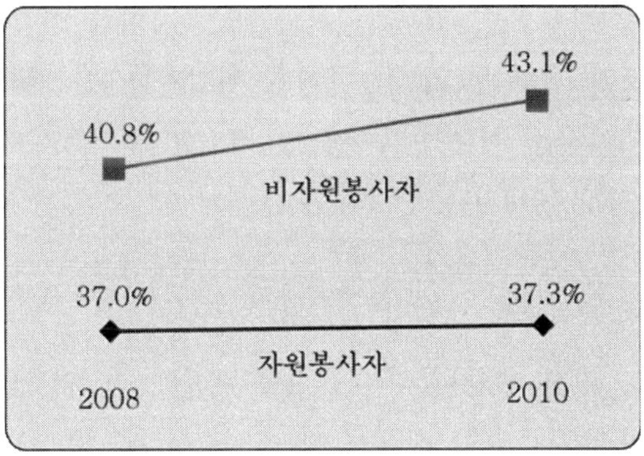

〈그림 18-1〉 시간의 경과에 따른 자원봉사효과 · 취업률에 미치는 영향

이같은 결과는 결국 자원봉사자가 비자원봉사자보다 전체적으로 취업 가능성이 낮은 것은 사실이나, 이것이 선행시점에서의 자원봉사참여경험 때문에 발생한 시간적 효과인지 아닌지에 대해서는 확신할 수 없음을 우리에게 말해준다. 자료분석 결과를 통해 확신할 수 있는 부분은 단 하나, 시간적 측면에서 취업 가능성에 영향을 주는 요인은 자원봉사참여경험 이외의 어떤 다른 특수한 요인일 것이라는 추측뿐이다.

요컨대 외국의 사례나 이론을 바탕으로 예측한 것과는 사뭇 다르게(Ruiter and De Graff, 2008), 우리나라에서는 자원봉사참여경험이 한 개인의 취업가능성에 긍정적인 영향을 미치지 않는 것으로 최종 확인되었다. 더욱 놀라웠던 점은, 종단적 관점에서 파악한 자원봉사참여와 취업가능성의 관계는 중립적이었지만(Model 3) 횡단적 관점에서 파악한 자원봉사참여와 취업가능성의 관계는 오히려 부정적이었다는 점이나(Model 2). 이는 시간변수를 통제한 상태에서 자원봉사참여여부와 개인의 취업가능성의 관계를 직접적으로 살핀 Model 2에서 실증적으로 입증된 사실이다.

그렇다면 왜 우리나라에서는 자원봉사를 열심히 해도 노동시장 참여가능성이 올라가지 않고, 심지어 고용 전망의 하락이 예상되는지 의문을 제기하지 않을 수 없다. 왜 우리나라에서는 외국과 달리 자원봉사활동이 취업가능성을 올리는 촉진요인으로 작동하지 않고 아무런 영향을 주지 않거나 혹은 아예 반대로 그 가능성을 낮추는 방해요인으로 작동하는가? 앞에서는 분명 자원봉사참여경험은 봉사자 개인의 인적자원수준, 직무관련기술 또는 사회적 연결망의 크기 및 질 등을 강화시킴으로써 결과적으로 한 개인의 취업가능성을 올려줄 것이라고 설명하였다. 그런데 이러한 이론적 추론들은 최소한 우리나라에서만큼은 실증적 근거를 결여한 논거로 밝혀졌다. 그렇다면 우리가 할 수 있는 다음 단계의 조치는, 왜 이러한 예상 밖의 결과가 발생했는지에 대해 충분히 납득할만한 설명을 기존의 이론과 연구결과들을 동원해 제시하는 것이라 할 수 있다.

이와 관련해서는 크게 세 가지 시나리오를 제시해 볼 수 있다. 첫 번째 시나리오는 유급노동시장에서 일할 생각이 없는 사람들, 즉 무급노동시장에서 일하는 것에만 관심을 가진, 자원봉사를 일종의 업(career)로 생각하는 사람들이 외국과 달리 우리나라에는 특별히 많기 때문에 자원봉사참여수준↑ ↛ 취업가능성↑의 영향관계가 발생한다는 설명이다. 두 번째 시나리오는 유급노동시장에서 일하는 데에만 관심을 가진 사람들, 즉 무급노동시장에서 하는 일에는 별 관심이 없고 따라서 자원봉사를 비생산적일 뿐더러 자투리 시간에 어쩌다 하는 여가활동의 일부로 보는 사람들이 외국과 달리 우리나라에는 특별히 많기 때문에 자원봉사참여수준↑ ↛ 취업가능성↑의 영향관계가 발생한다는 설명이다. 마지막으로 세 번째 시나리오는 외국과 달리 우리나라에서는 무급노동시장에서 축적한 인적자본, 직무관련기술, 인적네트워크 등이 유급노동시장에서의 취업가능성을 높여주는 자산으로 온전히 전환되지 못하고 중간에서 그 경제적 가치를 크게 상실하고 말기 때문에 자원봉사참여수준↑ ↛ 취업가능성↑의 영향관계가 발생한다는 설명이다. 세 번째 시나리오는 조금 더 구체적으로 세분화시켜서 설명할 수 있는데, 하나는 무급노동시장에서 획득한 취업관련 자산들을 구직자 스스로 유급노동시장에서 팔릴만한(marketable) 물건으로 상품화시키지 못함으로써 취업가능성이 올라가지 못한다는 시나리오이고, 다른 하나는 무급노동시장에서 획득한 취업관련 자산들이 잠재적 고용주들에 의해 쓸 만하다는(usable) 평가를 받지 못하고 그대로 사장됨으로써 취업가능성이 올라가지 못한다는 시나리오이다.

각각의 시나리오가 틀을 갖춘 가설과 이론의 형태로 발전하기 위해서는 확실한 실증적 근거가 뒷받침되는 체계적인 연구들이 뒤따라야만 한다. 하지만 아직까지 이 책에서 제기한 시나리오들은 말 그대로 시나리오일 뿐, 실증적으로 입증된 단계로까지는 나아가지는 못한 상황이다. 따라서 왜 자원봉사참여수준이 높을수록 해당 봉사자 개인의 취업가능성이 떨어지는지에 대해 현재로서는 딱히 할 말이 없는 상태라 할 수 있다. 그렇지만 한 가지 짚고 넘어가야 할 사실은 분명히 있다. 세 가지 시나리오는 각기 다른 내용을 적시하지만 이것들을 관통하는 하나의 공통된 시각이 존재하며, 그 공통점이란 다름 아닌 우리나라 노동시장의 분절화 현상과 밀접한 관련성을 가진다는 점이 바로 그것이다. 여기서 분절화란 노동사회학자들이 흔히 언급하는 일차시장이나 이차시장 개념과 관련된 분절화가 아니라, 유급노동시장과 무급노동시장으로의 구조적 이분화를 가리킨다.

우리나라의 경제활동인구, 즉 근로능력을 갖춘 사람들은 대부분 의식적이든 무의식적이든 노동을 유급노동과 무급노동으로 나누어 생각하는 경향을 갖고 있다(이강현 외, 2011). 문제는, 이러한 관념 상의 경향이 노동시장의 극복 불가능한 구조적 분절 현상과 밀접한 관련성을 가지면서 현시화되고 있다는 점이다. 즉, 노동시장은 유급노동시장과 무급노동시장으로 나뉘어 있고, 이윤의 창출 여부를 기준으로 갈린 두 유형의 시장들은 깊은 상호관련성을 맺는다거나 보완적·협력적인 관계를 유지하는 것이 아니라, 경쟁성, 대체성, 배제성 같은 상충적 속성들을 노출한 채 서로를 배척하는 방향으로 각기 따로 발전함으로써 시너지 효과를 구축하는 데 완전히 실패하였다는 주장이다.

만약 유급노동시장과 무급노동시장 간에 상호연관성이 잘 갖춰져 있고 보완성이 우수하다면, 무급노동시장에서 유능함을 인정받은 인재는 언제든 유급노동시장으로 흘러들어와 능력을 발휘할 수 있고, 반대로 유급노동시장에서 인정받은 인력은 언제든 무급노동시장으로 흘러들어와 자신의 재능을 기부할 수가 있다. 그러나 우리나라에서는 노동시장 간의 상호관련성이나 보완성이 제대로 구축돼 있다고 말하기 어려운 상황이다. 유급노동시장과 무급노동시장 간에는 엄격한 구조적 경계가 존재할 뿐 아니라(예: 우리나라 유급노동시장의 구조적 특징 중 하나인 장시간 노동은 무급노동에 대한 근로자들의 관심을 깎아내는 효과를 발생시킨다. 우리는 이를 앞선 6장에서 시간의 압박 가설이라는 논거를 통해 자세히 살펴보았다), 어느 한 가지 유형의 시장에 속해 활발히 활동하면 다른 유형의 시장에 속해 활발히 활동하기 어렵지 않겠느냐는 이분법적 인식(예: 열정을 갖고 진심을 다해 자원봉사활동을 수행하는 "별종"은 현실 세계의 "진짜 일"에는 별 관심이 없는 사람이라는 고정관념)이 일반 대중 사이에 아직까지 널리 퍼져 있다는 것이 그에 대한 방증이다(이강현 외, 2011).

요약하면, 경험적 분석결과에 의하면 우리나라는 자원봉사참여 경험이 취업가능성에 긍정적인 영향을 미치지 않는 노동환경을 가진 나라라는 사실을 분명히 알 수 있다. 자원봉사와 취업상태 사이에 왜 긍정적인 인과관계가 형성되지 않는지에 관해서는 아직 알려진 바가 거의 없다. 자원봉사활동을 업으로 삼는 전문 봉사"꾼"들이 많아서인지, 아니면 일반적인 직장생활과 자원봉사활동을 융통성 있게 병행하는 사람들이 적어서인지, 아니면 자원봉사활동 과정 가운데 쌓은 각종 지식과 기술, 역량 등이 "현실 세계"의 직장을 찾는 데 별다른 도움이 안 되어서인지 무엇 때문인지는 현재로서 확실히 말하기가 어렵다. 그러나 분명한 점은, 외국과 달리 우리나라에서만큼은 자원봉사를 아무리 많이 해도 해당 봉사자 개인의 경쟁적 유급노동시장 내 고용 전망이 밝아지지 않는다는 점, 그리고 이러한 현상이 발생하는 근본적인 원인 가운데 하나는 노동시장의 분절화 현상, 구체적으로 유급노동시장과 무급노동시장으로의 극복 불가능한 양분화에 놓여 있다는 사실이다.

19 chapter

자원봉사와 건강

이 책의 마지막 제 19장에서 다룰 주제는 자원봉사와 건강의 관계이다. 자원봉사 경험은 봉사자의 건강에 어떠한 영향을 미칠까? 긍정적인 영향을 미칠까 부정적인 영향을 미칠까, 아니면 아무런 영향을 미치지 않을까?

일단 자원봉사 경험은 봉사자의 건강에 긍정적인 영향을 미칠 것으로 생각하는 독자들이 많을 것이다. 자원봉사는 신체적·정신적으로 수행자의 활동성과 적극성을 늘리는 데 도움이 되기 때문에, 건강에도 좋은 결과를 낳지 않을까 자연스럽게 추정할 수 있다는 얘기다. 하지만 외국에서 수행된 여러 선행연구들의 조사결과를 종합해 보면 자원봉사참여↑ → 건강↑의 관계가 모든 경우에서 자동적으로 성립되는 것만은 아님을 곧 알 수 있다.

예를 들어, 육체적 건강과 관련하여 많은 연구들이 자원봉사참여경험은 사망률을 낮추는 데 특효약임을 보고해 왔다(Harris and Thoresen, 2005; Okun, Yeung and Brown, 2013). 이 점에 있어서는 큰 이견이 없었다. 하지만 몇몇 연구들은 고혈압이나 당뇨병 같은 만성질환 이환율을 떨어뜨리는 데 있어서만큼은 자원봉사참여경험이 별다른 긍정적 효과를 발생시키지 않는다는 조사결과를 보고함으로써(Tang, 2009), 육체적 건강의 증진 요인으로서 자원봉사의 효과성을 맹신하는 것은 바람직하지 않다는 사실을 주의 환기시켜 주었다.

일부 연구들은 심리적 건강 및 정신적 건강의 증진 요인으로서의 자원봉사 효과성에도 강한 문제제기를 해 왔다. 예를 들어, Lum과 Lightfoot(2005), Hong과 Morrow-Howell(2010) 등은 자원봉사참여경험이 주관적 건강을 증진시키고 우울감을 감소시키는 등 개인의 정신건강 상태에 긍정적인 영향을 미친다고 보고하였지만, 그와 대조적으로 Fujirawa와 Kawachi(2008), Borgonovi(2008) 등은 자원봉사참여가 정신건강 증진에 별다른 긍정적 영향을 미치지 못한다는 조사결과를 보고함으로써 자원봉사가 심리적·정신적으로 반드시 좋은 결과만 낳는 유의미한 사회적 활동이 아니며, 특별한 사회경제적 조건 하에서는 오히려 부정적인 역효과를 발생시킬 수 있다는 가능성을 관련자들에게 주의 환기시켜 주었다.[1)]

다양한 주제들을 대상으로 자원봉사의 효과성 입증을 시도한 여러 실증연구들에서도 비슷한 현상을 종종 발견할 수 있다. 몇 가지 예를 들면, 자원봉사참여는 노인봉사자들의 사망률을 낮추는 긍정적 효과를 발생시키지만 연간 총자원봉사시간이 40시간을 초과하는 순간 긍정적 효과는 사라지고 사망률은 반대로 치솟게 된다는 연구(Musick, Herzog and House, 1999), 자원봉사참여시간과 성인 자원봉사자들의 심리적·정서적 건강상태는 선형적이지 않고 역U자(inverted U shape)의 곡선 모양을 그린다는 연구(Windsor, Anstey and Rodgers, 2008), 에이즈 보균자들을 상대로 서비스를 제공하는 자원봉사자들은 클라이언트에 대한 지나친 감정이입으로 말미암아 다른 클라이언트 집단을 상대로 서비스를 제공하는 자원봉사자들의 우울감 수준보다 매우 높게 나타난다는 연구(Ironson, 2007: 74), 지진, 테러, 비행기추락 등 재난지대에서 구호활동을 수행한 봉사자들은 외상후 스트레스 장애(Post Traumatic Stress Disorder)를 나타낼 가능성이 크다는 연구(Thormar et al., 2010), 자원봉사참여경험은 봉사자들의 정신건강과 주관적 건강상태에 유의미한 정적 영향을 미치는데 그 정적 영향관계는 봉사자의 사회통합수준이 낮을수록 - 여기서 사회통합수준은 결혼여부, 취업여부, 도시거주여부, 친구와의 교류, 사회적 지지의 네 가지 하위변수를 각각 측정하고 이를 합산함으로써 계산한 복합변수이다 -

1) 물론 대다수의 연구는 자원봉사가 정신건강상태에 긍정적 영향을 준다는 주장을 지지하고 있다.

더 크게 나타난다는 연구(Piliavin and Siegl, 2007) 등을 거론해 볼 수 있겠다.

결국 해외문헌을 검토해 보면 자원봉사참여↑ → 건강↑의 관계가 대체로 지지되는 것은 사실이지만 모든 상황에서 자동적으로 성립되는 논거는 아니며, 일부 사회경제적·인구학적 조건 하에서는 자원봉사참여↑ → 건강↑의 관계가 성립되기는커녕 자원봉사참여↑ → 건강↓의 역관계가 현실과 더 부합하기도 하다는 사실을 확인할 수 있다.

그렇다면 우리나라 문헌은 어떨까? 본 연구자는 우리나라에서 자원봉사와 건강의 관련성이 어떤 식으로 묘사되고 설명되고 있는지 그 현황을 파악하기 위해, 지난 2000년부터 2014년까지 약 14년에 걸친 기간 동안 국내 저명학술지에 출판된 약 1,000편의 연구논문들을 두 가지 키워드를 중심으로 검색해 보았다. 사용한 키워드들은 자원봉사와 건강 두 가지였다. 문헌검색 결과, 국내 연구들은 대체로 자원봉사가 개인의 건강상태에 긍정적인 영향을 미친다는 논거에 동의하고 있음을 알 수 있었다. 아래에서는 그 가운데 눈여겨볼만한 연구논문 몇 가지만 소개하도록 하겠다.

먼저 김수현(2013)은 조사대상을 60세 이상 노인으로 한정하고, 노인의 자원봉사참여경험이 신체적 건강과 우울, 사회적 지지 및 삶의 의미에 어떠한 영향을 미치는지 분석하였다. 연구결과, 자원봉사 참여노인은 봉사참여 12개월 후에 신체적 건강상태가 호전되었으나 그 호전의 정도는 통계적으로 유의미한 수준에 이르지는 못한 것으로 나타났다. 자원봉사참여유무에 따른 집단과 시점 간에 신체적 건강상태, 우울, 사회적 지지, 삶의 의미에 대한 상호작용 효과는 통계적으로 유의한 차이가 없었지만, 자원봉사참여노인은 비참여노인에 비해 우울은 유의하게 낮고 사회적 지지는 유의하게 높은 것으로 조사됐다. 김수현(2013)의 연구는 자원봉사참여가 노인의 전반적인 건강상태에 미치는 긍정적 영향을 전향적으로 파악한 국내 최초의 연구였다는 데 학문적 의의가 크다고 생각한다.

다음으로 김재엽과 그의 동료들(2013)은 청소년의 스트레스와 우울의 관계를 조사하면서 그 관계에 자원봉사활동이 미치는 조절효과를 분석하였다. 연구결과, 조사대상 청소년들의 74.1%가 학업스트레스, 38.3%가 가족스트레스, 14.2%가

친구스트레스를 받고 있다고 응답하여 청소년들은 학업에 가장 높은 스트레스를 받는 것으로 나타났다. 또한 약 19%의 청소년들이 우울의 범주에 속하였고, 41.1%의 청소년들이 자원봉사활동을 하는 것으로 나타났다. 청소년의 스트레스와 우울과의 관계에서는 학업, 가족, 친구스트레스가 모두 유의미하게 우울을 증가시켰고, 반면에 청소년 자원봉사활동은 우울을 유의미하게 감소시키는 것으로 확인되었다. 이와 함께, 청소년의 자원봉사활동은 가족스트레스와 우울의 정적 관계를 유의미하게 부적으로 조절했으나, 친구스트레스 및 학업스트레스와 우울의 정적 관계는 유의미하게 부적으로 조절하지 못하는 것으로 확인되었다. 김재엽 외(2013)의 연구는 청소년을 조사대상으로 삼아 자원봉사활동이 정신건강증진에 미치는 영향관계를 파악했다는 데에서 학문적 의의가 크다고 말할 수 있다.

마지막으로 정은희와 강상경(2014)은 한국복지패널 1차 년도부터 7차 년도까지 참여한 20세이상 성인 14,145명을 분석대상으로 삼아 1차년도 당시 자원봉사참여경험이 조사대상자의 우울궤적에 어떠한 영향을 미치는지 종단적으로 살펴보았다. 분석결과, 조사대상자들의 우울궤적은 시간이 지날수록 대체로 낮아지는 추이를 보였고, 우울궤적에 있어 자원봉사 유경험자들의 우울 초기값이 낮았으며 이러한 경향은 7차 년도까지 지속되는 것으로 확인되었다. 한편, 연령집단별로 우울궤적 초기값과 기울기가 어떤 차이가 있는지 살펴본 결과, 초기성인기 개인들의 경우 자원봉사를 한 집단과 하지 않은 집단의 우울 초기값과 기울기에는 차이가 없어 자원봉사가 우울에 영향을 미치지 않는 것으로 나타난 반면, 중장년기 개인들의 경우 자원봉사를 한 집단의 우울 초기값은 자원봉사를 하지 않은 집단보다 높았으나 시간이 갈수록 그 차이는 완화되는 것으로 나타났으며, 노년기 개인의 경우 자원봉사를 한 집단은 그렇지 않은 집단에 비해 우울의 초기값이 낮았고 그 차이는 시간이 지나도 유지되는 것으로 나타났다. 이러한 결과는 자원봉사가 우울 감소에 긍정적인 영향을 미치는 것은 사실이지만, 그 영향관계는 연령 집단별로 차이가 있으며, 특히 중장년기와 노년기의 자원봉사가 우울 감소에 두드러진 효과를 발휘함을 시사한다는 점에서 학문적으로 뿐 아니라 실천적으로 큰 함의를 가진다고 생각된다.

결국 국내연구들 역시 전체적으로는 자원봉사가 건강에 긍정적인 영향을 미친다는 데 동의하고 있다. 그러나 그 효과는 연령 별로 차이가 있을 수 있다든지 정신건강이나 주관적 건강에는 긍정적인 영향을 미치지만 신체적 건강에는 별다른 영향을 미치지 않는다든지 하는 식으로 특수한 조건을 달아 자원봉사참여↑ → 건강↑의 관계가 무조건적으로 성립되는 도식은 아님을 주지시키는 양상이다.

그렇다면 이제 우리의 관심사는, 자원봉사와 건강 사이에 전체적으로 긍정적인 영향관계가 놓여 있음을 인정한다면, 왜 그와 같은 긍정적인 영향관계가 발생할까 하는 의문으로 모아진다고 할 수 있겠다. 자원봉사는 왜 그리고 어떠한 경로를 거쳐 건강에 좋은 결과를 발생시킬까? 선행연구들은 이 질문에 대해 대략 네 가지 정도의 답을 제시하면서 자원봉사와 건강의 인과적 고리에 관한 블랙박스를 조명하고자 노력해 왔다.

첫 번째 논리는 아주 간단하다. 자원봉사자들이 비자원봉사자보다 건강한 이유는 단순히 자원봉사자들이 집 밖으로 더 많이 나와서 더 많이 걷고 더 많이 몸을 움직이는 등 높은 신체적 활동 정도를 나타내기 때문이라는 것이다(Tan et al., 2006). 이 논리는 특히 노인계층에게 적용됐을 때 그 타당성이 가장 크게 확보된다. 많은 의학 연구들에 따르면 노인들은 신체적 활동성이 떨어질수록 사망률과 각종 만성질병(예: 고혈압, 당뇨, 심장병 등)에 대한 이환율이 증가하고, 반대로 신체적 활동성이 높아질수록 사망률과 이환율은 떨어진다고 한다(Burr, Tavares and Mutchler, 2011). 뿐만 아니라 신체적 활동 정도는 노인들의 기억력과 주관적 건강상태, 우울증의 발현에도 깊숙이 관여하는 것으로도 잘 알려져 있다.

두 번째 논리 역시 아주 간단하다. 자원봉사자들이 비자원봉사자보다 건강한 이유는 어려운 상황에 처한 낯선 미지의 타인들에게 조건 없이 도움을 제공하는 것으로부터 순수한 기쁨과 행복을 느끼면서 몸과 마음이 균형을 찾기 때문이라는 것이다. 이는 Fredrickson과 Losada(2005: 678)가 "좋은 느낌은 사람들의 인체 시스템을 뒤바꿔 놓는다(good feelings alter people's bodily systems)"고 지적한 것과 궤를 같이 하는 주장이다. 자신이 가진 것을 아낌없이 주는 봉사활동 그 자체에서 경험하는 만족과 쾌락은 생활하면서 겪는 다양한 스트레스들을 자연스럽게 해소해 주고(Mojza et al., 2010) 그로인해 심신의 균형을 맞추는 데 기여한다는 주장은 여러 의학적 연구들에 의해 실제로 입증돼 왔다. 몇 가지 예를 들면, 남들에게 도움을 주고 나눔을 일상화한 사람이 그렇지 않은 사람보다 더 강한 면역체계를 갖고 있다는 연구(Davidson et al., 2003), 낮은 수준의 부신호르몬의 분비량을 유지한다는 연구(Steptoe, Wardle and Marmot, 2005), 감기의 원인 중 하나인 리노바이러스에 대한 저항성이 더 크다는 연구(Cohen et al., 2005) 등을 거론해 볼 수 있겠다.

세 번째는 봉사활동을 하는 그 자체에서 얻는 만족과 쾌락이 아니라, 남들에게 비춰진 자신의 모습을 상상함으로써 얻는 만족감, 즉 자아상(self-image)에 초점을 맞추는 논리이다(Fraser et al., 2009: 363). 이 논리의 핵심은 자원봉사활동은 봉사자의 권능감이나 자존감, 자기효능감 같은 심리상태를 고양함으로써 정신건강에 긍정적인 영향을 미친다는 점이다. Piliavin과 Siegl(2007) 같은 학자들은 이러한 심리상태를 대인존재감(mattering)이라는 개념으로 담아냈다. 대인존재감이란 다른 사람들이 나를 중요하게 여긴다는 심리내적인 인식을 의미한다(Rosenberg and McCullough, 1981). 우리는 모두 다른 사람들이 '나'에게 관심을 갖고 '나'에 대해 걱정하며 '나'에게 특별한 가치를 부여하는 것에 대해 많은 신경을 쓴다(최한나·임윤선, 2013: 1700-1701). 만약 다른 이들이 그러한 관심과 걱정, 가치부여에 소홀할 때 우리는 기분이 상하고, 그들에게 중요한 존재로 비춰지기 위해 부단히 애쓴다. 그와 같은 노력을 하는 이유는, 남들에게 비춰진 중요한 인물로서의 '나'에 대한 인식은 우리 삶에 커다란 만족과 행복감을 안겨다주기 때문이다. Piliavin과 Siegl(2007)에 따르면, 자원봉사는 봉사 당사자의 바로 그러한 인식, 즉 '나'는 세상에서 의미 있고 중요한 사람이며 따라서 다른 사람들로부터 주목받는다라는 대인존재감을 고양하는 데 탁월한 효과를 발휘하기 때문에 - 자원봉사를 하면 남들이 '나'를 대단하게 생각할 것이라 예상하면서 봉사활동을 수행한다는 뜻이다 - 그리고 고양된 대인존재감은 봉사자 개인의 주관적 건강과 정신건강 등에 긍정적인 영향을 미치기 때문에 종국적으로 신체적 강건함을 포함한 개인의 건강상태를 전체적으로 유의미하게 증진하는 효과를 만들어낸다고 한다.

마지막 네 번째는 자원봉사자들은 비자원봉사자들보다 더 넓고 더 단단한 사회적 연결망을 보유하기 때문에 양호한 건강상태를 나타낸다는 논리이다(Degli Antoni, 2009). 자원봉사자들은 일반적으로 사회적 연결망의 크기와 밀도에 있어 비자원봉사자들을 압도하는 것으로 알려져 있다. 이는 기본적으로 자원봉사자들이 비자원봉사자들보다 사회통합과 참여수준이 높기 때문에, 좀더 구체적으로 말해 더 많은 단체와 모임, 조직에 소속돼 있고 지역사회 차원에서도 왕성한 활동량을 보일 뿐 아니라 가족이나 친지, 친구 등 가까운 관계에 놓인 사람들과도 밀접하고 사적인 상호작용을 꾸준히 지속하기 때문으로 풀이된다. 그런데 여기서 우리가 주목해야 할 점은, 자원봉사자들이 보유한 폭넓고 단단한 사회적 연결망들 가운데 일부는 건강을 증진시켜 주는 유익한 네트워크들을 동반한다는 부분이다(김욱진, 2014a). 건강증진 관련 네트워크들은 크게 세 가지 측면에서 해당 연결망에 통합된 개인들 - 여기서는 자원봉사자를 가리킴 - 에게 유의미한 의학적 혜택들을 제공해 준다. 구체적으로, 첫째, 건강에 유리한 정보 및 기회의 확산과 순환을 도움으로써[2](D'Hombres et al., 2010), 둘째, 건강에 유익한 규범의 형성과 수용을 유도함으로써[3](McNeil, Kreuter and Subramanian, 2006), 셋째, 응급상황이 발생했을 때 한 개인의 힘만으로는 대처하기 힘든 일련의 사건들에 강력한 완충재 역할을 담당함으로써[4](Mladovsky and Mossialos, 2008) 사회적 연결망은 자원봉사자의 건강상태에 긍정적으로 기여한다.

요긴대, 자원봉사참여자들은 신체적 활동성이 높기 때문에, 남을 돕는 활동 그 자체에서 희열과 행복을 느끼기 때문에, 자기 스스로에 대해 긍정적인 자아상을 가지기 때문에, 그리고 사회통합과 참여수준이 일반적으로 높기 때문에 비

2) 예: 동네 아줌마들끼리 병원 X의 의사 A보다 병원 Y의 의사 B의 수술기술이 훨씬 좋다는 평가를 공유하고, 이를 친한 지인들에게만 아름아름 전달하는 경우.

3) 예: 업무 효율성 강화에 관심이 많은 회사 사장이 사원들의 노동생산성 강화를 위해 술·담배 금지령을 내리고, 이를 사업장 전체의 내규로 정해 지키도록 강요하는 경우.

4) 예: 지인이 자동차로 병원까지 수송해 주는 경우, 친구가 입원수속을 대신해주는 경우, 부모님이나 자녀들이 병실에서 기거하면서 간병해 주는 경우, 회사동료들이 병원비를 십시일반 각출하는 경우 등.

자원봉사자들보다 신체적, 정신적, 주관적 측면에서 훨씬 더 양호한 건강상태를 유지한다는 논리들을 기존 연구들은 제시하고 있다.

제 7 부

결 론

지금까지 이 책에서 논의한 주제들은 다양하다. 크게 자원봉사참여에 영향을 주는 요인들과 자원봉사활동 그 자체, 그리고 자원봉사활동 결과 얻게 되는 효과들을 중심으로 논의를 전개해 왔다. 이처럼 자원봉사 현상에 대하여 다양한 각도에서 분석을 시도했지만, 그럼에도 불구하고 아직 해결되지 못한 난제들은 여전히 다수 남아 있다. 이 책을 마무리하는 제 7부 결론에서는 이 책의 연구자를 비롯해 자원봉사 현상을 연구하는 전 세계 학자들이 아직까지 명쾌히 밝히지 못한 자원봉사 현상의 여러 면면들을 하나씩 짚어보고, 후발 연구자들에게 도움이 될 만한 사항들을 제시하는 데 지면을 할애하고자 한다. 이를 통해 향후 자원봉사와 관련된 문헌의 내용을 풍부하게 만드는 데 조금이나마 기여할 수 있기를 희망한다.

1. 자원봉사 현상의 측정과 관련된 방법론적 문제

이 책에서 다뤘던 가장 중요한 변수 가운데 하나는 자원봉사참여여부이다. 많은 사람들이 자원봉사참여여부를 측정하는 데 무슨 문제가 있는지 의아하게 생각할 수 있다. 그러나 자원봉사참여여부를 포착하는 데에는 생각보다 훨씬 복잡하고 상당히 난해한 문제가 걸려 있다. 가장 문제시되는 부분은 사회과학의 오랜 논쟁거리 가운데 하나였던 근원주의자들(essentialists)과 구성주의자들(constructionists) 간에 사물을 바라보는 상이한 관점과 관련된다.

근원주의자들은 기본적으로 인간의 인지나 행동, 사회적 양상에는 분명히 가시적으로 측정 가능한 객관적 실체가 존재한다고 믿는다(박종일 · 김은정, 2008). 이들은 객관적 실체란 반드시 존재하며, 만약 개념적 틀을 분명히 세울 수만 있다면 그 실체를 포착하는 일은 그리 어려운 문제가 아니라고 주장한다. 따라서 만약 자원봉사 연구자가 근원주의적 관점을 취하기로 했다면, 그녀는 먼저 자원봉사란 무엇인지에 대해 - 선행연구결과에 근거하여 - 자신만의 개념적 정의를 내릴 것이고, 다음으로 그 틀에 근거하여 설문지를 작성하고 틀에 맞는 사람들만을 자원봉사자로 분류한 후, 그들의 특징에 대해 비자원봉사자들과 비교하는 방식으로 연구를 수행할 것임을 예상해 볼 수 있다.

이와 대조적으로, 구성주의자들은 인간의 인지나 행동, 사회적 양상에는 객관적 실체가 존재하지 않고, 존재하는 것은 다양한 방식으로 합의된 복수의 세계들뿐이라는 가정을 세운다(박종일 · 김은정, 2008). 개념적 틀은 어떤 현상을 맥락과 상황에 따라 유동적으로 이름 짓는(labeling) 구성원 간 합의된 암묵적 · 명시적 규칙에 불과하며, 이러한 규칙들은 구성원들이 속한 다양한 세계마다 모두 달리 정해져 있기 때문에, 어떤 한 현상이 A라는 맥락이나 상황에서 X라 불린다면 B라는 맥락이나 상황에서는 Y라 불릴 가능성이 언제든 존재한다고 보는 것이다. 즉, 구성주의자들은 세계를 이해하고 해석하는 관점은 행위자마다 다르기 때문에, 연구자가 사전에 설정한 어떤 개념적 틀이나 단어는 특정 현상을 온전히 담아내기 어렵고 포착하기도 어려우며, 따라서 근원주의적 관점을 견지하는 한 사회현상은 궁극적으로 불가지한 상태로 남아 있는 것이 당연하다는 논리를 펼친다.

현상에 대한 이와 같은 피상적이고 파편화된 이해를 극복하기 위해 구성주의적 관점을 취하는 연구자들은 특별한 개념적 틀이나 단어를 갖고서 현실을 재단하는 조사방식을 가능한 지양한다(Alford, 1998). 이들은 그와 같은 사전 작업을 불필요한 일로 단정 짓고, 그 대신 왜, 어떻게 해서, 어떤 일상적 평가와 협상의 과정을 거쳐 특수한 사회현상이 지금과 같은 내용과 방식으로 구성원들 사이에 이해되고 받아들여지게 되었는지에 대해 천착한다. 이러한 조사방식에서는 누가, 왜, 어떤 조건 하에서 자원봉사활동을 하느냐 안 하느냐는 별로 중요한 이슈가 못 된다. 중요한 이슈는, 왜 그리고 어떻게 어떠한 행위는 자원봉사로 이해되고 받아들여지고, 반대로 또 다른 어떠한 행위는 왜 그리고 어떻게 자원봉사가 아닌 것으로 이해되고 받아들여지느냐의 상이한 세계 구성에 있다.

본 연구자는 기본적으로 근원주의적 노선을 취하였다. 기존에 존재하는 공개패널데이터들을 활용해 응답자가 지난 일 년 간 최소 한 차례 이상 자원봉사활동을 했는지 안 했는지를 기준으로 자원봉사참여여부를 결정하였고, 필요한 경우 일 년 동안 총 몇 회 그리고 각 회기마다 몇 시간씩 봉사활동에 매진했는지 계산함으로써 응답자의 자원봉사참여수준을 가늠하였다. 즉, 자원봉사가 무엇인지에 대해 연구자가 비교적 명확한 개념적 틀을 미리 준비한 상태에서 그 틀에 맞는 대상자의 응답만을 추려내어 자원봉사자와 비자원봉사자를 나누고 연구를 수행하였다. 이런 측면에서, 이 책은 기본적으로 근원주의적 노선을 취했다고 평가할 수 있다.

구성주의적 관점에서 이러한 조사방식은 상당한 인식론적 흠결을 동반하는 것으로 간주된다. 따라서 신뢰할 수 없다는 비판을 받을 여지가 크고, 제대로 된 연구가 아닌 것으로 평가절하될 가능성마저 내포한다. 구성주의자들에 따르면 사람들은 자신이 수행한 어떤 행위가 자원봉사인지 아닌지를 복잡하고 다층적인 현실 속 다양한 행위자들의 연속적 반응들을 예의주시해 가면서 평가하고 협상해 나간다고 한다(Alford, 1998). 이 말인즉슨, 똑같은 행위를 놓고 X라는 맥락 속에 놓인 A는 자원봉사라고 인식할 수 있는 반면 Y라는 맥락 속에 놓인 B는 자원봉사가 아니라고 인식할 수도 있다는 얘기다. 현실은 이와 같이 극단적으로 복잡다단함에도, 근원주의적 노선을 취하는 연구자들은 설문지를 통해 조사대상자들에게 "귀하는 지난 일 년 간 자원봉사활동을 해 보았습니까?"라는 정형화된 질문을 던진 후, 응답자가 표시하는 이분법적 선택지만을 고려대상에 넣은 상태에서 자원봉사활동을 했다 안 했다 여부를 판정 내린다. 구성주의자들은 이러한 단편적인 조사방식이 복잡다단한 현실의 구성과 재구성 과정 속에서 발생하는 미묘한 상황적 차이들을 구분해 내는 데 취약하다고 비판한다. 텍스트의 행간을 놓친다는 비판이다.

동일한 행위가 사람에 따라 완전히 다르게 해석되고 이해되고 받아들여지는 경우는 여러 상황에서 그 예를 찾아볼 수 있다. 예를 들어, 낙태반대 시민단체에서 활동하는 자원봉사자들의 경험에 대해 질적 조사를 수행한 미국의 Teske(1997: 82) 연구를 거론해 볼 수 있다. 해당 시민단체는 낙태반대에 대한 자신들의 주장을 관철시키기 위해 지방 입법부와 사법부에 정치적 압력을 가하는 방식을 취하는 사회운동적 성격을 지닌 조직이었다. Teske 연구에서 가장 흥미로웠던 부분은, 대부분의 조사대상자들이 실제로 동일한 업무와 역할을 떠맡아 수행하고 있었음에도 불구하고, 어떤 이들은 스스로를 자원봉사자가 아닌 사회활동가(activists)로 인식하고 있었고, 반대로 어떤 이들은 스스로를 정치색이 전혀 없는 대인서비스지향적 자원봉사자로 인식하고 있었다는 점이다. 전자는 사회운동활동을 자원봉사의 범주에 포함시키는 것을 극도로 꺼리는 미국 주류사회의 가치를 그대로 내면화한 사람들에게서 주로 발견된 케이스였고, 반대로 후자는 기득권(=낙태찬성론자)에 맞서 싸우는 대결적 세계관을 "사회적 문제아"들이나 취하는 부정적 자세로 평가절하하는 사람들, 그리하여 가능한 한 자신들이 맡은 정치적 업무와 역할들을 끊임없이 탈정치화하고 사적 영역화(privatizing)시키고자 애쓰는 사람들에게서 주로 발견된 케이스였다. 두 유형의 자원봉사자들은 모두 동일한 업무와 역할을 수행하고 있었다. 하지만 하나는 스스로를 자원봉사자가 아니라고 생각하고 있었고, 다른 하나는 자원봉사자라고 생각하고 있었다는 중대한 차이점을 나타낸다. 행위의 주체가 처한 상황과 맥락에 따라 동일한 행위가 어떻게 완전히 다르게 받아들여지고 해석되고 실천되는

가에 대한 훌륭한 방증을 Teske(1997)의 연구는 질적 연구를 통해 여실히 보여준 것이다.

구성주의자들은 사전에 정한 어떤 특정한 개념적 틀이나 단어를 사용해 특수한 현상을 포착하려는 모든 시도가 인식론적 오류에 빠지기 쉽다고 주장한다(Alford, 1998). 따라서 이들은 연구자의 역할이란 사전에 정한 개념적 틀이나 단어에 대한 의존을 과감히 버리고, 상황과 맥락 속에 직접 뛰어들어 행위자들이 어떻게 현실을 이해하고 받아들이고 해석하는지, 그리고 그 결과 현실이 어떻게 행위자들 사이에 구성되고 공유되는지 그 과정에 대해 충분히 통찰하고 묘사하는 방식으로 설정되어야 함을 누누이 강조한다. 누가 자원봉사를 할 가능성이 높은가라든지 자원봉사를 많이 하는 사람의 특징은 무엇인가 또는 자원봉사활동의 효과는 무엇인가라는 폐쇄형 질문보다, 특정한 행위가 자원봉사로 이해되고 받아들여지는 상황과 맥락은 무엇이고 그 결과 자원봉사자가 주로 취하는 행동양식들에는 무엇이 있는지, 자원봉사자에게 기대되는 역할이나 책임은 어떤 방식과 과정을 거쳐 출현하는지, 나아가 그러한 기대들이 자원봉사활동에 대한 행위자들의 인식에 어떤 반향을 일으키는지와 같은 개방형 질문들을 던지고, 그에 대한 답을 공유된 세계에 대한 이해와 해석 차원에서 제시하는 것이 연구자가 취해야 할 자세이자 덕목이라 역설한다.

이 책은 이러한 문제의식을 충분히 반영하지 못하였다. 기본적으로 근원주의적 인식론에 근거하여 방법론을 선택하고 논의를 풀어 나갔기 때문에, 자원봉사와 관련된 의미의 중첩된 망들을 해석하고, 구성된 세계 속의 숨겨진 암호를 풀어내는 질적 숙고 작업에는 거의 관심을 기울이지 못했던 것이다. 후발 연구자들은 본서의 이와 같은 취약점을 간파하고, 그 미진한 부분들을 해결하는 데 해석학적 관점에서 많은 노력을 기울여야 할 것이라 생각한다.

2. 자원봉사자의 특성과 관련된 미해결 이슈들

이 책의 서두에서 연구자는 자원봉사활동을 야기하는 원인을 탐색하기 위해 다음과 같은 일련의 질문들을 던졌다. 첫째, 자원봉사는 누가 주로 하는가? 둘째, 사람들은 왜 자원봉사활동에 투신하는가? 셋째, 자원봉사를 촉진하는 사회적 환경에는 무엇이 있는가?

서로 다른 세 질문들에 대한 답을 찾는 과정에서 이 책의 연구자는 자원봉사를 야기하는 원인들로 다양한 개인적, 심리적, 인구사회학적, 환경적 변수들을 자원봉사 관련 영향요인들로 지목하였다. 그리고 각 요인들이 자원봉사참여수준에 미치는 상대적 영향력을 실증적으로 검증하였다. 구체적으로, 먼저 퍼스낼리티 구조와 동기구조가 자원봉사참여수준에 미치는 영향을 살펴보았고, 다음으로 소득, 학력, 직업, 시간, 건강, 성별 같은 인적자원이 자원봉사참여수준에 미치는 영향을 살펴보았다. 그 다음 생애과정 별로 자원봉사참여수준이 어떻게 달라지는지 살펴보면서, 대학입시, 결혼, 자녀양육, 은퇴 같은 주요 생애사적 사건과 과업들이 자원봉사참여수준에 미치는 영향력을 검증하였다. 뿐만 아니라, 한 개인이 공식적·비공식적 사회연결망에 통합된 정도에 따라 자원봉사참여수준이 어떻게 달라지는지 살펴보았고, 마지막으로 자원봉사참여수준이 지역사회와 국가 별로 어떻게 달리 표출되는지 살펴보았다.

많은 요인들을 점검하였지만, 그럼에도 불구하고 자원봉사자의 개인적, 심리적, 인구사회학적, 환경적 특성과 관련된 이해는 여전히 불완전하다는 느낌을 지울 수 없었다. 자료가 부족하기 때문에, 분석기법에 한계가 따르기 때문에, 선행연구들이 불충분하기 때문에 등의 이유가 자원봉사 영향요인에 관한 조사의 미진함에 대한 변명이 될 수 있을는지 모르겠다. 그러나 어찌 되었든 여러 이유들로 인해 누가, 왜, 어떤 이유로, 어떤 조건에서 자원봉사를 하고 또는 하지 않는지에 대해 분명히 말하기 어려운 부분들을 여전히 많이 남겨 두었다는 생각을 떨쳐낼 수 없었다. 이에, 아래에서는 자원봉사자의 특성과 관련하여 이 책의 연구자가 해결하지 못한 다양한 미탐색 이슈들을 열거하고, 각각에 대해 간략히 소개하는 기회를 독자들과 나누고자 한다.

2.1. 인적자원이 자원봉사참여수준에 미치는 영향과 관련된 미해결 이슈들

먼저 인적자원과 관련해 이 책이 충분히 다루지 못한 내용을 소개하고자 한다. 이 책의 5장부터 7장까지 본 연구자는 개인이 가진 인적자원들, 구체적으로 소득, 학력, 직업지위, 시간, 건강이 자원봉사참여수준에 어떠한 영향을 주는가에 대한 질문을 던지고 그에 대한 답을 찾는 데 논의의 초점을 맞추었다. 논의를 전개하면서, 본 연구자는 자원봉사자의 특성으로 높은 소득, 높은 학력, 높은 직업지위, 많은 여유시간, 그리고 양호한 건강상태 등을 집중적으로 거론하였다. 이는 자원봉사를 일종의 노동으로 보았을 때, 그리고 주어진 노동을 - 무급노동이 되었든 유급노동이 되었든 - 제대로 잘 수행하려면 가용 인적자원의 종류와 양이 가능한 많아야 하고 그 질 역시 우수해야 한다는 어쩌면 매우 당연한 정명을 감안했을 때, 더 이상 논박할 거리조차 없는 명백한 결론처럼 여겨질 수 있다. 그러나 높은 소득과 학력, 직업지위, 많은 여유시간, 그리고 양호한 건강상태를 가진 개인이 왜 그렇지 않은 개인보다 자원봉사를 할 가능성이 더 높고 시간도 더 많이 투자하는 것인지 그 자세한 이유를 설명하기란 그리 간단한 일이 아니다.

예를 들어 학력을 생각해 보자. 본 연구자는 5.1장에서 학력이 높을수록 자원봉사참여수준이 높아진다는 가설을 세우고 이를 실증적으로 입증한 후, 그 사이에 놓일 법한 여러 매개요인들을 상정하였다. 봉사자 개인의 내적 특질은 그 중 하나로 거론한 매개요인이었다. 내적 특질을 학력과 자원봉사참여수준 사이의 매개요인으로 간주하는 관점에 따르면, 고학력자는 저학력자보다 파당적 사고방식에서 벗어나 사해동포주의적인 태도를 취할 가능성이 높고, 불행한 이들의 고통에 공감하는 능력이 크며, 자신의 능력에 대한 큰 자신감을 보이기 때문에 높은 자원봉사참여수준을 갖게 된다고 한다. 상식적으로, 교육을 많이 받을수록 개인의 인지능력은 개선되고 낯선 세계에 대한 수용력과 이해력은 제고되며 제 사회문제에 대한 비판적 사고력과 이해도가 커지기 마련이다. 높아진 지적·심리적·정서적 민감도는 자원봉사에 대한 호기심을 자극하고, 문제해결 수단으로서의 가능성에 주목하게 하는 효과를 만들어 냄으로써 결과적으로 교육수준 향상 → 자원봉사활동에 유리한 내면적 특질의 제고 → 자원봉사참여수준의 실질적 증가의 인과적 연결고리에 타당성을 부여한다. 그러나 그럴듯해 보이는 연결고리임에도 불구하고, 제시된 변수들 간의 인과관계를 실증적으로 입증한 사회과학 연구들은 아직 많이 부족한 것이 현실이다. 즉, 학력이 높을수록 자원봉사에 유리한 내적 특질을 키우게 되고 그 결과 자원봉사참여수준이 높게 나타난다는 논거는 아직까지 상상 속의 시나리오만 존재할 뿐, 충분한 근거와 이론에 의해 뒷받침되는 과학적 가설의 형태로까지 여전히 발전하지 못한 상태라는 얘기다.

실증적 증거와 이론의 미비에 따른 논거 부족은 소득, 직업지위, 시간, 건강 같은 다른 인적자원과 자원봉사참여수준 간의 연결고리를 설명하는 데 있어서도 똑같이 적용된다. 상당히 그럴듯해 보이지만, 아직까지 학자들은 왜 소득수준이 높고 직업지위가 높으며 여유시간이 많고 또 건강한 사람이 그렇지 않은 사람보다 자원봉사참여수준이 높아야만 하는지 그 결정적인 이유를 다양한 각도에서 100퍼센트 설득력 있게 설명해 내지 못하고 있다. 예를 들어, 시간이 많으면 자원봉사활동을 할 여력이 많아지는 것은 분명한 사실이다. 하지만 시간이 많다는 것 그 자체만 놓고 보았을 때 한 사람의 자원봉사참여수준이 높게 나타나리라 예단하는 것은 성급한 결론이라 할 수 있다. 시간이 많으면 다른 경제적·사회적 활동을 할 수 있는데, 굳이 왜 자원봉사활동을 할까라는 질문을 던져보면 그러한 문제제기는 전혀 이상할 게 없음을 곧 깨닫게 된다. 따라서 중요한 것은, 시간이 많은 사람으로 하여금 열성적인 자원봉사자로 활동하게끔 유도하는 중간 단계의 변인들에 대한 철저한 조사와 검토, 그리고 그 메커니즘에 대한 체계적 검증이라 할 수 있겠다.

아직까지 연구들은 이러한 부분에 있어서는 약점을 드러내고 있다. 그리고 그에 따라 인적자원과 자원봉사 간 복잡한 인과관계의 블랙박스는 여전히 상당 부분이 어둠 속에 가려져 있는 실정이다. 이런 측면에서, 각종 인적자원과 자원봉사참여수준 사이의 복잡한 메커니즘 연구는 후발 연구자들이 좀더 관심을 갖고 풀어내야 할 중요한 학문적 과제 중 하나가 아닐까 생각한다.

2.2. 사회연결망과 관련된 미해결 이슈들

다음으로 사회연결망과 관련하여 이 책에서 충분히 다루지 못한 미진한 연구분야들을 소개하고자 한다. 이 책에서 연구자는 가능한 많은 사회연결망 - 비공식적 지지망이 되었든 공식적인 자발적 결사체가 되었든 또는 종교인 네트워크가 되었든 아니면 봉사요청 네트워크가 되었든 - 에 넓고 단단히 통합돼 있을수록 그 연결망에 속한 개인의 자원봉사참여수준은 높아짐을 누누이 강조하였다. 그러나 이러한 주장을 100퍼센트 확신을 갖고 모든 상황과 조건에서 통용될 것이라 말하기에는 아직 여러 모로 부족한 점이 많은 게 사실이다.

먼저 사회연결망의 가장 기본 단위를 구성하는 사적 관계망으로서의 가구를 한 번 고려해 보자. 앞선 9장에서 우리는 상당히 많은 경우에서 개인 단위가 아닌 가구 단위로 자원봉사활동이 수행된다는 사실을 살펴보았다. 실제로 자원봉사활동은 남편이나 아내가 같이 나가자고 하기 때문에 수행되는 경우가 많다. 교육적 차원에서 부모님이 초중고 학령기 자녀들의 손을 잡고 봉사현장에 나오는 경우도 적지 않다. 형제자매끼리 심심하니까 한 번 나가 보자고 의기투합되어 봉사현장에 나타나는 경우도 비일비재하다. 모두 자원봉사활동이 개인 단위가 아니라 가구 단위로 참여결정이 내려지고 수행되는 경우들을 묘사한 사례들이다.

이 뿐만이 아니다. 자원봉사활동은 무급노동으로서 유급노동에 대한 기회비용을 계산한 후 실제 수행여부에 대한 결정이 내려지는 상당히 합리적인, 일종의 가구 차원의 경제적 활동이다(Lee and Brudney, 2010). 따라서 가령 만약 한 가정의 남편이 원활한 직장생활을 하는 데 심각한 방해가 될 정도로 퇴근 시간 이후에 혹은 주말 시간대에 자원봉사활동에 매진한다면, 그리하여 회사에서 쫓겨날 위치에 처한다거나 추가근로 수당을 받지 못해 남들보다 훨씬 가벼운 월급봉투를 받는 지경에 이르게 된다면, 이를 옆에서 지켜보는 아내로서는 잔소리를 하면서 자원봉사활동을 하지 못하게끔 전력을 다해 막을 것임을 추론해 볼 수 있다. 그리고 결과적으로, 아내의 잔소리를 매일 듣게 된 남편 입장으로서도 자원봉사에 대한 열정이 아무리 강하다 할지라도 어쩔 수 없이 봉사활동에 대한 욕심을 접을 수밖에 없을 것이다.

위 사례는 가구 내 유급노동 대 무급노동 비중에 대해 남편과 아내가 적절한 배분 문제를 놓고 이견이 생김에 따라 배우자 한 쪽이 자원봉사활동에 대한 열정을 꺾은 경우인데, 비슷한 경우는 여가생활이나 자녀양육 같이 주로 가구 단위로 이루어지는 다양한 활동들에서도 얼마든지 발견할 수 있다. 예를 들어, 아내가 주말에 지나치게 오랜 시간 자원봉사활동에 매진한다면, 아내와 함께 다른 취미생활을 - 예를 들어 영화를 본다든지 등 - 하길 바라는 남편 입장에서는 그런 아내가 야속하게 느껴질 수 있다. 남편은 아내에게 자원봉사활동을 하지 말라고 화를 낼 것이다. 주말에 부부가 같이 여가활동을 할 시간의 총량은 정해져 있는데, 한 쪽이 지나치게 봉사활동에 빠져 있다면 둘의 관계는 삐걱댈 수밖에 없다는 얘기이다. 이런 측면에서 원만한 부부관계를 위해선 배우자 한 쪽이 자원봉사활동에 대한 욕심을 꺾는 것은 어쩔 수 없는 결정이라 볼 수 있다.

돌봄의 영역에 속하는 자녀양육에도 마찬가지 논리가 적용된다. 부부는 먼저 자녀양육에 필요한 최소한의 시간을 확보하고 난 이후에야 비로소 자원봉사활동에 남는 시간을 소비할 수 있다. 자원봉사활동을 자녀양육보다 더 중시하는 배우자는 원만한 가정생활을 영위하기 힘들다.

요컨대, 자원봉사는 결과적으로 본다면 개인 단위로 수행되는 개별적인 활동이지만, 그 과정을 전체적으로 조망해 본다면 가구 단위로 수행되는 집합적 성격의 사회참여활동이라 할 수 있다. 이는 사회관계망의 가장 원초적이고 기본적인 가구 내부에서의 집단 동학이 그 구성원들의 자원봉사활동에 대한 강력한 촉진요인이 될 수도 있고, 반대로 강력한 저해요인이 될 수도 있음을 시사한다. 이 책에서는 이와 같은 내용, 즉 자원봉사참여수준이 가구 내 구성원 간 집합적 역학관계와 그 결과에 의해 결정될 수 있다는 사실을 군데군데 암시하기는 하였다. 하지만 선행연구를 바탕으로 가설을 세우고 실증적 자료를 활용해 입증한다거나 하는 노력을 체계적으로 기울이지는 않았다. 이런 측면에서, 만약 후발 연구자들이 가장 기본적인 사회관계망으로서의 가구 그 자체에 초점을 맞춰 가구 구성원 간 복잡한 관계와 관계맺기의 과정, 자원봉사참여수준 간의 관련성을 조직적으로 조사해 확립시킬 수만 있다면, 학문적으로 큰 성과를 낼 수 있으리라 생각한다.

다음으로 언급하고자 하는 미탐색 이슈는 사회연결망에 부착된 다양한 역할들에 대한 내용이다. 자원봉사 같은 특수한 개인의 행위 결과를 설명하기 위해 사회과학자들은 일반적으로 해당 개인의 내적 성향, 인적자원, 사회적 환경 등을 복합적으로 감안해 연구모형을 세우곤 한다. 그런데 여기서 우리가 주목해야 할 사안은, 개인은 주변 상황으로부터 고립돼 존재하는 독립적 개체가 아니고, 언제나 복수의 사회연결망에 통합돼 존재하는 중첩된 관계 속의 자아이며, 각각의 사회연결망은 해당 망에 부착된 개인에게 하나 이상의 사회적 역할을 부여한다는 사실이다(Walker and Lynn, 2013).

예를 들어 생각해 보자. 여기 대학교 조교수로 막 임용된 한 기혼여성 A가 있다고 가정해 보자. 그녀는 일상에서 어떤 역할들을 수행할까? 기본적으로 A는 집 밖에서는 대학교 교수의 역할을 수행할 것이다. 그리고 집 안에서는 두 아이의 엄마이자 한 남자의 아내 역할을 수행할 것이다. 그러나 A에게 부여된 역할은 이것이 다가 아니다. A는 사회복지학회의 학술지 위원장 역할을 수행할 수 있고, 지역사회 안에서 아파트주민단체의 대표자 역할을 수행할 수도 있다. 두 자녀의 학교생활과 관련해서는 아이들 사교육 모임의 회원 역할을 수행할 수도 있다. 여기서 말하고자 하는 바는 A가 맡은 역할들의 특수성이 아니다. 독자들이 주목해서 볼 부분은 다양한 사회연결망들에 통합돼 있는 한 A는 자신의 의지가 어떻든 상관없이 한 가지 이상의 복잡다단한 역할들의 관계 속에 여기저기 얽혀 있을 수밖에 없다는 현실이다.

한 개인이 복수의 역할을 다중적으로 수행한다는 것은 해당 개인의 특정 행위 결과를 조사하는 연구자에게 분석 상 많은 골칫거리를 안겨다 준다. 왜냐하면, 특정 행위를 선택하고 수행하는 것은 그 행위와 직접적으로 관련성을 갖는 역할에 대한 일차원적 고려에서 비롯된 결정일 수 있지만, 다른 한편으로 그 행위와 오로지 간접적으로만 관련성을 갖는 혹은 겉으로 보았을 때 아무런 관련성을 갖지 않는 다른 역할들에 대한 다면적 고려에서 비롯된 결정일 수 있기 때문이다. 이러한 역할 간의 미묘한 관계적 속성을 하나의 연구모형에 온전히 반영시키기란 사실상 불가능하다. 이는 특히 근원주의적 노선을 추구하는 조사연구에서 두드러지게 나타나는 문제점이다.

예를 들어, 양적 연구방법인 설문조사 방식을 통해 어떤 연구자 X가 A의 자원봉사활동수준이 매우 높다는 사실을 알아냈다고 가정해 보자. X는 A의 행위결과를 설명하기 위해 그녀의 퍼스낼리티나 동기구조, 학력, 소득, 직업지위, 사회참여수준 등을 집중적으로 파헤칠 것이다. 그리고 그 결과 A가 왜, 어떻게 하여 특정 자원봉사자 역할에 현재와 같이 높은 수준의 부착성과 헌신성을 보이면서 주목할 만한 지속성을 나타내는지에 관해 나름의 결론을 내릴 수 있을 것이다. 하지만 연구자 X가 도출한 결론이 현상의 모든 면을 설명했다고 단정지을 수 있을까? 아마도 아닐 것이다. 왜? X는 A가 자원봉사자 역할에 충실할 수 있었던 배경에 대해 애당초 크게 관심을 쏟지 않은 상태에서 조사를 수행했기 때문이다. 즉, A가 자원봉사자 역할을 애당초 떠맡을 수 있었던 데에는 다른 역할들(예: 엄마로서의 역할, 교수로서의 역할 등)에서 기대하는 행위나 가치규범들이 자원봉사자 역할을 수행해도 된다고 오케이 사인을 보냈던 것이 컸을 터인데, 연구자 X는 그러한 부분들에 대해서는 함구하고 오로지 자원봉사자 역할을 설명하는 데 필요한 정보만을 선택적으로 수집한 후 이를 분석했기 때문에, X의 조사결과가 현상을 온전히 설명했다고 보기 어렵다는 의미이다.

이 책의 연구자도 비슷한 문제점에 봉착하였다. 책 중간 중간에 여러 번에 걸쳐 자원봉사활동을 잘 수행하려면 한 개인은 가족 내부에서는 배우자 역할과 부모님 역할을, 가족 바깥에서는 직장인 역할과 지역주민 역할, 단체구성원 역할 등을 종합적으로 고려해 각 역할에서 기대되는 행위와 가치규범들을 면밀히 검토한 후, 어떤 접점이 내려졌을 때 비로소 자원봉사활동을 할지 안할지, 만약 한다면 얼마나 오래 할지 등을 결정하게 된다고 설명하였다. 하지만 이러한 설명에도 불구하고 실제 통계분석을 계획하고 실시하는 데 있어 한 개인이 떠맡는 다양한 역할들과 그것들 간의 관계, 구체적으로 역할긴장이나 역할갈등, 역할대체 등 복잡한 동학에 대해서는 방법론적으로 거의 고려하지 못하였다. 응답자가 떠맡는 다양한 사회적 역할들과 그것끼리의 역학 관계를 연구설계 과정에 온전히 반영하지 못했다는 뜻이다. 이러한 한계는 본 연구서가 기본적으로 공개 패널데이터에 의존했다는 데 근본적인 원인이 존재한다. 국내 공개 패널데이터들 가운데 설문을 통해 응답자의 다중적 사회 역할들에 관해 묻고 그것과 자원봉사자 역할 간 관계에 대해 체계적으로 조사한 데이터는 전혀 존재하지 않는다. 이는 외국의 공개 패널데이터들도 똑같이 드러내는 한계이다.

일부 사람들에게 있어 자원봉사활동은 생활의 주된 일차적 역할로서 굳게 자리매김해 있을 수 있다. 하지만 대부분의 보통 사람들에게 있어 자원봉사자 역할이란 기본적으로 배우자 역할이나 부모님 역할, 직장인 역할 같은 일상적 역할들을 충실히 이행하고 나서야 비로소 생각해 볼 수 있는 부차적이고 이차적인 활동이다(Egerton and Mullan, 2008; Hustinx, 2010a). 이것은 엄연한 현실이다. 따라서 자원봉사활동이 왜, 어떻게, 어떤 조건 하에서 일어나고 혹은 일어나지 않는지에 관심을 가진 후발 연구자들은 가장 먼저 자원봉사자에게는 봉사자로서의 역할 뿐 아니라 그 밖의 다른 여러 다중적 역할들이 부여돼 있음부터 충분히 인식해야 할 것이다. 이러한 인식을 바탕으로 가정 안팎에서 떠맡는 다양한 역할들을 자원봉사자가 어떻게 타협하고 협상하는지 그 조정 과정을 좀더 체계적으로 조사한다면, 그 연구자는 학문적으로 커다란 성과를 낼 수 있을 것이라 생각한다.

사회연결망과 관련하여 이 책에서 다루지 못한 마지막 미해결 이슈는 사회연결망을 포착하는 데 사용한 척도의 불완전성에 관한 내용이라 할 수 있다. 사회연결망은 비공식적이든 공식적이든 모두 기본적으로 개인들로 구성된다. 그리고 이 개인들은 보통 가족과 친척, 친구, 직장동료, 자발적 결사체들의 멤버 등을 아우른다. 사회연결망은 자원봉사 연구자들에게 매우 중요한 변인으로 간주된다. 그 까닭은 첫째, 사회연결망은 봉사할 의지가 있으나 어떻게 할지 모르는 사람들에게 자원봉사에 대한 기회와 정보를 제공하기 때문이고, 둘째, 사회연결망은 봉사할 의지는 별로 없으나 사회적 명망이나 위신, 체면, 경제적 이해관계 등을 고려해 봉사활동을 하지 않으면 안 될 사람들을 봉사현장으로 이끌어내는 강제적 효력을 발휘하기 때문이다.

사회연결망의 이와 같은 학문적 유의성 때문에 많은 연구자들, 특히 양적 조사방법에 의존하는 연구자들은 설문조사 등의 방식으로 응답자의 자원봉사활동 실태를 조사하면서 그 응답자가 속한 연결망의 실태도 거의 항상 동시에 측정하곤 한다. 그런데 여기서 문제는, 거의 대부분의 설문조사자들이 적절치 못한 연결망 척도를 사용함으로써 현상을 제한적으로 포착하고 스스로의 눈을 가리고 있다는 점이다. 가장 심각한 문제는 - 여러 독자들이 어리둥절하게 생각할 수 있겠지만 - 오로지 조사대상 응답자에게"만" 사회연결망에 관한 질문을 던지고 관련정보를 수집하는 편향된 방법론에 있다고 말할 수 있다.

응답자가 속한 사회연결망에 관한 정보를 응답자 자신에게만 묻고 그 결과를 종합한 것으로써 사회연결망이 응답자 개인의 자원봉사참여수준을 높인다고 - 혹은 낮춘다고 - 결론 내릴 수 있을까? 얼핏 생각하면 그럴 수 있다고 답할 수 있다. 아니, 그것이 무슨 문제냐고 의아하게 생각할 수조차 있다. 하지만 조금만 더 깊이 생각해 보면, 그와 같은 결론은 근거가 그리 탄탄한 논리가 아님을 곧 알게 된다. 예를 들어 설명해 보겠다. 설문조사 결과 응답자 A가 "나는 퇴근 후 저녁 시간대에 사적으로 만나 시간을 나누는 친구들을 약 열 명 정도 가지고 있고, 이들을 각각 한 명씩 일주일에 최소 한 번 이상은 지속적으로 만나고 있다"고 답했다고 가정해 보자. 지금까지 이 책에서 말한 논리대로라면, 응답자 A는 그와 같은 친구를 하나도 가지지 않은 또 다른 인물 B에 비해 상대적으로 비공식적 지지망을 더 많이, 더 강하게 보유한 편이라 볼 수 있기 때문에 B보다 자원봉사참여가능성이 더 높을 것이란 예상을 해볼 수 있다. 하지만 정말 과연 그럴까? A의 자원봉사참여가능성이 B의 그것보다 반드시 높다고 단언할 수 있을까? 그 반대의 경우는 상정해 볼 수 없는 일일까?

넓고 탄탄한 사회연결망 - 여기서는 비공식적 지지망 - 에 통합돼 있기 때문에 A의 자원봉사참여가능성이 올라간다는 논리 이면에는 첫째, A와 밀접한 관계를 유지하는 친구들 열 명이 모두 현재 자원봉사를 왕성하게 하고 있고, 현재는 하지 않더라도 자원봉사에 관한 기회나 정보를 아주 많이 보유하고 있어서 A에게 언제나 이를 제공해 줄 수 있다는 가정, 둘째, 그 친구들 열 명이 사회 각계각층에 포진돼 있다는 가정, 즉 동질성 강한 단일 집단에 열 명 모두가 소속된 것이 아니라 질적으로 서로 다른 집단에 한 명 한 명 따로따로 소속돼 높은 이질성을 나타낸다는 가정, 셋째, 열 명의 친구들이 오로지 A와만 연결된 것이 아니라 그 외 또 다른 열 명, 스무 명, 삼십 명 이상의 개인들과 완전히 상이한 사회연결망을 고리로 복잡하게 엮여 있다는 가정, 그 결과 A의 최종적인 연결망의 크기와 강도, 폭을 대폭 확대시켜 준다는 가정 등이 전제돼 있다. 여기서 주안점은, 이러한 온갖 가정들이 온전히 충족되어야지만 A의 비공식적 지지망의 크기 및 강도가 클수록 A의 자원봉사참여가능성도 높아진다는 가설의 전후 논리가 맞아떨어진다는 사실이다. 생각해 보라. 자원봉사와 하등 관련이 없는 사람들하고 아무리 자주, 친밀하게 만나봤자 그 사람의 자원봉사참여가능성이 올라갈 이유는 없지 않은가.

그러나 설문조사 같은 양적 조사방법론에 의존하는 연구들은 이러한 가정의 충족 여부에 심각한 의문을 제기하지 않는다. 절대다수의 연구들은 응답자가 제시한 일방적 정보에만 초점을 맞춰 그가 보유한 사회연결망의 크기와 강도를 측정하는 데만 몰두한다. 사회연결망은 본질적으로 관계적이고 집단적인 속성을 띠기 때문에 연결망에 포함된 구성원들에 대한 정보 수집과 분석이 필수적인데, 실제 측정에 있어 많은 연구들이 이러한 속성을 완전히 무시하고 상당히 응답자 중심적인 접근방식을 취함으로써 현상을 부적절하게, 제한적으로 포착하고 이해한다는 비판이다.

후발 연구자들은 따라서 방법론적 차원에서 사회연결망을 보다 포괄적으로 이해할 수 있는 혁신적 방법을 강구해야 할 것이다. 응답자가 속한 사회연결망 속 구성원들이 서로 얼마나 자주 상호작용하는지, 자원봉사를 실제로 하는지, 만약 하지 않는다면 자원봉사와 관련된 기회와 정보의 충분한 제공자 혹은 연결자 역할을 하는지, 그럴 역량과 의지를 지녔는지 여부 등을 충분히 반영한 종합적이고 동적인 척도를 새롭게 개발해 사회연결망의 관계적 속성이 개인의 자원봉사참여에 미치는 영향을 좀더 세밀하게 파악할 필요가 있다는 주문이다.

2.3. 지역요인이 자원봉사참여에 미치는 영향과 관련된 미해결 이슈들

이 책의 제 12장에서는 지역요인이 자원봉사참여수준에 미치는 영향들을 검토하였다. 먼저 지역효과란 무엇인지 정의내렸고, 그 유형을 나누어 살펴보았으며, 마지막으로 해외에서 제시된 몇 가지 지역요인들을 활용하여 우리나라에서도 해당 요인들이 개인들의 자원봉사참여수준에 정적인 영향을 미치는지 여부를 검증하였다. 안타깝게도, 검증결과 해외에서 제시된 지역요인들은 우리나라 서울시민들의 개별 자원봉사참여수준에 별다른 정적 효과를 발생시키지 않는 것으로 최종 확인되었다. 검증에 동원된 지역요인들은 서울시 25개 행정자치구별로 나누어 계산한 평균자가보율비율, 5년이상 장기정착자비율, 지역애착심정도, 재정자립도, 사회경제적박탈지수, 자원봉사관련 단체의 숫자 등이었다. 하지만 이러한 연구결과를 자원봉사참여수준과 관련하여 우리나라에서 지역효과가 전혀 존재하지 않으며, 따라서 앞으로 자원봉사 현상을 연구하는 데 완전히 고려할 필요가 없음을 의미한다고 받아들여서는 곤란하다. 왜냐하면 다수준분석결과 통계적으로 미약하긴 하지만 여전히 유의미한 수준에서 지역효과는 분명 존재하는 것으로 드러났기 때문이다.

지역효과는 존재하긴 존재하나 앞의 몇 가지 지역요인들에 의해서는 잘 포착되지 않는다는 연구결과는 결국 서구를 배경으로 수행된 연구결과를 우리나라에 그대로 적용하기에는 많은 한계가 있음을 시사한다. 따라서 지역요인이 개인의 자원봉사참여수준에 미치는 영향에 관심이 많은 후발 연구자들은 우리나라 고유의 지역효과를 포착해 줄 수 있는 지역수준의 변인들을 새롭게 발굴하고,[1)]

---

1) 이 책의 집필을 마무리하는 시점에서 지역의 직접민주주의 실현 정도가 클수록 해당 지역 주민 개인의 자원봉사참여가능성은 높아진다는 스위스의 한 경험적 연구를 우연히 접하게 되었다(Stadelmann-Steffens and Freitag, 2010). 또한 지역의 범죄발생률이 높을수록 그 지역 주민 개인의 자원봉사참여율은 낮아짐을 밝힌 네덜란드 연구(Tolsmaa, Meerb and Gesthuizenc, 2009)도 접하게 되었다. 후발 연구자는 지역의 민주주의 실현 정도와 총량적 차원에서의 지역 내 범죄발생률을 측정한 후 이를 지역요인으로 상정하고, 이 요인들이 개인의 자원봉사참여가능성에 어떤 영향을 미치는지 조사한다면 좋은 학

그 근원이 어디서부터 시작하는지 체계적으로 조사해 밝히고 제시하는 데 많은 노력을 경주해야 할 것이라 생각한다.

이와 더불어, 본서에서는 지역사회의 기준을 서울시 행정자치구로 설정하고 연구를 수행했는데, 과연 이 기준이 지역효과를 포착하기에 적당한 물리적 크기인지에 대해서도 후발 연구자들이 좀더 치열히 고민할 필요가 있다고 생각한다. 서구에서 수행된 연구들은 서울시 행정자치구의 크기보다 훨씬 작은 크기의 물리적 경계를 기준 삼아 지역사회를 구분하고, 해당 지역에서의 구성효과, 맥락효과, 집합효과를 분석한 결과를 학계에 보고하였다. 하지만 이 책에서는 현존하는 국내 패널데이터의 자료수집방식 덕분에(?) 서울시 행정자치구보다 더 작게 지역 단위를 쪼개 분석을 실시하지는 못하였다. 지역효과는 물리적으로 조밀하고 근접한 공간에서 가장 극대화되어 나타난다는 점을 감안하면, 덩어리가 다소 큰 행정자치구를 기준으로 지역효과의 존재 여부를 검증한 이 책의 기본 입장은 문제시될 소지가 다분하다고 할 것이다. 지역의 물리적 크기를 좀더 잘게 쪼개고 실제 그에 부합하는 실증자료를 제시하여 지역효과의 존재 유무를 관찰할 수만 있다면, 그 연구자는 자원봉사 연구분야 뿐 아니라 지역효과 연구분야에서도 엄청나게 큰 학문적 기여를 할 수 있으리라 믿어 의심치 않는다.

3. 자원봉사의 지속성과 관련된 문제

이 책의 15.1장에서 연구자는 자원봉사활동의 지속성 문제를 파고들었다. 왜 어떤 사람은 다른 사람보다 자원봉사활동을 더 오래, 꾸준히 지속하는가? 이 질문에 답하기 위해 연구자는 먼저 지속성 개념을 부착성과 헌신도 두 가지 하위요인으로 나누고, 부착성이 높은 사람은 어떤 특징을 나타내고 헌신도가 높은 사람은 어떤 특징을 나타내는지 등에 대해 살펴보았다. 그리고 최종적으로 부착성과 헌신도를 높이기 위해 자원봉사 프로그램 관리자가 조직 차원에서 고려해야 할 일은 무엇인지에 대해 짚어보았다.

그런데 본문에서는 전혀 언급하지는 않았지만, 지속성과 관련된 문제를 논의

문적 성과를 이룩해 낼 수 있으리라 생각한다.

하는 데 있어 이 책에서 연구자가 전제한 한 가지 기본 가정이 있었다. 그 가정이란 다름 아닌 봉사활동에 만족감을 강하게 느낄수록 그 자원봉사자의 활동 지속성은 높아진다는 논리였다. 다시 말해, 자원봉사의 지속성과 관련해 여러 논의를 다양한 측면에서 전개하였는데, 이 모든 논의들의 이면에는 자원봉사활동을 수행한 이후 느낀 만족감이 크면 클수록 봉사활동을 더 오래, 꾸준히 지속할 것이고 중도이탈률도 낮아질 것이란 기대가 기본적으로 깔려 있었다는 것이다. 하지만 정말 과연 그럴까? 자원봉사활동에 대한 만족감이 클수록 중도이탈률이 떨어지고, 반대로 만족감이 작을수록 중도이탈률은 높아진다는 논리가 모든 상황과 맥락에서 예외 없이 들어맞을 것이라 확신을 갖고 말할 수 있을까?

많은 독자들이 자원봉사활동에 대한 만족감이 크면 당연히 지속성도 커지고, 반대로 만족감이 작으면 지속성 역시 작아질 것이라는 논리에 별 문제가 없다고 생각할 수 있다. 물론 많은 자원봉사자들이 자신들의 봉사활동이 불만족스럽게 느껴진 원인으로 거론한 내용들을 하나씩 살펴보면 - 예를 들어, 유급전문가들과의 갈등, 클라이언트의 무례한 행동, 고마워하지 않는 태도, 아무리 노력해도 바뀌지 않는 현실 등등 - 불만족↑ → 중도이탈률↑ 가설의 논리적 연결고리는 매우 견고히 보이는 게 사실이다. 따라서 여기서 제기하는 의문이 수긍이 가기는커녕 매우 의아스럽게 여겨지는 독자들도 분명 있을 것이다. 하지만 자원봉사활동에 대한 불만족이 커진다고 해서 중도이탈률이 높아지고, 반대로 만족감이 커진다고 해서 지속성이 커지는 것으로 당연히 여기기에는 미심쩍은 사안들이 한두 가지가 아니다. 아래에서는 불만족↑ → 중도이탈률↑ 가설의 논리적 연결고리가 맞아떨어지지는 않는 몇 가지 상황들을 제시함으로써 독자들에게 봉사활동 만족감은 봉사활동 지속성의 전제조건이 되지 못한다는 사실을 알리고자 한다.

첫째, 일부 자원봉사자들은 봉사활동에서 얻을 수 있는 보상에 관해 처음부터 매우 낮은 기대치를 갖고 봉사현장을 찾는다(Musick and Wilson, 2008: 449). 자원봉사자들이 하는 일은 일반적인 경쟁노동시장 내의 유급노동과 질적으로 다르다. 그들이 하는 일은 비경쟁노동시장 내의 무보수 노동이다. 경제적 관점에서 봤을 때 처음부터 힘들고 고통스러우며 비용과 희생만을 요구하는 이타적 업무들인 것이다. 따라서 모든 봉사자들이 다 똑같은 마인드를 갖는 건 아니겠지만, 일부 봉사자들은 분명 자신들이 실질적으로 얻을 수 있는 혜택은 별로 없고, 어쩌면 매우 고통스럽고 참기 힘들며 가능한 한 회피하고 싶은 일들만 잔뜩 하다가 집으로 돌아갈 수도 있다는 예상을 어느 정도 한 상태에서 봉사현장에 등장한다(심수명, 2011; 오현주, 2005). 이런 마인드의 봉사자들은 그 수가 많진 않을 수 있지만 분명 봉사현장에 드물지 않게 존재한다. 따라서 이런 부류의 특출난 자원봉사자들을 대상으로 봉사활동 만족감과 관련된 설문조사를 시행한다면, 만족감 수준은 평균적으로 그리 높지 않게 나타날 것이 분명하다. 하지만 그와 동시에 중도이탈률 역시 그리 높지 않을 것으로 예상된다. 왜? 애당초 이들은 소진현상이 거의 발생하지 않는 특이한 심리적 구조를 보유한 사람들이기 때문이다.

둘째, 어떤 업무를 수행하고 완수하는 데에서 느끼는 감정의 양상은 유급노동자와 무급노동자가 사뭇 다르다(이계준, 1998). 유급노동자의 경우 어떤 업무를 열심히 수행하고 성공적으로 완수했음에도 불구하고 그에 합당한 금전적 보상을 받지 못했을 때 상당한 불만족스러움을 경험한다. 뿐만 아니라 유급노동자들은 업무수행 결과 어떤 구체적이고 가시적이며 측정가능한 성과를 얻지 못했을 때도 상당한 불만족감을 경험한다. 이러한 불만족은 반드시라고는 할 수 없지만 종종 업무중단이나 사직, 이직으로까지 이어지곤 한다. 하지만 동일한 업무를 수행하고 완수한 후 무급노동자인 자원봉사자들이 느끼는 감정은 사뭇 다른 양상을 나타낸다. 무엇보다 양자 간 가장 큰 차이점은, 자원봉사자들의 경우 자신들이 궁극적으로 추구하고자 하는 목적(예: 빈곤과 기아의 해결)이 어쩌면 절대로 달성되지 못할 수 있다는 점을 충분히 인지하고 있고, 따라서 소기의 목적을 성공적으로 달성하지 못해 내면적으로 상당한 불만족스러움을 느낀다 할지라도 그에 무력감이나 굴종감을 느끼지 않고 하던 일을 계속해서 성실히 수행하는 경우도 많다는 사실이다(김종성, 2010).

실제로 국제평화기구의 자원봉사자들을 대상으로 이들의 자원봉사 동기를 조사한 Nepstad(2004: 54)의 연구보고에 따르면, 많은 국제자원봉사자들이 자신들의 활동으로 국가 간 분쟁이 실제로 눈에 띄게 줄어들 것이라든지 또는 전 세계에 평화와 안전이 찾아올 것으로 믿지는 않는 것으로 조사됐다고 한다. 일부는 자신들의 노력이 세상의 진보적 변화에 별다른 임팩트를 가하지 않을 것이라는, 다소 회의적 시각을 견지하고 있기조차 한 것으로 드러났다. 그럼에도 불구하고 이들이 전쟁지역을 굳이 힘들게 찾아다니면서 목숨을 걸고 봉사활동에 헌신하고 희생하는 까닭은, 그것이 그들이 숙명적으로 따라야 할 예수 그리스도의 가르침(gospel)이라고 강력히 믿기 때문이었다고 한다. 결국 연구결과는 하나님의 말씀에 따라 분쟁지역에 자발적으로 뛰어드는 영성적 자원봉사자들에게 세속적 성공 잣대를 들이대는 것은 큰 의미가 없음을 함의한다. 이들 영성적 자원봉사자들은 봉사활동이 아무런 가시적 성과로 이어지지 않는다 할지라도 또는 아무런 물질적·비물질적 보상을 가져다주지 않는다 할지라도 헌신하고 섬기고 타인을 사랑하는 삶 자체에 큰 의미를 부여하고 있었고, 종교적으로 이타적인 태도가 일 자체에는 커다란 만족감을 느끼지 못한다 할지라도 중간에 포기하지 않고 계속해서 맡은 바 임무를 꾸준히 성실히 수행하는 원동력이 된 것으로 연구는 분석결과를 해석하였다.

단언컨대, 일부 자원봉사자들은 봉사활동 그 자체에 큰 의미를 부여한다(이계준, 1998). 이들은 봉사활동 결과 얻게 된 성과가 가시적이지 않고 보상이 없으며 세속적 잣대에 비추어 보았을 때 실패라 여겨질지언정 그것에 큰 불만족을 느끼지 않는다. 유급노동자였다면 반드시 불만족과 환멸, 무력감, 굴종감을 경험해 불평을 해대며 하던 일을 그만뒀어야 하는 상황에서도 자원봉사 무급노동자들 가운데 일부는 업무의 성공적 완수에 대해 질적으로 다른 해석적 태도를 갖고 있기 때문에 그리고 애당초 목적의 달성이라든지 업무환경에 큰 기대를 갖고 봉사현장에 들어서지 않기 때문에 동일한 상황에서도 같은 수준의 불만족이나 환멸, 무력감, 굴종감을 경험하지 않는다는 뜻이다. 설령 강한 불만족감을 느꼈다 할지라도, 이들은 그와 같은 감정적 경험을 감내해야 할 고통이자 업보라 생각한다(심수명, 2011).

명백히, 이들은 업무의 가시적 성과와 그에 합당한 보상을 추구하지 않다는 점에서 비합리적이고 비효율적이다. 그러나 다른 한편으로, 헌신하고 희생하고 남을 조건 없이 돕는 행위 자체에 커다란 의미를 두고, 그것이 자신을 둘러싼 세상을 질서 있고 조화롭게 바라보는 시발점이라 생각한다는 점에서 영성적이고 도덕적이다. 이런 자원봉사자들에게는 만족감↑ → 지속성↑이라든지 불만족↑ → 중도이탈률↑의 가설이 성립될 리는 만무하다. 본서에서는 이와 같은 가설 불성립의 가능성을 전혀 감안하지 않은 상태에서 자원봉사활동을 지속하는 조건이라든지 소진현상을 없애는 실천적이고 구체적인 방안들에 대해 논의하였다.

따라서 후발 연구에서는 봉사만족도와 지속성 및 중도이탈의 관계에 대해 이전보다 훨씬 더 복잡하고 다각적인 차원에서 접근해야 할 것이라고 생각한다. 구체적으로, 첫째, 봉사활동에 만족감을 느끼지 않음에도 불구하고 중도이탈을 하지 않고 활동을 계속 이어가는 헌신적·고부착성 자원봉사자들에 대한 조직 차원의 지원과 개입을 고민해야 할 것이고, 둘째, 마찬가지 맥락에서 봉사활동에 강한 만족감을 느낌에도 불구하고 중도이탈을 수시로 감행하는 비헌신적·저부착성 자원봉사자들에 대한 조직 차원의 지원과 개입에는 무엇이 있을지 많은 고민을 해야 할 것이다.

4. 자원봉사의 효과와 관련된 미해결 이슈들

정치인들이나 관료들은 좀더 많은 사람들을 자원봉사의 세계로 인도하기 위해 자원봉사활동에 따르는 긍정적 파급효과들을 강조하고, 심지어 도에 넘칠 만큼 과장하는 경향을 보인다(행정자치부, 2014). 예를 들어, 자원봉사를 하면 정치적 역량을 기를 수 있다라든가, 시민적 참여활동에 보다 적극적으로 변모할 수 있다 라든가, 인간적 성장과 발달을 경험할 수 있다라든가, 취업 가능성이 올라간다라든가, 건강상태가 좋아진다라든가 하는 등 잘 알려진 이점들에 대한 강조가 여기에 해당하는 대표적 사례들이다(행안부, 2008).

하지만 자원봉사의 환상적 장점들은 알려진 것만큼 강열하거나 보편적이지 않다. 예를 들어, 자원봉사참여가 시민의식의 증진을 일으킨다는 연구결과가 다수 보고되고는 있지만, 그렇지 않다는 연구결과도 학계에 종종 보고되고 있는 것이 현실이다. 자원봉사가 시민의식을 증진하는 데 유의미한 효과를 낳는 것은 사실이지만, 시민의식을 증진하는 데 오로지 자원봉사만이 특효약은 아니고 오히려 여타 - 유급의 - 사회경제적 활동들이 시민의식을 증진하는 데 더욱 효과적이라는 연구결과도 보고된 바 있다(Musick and Wilson, 2008: 531).

자원봉사가 개인의 인간적 성장과 발달에 긍정적 영향을 미친다는 주장 역시 주로 청소년들을 대상으로 제한적으로 입증되었을 뿐이다. 아직까지 성인들을 대상으로 같은 논리가 통용되는지 여부를 살핀 실증연구들은 그리 많지 않다. 청소년을 대상으로 자원봉사의 효과성을 입증한 연구들도 사실 문제의 소지가 많다. 왜냐하면, 자원봉사경험을 가진 청소년들의 인적 발달 정도가 높은 것은 자원봉사의 효과일 수 있지만, 그와 동시에 선택효과(selection effect)의 결과일 가능성도 완전히 배제할 수 없기 때문이다. 여기서 선택효과란 자원봉사를 많이 하는 청소년들은 애당초 인적 발달 수준이 높은 학생들이기 때문에 자원봉사참여경험이 청소년의 인적 발달에 미치는 긍정적 영향은 처음부터 그 관계 속에 배태돼 있을 가능성이 큼을 의미한다.

취업 가능성을 높여준다는 주장 역시 논란의 여지가 있다. 몇몇 연구들은 자원봉사가 취업 가능성을 높여준다고 보고하지만, 이 책의 자체적인 분석결과에 따르면 세계에서 노동시간이 가장 긴 국가 중 하나인 우리나라에서만큼은 동일한 논리가 그대로 적용될 수 없음을 보여준다. 이 책의 분석결과에 따르면 자원봉사자가 비자원봉사자보다 취업 가능성이 높은 것은 사실이나, 이러한 격차는 자원봉사참여경험 때문이라기보다는 다른 노동시장 관련요인 때문에 발생한 결과로 보는 것이 타당한 것으로 나타났다.

마지막으로 자원봉사가 건강에 미치는 영향과 관련해서는, 자원봉사참여↑ → 건강↑의 관계가 대체로 지지되는 것은 사실이지만 - 특히 노인을 대상으로 해서 - 이 같은 관계가 모든 상황에서 자동적으로 성립되는 것은 아니고 일부 상황에서는 자원봉사참여↑ → 건강↓의 역관계조차 성립되는 경우가 있는 것으로 연구들은 보고하고 있다. 특히 건강은 다차원적인 개념으로서, 건강지표로 무엇을 쓰냐에 따라(예: 주관적 건강상태 vs. 우울감) 자원봉사의 효과가 있기도 하고 없기도 한 것으로 연구들은 보고하고 있으며, 재난상황이라든지 말기암 환자가 몰려 있는 호스피스 같은 특수 조건 하에서는 자원봉사가 당사자에게 트라우마로 남을 수 있음을 지적하고 있다.

건강과 관련한 또 한 가지 미해결 이슈는 도대체 자원봉사는 어떠한 메커니즘을 통해 개인의 건강에 긍정적인 영향을 미치느냐 하는 의문이다. 연구들은 자원봉사가 신체적 활동성을 높임으로써, 사회적 지지를 증가시킴으로써, 사회적 통합 수준을 높임으로써 건강 증진에 효과를 발생시킨다고 설명하고 있다. 하지만 제기된 경로들은 아직까지 가설의 형태로만 존재할 뿐, 이론의 수준까지 발전하지 못한 상황이다.

요컨대, 자원봉사가 개인에게 가져다주는 긍정적 효과들은 분명 존재한다. 하지만 그 크기는 사안에 따라 약하게 포착되기도 하고 매우 미미하게 포착되기도 한다. 심지어 어떤 상황에서는 자원봉사가 개인에게 경제적, 사회적, 심리적, 정서적으로 부정적인 영향을 미치는 경우도 발생한다. 따라서 현재 우리 사회에서 자원봉사와 관련해 회자되는 칭찬일색의 긍정적 평가는 다소 과장된 게 아닌가 하는 생각을 해본다. 나아가 일부 정치적인 목적이 숨어 있다는 생각마저 든다. 여기서 정치적이라 함은, 복지국가 축소의 물결 속에서 인적서비스에 대한 비용절감 요구를 다수의 무보수 자원봉사자들로 메우려는 이해당사자들의 의도적 여론몰이에 대한 의구심을 의미한다. 자원봉사활동이 당사자 개인에게 절대적이고 반박불가능한 가시적 보상으로 늘 이어지지 않음에도 불구하고, 마치 그러한 긍정적 효과가 당연히 따를 것이란 메시지를 대중에게 공공연하게 흘림으로써, 관심이 없었던 사람들까지도 관심을 갖고 자원봉사 현장에 나타나게끔 여론몰이하는 음모가 작금의 열광적(?) 자원봉사 붐 이면에 숨어 있는 것이 아닌가 의심된다는 얘기이다.

하지만 앞서 여러 번 강조했듯이 자원봉사자들, 특히 오랜 시간 누가 뭐라 해도 굴하지 않고 지속적으로 봉사활동에 매진하는 열성적 자원봉사자들은 특별한 보상이나 이득을 얻고자 봉사활동에 참가하지 않음을 잊어서는 안 된다(심수명, 2011; 오현주, 2005). 이들은 혜택보다 비용이 더 많이 예상되는 어려운 상황 속에서도 봉사현장에 꾸준히 나타나는 사람들이다. 이는 열성적 자원봉사자가 아닌 일반적인 자원봉사자들에게서도 똑같이 발견되는 사실이다. 대부분의 일반적 자원봉사자들 역시 봉사활동을 통해 무엇인가 특수한 이득을 취할 것이란 기대를 크게 하지 않는다. 즉, 혜택의 발생이나 취득 여부는 자원봉사자들에게 있어 봉사참여 결정에 대한 - 여러 동기 중 하나가 될 수 있을지언정 - 중요 동기가 되지 못한다는 의미이다.

이러한 부분을 고려했을 때, 결국 중요한 것은 - 당사자들에게 크게 중요치 않을 수 있는 - 자원봉사의 효과에 대해 과장하는 태도를 지양하고, 되도록 객관적인 자세로 실증적으로 입증 가능한 조사결과만을 자원봉사의 효과로 제시하는 학자적 노력이라고 생각한다. 정치인과 관료, 메스미디어가 자원봉사의 긍정적 혜택들에 대해 그 실질적 효과성이 미미함에도 불구하고 의도적으로 찬사를 보내는 것이 작금의 현실이지만, 사회과학하는 연구자들은 그러한 맹목적인 분위기에 휩쓸리지 말고 자원봉사가 특히 어떠한 상황에서 그 활동 주체에게 긍정적 효과를 낳는지, 만약 긍정적 효과를 낳지 못한다면 그 이유는 무엇인지 등의 "사실 관계"에만 초점을 맞추고, 그에 대해 합리적 판단을 내리는 객관적 자세를 견지할 필요가 있다는 주문이다.

5. 자원봉사의 미래

이 책의 서두를 연 제1장에서 본 연구자는 자원봉사가 최근 "뜨고" 있음을 언급하면서 그 부상 배경에 대해 자세히 논의하였다. 자원봉사가 각계각층의 주목을 받으며 미래 사회의 대안적 생산 활동으로 부상한 데에는 다양한 요인들이 복합적으로 상호작용하며 기여하였다. 이 책에서는 이를 크게 네 가지로 나누어 - 복지국가의 쇠퇴, 정체성 정치의 활성화, 공동체주의의 재등장, 노동의 성질에 대한 재고 등 - 각 요인이 어떻게 자원봉사활동을 유의미한 사회활동으로서 격상시키고 활성화시켜 왔는지에 대해 살펴보았다. 하지만 자원봉사가 향후 "뜰 것"이란 예상과는 정반대로 오히려 "가라앉을 수 있다"는 우려 섞인 시선도 학계에 병존한다. 자원봉사의 미래를 부정적으로 바라보는 입장은 주로 사회적 자본에 관한 논의가 활발히 전개됐던 1990년대 제기되었는데, 당시의 문제제기는 약 20년이 지난 작금의 한국 사회에도 여전히 유효하다.

사회적 자본에 관한 저명한 이론가 Robert Putnam(2000)에 따르면, 미국을 비롯해 여러 서구 선진국들이 1990년대 접어들어 과거의 영광을 이어나가지 못하고 정치, 군사, 경제, 문화적으로 쇠락의 길을 걷기 시작한 데에는 사회적 자본의 감소가 크게 기여했다고 한다. Putnam은 사회적 자본을 정부나 시장과는 구분되는 시민사회의 자산으로 간주하면서, 신뢰, 규범, 그리고 네트워크 등으로 구성되는 사회적 자본은 이질적 자아 간의 이기적 행위를 조정하고 협력하게 만듦으로써 사회를 효율화하는 데 기여한다고 주장하였다.

문제는, 정치, 경제, 군사, 행정, 문화적 효율성을 증대시켜 주는 요인으로서 사회적 자본이 20세기 중반부터 진행된 거시적 변화들, 예를 들어 큰 정부, 장시간근로, 교외와 베드타운의 발달, 대중매체의 증가 등에 의해 침해되어 상당 수준 형해화되었다는 점이다. 공동체가 붕괴되고 이기주의가 만연하며 사생활에 대한 비호가 지나치게 강화돼 집단 구성원으로서 타인과 어울려 사는 공적 삶이 사라졌다는 한탄, 다시 말해 사회적 자본이 감소하였다는 문제제기는 Putnam을 비롯해 당시 많은 보수주의적 입장에 선 사회적 자본 이론가들의 연구업적들에서 볼 수 있는 비판이었다(Bellah, 1985; Lee, Pickles and Savage, 2003: 15).

사회적 자본의 감소를 우려스럽게 바라보던 일단의 학자들은 사회적 자본이 정말로 감소하는지, 감소한다면 왜 감소하는지, 어떻게 하면 감소 속도를 줄일 수 있는지, 그 치료제는 무엇인지 등의 이슈들에 천착하기 시작하였다. 이들의 노력은 한편으로는 가족과 이웃, 종교, 자발적 결사체 같은 한때 잊혀진 다양한 중재 구조들(mediating structures)의 중요성을 사회적으로 복기시키는 결과를 가져왔고, 다른 한편으로는 관련된 이슈에서 다양한 학자들의 다양하고 예상치 못한 반응들을 야기하는 등 여러 파급효과를 불러일으켰다(Kuusisto, 2007).

사회적 자본의 감소를 막아주는 치료제로서 자원봉사가 지목되고, 그 가능성에 대해 학자들 간에 열띤 토론이 펼쳐지기 시작한 것도 바로 이 때부터였다. 우선, 일단의 학자들이 자원봉사가 일반적 타자에 대한 신뢰, 상호호혜에 관한 규범, 사회적 연결망과 깊은 관련성을 갖는 지표가 될 수 있다고 보고, 자원봉사참여수준을 높이는 것이 곧 사회적 자본의 총량을 높이는 결과를 가져올 수 있다고 주장하기 시작하였다(Claibourn and Martin, 2000).

하지만 또 다른 일단의 학자들이 등장해 자원봉사참여수준을 단순히 높이는 것은 문제해결에 결코 도움이 되지 못한다고 주장하기 시작하였다. 이들에게 있어 중요한 사안은 자원봉사 역시 사회적 현상 중 하나이기 때문에 성별로, 연령별로, 사회경제적지위별로, 종교별로 차별적으로 현시화되고, 심지어 지역별로, 국가별로도 상이한 모습을 나타낸다는 점이었다. 이들은 자원봉사참여수준을 높이기 위해서는 먼저 사회적으로 왜 이와 같은 분절현상이 존재하는지부터 진단해야 하고, 그 다음 그와 같은 분절이 어떤 경로를 거쳐 어떠한 조건 하에서 자원봉사참여수준에 어떻게 영향을 주는지 또는 주지 않는지를 분석해야 한다고 주장하였다. 이런 측면에서, 후자의 입장에 선 학자들에게 있어 한 국가 내 평균 자원봉사참여율은 그리 중요한 관심대상이 못 된다. 이들에게 있어 중요한 사안은 인구학적·사회경제학적 지표 별로 분절된 자원봉사참여수준이고, 그러한 차별적 참여수준이 나타나게 된 근본적 원인에 대한 진단이며, 분절된 참여가 만들어낸 상이한 사회통합과 배제의 양상이다(Rotolo and Wilson, 2012).

현재까지 대중에 공개된 전 세계 각국의 자원봉사 관련 자료를 비교분석해 보면, 사회적 자본 이론가들이 우려하는 것과 같은 현상은 발생하지 않았다고 말할 수 있다. 즉, 자원봉사를 사회적 자본의 지표 중 하나로 간주했을 때, 자원봉사참여율이나 참여시간이 시간의 흐름에 따라 전반적으로 계속 감소했다고 단정 지을만한 그 어떤 실증적 증거도 포착되지 않았다는 것이다. 간혹 지표 상의 변동이 발견되기도 하지만, 이는 그 나라 경제가 심각한 불황에 빠졌다거나 하는 상황적 요인에 따른 일시적 조정 현상일 뿐, 20세기 중반 이후 전 세계 각국의 자원봉사참여수준은 역사적으로 대체로 안정적인 추세를 유지했다고 보는 것이 타당하다고 볼 수 있다(Syvertsen et al., 2011). 오히려 우리나라처럼 1990년대 이후 새롭게 민주화된 과거 권위주의 국가라든지(이강현 외, 2011), 20세기 중후반 이후 갑작스럽게 근대화를 경험한 아시아 몇 개 나라에서는 전체적으로 자원봉사참여율이 미세하지만 올라가는 추세를 보이기조차 하였다(Warburton and Winterton, 2010: 1053).

물론 위와 같은 진단이 자원봉사활동의 구체적 면면들에 역사적으로 그 어떤 변화도 없었음을 지지하는 말로 해석되어서는 곤란할 것이다. 사람들이 자원봉사활동에 투신하는 이유나 동기, 봉사자들이 수행하는 업무의 유형, 자원봉사활동에 열성을 보이는 인구집단과 그 특징 등 자원봉사활동의 구체적인 양상들은 역사적으로 늘 변화해 왔었다. 여기서 지적하려는 바는 다만 한 가지, 자원봉사참여수준이 확연히 감소했다고 볼만한 실증적 증거는 없다는 점, 따라서 사회적 자본 이론가들이 우려했던 것과 같은 시민사회의 위축이 실제 현실에서는 발생하지 않았고, 이러한 다소간의 안정성을 고려했을 때 앞으로도 자원봉사참여수준에 있어 어떤 급작스러운 변화는 없을 것으로 예상된다는 점, 그것뿐이다.

성별, 연령별, 사회경제적지위별, 종교별, 지역별, 국가별로 차별적으로 현시화되고 있는 자원봉사참여수준에도 커다란 변화가 있을 것 같지는 않아 보인다. 전 세계 각국의 조사결과를 종합해 보면 연령 측면에서 약간의 변화가 감지되고 있으나 - 구체적으로, 청소년과 청년층에서 그리고 특히 최근 "베이비부머"로 통칭되는 은퇴중장년층 혹은 노년층에서 자원봉사참여수준이 점차 증가하고 있다는 연구결과가 속속들이 나오고는 있으나(Van Ingen and Dekker, 2010) - 기존에 잘 알려진 사실들, 예를 들면 여성이 남성보다, 사회경제적지위가 높은 사람이 낮은 사람보다, 종교적 믿음이 강한 사람이 약한 사람보다, 자원주의의 전통이 강하고 자유주의 정치체제를 신봉하는 정도가 큰 국가의 국민이 그 반대선상에 놓인 국가의 국민보다 더 높은 자원봉사참여수준을 나타낼 것이란 예상에는 커다란 변화가 있을 것 같지는 않아 보인다. 그렇게 믿을만한 어떤 주목할 만한 사회적 변동이 청소년층을 대상으로 한 반강제적 봉사학습의 제도적 정착 그리고 베이비부머로 통칭되는 은퇴중장년층 혹은 노년층의 사회세력화 등의 현상을 제외하고는 특별히 포착되고 있지 않기 때문이다.

요약하면, 자원봉사참여수준이 다가올 미래에 갑작스럽게 증가추세를 나타내거나 혹은 그 반대로 갑작스럽게 감소추세를 나타낼 것 같지는 않으리라 예상된다. 많은 정치인들과 관료들, 사회복지사들, 유관 전문가들이 정책적·실천적 차원에서 자원봉사참여수준을 제고하기 위해 각고의 노력을 다하고는 있지만, 연령구조를 제외하면 특별한 상황적 변화가 예상되지 않는 현 시점에서는 앞으로도 한동안 전 세계 각국의 전체적인 그리고 인구집단별 자원봉사참여수준은 지금까지 그래왔던 것처럼 대체로 안정적인 상태를 유지하면서 지속되거나 매우 점진적으로 증가 추세를 보일 것으로 전망된다는 것이다.

참고문헌

강내원 (2008). 사회자본으로서의 '신뢰'에 관한 개념적 · 방법론적 고찰. 공공정책과 국정관리, 2(1), 1-19.

강대선 · 배의식 · 류기형 (2010). 자원봉사자의 참여 동기와 유형별 자원봉사과업만족도 및 지속의지와의 관계에 관한 연구. 한국사회복지학, 62(4), 59-77.

강민연 · 김춘경 (2010). 노인의 자원봉사 경험에 대한 질적 연구: K시 노인종합사회복지관 노인자원봉사자를 대상으로. 한국노년학, 30(4), 1409-1427.

강철희 · 이상철 (2013). 한국인의 보편적 신뢰 영향 요인에 관한 연구: 시민의 사회참여행동과 사회적 불평등 인식의 영향력 검증. 한국사회복지행정학, 15(4), 1-28.

공미혜 · 규순덕 (2004). 전화상담 여성자원봉사자의 여성주의 정체성이 직무만족에 미치는 영향. 상담학연구, 5(1), 43-59.

곽미정 · 문신용 (2010). 시민의식 영향요인 연구: 청소년봉사활동의 동기, 진로성숙도, 학업스트레스를 중심으로. 시민사회와 NGO, 8(2), 111-141.

곽병선 (1993). 시민자질 함양을 위한 한국 교육의 과제. 한국교육개발원.

곽진주 (2010). 학생상담자원봉사자의 역할과 활성화방안. 相談과 指導, 45, 333-345.

구갑우 · 이명현 · 최현 · 은수미 · 김기원 · 김성천 · 서영표 · 안병진 · 이강국 · 이건범 · 이병민 · 조형근 · 황덕순 (2010). 좌우파사전. 위즈덤하우스.

구혜영 · 김일동 (2012). 개인, 업무, 조직요인이 여성노인자원봉사자의 봉사활동 지속가능성에 미치는 영향연구. 한국비영리연구, 11(1), 89-122.

권순미 (2003). 사회복지조직의 자원봉사자 관리 실태와 과제. 福祉行政硏究, 19, 379-394.

권인탁 · 서재복 · 임영희 (2009). 전문직 퇴직자 봉사단체의 발전방향: 금빛평생교육봉사단의 사례. 교육종합연구, 7(2), 45-70.

권영섭 · 정순둘 (2009). 재해구호 자원봉사활동의 지속성에 영향을 미치는 요인. 한국방재학회논문집, 9(3), 75-79.

권현수 · 임성옥 (2000). 시민자원봉사활동의 전망 및 과제. 한국사회복지학회 학술대회 자료집, 2000(1), 671-692.

길귀숙 (2004). 여자대학생의 성격유형과 자원봉사활동 동기 및 태도요인의 관계 연구. 韓國心理類型學會誌, 11, 99-121.

김경동 (2007). 급변하는 시대의 시민사회와 자원봉사: 철학과 과제. 아르케.

김경동 · 김여진 (2011). Volunteer Frame and Volunteer Culture. 사회과학 연구논총, 25, 147-170.

김경혜 (2011). 초고령 사회 서울, 어떻게 대처할 것인가: 부정적 영향에 대한 대응전략.

서울시정개발연구원.
김기현 (2010). 대학생 자원봉사활동 동기 및 활성화에 관한 연구. 교정복지연구, 20, 33-71.
김동배·신수민·정규형 (2012). 노년기 자원봉사참여유형이 우울에 미치는 영향 - 자아통합감의 매개효과를 중심으로. 노인복지연구, 57, 7-28.
김미령 (2014). 베이비부머의 자원봉사활동 특성 및 참여동기가 자원봉사 역할정체성 및 자원봉사만족도에 미치는 영향. 노인복지연구, 64, 79-103.
김상진 (2007). 생활시간조사 연구를 통한 무보수 가사노동의 경제적 가치연구: 맞벌이 부부 중심. 석사학위논문. 한남대학교.
김성경 (2009). 사회적 자본 요인 및 자원봉사활동 요인이 평균이상 자원봉사활동 참여에 미치는 영향 연구, 한국사회복지행정학, 11(3), 317-337.
김수현 (2013). 노인의 자원봉사 참여가 신체적 건강, 우울, 사회적 지지 및 삶의 의미에 미치는 영향. 한국노년학회, 33(1), 53-66.
김영우 (2009). 자원봉사관광(Volun-tourism) 참여동기와 인식변화에 대한 연구: 태안 해안국립공원지역 중심으로. 觀光硏究, 24(5), 315-339.
김욱진 (2008). 사회적 자본을 활용한 지역사회조직화전략 재고. 한국지역사회복지학. 26, 31-52.
김욱진 (2013). 지역사회의 참여적 속성이 사회적 고립과 식품미보장 사이의 관계에 미치는 영향에 관한 다층분석. 사회보장연구, 29(1), 1-32.
김욱진 (2014a). 여성결혼이민자의 사회참여와 건강. 한국지역사회복지학, 48, 77-103.
김욱진 (2014b). 배고픔은 신뢰 형성에 어떠한 영향을 미치는가? 일반적 사회신뢰와 식품미보장의 관계에 관한 연구. 사회보장연구, 30(3), 1-29.
김은정 (2014). 20대 청년층의 새로운 생애발달단계로서 "성인모색기"(Emerging Adulthood)에 관한 탐색 연구. 담론, 17(3), 83-129.
김재엽·이동은·정윤경 (2013). 청소년 스트레스가 우울에 미치는 영향에 자원봉사활동의 조절효과. 한국청소년연구, 24(3), 99-126.
김종성 (2010). 재난 지역에서 평화에 대한 선교적 이해 - 아이티 지진 구호 사역을 중심으로. 선교와 신학, 26, 181-213.
김종숙·이동우·김종환 (2008). 사회복지 자원봉사 지원체계 개선방안. 한국사회복지협의회 사회복지연구원.
김지선 (2010). 고등학교 교사 봉사 동아리 활동에 관한 질적 사례연구. 한국교원교육연구, 27(3), 115-142.
김태성·성경륭 (2014). 복지국가론. 개정2판. 나남출판사.
김태홍 (2009). 최근 여성 일자리 창출 현황과 정책과제. 한국여성정책연구원.
김태형·권세원·이윤진 (2012). 서울시민의 개인 및 지역 효과에 의한 건강불평등. 서울도시연구, 13(13), 15-35.
김현진·이민창 (2012). 자원봉사 지속의지 영향요인 분석: 공공봉사동기이론의 적용을 중심으로. 지방정부연구. 16(3), 249-272.

김현철・박노자・고미숙・권인숙・나임윤경 (2007). 청소년기 사회화 담론의 근대적 기원과 그 영향. 한국청소년정책연구원.

김형용 (2010). 지역사회 건강불평등에 대한 고찰: 사회자본 맥락효과에 대한 해석. 한국사회학, 44(2), 59-92.

남기민 (2011). 사회적 노화이론에 관한 연구. 한국사회과학연구, 33(1), 33-50.

노병일・곽현근 (2005). 동네의 맥락적 특성이 주민의 정신건강에 미치는 영향. 보건과 사회과학, 17, 5-31.

모화숙・박미라・하대현 (2013). Big5 성격요인과 주관적 안녕감 간의 관계에 대한 자기효능감의 매개효과. 한국교육심리학, 27(3), 761-781.

민기채・이정화 (2008). 비공식적 관계망에 대한 지원 제공이 노인의 정신 건강에 미치는 영향: 성차를 중심으로. 한국노년학, 28(3), 515-533.

박가나 (2012). 우리나라 봉사학습에 대한 연구 동향 분석. 시민청소년학연구, 3(2), 55-93.

박가나 (2014). 학교중심 봉사학습의 유형 및 내용 분석. 청소년학연구, 21(6), 27-57.

박관숙・김성희 (2012). 청소년 자원봉사의 이타성과 이기성, 진로성숙도, 시민의식에 관한 연구. 한국시민윤리학보, 25(2), 117-136.

박광주 (2000). 국가와 시민사회: 한국의 경험. 국제지역문제연구, 18(1), 1-26.

박상혁 (2013). '절차적' 민주주의와 '실질적' 민주주의의 지양. 철학사상, 49, 265-287.

박정희・김민 (2007). 청소년자원봉사활동 참여도에 영향을 미치는 개인변인 연구. 미래청소년학회, 4(1), 85-103.

박재묵・이정림 (2010). 자원봉사자의 환경주의와 탈물질주의: 태안지역 방제작업에 참여한 자원봉사자의 가치관 분석. 환경사회학연구, 14(2), 53-84.

박태정 (2013). 베이비부머 세대들의 삶을 통해 본 일과 은퇴의 경험적 의미에 대한 연구. 노동정책연구, 13(3), 29-57.

박철민 (2010). 퇴직공무원의 자원봉사활동 실태와 만족도 인과구조분석: 구조방정식모형의 적용을 중심으로. 지방정부연구, 14(3), 23-49.

박희은・최제숙 (2001). 유치원에서의 어머니 자원봉사활동에 관한 연구. 幼兒教育硏究, 21(4), 391-410.

비판사회학회 (2012). 산업사회의 이해 - 노동세계의 탐구. 비판사회학회.

박선권 (2012). 사회노년학 이론의 갈래, 추세, 정책적 함의. 민주사회와 정책연구, 22, 73-101.

배한동 (2001). 민주 시민 의식 함양을 위한 도덕과 교수 학습 방법. 도덕윤리와 교육연구, 13, 1-25.

보건복지가족부 (2009). 노인실태조사: 전국 노인생활실태 및 복지욕구조사. 보건복지가족부.

서지영・한현지 (2006). 보육기관에서 노인자원봉사자 인식에 관한 연구. 사회복지지원학회지, 2(2), 233-246.

서제희 · 김호 · 신영전 (2010). 아동기 및 성인기 사회경제적 위치와 세대 간 사회 이동이 성인기 건강에 미치는 영향. 예방의학과 공중보건학, 43(2), 138-150.

서홍란 · 박정란 (2014). 대학생 해외자원봉사 프로그램의 효과성에 관한 기초연구. 청소년학연구, 21(2), 139-168.

손문금 (2005). 맞벌이 부부의 무급노동분담에 대한 실증적 연구: '생활시간조사' 자료를 중심으로. 페미니즘 연구, 5, 239-287.

송다영 (2014). 한국 30대~40대 여성의 이중돌봄 현실과 돌봄경험의 다중성에 관한 연구. 한국사회복지학, 66(3), 209-230.

송현정 (2003). 사회과교육의 목표로서 시민성의 의미에 대한 연구. 시민교육연구, 35(2), 45-70.

신재섭 · 황성하 (2011). 한국 자원봉사관리 현황과 문제점에 관한 연구 - 일본 자원봉사 관리 운영을 통함 함의를 중심으로. 복지행정논총, 21(2), 61-79.

심수명 (2011). 평신도 봉사자의 소진 경험에 대한 현상학 연구. 성경과 신학, 59, 137-165

안병진 (2005). 대의제 민주주의의 위기와 대안: 미국의 결사체 민주주의와 전국적 자원봉사조직 - AmeriCorps를 중심으로. 시민사회 NGO, 3(1), 55-86.

오현주 (2005). 주일학교 자원봉사자의 사역만족도 연구: 미국 교회를 중심으로. 기독교교육정보, 11, 39-62.

옥철호 · 최혜경 (2013). 해외의료봉사활동 참여자들의 임파워먼트에 관한 실증연구. 국제사회복지학, 3(1), 33-58.

우정자 · 김형주 · 김은경 · 이혜경 (2003). 청소년 리더십 함양을 위한 자원봉사 교육 프로그램 모델 개발. 한국청소년개발원 연구보고서 I, 1-244.

유옥 (2010). 교회 내 봉사 참여그룹과 비참여그룹 간 성격특성에 대한 비교 연구. 한국기독교상담학회지, 19, 163-189.

유홍준 · 김월화 (2006). 한국 직업지위 지수: 과거와 현재. 한국사회학, 40(6), 153-186.

원미순 · 박혜숙 (2010). 자원봉사활동 경험이 시민의식에 미치는 영향. 한국거버넌스학회보, 17(3), 225-245.

은기수 · 박건 · 권영인 · 정수남 (2011). 청년기에서 성인기로의 이행과정 연구. 한국청소년정책연구원.

이강현 · 김성경 · 박윤애 · 김문정 (2003). 우리나라 여성 자원봉사활동 및 기부활동에 관한 연구. 한국비영리연구, 2(2), 207-245.

이강현 · 정진경 (2006). 자원봉사조직 및 자원봉사자의 자원봉사 인정 · 보상 시행 경험에 관한 연구. 한국비영리연구, 5(1), 101-135.

이강현 · 박윤애 · 김성경 · 정희선 · 오영수 (2011). 전국자원봉사활동 및 기부실태 조사연구 - 1999~2011년 자원봉사 및 기부실태 비교. (사)볼론티어21.

이경혜 · 황지민 (2013). 젠더별 자원봉사행동에 대한 영향요인 탐색연구. 한국사회복지행정학, 15(4), 173-200.
이계준 (1998). 성서적 노동의 의미. 새가정, 45(492), 40-43.
이금룡 · 권기환 (2011). 자원봉사 동기와 동기충족 및 자원봉사활동 만족도와의 관계에 관한 연구: 기능주의적 동기이론을 중심으로. 한국지역사회복지학, 37, 83-111.
이금룡 · 박상욱 · 유은경 (2013). 인정 · 보상이 봉사활동만족도에 미치는 영향에 관한 연구. 한국지역사회복지학, 47, 177-200.
이동원 (1997). 청소년 비행에 있어서 허쉬의 사회통제이론의 확장: 주요 통제요인들 간의 상호작용효과의 도입을 중심으로. 한국청소년연구, 26, 73-102.
이민부 (2009). 이민부의 지리블로그 - 지구, 환경 그리고 우리의 터전. 살림FRIENDS.
이병순 · 김욱 (2006). 노인자원봉사자의 봉사활동 지속성 및 참여도 영향요인 연구. 대한케어복지학, 2(3), 87-108.
이봉재 (2012). 자원봉사활동 참여 노인의 소진에 영향을 미치는 자원봉사관리 요인에 관한 연구. 社會科學硏究, 28(3), 251-268.
이성록 (2007). 자원봉사 활동관리 이론과 실제. 미디어숲.
이수연 · 김형모 (2013). 자원봉사활동 참여경험이 비행청소년의 임파워먼트에 미치는 영향. 한국아동복지학, 44, 189-211.
이수정 · 원용아 · 이영철 · 박인철 (2010). 대학의 사회봉사 기능이 인지도 및 교육성과에 미치는 영향 분석. 열린교육연구, 18(3), 1-26.
이연숙 (2010). 생산적 노후생활을 위한 노인자원봉사활동에 관한 연구. 임상사회사업연구, 7(2), 19-43.
이용교 (2010). 청소년봉사활동의 과거, 현재, 미래. 시민청소년학연구, 1(2), 61~84.
이윤경 (2007). 비노인층이 갖는 노인 이미지 연구. 한국인구학, 30(2), 1-22.
이인수 (2001). 한국노인자원봉사의 의미와 실태. 한국노인복지학회, 12, 25-45.
이재혁 (1998). 신뢰의 사회구조화. 한국사회학, 32, 311-335
이정임 · 김경화 (2013). 공식적, 비공식적 사회적 지지가 농촌노인의 심리적 복지감에 미치는 영향. 사회과학논총, 12, 131-159.
이정해 · 김현주 (2014). 물질적 지원이 대학생 자원봉사활동 지속성에 미치는 영향 - 사회복지전공 대학생을 중심으로. 청소년학연구, 21(1), 73-95.
이현기 (2012). 노인자원봉사활동에 있어서 생태환경 변수의 효과: 노화의 일반생태학 이론을 적용하여. 韓國老年學, 32(3), 777-800.
이현기 (2013). 한국 베이비붐 세대의 자원봉사참여 및 참여의사의 영향요인. 한국지역사회복지학, 47, 227-256.
이현우 (2011). 한국 민주주의의 질적 향상을 위한 방향: 절차적 민주주의를 넘어서. 한국국제정치학, 4, 23-44.
임승희 · 노승현 (2009). 호스피스 자원봉사자의 성격특성이 자원봉사참여도 및 지속의지에 미치는 영향연구 - 자원봉사동기의 매개효과를 중심으로. 사회복지연구, 40(3), 125-148.

임옥빈 (2012). 노인의 건강상태가 자원봉사활동 지속 활동기간에 영향을 미치는 요인 연구. 한국체육과학회지, 21(4), 225-239.

장덕진 (2004). 연결망과 사회이론. 사회와 이론, 4, 11-61.

장보성·남영준·이준기 (2014). 도서관 장애인서비스 자원봉사자의 직무만족 영향요인에 관한 연구. 한국비블리아학회, 25(1), 217-237.

장영희·권혜진 (2010). 노인 자원봉사자의 동화 들려주기 활동에 대한 반응 탐구. 육아지원연구, 5(2), 157-186.

조순경 (2000). 노동과 페미니즘. 이화여자대학교출판부.

정성원·조용태 (2005). 한국적 특수성을 고려한 지역특성과 개인의 건강. 예방의학회지, 38(3), 259-266.

정진석·조미정·채현탁 (2009). 자원봉사활동의 적극성과 지속성에 영향을 미치는 인정보상 요인에 관한 연구. 한국지역사회복지학, 28, 95-112.

조호운·조성환·김영희 (2012). 청소년의 자원봉사활동이 시민의식과 긍정적 자기지각 및 또래관계에 미치는 영향 - 중학생과 고등학생 간 비교. 한국생활과학회지, 21(4), 729-744.

주성수 (2005). 자원봉사: 이론, 제도, 정책. 아르케.

정광중·황석규·강준혁 (2010). 제주지역 노인자원봉사활동에 관한 연구. 濟州島硏究, 33, 181-219.

정민욱·배정민·김민재·이미소·유은주 (2010). 대학생의 자원봉사활동 활성화에 관한 연구. 행정경찰학부 학술대회 발표논문집, 4, 101-137.

정은희·강상경 (2014). 자원봉사와 우울 궤적의 종단적 관계: 세 연령집단 간 다집단 비교. 사회복지연구, 45(1), 203-230.

정진경 (2012). 자원봉사 개념의 재해석과 통합적 적용의 탐색. 한국사회복지행정학, 14(3), 31-52.

최성재 (2004). 고령화 사회에 대비한 사회복지정책 방향. 사회과학논총, 21, 135-149

최영진 (1999). 한국 지역주의와 정체성의 정치. 오름.

최유미 (2010). 자원봉사 교육과 인정이 직무만족에 미치는 영향에 관한 연구. 한국지역사회복지학, 32, 151-183.

최유미·심성지 (2008). 자원봉사조직의 네트워크 특성이 조직효과성에 미치는 영향에 관한 연구. 한국비영리연구, 6(3), 133-183.

최은숙·이석호 (2011). 시민들의 자발적 결사체 참여가 기부 및 자원봉사에 미치는 영향. 한국지역사회복지학, 38, 115-140.

최장집 (2009). 민중에서 시민으로: 한국 민주주의를 이해하는 하나의 방법. 돌베개.

최한나·임윤선 (2013). 한국판 대인존재감 척도의 타당화. 상담학연구, 14(3), 1699-1715.

최해경 (2013). 지역사회 거주 노인의 성공적 노화 수준과 예측 요인: 한국적 성공적 노화 개념을 중심으로. 한국사회과학연구, 24(1), 193-217.

편병철 (2007). 민주주의는 주민참여와 자원봉사로 완성된다. 월간 CONCEPT, 95, 142-143.

한승연 (2011). 일제 강점기 근대 국민개념 형성 연구. 정부학연구, 17(1), 57-107.

한정란 (2012). 노인 휴대폰활용교육 대학생 봉사자들의 자원봉사 참여동기, 성취, 만족도. 韓國老年學, 32(3), 927-939.

행정안전부 (2008). 전국자원봉사활동 실태조사. 행정안전부.

행정자치부 (2014). 당신의 손길이 희망을 만듭니다! 2014 전국자원봉사자대회 개최. 2014년 12월 5일 행정자치부 블로그 기사. 출처: http://mogahablog.net/11811528.

현외성 (2011). 자원봉사론 강해. 학지사.

홍순혜·원미순 (2006). 고학력 여성유휴인력의 자원봉사 활성화 방안. 여성연구논총, 21, 93-123.

홍태영 (2011). 정체성의 정치학. 서강대학교출판부.

Abrahams, N. (1996). Negotiating power, identity, family, and community: Women's community participation. *Gender and Society, 10*, 768-796.

Alford, R. R. (1998). *The Craft of Inquiry: Theories, Methods, Evidence*. Oxford University Press.

Allen, J., Kuperminc, G., Philliber, S., & Herre, K. (1994). Programmatic prevention of adolescent problem behaviors: The role of autonomy, relatedness, and volunteer service in the teen outreach program. *American Journal of Community Psychology 22*(5), 617-638.

Altman, T. & Harris, C. (2013). *Selfless Service: The State of Volunteering in the Act 2013*. Volunteering ACT.

Astin, A., Sax, L., & Avalos, J. (1998). Long-term effects of volunteering during the undergraduate years. *Review of Higher Education, 22*, 187-202.

Australian Bureau of Statistics (2011). *Voluntary Work Australia*. ABS Cat no. 4441.0. Canberra: ABS.

Baggett, J. (2001). *Habitat for Humanity*. Philadelphia: Temple University Press.

Barkan, S. (2004). Explaining public support for the environmental movement: A civic volunteerism model. *Social Science Quarterly, 85*, 913-937.

Bass, S. & Caro, F. (2001). Productive aging: A conceptual framework. In Eds. N. Morrow-Howell, J. Hinterlong, & M. Sherridan. *Productive Aging* (pp. 37-80). Baltimore: Johns Hopkins Press.

Batson, D., Ahmad, N., & Tsang, J. (2002). Four motives for community involvement. *Journal of Social Issues 58*, 429-445.

Bekkers, R. (2002). Giving time and/or money: Trade-off or spill-over? Retrieved on December 19, 2013 from http://ics.uda.ub.rug.nl/FILES/root/Articles/2002/BekkersR-Giving/BekkersR-Giving-2002.pdf.

Bekkers, R, (2012). Trust and volunteering: Selection or causation? Evidence from a 4 year panel study. *Political Behavior, 34*, 225-247

Bellah, R. N. (1985). *Habits of the Heart: Individualism and Commitment in American Life*. Berkeley: University of California Press.

Bennett, M. (2013). Volunteering and giving in England: A multilevel analysis of 313 neighborhoods. Working Paper. Retrieved on January 7, 2015 from the University of Pennsylvania Social Impact Fellowship website at http://www.sp2.upenn.edu/app/uploads/2014/07/socialimpactfellows__Bennett.pdf.

Beyerlein, K., & Sikkink, D. (2008). Sorrow and solidarity: Why Americans volunteered for 9/11 relief efforts. *Social Problems, 55*, 190-215.

Black, B. & Kovacs, P. (1999). Age-related variation in roles performed by hospice volunteers. *Journal of Applied Gerontology, 18*, 479-497.

Blackstone, A. (2004). It's just about being fair: Activism and the politics of volunteering in the breast cancer movement. *Gender and Society, 18*, 350-368.

Blau, P. & Duncun, O. (1967). The American occupational structure. *American Journal of Sociology, 75*(3), 416-418.

Borgonovi, F. (2008). Doing well by doing good: The relationship between formal volunteering and self-reported health and happiness. *Social Science & Medicine, 66*(11), 2321-2334.

Bourdeau, M. Auguste Comte. In Ed. E. N. Zalta, *The Stanford Encyclopedia of Philosophy*. Retrieved on June 6, 2014 from http://plato.stanford.edu/archives/win2014/entries/comte.

Bowen, D., Anderson, R., & Urban, N. (2000). Volunteerism in a community-based sample of women aged 50 to 80 years. *Journal of Applied Social Psychology, 30*. 1829-1842.

Broese van Groenou, M. & Tilburg, T. (2012). Six-year follow-up on volunteering in later life: A cohort comparison in the Netherlands. *European Sociological Review, 28*(1), 1-11.

Bryant W., Jeon-Slaughter, K., Kang, H., & Tax, A. (2003). Participation in philanthropic activities: Donating money and time. *Journal of Consumer Policy, 26*, 43-73.

Burbeck, R., Candy, B., Low, J., & Rees, R. (2014). Understanding the role of the volunteer in specialist palliative care: A systematic review and thematic synthesis of qualitative studies. *BMC Palliative Care, 13*(3), 1-12.

Burr, J. Tavares, J. & Mutchler, J. (2011). Volunteering and hypertension risk in later life. *Journal of Aging and Health, 23*(1), 24-51.

Butcher, J. (2010). Conceptual framework for volunteer action and acts of solidarity. In Ed. J. Butcher, *Mexican Solidarity: Citizen Participation and Volunteering* (pp. 1-32). New York, NY: Springer.

Butricia, B, Johnson, J., & Zedlewski, S. (2009). Volunteer dynamics of older Americans. *Journals of Gerontology, Series B: Psychological and Social Sciences, 64*, 644-655.

Caird, A. (2007). Boundaries and the staff/volunteer relationship. *Canadian Journal of Volunteer Resources Management, 15*(4), 8-10.

Campbell, C. & Wood, R. (1999). *Social Capital and Health.* London: Health Education Authority.

Caputo, R. (2009). Religious capital and intergenerational transmission of volunteering as correlates of civic engagement. *Nonprofit and Voluntary Sector Quarterly, 38*, 983-1002.

Caro, G., Okun, M., Knight, G., & Guzman, M. (2005). The interplay of traits and motives on volunteering: Agreeableness, extraversion, prosocial value motivation. *Personality and Individual Differences, 38*, 1293-1305.

Carpenter, J. & Myers, C. (2010). Why volunteer? Evidence on the role of altruism, image and incentives. *Journal of Public Economics, 94*, 911-920.

Chambre, S. (1995). Being needful: Family, love and prayer among AIDS volunteers. *Research in the Sociology of Health Care, 12*, 113-139.

Checkoway, B. (2011). What is youth participation? *Children and Youth Services Review 33*(2), 340-345.

Choi, N., & Chou, R. (2010). Time and money volunteering among older adults: The relationship between past and current volunteering and the correlates of change and stability. *Ageing and Society, 30*, 559-581.

Claibourn, M. P., & Martin, P. S. (2000). Trusting and joining? An empirical test ot the reciprocal nature of social capital. *Political Behavior, 22*, 267-291.

Clary, G., & Snyder, M. (1991). A functional analysis of altruism and prosocial behavior: The case of volunteerism. In Ed. M. Clark, Prosocial Behavior (pp. 119-148), Newbury Park, CA.: Sage.

Clary G., Snyder, M., Ridge, R. Miene, P. & Haugen, J. (1994). Matching messages to motives in persuasion: A functional approach to promoting volunteerism. *Journal of Applied Social Psychology, 24*, 1129-1150.

Clary G., Snyder, M. Ridge, R. Copeland, J. Stukas, A. & Haugen, J. (1998). Understanding and assessing the motivations of volunteers - A functional approach. *Journal of Personality and Social Psychology, 74*(6), 1516-1530.

Cohen, J., Cohen, P., West, S. G., & Aiken, L. S.(2003). *Applied Multiple Regression/Correlation Analysis for the Behavioral Sciences* (3rd Edition). Mahwah, NJ: Lawrence Erlbaum.

Cohen, S., William J., Turner, R. Alper, C., & Skoner, D. (2003). Emotional style and susceptibility to the common cold. *Psychosomatic Medicine, 65*, 652 - 57.

Coleman, J. S. (1990). *Foundation of Social Theory*. Cambridge, MA.

Compion, S. (2015). *Volunteering and democratization in Africa: How individual traits and national contexts inform non-political volunteering*. Doctoral Dissertation, University of Kentucky.

Conover, J., Leonard, S., & Searing, D. (1993). Duty is a four-letter word: Democratic citizenship in the liberal polity. In Ed. G. Marcus & R. Hanson, *Reconsidering the Democratic Republic* (pp. 147-171), University Park: Pennsylvania University Press.

Cornwell, B., Laumann, E., & Schumm, P. (2008). The social connectedness of older adults: A national profile. *American Sociological Review, 73*(2), 185.203.

Curtis, James, Douglas Baer, and Edward Grabb, 2001. Nations of joiners: Explaining voluntary association membership in democratic societies, *American Sociological Review, 66*: 783-805.

Cuskelly, Graham, 2008. Volunteering in community sport organizations: Implications for social capital, pp. 187-203 in Sport and Social Capital, eds. Nicholson, M., & Hoye, R. Amsterdam: Elsevier.

Cutler, S. & Danigelis, N. (1993). Organizational contexts of activity. In Ed. J. Kelly, *Activity and Aging* (pp. 146-163), Newbury Park, Ca.: Sage Publication.

Dalton, R. (2013). *Citizen Politics: Public Opinion and Political Parties in Advanced Industrial Democracies* (6th Edition), Irvine, CA: University of California Press.

Daniels, A. (1988). *Invisible Careers: Women Civic Leaders from the Volunteer World*. Chicago: University of Chicago Press.

Davidson, R. J., Kabat-Zinn, J., Schumacher, J., Rosenkranz, M., Muller, D., Santorelli, S., Urbanowski, F., Harrington, A., Bonus, K., & Sheridan, J. (2003). Alterations in brain and immune function produced by mindfulness meditation. *Psychosomatic Medicine, 65*, 564 - 70.

Davis-Smith, J. (2004). Civic service in western Europe, *Nonprofit and Voluntary Sector Quarterly, 33*, 64s-78s.

Dayton-Johnson, J. (2001). *Social Cohesion and Economic Prosperity*. Toronto: James Lorimer and Co.

Deci, E. L. & Ryan, R. M. (2000). The 'what' and 'why' of goal pursuits: Human needs and the self-determination of behavior. *Psychological Inquiry, 11*, 227-68.

De Hart, J. & Dekker, P. (1999). Civic engagement and volunteering in the Netherlands: A Putnamian analyses. In Eds. J. Deth, M. Maraffi, K. Newton, & P. Whitely, *Social Capital and European Democracy* (pp. 75-109). London: Routledge.

Dekker, P. & Brock, A. (1996). Volunteering and politics: Involvement in voluntary associations from a 'civic culture'perspective." In Eds. L. Halman & N. Nevitte, *Political Value Change in Western Democracies. Integration, Values, Identification, and Participation* (pp. 125-151). Tilburg: Tilburg University Press.

Degli Antoni, G. (2009). Intrinsic vs. extrinsic motivations to volunteer and social capital formation. *Kyklos, 62*, 359-370.

Delhey, J. & Newton, K. (2003). Who trusts? The origins of social trust in seven societies. *European Societies, 5*, 93-137.

Delhey, J. & Newton, K. (2005). Predicting cross-national levels of social trust: Global pattern or Nordic exceptionalism?" *European Sociological Review, 21*, 311-327.

DellaVigna, S., List, J., & and Malmendier, U. (2012). Testing for altruism and social pressure in charitable giving. *The Quarterly Journal of Economics, 127*(1), 1-56.

DeYoung, C. (2011). Intelligence and personality. In Eds. R. J. Sternberg & S. B. Kaufman, *The Cambridge Handbook of Intelligence* (pp. 711-737), New York: Cambridge University Press.

DeVoe, S. & Pfepper, J. (2007). Hourly payment and volunteering: The effects of organizational practices on decisions about time use. *Academy of Management Journal, 50*, 783-798.

Dolnicar, S. & Randle, M. (2005). Cultural perceptions of volunteering: Attracting volunteers in an increasingly multicultural society. Faculty of Commerce - Working Paper. Retrieved on January 8, 2013 from: http://works.bepress.com/mrandle/12 .

D'Hombres, B., Rocco, L., Suhrcke, M., & McKee, M. (2010). Does social capital determine health? Evidence from eight transition countries. *Health Economics, 19*(1), 56-74.

Eagly, A. (2009). The his and hers of prosocial behavior: An examination of the social psychology of gender. *American Psychologist, 64*, 644-658.

Egerton, M. & Mullan, K. (2008). Being a pretty good citizen: An analysis and monetary valuation of formal and informal voluntary work by gender and educational attainment. *British Journal of Sociology, 59*, 145-164.

Ehrhardt, J. (2011). *Ehrenamt: Formen, Dauer Und Kulturelle Grundlagen Des Engagements*. Frankfurt: Campus

Einolf, C. J. (2011a). Gender differences in the correlates of volunteering and charitable giving. *Nonprofit and Voluntary Sector Quarterly, 40*(6), 1092-1112.

Einolf, C. J. (2011b). The link between religion and helping others: The role of values, ideas, and language. *Sociology of Religion, 72*(4), 435-455

Eliasoph, N. (1998). *Avoiding Politics: How Americans Produce Apathy in Everyday Life*. Cambridge: University of Chicago Press.

Eliasoph, N. (2003). Cultivating apathy in voluntary associations. In Eds. P. Dekker & L. Halman, *The Values of Volunteering: Cross-Cultural Perspective* (pp. 199-212), Springer.

Elshaug, C. & Metzer, J. (2001). Personality attributes of volunteers and paid workers engaged in similar occupational tasks. *Journal of Social Psychology, 141*, 752-763.

Erlinghagen, M. (2010). Volunteering after retirement. *European Societies 12*(5), 603-625.

Esping-Anderson, G. (1996). *Welfare States in Transition: Social Security in the New Global Economy*. London: Sage.

Field, D. & Johnson, I. (1993). Satisfaction and change: A survey of volunteers in a hospice organization. *Social Science and Medicine, 36*, 1625-1634.

Field-Richards, S. & Arthur, A. (2012). Negotiating the boundary between paid and unpaid hospice workers: A qualitative study of how hospice volunteers understand their work. *American Journal of Hospice & Palliative Medicine, 29*(8), 627-631.

Finkelstein, M. (2008). Predictors of volunteer time: The changing contributions of motive fulfillment and role identity. *Social Behavior and Personality, 36*, 1353-1364.

Fiorello, D. (2011). Do monetary rewards crowd out the intrinsic motivation for volunteers? *Annals of Public and Cooperative Economics, 82*, 139-165.

Fisher, B., Day, M., & Collier, C. (1998). Successful aging: Volunteerism and generativity in later life. In Eds. D. Redburn & R. McNamara, *Social Gerontology* (pp. 43-66), Westport, Conn: Auburn House.

Flanagan, C. & Levine, P. (2010). Civic engagement and the transition to adulthood. *Future of Children, 20*, 159-179.

Fleischacker, S. (1998). Insignificant communities. In Ed. Amy Gutmann, *Freedom of Association* (pp. 273-313), New Jersey: Princeton University Press.

Flick, M., Bittman, M., & Doyle, J. (2002). *The Community's Most Valuable Asset - Volunteering in Australia.* Sydney: University of New South Wales Social Policy Research Centre.

Foster-Bey, J. (2008). Do race, ethnicity, citizenship and socio-economic status determine civic engagement? (CIRCLE Working Paper No. 62). Medford, MA: Center for Information and Research on Civic Learning and Engagement, Jonathan M. Tisch College of Citizenship and Public Service, Tufts University.

Fox, J. (2006). Notice how you fell: An alternative to detached concern among hospice volunteers. *Qualitative Health Research, 16*, 944-961.

Fraser, J., Clayton, S., Sickler, J., & Taylor, A. (2009). Belonging to the zoo: Retired volunteers, conservation activism and collective identity. *Ageing and Society, 29*, 351-368.

Fredrickson, B. L. & Losada, M. (2005). Positive affect and the complex dynamics of human flourishing. *American Psychologist, 60*(7), 678 - 686

Freedman, M. (1999). *Prime Time: How Baby Boomers Will Revolutionize Retirement and Transform America.* New York: Public Affairs.

Freeman, R. (1997). Working for nothing: The supply of volunteer labor. *Journal of Labor Economics*, 15, 140-167.

Frey, B. & Goette, L. (1999). Does pay motivate volunteers? Working Paper #7, Institute for Empirical Research in Economics. University of Zurich, Switzerland.

Fujirawa, T. & Kawachi, I. (2008). A prospective study of individual-level social capital and major depression in the United States. *Journal of Epidemiology and Community Health, 62*, 627-633.

Gagne, C. (2007). Facilitating appropriate relationships. *Canadian Journal of Volunteer Resources Management, 15*(4), 6-8.

Garcia-Gomez, P. & Jones, A., & Rice, N. (2010). Health effects on labour market exits and entries. *Labour Economics, 17*(1), 62-76.

Garner, J. & Garner, L. (20110. Volunteering an opinion: Organizational voice and volunteer retention in nonprofit organizations. *Nonprofit and Voluntary Sector Quarterly, 40*(5), 813-828

Gaskin, K. & Davis S. (1997). *A New Civic Europe? A Study of the Extent and Role of Volunteering*. London: National Centre for Volunteering.

Gee, L. K. (2011). The nature of giving time to your child's school. *Nonprofit and Voluntary Sector Quarterly, 40*(3), 552.65.

Goldberg, L. (1990). An alternative "description of personality": The Big-Five factor structure. *Journal of Personality and Social Psychology 59*(6), 1216-1229.

Gora, J. & Nemerowicz, G. (1985). *Emergency Squad Volunteers: Professionalism in Unpaid Work*. New York: Praeger.

Granovetter, M. (1974). *Getting a Job: A Study of Contacts and Careers*. University of Chicago Press.

Granovetter, M. (1985). Economic action and social structure: The problem of embeddedness, *American Journal of Sociology, 91*(3), 481-510.

Greeley, A. (1997). The other civic America: Religion and social capital. *American prospect, 32*, 68-73.

Griffith, J. (2012). A decade of helping: Community service among recent high school graduates attending college, *Nonprofit and Voluntary Sector Quarterly, 41* (5), 786-801.

Griffin, B. & Hesketh, B. (2008). Post-retirement work: The individual determinants of paid and volunteer work. *Journal of Occupational and Organizational Psychology, 81*, 101-121.

Grimm, R., Dietz, N., Spring, K., Arey, K., & Foster-Bey, J. (2005). *Building Active Citizens: The Role of Social Institutions in Teem Volunteering*. Washington, D. C.: Corporation for National and Community Service.

Hall, M., Mckeown, L., & Roberts, K. (2001). *Caring Canadians, Involved Canadians: Highlights from the 2000 National Survey of Giving, Volunteering and Participation*. Ottawa: Statistics Canada.

Halman, L. (2003). Volunteering, democracy, and democratic attitudes. In Eds. P. Dekker & L. Halman, *The Values of Volunteering: A Cross-Cultural Perspective* (pp. 179-198), New York: Kluwer Academic.

Handy, F., & Cnaan, R. (2007). The role of social anxiety in volunteering. *Nonprofit Management and Leadership, 18*(1), 41-57.

Handy, F., Cnaan, R., Hustinx, L., Kang, C., Brudney, J., Haski-Leventhal, D., . . . Zriniscak, S. (2010). A cross-cultural examination of student volunteering: Is it all about resume building? *Nonprofit and Voluntary Sector Quarterly, 39*, 498-523.

Hank, K. (2011). Societal determinants of productive aging: A multilevel analysis of 11 European Countries. *European Sociological Review, 24*, 526-541.

Hank, K. & Stuck, S. (2008). Volunteer work, informal help, and care among the 50+ in Europe: Further evidence for 'linked' productive activities at older ages. *Social Science Research, 37*(4), 1280-1291.

Hansen, D., Larson, R., & Dworkin, J. (2003). What adolescents learn in organized youth activities: A survey of self reported developmental experiences. *Journal of research on adolescence, 13*(1), 25-55.

Hardin, R. (1993). The street-level epistemology of trust. *Politics and Society, 21*, 505-29.

Hart, D., Atkins, R., & Donnelly, T. (2006). Community service and moral development. In Eds. M. Killen & J. Smetana, *Handbook of Moral Development* (pp. 633-656), Mahwah, New Jersey: Erlbaum.

Hart, D., Donnelly, T., Youniss, J., & Atkins, R. (2007). High school community service as a predictor of adult voting and volunteering. *American Educational Research Journal, 44*(1), 197-219.

Harris, A. & Thoresen, C. (2005). Volunteering is associated with delayed mortality in older people: Analysis of the longitudinal study of aging. *Journal of Health Psychology, 10*(6), 739-752.

Haski-Leventhal, D. & Bar-Gal, D. (2008). The volunteer stages and transitions model: Organizational socialization of volunteers. *Human Relations, 61*(1), 67-102.

Henderson, A., Brown, S., Pancer, S. M., & Ellis-Hale, K. (2007). Mandated community service in high school and subsequent civic engagement: The case of the "Double Cohort" in Ontario, Canada. *Journal of Youth and Adolescence, 36*, 849-860.

Herr, N. (2014). Mediation with dichotomous outcomes. Retrieved on January 24, 2014 from http://nrhpsych.com/mediation/logmed.html.

Hirschi, T. (1969). *Causes of Delinquency*. Berkeley: University of California Press.

Hodgkinson, V. (1995). Key factors influencing caring, involvement and community. In Eds. P. Schervish, V. Hodgkinson, & M. Gates, *Care and*

Community in Modern Society (pp. 21-50), Jossey-Bass Publishers.

Hodgkinson, V. (2003). Volunteering in global perspective. In Eds. P. Dekker & L. Halman, *The Values of Volunteering: A Cross-Cultural Perspective* (pp. 33-54), New York: Kluwer Academic.

Holden, D. (1997). On equal ground? Sustaining virtue among volunteers in a homeless shelter. *Journal of Comtemporary Ethnography, 26*, 117-145.

Hong, S. & Morrow-Howell, N. (2010). Health outcomes of experience corps: A high commitment volunteer program. *Social Science and Medicine, 71*, 414-420.

Hooghe, M. (2003). Participation in voluntary associations and value indicators: The effect of current and previous participation experiences. *Nonprofit and Voluntary Sector Quarterly, 32*, 47-69.

Hooghe, M. & Botterman, S. 2012. Urbanization, community size, and population density: Is there a rural-urban divide in participation in voluntary organizations or social network formation? *Nonprofit and Voluntary Sector Quarterly, 41*(1), 120-144.

Huang, J., van den Brink, H., & Groot, W. (2009). A meta-analysis of the effect of education on social capital. *Economics of Education Review, 28*, 454-464.

Hustinx, L. (2010a). The organizational behavior of volunteers revisited? Explaining differences in styles of volunteering in the Red Cross in Flanders. In Eds. M. Freise, M. Lyykkonen & E. Vaidelyte, *A Panacea for All Seasons? Civil Society and Governance in Europe* (pp. 239-260). Baden-Baden, Germany: Nomos.

Hustinx, L. (2010b). I quit, therefore I am? Volunteer turnover and the politics of self-actualization. *Nonprofit and Voluntary Sector Quarterly, 39*, 236-255.

Inglehart, R. (1977). *The Silent Revolution: Changing Values and Political Styles Among Western Publics*. Princeton University Press.

Inglehart, R. (2003). Modernization and volunteering. In Eds. P. Dekker & L. Halman, *The Values of Volunteering: A Cross-Cultural Perspective* (pp. 55-70), New York: Kluwer Academic.

Ironson, G. (2007). Altruism and health in HIV. In Ed. S. Post, *Altruism and Health* (pp. 70-81). New York, NY: Oxford University Press.

Jegermalm, M. & Grassman,E. (2013). Links between informal care-giving and volunteering in Sweden: A 17-year perspective. *European Journal of Social Work, 16*, 205-219 .

Jobe, K. (2011). Disaster relief in post-earthquake Haiti: Unintended consequences of humanitarian volunteerism. *Travel Medicine and Infectious Disease, 9*(1), 1-5.

Johnson, M., Beebe, T., Mortimer, J., & Snyder, M. (1998). Volunteerism in adolescence: A process perspective. *Journal of Research on Adolescence, 8*, 301-332.

Kalwij, A. & Vermeulen, F. (2008). Health and labour force participation of older people in europe: What do objective health indicators add to the analysis? *Health Economics, 17*(5), 619-638.

Kang, C., Handy, F., Hunstinx, L., Cnaan, R., Brudney, J., Haski-Leventhal, D., . . . Zrinsack, S. (2011). What gives? Cross-national differences in students' giving behavior. *Social Science Journal, 48*, 283-294.

Kaplan, G. A., Lynch, J., & Whither, W. (1997). Studies on the socioeconomic foundations of population health? *American Journal of Public Health, 87*(9), 1409-141.

Karb, R. A. (2010). *Neighborhood Social and Physical Environments and Health: Examining Sources of Stress and Support in Neighborhoods and Their Relationship with Self-Rated Health, Cortisol and Obesity in Chicago.* Doctoral Dissertation. The University of Michigan.

Kaseke, R. & Dhemba, J. (2006). Five country study on service and volunteering in Southern Africa: Zimbabwe country report. Unpublished research report. Johannesburg: VOSESA; Centre for Social Development in Africa.

Kieffer, J. (1986). The older volunteer resource. In *America's Aging: Productive Roles in an Older Society* (pp. 51-72), Ed. Committee on an Aging Society, Institute of Medicine and National Research Council. Washington, D. C.: National Academy Press.

Kim, J., Kang, J., Lee, M., & Lee, Y. (2007). Volunteering among older people in Korea, *Journals of Gerontology, Series B: Psychological and Social Sciences, 62B*(1), S69-S73.

Kohut, A. (1997). *Trust and Citizen Engagement in Metropolitan Philadelphia: A Case Study*. Philadelphia: Pew Research Center for the People and the Press.

Komp, K., Tilburg, T., & Groenou, M. (2012). Age, retirement and health as factors in volunteering in later life. *Nonprofit and Voluntary Sector Quarterly, 41*(2), 280-299.

Kornadt, A. & Klaus, R. (2011). Contexts of aging: Assessing evaluative age stereotypes in different life domains. *The Journals of Gerontology Series*

B: Psychological Sciences and Social Sciences, 66B(5), 547 - 556

Kreutzer, K. & Jager, U. (2011). Volunteering and managerialism: Conflict over organizational identity in voluntary associations. *Nonprofit and Voluntary Sector Quarterly, 40*(4), 634-661.

Kulik, L. (2007). Explaining responses to volunteering: An ecological model. *Nonprofit and Voluntary Sector Quarterly, 36*, 239-255.

Kunitz, S. (2004). Social capital and health. *British Medical Bulletin, 69*, 61-73

Kuusisto, A. (2007). Religious identity based social networks as facilitators of teenagers' social capital: A case study of adventist families in Finland. In Eds. H. Helve & J. Bynner, *Youth and Social Capital* (pp. 787-106), London: Tufnell Press.

Ladd, E. (1999). *The Ladd Report*. New York: Free Press.

Lam, W. (2005). Depoliticization, citizenship, and the politics of community in Hong Kong. *Citizenship Studies, 9*(3), 309-322.

Lancee, B. & Radl, J. (2014). Volunteering over the Life Course. *Social Forces, 93*(2), 833-862.

Lasby, D. (2004). *The Volunteer Spirit in Canada: Motivations and Barriers*. Toronto: Canadian Center for Philanthropy.

Lee, Y. & Brudney, J. (2010). Rational volunteering: A benefit-cost approach. *International Journal of Sociology and Social Policy, 29*, 512-530.

Li, Y., Pickles, A., & Savage, M. (2003). *Conceptualising and Measuring Social Capital: A New Approach*. Working Paper. Centre for Census and Survey Research (CCSR), Department of Sociology, Manchester University.

Li, Y. (2007). Recovering from spousal bereavement in later life: Does volunteer participation play a role?" *Journals of Gerontology Series B: Psychological Sciences and Social Sciences, 62*(4), S257-S266.

Lipford, J., & Yandle, B. (2008). The determinants of purposeful voluntarism. *Journal of Socio-Economics, 38*(1), 72-79.

Lum, T. & Lightfoot, E. (2005). The effects of volunteering on the physical and mental health of older people. *Research on aging 27*(1), 31-55.

Lundåsen, S. (2005). Socioeconomic development and voluntary associations in Swedish municipalities. *International Journal of Public Administration, 28*(9-10), 787-795.

Lyon, L. & Robyn, D. (2012). *The Community in Urban Society* (2nd Edition), Waveland Press.

Mannino, C., Snyder, M., & Omoto, A. (2011). Why do people get involved? Motivations for volunteerism and other forms of action. In Ed., D.

Dunning, *Social Motivation* (pp. 127-146). New York, NY: Taylor & Francis.

Marshall, G. & Taniguchi, H. (2011). Good jobs, good deeds: The gender-specific influences of job characteristics on volunteering. *Voluntas*, Advance online publication. doi:10.1007/ s11266-011-9188-2.

Mayer, K. U. (2009). New directions in life course research. *Annual Review of Sociology, 35*, 413-433.

McBride, M., Brav, J., Menon, N., & Sherraden, M. (2006). Limitations of civic service: Critical perspectives. *Community Development Journal, 41*(3), 307-320.

McFarland, D., & Thomas, R. (2006). Bowling young: How youth voluntary associations influence adult political participation. *American Sociological Review, 71*, 401-425.

McKeown, L., McIver, D., Moreton, J., & Rotondo, A. (2004). *Giving and Volunteering: The Role of Religion.* Toronto: Canadian Center for Philanthropy.

McLaren, Peter, and Ramin Farahmandpur. 2001. Educational policy and the socialist imagination: Revolutionary citizenship as a pedagogy of resistance. *Educational Policy, 15*(3), 343-378.

McNeill L., Kreuter, M., & Subramanian, S. (2006). Social environment and physical activity: A review of concepts and evidence. *Social Science & Medicine, 63*(4), 1011-1022.

Meier, S. & Stutzer, A. (2008). Is volunteering rewarding in itself? *Economica, 75*, 39-59.

Meijs, L., Handy, F., Cnaan, R., Brudney, J., Ascoli, U., Ranade, S., Hustinx, S., & Weiss, I. (2003). All in the eyes of the beholder? Perceptions of volunteering across eight countries. In Eds. P. Dekker & L. Halman, *The Values of Volunteering: A Cross-Cultural Perspective* (pp. 19-34), New York: Kluwer Academic.

Meijs, L. & Karr, B. (2004). Managing volunteers in different settings: Membership and programme management. In Eds., R. Stebbins & G. Margaret. *Volunteering as Leisure/Leisure as Volunteering: An International Assessment* (pp. 177-193), Wallingford, Oxfordshire: CABI Book.

Mellor, D., Hayashi, Y., Stokes, M., Firth, L., Lake, L., Staples, M., . . ., & Cummins, R. (2009). Volunteering and its relationship with personal and neighborhood well-being. *Nonprofit and Voluntary Sector Quarterly, 38*(1),

144-159.

Messner, M. & Bozada-Dea, S. (2009). Separating the men from the moms: The making of adult gender segregation in youth sports. *Gender and Society, 23*(1), 49-71.

Milroy, M. & Wismer, S. (1994). Communities, work and public/private sphere models. *Gender, Place and Culture 1*, 71-91.

Mladovsky, P. & Mossialos, E. (2008). A conceptual framework for community-based health insurance in low-income countries. *Social Science & Medicine, 56*, 1817-1830.

Moen, P. (1996). Women's roles and resilience: Trajectories of advantage or turning points? In Ed. B. Wheaton, *Stress and Adversity over the Life Course* (pp.133-156). Cambridge: Cambridge University Press.

Mojza, E., Lorenz, C., Sonnentag, S., & Binnewies, C. (2010). Daily recovery experiences: The role of volunteer work during leisure time. *Journal of Occupational Health Psychology, 15*(1), 60-74.

Morrow-Howell, N. (2010). Volunteering in later life: Research frontiers. *Journals of Gerontology, Series B: Psychological and Social Sciences, 65*, 461-469

Murdock, J. L. (1991). Encouraging citizenship: Report of the commission on citizenship. *The Modern Law Review, 54*, 439-441.

Musick, M., Wilson, J., & Bynum, W. (2000). Race and formal volunteering. *Social Forces, 78*, 259-269.

Musick, M., Regular, H., & House, J. (1999). Volunteering and mortality among older adults: Findings from a national sample. *Journal of Gerontology: Social Sciences, 54B*, S173-S180.

Musick, M. & Wilson, J. (2008). *Volunteers: A Social Profile.* Indiana University Press.

Mutchler, J., Burr, J., & Caro, F. (2003). From paid worker to volunteer: Leaving the paid workforce and volunteering in later life. *Social Forces, 81*(4), 1267-1292.

Nannestad, P. (2008). What have we learned about generalized trust, if anything? *Annual Review of Political Science, 11*, 413-436

Nesbit, R. (2012). The influence of major life cycle events on volunteering. *Nonprofit and Voluntary Sector Quarterly, 41*(6), 1153.74.

Newport, F. (2013). In U.S., Four in 10 Report Attending Church in Last Week. Retrieved on September 30, 2014 from http://www.gallup.com/poll/166613/four-report-attending-church-last-we

ek.aspx

Newton, K. (2013). Social trust and its origin. Retrieved on June 1, 2013 from http://essedunet.nsd.uib.no/

Nichols, G. & Ralston, R. (2011). Social inclusion through volunteering: The legacy potential of the 2012 Olympic Games. *Sociology, 45*, 900-914.

Norris, P. (2002). *Democratic Phoenix: Reinventing Political Activism.* Cambridge: Cambridge University Press.

Odendahl, T. & Youmans, S. (1994). Women on nonprofit boards. In Eds. T. Odenddahl & M. O'Neill, *Women and Power in the Nonprofit Sector* (pp.183-221), San Francisco: Jossey-Bass.

Oesterle, S., Johnson, M., & Mortimer, J. (2004). Volunteerism during the transition to adulthood: A life course perspective. *Social Forces, 82*(3), 1123-1149.

Oishi, S., Kesebir, S., & Snyder. B. (2009). Sociology: A lost connection in social psychology. *Personality and Social Psychology, 13*(4), 334-353.

Okun, M., Yeung, E., & Brown, S. (2013). Volunteering by older adults and risk of mortality: A meta-analysis. *Psychology and Aging 28*(2), 564-575.

Omoto, A., Gunn, D., & Crain, A. (1998). Helping in hard times: Relationship closeness and the AIDS volunteer experience. In Eds. V. Derlega & A. Barbee, *HIV and Social Interaction* (pp. 106-128), Thousand Oaks, CA: Sage.

Omoto, A., Snyder, M, & Hackett, J. (2010). Personality and motivational antecedents of activism and social engagement. *Journal of Personality, 78*, 1703-1734.

Orren, G. (1997). Fall from grace: The public's loss of faith in government. In Eds. J. S. Nye, P. D. Zelikow, & D. C. King, *Why Americans Mistrust Government* (pp. 77-107), Cambridge, Mass., Harvard University Press.

Paik, A. & Navarre Jackson, L. (2010). Social networks, recruitment, and volunteering: Are social capital effects conditional on recruitment? *Nonprofit and Voluntary Sector Quarterly, 40*, 476-496.

Parboteeah, P., Cullen, J., & Lim, L. (2004). Formal volunteering: A Cross-National Test. *Journal of World Business, 39*, 431-441.

Parker, W. & Jerolimek, J. (1987). Citizenship and critical role of social studies. *National Council for the Social Sciences*, Bulletin number 72.

Pavlova, M. & Silbereisen, R. (2012). Participation in voluntary organizations and volunteer work as a compensation for the absence of work or partnership? Evidence from two german samples of younger and older adults." *Journals of Gerontology Series B: Psychological Sciences and Social Sciences, 67*(4), 514-524

Peck, J. (2001). *Workfare States.* London: Guilford Press.

Penner, L. (2004). Volunteerism and social problems: Making things better or worse? *Journal of Social Issues, 60*, 645-666.

Penner, L., Dovidio, J., & Piliavin, J., & Schroeder, D. (2005). Prosocial behavior: Multilevel Perspectives. *Annual Review of Psychology, 56*, 365-392.

Perks, T. & Haan, M. (2011). Youth religious involvement and adult community participation: Do levels of youth religious involvement matter? *Nonprofit and Voluntary Sector Quarterly, 40*(1), 107-129.

Perry, J. & Katula, M. (2001). Does service affect citizenship? *Administration and Society, 33*, 330-365.

Petrzelka, P. & Mannon, S. (2006). Keepin' this little town going: Gender and volunteerism in rural America. *Gender and Society, 20*, 236-258.

Pho, Y. (2008). The value of volunteer labor and the factors influencing participation: Evidence for the United States from 2002 through 2005. *Review of Income and Wealth, 54*, 220-236.

Pilliavin, J. (2009). Altruism and Helping: The Evolution of a Field: The 2008 Cooley-Mead Presentation. *Social Psychology Quarterly, 72*(3): 209-225.

Pilliavin, J. & Siegl, E. (2007). Health benefits of volunteering in the Wisconsin longitudinal study. *Journal of Health and Social Behavior, 48*(4), 450-464.

Poppendieck, J. (1998). *Sweet Charity? Emergency Food and the End of Entitlement.* New York: Viking.

Porterfield, S. & Winkler, A. (2007). Teen time use and parental education: Evidence from the CPS, MTF, and ATUS. *Monthly Labor Review, 130*, 37-56.

Portes, A. & Landholt, P. (1996). The downside of social capital, *The American Prospect, 26*, 18-21.

Portes A. & Sensenbrenner, J. (1993). Embeddedness and immigration: Notes on the social determinants of economic action, *American Journal of Sociology, 98*(6), 1320-1350.

Profile of Illinois (2001). *Profile of Illinois: An Engaged State.* Report of the Illinois Civic Engagement Project. Retrieved on December 21, 2013 from http://cspl.uis.edu/OfficeOfExecutiveDirector/CivicEngagement/FinalReport.htm.

Putnam, R. (2000). *Bowling Alone: The Collapse and Revival of American Communities*. New York: Simon & Schuster.

Putnam, R., Frederick, C., & Snellman, K. (2012). *Growing Class Gaps in Social Connectedness among American Youth*. Paper presented at Harvard Kennedy School of Government, The Saguaro Seminar: Civic Engagement in America. August 8, 2012.

Reid, I. (1987). *Social Class Difference in Britain* (3rd Edition), Fontana Press: London.

Reitsma-Street, M., Maczewski, M., & Neysmith, S. (2000). Promoting engagement: An organizational study of volunteers in community resource centers for children. *Children and Youth Services Review, 22*, 651-678.

Roberts, B. W. & DelVecchio, W. F. (2000). The rank-order consistency of personality traits from childhood to old age: A quantitative review of longitudinal studies. *Psychological Bulletin, 126*(1), 3-25.

Roberts, B. W. & Mroczek, D. (2008). Personality trait change in adulthood. *Current Directions in Psychological Science, 17*(1), 31-35.

Robson, C. (2007). Volunteer resources: The aftermath of conflict. *Canadian Journal of Volunteer Resources Management, 15*(4), 15-19.

Robteutscher, S. (2005). The lure of the associative elixir. In Ed. S. Robteutscher, *Democracy and the Role of Associations: Political, organizational and social contexts* (pp. 3-15), London, etc.: Routledge.

Romero, C. (1986). The economics of volunteerism: A review. In *America's Aging: Productive Roles in an Older Society* (pp. 23-50), Ed. Committee on an Aging Society, Institute of Medicine and National Research Council, Washington, D. C.: National Academy Press.

Rosenberg, M. & McCullough, C. (1981). Mattering: Inferred significance and mental health among adolescents. *Research in Community and Mental Health, 2*, 163 - 82.

Rosenblum, N. L. (1998). *Membership and morals: The personal uses of pluralism in America*. Princeton: Princeton University Press.

Rossi, A. (2001). Developmental roots of adult social responsibility. In Ed. A. Rossi, *Caring and Doing for Others* (pp. 227-320), Chicago: University of Chicago Press.

Rothstein, B. (2001). Social capital in the social democratic welfare state. *Politics and Society, 29*, 206-240.

Rotolo, T. & Wilson, J. (2007). The effects of children and employment status on the volunteer work of American women. *Nonprofit and Voluntary Sector Quarterly, 36*(3), 487-503.

Rotolo, T. & Wilson, J. (2012). State-level differences in volunteerism in the United States: Research based on demographic, institutional, cultural macro-level theories. *Nonprofit and Voluntary Sector Quarterly, 41*(3), 452-473.

Rotolo, T. & Wilson, J. (2014). State heterogeneity and volunteering in U.S. cities. *Sociological Forum, 29*(2), 429-452.

Rotolo, T., Wilson, J., & Hughes, M. (2010). Homeownership and volunteering: An alternative approach to studying social inequality and civic engagement. *Sociological Forum, 25*, 570-587.

Ruiter, S. & De Graaf, N. (2006). National context, religiosity, and volunteering. *American Sociological Review, 71*, 191-210.

Ruiter, S. & De Graaf, N. (2008). Socio-economic payoffs of voluntary association involvement: A Dutch life course study. *European Sociological Review, 25*, 425-442.

Ryan, J. (2007). Harmony and discord among volunteers. *Canadian Journal of Volunteer Reserouces Management, 15*(4), 10-12.

Salamon, L. (2010). Putting the civil society sector on the economic map of the world. *Annals of Public and Cooperative Economics, 81*, 167-210.

Salamon, L. & Anheier, H. (1996). *The International Classification of Nonprofit Organizations: ICNPO-Revision 1, 1996.* Working Paper of the Johns Hopkins Comparative Nonprofit Sector Project, no. 19. Baltimore: The Johns Hopkins Institute for Policy Studies.

Salamon, L. & Sokolowski, W. (2001). *Volunteering in Cross-National Perspective: Evidence From 24 Countries.* Working Paper of the Johns Hopkins Comparative Nonprofit Sector Project, no. 40. Baltimore: The Johns Hopkins Center for Civil Society Studies.

Salamon, L. & Sokolowski, W. (2003). Institutional roots of volunteering: Toward a macro-structural theory of individual voluntary action. In Eds. P. Dekker & L. Halman, *The Values of Volunteering: A Cross-Cultural Perspective* (pp.71-90), New York: Kluwer Academic.

Sarkisian, N. & Gerstel, N. (2008). Till marriage do us part: Adult children's relationships with their parents. *Journal of Marriage and Family, 70*(2), 360-376.

Schwartz, S. (1994). The fallacy of the ecological fallacy: The potential misuse of a concept and the consequences. *American Journal of Public Health*

84(5), 819-824.

Shye, S. (2010). The motivation to volunteer: A systematic quality of life theory. *Social Indicators Research, 98*, 183-200.

Sills, D. (1957). *The Volunteers: Means and Ends in a National Organization.* Glencoe, ILL.: Free Press.

Slack, T. & Parent, M. (2006). *Understanding Sport Organizations.* 2nd Edition. Human Kinetics.

Smith, J. (1998). *The 1997 National Survey of Volunteering.* London: National Centre for Volunteering.

Smith, B. & Stark, R (2013). Religious attendance relates to generosity worldwide. Retrieved on June 1, 2013 from http://www.gallup.com/poll/122807/Religious-Attendance-Relates-Generosity-Worldwide.aspx.

Snyder, P., Clary, E. G., & Stukas, A. (2000). The functional approach to volunteerism. In Eds. G. Maio & J. Olson, *Why We Evalute Functions of Attitudes* (pp.365-393), Mahwah, New Jersey: Lawrence Erlbaum Associates.

Son, J. & Wilson, J. (2012). Using normative theory to explain the effect of religion and education on volunteering. *Sociological Perspectives, 55*(3), 473-499.

Souza, K. & Dhami, M. (2008). A study of volunteers in community-based restorative justice programs. *Canadian Journal of Criminology and Criminal Justice, 50*(1), 31-57.

Stadelmann-Steffen, I. & Freitag, M. (2010). Making civil society work: Models of democracy and their impact on civic engagement. *Nonprofit and Voluntary Sector Quarterly, 40*, 526-551.

Staines, G. (1987). Spillover and compensation: A review of literature on the relationship between work and nonwork. *Human Relations, 33*, 111-129.

Stein, M. (1989). Gratitude and attitude: A note on emotional welfare. *Social Psychology Quarterly, 52*, 242-248.

Steptoe, A., Wardle, J., & Marmot, M. (2005). Positive affect and health-related neuroendocrine, cardiovascular, and inflammatory responses. *Proceedings of the National Academy of Sciences, 102*, 6508 - 6012.

Stoker, L. & Jennings, M. (1995). Life-cycle transitions and political participation: The case of marriage. *American Political Science Review, 89*, 421-433.

Strauß, S. (2008). *Volunteering and Social Inclusion: The Interrelation between*

Unemployment and Civic Engagement in Germany and Great Britain. Wiesbaden: VS-Verlag.

Stukas, A., Snyder, M., & Clary, G. (1999). The effects of 'mandatory volunteerism' on intention to volunteer. *Psychological Science 10*, 59-68.

Sundeen, R., Garcia, C., & Raskoff, S. (2009). Ethnicity, acculturation, and volunteering to organizations: A comparison of African Americans, Asians, Hispanics, and Whites. *Nonprofit and Voluntary Sector Quarterly, 38*, 929-955.

Sundeen, R., Raskoff, S., and Garcia, C. (2007). Differences in perceived barriers to volunteering to formal organizations: Lack of time versus lack of interest. *Nonprofit Management and Leadership, 17*, 279-300.

Syvertsen, A., Wray-Lake, L., Flanagan, C., Osgood, D., & Briddell, L. (2011). Thirty-year trends in U.S. adolescents' civic engagement: A story of changing participation and educational differences. *Journal of Research on Adolescence, 21*, 586-594.

Tan, E., Xue, Q., Li, T., Carlson, M., & Fried, L. (2006). Volunteering: A physical activity intervention for older adults – The experience corps program in Baltimore. *Journal of Urban Health, 83*(5), 954-1012.

Tang, F. (2006). What resources are needed for volunteerism? A life course perspective. *Journal of Applied Gerontology, 25*(5), 375-390.

Tang, F. (2009). Late-life volunteering and trajectories of physical health. *Journal of Applied Gerontology, 28*(4), 524-533.

Tang, F., Morrow-Howell, N., & Hong, S. (2009). Institutional facilitation in sustained volunteering among older adult volunteers. *Social Work Research, 33*, 172-182.

Taniguchi, H. (2012). The determinants of formal and informal volunteering: Evidence from the American Time Use Survey. *VOLUNTAS: International Journal of Voluntary and Nonprofit Organizations. 23*, (4), 920-939.

Taylor, T., Mallinson, C., & Bloch, K. (2008). Looking for a few good women: Volunteerism as an interaction between two organizations. *Nonprofit and Voluntary Sector Quarterly, 37*, 389-410.

Teske, N. (1997). *Political Activists in America: The Identity Construction Model of Political Participation.* Cambridge University Press.

Thormar, S., Gersons, B., Juen, B., Marschang, A., Djakababa, M., & Olff, M. (2010). The mental health impact of volunteering in a disaster setting. *Journal of Nervous and Mental Disorders, 198*, 529-538.

Tolsmaa, J., Meerb, T., & Gesthuizenc, M. (2009). The impact of neighbourhood and municipality characteristics on social cohesion in the Netherlands, *Acta Politica, 44*, 286 - 313.

Torche, F. & Valenzuela, E. (2011). Trust and reciprocity: A theoretical distinction of the sources of social capital. *European Journal of Social Theory, 14*(2), 181-198.

Thoits, P. & Hewitt, L. (2001). Volunteer work and well-being. *Journal of Health and Social Behavior, 42*, 115-131.

Treimanm, D. & Ganzeboom, H. (1990). Cross-national comparative status-attainment research. *Research in Social Stratification and Mobility, 9*, 105-127.

Uggen, C. & Janikula, J. (1999). Volunteerism and arrest in the transition to adulthood. *Social Forces, 78*(1), 331-362.

Uslaner, E. (2002). *The Moral Foundation of Trust.* Cambridge: Cambridge University Press.

Uslaner, E. & Brown, M. (2005). Inequality, trust and civic engagement. *American Politics Research, 33*, 868-894.

Uslaner, E. & Dekker, P. (2001). The 'social in social capital. In Eds. P. Dekker & E. Uslaner, *Social Capital and Participation in Everyday Life* (pp. 176-187), London: Routledge.

Tienen, M., Scheepers, P., Reitsma, J., & Schilderman, H. (2011). The role of religiosity for formal and informal volunteering in the Netherlands. *Voluntas, 22*, 365-389.

Tilly, C. & Tilly, C. (1998). *Work under Capitalism.* Boulder, Co.: Westview Press.

Torcal, M. & Montero, J. (1999). Facets of social capital in New Democracies. In Eds. J. van Deth, M. Maraffi, K. Newton, & P. Whiteley, *Social Capital and European Democracy* (pp.167-191), London: Routledge.

UNV (2009). *Volunteering and Social Activism - Pathways for Participation in Human Development.* United Nations: Volunteers.

UNV (2011). *State of World's Volunteerism Report.* United Nations: Volunteers.

U.S. Bureau of Labor Statistics (2005). *Volunteering in the United States.* Washington, D. C.: Government Printing Office.

Uslaner, E. & Brown, M. (2005). Inequality, trust, and civic engagement. *American Politics Research, 31*, 1-28.

Van Ingen, E. & Bekkers, R. (2012). Generalized trust through civic engagement? Evidence from five national panel studies. Paper presented at the Expert Meeting on Social Capital. May 25-26, 2012. Maasticht, Netherlands.

Van Ingen, E., & Dekker, P. (2010). Changes in the determinants of volunteering: Participation and time investment between 1975 and 2005 in the Netherlands. *Nonprofit and Voluntary Sector Quarterly, 40*, 682-702

Vázquez-García, R. (2009). Making volunteering work: The power of voluntary organizations to enhance civic skills: Some evidences from the European Social Survey. In Eds. B. Enjolras & K. Sivesind, *Civil Society in Comparative Perspective* (pp.197-226), Emerald Group Publishing Limited.

Vezina, M. & Crompton, S. (2012). *Volunteering in Canada.* Component of Statistics Canada Catalogue no. 11-008-X. Canadian Social Trends.

Vidich, A. & Bensman, J. (1960). *Small Town in Mass Society: Class, Power and Religion in the Rural Community.* New York: Anchor Books.

Voicu, B. & Voicu, M. (2009). Volunteers and volunteering in central and eastern Europe. *Sociologia, 41*, 539-563.

Walker, M. & Lynn. F. (2013). The embedded self: A social networks approach to identity theory. *Social Psychology Quarterly, 76*(2), 151-179.

Wang, L. & Graddy, E. (2008). Social capital, volunteering, and charitable giving. *Voluntas, 19*(1), 23-42.

Warburton, J. & Crosier, T. (2001). Are we too busy to volunteer? The relationship between time and volunteering using the 1997 ABS Time Use Data. *Australian Journal of Social, 36*, 295-315.

Warburton, J. & Smith, J. (2003). Out of the generosity of your heart: Are we creating active citizens through compulsory volunteer programmes for young people in Australia? *Social Policy & Administration, 37*, 772-786.

Warburton, J., Terry, D., Rosenman, L., Shapiro, M. (2001). Differences between older volunteers and nonvolunteers. *Research on Aging, 23*, 586-605.

Warburton, J., Paynter, J., & Petriwskyj, A. (2007). Volunteering as a productive aging activity: Incentives and barriers to volunteering by Australian seniors. *Journal of Applied Gerontology, 26*(4), 333-354.

Warburton, J. & Winterton, R. (2010). The role of volunteering in an era of cultural transition: Can it provide a role identity for older people in Asian cultures? *Diversity, 2*, 1048-1058.

Ward, A. & McKillop, D. (2010). Profiling: A strategy for successful volunteer recruitment in credit unions. *Financial Accountability & Management,*

26(4), 367-391.

Ward, A. & McKillop, D. (2011). An examination of volunteer motivation in credit unions. *Annals of Public and Cooperative Economics, 82*, 253-275.

Wellman, B. (1979). The community question: The intimate networks of East Yorkers. *American Journal of Sociology, 84*(5), 1201-1231.

Wilson, J. (2012). Volunteerism research: A review essay. *Nonprofit and Voluntary Sector Quarterly, 41*(2) 176-212.

Wilson, J. & Musick, M. (1998). The contribution of social resources to volunteering. *Social Science Quarterly, 79*(4), 799 - 814

Windsor, T., Anstey, K., & Rodgers, B. (2008). Volunteering and psychological well-being among young-old adults: How much is too much? *The Gerontologist, 48*(1), 59-70.

Woolley, F. (2003). Social cohesion and voluntary activity: Making connections. In Ed. L. Osberg, *The Economic Implications of Social Cohesion* (pp, 150-181), Toronto: University of Toronto Press.

Wuthnow, R. (1991). *Acts of Compassion: Caring for Others and Helping Ourselves*. Princeton: Princeton University Press.

Wuthnow, R. (1994). *Sharing the Journey: Support Groups and America's New Quest for Community*. New York: Free Press.

Wuthnow, R. (1998). *Loose Connections*. Cambridge: Harvard University Press.

Wuthnow, R (2004). *Saving America? Faith-Based Services and the Future of Civil Society*. Princeton: Princeton University Press.

Yamagishi, T. & Yamagishi, M. (1994). Trust and commitment in the United States and Japan. *Motivation and Emotion, 18*, 129-166.

Yoshioka, C., Brown, W., & Ashcraft, R. (2007). A functional approach to senior volunteer and non-volunteer motivations. *International Journal of Volunteer Administration, 24*(5), 31-43.

Youniss, J., Yates, M. & Su, Y. (1997). Social integration community service and marijuana use in high school seniors. *Journal of adolescent research, 12*(2), 245-262.

Zedlewski, S. (2007). *Will Retiring Boomers Form a New Army of Volunteers? Perspectives on Productive Aging*. Number 7. Washington, D.C.: Urban Institute.

Ziemek, S. (2003). *The Economics of Volunteer Labor Supply: An Application to Countries of a Different Development Level*. New York: Peter Lang.

Ziemek, S. (2006). Economic analysis of volunteers' motivations: A cross-country study. *The Journal of Socio-Economics, 35*, 532-555.

〈신문기사〉

Unknown Reporter. "More Koreans volunteering despite slow economy: Survey". 『중앙일보』. 2005. 6. 13. http://www.worldvolunteerweb.org/news-views/news/doc/more-koreans-volunteering-despite.html.

김현혹. "맞벌이 가정 외면하는 한국 교육 현실". 『매일경제』. 2008. 5. 14. http://newsmaker.khan.co.kr/khnm.html?mode=view&code=115&artid=17518&pt=nv.

무명기자. "학부모 '대리 봉사활동' 만연". 『서울경제』. 2010. 2. 21. http://economy.hankooki.com/lpage/society/201002/e2010022118302093820.htm.

김윤숙. "반쯤 미친 듯 36년째. 사람들 사이 연결고리 역할 만족". 『경향신문』. 2011. 1. 19. http://news.khan.co.kr/kh_news/khan_art_view.html?artid=201101192126165&code=100203.

이대웅. "박원순 서울시장, 창전 데이케어센터 방문". 『크리스천투데이』. 2014. 2. 20. http://www.christiantoday.co.kr/view.htm?id=270314.

배한철. "한국인 여가활동 1위는 TV 시청". 『매일경제』. 2014. 12. 17. http://news.mk.co.kr/newsRead.php?year=2014&no=1538285.

이보람. "임영주 교수 "캥거루족은 헬리콥터 부모가 만든다". 『경향신문』. 2014. 11. 19. http://news.khan.co.kr/kh_news/khan_art_view.html?artid=201411191724472&code=900303.

김동호·김기찬. "은퇴해도 못 쉬는 '반퇴시대' 왔다". 『중앙일보』. 2015. 1. 15. http://joongang.joins.com/article/aid/2015/01/15/16503689.html?cloc=olink|article|default.

찾아보기

[저자 약력]

저자 김욱진은 고려대학교 사회학과를 졸업하고 미국 시카고대학교에서 사회복지학으로 석사 및 박사학위를 취득했으며, 이후 와이오밍대학교 사회사업학과에서 조교수로 활동하였다. 현재 서울시립대학교 사회복지학과에 부교수로 재직 중이며, 주요 연구영역은 지역사회, 공동체, 시민참여, 사회적 자본 등이다.

자원봉사론-영향요인과 파급효과-

2015년 6월 10일 초판인쇄
2015년 6월 15일 초판발행

저 자 김 욱 진
발행인 유 성 열
발행처 청목출판사
서울특별시 영등포구 신길로 40길 20
전화 (02) 849-6157(代) · 2820 / 833-6090~1
FAX (02) 849-0817
등록 제318-1994-000090호

파본은 바꾸어 드립니다. 값 22,000원

http : //www.chongmok.co.kr

ISBN 978-89-5565-615-2

※ 인지는 생략합니다.